台灣‧國家‧國際法

台灣國際法學會 編

序言

　　西元2011年8月15日，欣逢台灣國際法學會名譽理事長　彭明敏教授八十晉八華誕，理事會決議出版論文集，以申祝賀之忱。徵稿函件發出後，反應熱烈，惟　彭教授清虛謙遜，再三婉謝，乃不得不中止徵稿，而就已決定惠賜之鴻文，徵得執筆者同意，以《台灣國際法學會十週年論文集》名義出版。由衷感謝執筆諸賢惠賜鴻文，共襄盛舉。

　　本論文集共收錄論文二十篇，皆是珠玉之作，依其性質，有涉及主權者，有涉及人權者，有涉及世界者，主編將之分類為「台灣‧主權」、「台灣‧人權」、「台灣‧世界」，顏曰《台灣‧國家‧國際法》。論文彙集後，李明峻秘書長囑愚寫序，愚原不敢僭越，惟李秘書長強調，本論文集發端於愚理事長任內，由愚寫序，名正言順。在盛情難卻下，只好從命。

　　台灣國際法學會成立至今已滿十年，在歷屆理、監事規劃、推動，全體會員積極參與，以及各界鼎力支持之下，欣見十年有成。除舉辦無數的學術研討會外，最可頌者，儘管經費拮据，仍自2004年以來發行《台灣國際法季刊》；自2006年以來設置「國際法碩博士論文獎」；自2008年以來設置「彭明敏國際法講座」，殊屬難能可貴。《季刊》的發行，對促進我國國際法學的進步及宣揚台灣主體性理念，貢獻甚大。「論文獎」迄2010年頒發碩士論文獎十二人（博士組從缺），對獎勵研究生研究國際法及提昇國際法研究風氣，績效卓著。「講座」係在愚擔任理事長時所設置，迄2010年，承李明峻、武田美紀子、廖福特諸同道悉心安排，先後邀請日本東京大學教授大沼保昭先生、前聯合國人權事務委員會主席安藤仁介教授、泰國朱拉隆功大學法學院新科院長Sakda Thanitcul教授、英國Leeds University法學院院長David Wall教授、韓國首爾大學教授李相冕博士擔任主講人，對彰顯台灣國際法之父彭明敏教授之非凡成就及促進國際間國際法學之交流，深具意義。

　　為鼓勵台灣對國際法的研究，日本國際法大師安藤仁介教授將其國際法藏書全部贈與本會，本會闢為安藤文庫，置於辦公室，供會員及各界使

用；為協助本會推展會務，台灣國際專利法律事務所所長林志剛律師長期提供辦公室予本會無償使用，並慷慨捐助本會，均令人感激不已。

　　台灣當前最重要的課題，莫過於如何向國際社會發聲？如何爭取參與國際社會尤其加入聯合國？因此濟濟台派人士寄望台灣國際法學會能充分發揮國際法論述平台的功能，促使台灣走向國際社會。前總統府資政陳繼盛博士、前台灣駐德代表尤清博士、前考選部長劉初枝教授等遇到愚時，均再三致意。愚深信，在台灣國際法學會不斷努力之下，必能如陳隆志教授擔任理事長時所言，「使國際法在台灣生根、成長，順應新時代大環境發展進步，也可幫助台灣早日成為國際社會名實合一、正常化的第一流國家。」

　　再度感謝各界的支持和鼓勵，也祝福台灣國際法學會日就月將、永續發展。

黃宗樂謹序於蘭園書屋

2012年6月21日

目次

第貳部 台灣・人權

第參部　台灣・世界

第壹部
台灣‧主權

一、舊金山對日和約、聯大第2758號決議 與台灣國際法律地位

陳隆志*

壹、前言

　　2012年是《舊金山對日和約》（Treaty of Peace with Japan, done in San Francisco；以下簡稱《舊金山和約》）生效的六十週年。1951年9月8日簽訂、1952年4月28日生效的《舊金山和約》是第二次世界大戰後，對台灣[1]過去及現在的國際法律地位具有重大意義與權威性的國際條約。由於《舊金山和約》沒有定明日本放棄後台灣的歸屬國，當時的兩個中國——中華民國與中華人民共和國——都不是日本放棄的受益國，造成台灣的國際法律地位一度未定。不過，中國國民黨政權與中國共產黨政權援引「開羅宣言」（Cairo Declaration）及「波茨坦宣言」（Potsdam Proclamation），主張台灣屬於中國的一部分，對國際法律地位凌駕並取代上述兩宣言的《舊金山和約》卻避而不談。

　　1971年10月25日聯合國大會通過第2758號決議，驅逐蔣介石的代表，中國的聯合國席位由中華人民共和國取代。聯合國大會第2758號決議所解決的是中國代表權問題，而不是台灣的主權問題。該決議完全沒有提到「台灣」，既沒有決定台灣是中華人民共和國的一部分，也沒有授權中華人民共和國在聯合國代表台灣及台灣人民。但是，中華人民共和國別有用心，一再錯誤援引第2758號決議，以誤導國際社會接受台灣是中國一部分的說法。

　　二次大戰結束後，台灣的主權懸而未定，既不屬於中華民國，也不

---

* 1.耶魯大學法學博士，現任紐約法學院法學教授，耶魯法學院資深研究學者。2.台灣新世紀文教基金會董事長。3.台灣國際法學會榮譽顧問、前理事長，台灣聯合國協進會榮譽理事長、前理事長。

[1] 《舊金山和約》規定日本放棄對台灣與澎湖群島的權利、主權與主張。本文探討有關台灣與澎湖群島的國際法律地位時，亦以「台灣」、「台灣與澎湖」、「台灣（包括澎湖）」或「台、澎」等簡稱代表「台灣與澎湖群島」。

屬於中華人民共和國。1949年中國國民黨政權因國共內戰在中國大陸被打敗流亡到台灣，致使台灣主權的問題與聯合國中國代表權問題被牽連在一起。1971年聯合國通過第2758號決議，僅是解決中國代表權的爭議，既沒有解決台灣的主權問題，也沒有在聯合國監督下，舉行任何決定台灣何去何從的公民投票。有關台灣的國際定位，隨著時間的經過、國際與國內環境的變遷，延伸出「台灣的國際法律地位是已定或未定？」、「台灣是不是中國一部分？」以及「台灣是不是一個國家？」等錯綜複雜的爭論。

貳、《舊金山對日和約》與台灣國際法律地位

一、《舊金山對日和約》與《台北和約》有關台灣澎湖領土處分的內容

　　以美國、英國與法國為首的四十八個同盟國與日本簽署《舊金山和約》，是二次大戰後界定戰敗國日本領土範圍、台灣主權的變動，最權威性的國際條約。《舊金山和約》有關台灣、澎湖的領土條款——第2條規定「日本放棄其對於台灣及澎湖群島之一切權利、權利名義（所有權）與要求（Japan renounces all right, title and claim to Formosa【Taiwan】 and the Pescadores【Penghu】）」，並沒有定明日本放棄後台灣的歸屬國；當時的兩個中國——中華民國與中華人民共和國——都不是日本放棄的受益國，引起台灣的國際法律地位未定的問題[2]。

　　在《舊金山和約》達成協議前，作為第二次世界大戰戰勝國之一的中國，出現兩個政府各自宣稱是中國唯一的合法代表，國際社會對中國的承

---

[2] Lung-Chu Chen & W. M. Reisman, "Who Owns Taiwan: A Search for International Title," *The Yale Law Journal*, Vol.81, No.4, March 1972, pp. 641-647. Lung-chu Chen, *An Introduction to Contemporary International Law: A Policy-Oriented Perspective*, 2nd Edition（New Haven and London: Yale University Press, 2000），pp. 44-45. 陳隆志著，《當代國際法引論》（台北：元照出版，1999年9月），頁58-60。彭明敏、黃昭堂合著，蔡秋雄譯，《台灣在國際法上的地位》（台北：玉山社，1995年），頁151-168。陳荔彤著，《台灣主體論》（台北：陳荔彤出版，2002年），頁163-195。陳儀深、薛化元、李明峻、胡慶山合著，《台灣國家定位的歷史與理論》（台北：玉山社，2004年），頁58-64。戴天昭著，李明峻譯，《台灣法律地位的歷史考察》（台北：前衛出版社，2010年7月），頁276-285。

認相當分歧；與會各國鑒於韓戰的發生與遠東的混亂，要早日結束對日本的戰時敵對狀態，以便與日本建立正常的和平關係。最後，「兩個中國」都沒有被邀請參與《舊金山和約》的簽定；中國與日本的問題，由兩國自行進行講和[3]。

關於台灣的國際法律地位，英國代表的聲明最為清楚：

> 《舊金山和約》又規定日本放棄對台灣與澎湖列島的主張。本身並沒有決定此等島嶼的將來。開羅宣言雖提到台灣的將來，但該宣言也同時包括有朝鮮的條款，以及「不侵略」與「無領土野心」的基本原則。除非中國能以實際行動接受此等條款與原則，否則，就台灣問題將難達到最後的解決。在適當時期，必須遵照《聯合國憲章》的宗旨與原則加以解決。另一方面，拖延與日本建立和平關係是不對的。因此，我們所得結論是在締結對日和約時，對台灣的適當處置是僅規定日本主權的放棄而已。[4]

此外，薩爾瓦多代表則指出：「對於日本所放棄的地域，事前若未徵詢該地域住民的意思，不應對其將來的地位做成決定。無論是台灣、千島群島、或庫頁島南部均應如此。」埃及代表也表示：「條約雖為（未）對日本所放棄地域之將來的地位做成決定，但關於第2條所規定的歸屬問題，必須基於人民自決的基本原則，事先詢問該地域住民的意願。」敘利亞代表與沙烏地阿拉伯也陳述相同的意見[5]。當時，蘇聯的代表則提出不同的意見[6]。

---

[3] 王景弘著，《強權政治與台灣：從開羅會議到舊金山和約》（台北：玉山社，2008年9月），頁245-397。

[4] 陳隆志著，《台灣的獨立與建國》（New Haven, Connecticut, USA：美國耶魯大學法學院，1971年），頁48。陳隆志著，《台灣的獨立與建國》（台北：月旦出版，1993年），頁59。王景弘，前揭書，頁329 & 401。

[5] 戴天昭著，前揭書，頁282。

[6] 蘇聯全權代表葛羅米科（Andrei Gromyko）提出不同的看法：「關於英美和約有關領土問題的部分，正如被日本軍國主義者所分離的台灣、澎湖群島、西沙群島及其他島嶼一般，此條約草案嚴重損害中國要求歸還其原有領土的當然權利。草案僅言及日本放棄對該等地域的權利，而蓄意不言及上述地域的命運。但事實上，台灣及上述諸島均由美國佔領，美國企圖藉由討論中的和約草案，將其侵略行動合法化。雖然如此，這些地域的命運仍然是絕對的清楚。亦即，必須將其歸還此等土地的主人：中國國民。」但是，蘇聯最終並未參與簽定《舊金山和約》。戴天昭著，前揭書，頁280 & 282-283。

　　要之，參加「舊金山對日和會」的各國代表絕大多數人的共識是：台灣的歸屬地位，雖然暫時未定，但應該在適當的時機，依據《聯合國憲章》「和平解決爭端」與「人民自決」的原則來決定。要解決一個國際地位未定的領土問題，最理想而合理的方法，就是適用《聯合國憲章》人民自決的原則，在聯合國主持下舉行公民投票，由台灣住民決定[7]。可惜，在國際、國內實際政治條件的限制下，一直沒有為解決台灣未定的國際法律地位舉行任何國際性的公民投票。

　　1952年4月28日《舊金山和約》生效當日流亡來台灣的中華民國政府與日本政府於台北簽訂《中日和約》（Treaty of Peace between the Republic of China and Japan，以下簡稱為《台北和約》）。《台北和約》對於台灣與澎湖群島的處分，明定於第2條：「承認西元1951年9月8日在美國舊金山市簽定的對日和平條約第2條，日本已放棄對台灣及澎湖群島以及南沙群島及西沙群島之一切權利、主權（title）與要求。」《台北和約》所選用的字語，非常仔細且意義重大，依然重申日本在《舊金山和約》放棄台灣、澎湖群島的一切權利、主權及領土的要求；同樣，也沒有規定台灣歸屬的國家[8]。

　　由於日本於1951年簽署、1952年生效的《舊金山和約》放棄對台灣、澎湖的主權，在此之後日本自然無權再處分台灣與澎湖的主權歸屬。因此，日本於1952年與台北的「中華民國」政府締結《台北和約》，或是1972年與中華人民共和國政府簽定《中日建交聯合公報》，都受到《舊金山和約》的法律拘束，無法改變台灣、澎湖的主權及國際法律地位。

　　日本於《舊金山和約》明言放棄台灣的領土主權，以蔣介石為首的中華民國軍隊，僅是代表盟國軍事佔領（military occupation）台灣，並未取得台灣的主權。隨著中國發生內戰，1949年中華民國蔣介石政權失敗逃亡台灣，代表盟軍軍事佔領治理台灣的蔣政權，便為非法的外來流亡政權。在蔣介石政權對台灣進行非法、沒有正當性的軍事戒嚴統治期間，台灣人

---

[7] Lung-Chu Chen & Harold D. Lasswell, *Formosa, China and the United Nations: Formosa in the World Community*（New York: St. Martin's Press, 1967），pp. 126-140. Lung-Chu Chen & W. M. Reisman, *op.cit.*, pp. 660-669. 陳隆志著，《台灣的獨立與建國》，前揭書（1971年版），頁32-35。陳隆志著，《台灣的獨立與建國》，前揭書（1993年版），頁44-47。

[8] 陳隆志著，《台灣的獨立與建國》，前揭書（1971年版），頁24-25 & 48-49。陳隆志著，《台灣的獨立與建國》，前揭書（1993年版），頁37 & 59-60。彭明敏、黃昭堂合著，前揭書，頁168-184。戴天昭著，前揭書，頁286-294。

民經歷台灣海峽國共敵對的危機，與美國簽定共同防禦條約，1971年聯合
國承認中華人民共和國為中國駐聯合國唯一合法代表，日本與美國相繼與
中華人民共和國建交；1987年台灣解除戒嚴，隔年（1988年）李登輝繼任
為總統之後，施行國會全面改選與總統直選等民主改革，使台灣由被軍事
佔領地開始轉型。這一段國內外政治環境的演化過程，使台灣的國際法律
地位出現不同的詮釋。

二、台灣國際法律地位的不同觀點

　　有關台灣國際法律地位問題的探討，見仁見智，眾說紛紜[9]，大致可

[9] 有關台灣國際法律地位的探討,英文部分請見:Lung-Chu Chen & Harold D. Lasswell, *Formosa, China and the United Nations: Formosa in the World Community*（New York: St. Martin's Press, 1967）. Lung-Chu Chen, "Status of Taiwanese," *The New York Times*, Oct. 6, 1969, p.46. Lung-Chu Chen, "Formosa for the Formosans," *New York Times*, Nov. 16, 1970, p. 37. Lung-chu Chen, "Solution for Taiwan: Hold a plebiscite," *Washington Post*, May 23, 1971, p. B6. Lung-chu Chen, "A UN plebiscite? Let Taiwan Decide," *The New Republic*, May 29, 1971.Lung-Chu Chen& W. M. Reisman, *op.cit.,* pp. 599-671. Lung-chu Chen, "The Nation of Taiwan," *Washington Post*, December 24, 1993. p. A15. Lung-Chu Chen, "Taiwan's Current International Legal Status," *New England Law Review*, Vol.32, Spring 1998, pp. 675-683. Lung-chu Chen（Editor）, *Membership for Taiwan in the United Nations: Achieving Justice and Universality*（New York: New Century Institute Press, 2007）. Jean-Marie Henckaerts（Editor）, *The International Status of Taiwan in the New World Order: Legal and Political Considerations*（London; Boston: Kluwer Law International, 1996）. Jonathan I. Charney & J.R.V. Prescott, "Resolving Cross-Strait Relations between China and Taiwan," *American Journal of International Law*, Vol. 94, No. 3, July 2000, pp. 433-477. James Crawford, "Entities unrecognized as separate states: Taiwan," *The Creation of States in International Law*, 2nd Edition（New York: Oxford University Press, 2006）, pp.198-220.
漢文部分請見：陳隆志著，《台灣的獨立與建國》，（New Haven, Connecticut, USA：耶魯大學法學院，1971年）。陳隆志著，《島國台灣地位的進化與退化——舊金山和約四十年後》（台北：公民投票出版社，1991年）。陳隆志著，《台灣的獨立與建國》（台北：月旦出版社，1993年8月）。陳隆志著，〈台灣國家進化曲〉，《自由時報》星期專論，2007年7月29日，頁A4。陳隆志著，〈剖析台灣國家進化異言堂〉，《自由時報》星期專論，2007年8月5日，頁A4。彭明敏、黃昭堂合著，蔡秋雄譯，《台灣在國際法上的地位》（台北：玉山社，1995年）。許宗力等著，黃昭元主編，《兩國論與台灣國家定位》（台北：學林文化，2000年）。姜皇池著，《國際法與台灣：歷史考察與法律評估》（台北：學林文化，2000年）。台灣主權論述論文集編輯小組，《台灣主權論述論文集》（台北：國史館，2001年）。陳荔彤著，《台灣主體論》（台北：陳荔彤出版，2002年）。莊萬壽主編，台灣教授協會策劃，《台灣獨立的理論與歷史》（台北：前衛出版社，2002年12月）。陳儀深、薛化元、李明峻、胡慶山合著，《台灣國家定位的歷史與理論》（台北：玉山社，2004年3月）。陳儀深，「台灣地位論述總整理」，《自由時報》，2007年8月7日，頁A15。雲程，「台灣國家變奏曲／回應陳隆志教授兩篇鴻文」，《自由

以歸納為以下三種：

第一、台灣的國際法律地位早已決定，台灣屬於中國。

第二、台灣的國際法律地位過去未定，現在仍未定。

第三、台灣的國際法律地位過去未定，現在已定，台灣是一個主權獨
　　　立的國家。

（一）台灣的國際法律地位早已決定，台灣屬於中國

有關「台灣的國際法律地位早已決定，台灣屬於中國」的說法，
以中國國民黨政權與中國共產黨政權為代表，但是他們也有各自不同的
論述。基本上，中國國民黨政權以片面宣布廢除不平等的《馬關條約》
（Treaty of Shimonoseki），並根據1943年發表的「開羅宣言」中提到第二
次世界大戰結束後，日本從中國竊取的領土，包括：滿州、台灣與澎湖，
都需歸還中國（...all the territories Japan has stolen from the Chinese, such as
Manchuria, Formosa, and the Pescadores, shall be restored to the Republic of
China.）；1945年7月發表的「波茨坦宣言」，重申落實「開羅宣言」的主
張，在第8條提到「『開羅宣言』的協議必將實施（The terms of the Cairo
Declaration shall be carried out）……」、中國國民黨政府接受日本的投降
以及佔領統治台灣等理由，主張台灣屬於中華民國[10]。中國共產黨政權則從
台灣自古就是中國不可分的一部分、中華人民共和國繼承「中華民國」有
關台灣與澎湖的權利，以及聯合國第2758號決議，宣稱台灣屬於中國[11]。

　　時報》，2007年8月7日，頁A15。台灣教授協會編著，《台灣國家定位論壇》（台北：前衛出版
　　社，2009年12月）。台灣教授協會編著，《中華民國流亡台灣六十年暨戰後台灣國際處境》（台
　　北：前衛出版社，2010年4月）。戴天昭著，李明峻譯，《台灣法律地位的歷史考察》（台北：
　　前衛出版社，2010年7月）。

　　日文部分請見：彭明敏、黃昭堂合著，《台湾の法的地位》（日本：東京大学出版会，1976
　　年）。

[10] 有關台灣的主權屬於中華民國的說法，請參見中華民國外交部，《「台灣的國際地位」說帖》，
　　2010年3月23日，〈http://www.mofa.gov.tw/webapp/ct.asp?xItem=40272&ctNode=1810&mp=1〉；
　　丘宏達著，《關於中國領土的國際法問題論集（修訂本）》（台北：台灣商務印書館，2004年
　　11月），頁1～16；林滿紅，《獵巫、叫魂與認同危機──台灣定位新論》（台北：黎明文化，
　　2008年3月），頁49-55、66-69 & 84-93。

[11] 中華人民共和國國務院台灣事務辦公室，《台灣問題與中國統一白皮書》，1993年9月1日，
　　〈http://www.gwytb.cn:82/bps/bps_zgty.htm〉。中華人民共和國國務院台灣事務辦公室，
　　《一個中國原則與台灣問題白皮書》，2000年2月，〈http://www.gwytb.cn:82/bps/bps_yzyz.
　　htm〉。

　　除了中國國民黨政權與中國共產黨政權的說法之外，在國內另外還有一種說法：「只要台灣沒有正式對外宣布獨立，台灣就是中國叛亂的一省」。支持這種主張的人認為在國際社會普遍承認中華人民共和國是中國唯一合法代表的現實條件下，中華民國是中國的政府，並不是一個國家，維持現狀的中華民國體制，向各國要求「政府承認」、而不是「國家承認」的結果，無疑是自我承認「台灣就是中國的一部分」。台灣沒有宣布獨立，沒有廢棄中華民國體制，沒有積極向國際社會「宣布獨立」（declaration of independence）並要求「國家承認」，將得不到世界各國的承認，也無法改變台灣是中國叛亂的一省、中國非法政府的事實[12]。

　　在國際法上具有相當影響力的英國劍橋大學的國際法教授James Crawford在其代表作《國際法下國家的成立》（The Creation of States in International Law）於1979年出版時，就國家成立的要件，除傳統的人民、領土、政府與主權之外，主張還要加上第五要件，就是一個政府必須明確主張宣稱自己是一個國家的主觀要件。其大作的第二版於2006年出版後，引起國際法學界非常的注意，尤其在台灣。Crawford教授強調國家成立的主觀要件，就台灣是不是一個國家，做仔細的分析與論述。就關鍵性的《舊金山和約》造成台灣的國際法律地位未定這一點，他避重就輕。他提到李登輝總統的「兩國論」，但是真遺憾，並沒有提起陳水扁總統「台灣、中國，一邊一國」的有關聲明與言論。他的結論是：「雖然台灣在事實上已經滿足除了國家承認以外的其他一切國家成立的要件，但是因為台灣的政府從來沒有對外明確表示，台灣是一個有別於中華人民共和國的獨立國家，造成世界各國也普遍不承認台灣是一個主權獨立的國家，所以台灣並不是一個國家[13]。」

---

[12] 許慶雄著，「中華民國之法地位──兼論台灣之統獨爭議」，台灣教授協會編，《台灣國家定位論壇》（台北：前衛出版社，2009年12月），頁210-243；黃居正，「台灣主張了甚麼？」，《台灣國際法季刊》，第2卷第4期，頁241-243；陳儀深、薛化元、李明峻、胡慶山合著，《台灣國家定位的歷史與理論》（台北：玉山社，2004年3月），頁66-68。

[13] 完整論述請見James Crawford, "Entities unrecognized as separate states: Taiwan," *The Creation of States in International Law*, 2nd Edition（New York: Oxford University Press, 2006），pp. 198-220.又可參考黃居正著，〈台灣主張了什麼？〉，《台灣國際法季刊》，第2卷第4期，2005年12月，頁223-243。姜皇池著，〈從國際法面向剖析台灣入聯申請之意義〉，《台灣新世紀智庫論壇》，第40期，2007年12月30日，頁18-23。

（二）台灣的國際法律地位過去未定，現在也未定

　　主張「台灣國際法律地位過去未定，現在也未定」的論者，認為一個領土的轉移，必須以正式的國際和平條約為根據。1895年清帝國與日本簽定《馬關條約》，將台灣永久割讓給日本，直到第二次世界大戰後才產生變動。《舊金山和約》並沒有定明日本放棄後台灣的歸屬國，中華民國與中華人民共和國都不是日本放棄的受益國。對此，英國政府有非常明確的聲明：「根據1952年4月締結的和約，日本正式放棄對台灣澎湖的所有權利、主權與主張；但此項放棄並不發生台灣的主權改屬中國的效力——既不屬中華人民共和國亦不屬中國國民黨政權。因此，本政府認為台灣與澎湖在法律上是主權懸而未定的領土[14]。」

　　當初參加「舊金山對日和會」的各國代表們得到的結論是：台灣的歸屬地位，雖然暫時未定，但應該在適當的時機，依《聯合國憲章》的「和平解決爭端」與「人民自決」的原則來決定[15]。可惜，在國際、國內實際政治條件的限制下，一直沒有為解決台灣未定的國際法律地位舉行任何國際性的公民投票。這表示1950年代台灣的國際法律地位未定，一直到今日仍然未定。

　　基本上，美國與日本所採取的正是這種的立場，他們所主張的「一個中國政策」，有別於中華人民共和國所主張的「一個中國原則」。美國承認的「一個中國政策」，是指「中華人民共和國為中國唯一合法代表」的主張，至於台灣主權的歸屬，他們所採取的立場則是根據《舊金山和約》——台灣的國際法律地位未定[16]。直到現在，美國承認「世界只有一個中

---

[14] 本文為1955年2月4日英國外相艾登（Robert A. Eden）對台灣問題所發表的聲明。轉自陳隆志著，《台灣的獨立與建國》，前揭書（1971年版），頁31。陳隆志著，《台灣的獨立與建國》，前揭書（1993年版），頁43。

[15] 陳隆志著，《台灣的獨立與建國》，前揭書（1971年版），頁47-48。陳隆志著，《台灣的獨立與建國》，前揭書（1993年版），頁58-59。王景弘，前揭書，頁329 & 401。

[16] 2009年5月日本駐台代表齋藤正樹（Saito Masaki）先生在一場公開演講中表示，不認同馬英九總統所言：「《中日和約》（即《台北和約》是日本把台灣主權讓渡給中華民國。他提出「台灣地位未定論」的言論，主要根據是日本已在《舊金山和約》的第2條放棄其對台灣與澎湖群島的一切權利、權利名義與要求。因此，日本對於台灣的國際法律地位，沒有獨立認定的立場。事後Saito Masaki先生對外聲明表示那是他的個人言論，不代表日本政府的立場。雖然日本在《舊金山和約》中放棄台灣，在中日建交聲明中也沒有特別提到台灣與中華人民共和國的關係，只是用「遵循『波茨坦宣言』第8條的立場」來表示。根據「波茨坦宣言」第8條重申「開羅宣言」的內

國」，但是這個中國現在並不包括台灣在內——亦即「一個中國，但不是現在」（One China, but Not Now）[17]。

假使台灣的國際法律地位到今日仍然未定，那麼台灣的主權屬於誰？有一說認為台灣的主權當然屬於台灣人民；另外一說認為台灣的主權屬於美國；還有其他不同的看法。

1.台灣的主權屬於台灣人民

「台灣的主權屬於台灣人民」的主張者，強調台灣人民可以根據《聯合國憲章》人民自決的原則，運用《舊金山和約》賦予台灣獨立的權利，打破「開羅宣言」的謊言，有效區別「台灣主權」與「中華民國主權」，以擺脫中華人民共和國對台灣的糾纏[18]。

「台灣的主權屬於台灣人民」的主張者，挑戰中華民國政權對台灣主權的說法，他們認為1943年發表的「開羅宣言」欠缺美國、英國與中華民國領袖的簽名，只是一篇提供給新聞記者的新聞稿，沒有決定要將台灣「歸還」中華民國的法律效力[19]；1945年的「波茨坦宣言」第8條，重申落實「開羅宣言」，規定戰後日本的領土範圍，無關台灣的歸屬。1945年日本戰敗，盟軍最高統帥授權蔣介石的中華民國軍隊，接收當時還是日本領土的台灣。中華民國蔣介石政權1949年因國共內戰失敗，被迫遷移流亡來台灣進行非法統治。既然《舊金山和約》賦予台灣獨立的權利，台灣人民要走自己的路，當然可以援引《聯合國憲章》「人民自決」原則，採取公民投票的方式，決定自己的未來。

容應被履行，但是「開羅宣言」與「波茨坦宣言」對日本並沒有產生實質的約束力，其國際法效力也為《舊金山和約》凌駕取代。日本雖然「充分理解與尊重」中華人民共和國對於「一個中國」的主張，但是權威性的《舊金山和約》並沒有日本將台灣的主權交給中華民國或中華人民共和國的文字表示。可見，日本處理台灣歸屬的問題時，恪守《舊金山和約》的精神，對台灣屬誰的問題沒有表示意見。以上內容請參閱〈日代表：台灣地位未定　外交部召見抗議〉，《自由時報》，2009年5月2日，〈http://www.libertytimes.com.tw/2009/new/may/2/today-p6.htm〉。以及陳隆志著，〈日本的一中政策與台灣問題〉，《新世紀智庫論壇》，第53期，2011年3月30日，頁128。

[17] 陳隆志著，〈美國的一中政策與台美關係〉，《新世紀智庫論壇》，第53期，2011年3月30日，頁126。

[18] 沈建德著，「台灣的確是台灣人的」，台灣教授協會編，《台灣國家定位論壇》（台北：前衛出版社，2009年12月），頁327-334。

[19] 沈建德著，前揭文，頁331-334。

2.台灣的主權屬於美國

主張台灣主權屬於美國的人，認為台灣是美國的軍事佔領區，他們認定中華民國是侵佔台灣的外來政權，台灣（包括澎湖）的國際法律地位是「美國軍事管轄下的未合併領土」，台灣的主權屬於美國。其說法如下：

第一、1894年清帝國與日本發生甲午戰爭，清帝國戰敗，1895年清日雙方簽署《馬關條約》，將台灣與澎湖割讓給日本，台灣是日本的領土。

第二、1941年太平洋戰爭爆發，美國對日本本土與日本殖民地台灣進行軍事攻擊，1945年日本戰敗後，美國為太平洋戰爭主要戰勝國，得到日本及台灣領土之處分與支配權。美國以主要戰勝國、主要佔領權國（Principal occupying power）身分，委派次要佔領權國（Subordinate occupying power）[20]——即以蔣介石為首的中華民國軍隊到台灣接受日軍的投降，這項「軍事佔領」不代表擁有台灣的主權。

第三、1952年美國的軍事政府作為日本及其殖民地台灣、澎湖之主要佔領權國，根據《舊金山和約》宣布放棄對日本的主要佔領權，卻沒有放棄對台灣與澎湖群島的主要佔領權，這是台灣問題的核心所在[21]。

根據「佔領不移轉主權」原則，美國雖委託蔣介石政權軍事佔領台灣，但自1945年以來，美國政府從未宣布移交台灣主權給中華民國，美國擁有對台灣的主導權。顯然，台灣是美國軍事政府所管轄的「未確定」（Undetermined）、「未組織」（Unorganized）及「未合併」（Unincorporated）領土，目前屬於「暫時狀態」（Interim Status）[22]

3.其他

另外的主張認為要解決因第二次世界大戰所殘留的台灣國際法律地位的問題，最好的方法就是交由當年盟國的成員——亦即以美國為主的國際社會或聯合國共同決定。

台灣歷經1945年的「盟軍佔領」與1949年「中華民國流亡到台灣」的歷程，由於佔領在先、流亡在後兩大因素的拉扯，再加上中國大陸的赤

---

[20] 林志昇、何瑞元合著，《美國軍事佔領下的台灣：徹底踢爆謬誤的台灣主權爭議》（台北：林志昇，2005年），頁36。

[21] 林志昇、何瑞元合著，前揭書，頁40。

[22] 林志昇著，《台美關係關鍵報告：讓台灣定位回到歷史原點》（台北：林志昇，2005年4月），頁43。

化，國際社會對於「中國」的合法政府出現不同的解讀，加上韓戰的爆發產生「敵性反轉」（Reverse Hostility）──導致戰時的盟友變敵人，敵人變盟友的結果，使《舊金山和約》難以決定台灣的歸屬[23]。

　　對於台灣領土的歸屬，無論是《舊金山和約》或《台北和約》都只規定日本放棄台灣。由於日本未指明台灣歸屬的對象，若以日本在《台北和約》放棄台灣而推論中華民國擁有台灣的主權，則依據相同邏輯，日本早在半年前簽訂的《舊金山和約》中放棄台灣與澎湖，台灣與澎湖的主權應屬於四十八個戰勝國所有。換言之，這種「台灣屬於中華民國」的「條約證據」，也正好證明台灣屬於國際社會（亦即聯合國）[24]。

　　現行的台灣，在中華民國的治理下，雖然已經實施民主化，但是並沒有因為條約產生權利移轉的事實，而得到台灣的主權。台灣問題是第二次世界大戰後所殘留的問題，最後仍必須交由以美國為主的國際社會或聯合國議定處理，根據這個事實台灣成為聯合國所忽略、已經實施民主的領土，也就是說台灣是聯合國體系下的自治領土[25]。

三、台灣的國際法律地位過去未定，現在已定

　　支持「台灣的國際法律地位過去未定，現在已定」的主張者，認為根據《舊金山和約》日本放棄後的台灣，主權屬於全體台灣人民，當時台灣的國際法律地位未定──既不屬於中華人民共和國，也不屬於中華民國。

　　在1952年《舊金山和約》生效時，台灣的國際法律地位確實未定。但是，這六十年來，世界在變，亞太在變，中國在變，台灣也在變。這六十年的中間，台灣與台灣人民並沒有被凍結、並沒有停頓在六十年前的環境原地踏步。在這六十年，被壓迫的台灣人民慘澹經營，在逆境中打拚奮鬥，結束了長達三十八年的威權戒嚴壓迫統治；不但造成經濟奇蹟，也獲得本土化民主轉型的成果。在變、變、變的過程中，人民當然是中心的力量，是整個國家社會發展進化的動力。透過台灣人民個人及集體的共同努力，在政治、經濟、社會、文化及人權等各方面發揮發展，由被軍事佔

[23] 王雲程著，「『佔領與流亡』模型下台灣地位與運動整合」，台灣教授協會編，《台灣國家定位論壇》（台北：前衛出版社，2009年12月），頁249-256 & 264-265。
[24] 王雲程著，前揭文，頁257。
[25] 王雲程著，前揭文，頁265。

領、殖民統治蛻變為一個新國家的運作。在六十年前國際法律地位未定的台灣，早已由未定變為已定，由被軍事佔領地進化為一個國家，具備國家所有的構成要件——人民、領土、政府以及與外國交往的權能。這種轉型進化，自自然然，一點都不足奇怪。

「台灣的國際法律地位過去未定，現在已定」之論述，又可分為三種不同的講法：第一種講法是「台灣國家進化論」；第二種講法是「新生國家理論」；第三種講法則是「台灣是事實上的獨立國家，但還不是一個法律上的獨立國家」。

（一）台灣國家進化論

台灣國家進化論認為台灣在1952年《舊金山和約》生效、日本正式放棄台灣（包括澎湖）的主權之後，台灣國際法律地位未定。但是，隨著時間的經過，國內外情勢的演變，台灣政治的民主化與本土化，落實有效的人民自決，使台灣由被軍事佔領地進化為一個主權獨立的國家，台灣國際法律地位由未定變為已定（完整內容，請見以下「台灣國家進化論」的詳細論述）。

（二）新生國家理論

「新生國家理論」主要是劃清、降低與中國不必要的混淆與糾纏，特別強調台灣是在第二次世界大戰之後，誕生出來的新生國家；它不是繼承中華民國，也不是自中華人民共和國（中國）分裂出來的國家。1949年到1990年，台灣具備人民、領土、政府與對外交往的能力等國際法上國家的客觀要件，排除中國與其他國家的干預，形成一個「獨立的政治實體」（independent political entity）；1990年之後，再發展為「事實上（de facto）的獨立國家」，未來還必須經過放棄「中華民國」、向國際社會清楚表明獨立建國的意志，才能成為法理上（de jure）的獨立國家[26]。

根據「新生國家理論」的說法，1945年以前，台灣是日本的領土，第二次世界大戰之後，中華民國軍隊代表盟軍來台進行軍事佔領。1952年生效的《舊金山和約》日本放棄對台灣與澎湖的主權、一切權利與主張，但

---

[26] 許世楷著，〈『新生國家理論』的提倡、續篇〉，莊萬壽主編，《台灣獨立的理論與歷史》（台北：前衛出版社，2002年12月），頁90。許世楷，〈新生國家理論〉，台灣教授協會主編，《台灣國家定位論壇》（台北：前衛出版社，2009年12月），頁302-305。

沒有提到台灣主權的歸屬，造成台灣既不屬於中華民國，也不屬於中華人民共和國，其國際法律地位未定。值得一提的是，1949年中國國民黨政權因為國共內戰失敗流亡來台灣，對台灣人民來講，中國國民黨政權是一個失去祖國的亡命政權，沒有得到台灣人民的同意，軍事佔領當時還是日本領土的台灣。1949年以後到1990年期間，台灣有固定的人民、土地，以及存在一個事實上不受外界干涉與獨立有效統治的政府，形成一個「獨立的政治實體」。1990年以後，台灣推動政治民主化與本土化，歷經國會全面改選、總統直選與二次政黨輪替。台灣有固定的土地、人民、由人民選出獨立有效管轄的民主政府與對外交往的權能，國家的客觀條件都具備，使台灣由主權未定的「獨立的政治實體」，成為一個國民主權漸露的「事實上」的獨立國家[27]。

「新生國家理論」者亦強調，台灣未來必須經過放棄「中華民國」，以及向國際社會清楚表明台灣人民要獨立建國的意志，台灣才能成為一個「法理上」的獨立國家。以上這兩個程序，可以透過「以台灣的名義申請為聯合國新會員國」一兼兩顧，使台灣變成一個法理上獨立的國家[28]。

（三）台灣是事實上的獨立國家，但還不是法律上的獨立國家

根據《舊金山和約》日本放棄台灣之後，並沒有任何一個國家獲得台灣的主權，包括中華民國與中華人民共和國在內。1945年中華民國雖然合法代表盟軍軍事佔領台灣，並統治台灣、澎湖、金門與馬祖至今，但是在國際法上，中華民國並沒擁有台灣與澎湖的主權。中華民國主要統治的領域是台灣，且根據《蒙特維多國家權利與義務公約》（Montevideo Convention on the Rights and Duties of States）作為一個主權獨立國家的要件，將中華民國列為「事實上的國家」（de facto state）並不為過。台灣既然不是中華民國的領土，當然不能說中華民國是以台灣為領土的「法理上的國家」[29]。

清楚區別台灣與中華民國，是台灣國家朝向正常化發展，成為一個法理上的國家的關鍵，透過「台灣正名」、「以台灣的名義加入聯合國」與

---

[27] 許世楷著，〈『新生國家理論』的提倡、續篇〉，前揭文，頁93-96。
[28] 許世楷著，〈『新生國家理論』的提倡、續篇〉，前揭文，頁96-100。
[29] 黃昭堂，《確立台灣的國家主權：由事實上的國家到法理上的國家》（台北：現代文化基金會，2008年2月），頁3-11。

公投「制定台灣新憲法」的方法與手段，向全世界表示台灣人追求台灣國家正常化的集體意志，具有台灣領有權的台灣國（Taiwan State）或台灣共和國（Republic of Taiwan）一旦誕生，則台灣這塊土地上始能出現「法理上的國家」[30]。

參、台灣國家進化論

　　對於「台灣的國際法律地位過去未定，現在已定」的論說，筆者自1991年就開始提出「台灣國家進化論」[31]。在此，做進一步的闡釋。

　　「台灣國家進化論」認為第二次世界大戰後，自1945年10月到1952年4月《舊金山和約》生效，台灣仍然是日本的領土。在盟軍遠東統帥麥克阿瑟（Douglas MacArthur）將軍的授權之下，中華民國軍隊於1945年10月到台灣接受日本的投降，代表同盟國「軍事佔領」台灣，但並沒有取得台灣的主權（所有權）。

　　《舊金山和約》於1952年生效，日本正式放棄台灣與澎湖列島的主權之後，因為和約沒有指定台澎的歸屬國，台灣國際法律地位變為未定。被日本放棄之後，台灣住民與其他受殖民統治的人民不同，被剝奪了公投自決建國的權利與機會，而繼續在中國國民黨流亡政權非法、沒有正當性的軍事戒嚴統治之下，一直到1987年解嚴為止。1988年起進入李登輝時代。1990年代本土化的民主轉型，終止了動員戡亂時期，國會全面改選，總統由台灣人民直選，政黨輪替，政權和平移轉，使台灣人民能夠順應《聯合國憲章》及兩大國際人權公約所揭示「人民自決」的大原則，參與民主化及國家發展的大工事。台灣在民主化的過程中，全民的意志得以展現，台灣人民共同行使「有效自決」（Effective Self-Determination），逐步發展出獨特的政治、經濟、社會及文化制度，使台灣演進為一個主權獨立的國家[32]。

　　台灣國家進化論不但符合台灣歷史的演進與政治現狀、動態國際法

[30] 黃昭堂著，《確立台灣的國家主權：由事實上的國家到法理上的國家》，前揭文，頁11-17。
[31] 陳隆志著，《島國台灣地位的進化與退化──舊金山和約四十年後》（台北：公民投票出版社，1991年）。
[32] 陳隆志，〈聯合國的人民自決原則──台灣的個案〉，《新世紀智庫論壇》，第22期，2003年6月30日，頁4-6。

的發展過程，而且兼顧國際法的本質、目的與基本原則，特別是強調以人民為中心的大趨勢，重視台灣人民意志與力量的展現，促成台灣國家的政治、經濟、社會、文化、人權等各方面的發展，由被軍事佔領地進化為一個主權獨立的國家，台灣的國際法律地位由未定變為已定。

一、當代國際法對領土變遷歸屬的原則

領土移轉牽涉到領土，也牽涉到對人民、資源與制度的權力與控制。為了確保世界公共秩序的穩定，兼顧領土上的人民願望與福祉，當代國際法處理領土變更強調下列三個原則[33]：

第一、時空性原則（Principle of Intertemporal Law）：強調解決過去領土歸屬的問題，要適用當時的國際法原則加以解決[34]。例如，探討1895年的《馬關條約》將台灣永久割讓給日本是否有效等問題時，要適用1895年當時的國際法原則加以解決。但是，假使在整個演變的過程中，對領土歸屬的紛爭一直未解決，時至今日，便要適用今日的國際法原則來加以解決，而不是適用一百多年前的國際法，這就是「時空性原則」。

第二、國際解決領土爭端不使用武力的原則（Principle of Non-Use of Force）：傳統國際法並不禁止國家使用武力征服他國並強佔其領土，甚至將發動戰爭視為一項合理的主權展現。聯合國成立之後，明文禁止一切黷武的行為，將和平解決爭端、不使用武力的原則當作是《聯合國憲章》最重要的一個大原則[35]。

第三、人民自決的原則（Principle of Self-determination）：一個領土的歸屬，不是土地與財產的交易，而是牽涉到整個領土上住民的基本人權與生存福祉。所有關於領土住民將來的歸屬、地位等問題，都必須依據全

[33] Lung-chu Chen & W. M. Reisman, *op. cit.*, pp. 604-606 & 654-656. 陳隆志著，〈台灣的國際法律地位〉，《台灣法學會學報》，第17期，1996年9月，頁217-219。

[34] Lung-chu Chen, *An Introduction to Contemporary International Law: A Policy-Oriented Perspective, op. cit.,* pp.122-123. Lung-chu Chen & W. M. Reisman, *op.cit.*, pp. 601-606. 陳隆志，《當代國際法引論》，前揭書，頁166-167。

[35] Lung-chu Chen, *An Introduction to Contemporary International Law: A Policy-Oriented Perspective, op.cit.,* p. 121-126 & 303-317. 陳隆志著，《台灣的獨立與建國》，前揭書，頁47-50。陳隆志，《當代國際法引論》，前揭書，頁169-170。

體住民的意志來決定，這便是人民自決的真諦[36]。

聯合國的運作與決策清楚顯示，尊重有關住民真正願望是領土變更最重要的指導原則。國際法院法官Hardy Dillard指出：「是人民決定領土的命運，而不是領土決定人民的命運。（It is for the people to determine the destiny of the territory and not the territory the destiny of the people.）[37]」這正是當代國際法處理領土歸屬代表性的詮釋。

二、台灣在國際法上進化為國家的過程

台灣不是「自古以來就是中國不可分的一部分」。就歷史的發展，最早定居於台灣的不是漢人，而是南島語系（Austronesian）的原住民，至少約在四千年前就已在台灣定居[38]。

回顧台灣四百多年的近代歷史，台灣人大部分的祖先由中國東南沿海一帶渡過險惡的黑水溝，來到台灣這個新天地求生存、求發展。在16世紀初，葡萄牙人發現台灣，讚嘆為「Ilha Formosa──美麗之島」。17世紀，西班牙人、荷蘭人相繼爭奪殖民台灣，後來鄭成功也在台灣推動反清復明的大業。清帝國於1683年打敗鄭氏王朝攻佔台灣後，雖將台灣併入版圖，但對古來未隸屬中國版圖的台灣僅維持有名無實的統治。「三年一小反，五年一大亂」正是這種狀態的寫照。清帝國在台灣設十年後，就於1895年的《馬關條約》將台灣永久割讓給日本；台灣民主國成立，但是曇花一現，很快為日本壓平，日本殖民統治台灣五十年。中國國民黨政權來台進行軍事佔領，台灣由被軍事佔領地經過長期非法、沒有正當性的軍事戒嚴

---

[36] Lung-chu Chen & W.M. Reisman, *op.cit.*, p.655-656. Lung-chu Chen, *An Introduction to Contemporary International Law: A Policy-Oriented Perspective, op.cit.,* pp. 30-38 & 123-126. 陳隆志著，《台灣的獨立與建國》，前揭書（1971年版），頁39-45. 陳隆志著，《台灣的獨立與建國》，前揭書（1993年版），頁50-56. 陳隆志著，《當代國際法引論》，前揭書，頁42-52 & 167-169. 陳荔彤著，《台灣主體論》，前揭書，頁153-161. 姜皇池著，《國際法與台灣：歷史考察與法律評估》（台北：學林文化，2000年），頁443-447。

[37] Western Sahara, Separate Opinion of Judge Dillard, *I.C.J. Reports* 1975, p. 122. 又可參閱Lung-chu Chen, *An Introduction to Contemporary International Law: A Policy-Oriented Perspective, op.cit.,* p. 123-126. 陳隆志著，《當代國際法引論》，前揭書，頁170-171。

[38] 國立台灣大學原住民族研究中心，〈南島文化〉，2010年7月10日，<http://www.cip.ntu.edu.tw/main06.htm>。又可參閱李壬癸著，《台灣南島民族的族群與遷徙》（增訂新版）（台北：前衛出版社，2011年1月）。

統治，再到本土化的民主轉型而進化為一個國家，就是第二次大戰後台灣現代史的寫照。

由國際法的觀點來看，自1895年以來，台灣並不是中國的一部分。今日的台灣是經歷持續的演進過程而成為一個國家，與中國互不隸屬。台灣歷經持續的發展過程，透過「人民的有效自決」，由過去未定的國際法律地位，進化為一個主權獨立的國家，擁有主權及獨立性的國家特徵。台灣進化為國家的過程，可分為下述的四個重要階段[39]。在論述這四個階段時，筆者也會針對上述有關台灣國際法律地位不同意見所提出的關鍵點，加以評析。

（一）1895年～1945年：台灣是日本的殖民地、日本的領土

1895年，清帝國與日本簽訂《馬關條約》，將台灣與澎湖永久割讓給日本。依據當時的國際法，這是領土有效的轉讓，台灣成為日本的領土[40]。

中國國民黨政權與中華人民共和國政權皆以1941年中國對日本正式宣戰並聲明廢除中日間的一切條約（包括1895年將台灣澎湖割讓給日本的《馬關條約》），作為台灣已自動重歸中國版圖的理由。顯然，這種片面廢除《馬關條約》的論述，對台灣的法律地位並不發生國際法上的效力[41]。原則上，一個條約，尤其是領土割讓的條約，一個當事國片面聲明廢除不能發生法律效力，乃是國際法的根本原則。違反這一根本原則，世界公共秩序就會大亂特亂。

（二）1945年～1952年：中國國民黨政權代表戰勝同盟國軍事佔領台灣

第二次世界大戰後，台灣是盟軍軍事佔領下的日本領土。盟軍的軍事佔領乃是由盟軍遠東最高統帥麥克阿瑟所指令授權，由蔣介石為首的中華

---

[39] Lung-chu Chen, "Taiwan and the United Nations: Historical and Policy Perspectives," Lung-chu Chen ed., *Membership for Taiwan in the United Nations: Achieving Justice and Universality*（New York: New Century Institute Press, 2007），pp. 85-87. 陳隆志著，〈台灣國家進化曲〉，《自由時報》星期專論，2007年7月29日，頁A4。

[40] Lung-chu Chen & W. M. Reisman, *op. cit.*, pp. 630-633. 陳隆志著，《台灣的獨立與建國》，前揭書（1971年版），頁20-22。陳隆志著，《台灣的獨立與建國》，前揭書（1993年版），頁33-34。姜皇池著，《國際法與台灣：歷史考察與法律評估》，前揭書，頁5-8。

[41] 陳隆志著，《台灣的獨立與建國》，前揭書（1971年版），頁45-46。陳隆志著，《台灣的獨立與建國》，前揭書（1993年版），頁56-57。

民國軍隊代行。此舉屬於對台灣的軍事佔領，而不是取得台灣的主權或所有權[42]。

　　1949年10月，中華人民共和國在中國大陸成立，中華民國領導者蔣介石流亡到台灣，開始長達三十八年（1949年～1987年）的非法軍事戒嚴統治。就法律而言，當時（1949年）台灣仍是日本的領土；蔣介石政權僅是一個在國際法上不具合法性的外來流亡政權。

　　1952年生效的《舊金山和約》，明定日本放棄對於台灣與澎湖的一切權利、主權及領土要求，但未明定歸屬於任何國家。因為日本的放棄並沒有提到受益國，所以台灣的真正歸屬一直懸而未決。[43]這就是台灣地位未定論的正式由來。1952年4月在台灣的中華民國政府與日本所簽訂的《台北和約》，日本遵照《舊金山和約》正式放棄台灣，也未指明中華民國是受益國——雖然中華民國政府再三做此要求。換句話講，《台北和約》並沒有改變台灣的地位——台灣既沒有歸屬中華民國，也沒有歸屬中華人民共和國。

　　中國國民黨政權與中華人民共和國政權都主張台灣屬於中國，其中一項主要的理由是美、英、中在「開羅宣言」表示在戰後要將台灣與澎湖歸還中國的意願。此項意願為「波茨坦宣言」所確認，根據此宣言，日本無條件投降，台灣重為中國的領土。依據國際法的原則，任何戰爭結束後，所有領土的割讓、移轉都必須在和平條約中明文規定。和平條約是戰勝國與戰敗國雙方終止敵對狀態所達成的明確協議，其效力高於任何戰時協定或宣言[44]。因此，就戰後日本領土的處置，「開羅宣言」與「波茨坦宣言」這種戰時聲明的效力，乃同盟國基於戰爭的勝利與軍事的需要，所共同發表的片面政策性聲明，並沒有領土所有國日本的參與。戰後的《舊金山和約》，不但有當時戰勝的四十八個同盟國參加，而且戰敗國的日本也參與其中，得到領土所有國日本明確放棄台灣的承諾。透過和約，同盟國與日本正式結束敵對關係，《舊金山和約》的國際法效力當然凌駕並取代「開羅宣言」與「波茨坦宣言」[45]。

---

[42] Lung-Chu Chen & W. M. Reisman, *op. cit.*, pp. 639-641. 陳隆志著，《台灣的獨立與建國》，前揭書（1971年版），頁31-33。陳隆志著，《台灣的獨立與建國》，前揭書（1993年版），頁43-45。

[43] Lung-chu Chen & W. M. Reisman, *op. cit.*, pp. 641-645.

[44] 陳隆志著，《台灣的獨立與建國》，前揭書（1971年版），頁38-39。陳隆志著，《台灣的獨立與建國》，前揭書（1993年版），頁50。

[45] Lung-chu Chen & W. M. Reisman, *op. cit.*, pp. 635-639. 陳隆志著，《台灣的獨立與建國》，前揭書

（三）1952年～1987年：中國國民黨流亡政權無合法、無正當性軍事佔領台灣

　　1952年《舊金山和約》生效，日本正式放棄後的台灣繼續處於中國國民黨流亡政權非法軍事佔領的戒嚴威權統治之下。蔣介石政權無視台灣人民的尊嚴，採取「流亡統治、神話統治、麻騙統治、分化統治、特務統治與剝削統治」的手段，壓迫台灣人民、侵害台灣人民的尊嚴，剝奪台灣人民的基本權利，台灣人民在國內與國外都無法發出真正的心聲[46]。

　　早在1950年代，聯合國曾嘗試解決台灣問題，但因時機未成熟沒有什麼結果。隨著時間的過去，蔣介石政權繼續在聯合國充佔中國的席位，使得台灣在國際法上的未定地位與中國在聯合國代表權的問題發生牽連[47]。當時國際社會雖然有很高的期待，希望能與聯合國中國代表權的問題一併解決台灣國際法律地位的議題，但是，此一議題並沒有同時被決定[48]。1971年10月聯合國大會第2758號決議僅僅決定聯合國中國唯一的合法代表是中華人民共和國，而非中華民國，將「蔣介石的代表驅逐」，對台灣的國際法律地位並沒有做出任何決定——沒有決定台灣是中華人民共和國的一部分，也沒有授權中華人民共和國在聯合國代表台灣及台灣人民[49]。

　　聯合國大會第2758號決議，在對外交往的層面上，不但粉碎了中華民國代表全中國的神話，也讓台灣漸漸成為國際孤兒，既不能參加聯合國，

　　（1971年版），頁46。陳隆志著，《台灣的獨立與建國》，前揭書（1993年版），頁57。陳隆志著，〈剖析台灣國家進化異言堂〉，前揭文，頁317。王景弘著，前揭書，頁410-412。戴天昭著，前揭書，頁168-182。

[46] 陳隆志著，《台灣的獨立與建國》，前揭書（1971年版），頁120-137。陳隆志著，《台灣的獨立與建國》，前揭書（1993年版），頁124-140。

[47] 陳隆志著，《台灣的獨立與建國》，前揭書（1971年版），頁58-62。陳隆志，《台灣的獨立與建國》，前揭書（1993年版），頁68-72。

[48] 陳隆志著，《台灣的獨立與建國》，前揭書（1971年版），頁63-91。陳隆志，《台灣的獨立與建國》，前揭書，頁72-98。

[49] 陳隆志著，《當代國際法引論》，前揭書，頁60-61。羅致政著，〈聯合國對「中國代表權問題」的法理爭議〉，《台灣國際法季刊》，第3卷第3期，2006年9月，頁69-89。林永樂，〈以台灣之名加入聯合國的重要意涵〉，《新世紀智庫論壇》，第39期，2007年9月30日，頁14-15。陳文賢，〈從國際政治的角度看台灣申請加入聯合國的作為〉，《新世紀智庫論壇》，第40期，2007年12月30日，頁30。陳隆志著，〈台灣與聯合國〉，陳隆志、陳文賢編，《聯合國：體制、功能與發展》（台北：財團法人台灣新世紀文教基金會台灣聯合國研究中心，2008年12月），頁491-492。

也無法參加聯合國體系內眾多功能性的國際組織。過去承認「中華民國」的國家紛紛改變態度，轉而承認中華人民共和國為中國唯一的合法代表，使台灣愈形孤立——尤其是美國與中華人民共和國於1979年1月建交之後。

美國採取「一個中國政策」，與中國的「一個中國原則」不同。美國的「一個中國政策」以「台灣關係法」為主軸，中國的「一個中國原則」則表現在所謂的「美中三大公報」（上海公報、建交公報與八一七公報）。

中國的「一個中國原則」是一種三段論：（1）世界只有一個中國；（2）中華人民共和國為中國唯一的合法代表；所以（3）台灣是中國的一部分。

美國的政策將「一個中國政策」與「台灣主權誰屬」的問題分開。美國承認中國「一個中國原則」的前二項（世界只有一個中國，中華人民共和國為中國唯一的合法代表），而沒有承認第三項。美國對「台灣是中國的一部分」之主張，採取「認知」（acknowledge）的立場，而不是「承認」（recognize），選擇的用詞非常用心謹慎：「認知」與「承認」不同，「我知道」你的主張與「我承認」你的主張，在國際法上的意義根本不同。美國的「認知」表示我「知道」你主張台灣是中國的一部分，但是我並不「承認」你的主張。雖然如此，中國政府仍是處心積慮，故意混淆兩者的差別，以「承認」涵蓋「承認」（recognize）與「認知」（acknowledge）兩個概念，以誤導各國政府及國內外人士，認為美國政府在「一個中國政策」下，已經「承認」台灣為中國的一部分。

要之，美國的立場是台灣目前並不屬於中華人民共和國。台灣將來是不是會屬於中華人民共和國？根據「台灣關係法」，台灣的將來必須以「和平的方式解決」。何時會達成和平解決？結果會如何？目前沒有答案。但是，台灣人民的選擇將是關鍵所在。因此，美國的「一個中國政策」被專家稱為「一個中國，但不是現在」。（One China, but not now.）

在國際上失去合法性、正當性的中華民國流亡政權對內的高壓統治則變本加厲。中國國民黨政權以傳承「中國法統」政權自居，將所謂「中華民國」憲政體制、法統強行加在台灣，違反台灣人民的意志與意願，台灣人民敢怒而不敢言。

蔣介石不敢面對台灣的現實，利用任期早已屆滿，隨其自中國大陸逃亡來台灣的「國民大會代表」組成流亡的「國民大會」，以選舉自己及其兒子為無任期限制的流亡「總統」。加上由無選民、超越任期的流亡「立

法委員」與「監察委員」構成的「立法院」、「監察院」，以及由流亡總統任命的官員構成的「行政院」、「司法院」與「考試院」，組成「中華民國」流亡政府。這些流亡的「中央民意代表」受蔣家流亡政權的操縱御用，不是台灣人的真正代表[50]。

以蔣氏父子為首的流亡集團深知，本身是一個沒有得到台灣人委託授權或同意的流亡政權。為了確保永久統治台灣的政治權力利益，在威權統治本質不變下，給予台灣人有限度的民主，在1950、1960年代台灣人民僅能參與地方層次的選舉，1972年底開放「增額中央民意代表選舉」；表面上這是由台灣人民投票選出的增額中央民意代表，實質上只佔國會總額的極小部分，不能發揮甚麼作用，欺弄台灣人莫此為甚。此外，大量啟用台灣籍的政治菁英，以甘受利用的台灣人為統治工具，為政府與執政黨服務，發揮收買人心鞏固黨國體制的作用。[51]

在中國國民黨政權非法、恐怖的軍事戒嚴統治下，台灣人民的基本自由與人權受到剝奪，沒有集會結社自由，思想與言論都受到控制。但是台灣人並不氣餒，壓力愈大，反抗力愈強。1979年高雄發生「美麗島事件」使台灣爭取民主的本土反對運動達到高峰，這股社會改革的強烈力量，不但促成1986年民主進步黨的成立，也迫使中國國民黨政權不得不在隔年（1987年）解除長達38年的非法戒嚴。

（四）1988年至今：台灣經有效人民自決演進為一個主權獨立的國家

1988年李登輝繼任為總統，進入李登輝時代，開始台灣的民主化、本土化進程，「中華民國」逐漸台灣化。台灣人民爭取民主、自由、人權的努力奮鬥持續不斷，透過一次又一次的公開演講、群眾抗議、示威、請願、自力救濟、街頭遊行等活動，衝撞昔日許多牢不可破的社會禁忌，尤其是1990年3月大學生自動自發走出校園發動大規模的「野百合學運」，提出「解散國民大會」、「廢除臨時條款」、「召開國是會議」與「政經改革時間表」四項改革訴求之後，獲得執政黨的回應，加速推動「國會全

---

[50] 陳隆志著，《台灣的獨立與建國》，前揭書（1971年版），頁120-121。陳隆志著，《台灣的獨立與建國》，前揭書（1993年版），頁124-125。

[51] 陳隆志，《台灣的獨立與建國》，前揭書（1971年版），頁101-109。陳隆志著，《台灣的獨立與建國》，前揭書（1993年版），頁107-114。

面改選」運動、政治犯的釋放、「懲治叛亂條例」的廢除、「刑法第一百條」的修正、「海外黑名單」返鄉的突破,甚至於「國會全面改選」與「總統直選」等民主改革,逐步走向「本土化民主轉型」的新境界。1991年,李登輝總統正式宣布終止「動員戡亂時期」;在1991年與1992年,則進行代表台灣人民的國會議員(國民大會代表與立法院立法委員)的全面改選;1996年,台灣首次由人民直接選舉總統。這種由台灣人民推動的民主化與本土化,從戒嚴的威權統治轉化為奠基於人民同意且致力於人性尊嚴與人權的自由、民主國家目標的實踐,共同參與決定台灣國家發展的過程,正是台灣人民有效自決的落實。

　　台灣人民有效自決的落實,不但創造經濟奇蹟,而且發展台灣獨特的政治、經濟、社會與文化制度,實踐《聯合國憲章》、《經濟、社會與文化權利國際公約》與《公民與政治權利國際公約》所強調的「人民自決原則」。兩大人權公約在它們的第1條第1項以相同的字句宣示:「所有人民都有自決權。他們憑這種權利,自由決定他們的政治地位,並自由謀求他們的經濟、社會與文化的發展。」

　　2000年的第二次總統直選,民主進步黨的總統候選人陳水扁當選,結束中國國民黨政權長達55年的統治,政權和平轉移。2004年,台灣主體政權連任。在前後八年的任期內,陳水扁總統致力於提升台灣國家主體意識,一再公開聲明「台灣、中國,一邊一國」,推動「公投入聯」運動。他於2007年以台灣的名義向聯合國提出加入為新會員國的申請,強調台灣是一個主權獨立的國家、是一個愛好和平的國家,有履行《聯合國憲章》義務的能力與意願,這是歷史性的創舉。這種向屬於全人類、包括所有國家(台灣除外)、最崇高的世界組織主動積極聲明、凸顯台灣是一個愛好和平、主權獨立的國家之作為,意義非常重大,絕對不遜於所謂的「宣布獨立」[52]。相信James Crawford教授對台灣的國格定會刮目相看(如上所述,他的《國際法下國家的成立》之大作,第二版是在2006年發行,陳總統提出台灣入聯的申請是2007年7月)。

　　2008年,台灣人民以選票支持代表中國國民黨的馬英九當選總統,促成第二次政黨輪替。2012年台灣第五次的總統直選,蔡英文主席作為首位女性總統參選人,不但代表民主進步黨爭取選民支持,競逐第三次政黨輪

---

[52] 參閱「伍、台灣要入聯與聯大第2758號決議」的詳細論述。

替的機會，同時也為造就兩性共治的成熟環境，注入新的能量。台灣人民的自由意願，透過一次又一次政黨競爭與民主選舉的過程，展現台灣人民集體的民主意志與力量，符合國際法主權在民、人民自決的原則，充分彰顯台灣是一個主權獨立國家的事實。這種透過人民的有效自決，彰顯台灣是一個主權獨立國家的形式與實質，比舉行一次公民投票決定台灣何去何從更為具體，更為踏實。在本質上，人民的有效自決是一個持續發展的過程。這種經常以人民為中心的政治參與、國家發展過程，正是人民自決的真諦。

　　無論選舉的最後結果如何，影響的是不同政黨施政主軸與政策走向，而無法改變台灣是一個有別於中華人民共和國，且互不隸屬的主權獨立國家的事實。國內有些人稱呼自己的國家名稱為「台灣」或「台灣國」，也有人使用「中華民國」作為自己國家的名稱；雖然使用的名稱不同，但是並不影響台灣是一個國家的事實（雖然國號不是國際法國家成立的要件，但是若能形成一個真正代表台灣人民、台灣國情、為絕大多數人接受的國號，能促進台灣國家的健全發展，當然是愈早愈好）。台灣已進化為一個主權獨立的國家，政府與國民對國格的自我認同與認定，是台灣國家發展的根本，也是台灣參加聯合國體系內各項國際組織的前提。我們對自己國家的認同及認定非常重要。我們自己不認同，不認定自己的國家，誰會認同？誰會認定？[53]

肆、由國家進化到國家正常化

　　台灣充分具備一個國家的條件（人民、領土、政府與主權），依國際法，一個國家不分大小、強弱、貧富，也不管承認國或邦交國的多少，在法律上都具有平等的國際人格，享有主權及獨立性。台灣經過「人民的有效自決」，在過去曾經懸而未定的國際法律地位如今變為已定，進化為一個主權獨立的國家，但還不是一個正常化的國家。

---

[53] 陳隆豐，〈台灣的國家認定〉，《新世紀智庫論壇》，第40期，2007年12月30日，頁87-106。

一、台灣已進化為一個國家，但還不是一個正常化的國家

　　中華民國成立時，台灣還是日本的領土，1949年中華民國流亡到台灣來時，甚麼都失去了，如今中華民國的人民、領土、資源與制度都在台灣，台灣才是實質的國家。就國家成立的要件來看，台灣代表我們國家真實的存在，「中華民國」是一個虛幻的名號，造成人民國家認同的分歧，以及台灣在國際上步步難行的困境[54]。台灣需要國家正常化，擺脫「中華民國」不散的陰魂，使台灣成為名實合一的正常化國家，才是真理。

二、台灣要成為一個正常化的國家

　　建設國家是一個持續打拚的過程，台灣要成為一個正常化的國家，需要人民共同參與，完成以下兩件大工事[55]：

（一）制定台灣憲法，國家正名憲法化

1.制定台灣憲法的重要性

　　制定台灣憲法，是台灣成為一個正常化國家的一個重要條件。台灣是一個主權獨立的國家，但還不是一個正常化的國家，關鍵在於我們欠缺自己的憲法與國號。現行「中華民國憲法」設計的對象是中國大陸與中國人民，不是台灣與台灣人民，台灣人民並沒有真正參與「中華民國憲法」的制定。這部憲法隨著蔣介石政權在中國大陸被驅逐、流亡到台灣後，強壓在台灣人民身上，不但時空環境錯亂，其合法性與正當性，大有問題。

　　由於台灣在演進為一個國家的過程中，還沒有產生一部真正自己的憲法，導致國家認同的混淆，台灣是不是一個國家的爭論，至今仍然持續不斷。因此，在國內無法形成應有的國家團結力，在國際上也無法享受應有

---

[54] 陳隆志著，〈新世紀台灣的國際角色〉，《新世紀智庫論壇》，第10期，2000年6月30日，頁21-25。

[55] 陳隆志著，〈台灣國家正常化之道〉，《自由時報》星期專論，2005年10月30日，頁4。陳隆志著，〈台灣國家正常化是要持續打拚的大工事〉，《自由時報》星期專論，2007年4月1日，頁A4。

的國家地位[56]。

2.制憲,不是修憲

憲法是國家的根本大法,釐定政府的體制,保障人民的基本權利與自由,代表人民的共同意志,是國家正名定位、永續發展的基石。但是,現行憲法對人民自由權利的保障,早就與國際人權潮流脫節,這種政治制度設計混亂,又沒有辦法有效保障人民權益的憲法,本身反而成為政治亂源。台灣要在國際社會適存、永續發展,必須全力從事制定台灣憲法的大工程。重新制訂一部台灣憲法,不是修改現行「中華民國憲法」的脫胎換骨,而是表達台灣國家獨特性的新憲法[57]。

3.國家正名憲法化

國家正名刻不容緩,這是台灣人民的基本權利。長期以來,居住在台灣的人民,聽過政府對外參與國際活動所使用的很多名稱,包括「中國」、「中華民國」、「中華民國在台灣」、「台灣」、「中華台北」、「台北」、「台澎金馬獨立關稅領域」等等。如今,台灣早已成為一個主權獨立的國家,而這塊土地上政治的民主化以及經濟的自由化,得到國際社會的肯定稱讚,一個現代化國家形成的要件,台灣都具備了。假使這個國家的名稱不是叫台灣,又有哪一個名稱是名符其實最能代表居住在這塊土地上的所有人民[58]?

要將台灣建設為名實合一的正常化國家,首先必須從「正名」開始。每一個國家與個人一樣,都有自己的名字,這是基本權利;一個國家的名稱要如何決定,通常取決於國民自我認知以及國際人士的瞭解。為台灣全面正名的意義,在於凝聚所有台灣住民認同這塊土地的共識。多年來,隨著經濟的持續發展,台灣社會由戒嚴威權統治,走向政治民主化與本土化、總統直選及政黨輪替等歷程,均獲得國際廣泛的讚賞。台灣主權獨立是一個不可抹滅的事實,但在法律上,還沒有獲得國際社會的普遍認同,造成台灣真像是一個國家,又不像是一個國家的窘境,不但使台灣住民的

---

[56] 陳隆志著,〈台灣憲改之路〉,《自由時報》星期專論,2005年7月30日,頁3。

[57] 陳隆志,〈台灣憲法文化的建立與發展〉,陳隆志主編,《台灣憲法文化的建立與發展》(台北:前衛出版社,1996年4月),頁7-34。

[58] 台灣新世紀文教基金會,〈「台灣正名:台灣人民的基本權利」重要聲明〉,《新世紀智庫論壇》,第16期,2001年12月30日,頁5。

國家認同錯亂，也使國際社會誤認台灣是中國的一部分。如何解決這個國家定位的問題，主要是看我們是否具備足夠的勇氣、智慧、與決心，有效區隔「台灣」與「中國」的不同[59]。

　　「台灣」與「中國」是二個不同的國家，各自擁有獨立的主權，各有其政府，統治管轄不同的人民與領土，中國的主權與治權不及於台灣，台灣的主權與治權僅及於台灣與澎湖[60]，而不及於中國及外蒙古。不論是對內或對外，不論是政治、法律、經濟、社會、文化制度，台灣與中國截然不同。重新建構以台灣歷史、地理、政治、經濟、社會、教育、文學等脈絡為主體的台灣國族，強化台灣自我的尊嚴與信心，是今後我們參與國際社會的基礎與動力[61]。

4.台灣憲法應有的內涵

台灣新憲法至少應包括下列的主要內涵[62]：

（1）建立以台灣為主體的新憲法，適合台灣的國情與人民的需要，明確為台灣國定位。

（2）要有宏觀、前瞻性，表達台灣國要在國際社會積極參與、作為及貢獻的信念與意願。

（3）建立完整、權責分明的政治體制，既分工制衡、又能有效合作的制度。總統制也好，內閣制也好，應善用民主憲政先進國家所累積的經驗與智慧，保持一個制度的精神、完整性及相關的配套措施，不可陷入過去不三不四制的錯誤。

（4）順應世界民主自由人權的大潮流，將國際人權準則納入憲法體系，加以堅固的保障。

（5）以國家人民整體的利益為重，不是以黨派一時的得失為盤算。由大局長遠處著眼，而不是為一時的政治得失斤斤計較。憲法為國家人民而存在，不可成為黨派政爭的工具，而要成為國家長治久安的安定力。

（6）新憲法的序言非常重要，必須表達台灣立國的精神與願景，將

---

[59] 台灣新世紀文教基金會，〈「台灣正名：台灣人民的基本權利」重要聲明〉，前揭文，頁6。
[60] 目前的治權也及於金門與馬祖。
[61] 台灣新世紀文教基金會，〈「台灣正名：台灣人民的基本權利」重要聲明〉，前揭文，頁6。
[62] 陳隆志，〈制定台灣憲法之路〉，《新世紀智庫論壇》，第34期，2006年6月30日，頁48-49。

　　台灣的過去、現在、與未來密切連結起來，促成活力前進的台灣
憲法文化之建立。台灣要成為名實合一的正常化國家，需要自己
的憲法。台灣憲法的誕生，將為台灣國在第21世紀帶來新機運。

5.以公民投票催生台灣憲法

　　要制定一部以台灣為主體的憲法，人民的參與是絕對必要的，而人民
對憲法的正確認識，不但攸關台灣憲法未來發展，同時也有助於塑造台灣
主體的憲法文化。隨著台灣多元化社會的逐步發展，以民間組織為基礎的
公民社會，是促進社會改造的動力，也是鞏固民主制度、提高民主素質的
基礎[63]。

　　現行修憲的困難度極高，要靠修憲程序達到制憲的目標，顯然是緣木
求魚。為加強推動制憲運動，必須結合公民社會的力量，成立一個獨立於
政府權力之外的「民間制憲聯盟」，作為制定台灣憲法的主要推手。

　　在民間制憲聯盟制定台灣憲法草案的過程中，需要結合學術研究單
位、智庫的力量，作全盤性、完整性的規劃與設計。除了以專家學者為主
之外，制憲委員會也應納入婦女團體代表、原住民族代表、社運團體代表
等，在憲法草案起草的過程中，考慮多元不同的意見，但應以完整且符合
台灣的國格國情為重。

　　民間制憲聯盟另外一項重大責任是推動普及的憲法教育。推動憲法教
育的普及化具有雙重目的[64]：

　　第一是凝聚台灣人民制定自己憲法的相當共識。民間制憲聯盟在憲法
草案推出時，應串連民間社運團體、並結合學術研究單位、智庫的學者，
積極在全國各地選擇適當的場所，進行民間的憲法教育，透過公開說明
會、討論會與座談會的舉辦，由點而面，對社會各階層人士進行說明、溝
通與討論，增進台灣人民對於制定台灣憲法的意義與原則的了解。

　　第二是民間制憲聯盟巡迴各地推動憲法普及教育的同時，也可根據與
會者的反映與意見，作為憲法草案修正的參考，使憲法草案更能貼近人民
反映人民的心聲。

　　民間制憲聯盟積極在全國推動憲法普及教育一定時間之後，就輪到人
民作最後的決定。新憲法草案公布之後，經過上述憲法教育的階段，人民

[63] 陳隆志，〈制定台灣憲法之路〉，前揭文，頁49。
[64] 陳隆志，〈制定台灣憲法之路〉，前揭文，頁49-50。

對於憲法草案有充分了解、思考及參與的機會，最後才舉行全國性的公民投票，就台灣憲法草案的採行，作最後的決定，經過主權在民的程序形成對新憲法的了解與相當的共識，台灣憲法的誕生可望水到渠成。

公民社會積極參與台灣制憲運動，不但是主權在民的落實，而且人民對自己的憲法一定會產生親身參與制定的感情，對台灣憲法加以珍惜，加以愛護。如此，我們可期待台灣憲法的新紀元，邁向民主憲政深化、憲法文化健全發展的光明大道。

（二）以台灣之名加入聯合國及其他國際組織作為會員國

聯合國的任務是維持世界的和平與安全，促進國際合作，具有全球性與普遍性。台灣是一個主權獨立、愛好和平的國家，有履行聯合國憲章義務的能力與意願，當然有資格做為聯合國的新會員國。台灣若能加入聯合國，就能順利加入聯合國體系下的相關組織與專門機構[65]。

《聯合國憲章》第4條第1項規定：「凡其他愛好和平之國家，接受本憲章所載之義務，經本組織認為確能並願意履行該項義務者，得為聯合國會員國」。台灣是當代世界的一個國家，符合國際法國家所應具備的條件：有兩千三百萬的人民，對於台灣、澎湖、金門與馬祖的固定領土行使有效控制與正當權力，具有有效決策能力的政府，也有與世界其他國家負責進行互動的權能[66]。

台灣要站起來，走入國際社會，必須全面性及普及性的「以台灣之名」爭取世界各國的支持加入聯合國及其他國際組織。無論從歷史觀點、國際法、與聯合國憲章的規定來看，台灣絕對有權以主權獨立國家的身分，在國際政治的大舞台表達兩千三百萬台灣人民的心聲，同時與193個會員國在聯合國內正常化的互動[67]。

---

[65] 陳隆志著，〈台灣與聯合國〉，前揭文，頁488-491。

[66] Lung-chu Chen, "Taiwan and the United Nations: Historical and Policy Perspectives," *op.cit.*, pp. 81-82. Crispin Grey Johnson, "Taiwan and the United Nations," Lung-chu Chen（ed.）*Membership for Taiwan in the United Nations: Achieving Justice and Universality*（New York: New Century Institute Press, 2007）, pp. 109-114.

[67] 陳隆志著，〈台灣入聯進行曲〉，《自由時報》星期專論，2007年11月4日，頁A4。

伍、台灣要入聯與聯大第2758號決議

　　2011年10月25日正是蔣介石代表由聯合國被驅逐的第四十週年。回顧這段歷史，聯合國中國代表權的問題是必須探討的課題。過去台灣的國際法律地位與聯合國的中國代表權相牽連。中華民國是聯合國1945年的創始會員國，也是安全理事會的常任理事國。1949年蔣介石的中國國民黨政權被毛澤東的中國共產黨打敗趕出中國大陸，流亡到二次世界大戰由盟軍軍事佔領的日本殖民地——台灣。中華人民共和國繼承中華民國，開始了中華人民共和國代表要求取代中國國民黨蔣介石集團代表所佔據、在聯合國中國席位的爭奪戰。經過22年的糾纏，1971年10月25日聯合國大會就阿爾巴尼亞等國的提案進行投票，以三分之二的多數通過「容共排蔣」的第2758號決議，中華人民共和國進入聯合國，中華民國在聯合國體系的相關國際組織的會員國籍，先後由中華人民共和國所取代。中華民國在國際上失去合法性與正當性，被排除在聯合國體系之外，中華民國雖不代表台灣與台灣人民，但連帶使台灣成為國際孤兒[68]。

一、聯合國第2758號決議文的爭議性與中國的曲解

　　1971年10月25日聯合國大會通過第2758號決議，主要目的是解決中國代表權的問題，無關台灣的主權問題。但是，中華人民共和國惡意曲解，錯誤援引2758號決議以誤導國際社會，宣稱聯合國大會第2758號決議，已確認台灣是中國的一部分，中華人民共和國代表包括「台灣人民」在內之全體中國人民，反對台灣加入聯合國及其他國際組織。聯大第2758號決議簡短明瞭，其全文如下：

　　　　大會記取《聯合國憲章》的原則，考慮到恢復中華人民共和國的合法權利，對維護《聯合國憲章》與對聯合國必須謹守憲章的原則都是重要的，承認中華人民共和國政府的代表是中國駐聯合國的

---

[68] 有關聯合國中國代表權的完整探討，請參見陳隆志，《台灣的獨立與建國》，前揭書，頁72-94。陳隆志著，〈台灣與聯合國〉，前揭文，頁488-491。

唯一合法代表，以及中華人民共和國是安全理事會五個常任理事國
之一。

決定恢復中華人民共和國的所有權利，承認其政府的代表是中
國駐聯合國的唯一合法代表，並立刻將蔣介石的代表從其在聯合國
與所有附屬組織非法佔有的席位逐出。[69]

顯然，聯大第2758號決議決定了下列事項：

（一）決定「承認中華人民共和國政府是中國駐聯合國的唯一合法代
　　　表」。第2758號決議所決定的是「中國代表權問題」，承認中
　　　華人民共和國在聯合國代表中國及中國人民。

（二）決定「立刻將蔣介石的代表從其在聯合國與所有附屬組織非法
　　　佔有的席次逐出（expel）」。換句話說，蔣介石所代表的「中
　　　華民國」在聯合國失去了合法的地位，不能在聯合國內代表中
　　　國及中國人民。

要之，聯合國大會第2758號決議承認中華人民共和國政府為中國駐聯
合國唯一合法代表與驅逐蔣介石的代表，該決議完全沒有提到「台灣」這
兩個字，並沒有承認台灣是中華人民共和國的一部分，也沒有授權中華人
民共和國在聯合國代表台灣及台灣人民。不過，中華人民共和國一再強詞
奪理，主張聯合國已承認「台灣是中國一部分」，硬將「中國代表權」與
「台灣代表權」劃上等號，是完全不正確的[70]。

二、2007年政府以台灣之名申請入聯的重大意義

中華人民共和國憑藉其安全理事會常任理事國的地位，針對台灣爭取
加入聯合國的努力，無所不用其極，想要左右聯合國秘書長的作法。2007
年7月19日，陳水扁總統代表台灣兩千三百萬人民，第一次以「台灣」的
名義向聯合國秘書處提出加入聯合國為會員國的申請。[71]潘基文秘書長岡

---

[69] 完整內容請參見聯合國大會第2758（XXVI）決議，〈恢復中華人民共和國在聯合國的合法權
　　利〉，A/RES/2758（XXVI），<http://www.un.org/chinese/ga/ares2758.html>。

[70] Lung-chu Chen, "Taiwan and the United Nations: Historical and Policy Perspectives,"*op. cit.*, pp. 83-84.
　　陳隆志，〈檢視聯大第2758號決議與台灣主權〉，《自由時報》星期專論，2011年10月23日，
　　頁A8。小田滋，〈主權獨立國家「台灣」──「台灣」在國際法上的地位〉，《台灣國際法季
　　刊》，第4卷第2期，2007年6月，頁318-319。

[71] 鄒景雯、范正祥、王寓中，〈扁遞入聯申請函，聯合國秘書長潘基文收下〉，《自由時報》，

顧台灣是一個主權獨立國家的事實及聯合國正當的程序[72]，並未將台灣申請入聯的提案提交安全理事會決定，而擅自將台灣的申請書退回，其理由是聯合國大會第2758號決議已經決定台灣是中華人民共和國的一部分，台灣沒有資格申請加入聯合國。

對此，陳水扁總統乃於同年8月2日直接行文安全理事會主席，要求安全理事會立即審議台灣申請入會案。同時，陳總統也行文聯合國秘書長，秘書處違反《聯合國憲章》及安全理事會議事規則的不法與不當處理。另外，台灣在聯合國的友邦也於8月17日提出「敦促安全理事會依照安全理事會暫行議事規則第59與60條以及《聯合國憲章》第4條審議台灣入會申請」的聯合提案，要求列入聯合國大會的議程討論。對此請求，聯合國大會總務委員會向聯合國大會提出「不予列入聯合國議程」的建議，在聯合國大會引發空前熱烈的討論，共有一百四十多個會員國代表發言，表達贊成或反對的立場[73]。

（一）鄭重向聯合國宣示台灣是一個愛好和平的國家，具備入聯的條件資格

台灣是一個愛好和平的國家，有履行《聯合國憲章》義務的能力與意願，符合憲章第4條新會員國入會的資格。2007年7月陳水扁總統主動出擊，向聯合國秘書長潘基文提出台灣要加入聯合國會員國的申請，就是要捍衛台灣的主權地位不被矮化，反駁「台灣屬於中國」的謬論。當時雖未達成入聯的目標，但已對聯合國會員國明確宣示台灣是一個主權獨立、愛好和平的國家，與中華人民共和國互不隸屬。同時，也清楚表明中華人民共和國在聯合國及其體系相關國際組織並不代表台灣及台灣人民[74]。

陳水扁總統以台灣的名義申請加入聯合國為會員國的努力，具有歷史性及重大國際法國家定位的意義；明知困難多多而為之，值得肯定。這一年的國際成果，不但引起聯合國會員國非常的注意重視，其效果遠遠大於

2007年7月21日，<http://www.libertytimes.com.tw/2007/new/jul/21/today-p8.htm>。

[72] 新會員申請成為聯合國會員國的程序：依《聯合國憲章》第4條第2項提出入會申請，聯合國秘書長應將申請案送交安全理事會進行審議，以決定是否向聯合國大會提出推薦。

[73] 陳隆志著，〈台灣與聯合國〉，前揭文，頁503-504。

[74] 陳隆志著，〈台灣與聯合國〉，前揭文，頁504-505。姜皇池，〈從國際法面向剖析台灣入聯申請之意義〉，前揭文，頁18-26。黃居正，〈以台灣的名義加入國際組織的必要性〉，《新世紀智庫論壇》，第36期，2006年12月30日，頁15-23。

過去透過友邦提出參加聯合國運動所得到的效果[75]。

（二）凸顯台灣不是中國的一部分，中國並不代表台灣及台灣人民

加入聯合國是台灣人民共同的要求與願望。針對2007年潘基文秘書長及秘書處對台灣申請案的處理，美國政府不但向聯合國秘書處表達無法接受秘書長擴張解釋聯大第2758號決議，與認定「台灣是中國一部分」的說法[76]；也在其「台灣地位的說帖」（U.S. Non-Paper on the Status of Taiwan）中指出「聯合國大會於1971年10月25日通過第2758號決議，事實上並未確立台灣為中華人民共和國的一省。該決議僅承認中華人民共和國政府為在聯合國代表中國之唯一合法政府，並驅逐蔣介石之代表在聯合國及所有相關組織的席次。聯合國大會第2758號決議並未提及中國對台灣擁有主權（There is no mention in Resolution 2758 of China's claim of sovereignty over Taiwan.）」[77]。

除了美國之外，加拿大、澳洲、日本、紐西蘭等國在聯合國的常駐代表團，也都對聯合國處理台灣的歸屬所引起的爭議表達關切。潘基文秘書長亦對當時美國駐聯合國大使Zalmay Khalilzad承諾，聯合國未來提及台灣時，用詞將更為謹慎且不再使用「台灣是中國一部分」的說法（The UN will no longer use the phrase "Taiwan is a part of China"）[78]。

值得一提的是，2011年5月美國衛生部長Kathleen Sebelius就世界衛生組織（WHO）內部文件將台灣列為中國的一省，公開指出「沒有任何聯合國機構有權片面決定台灣地位」（No organization of the UN has a right to

---

[75] Warren Hoge, "Yet Another Refusal for Taiwan," *The New York Times*, Sep. 20, 2007.

[76] 范正祥，〈台灣是中國一部分說不符合美政策與立場美將與聯合國交涉〉，《自由時報》，第A2版，2007年7月31日，<http://www.libertytimes.com.tw/2007/new/jul/31/today-fo1.htm>。

[77] John J. Tkacik, Jr. "Taiwan's 'Unsettled' International Status: Preserving U.S. Options in the Pacific," *The Heritage Foundation Executive Summary Backgrounder*, No. 2146, June 19, 2008, <http://www.heritage.org/research/reports/2008/06/taiwans-unsettled-international-status-preservingus-options-in-the-pacific>, p. 12

[78] J. Michael Cole, "UN told to drop 'Taiwan is part of China': cable," *Taipei Times*, Sep. 6, 2011, <http://www.taipeitimes.com/News/front/print/2011/09/06/2003512568>. 或參考維基解密（WiKiLeaks）網站所公布2007年8月的外交機密電文"Viewing cable 07SUNNEWYORK679, UPDATE ON UN REFERENCES TO TAIWAN," Sep.15, 2011, <http://www.wikileaks.org/cable/2007/08/07USUNNEWYORK679.html>.

unilaterally determine the position of Taiwan）[79]。同年10月4日美國國務院東亞與太平洋事務助理國務卿坎貝爾（Kurt M. Campbell）出席國會外交事務委員會（House Foreign Affairs Committee）聽證會時也提出相同的主張——「根據聯合國大會1971年所通過的決議，將台灣排除於聯合國之外，並限制台灣的參與。對此，美國向來反對任何與所有單邊決定台灣政治地位的行政障礙（consistently objected to any and all administrative barriers that unilaterally determine the political status of Taiwan），未來若是同樣的問題再次出現，美國也將繼續反對。」[80]

由上述各項實例可見，所謂「台灣是中國的一部分」只是中華人民共和國片面的主張，並沒有在聯合國獲得包括美國在內的其他會員國普遍的支持[81]。

三、由外交休兵改為以台灣之名向聯合國邁進

2008年馬英九政府上台以來，實行「外交休兵」政策，以去主權化、去國家化與去台灣化的作為討好中國。2009年起放棄請友邦協助台灣參與聯合國的聯合提案，改以強調「中華台北」、「有意義參與聯合國專門機構」的策略，取代民進黨八年執政所一再強調的台灣是一個主權獨立國家的立場，使台灣加入聯合國運動出現停滯、甚至是倒退的現象，大大傷害台灣的國格與尊嚴。

這種一廂情願以為台灣單方面放棄爭取外交支持以及參與國際組織，交換北京同意台灣參與國際組織的消極作為，無助於得到中華人民共和國的善意回應，也無法擴大台灣的外交空間與提升台灣的國際地位。相反的，因為馬氏政府放棄推動台灣入聯運動，減少與中國在國際外交領域的競逐，容易誤導國際社會以為台灣已經接受成為中國的一部分，甚至被中國政府視為其外交工作的一項政績成就[82]。

---

[79] Jennifer Huang, "WHO NAME GAME: US secretary pans name change," *Taipei Times*, May 18, 2011, <http://www.taipeitimes.com/News/taiwan/print/2011/05/18/2003503530>.

[80] 〈國務院東亞和太平洋事務局助理國務卿坎貝爾　國會外交事務委員會證詞〉，《美國在台協會》2011年10月4日，<http://www.ait.org.tw/zh/officialtext-ot1116.html>。

[81] J. Michael Cole, *op.cit.* 或參考維基解密（WiKiLeaks）網站所公布2007年8月的外交機密電文，同前揭文。

[82] 陳慧萍，〈台灣不推入聯　中國外交部當政績〉，《自由時報》，2011年9月21日，<http://www.

　　台灣作為一個主權獨立的國家，有自己的堅持與國格，不要因為中華人民共和國的恐嚇與反對，就驚東驚西，畏首畏尾。台灣加入聯合國是兩千三百萬台灣人民的基本人權，以台灣之名加入聯合國是一項正確的選擇，既然這是一條正確的道路，我們就不應該採取消極無作為的「外交休兵」政策。

　　如上所述，英國國際法學者James Crawford教授在其著作中，對台灣政府一再迴避處理國家名稱的問題，提出警告：「因為台灣的政府從來沒有對外明確表示，台灣是一個有別於中華人民共和國的獨立國家，造成世界各國也普遍不承認台灣是一個主權獨立的國家。」[83]台灣要突破沒有得到國際社會的普遍認同，造成台灣真像一個國家，又不像是一個國家的困境，可以根據《聯合國憲章》第4條的規定，以台灣之名申請加入為聯合國的新會員國，強調台灣是一個愛好和平的國家，有能力及意願履行《聯合國憲章》義務的能力與意願。這條台灣入聯的正確之路，具有主動性、積極性，可凸顯台灣是一個主權獨立的國家，明確表達台灣要成為聯合國會員國的意願，有助於推展台灣的國際外交與國際宣傳的效果。2007年陳水扁政府所提出的台灣入會申請案，就證明了這一點。我們以具體的行動勇敢面對現實，擺脫過去的教條觀念，從「台灣正名」開始，找回本來就屬於台灣人民獨有的名稱，以「台灣」的自我命名定位，向聯合國提出入會申請，以申明台灣主權獨立的國際人格。唯有台灣明確宣示獨立於中國之外，以台灣主權獨立國家的身分爭取國際承認，才有可能得到國際社會的支持，進而承認台灣是一個國家，接受台灣成為聯合國新會員國。

陸、結言

　　台灣在《舊金山對日和約》於1952年生效、日本正式放棄台灣與澎湖的主權之後，台灣國際法律地位過去未定，但是今日已定。隨著時間的經過，國內外情勢的演變，台灣人民民主意志與力量的展現，台灣由被軍事佔領地進化為一個主權獨立、自由民主的國家，與中華人民共和國互不隸屬，互不管轄。台灣雖然歷經持續的演進過程進化為一個國家，擁有主權

---

libertytimes.com.tw/2011/new/sep/21/today-p10.htm>。
[83] 陳隆志，〈James Crawford「警告台灣」〉，《自由時報》，2006年11月19日，頁A19。

及獨立性的國家特徵，但是還不是一個正常化的國家。

　　要成為一個正常化的國家，須要推動制定台灣憲法、國家正名憲法化、以台灣之名加入聯合國的國家正常化運動：

　　（一）台灣作為一個國家要在國際社會適存、永續發展，必須全力制定一部真正以台灣為主體、符合實際需要的新憲法，而不是針對現行「中華民國憲法」的增補修改。針對國家正名定位、國號、主權與領土等敏感但必須面對的憲政課題，作全盤周全的設計考慮，以增進人民的福祉，建立一個健全的政治體制與長治久安的發展環境，早日達成我們的國家完整的正常化。

　　（二）推動以台灣之名加入聯合國運動是台灣國家正常化發展的重要里程碑。2007年7月陳水扁總統向聯合國潘基文秘書長提出台灣要加入聯合國為會員國的申請，採取有別於過去的歷史性作法：向國際社會宣示台灣是一個愛好和平的國家，展現台灣入聯的決心，並凸顯聯合國未將台灣納入為會員國，剝奪了台灣人民的基本人權，對台灣人民不好，對聯合國也不好。2008年馬英九政府上台以來，採取「外交休兵」的政策，處處避免凸顯台灣是一個主權獨立、與中華人民共和國互不隸屬的國家，沒有為台灣爭取到真正的國家利益。其去主權化、去台灣化、去國家化的不當作法，不僅罔顧台灣人民要加入聯合國為會員國的要求與願望，更將台灣推向被中國併吞的黑洞。

　　為了台灣人民的尊嚴與基本人權，我們自己要繼續不斷，努力再努力。雖然台灣加入聯合國這條路充滿了許許多多的坎坷與困難，但是目標光明正大。相信在大家的共同努力下，發揮積極進取的態度，我們會達成目標，使台灣成為受到國際社會器重的正常化國家。

二、「東方世界法治主義之錯綜複雜底政治意涵」——台灣移植繼受之歷史素描

李鴻禧

壹、西方法治之東方移植

　　世界從近代史到現代史之政治演變過程中，西方歐美各國之由封建專制政治進展為民主法治政治、乃至實施立憲政治，大都以建立法治政治，制定成文憲法為其重要之轉捩；並以議會民主政治、權力之分立制衡及司法獨立之原理，作為實施民主法治之憲政體制之基本要件。19世紀西方列強挾其船堅砲利之力侵犯東方世界時，歐美各國亦以民主、法治及憲政體制之移植繼受情形，作為權衡東方各國法政近代化及近代文明進展之尺度。

　　然而，問題在於這種民主、法治與憲政體制之理念與制度，乃是在西方社會裡，經過長久歷史涵育，逐漸成長而來，不是能夠那麼輕易移植（transplant）和繼受（receipt）到歷史文化迥異、經濟社會不同的東方世界的。本來，民主、法治和憲政體制，都必須以「法治」（Rule of Law），更明確地說是「排拒人治之法治」（Rule of Law, and not of man），以及「保障基本人權」為基本前提；不但法律必須是人民「公意」（general will）之表現，而且法律必須以保障基本人權為其至上命題。西方世界古代希臘、羅馬之法律，就是從規範權利與義務之私法體系，開始構成、展開的；因此自然會為保障民主、法治與憲政之體制，提供紮實的思想與理論基礎。惟在中國傳統法律觀念上，相反的，法律的制定實施，重在定分止爭，以維持社會安寧、確保王朝安泰為至上命題；有關保障權利與義務之觀念既很貧乏，民主政治之思想理念也頗薄弱，歷史傳統上典章法制，殆僅有「制法統治」（Rule by Law）之意義，因而法律不但不須符合「公意」，而且與保障人權之理念亦不相侔；就培植民主、法治與憲政之圃園功能言，與西方世界幾有不可同日而語者。

　　職是之故，中國在清朝末年，迫於歐風美雨之「西洋衝擊」（Western

Impact），乃決心改革而棄舊從新，設置「修訂法律館」，兼取中國與西方法律而從事法律修訂。未幾，因時代潮流之演變、中國民主思想之昂揚，中國人民起而推翻滿清王朝、肇造民主共和體制；於是，20世紀初，逐漸形成之人類普遍原理，亦即尊重個人人性尊嚴，確保基本人權之不受恣意侵犯，以及政治應基於國民之「公意」等思想，也逐漸被中國人承認其妥善性，開始廣泛而深入地「移植」西方法制；有時甚至亦步亦趨、採襲唯謹。然而，誠如葛錫卡教授（P. Koshaker）所言：「雖然法律指顧之間可以改變，但是要將適用這種法律，或將來勢必適用這種法律之國民，遽然加以改變，實在很不可能。」中國在清末民初，踉踉蹌蹌、囫圇吞棄「移植」西方法制後，也就是因為拂拭不去固有之法律政治文化，乃發展出「中學為體、西學為用」之「華夷思想」；對所移植繼受之西方民主、法治及憲政之思想與制度，因焉或作同語異義之扭曲，或作「語戲運用」（Semantic use），甚或故予忽略不加理會；浸假遂使移植繼受及研究論述西方法律、政治之思想與制度，變形變質、徒具形骸。

在世界近代史上，中國雖然是東方世界最早建立民主共和國體之國家，而且在1912年建立中華民國之前，於清朝光緒年間就開始移植西洋法制，著手中國現代化之立法工作；但是無可否認的，這並非意味著中國社會內部有如西方各國，其法律、政治之現代化，係因民主、法治及憲政思想，久經歷史的錘鍊孕育，自然而然水到渠成，使之成為國家法制而付諸實施的。抑且，恰恰相反的，中國在清末民初之政治環境、及傳統法制史所顯示之法律文化水準，與可以實施西方民主、法治與憲政體制之條件，相去仍很遙遠。事實上，當時這些西方的法律、政治思想，除了知識階級之少數人一知半解外，一般說來仍停留在懵懂無知狀態。因而，外觀上移植繼受西方國家之國家機關，亦只停留在名目之仿襲；其政治運用上仍如往昔，重在設官分職以輔佐君主或政府，俾能統治人民；談不上建立民主、法治及憲政之基礎。更具體地說，在當時中國只因逼於外來侵略或殖民壓力，以及因而激起內部政治動盪之客觀情勢，才被動而消極地移植繼受西方之民主、法治與憲政體制，做為維護政權安泰、拯救國家危機之政治對策。基於這種政治關連之意圖，統治階層因焉常未能顧及社會之法政文化客觀條件，只削足適履、汲汲於移植繼受西方法制，塑造國家社會法政現代化之外觀，在謀求逐漸實質有效地加以推展。在這種政治關連下，無待贅言的，中國當時之民主、法治與憲政之思想與制度移植繼受，其成

效當然會有一定之限界。

　　惟吾人若更深入分析中國法制之歷史，不難看出中國歷朝法制，大概都以刑事法規為中心，輔以行政及民事法規，是以維持封建制度之專制君主統治為目的之法律體系；中國法制史上最早一部成文法典，即戰國時代魏國李悝彙集各國之法編著之「六經」，以盜、賊、囚、捕、興、廄等刑事法規為主，就是很好的證明。儘管到了唐朝以後，已經逐漸將戶婚、錢債、田土等有關身分、財產等民事私法關係之法律，制定編入法典；但是歷朝所制定蕪雜龐大之法典集纂，仍以刑事法規為主，其政治涵意則借重公法之刑罰威嚇，來鞏固社會秩序以保王朝安泰。與西方國家法制，以規定身分、財產等民事私法關係之權利義務，著重公平合理規範私法關係，以鞏固社會秩序、保障政權寧靜者，迥然相異。

貳、西方法治思想V.S.中國法制思想

　　本來，依據一般法學與政治學之通說共識，法治（Rule of Law）原就是民主政治之最重要內涵；通常是透過人民選出之民意代表在議會之運作，來匯聚全體人民之公意（general will）並將之制定成為法律；讓行政立法機關「依法行政」，司法機關「依法審判」，並使立法機關在未修訂法律之前，也必須受現時有效法律拘束。同時，現代國家類多以制憲會議來制定憲法，有些國家之憲法草案或修憲條文且須經全體公民投票複決。因此，實施法治必須：（一）、採取「排拒人治之法治」（Rule of Law and not of man）為一超法律原理（Meta legal doctrine）。（二）、法律必須基於人民公意，並受公平、正義、理性與法理學（Jurispradence）之一定約束，並須排拒法律僅供統治階層做為統治人民工具之「制法統治」（Rule by Law）之思想與做法。（三）、建立「法律位階性原理」（hierarchy of law），使以保障基本人權、限制國家權力之憲法，擁有母法、根本法之地位，讓違憲之法律、命令歸於無效。（四）、實施權力分立與制衡之制度，使行政、立法與司法等三權，互相分離、分立與制衡。（五）、建立超然獨立的司法審判制度，使法院能獨立審判以保障人民之自由與人權。

　　然而，在東方國家尤其是中國法制思想史上，卻因深受傳統儒家「人治重於法治」（Rule of man perior to Rule of Law）思想之浸儒滲透，根深

蒂固、牢不可拔；以致不容易提供移植繼受「排拒人治之法治」（Rule of Law and not of man）之生態環境。儒家創始人孔子曾言「其人存則政舉，其人亡則政息」，其門徒孟子亦云「徒善不足以為政，徒法不足以自行」，諸稷法制之荀子更論述「有治人無治法，故法不能獨立，類不能自行，得其人則存，失其人則亡」等思想觀念，浸透中國人民頗為長久。從而，一般人對客觀、理性而公平之法治，反而未盡理解而欠缺信心；寧願信賴主觀、感性而偏頗之人治；對西方「排拒人治之法治」之移植繼受，自然容易排拒抵抗或是扭曲變質。甚至到了公元2000年的現在，在中國雖然也有社會主義法體系之建立，但是法政運營仍帶有極為濃厚的人治色彩，法治只居副次裏輔地位。就連在台灣，資本主義社會之六法體制已頗緻密，法學研究也頗接近歐美世界水準，唯獨人治色彩仍頗濃厚；不僅憲法修訂常依國家政治領導人需要而「量身訂制」，法政運營之重心仍在國家領導人之指定或選舉之權力鬥爭，重要法律之制頒修訂，也常退居輔裏地位；而且，一旦國家領導人一變換，法律就跟著產生若干變動，或是被束諸高閣無疾而終。

　　其次，在中國法制思想史上，法律典章制度類多用於提供統治階層，做為統治諸侯、士大夫及庶民之統治工具，法律之制頒有如漢朝杜周所言，「三尺法安出哉，前主所是著為律，今主所疏著為令，律令法也。」法律僅系統治者之旨意規範，與民意公論無必然關連；縱使典章制度有其若干律例原則可循，亦未必能完全符合公平、正義、理性及法理。因而法律典章難免溢溢「威權主義」，充滿「身分差別」色彩。儒家固然倡言「禮不下庶人、刑不上大夫」；就連法家都公然闡述，「有生法者，有守法者，有法法者也；生法者居也，守法者臣也，法法者庶民也。」君主制頒法律，官吏引刑據典來聽訟斷獄，並非本著法治（Rule of Law）之思想觀念，無寧是著重「制法統治」（Rule by Law）意義，以期定分止爭，維持王朝安泰。由於傳統上典章法制之至上命題，在於統治庶民，抑壓百姓，一般胥吏因焉常乘法律之蕪雜龐大、律例之繁滋參差，而上下其間、魚肉良民。從而，中國一般民眾在傳統上，鮮有法律乃是保障自己權利之規範的印象，無寧對法律、訴訟抱持疑懼或憎惡之感情，避之唯恐不及。時至今日，中國和台灣人民，都仍普遍地存在「訟則凶」之封建王朝所留下之觀感，對法治（Rule of Law）並無歐美人民之信賴；也是這種法制史留下之遺影。

　　再說，在西方法治之思想與制度中，居於中樞地位之立憲主義思想與體制，在東方世界尤其是中國19世紀末之前法制史上，是付諸闕如的。19世紀末，中國逼於西方帝國主義國家侵略殖民之強烈危機，方始倉促被動移植繼受西方立憲主義思想與制度。因此，其政治底下的動機，端在對外顯示中國在力求現代化，企圖防阻西方列強之侵侮，對內用於舒緩抵制民主共和革命之勢力；亦即透過移植西方君主立憲制度，在不變動王朝之大部分政治權力，只對一向擁有之君主政治權力做有限之自我限制，期待能富國強兵、抑制共和革命，鞏固王朝政權之安泰。西方立憲主義思想與制度之真義，亦即以保障人民自由與權利為至上命題，借權力分立與制衡來建立有限權力之國家機關，以維護民主、自由之國家根本法制體系之思想制度；在前此政治要求之強烈動機下，在中國形成、發展立憲主義思想與制度之過程中，當然會受到扭曲變造，而產生移植繼受異質法政制度之嚴重移植排拒現象。事實上，吾人若盱衡中國憲法史之形成與發展，輒不難發現，這種清末民初，在東西方立憲政治生態環境，彼此完全迥異之情況下，強行將西方立憲主義做接枝移植，所產生之「變則的開端」，確是在中國憲法史——包括第二次大戰後之台灣憲法史上，長久留下遠比預料嚴重的不良後遺症。換言之，即未能嚴謹斟酌的西方國家之憲法，在思想與制度上都已構成有機體系，而恣肆擅自將不能併存之不同的憲法制度，錯雜地組合為一而做「接枝底移植」。這種風尚直到已將進入21世紀之今天，在中國的共產政權固不待言，就連在台灣的國民黨政權，也依然持續不輟；迺使李文斯坦教授（K. Loewenstein）所謂之「語戲憲法」（Semantic Constitution），成為中國與台灣憲法之寫照。

　　抑且，在西方國家所實施之法治（Rule of Law），必須建立超然獨立於政治權力之外之司法審判制度，使法院能獨立審判、行使違憲審查權能，俾能在保障人民之自由與權利同時，能對行政與立法權力發揮權力制衡功能，維護民主憲政體制之安泰。因此，西方法制史上，實體法上之民法與刑法，實際上，與程序法上之民事訴訟法及刑事訴訟法，幾乎都在同步發展、相輔相成。在近代「法律正當程序」（due process of Law）之程序正義，且已提升為憲法原理之層次，成為憲法之重要內涵。東方世界則與此南轅北轍、迥不相侔；在中國法制史上，典章法制中雖也不無有關聽訟、斷獄之規定；不過對人民戶婚、錢財之訟爭，以及摘奸發伏、懲罰犯罪，其主旨在定分止爭以維社會安寧、鞏固王朝安泰；類此職權也多視為

行政權能，一向都由地方機關首長綜攬大權，從犯罪偵查、開庭審判、作
成判決乃至判決之執行，悉皆由地方首長一手包辦；這與西方訴訟法治審
檢分離、被告可聘律師，法官超然客觀審理訴訟，力求訴訟程序公平正
義者，不可同日而語。在這種法制史傳統下，中國與台灣雖然在20世紀
初，開始移植繼受西方司法制度，可是台灣到1988年兩代蔣總統之政權
結束前，政治干預司法審判之情形，仍猶司空見慣；至於中國大陸更是公
然以政治干預司法，司法獨立之法學界主張，一度且成為被批評與鬥爭之
原因。

參、日本統治台灣時代法治之政治意涵

　　台灣在1895年清朝割讓予日本之前，與中國之關係，除明朝末年鄭成
功父子遂行軍事統治21年之外，大清帝國也接明鄭而統治台灣211年。在
這一段期間，一方面在官方，將中國法制尤其是大清律例適用到台灣，並
在法典中增添了一些特別法，專用於「為防台而治台」之政治目的；使典
章法治及官吏治台，增加不少專用於台灣地區之地域特別法。同時，另一
方面，在民間也將閩粵地區合乎中國法系體系之民間習慣法，適用到台灣
社會，以因應民間戶婚、錢債等身分、財產法制之需要。因此，若從外觀
形式做一般觀察，中國法制包括成文法典與社會民間習慣法，在台灣社會
奠定了相當深厚的基礎。不過，若較深入而嚴謹的盱衡研析，卻又會感覺
其事實頗為錯綜複雜，未必盡然。察核其理由，固然千頭萬緒不一而足。
主要原因在於傳統上，人民對本諸「制法統治」（Rule by Law）政治目的
所制定之典章法制，既未涵藏庶民公意、又多為君主恣意制頒，自然保持
憎惡疑忌、避之唯恐不及的態度，也因而不易心悅誠服地養成遵守法律、
信賴法律之風尚、傳統。這種傳統生態環境，無待贅論的，在移植繼受西
方法治（Rule of Law）之思想、制度上，是相當艱難、不能一蹴而幾的。

　　更何況，明鄭及清朝統治台灣之官吏，一般說來都貪污腐敗，而無久
居中國大陸邊陲台灣之意願；清朝道光年間出巡台灣高官徐宗幹，就曾感
嘆：「大清各省吏治之壞，至閩而極，閩中吏治之壞，至台灣而極。⋯⋯
中國各地為民害者，不外盜賊、訟師、蠹役三項；而台灣則屬尤甚者，三
者合而為一。⋯⋯地方奸徒明知官之無可如何；於是律例煌煌、皆成虛
設。」所言針針見血、鞭辟入裡。在這種官吏腐敗，又常對律例法典之枉

法惡用情況下，縱令要建立東方之「制法統治」（Rule by Law）都極其困難，期待迅速移植繼受西方之「法治」（Rule of Law），當然更不是容易的事。

　　東方世界的中國與日本，雖然同樣在1830年代受到西方列強的侵犯，被逼移植繼受西方的法政制度與工商科技；但是日本經明治維新而加速其西洋化、近代化，甚至發展成帝國主義國家，企圖侵略中國；終於在1894年引發日清甲午戰爭；滿清戰敗乃將台灣割讓予日本。日本侵佔統治台灣之前，雖然已經移植了君主立憲之西方法制，並約略地建立了類似西方國家、特別是大陸法系德法等國之六法體系；但是受近似中國之日本傳統法制史之影響，也因日本明治天皇及輔弼群臣之政治意圖，而有一定程度之變形變質。日本統治台灣之初，一方面認為，台灣不但有其傳統法制與舊習慣，法政文化與日本也有相當差異；而且在滿清政府統治下，移植繼受近代西方法治之成績，遠落日本之後，乃先制定殖民地特別法在台灣適用，以做為法治轉變之緩衝過渡。同時另一方面，卻又相信台灣既已成為日本統治權所及之領土一部分，當然應適用日本法律制度，才能真正統治台灣而長治久安。這種先實施殖民地特別法制，以使台灣適應新國家之過渡，一俟殖民統治已上軌安定，才一律採用日本西洋化、近代化新法制之政治意圖；加上當時台灣與日本之法政文化，確實有相當差別之客觀事實；遂使台灣之移植繼受西方法治之思想與制度，變得格外錯綜複雜，頗難縷析清楚、明白闡述。

　　事實上，日本在侵佔統治台灣第三年之1897年，輒制頒第63號「有關在台灣施行法令之法律」，亦即日本殖民台灣史上惡名昭彰之「六三法」，其第1條明白規定「台灣總督得在其管轄區內，制定具有法律效力之命令。」同法第3條更規定「遇有臨時緊急情況時，台灣總督得不經前條（即第二條）第一項程序，逕自制定第一條所規定之命令。」在當時日本已經移植繼受西方君主立憲之近代法體制，天皇地位至高至尊，惟在國家遇有臨時緊急狀況，必須制頒緊急法令時，仍應受帝國會議之牽制；同時，天皇在平時制頒天皇「敕令」時，也不能與法律有所牴觸。相較之下，台灣總統在台灣制定命令，發布緊急命令，其效力之高與不受制約，不遜於天皇；這在當時法治秩序下，可說極為異常。日本政府對此異常現象，卻只清描淡寫地表示，這是因台灣人民是不同民族，又是新拓殖的殖民地，實施完全相同之日本本土法律，並不適當。將其所移植繼受之西洋

法治（Rule of Law）之思想與制度，做了極大的扭曲與變質。

　　儘管到了1907年，日本政府逼於台灣人民之強烈反對，以及日本本土之輿論嚴厲批評，制頒法律第31號「有關在台灣施行法令之法律」，即通稱「三一法」之法律，多少限制了台灣總督之制頒法令，擁控緊急權力之權能，惟實際法律效力並無多大變化。到了1921年，日本才結束以殖民地特別法統治台灣之法治體制，制頒了法律第3號「有關在台灣施行法令之法律」，即通稱「法三號」之法律，使台灣與日本本土一樣，實施日本本土之法律。惟若衡諸台灣總督在台灣制頒之法令，共計466件，其中依「六三法」及「三一法」而制頒者，共有298件約佔百分之六十四以上。就算依據「法三號」制頒之法令，為數不能算少，日本不僅積極推動台灣人日本化，即所謂「皇民化運動」，適用與日本本土相同之法律，有其政治考慮與動機，未必盡對台灣有益。而且進入1930年代後，日本政府窮兵黷武，發動展開對中國與世界之侵略戰爭；連日本本土都因此籠罩在軍國主義專制獨裁之陰霾中；在台灣的總督，莫不以一身兼有軍事、行政與立法權；日本明治維新移植繼受西方法治體制，快速西洋化、近代化所造成之所謂「明治維新」、「大正民主潮」及「昭和元祿」等，民主、法治與憲政新氣象之良辰美景，也都浮光掠影成為過眼煙雲。這些史實，使台灣透過日本統治，在東方世界獲得較早較佳之移植繼受西方法治思想與制度之推論，也變得虛無不實；在日治時代，台灣之近代西方法治之建立與水準，與歐美各國相去迢遙，實在無法倫比。

　　然而，前此移植繼受西方民主、法治與憲政過程，雖產生最嚴重之移植排拒、變形變質的現象，但仍應注意：（一）日本制定憲法時，雖然以「斟酌海外各國成法」以及「與我日本國體相符」為兩大著眼；但是實際上無寧是期望在不變動天皇之政治權力下，維持原有天皇主權主義之國體，只對天皇權力做有限之自我限制，能借制頒實施憲法，謀求富國強兵、抑制共和革命運動，來因應國家衰亡之危機。就因為有這種強烈政治動機介入，日本制定的明治憲法，自然就移植繼受當時在歐洲，比較保守落伍的普魯士君主立憲型憲法為基礎，再加上濃厚的日本型神權主義色彩，架構成不東不西、不倫不類的東方世界憲法；這種過渡而接枝移植（graft transplantation）方式，不但成為日本治台時代台灣地區的國家憲法，而且也深深影響到清末民初，中國移植繼受西方憲法乃至法治之過程和效果，其不良後遺症狀，迄今仍穩然可見。（二）日本法制在治台前半

時期，未能一體平等適用於殖民地台灣，明治憲法是否可完全適用於台灣，政界與學界且多爭論不休，確實影響、遲滯了台灣形成、實施憲政與法治。不過，若冷靜而客觀地分析衡量當時的歷史社會生態環境，台灣能有接觸西方近代法制之先機，較之其他東方各國仍墨守東方舊法制，已屬難能可貴。特別值得一提的，日本移植繼受西方法治思想與制度，雖變形變質、諸多破綻，唯獨對司法法制之採襲及推展，則頗可圈可點；對司法一元主義、司法之超然獨立、罪刑法定主義、法律不溯既往及法律正當程序，都認真在採用實施。日本佔領台灣之翌年1896年，就在台灣建立台灣史上最早的西方近代法制的法院，以取代大清帝國治台時，由地方行政首長兼理訴訟裁判之制度。除了日本治台早期，台灣仍有武裝抗日或民間械鬥時期外，嗣後都援引日本司法制度。日本派調來台之檢察官與司法官，在偵查訴追、審理判決之訴訟程序，類多細心公平、廉政清明，審判品質既高，司法也頗受人民信賴。與清朝官吏及戰後來台中國法官之貪污腐敗，幾不可同日而語。

肆、戰後台灣法治意涵之錯綜複雜

　　1945年世界大戰結束，日本戰敗放棄對台主權，中華民國政府接替日本統治台灣，實施了與西方法治外觀類似實質迥異的威權統治；遂使台灣近百餘年來移植繼受西方法治的過程，成為迂迴崎嶇、錯綜複雜之辯證式發展；研究分析這一台灣移植繼受西方近代法治思想與制度的過程，每每會遭逢其時空交錯、釐清不易的問題。由於從中國撤退來台的中華民國政府，其所採用的歐陸型六法體系，除憲法外大多是間接從日本制頒的六法體系，仿襲採用西方法制而來；而日本這些移植繼受西方近代法制之六法體系，在日本治台時代就曾或多或少、或遲或早在台灣實施過。從而，在西方法治經日本適用而有若干西方法治化基礎的台灣，乃能在經國家主體的巨大震盪後，仍然順遂地繼續實施與日本六法體系頗為類近的中華民國六法體系，來發展近代西方法治。

　　問題在於；日本戰前的六法體系中，居於根本法、母法地位的明治憲法，是採欽定型的君主立憲，與近代西方至上命題之民主、法治與憲政，扞格乖離、諸多矛盾。相對於此，在台灣的中華民國之六法體系中，居於母法、根本法地位的中華民國憲法，則採民定憲法型的民主共和憲政

體制，在保障基本人權規定，以及規範國家權力運作與國家機關組織上，都與民主、法治與憲政，大致符合、無什謬誤。然而，法制之外觀與實際之運營卻顯示，日本的明治（Meiji）、大正（Taisho）及昭和（Showa）三位天皇，並未憑恃明治憲法所賦予天皇之至尊地位，屬行封建帝制式的專制獨裁政治；反而，隨者社會風氣日開，戮力推展類似英國君主立憲體制下之法治政治；乃使日本社會的法律秩序，在戰前已相當西洋化、法治化。反而是戰後台灣，在中華民國憲法體制下，掌握實際統治權力的國家領導人，包括前總統蔣介石與蔣經國父子兩人，不僅未能尊奉憲法採取民主共和政體之精神，而且相繼發布近乎40年之戒嚴令，持續了40年之國家緊急體制，將憲法效力凍結而不使用，特別是一再修改臨時條款，讓憲法上本無什麼權能之總統，擴增頗多職權；使之能遂行中央領導式的威權統治，原已深刻危害了民主、法治與憲政。抑且，他們對推展法治，並不嚴謹認真、努力以赴，反而心存輕蔑、恣意敷衍，反而援據戒嚴與緊急體制，制頒實施了150多種緊急法令，嚴重危害了六法體系下正軌法律之常態運作，扼阻了西方法治之健全發展，其惡劣影響至深至遠。

　　本來，西方近代之法治，如前所述，與民主及憲政，實在是一物之兩面、互為表裡的。憲法制頒實施之臧否良窳的，與法治之形成發展息息相關、休戚與共。令人遺憾的，現行中華民國憲法之制頒實施，不論制憲所援引的主義思想，抑或憲法制定過程的荒謬離奇，都彼此矛盾、破綻萬千；使憲法本身變成光怪陸離的「龍的憲法」（dragon constitution）。更且，憲法制頒實施未及半年，國民黨政府就發布戒嚴令，制頒實施具有憲法效力之「臨時條款」，並使這種戒嚴、緊急體制持續了40年左右。終於造成下列反法治之嚴重效果：

　　　一、以增訂「臨時條款」方式，凍結憲法第47條之限制總統只能連任一次之規定，讓蔣介石、將經國父子繼續參選總統，終生擔任總統至八、九十歲病死為止。使台灣人治優先、法治淪落，與西方「排拒人治之法治」（Rule of Law and not of man）大相悖逆。時至今日，台灣政局之關注總統選舉結果，相對地漠視修憲之不良後遺，彰彰明甚。

　　　二、法治之主軸在於，由人民經常改選國會議員，代表民意在國會制定合乎人民公意（Public will）之政策與法律，俾使行政機關依法行政、司法機關依法審判。惟國民黨政府透過戒嚴緊急體制之

運營，讓1948年選自中國大陸之國會議員，繼續任職38年不必改
選；而這些「終身職」國會議員，則大致聽命政府執政黨之意旨
來決策立法，使法治（Rule of Law）變質為制法統治（Rule by
Law）。

三、行政、立法與司法之三權分立與制衡，原是法治之不可或缺之基
礎。國民黨政府則長年來，運營列寧式以黨領政之一黨獨裁；行
政、立法與司法各機關重要職位，絕對多數分配予國民黨員，這
三機首長也由國民黨高級幹部擔任。於是在例由國民黨魁出任總
統，建立以黨領政之中心領導式威權統治下，三權分立與制衡機
能完全破患無遺，法治也流於有名無實。

四、建立超然獨立的司法體制，原是法治之重要屏障，司法獨立也必
須以法治為依據；兩者相需相成、相輔相助。惟國民黨政府在制
頒實施憲法後30餘年間，檢察機關與法院仍不分隸，由行政院管
轄之司法行政部，擁控檢察機關系統全部，以及高等法院以下各
級法院系統；司法行政部常透過檢察官與法官之人事派免遷調，
以及檢察官與司法官之人事交流，來直接間接、有形無形地干預
司法，影響司法獨立，嚴重妨礙法治之健全發展。

伍、收筆（mon-epilog）

以上舉舉大端的描述了西方法治移植台灣時，所產生的錯綜複
雜之政治關連。希冀對此類西方民主、法治與憲政接枝移植（graft
transpantation）東方世界問題有興趣者，能從台灣這種現代迂迴移植
（zigzag transplantation）過程所產生時空交錯之辯證現象，縷析思考一些
方法或模式，能有所裨益於比較憲法學或比較政治學之研究。第因限於論
文篇幅及發表時間，不能做深入之論述或記明註腳，頗感抱歉；仍請各位
專家多多指教。

三、人民自決與補償性分離
——兼評國際法院Kosovo案諮詢意見

尤清[*]

壹、前言

　　巴爾幹半島南斯拉夫聯邦瓦解後，聯邦各組成國相繼獨立，獨立後塞爾維亞共和國南部的一個自治省科索沃Kosovo中的阿爾巴利亞裔族群，經過10年浴血奮鬥，終於在2008年2月17日宣布獨立，旋即獲得70多國承認。塞國強烈反對並向聯合國控訴，科索沃宣布獨立違法，侵害其主權及領土完整。

　　聯合國大會在2008年10月8日向海牙國際法院要求針對「科索沃臨時政府片面宣布獨立是否符合國際法？」一問題，提供諮詢意見。

　　經過一年多來國際法院審閱36國之書面意見並聽取29國代表之言詞辯論。塞爾維亞、科索沃及其鄰國阿爾巴尼亞都聘請著名的國際法學家，如Malcolm Shaw（英國）、Marcelo. G. Kohen（瑞士）、Jochen. A. Frowein（德國）、Andreas Zimmermann（德國）、Sean D.Murphy（美國）、James Crawford（澳洲）等出庭申辯，引經據典，各顯機鋒，堪為國際法界一大盛事。

　　辯論重點集中在國家領土完整與人民自決權孰輕孰重？何者優先？又人民行使自決權，能否導致「補償性分離」（remedial secession）？

　　2010年7月22日海牙國際法院公布諮詢意見書認定科索沃Kosovo宣布獨立，既不違反一般國際法，也不抵觸聯合國安全理事會1244號（1999）決議。

　　國際法院認為只需針對聯合國大會所徵詢宣布獨立是否符合國際法，提出諮詢意見，技術性地規避人民行使自決權，能否導致「補償性分離」

---

[*] 現執業律師、德國海德堡大學法學博士、Max-Plank國際公法研究所客座研究員、美國哥比亞大學國際關係學院訪問學者。曾任：特聘無任所大使、特派駐德全權代表、國立政治大學兼任副教授。

（remedial secession），此一重要而敏感的國際法議題。

　　本文擬參酌審理中各國所提意見，並依據國際法院判決及諮詢意見以及國際法權威著作加以評析。

貳、人民自決權與國家領土主權

一、領土完整原則

　　依據聯合國憲章第2條第4項禁止威脅或使用武力以對抗任何國家之領土完整。此又在1970年聯合國「國際建立友好關係及合作之國際法則之宣言」（後述）前言中，強調「任何意圖部分或全部妨害國家統一及國家領土完整，不符合本憲章之目的與原則。」

　　上述領土完整原則是普世及強制規範（a universal and peremtory norms）據此領土完整原則以對抗人民自決而分裂國土[1]。

二、人民自決權

　　人民自決原則被納入聯合國憲章，人權公約及聯合國大會決議所通過之宣言等，透過條約法，也經由不斷之實踐及建立法律確信（opinio juris）而成為法律權利（後二、（六）述）：

（一）聯合國憲章納入人民自決原則

　　聯合國憲章第1條第2項規定：「發展國際間以尊重人民平等權利及自決原則為根據之友好關係並採取其他適當辦法以增進世界和平」。

　　第55條規定：「為造成國際間以尊重人民平等權利及自決原則為根據之和平友好關係所必要之安定及福利條件起見，聯合國應促進：（子）較高之生活程度，全民就業，及經濟與社會進展。（丑）國際間經濟、社會、衛生、及有關問題之解決；國際間文化教育合作。（寅）全體人類之

---

[1] M.Kohen, Introduction,in Secession：International Law Perspectives ,ed.by M. Kohen,Cambridge and New York, 2006. P. 6

人權及基本自由之普遍尊重與遵守，不分種族、性別、語言、或宗教。」

（二）聯合國大會決議

嗣聯合國大會於1960年12月14日通過第1514號（XV）決議「賦予殖民地國家和人民獨立宣言（Declaration on the Granting of Independence to Colonial Countries and People）：

> 二、所有的人民都有自決權，依據這個權利他們自由地決定他們的政治地位，自由地發展他們的經濟、社會和文化。
>
> 五、在託管領土及非自治領土或其他尚未達成獨立之領土內立即採取步驟，不分種族、信仰或膚色，按照此等領土人民自由表達之意志，將一切權力無條件無保留移交他們，使他們能享受完全之獨立及自由。

此一決議宣示「所有人民都有自決權」。

（三）聯合國兩部國際公約

其後1966年12月16日聯合國大會第2200A（XXI）號決議通過公民和政治權利國際公約（International Covenant on Civil and Political Rights）及經濟、社會、文化權利國際公約（International Covenant on Economic Social and Cultural Right），上述二部公約第1條均規定：

> 一、一切人民都有自決權。他們憑這種權利自由決定他們的政治地位，並自由謀求他們的經濟、社會和文化的發展。
>
> 三、本公約締約各國，包括那些負責管理非自治領土和託管領土的國家，應在符合聯合國憲章規定的條件下，促進自決權的實現，並尊重這種權利。

這兩項國際公約使有關自決權之規定，成為強制規範（peremptory norm）（jus cogens）[2]

---

[2]　Ian Brownlie, Principles of International Law（4 ed. 1990）P. 513

（四）聯合國有關友好關係宣言

1970年10月24日聯合國大會第2615（XXV）號決議通過關於各國依聯合國憲章建立友好關係及合作之國際法原則之宣言（Declaration on Principles of International Law Concerning Friendly Relations and Cooperation Among States in Accordance with Charter of the United Nations）（以下簡稱1970年友好關係宣言），其中揭櫫人民享有平等權利與自決權之第5原則，共分8項，摘錄如下：

> 第一項、根據聯合國憲章所尊崇之人民享有平等權利及自決權之原則，人民一律有權自由決定其政治地位，不受外界之干涉，並追求其經濟、社會及文化之發展，且每一國均有義務遵照憲章規定尊重此種權利。
>
> 第二項、每一國均有義務依照憲章規定，以共同及個別行動，促進人民享有平等權利及自決權原則之實現，並協助聯合國履行憲章所賦關於實施此項原則之責任。
>
> 第四項、「人民自由決定建立自主獨立國家，與某一獨立國家自由結合或合併，或採取任何其他政治地位，均屬人民實施自決權之方式。」
>
> 第七項、「以上各項有關自決權規定不得解釋為授權或鼓勵採取任何行動、局部或全部分割削弱主權國家之領土完整或政治統一，只要這些國家遵守前述平等權及人民自決之原則，因而擁有一個足以代表該領土上全體人民，而不會因其種族、信念或膚色的差異而加以區別的政府」（該宣言第7項）。

本宣言拓展其概念，跨越反殖民主義，使一切人民可行使自決權，又除獨立或合併之外，人民可自由決定採取任何其他政治地位，作為實現自決權之方式。再者在否定鼓勵分裂國家之同時，也否定無代表性之政府，換言之，只有代表全民，不分族群信仰或膚色之政府，始得主張領土完整或政治統一。

本宣言建立對內自決與對外自決相連結之環鏈，具體而言，當對內自

決（國內政治參與權）被拒絕，則開啟行使「對外自決」（脫離獨立）之契機。

（五）聯合國維也納人權會議宣言

1993年在維也納舉行之聯合國有關人權會議之宣言重申：

> 依據聯合國憲章有關各國間友好關係與合作國際法原則之宣言（即該言第七項）此一自決權不可解釋為授權或鼓勵任何全部或一部分割或削弱主權獨立國家之領土完整或政治統一，而該國其本身正從事符合平等權及人民自決之原則且具有代表在該領域內不分種類之全體人民之政府。

本宣言提出該政府代表該領域全體人民，不分任何種類（without distinction of any kind）顯然拓展跨越1970年友好關係宣言「不分種族信仰或膚色之全體人民」。

（六）、國家實踐

經過國際法院的判決及諮詢意見，使自決權一步一步實踐，而成為習慣法原則。國際法院在Namibia（Southwest Africa）、Western Sahara及巴勒斯坦占領區築牆案[3]特別在East-Timor案，明確承認由人民自決權產生國際法上對所有國家（erga omnes）的義務亦即有對世效力。[4]

在非洲反殖民運動結束後，非洲又進行反種族隔離政策，前蘇聯各共和國及南斯拉夫加盟各共和國相繼獨立，德國也依據自決而統一，加薩走廊及西岸的巴勒斯坦人民揭櫫自治以及東帝汶的人民浴血獨立運動，最近2008年科索沃人民以及2011年南蘇丹人民皆循自決分離而獨立建國，皆是部分或全部實現人民自決權。上述國家實踐，使人民自決原則成為法律權利。

---

[3] 參照國際法院-Legal Consequences for States of the Continued Presence of South Africa in Namibia（Southwest Africa）ICJ Reports 1971. P3.（31）

[4] Case concerning East Timor〔Portugal v.Australia〕, ICJ Repots 1995, P. 90（102, Nr. 29）

三、對內自決與對外自決

（一）自決可對內及對外行使

　　自決分對內自決（internal self-determination）及對外自決（external self-determinatin）。對內自決意指享有在國內一定程度的自治，參與國內事務之決定，不涉及國土變更。至於對外自決指一群人民在國際水平上決定其自己之政治與憲法地位。人民有權離開其原有之實體，涉及國土變更及國家分離。國際法學者贊成對內自決是自決之主要內容，但關於對外自決之意見分歧。人民可否行使對外自決而導致分離（secession）？國際法學者大多認為從自決權不產生分離權。[5]

（二）義大利國際法學者Antonio Cassesse[6]分析

1. 1970年聯合國友好關係宣言（G A Res. 2615 XXV）之制定過程中，東西兩大陣營在聯合國有尖銳的論辯。他特別研討該宣言有關自決部分第7項（即防衛條款saving clause）之文字及邏輯架構，肯定族群有參與中央政府政事，亦即有對內自決權。但質疑該宣言賦予種族及宗教人群以對外自決權，亦即分離之權利（right to secession）[7]。他的立論在限縮運用自決權以保障主權國家的領土完整及政治統一，但他也提出所謂的「防衛保障條款」（the safeguard clause）。
2. 他認為在極嚴格條件下，始准予分離之權利：即若主權國家之中央當局持續拒絕種族及宗教人群參與中央政事決策；極端地有系統踐

---

[5] James Crawford,State Practice and International Law in Relation to Secession, BYIILXIX（1998）, 85 ff., 116; Donald L Horowitz, A Right to Secede? in: Stephen Maccdo/Allen Buchanan（Hrsg）, Secession and Self-Determination, 2003, 50, 59 ff. Antonio Cassese, Self-Determination of People, in; Louis Henkin（Hrsg）, The International Bill of Right, 1981, 120

[6] Antonio Cassesse著Self Determination, A Legal Reappraisel, Cambridge 1995. 分析自決權之理論與實踐，特別分析1970年聯合國友好合作宣言（G.A.Res.2615xxv）制訂過程中，東西大陣營尖銳的論辯。

[7] Cassesse前揭書P. 118

踏基本權利，及拒絕在國家架構下和平解決以弭平爭端。[8]又拒絕代議民主之基本權利，並非當然提升到准予分離權利。除此之外，必須嚴重違反基本人權，並排除一切和平解決之可能途徑，始准分離。[9]

3.該宣言建立在特殊情況下，「對內自決」與「對外自決」構成聯結環鏈。種族或宗教人群，在極端且持續被迫害下，又未獲得和平解決方案，最後不得已始採取最極端之對外自決之手段，以尋求分離。[10]

4.至於該宣言自決條款是否達到習慣法之高度，尚有疑義。對於種族人群賦予對內自決權，固已成為習慣法之一部分，但對於宗教人群對內自決，則尚未成熟到成為習慣法。又在嚴格條件下，種族人群自行片面分離，是否成為習慣法，也有疑義，其最大的考量是領土完整及主權獨立。該宣言制定過程中的爭辯，東西兩大陣營妥協而設計出週旋的公式（a convoluted formula），以留待後人應用文字與邏輯去詮釋「分離」（seccession）[11]。

（三）英國澳裔國際法學者James Crawford在其向加拿大檢察總長針對Quebec分離案所提之報告書中認為

1.原則上人民自決權賦予人民在其憲法體系並在尊重領土完整之基礎上參政（亦即肯定對內自決）。

2.在殖民地以外，聯合國極不願接納，違背既存國家之意願而片面分離之實體。自1945年以來，分離之實體獨立建國後，只有獲得該既存國家同意，才被接納加入聯合國；未得同意，分離實體難獲得國際支持或承認。

3.1970年聯合國友好關係宣言第7項規定「以上各項（有關自決權規定）不得解釋為授權或鼓勵採取任何行動、局部或全部分割削弱主權獨立國家之領土完整或政治統一，只要這些國家遵守前述平等權及人民自決之原則，因而擁有一個足以代表該領土上全體人民，而不會因其種族、信仰或膚色的差異而加以區別的政府。」嗣後又由

---

[8]　Cassesse前揭書P. 118
[9]　Cassesse前揭書P. 119
[10]　Cassesse前揭書P. 120
[11]　Cassesse前揭書P. 123

聯合國1993年維也納人權宣言再度重申，並將「不會因其種族、信仰或膚色的差異而加以區別之政府」修訂為「一個足以代表全體人民，而不會施加任何種類區別的政府」等字句，如此擴大人權宣言適用的範圍。

4.Crawford依據上述「防衛保護條款」主張一個國家，其政府代表其領域內全體人民不分族群，而且又在平等基礎上，特別不歧視族群、教派或膚色，並遵照尊重全體人民之自決原則，該一國家有權保護其領土完整。換言之，該一國家人民，行使對內自決權在平等基礎上參與其國內政務。

5.由上解釋，一個國家符合民主並尊重全體人民之主權，毫無差別待遇，始有獲得對其領土完整之尊重。由反面解釋，一個國家不尊重人權，則不得主張領土完整原則以抗拒人民行使自決權而脫離原有實體而獨立[12]。

（四）法國國際法者Alain Pellet

在Quebec案的協助法庭Amicus Curiae意見中，大力反駁Crawford所主張分離實體未得既存國家同意，其分離在國際法並非有效之見解。Pellet認為分離是行使自決權可能之途徑之一。簡言之：（1）國際社群不鼓勵分離；（2）某一國可反對分離，但並非盡一切手段去反對；（3）成功的分離並不是由該既存國家所接受（同意）之分離，而是現實de-facto分離。（4）分離是人民行使其自決權之可能途徑[13]。

（五）德國在Kosovo案中提出書面聲明，主張以「對外自決」，為科索沃獨立，求取正當性。他們立論有

1.引據1970年聯合國友好關係宣言及1975年Helsinki Final Act而主張自

---

[12] 英國Cambridge大學教授James Crawford在其向加拿大檢察總長針對Quebec分離案所提報告書"State Practie and International Law in Relation to Unilateral Secession"（19.Feb. 1997）（canada.justice.gc .cal/en/news/nr/1997/factum/craw.html）
一文結論，即第67段（a）（b）（c）（e）另參A-F.Bayefsky（ed.）Self-Determination in International Law: Quebec and Lessons Learned（2000），pp31（59-61）；J.Crawford著The Creation of States in International Law 4nd. Oxford 2006, PP 118-119

[13] A.Pellet ,Legal Oppionion on Certain Questions of International Law Raised by the Reference, Report for the Amicus Curiae（Dec 2. 1997）Bayesky前揭書PP. 85（116-121）

決原則與領土完整在同一高度，不分軒輊。[14]

2.放寬解釋分離之權（right of secession）以鼓勵脫離獨立，將危害國際和平，固不足取，但某一國拒絕其人民行使對內自決權，則人民得轉而行使對外自決，其條件有二：

（1）該國特別嚴重且持續拒絕國內族群行使對內自決權，重大侵害人民生命與自由權、集會與結社權等；又拒絕賦予該族群自治以及任何有效參與中央政事之權利。在科索沃案例中，其人權嚴重被侵害，諸如壓制異議分子示威，濫行逮捕監禁，刑求及其他不當處遇。塞爾維亞顯然拒絕科索沃阿爾巴利亞裔少數族群行使對內自決權。

（2）在長期持續拒絕對內自決權，在窮盡一切方法之後，最後不得已ultima ratio的手段，只有行使對外自決權，以獲得補償（remedy）。換言之，當一切對內自決之路被阻塞，只有另啟對外自決之途。在科索沃案中，經過長期多次協商，安理會提出多種解決方案，也徒勞無功。科索沃行使對外自決權以脫離塞爾維亞而獨立，有其正當性[15]。

參、分離（獨立）

一、分離本身是事實性質，國際法不承認也不禁止分離

（一）國際法學者意見James Crawford在其向加拿大檢察總長針對Quebec獨立案所提報告書中稱：「國際法業已認知政治現實，當茲分離之實體獨立，業已堅定建立且對相關領土有效控制」[16]「誠然，國際法不禁止在國內任何團體之分離……。分離是母國國內管轄權事務」[17]

---

[14] 德國在國際法院審理Kosovo案中所提書面聲明第32頁

[15] 上揭第34-36頁

[16] A、F Bayefsky（ed）, Self-Determination in International Law: Quebec and Lessons Learned（2000）PP31 et seq; at p. 36

[17] Bayefsky, op.cit, at pp. 160-161

（二）在提供加拿大最高法院Quebec案協助法庭Amicus Curiae意見Prof. Abi-Saab稱：「國際法不承認分離權，也不禁止分離，除非違反國際法基本原則而產生分離且違反效果在持續中[18]。」，「分離基本上非國際法所規律之現象[19]。」；Prof. Malcom Shaw稱：「在國際法體系中，既不授權，也不譴責分離意圖，而寧可中立。分離不違反國際法」[20]。

（三）國際法學者Thomas Frank, Rosalyn Higgins, Alain Pellet, Malcom Shaw及Christian Tomuschat應Quebec政府之邀在加拿大最高法院審理Quebec獨立案中，提出專家意見稱「沒有法律規則妨礙分離，分離是政治事實，當茲分離導致建立有效及穩定之統治當局，國際法才據此事實下結論」[21]。

二、國家實踐中，宣布獨立，又連結違反其他國際法規則，始認為違法

（一）1983年11月18日聯合國安理會宣布其決議（Res .541.（1983））認為土耳其裔塞普路斯當局運用他國之非法使用武力，宣布獨立，為非法，亦即宣布獨立又連結違反其他國際法規則，始為非法。又2008年8月27日美、加、英、法、德及日本等G7國家譴責俄羅斯使用武力並承認南高加索South Ossetia及Abkhazia獨立，侵害Georgia之領土完整及主權，亦同此旨趣。

（二）國際法委員會（ILC）在1949年起草「國家之權利與義務」公約第18條規定「每一個國家有義務去避免承認任何其他國家使用武力或以武力威脅而取得領土。[22]」，該規定顯然禁止承認使用武力吞併其他國家，但既不鼓勵也不禁止分離。

（三）安理會在Katanga案中譴責Katanga省政府分離活動非法，主要依據該分離活動，接受外部資源並由外國資助[23]。

---

[18] Bayefsky, op.cit, pp69 at seq. at p74

[19] Bayefsky, op.cit, at p72

[20] Bayefsky, op.cit, pp. 125 et seq. at p136

[21] Bayefsky, on.cit. pp241 et seq ,at p. 284

[22] Yearbook of ILC 1949. P. 113

[23] Security Council Resolution 169（1961）para.1.

安理會宣稱：一切對抗剛果共和國之分離活動，違反安理
會決議[24]但並非認為一切分離活動皆違反國際法。

（四）安理會Southern Rhodesia案中，決議（Res.216.217（1965））
認為Southern Rhodesia是種族少數政權宣布獨立違反種族歧視
之原則，而無法律效力[25]，而加以譴責。但安理會並非單單稱
宣布獨立或分離其本身為無效，而認為他們又連帶違反其他國
際法規則，例如種族歧視。

三、人民自決並不導致分離（seccession）之權利，但在嚴格條件下，允許補償性分離（remedial secession）：

（一）國際法學者在討論自決中，指出在後殖民體系幾乎不承認分離
權，至少認定偏愛領土完整。例如國際法學者J.Crawford認為
在殖民地議題外，不認為賦予國家之部分人民依據自決原則有
片面分離之權利[26]。

A. Cassese認為主權國家領土完整之原則仍被認為神聖的。
——任何分離之允許，應作嚴格解釋[27]。R. Higgins認為在
後殖民時代，分離之概念與人民自決權限不相關[28]。

（二）國際法學權威著作，有關「補償性分離」

1.1978年美國國際法學者Lee Buchheit在其「分離」一書提出
「補償性分離」（remedial secession）以來，很多法學者廣泛
地接受，並提出只在嚴重侵害人權達到不能忍受之程度，最
後不得已，始得分離[29]。

2.德國國際法學者Christian Tomuschat，在其「分離與自決」一

---

[24] opcit para.8

[25] Securitfy Council Resolution 216.217（1965）

[26] J.Crawford前揭書頁415

[27] A.Cassese前揭書頁112

[28] R.Higgins, Self-determination and Secession, in Secession and International Law ed by J.Dahlizt. 2003; P36

[29] Lee C. Buchheit, Secession, The Legitimacy of Self-determination 1978. P. 222提出"remedial Secession"; Christian Tomuschat,Secession and Self-determination,in Kohen（ed）Secession and Selfdetermination, P. 23, 35註52詳列各法學文獻。

文中認為：

(1) 國際法著作支持「補償性分離」，但尚缺實踐以認定其為國際法之實證法概念。Kosovo仍是獨一無二的片斷不能成為通案[30]。

(2) 國際法上的習慣法建立在堅固的經驗基礎上。國際法院組織法規定習慣需要通般性的實踐（第38條）。國際法律師都在司法判決、外交文件及條約中去尋找一些所需實踐事實並凝結成為一般的法律觀念。

(3) 在演繹推理的基礎上，「補償性分離」（remedial secession）應被認知作為實證法（positive law）之一部分，儘管事實上其經驗基礎相當薄弱，但並非完全欠缺，例證有導致孟加拉建國之事件及支持科索沃在國際管理下的自治實體之事件，此二者得被歸類為在「補償性分離」之範圍[31]。

(三) 俄羅斯在Kosovo案所提書面聲明認為

1. 在反面解釋1970年友好關係宣言有關自決權第7項，而存在肯定分離之可能性，亦即若某一國不採取符合平等權及人民自決之原則，也非具有代表全體人民的政府，則其不被代表之人群，得對抗領土完整而有分離之權。片面分離符合上揭1970年友好關係宣言所引據之條款（即第7項），有「補償性之分離」之權[32]。

2. 但這一「補償性分離」之權，只在嚴格條件下，始得行使，亦即歧視之暴力行為持續對付系爭人民，而窮盡一切手段也不能解決，分離是最後不得已之手段。也就是加拿大在Quebec案中所稱，對外自決權僅在極為嚴格條件下始發生，因此也應審慎界定各種情況加以認定[33]。

3. 該宣言上揭防衛條款之初始目的在於保護國家之領土完整，也因此該條款只得解釋為在某種條件授權分離。那些條件應

---

[30] Tomuschat上揭P. 38以下。

[31] Tomuschat上揭P. 42。

[32] Russia在Kosovo案中所提書面聲明段86。

[33] 前揭段87。

侷限於真正嚴格的狀況。例如母國澈底軍事攻擊正威脅系爭
人民之生存，否則只得採一切手段以弭平母國與該族群之緊
張關係[34]。

　　俄羅斯雖肯定「補償性分離」，可惜認為不適用到科
索沃。

（四）塞爾維亞在Kosovo案提出書面聲明

　1.認為解讀1970年友好關係宣言（GARes 2625 XXV）之防衛條
　　款（Safeguard Clause）而認定「補償性分離」，顯然有誤，
　　並且無論如何也不適用於科索沃。他們認為：

　　（1）1970年聯合國友好關係宣言（GA.Res.2625 XXV）有關
　　　　平等權及人民自決之第五原則中第7項即所謂之防衛條
　　　　款（Safeguard Clause）是為擔保維持獨立國家政治統
　　　　一與領土完整。

　　（2）反面解釋防衛條款以認可補償性分離之權，由該條
　　　　項（第7項）之內容、目的，草擬準備文件（travaux
　　　　preparatories）及後續實踐，也不能支持上該見解。

　　（3）友好關係宣言並不將遭受人權侵害之少數人群（minority）
　　　　轉型成為具有自決權的「人民」（peoples）。

　　（4）即使有所謂之「補償性分離」這也不適用到科索沃
　　　　案[35]。

　2.反面解釋（a contrario reading）防衛條款以認可補償性分離之
　　權利，此一論點未獲法律解釋之支持。

　　（1）誠實（good faith）解釋「防衛條款」也不認可補償性
　　　　分離之權利。該友好關係宣言第五原則（即平等權與
　　　　人民自決原則）共分八項。第1至6項規定自決原則，
　　　　而在第7項前揭「以上各項不解釋為授權或鼓勵採取任
　　　　何行動，局部或全部分割削弱主權國家的領土完整或政
　　　　治統一」中所謂「任何行動」（any action）是總括公式
　　　　（an all-enconpassing formula）不但包括國家行動，也

---

[34] 前揭段88。
[35] Serbia書面聲明E.段589。

包括任何種類實體（entity），機關或組織的行動。

　　因此，絕無任何實體、機關，組織或團體的分離意圖，得以藉口行使自決權而有法律適當性[36]。

　　至於第7項後段「只要這些國家遵守前述平等權及人民自決原則，因而擁有一足以代表該領土上全體人民，而不會因其種族、信仰或膚色的差異而加以區別的政府」依誠實解釋也不意涵著：若某一政府不代表該領土上全體人民且會因其種族、信仰或膚色的差異而加以區別，則該宣言授權或鼓勵該國之部分人民分離，亦即主張所謂之「補償性分離」[37]。

　　至於進一步依據反面推論（a contrario reasoning）去解釋「補償性分離」而認為：「這些國家不遵守自決原則」因此「不能防衛其領土完整與政治統一」（結果）。如此推論，既非理性，也不合邏輯。

（2）再從制定準備文件（travaux preparato ries, preparatory works）加以解讀，也不支持以反面解讀「防衛條款」以認可補償性分離。從聯合國大會2625（XXV）決議（即友好關係宣言）記載之準備文件看來，也可確認防衛條款之範圍，僅限於防衛國家之領土完整與政治統一，而非提供所謂的「補償性分離」[38]。在草擬該宣言文件中，義大利草案所主張「確保平等權及人民自決原則不得解釋為削弱憲章保障之獨立國家的領土完整。」是其中之明證。

（3）後續的實踐不支持反面解讀「防衛條款」以認可「補償性分離」。採行友好關係宣言（G.A.Res.2625XXV）也不改變聯合國追求確保國家領土完整及政治統一的恒常政策。後續的實踐，確認「防衛條款」不認可補償性分離之權利。孟加拉及厄利垂亞（Eritrea）是各分別獲得巴基斯坦及衣索比亞之接受其分離，而非單憑

---

[36] Serbia上揭段602。

[37] Serbia前揭段603。

[38] Serbia前揭段607。

此防衛條款而得以補償性分離[39]。又歐洲安全及合作會議1975年Helsinki Final Act確認自決原則及領土完整原則。依該第八原則所提「參與國願尊重各民族平等權及其自決權，其隨時採取行動以符合聯合國憲章之目的與原則並符合國際法有關規範，包括關於國家領土完整」。

肆、評論國際法院Kosovo案諮詢意見

一、2010年7月22日海牙國際法院公布諮詢意見書認定科索沃宣立，既不違反一般國際法，也不抵觸聯合國安全理事會1244號（1999）決議。

（一）國際法院首先確認：在20世紀下半葉，有關自決國際法發展出一個途徑，為非自治領土及其他受外來征服，統治及剝削之人民建立獨立權利。（參照國際法院Namibia案，East Timor案及巴勒斯坦占領區築牆案）。行使上述權利，產生很多新國家，雖然也有超出上述範圍，宣布獨立之案例，但國際法也沒有出現新規則去禁止宣布獨立。（詳參國際法院本案諮詢意見書第79段）。

（二）在審理聽證中，有些國家主張領土完整原則有禁止片面獨立之意涵。國際法院雖然重申領土完整原則是國際法秩序之重要部分並訂明在聯合國憲章，特別第2條第4項。依該條項規定：

「各會員國在其國際關係上不得使用威脅或武力，或以與聯合國宗旨不符之任何其他方法，侵害任何國家之領土完整或政治獨立。」又1975年歐洲安全與合作會議（即Helsinki會議）也決議：「參加國願尊重任何其他參加國之領土完整。」

但國際法院認為領土完整原則適用範圍僅限於國與國之間（國際法院上揭第80段）。至於有些國家認為領土完整原則不適用在既存國家中之實體（entity），換言之，部分人民組成實體行使自決權並脫離該國家，並非違反領土完整之原則，國際法院對此主張未置可否。

---

[39] Serbia前揭段613。

（三）有些國家認為安理會有決議譴責宣布獨立之案例（例如有關
Southern Rhodesia、Northern Cyprus，Republika Srpka等決議）
但國際法院認為上述決議針對各該個案之宣布獨立，有違反使
用武力或顯著違反國際法規範，特別違反那些強制規範（jus
cogens）之情事，安理會並非針對宣布（獨立）之片面特性作
出譴責決議（國際法院上揭第81段）。又安理會並未認為科索
沃宣布獨立有違反國際法規範情況，國際法院也認為安理會上
揭譴責決議，不適用在本案。

（四）有些國家主張科索沃人民，表明自決權或行使「補救性分離」
之權利，有權成立獨立國家。除非自治領土及受外來征服、統
治及剝削之人民之外，有關自決之國際法是否也賦予在既存國
家內之部分人民以脫離該國家之權力。對此議題，各國有不同
意見。又國際法是否提供「補救性分離」之權利，各國意見不
同。特別尖銳分歧的，是否考量各種情況下，給予科索沃人民
「補救性分離」之權。（國際法院前揭第82段）

　　國際法院認為在本案中無需解決上述問題。聯合國大會只
徵詢國際法院宣布獨立是否符合國際法。針對此徵詢之問題，
國際法院只需決定本案系爭之宣布獨立，是否違反一般的國際
法、或安全理事會第1244（1999年）決議所創造之特別法（lex
specialis）？（法院上揭第83段）

　　因此國際法院認為一般國際法不禁止宣布獨立。2008年2
月18日科索沃宣布獨立不違反一般國際法。

（五）至於Kosovo布獨立是否違反聯合國安理會第1244號（1999年）
決議。

　1.依聯合國憲章第24、25條及VII章安理會得以決議課加國際法
　　下之義務。

　　　過去國際法院有很多案例（Namibia案，Arab Jamahiyitya
v. United Kingdom案等）認定安理會決議為課加國際法下之義
務。因此該第1244號（1999年）決議課加國際法義務。（國
際法院上揭第85段）又基於該決議，成立United Nation Interim
Administration Mission in Kosovo（UNMIK）作為過渡性
行政機構，再由該行政機構頒布組織架構（Constitutional

Framework），此亦為特別法秩序之一部分（國際法院上揭第89段）。依安理會該決議及該組織架構授權聯合國秘書處之特別代表監督科索沃臨時自治政府。

2.在聯合國徵詢國際法院的問題是：

　　「Kosovo自治政府之臨時機構所為片面獨立宣言是依據國際法？」究竟獨立宣言之作者為誰？是自治政府的臨時機構？國際法院審閱聯合國書長向安理會所提UNMIK報告所稱。

　　「Kosovo國民會議在宣布獨立期間舉行會議，宣布科索沃作為獨立主權國家（UN doc.S/2008/211）」而認為此為UNMIK定期報告，其目的只告知安理會有關科索沃之發展，並非對於（獨立）宣言作法律分析。（國際法院上揭第108段）。

　　因此國際法院作下結論：「2008年2月17日獨立宣言，並非組織架構（Constitutional Framework）內一個自治的臨時機構之行為，而是一群人，他們在臨時行政架構之外，其作為科索沃人民代表之身分所作為共同行為（... .as persons who acted together in their capacity as representatives of the people of Kosovo outside the frame work of the interim administration）（國際法院上揭第109段）國際法院認為該獨立宣言來自科索沃人民的意願。他們雖未舉行公民投票，但獨立是絕大多數人民的意願，國際法院上的該見解，毋庸質疑。

3.更進一步，再探討那些人頒布獨立宣言之行為是否違反安理會第1244決議（1999年）或組織架構Constitutional Frame work。

　　（國際法院認為慎重解讀該決議，可答覆上揭問題：首先該決議授權國際民政事務之主要責任將包括組織及監督民主又自主自治政府之臨時機構，以待政治解決（pending a politicalsettlement該決議para 11（c））。該決議創立科索沃臨時政權，以過渡到建立其最後地位，該決議不包含如何處理最終地位之條款，在該決議下，安理會對於科索沃最後地不作最後決定。因此該1244號決議，並不妨礙宣布獨立（國際法院上揭第114段）。再者，該決議主要針對塞爾維亞及科

索沃之阿爾巴爾亞裔要求停止軍事對抗，除此之外，並未課加特別義務以作為或禁止作為（國際法院上揭第115段）。

　　國際法院經過解讀發現安理會1244號決議不阻止2008年2月17日宣言之作者去發布脫離塞爾維爾獨立之宣言。因此獨立宣言不違反安理會第1244號決議（國際法院上揭第119段）。

（六）最後國際法院在總結認定：「法院據上論結認為2008年2月17日獨立宣言不違反一般國際法、安全理事會第1244號（1999年）決議或組織架構。因而該宣言不違反任何國際法適用的規範」（國際法院上揭第122段）。

二、國際法院處理本案，技術性地自我設限，痛失詮釋「對外自決」與「補償性分離」等敏感而重要的國際法議題之良機，誠為美中不足：

（一）針對聯合國大會所徵詢之問題：「Kosovo自治政府之臨時機構所作片面宣布獨立是否依據國際法？」（Is the unilateral declaration of independence by the Provisional Institution of Self-Government of Kosovo in accordance with interational law?）國際法院認為該問題是狹窄及特別（narrow and specific），此只問宣布獨立是否依據國際法，而不問該宣布（獨立）之法律後果，特別不問科索沃之國家屬性如何？也不問有些國家承認科索沃之法律效力（國際法院上揭第51段）。

（二）國際法院舉出加拿大最高法院處理Quebec案件中，加拿大政府徵詢之問題為：「國際法賦予Quebec國民會議、立法或政府，使Quebec從加拿大片面實現脫（分）離之權利嗎？在國際法下之自決權，得賦予Quebec國民會議立法或政府使Quebec從加拿大片面實現脫（分）離之權利嗎？」上揭加拿大政府所提問題，徵詢是否有實現分離之權利（a right to affect secession）及是否有國際法規則授予上該機關以實證資格權利（a positive entitlement），相反地聯合國大會在Kosovo案上，只問宣布獨立是否符合國際法，因此只答覆國際法是否禁止（prohibited）獨立宣言，此一問題。由於國際法院並非被徵詢：國際法是否賦予Kosovo人民以實證資格權利，得以片面宣布獨立；更進一

步、國際法是否一般地賦予某一國內之實體（entitis）有片面脫（分）離該國之資格權利，因此也對上揭問題不加以答覆。（國際法院上揭段55.56）

（三）該法院對於聯合國大會所做徵詢之問題，只技術性地作偏窄之詮釋，[40]對於科索沃是否為一國家，承認科索沃是否合法（lawful），自決權是否適用科索沃的阿爾巴尼亞族裔，甚至科索沃是否成為補償性分離（remedial secession）之案件等皆未明確說明，誠為遺憾。國際法院面對成立以來第一個處理片面宣布獨立合法性案件，竟如此自我設限，痛失詮釋國家屬性，承認之合法性（特別避免各國過早提前承認）及「對外自決」與「補償性分離」等重要而敏感國際議題之良機，誠為美中不足。

伍、回顧與前瞻

一、殖民地自決獨立，不違反領土完整

（一）近二百年來，殖民地人民為掙脫帝國主義殖民統治，有很多殖民地人民獨立壯志未酬，即付出慘痛的血淚代價。人民自決原則，自1945年聯合國成立後，納入聯合國憲章，人權公約及聯合國大會宣言，特別1960年聯合國大會所通過之賦予殖民地人民獨立宣言（G.A.Res. 1541）頗具催化助長效應，迄今有一百多個殖民地或其他「非自治領域」之人民，實際實現人民自決脫離殖民帝國而獨立並成為聯合國會員國。

（二）殖民地人民自決獨立，不涉及挑戰國家領土完整原則之問題，依1970年友好關係宣言「殖民地領域或其他非自治領域，在憲章下，其地位與統治國家的領域分離且不同。在憲章下，該分離且不同之地位將存在，一直到殖民地或非自治領域之人，

---

[40] Jure Vidmar, The Kosovo Advisory Opinion Scrutinized, Leiden Journal of International Law, 24（2011）PP. 355-383持相同見解。

依據憲章，特別其目的與原則，行使其自決權」（第5原則第6
項）因此殖民地獨立，不違反領土完整原則。

二、人民自決權呈現多樣面貌

（一）1945年以後，在後殖民時代，殖民地或「非自治領土」外地
區之人民，由國家解體（dissolution）或由片面分離而獨立建
國。人民自決權經歷六十多年來的國家實踐（state practice），
呈現多樣面貌。有很多亞、非洲及加勒比海殖民地人民採取實
際行動實現自決原則而脫離殖民統治相繼建國；也有非殖民地
的人民，例如塞內加爾（1960年）、新加坡（1965年）、孟加
拉（1971年）、厄利特利（Eritrea，1993年）、東帝汶（1995
年）、科索沃（2008年）以及2011年南蘇丹，在紛爭中掙脫多
數強勢壓迫統治，而分離獨立建國。

（二）最近這二十多年來，波羅的海三國（Latvia, Lithuana, Estonia
1991年）脫離蘇聯而復國；蘇聯解體，其加盟共和國紛紛獨
立而成立十六國（Russia, Armania, Azerbaijan, Belarus, Georgia,
Kazakhstan, Kirgistan, Moldova, Tajikistan, Turkmanistan,
Ukraine, Uzbekistan，1991年）。南斯拉夫解體，也成立七
國（Slowenia, Macedonia, Croatia, Bosnia-Herzegoria, Serbia,
Montenegro Kosovo，1991～2008年）。捷克與斯洛瓦克雙方和
平協議，分成兩國；而東西德在三十五年前同時加入聯合國之
後，也在二十年前經由自決而復後歸統一，德國各界皆以人民
自由意願決定統一，引以自豪。人民行使自決權，可使國家分
裂，也可使國家統一。

三、國際社群促使「對內自決」之實現

（一）當代自決權聚焦在「對內自決」，強調在國家之高度下，要求
民主治理之權利[41]或人民嚴肅參與國內事務之權利[42]。

---

[41] TM Frank, The Emerging Right to Democratic Governance,（1992）86 AJIL46-91.

[42] J.Klabbers, The Right to be Taken Seriously; Self-Determination in Internationcl Law（2006）28 Hum

（二）又對於「對內自決」之實現，國際社群加以監督。國際社群，特別第三國及聯合國有權對於相關國家發揮影響力，甚至施加壓力使「對內自決」實現，以達到符合國際法及自決權之狀況，特別對於調整政治體制，在特定區域建立自治制度，或改善人權及保護少數權益等，國際社會有其著力點[43]。

（三）從過去一、二十年來政治發展看，非洲、亞洲，甚至歐洲，威權統治的政府，未依允諾實行分權，將統治權利下放到地方，反而進行強制性同化（Assimilation）顯然悍拒人民行使「對內自決權」，致使「對內自決」的理念，難於付諸實現。歐洲各國一再透過歐洲安全合作會議（CSCE）之相關文獻，例如Kopenhagen決議[44]巴黎憲章[45]及莫斯科會議決議[46]肯定對內自決權，並以之作為法律原則。因此歐盟各國建立共識，以民主價值、法治、人權及保護少數族群權益等作為承認新國家之基準[47]。

（四）第二次世界大戰前，國際聯盟時代的法律委員會在審理1920～21年Aaland Islands欲脫離芬蘭加入瑞典案件所提諮詢意見書，固先否定分離權，但認為應賦予系爭人民以自治權，並認為在「少數族群脫（分）離另成立國家或加入他國，只在例外解決方案，亦即該（既存的）國家既無意願，抑或無能力以制訂及提供公平及有效的保證，在此最後手段，始得加以考慮」[48]，上揭觀點引用自然法並採務實的政治觀點。

　　歷經七、八十年後，1998年加拿大最高法院在其回應加

Rts Q 186-206.

[43] Urs Saxer, Die international Steuerung der Selbstbetimmung und der Staatentsentstehung, 2010. P258, 另Denise Bruhl-Moser, Die Entwiklung des Selbstbestimmungs rechts,unter besonder Berucksichtigung seines inerstaatlifch-demokratischen Aspeckts und seiner Bedeutung fuer Minderheitsschutz（Diss. Basel）. 1994, P. 74.

[44] EUGRZ 17（1990）, 239ff, ILM29（1990）, 1306ff

[45] The Charta of Paris. 21.11.1990, EUGRZ 17（1990）517ff

[46] EUGRZ 18（1991）495ff

[47] ECDeclaration on Guidelines on the Recognition of New States in Eastern Europe and in Soviet Union （1992）, 31 ILM 1485（1992）

[48] Report of the Commission of Rapporteuer presented to the League of Nations Conncil, League of Nations Doc.B.7.21/68/106（1921）; F L Kirgis Jr. The Degrees of Self-Determination in the United Nations Era, in 88 Am. J. Intl L, 1994. P304

拿大政府有關Quebec分離之仲裁書Reference re Secession of Quebec中針對徵詢問題Quebec是否有權自加拿大分（脫）離指出：「國際法可認定之資料確立，人民自決權正規地透過對內自決加以實現。至於自決原則導致人民自其國家分離，只在例外情形，亦即人民之權利被嚴重且大量侵害，始得主張分離[49]。」經過將近一百年來的司法實踐，皆認為在例外情形下，得行使對外自決權即分離權。

（五）在種族、宗教或文化多元的國家，除具體實現保障人權，特別保護少數族群之外，似應在政治制度設計出讓人民能充分參與之機制，特別採聯邦制，並採協和式民主的國會議員選舉制等[50]。

四、Kosovo獨立增添由自決走向分離（From Self-Determination to Secession）的國家實踐案例

（一）北大西洋公約組織NATO為終結大規模殘害科索沃人民之人權，未經聯合國安理會授權，採取人道干預，使用武力空襲轟炸塞爾維亞軍隊及軍事設施，終使聯合國安理會決議（第1244號,1999年6月10日）授權建立臨時行政機構（UNMIK），其目的在於建立實質自治及有意義的自主行政，後來聯合國特使Martti Ahtisaari出面調停，並於提出綜合建議書（Comprehensive Proposal for the Kosovo Status Settlement）建議有條件獨立（conditional independence）作為解決科索沃前途的方案。國際社群接納科索沃獨立。在獨立後，有70多國承認科索沃，但塞爾維亞尚未接納而致使加入聯合國之路崎嶇不平，然而科索沃已成為國際貨幣基金會（IMF）及世界銀行之會員國。

---

[49] Reference re Secession of Quebec Supreme Court of Canada（20 Aug. 1990）2 Canada Supreme Court Reports, 217, para. 126

[50] Asbjorn Eide, In Search of Constructive Alternatives to Secession, in: Modern Law of Self-Determination,（ed. by Christian Tomuschat 1993）P. 165-166提出協和式民主Consociational Democracy，又參考Arend Lijphart, Patterns of Democracy, Chapters 3. The Consensus Model of Democray, PP31-47

（二）國際法院對科索沃宣布獨立案所發布之諮詢意見認為科索沃
　　　片面宣布獨立，不違反國際法，儘管大多數國際法權威著作
　　　肯定「補償性分離」之法律性，但國際法院對補償性分離不
　　　加詮釋，也對科索沃人民是否行使「對外自決」或「補償性
　　　分離」之權利，未作實質上說明。又本案固為獨特案件（sui
　　　generis），然本案是否能為是成為司法先例（Precedent），
　　　也尚有疑義。儘管如此，科索沃獨立案，在國際法發展史
　　　上又增添「由自決走向分離」（From Self-Determincation to
　　　Secession）的國家實踐案例。[51]

五、政治先例效應，助長分離獨立運動風起雲湧展開

　　科索沃獨立案是否成為司法上的先例固有爭議，然而其政治先例
效應[52]，大大助長分離獨立運動。俄羅斯境內的車臣、南高加索之南
Ossetien、Abchasien及Nagorny Karabach，中國的西藏及新疆，土耳其及伊
拉克的庫特族區等地人民將風起雲湧繼續展開獨立運動。

---

[51] 參照Danial Thurer/Burri, Thomas, Self-Determination, in: Maxplank Encyclopedia of Public International Law, www mpepil.com段41-44 From Self-Deternination to Secession?-Implication of Kosovo

[52] 國際法院Kosovo獨立案諮詢意見書發布後之國際法及政治發展，詳參Uwe Halbach,Solveig Richter, Christian Schaller: Kosovo-Sonderfall mit Präzedenzwirkung?Völkerrechtliche und politische Entwicklungen nach dem Gutachten des internationalen Gerichtshofs SWP-Studien 2011/s 13,Mai 2011 http://www.swp-berlin.org/de

四、台灣參與國際組織的國際法理論

許慶雄[*]

壹、前言

　　進入20世紀後半，國際組織之質與量不斷增強，在國際社會與國際政治範疇，甚至取代國家與國家間之個別作用，形成不可忽視的影響力。其主要原因來自於：（1）國際間強國的矛盾對抗，必須藉由成立國際組織來平衡，避免造成直接武力衝突，弱國也必須依賴國際組織來自保；（2）世界大戰之後必須成立國際組織來解決各種戰後的問題，追求和平安定的國際情勢；（3）多國間的合作協調性條約，例如郵政、經貿、交通等都必須藉由常設性國際組織來處理解決問題。

　　同時，各種不同性質與功能的國際組織不斷成立之後，也使得國家在國際社會中個別存在的空間逐漸消失。國家不僅在外交、政治、經濟方面，甚至包括文化、貿易、人權保障等各方面，都必然會受到其他國家、國際組織或條約的影響與規範。因此，任何國家均不能自外於國際社會而孤立，必須積極地加入各種國際組織，才能掌握國際社會的脈動[1]。

　　由此可知，任何國家若未參與國際組織，在目前的國際社會，必然面臨困擾且居於弱勢地位。台灣要突破目前的外交孤立與內外種種困境，最主要的問題也在於如何加入國際組織，所謂民間外交、加入NGO、擴大邦交國、非正式外交等等，都是不能澈底解決孤立的次要策略。

　　本文旨在透過國家參與國際組織的國際法理論與實踐分析，探討台灣參與國際組織的問題，最後提出排除香港化、追求主權化而立即可行的策略。

---

[*] 日本近畿大學法學博士（LL.D.），淡江大學國際學院亞洲研究所教授。

[1] 有關國際社會組織化的歷史發展與相關問題之分析，請參照佐藤哲夫，〈国際社会の組織化の理論的検討〉，《国際機構と国際協力》，日本国際法学会編，東京：三省堂，2001年，頁1-27。

貳、國家參與國際組織的國際法理論

　　首先，惟有國家才能參與國際組織（國家的集合體），此點乃是國際組織的特質所在。因此，若欲理解台灣參與國際組織的各種狀況，必須先探討「何謂國家」這個問題，特別是現代國際社會係由主權國家所構成，只有主權國家才能成為國際法權利、義務的對象，即只有主權國家才得成為國際法上國家。台灣是否為國際法上國家，如果答案肯定才能參與國際組織。

　　一般國內法體系，對於法主體的確定並無爭議，例如自然人是以出生事實來確定，而法人則由政府機關審查、登記、核發證件即確定。然而，由於國際法體系並不存在有權核定國家成立與否的機關，因此使得國際法上的國家確定變成相當複雜的問題。公法學、憲法、政治學都指出，國家的要素是土地、人民、主權。[2]換言之，國家要成立即必須有明確的領域、定住的國民以及實效統治的政府。其中，實效統治的政府必須是：（1）對領域及人民能確立實效統治；（2）此種統治是屬持續性、長久性的狀態；（3）有獨立自主遵守國際法與維持和國際社會各國交往的能力，並可以承擔國際社會權利義務關係之責任。

　　然而，國家在具備以上的要素之後，是否即成為國際法上的國家，或者是仍須獲得既存國家的「承認」？亦即，具備一般公法學要素的國家，是否仍無法成為國際法上的國家？「承認」在理論或實務上是否必要？這些複雜的問題即是承認理論的核心部分，長久以來一直在國際法上引起不斷地論議。傳統國際法理論認為，國家必須經由承認才能成為國際法上的國家，正式作為國際法主體而進入國際法範疇。同時，傳統國際法亦認為國際法不應介入國家「成立過程」的部分。然而，現代國際法對於承認之必要性及法效果則採取柔性對應方式。同時，現代國際法亦積極介入國家「成立過程」的範疇，例如主張不承認違反《非戰條約》所成立的「滿洲國」、積極介入民族獨立及人民自決權等屬於國家成立前之問題、甚至認

---

[2]　值得注意的或常被忽略的是，一群人民要建立國家，當然要具備建國意志、能力與對外主動、積極「宣布獨立」的決心，這些是探討國家要素的必要前提條件，也是主權、實效統治政府必備的前提要素。請參照，許慶雄，〈中華民國之法地位——兼論台灣之統獨爭議〉，《現代憲法的理論與現實——李鴻禧教授七秩華誕祝壽論文集》，台北：元照出版社，2007年，頁15。

定某些「不完整」或「正在形成中」國家的國際法主體性。[3]

　　就此而言，為處理台灣與中國之間的關係，台灣內部亦有部分人士提出所謂聯邦或邦聯制的主張。在聯邦制的主張方面，若台灣與中國組成聯邦，則只能有一個擁有主權的聯邦政府（北京政權）存在。此時，台灣即使擁有自己的總統與國會也無法成為國際法上的國家，當然亦非國際法主體，不能享有任何國際法地位，實際上就是一個地方政府。如此，台灣的地位即與廣東、四川相同，都是北京政權極權統治的對象。至於在邦聯制的主張方面，則所謂台灣與中國組成邦聯（中華國協或中華邦聯）的問題，即涉及台灣是否為主權獨立國家，因邦聯的成立僅存在於主權國家間，若台灣欲與任何國家成立邦聯，即須先爭取做為主權國家的國際地位，確立自身成為國際法上的國家，如此才有可能與其他國家成立邦聯[4]。由此可知，台灣目前以國家方式生存的唯一選擇，即是成為國際社會中的主權國家，否則若不被承認為「國際法上的國家」，則無論以何種形式與中國結合都與國際法無關，均不能享有國際法上的權利與保障。

　　同時，關於國家參與國際組織的問題方面，必須釐清政府與國家概念的差異。一方面，國際法上「政府」與「國家」是一體的兩面，也是截然不同的兩種概念。必須有國家才有政府（國際法上又稱事實政府、或稱一般性事實政府），政府若不能代表國家，則成為一國之內的「地方性事實政府」（又稱交戰團體）[5]。國家是構成國際組織的成員，是會員國的地位。

　　另一方面，政府在國際組織中是會員國的代表，該會員國由何政府代表是代表權的問題。例如中華人民共和國向聯合國爭取的是「中華民國（中國）代表權」，而不是申請加入聯合國成為新會員國。所以台灣是以中華民國的政府體制爭取聯合國的中國代表權，或是以新而獨立國家的地

---

[3]　如巴勒斯坦，請參閱Francis A. Boyle, *Palestine, Palestinians, and International Law*（Atlanta, GA: Clarity Press, 2003）, p. 62.

[4]　有關聯邦與邦聯之理論，請參照許慶雄，《中華民國如何成為國家》，台北：前衛出版社，2004年，頁229-232。

[5]　有關地方性事實政府承認與交戰團體承認之理論，請參照許慶雄、李明峻，《國際法概論》，台南：泉泰實業股份有限公司出版，2009年，頁135-140。有關交戰團體之承認，參照田畑茂二郎，《國際法I》（法律學全集55），東京：有斐閣，1973年，頁281-288；廣瀨善男，《國家‧政府の承認と內戰（下）》，東京：信山社，2005年，頁31-55；清水良三，《現代國際法諸說》，東京：酒井書店，1988年，頁109-127。

位申請成為聯合國的新會員國，是截然不同的兩回事。

國際法上承認理論有國家承認、政府承認、交戰團體承認、叛亂團體[6]承認等，其中以國家承認最為重要。在目前的國際法運作中，政府承認自1980年代以後已逐漸出現廢止的傾向，而交戰團體承認在現代國際法中已不再有實際運作之事例。國家承認係指國際社會有新國家成立時他國予以承認。政府承認是指國家因革命、政變等違反國內法秩序方式變更政府型態時，他國承認新政權是合法代表該國的政府。原則上，國家內部可能發生政府變更，甚至一時不存在有效統治的政府，但只要國家能維持同一性，則即使在此種狀態下仍認定國家繼續存在，並不涉及新國家承認的問題[7]。

此外，國際社會或國際法只有國家，並沒有所謂的「法律國家（de jure state）」或「事實國家（de facto state）」，國際法的「法律上承認」與「事實上承認」也與此無關連。依據國際法理論，國家成立之後，如果其統治並不是一個穩定的狀態，承認國將先給予事實上承認，待該新國家的統治狀態穩定之後，再給予法律上承認。雖然台灣有學者將其解釋為事實國家（de facto state）與法律國家（de jure state），但是國際法上並沒有這樣的理論，也找不出這樣的名詞用語。國際法上關於國家承認可以分為「法律上（de jure）承認」與「事實上（de facto）承認」，兩者都是使國家成為國際法上國家，根本沒有所謂事實國家與法律國家之區分。[8]

國際法上關於政府承認也是一樣，有事實上承認與法律上承認之區別：但是必須認清的是，在一國存在有A、B兩個政府的狀況下，世界各國可以對A政府做法律上承認；但卻無權再對B政府另做事實上承認。換言之，對一國的合法政府的承認，可以選擇正式的法律上承認，或選擇可以變動的、暫時性的事實上承認，但是對A、B兩個政府之間兩者只能擇

---

[6] 有關叛亂體制（日文稱反徒團體）之承認，參照田畑茂二郎，同前註5，頁288-289；廣瀬善男，同前註5，頁122。

[7] 例如英國、澳洲等在處理代表高棉（柬埔寨）的合法政府時，曾以波布（Pol Pot）政權非人道及喪失實效支配力，而橫山林政權受越南操縱並非獨立自主政府為由，而對兩者均不給予政府承認，但高棉在無代表政府的狀態下，其國家仍然繼續存在，並無所謂國家承認的問題。再如，1983年發生「仰光事件」之後，緬甸政府以「北韓」暗殺訪問緬甸的韓國官員，破壞緬甸國內法秩序為由，認為此種行為是對國際法的重大違反，故撤消對北韓的政府承認，但此舉並不影響緬甸對北韓這個國家的國家承認，因為國家承認是不能撤銷的。

[8] 參照許慶雄，同前註4，頁84-88；許慶雄、李明峻，同前註5，頁118-120。

一承認，不可以同時行使對A、B兩個政府的承認。

　　就中國的情況而言，在做政府承認之時，世界各國不可能一方面給予中華人民共和國政府法律上承認，一方面又給予中華民國政府事實上承認。國際法上合法代表國家的政府只有一個，如果認為該政府的統治基礎穩固，則給予法律上承認，反之如果認為該政府的統治基礎不穩定則給予事實上承認。但是兩者皆只能行使於同一政府，不可以同時行使於不同政府，形成一國兩府的狀況。一個國家不可能同時存在一個獲得法律上承認的政府，以及一個獲得事實上承認的政府。國際法的做法，一般是對於不穩定的新政府先給予事實上承認，觀察一段時日，確定其統治基礎穩固後，再給予法律上承認。所以由此來對照在台灣的中華民國體制，既不是國家也不是中國的合法政府或是事實上承認的政府。因此，世界各國只是認定台灣當局是「地方性事實政府」（ocal facto government）。

　　國際法上政府承認的事實上承認與地方性的事實政府之承認是不同的，對於唯一合法代表該國的政府，可以選擇做事實上承認或法律上承認；而對於地方性的事實政府之承認，則因為是相對於合法的中央政府，該地方性的政府是非法的（國際法上亦稱交戰團體或是叛亂體制），所以只有在必要時才能對其作地方性的事實政府之認定。由此觀之，國際法上有關「國家承認」之「法律上承認」與「事實上承認」都是對一個「宣布獨立以堅定意志，主張自己是國家」的新國家做國家承認，使其成為國際法上的國家。但是台灣從未宣布獨立或一再自我堅持是國家，也從未主動向國際社會要求「國家承認」，所以各國當然沒有權利、也不會主動對台灣做「事實上」國家承認或「法律上」國家承認。因此，台灣不論是由主動或被動觀之，「目前或現狀」[9]都不可能是國家。這就是一般國際社會所謂「台灣不享有國家主權」的由來。

參、台灣參與國際組織先要解決國家地位問題

　　台灣要主張以國家身分加入國際組織，首先要面對的是自己本身是否主張是國家，否則任何策略也無法爭取各國支持。中華民國是不是國家？台灣是否已成為獨立國家等問題，都必須明確地依國際法理論定義清楚。

---

[9]　參照許慶雄、李明峻，同前註5，頁120-121。

更重要的是，一個國家對自己的國家地位、主權本質必須「一貫持續不斷的堅持」。驚鴻一瞥的兩國論、一邊一國，立刻又自認為是經貿體不是國家，面對中國恐嚇又立刻說不會宣布獨立，如此則永遠無法以國家身分加入國際組織。首先是為什麼台灣維持現狀的中華民國體制就不是一個國家？這可以由以下三方面來論證：

一、中華民國與中華人民共和國都自我主張是新政府並非新國家

首先是建立新政府與建立新國家之間的關係為何？這可從歷史證據與經驗來分析。中國是幾千年前即存在於人類社會的古老國家，我們所受的教育也已充分說明。因此，1912年發生的是推翻腐敗的滿清政府，建立民主、國民、共和體制的中華民國政府。這只是中國這一個國家的改朝換代，中國並未被消滅，當然也不可能誕生一個新國家叫做中華民國。法理上1912年中華民國的建立，是新政府打倒中國的舊滿清政府，而不是脫離中國獨立，更不可能消滅中國，建立一個名為中華民國的新國家。事實上此說也不可能成立，因為中華民國從來沒有留下任何一塊土地讓大清皇朝的中國得以繼續進行統治而存在；法理論上如果是分離獨立建立新國家，原本的國家必然是繼續存在。在歷史上從來就不曾出現一個國家被消滅後，於該國的土地上，以其原有的人民再建立一個新國家的例子，國際法上也沒有這種新國家成立的理論[10]。

就此而言，中華民國推翻滿清的型態，並不是建國而是改朝換代，是政權的變動、是新舊政府的更換。自從中華民國名稱出現以來，其目的是要成立一個中國的新政府，以繼承腐敗的滿清政府，而非從中國分離獨立建立新國家。中華民國與中國是表裡合而為一的，中華民國政府從來沒有主張過要從中國分離獨立。換言之，原來即有國家存在的中國地域及人民，根本不可能也沒有必要建國，理論上只是推翻原有的舊政府建立新政府，中華民國即是屬於此種型態所建立的一個中國政府。

一般論及中華民國是一個國家，實際上都是在說明中國是一個國家，所謂中華民國在美國有大使館，有一百多個國家承認，中華民國在聯合國

---

[10] 國際法建立新國家的主要四種類型：一、無主地形成新國家、二、合併形成新國家、三、分離獨立形成新國家、四、分裂形成新國家。參照山本草二，《國際法》，東京：有斐閣，2003年，頁171-172。

是安理會常任理事國；的確，這些都曾經由中華民國政府所代表，但絕不能以此認為中華民國政府就是國家。中國是國家，而某一時期是由中華民國政府代表，故兩者重疊。「中華民國」從來就不是一個國家，而是一個政權、一個政府。雖然中華民國政府自1949年起敗退到台灣，但其在聯合國的席次卻是代表當時「全中國」的5億4000萬人民，代表在「全中國」這塊土地上的政府[11]；所以，不能以此就認為1949年以後中華民國在聯合國的席次僅代表不受中國共產政權統治的台灣地區，同樣也不能認為台灣就此已經從中國分離獨立。

中華民國政權敗退到台灣後，世界各國承認中華民國，其意義是繼續承認中華民國政府代表「中國」這個國家，承認它是代表中國這塊土地及中國的人民的一個政府；並非承認它是代表台灣地區的一個國家，也不是承認它是代表台灣這塊土地或台灣人民的國家。因此，中華民國政權敗退到台灣，並不是成為一個與中國分裂的國家，它只是一個敗逃的政府。根據國際法，一個舊政府遭受到新政權的革命或叛亂時，若是舊政府尚未被完全消滅，在據有一部分領土及人民的過渡時期，尤其在東西冷戰的國際情勢下，美、日等世界各國依據該國本身的政治利益，支持敗退到台灣的中華民國政府，承認它是中國的合法政府；明知北京有新政府已經成立，且有效統治著中國大部分的土地與人民，卻和中華民國政府的國民黨政權同聲指其為叛亂體制，認定北京新政府不能代表中國，根據國際法亦屬可行。

在東西冷戰的時期，各國很勉強地繼續承認在台灣的中華民國政府代表中國，又適逢中共參加韓戰與聯合國對抗，使得北京新政府未能在國際社會獲得廣泛承認，所以西方國家才勉強承認一個幾乎要被消滅的、敗退到台灣繼續與中央對抗的中華民國政府可以代表中國。當時的國際社會就是基於這樣的原因而承認中華民國政府代表中國，但並不能以此認定中華民國政府敗退到台灣後，就自然成為一個與中國無關的國家。

事實上，目前中華民國在世界上的23個邦交國，他們對於中華民國的承認，也是承認中華民國是合法代表中國的政府（包括中國大陸及１０多億人民），而非承認中華民國是在台灣的另一個國家[12]。換言之，陳水扁

---

[11] 1949年敗退到台灣後一直到1971年為止，在台灣的中華民國政府在聯合國的會員國年會費，即繳納包括中國大陸7、8億人在內所計算出來的年會費。

[12] 有關國家與政府之區別，國家承認與政府承認之區別，以及分離獨立建立新國家與革命政變建立

政府時期與目前的馬英九政府，在邦交國眼中仍是代表中國的合法政府，陳水扁總統、馬英九總統都是中國及中國廣大土地、人民的國家元首；所以北京才要抗議，也有權抗議；而這些邦交國才會要求金援，否則要轉為承認北京才是合法政府。因此，兩岸的外交戰仍然是停留在中國這一國家內部合法、非法政府之爭的模式中。

同時，中華人民共和國也從未主張，要從中華民國政府統治下的中國分離出去獨立建國。就國共內戰的歷史來看，中國共產黨執政下的中華人民共和國政府並非主張分離獨立，所以中國並未分裂為兩個國家。如果中華民國政權不能夠反攻大陸，不能取代北京政府掌握中國大陸的統治權，中華民國體制就變成一個叛亂體制。台灣人接受中華民國體制的統治，就代表台灣人自願在台灣叛亂，暫時不接受合法的北京政府統治。所以只要維持中華民國體制的現狀，台灣就不可能是國家。

此外，中國共產黨從一開始就只是要成立一個新政府，從來就沒有主張要從中國分離獨立，也從來不是要建立一個新國家，所以中國從來沒有分裂，至今仍只有一個中國。只是國家內部有一部分被非法政府所統治，所以合法政府（中華人民共和國）才要壓迫中華民國非合法政府快投降，這就是所謂的兩岸問題、台灣問題、一個中國問題。

二、國際社會對中華民國與中華人民共和國都是政府承認

其次，由國際社會的觀點切入，分析國際社會如何處理中華民國與中華人民共和國之間，所謂聯合國中國代表權之爭，分析世界各國如何處理國家間的建交、國家承認、政府承認問題，其結果都是依據國際法所確認的各項原理來認定，中華人民共和國才是代表中國的政府。

國際法上的承認理論明確區分為政府承認和國家承認，其適用的區別在於，新政權革命時的意圖是要建立一個新政府或是一個新國家。如果革命運動所欲追求的是建立新政府，那麼世界各國所給予的就是政府承認；如果革命運動所欲追求的是建立新國家，那麼世界各國就會認識到該革命

新國家之區別，各國國際法入門書籍皆有論述。參照日本国際法事例研究会編，《国家承認》，日本国際問題研究所，1983年；同編，《国交再開‧政府承認》，日本国際問題研究所，1988年；王志安，《國際法における承認～その法的機能及び効果の再檢討～》，東京：東信堂，1999年。

運動的主張是想從母國分離獨立，基於客觀的事實認定而給予國家承認。孫文領導國民黨的革命，其目的就是要建立新政府，所以世界各國對中華民國的承認就是政府承認，承認中華民國取代滿清政府成為代表中國的政府。就歷史而言，中華民國本身從來未曾向世界各國宣布要建立一個新國家，所以沒有任何一個國家給予中華民國國家承認，承認中華民國是一個與中國或大清帝國沒有政府繼承關係的新國家。

　　由外交部等官方文件得知，世界各國自1912年以來對於中華民國的承認，包括美、日、歐洲及其他曾經與中華民國有過邦交的國家，他們對中華民國的承認，都是承認中華民國政府為代表中國的合法政府，國際社會所給予中華民國的是政府承認而非國家承認。所以當北京政權出現並實際有效地統治中國後，國際社會便撤銷對中華民國的政府承認，轉而承認中華人民共和國為代表中國的政府，這就是政府承認的變動。

　　如果各國對中華民國的承認是屬於國家承認，依據國際法國家承認是不能撤銷的；如果孫文領導國民黨革命後，世界各國對中華民國的承認是國家承認，即使今日中華民國的領土只剩下台灣，即使今天美國與中華民國斷交、甚至是交戰，依據國際法理論也不能撤銷對中華民國這個國家的承認。譬如英國與阿根廷為了福克蘭群島而發生戰爭，英國宣布與阿根廷斷交，並關閉大使館召回大使，但是英國對阿根廷這個國家的國家承認卻無法撤銷。[13]國際法上並不能因為兩國之間的關係突然惡化，就可以撤銷對對手國的國家承認，國家對他國作出國家承認之後即不能撤銷，受到承認的國家即永遠存在，除非國家瓦解（像舊蘇聯）或被他國消滅，否則國家承認永遠存在[14]。

　　就此而言，歐美日各國以前承認中華民國時，並不是承認中華民國是一個國家，因為國家承認是不能撤銷的，即使兩國斷絕邦交，國家承認仍然存在且有效，因此如果過去各國承認中華民國是一個國家，那麼「承認」中華民國的國家數目是不會減少的[15]。中華民國的外交部自己也宣布，與中華民國有邦交、「承認」中華民國的國家只有23國；為什麼只有23國？為什麼承認我們的國家會減少？其原因就在於美國、日本、歐洲及

---

[13] 關於福克蘭群島戰爭的法律問題，參照山本草二，同前註10，頁299-300。
[14] 參照高野雄一，《國際法概論（上）》，東京：弘文堂，1990年，頁146。
[15] Art. 2-96-2-b, *Restatement (Second) of the Foreign Relations Law of the United States (1965)*, 615 F.2d at 1187美國對外的國家承認是不能撤銷。

其他曾經與中華民國有過邦交的國家，對中華民國的承認只是政府承認，
所以可以撤銷對中華民國的政府承認。這一事實說明目前23個邦交國對中
華民國所做的承認，也是承認中華民國為代表中國政府的政府承認，並不
是國家承認。中華民國官員說中華民國是一個國家，但是世界上從來就沒
有一個國家對中華民國政府做過國家承認。

　　另一方面，聯合國處理中國代表權問題的方式，也可以證明中華民
國不是國家。中華人民共和國從來不是申請加入聯合國，也不是等了22年
才加入聯合國。1949年成立的中華人民共和國「政府」也是推翻國民黨政
府，建立屬於人民的政府，並非主張由中華民國（中國）分離獨立而建立
新國家。因此，每年10月1日中華人民共和國政府明白指出是慶祝「建政
（建立新政府）紀念日」，並非「建國紀念日」。中華人民共和國政府對
外也是向各國要求對新政府的「政府承認」，並非要求「國家承認」。中
華人民共和國對聯合國也是主張要取代中華民國舊政府的代表權，從來沒
有提出申請加入聯合國，沒有提出說中華人民共和國是一個新國家，要以
新國家的身分申請加入聯合國。[16]中華人民共和國政府是要以代表聯合國
創始會員國及安理會常任理事國的中國身分，以中國新政府身分，要求聯
合國將中華民國代表權，以及中華民國在聯合國之席次交予中華人民共和
國政府[17]。因為國民黨的中華民國政府已經是一個被中華人民共和國政府
所推翻、所取代，不能合法代表中國的舊政權。中華人民共和國是以此種
方式進入聯合國，要求國際社會給予政府承認，認定中華人民共和國是唯
一合法代表中國的政府，聯合國於1971年即已作出此種認定的明確決議。

　　反過來說，如果當時聯合國認定中華民國是一個國家，中華人民共
和國又是另一個國家，那麼中華人民共和國當年就應該是以新國家的身分
申請加入聯合國，而不是為代表中國的唯一合法政府，取得中華民國代表
權。如果中華人民共和國以新國家的身分申請加入聯合國，聯合國又怎麼
不依照一般新國家申請加入的程序，由安理會來審查，而是由大會採用討
論中華民國代表權的方式，將原來由中華民國代表的中國席次交予中華人

---

[16] 中華人民共和國爭取聯合國代表權與國家承認及政府承認之法理，參照広瀬善男，《国家‧政府
の承認と内戦（上）》，信山社，2005年，頁235-279。

[17] 聯合國創始之初，中國是使用中華民國國號，且至今一直未更換，在聯合國正式網站即可查證。
依據聯合國憲章第二十三條，「中華民國」仍為中國之國號，北京政權在聯合國是代表中華民國
出席，目前依憲章及法理就是使用中華民國此一國號。

民共和國？聯合國之所以會認定中華人民共和國為唯一合法代表中國的政府，就是因為中華民國從來就不是一個國家，只是一個中國的政府而已。

　　當一個舊政府喪失其原有的土地與人民，而由新政府實際有效地統治其原有的土地與人民時，國際社會當然認定新政府才是代表該國的政府，也因此聯合國才決議，由中華人民共和國來代表聯合國的創始會員國、聯合國安理會常任理事國的中華民國（當時中國名號），也就是中國這一個國家。聯合國從未開除任何會員國，這一事實亦證明中華民國不是國家。事實上，聯合國從成立之後就從來沒有趕出過任何會員國，從來沒有開除過任何國家的紀錄。不但沒有這種紀錄，譬如伊拉克入侵科威特，聯合國也未開除伊拉克的會籍，伊拉克至今仍是聯合國的會員國；一個與聯合國對抗，與聯合國作戰的會員國都沒有被開除，更何況當時還是一個好好的中華民國怎麼可能會被開除？其實中華民國根本就沒有被開除，聯合國2758號決議文驅逐蔣介石的代表，是因為被認定為叛亂體制，不能夠再繼續代表中國，所以才必須讓出中華民國的代表權，必須讓出中華民國在聯合國的席位，讓出中華民國在安理會的席位，轉由新政府中華人共和國政府來代表[18]。

　　質言之，聯合國並未驅逐中華民國，中華民國對國際社會而言，只是中國這個國家某一個時代的一個國名、一個政權而已，並非一個不同於中國的國家。因此，世界各國對中華民國的認定是，中華民國不是一個國家，中華民國只不過是存在於中國某一時代的政府名稱（國名）而已，中華民國政權敗退至台灣繼續叛亂，世界各國對於兩岸問題不願意也不能介入，因為北京平定叛亂是屬於一國內戰的問題，是中國的內政問題。換言之，當中華民國體制成為中國的一個舊政府，國際社會都承認中華人民共和國才是唯一合法代表中國的政府時，在台灣的中華民國體制理所當然的就成為中國的一個叛亂體制，這就是台灣人沒有國家的身分地位，台灣在國際社會上不能參與國際組織的原因，以及為什麼台灣不斷面對中國武力威脅的原因。

---

[18] 聯合國2758號決議文：恢復中華人民共和國在聯合國的合法權利，大會回顧聯合國憲章的原則，考慮到中華人民共和國的合法權利的恢復不論是對聯合國憲章的保護，還是在聯合國憲章下聯合國必須從事的服務都是一定要做的，承認中華人民共和國政府的代表是中國在聯合國唯一的合法代表，而且中華人民共和國是安全理事會五個常任理事之一，決定恢復中華人民共和國所有的權利，同時承認它的政府的代表是中國在聯合國內的唯一合法代表，同時把蔣介石的代表從聯合國和它所屬的所有機構中非法佔據的席位上立刻不猶豫地驅逐出去。*UNGA Resolution 2758 (XXVI)*, 1976th Plenary Meeting, 25 October, 1971.

　　這並不是因為國際社會欺負台灣，否則何以當南斯拉夫境內的科索沃欲爭取獨立，南斯拉夫政府對其實施種族淨化、大規模屠殺阿爾巴尼亞裔住民之時，世界各國卻對其投注相當的關心，甚至北大西洋公約組織（NATO）也出兵制止南斯拉夫的暴行，聯合國安理會也積極介入。一個在南斯拉夫境內的科索沃，人口也只不過200多萬而已，且仍未脫離南斯拉夫的統治；台灣有2300萬人口，世界各國卻不承認我們是國家，不關心介入我們被北京恐嚇威脅，而且要兩岸進行各種對話、協商、和談，要中國人的事由中國人自己解決，不要製造麻煩，何以世界各國都不願意對台灣加以關心？我們看美國對於以色列與巴勒斯坦和談所付出的種種代價，再來看兩岸問題，為什麼美國不會積極介入？其原因就在於中華民國體制，因為它在國際法上只是中國的一個叛亂體制的地位並非國家。更無可奈何的是，這也是二千多萬台灣人多數主張維持中華民國體制現狀的結果。

三、中華民國官方自我主張不是國家

　　最後則是由台灣方面來看問題，我們所謂的中華民國政府官員在處理外交事務時，一再否定我們是一個國家。目前台灣加入世界貿易組織（WTO）及亞太經合會（APEC），也都事先聲明自己不是國家，以一個經濟體的地位（與香港一樣）加入國際組織[19]。甚至我們的民眾、立委民代及政府官員到中國去時，也不是拿所謂中華民國外交部所核發的護照，而是拿中華人民共和國公安部所核發的台胞證。既然連自己都認為不是國家，那麼台灣就只有成為一個叛亂地區的命運。因為不論是從國際法或者是從歷史上來看，如果一個政權不具國家合法政府的地位，它便必然是一個地方政府、叛亂體制或者非法政府。

　　事實上，中華民國的外交政策一直是一個中國原則，不論是有意還是無意，但只要台灣繼續維持中華民國體制，外交部的努力就等於是要求世界各國承認中華民國是合法代表全中國的政府，也等於是要求世界各國承認陳水扁總統或是馬英九總統是十幾億中國人的國家元首。結果使各國被迫在中華民國政府與中華人民共和國政府之間做一抉擇，承認何方為中國

---

[19] 有關台灣以非國家的身分申請加入國際組織，參照王志安，同前註11，頁213-215；許慶雄，同前註8，頁75-77。

的唯一合法政府。若承認中華民國是中國的唯一合法政府，則中華人民共和國就不是中國的合法政府而是叛亂政府，因此當然無法兩者都維持「邦交」。此點不但國民黨政府是如此，民進黨執政時也是如此，事實上都是在延續過去的一個中國外交政策，頂多只是「一中各表」而已。

從以上三點可知，繼續維持中華民國體制的台灣，由於原本就不是一個國家的地位，也不可能成為一個國家，因此無法以國家身分加入國際組織。

四、領域主權爭端與台灣主權歸屬問題

其次，必須處理的是，「台灣主權不屬於中國」、「台灣事實上已經獨立」等說法是否正確的問題。

有關台灣主權歸屬的問題須要認清以下兩點。第一，有權擁有台灣領域主權者，必定是一個國家，目前除了中國之外，沒有其他國家主張台灣是其領土的一部分，所以台灣問題並不是所謂的領域爭端，不是國與國之間的領域爭端；第二，即使台灣共和國存在，台灣主權歸屬也不是領域爭端的問題，是國家生死存亡的問題，所以不能以國際法上有關領域爭端的理論，適用於台灣主權歸屬問題之探討。

其實，當我們在探討台灣屬於誰的問題時，台灣就已經不是國家、不是國際法上的主體，而只是一個客體；因為台灣不是國家，所以才會有屬於誰的問題。一方面，台灣這塊土地也不可能屬於「台灣人」，因為「一群台灣人」不是、也不能成為國際法上的主體，不能主張對台灣有領域主權。另一方面，目前國際社會上不存在一個名為台灣的國家，台灣人接受中華民國政府的統治，而中華民國政府是中國的舊政權，在這樣的狀況下，接受中華民國體制卻主張台灣不屬於中國是矛盾的。日本戰敗後唯一主張對台灣擁有主權的國家只有中國，而台灣人也從未主張要從中國分離獨立，所以中國自然擁有台灣的主權。更何況面對中國一再認為台灣是其叛亂一省的主張，台灣的人也一直默默地承受而未極力反對，且對於中國的叛亂體制——中華民國政權在台灣的統治，多數台灣人不但不對抗、也未主張廢除，甚至還主張台灣的國名叫做中華民國，那麼如何能夠說服國際社會相信台灣不屬於中國？如何能夠說服國際社會相信，台灣已經分離獨立，建立一個與中國無關的國家？如此一來，台灣如何能以國家身分加

入國際組織？

　　事實上，國際社會大多數國家早已用實際的行動承認台灣屬於中國。到1978年為止，美國及日本、法國、加拿大等國都曾承認中華民國代表全中國，當時各國的大使館都設在台灣，如果不承認台灣是中國領土的一部分，各國會將駐中國大使館設在台灣嗎？所謂的《中日和約》、《中美共同防禦條約》等不都在台灣簽訂而適用於台灣地區嗎？由此可知，不論由法理或自我主張的事實證據，都難以推翻台灣領域主權在戰後歸屬於中國。

　　台灣為什麼不是一個國家，主要的原因就是：既然台灣是在中華民國這個中國的舊政權的統治之下，也就是在中國的叛亂體制的統治之下，那麼台灣要如何成為一個國家？因此，中華民國體制若是繼續在台灣存在，台灣共和國的建立、或者台灣要成為一個獨立的新國家就不可能；因此，去除中華民國體制就成為台灣要獨立建國、台灣要成為一個國家的前提要件。如果我們自己不先否定在台灣的中華民國體制，不認為中華民國是叛亂體制而不是國家，不主張我們要從中國分離獨立，建立一個與中國無關的國家，那麼我們就不可能建立屬於自己的一個新而獨立的國家。

　　由此可知，台灣如果要以國家身分加入國際組織，除了上述有關國家性質的理論必須釐清之外，更重要的是必須「宣布獨立」（declaration of independence）[20]，一貫持續不斷的堅持台灣是獨立國家。一個國家的建立，各種有關成為國家的條件固然重要，必須皆要完備才可成為國家，但是要成為國家者絕不可中途停頓或否認自己的身分是國家。李登輝或陳水扁雖然提出過兩國論、一邊一國論，引起國際注意到台灣是否要獨立，但是轉眼之間又繼續中華民國體制，又說獨立與否應由台灣人民決定。這與巴勒斯坦雖不具備獨立之條件，卻一再堅持自己是國家，沒有一分一秒間斷過的做法相較之下，恰好呈現出強烈的對比。事實上，台灣具備所有成為國家的條件，有時也自我主張是國家，但是大部分時刻卻是一再做出否定自己是國家的動作與言論。這就是台灣要成為國家，要以國家的身分加入國際組織得最大矛盾與障礙。

---

[20] 世界上有不少古老的國家不知是否有發表過獨立宣言，或是不知何時宣布過獨立，但是這些國家必定會一再宣布自己是獨立國家。事實上世界各國在宣布獨立之後，仍然必需繼續不斷的宣布、宣稱自己是獨立國家，維護自己的國格，這就是國際法上「宣布獨立」的真正意義與重點所在。因為台灣從未主動、積極、持續的宣佈獨立或主張是新國家，所以世界各國及國際組織依國際法法理，當然不可能承認台灣是國家，這與中國的反對無必然關係。

肆、申請加入聯合國是核心問題

一、國際組織與聯合國的本質

（一）國際組織的本質

國際組織（International Organization）一詞目前已被恣意的使用，例如紅十字會、奧林匹克委員會等民間或非政府團體，甚至國家共同出資的國際企業、多國籍企業等，也都被稱為「國際組織」。事實上，各種國際組織設立的基礎、會員性質、權限、目的迥異，將這些不同層次的國際社會組織都稱為國際組織並不妥當。

國際法所稱之國際組織一般是指「政府間國際組織」，是由國家以條約所設置的國際法團體。這種國際組織的出現，一方面顯示個別國家無法達到某一目的，必須結合其他國家共同設置機構才能達成，所以有國際合作的意義；另一方面則顯示傳統上不受任何拘束的「主權」國家，在主權的作用上必將因此而受到各種條件的制約。因此，狹義的國際組織是指與主權國家、國際法有密切關連的政府間組織。

關於此點，《條約法公約》第2條第9款即明確規定：「稱國際組織者，為政府間之組織」。因此，依國際法理論，國際組織是多數國家為達成共同利益與目的，以條約為基礎所設置具有國際性機能之常設性組織。所謂非政府間組織（NGO）並非國際組織。台灣於參與國際組織受阻撓之情形下，雖可積極參與NGO以增加國際能見度，多少有助於強化國際影響力。然而，NGO與國際組織並無密切關聯，兩者基於理念與現實的矛盾，經常是處於對抗的狀態。因此台灣即使加入也無法顯示國家主權性質，僅可作為助力，實不應設定為參與國際組織之主要目標。

（二）國際組織現狀分析

目前數千個國際組織之中，地位最重要者即為聯合國（UN），其他重要之國際組織也多屬聯合國傘下的「專門機構」。例如國際勞工組織（ILO）是各種國際性勞工組織的核心機構，教育及文化組織（UNESCO）

是各種文教性組織的核心機構，世界衛生組織（WHO）是醫療衛生等有關國際組織的運作中心，世界銀行集團與國際貨幣基金（IMF）則是國際金融、經貿活動的核心，國際法院（ICJ）則是解決國際爭端的核心，其他糧食、航運、郵政、通訊、氣象、智慧財產、農業、工業等組織，都是聯合國所屬的國際組織[21]。因此，可以說國際組織是以聯合國為中心所形成的一個巨大集合體。這些以聯合國為中心的重要國際組織都在憲章規定，「凡屬聯合國會員，均當然有權成為本組織之會員」。若非聯合國會員，則需經由執行理事會推薦及大會三分之二表決通過才得成為會員[22]。由此可知，只要是聯合國會員國，欲申請加入其他國際組織，即便是與聯合國無關之國際組織，也都不成問題。反之，以目前台灣的國際法地位，要個別加入其他重要國際組織，其困難度皆高於加入聯合國。所以台灣要加入國際組織應全力以聯合國為總目標，不應分散力量去要求加入其他國際組織。

除此之外，加入聯合國對台灣的另一個重要之處，是可以因此而取得世界各國對台灣的「國家承認」。就傳統的國際法與國際社會而言，一個新國家必須一一獲得既存國家的「國家承認」，才能確立其國家地位，從此成為國際法上之國家。然而，自從聯合國成立之後，基於聯合國憲章的規定，各會員國都是主權獨立的國家，相互之間必須尊重其他會員國的主權獨立及平等，因此當一個新國家成為聯合國的會員國，等於同時獲得各會員國對它的「國家承認」。依現代國際法理論，當一個新國家加入聯合國時，其他會員國除非投票反對其加入，且特別聲明不給予國家承認，否則視同「默示承認」該國。更重要的是，即使是對於那些表明不予承認的會員國，在該新國家加入聯合國之後，將會在雙方同為會員國的效果下，除非其中一方退出聯合國，否則雙方之間的實際關係即為國與國的關係，與國家承認無異。

由此可知，台灣若能加入聯合國，將毫無疑問地可以立即獲得聯合國194個會員國的「國家承認」，對提升台灣的國際地位將產生無可比擬的效果。目前外交部對個別國家爭取承認的努力，只能算是個別的運作，在

---

[21] 聯合國所屬的國際組織，參照庄司真理子，〈國際機構相互の合作關係〉，國際法學會編，《國際機構と國際合作》，東京：三省堂，2001年，頁161-194；藤田久一，《國連法》，東京：東京大學出版會，1998年，頁416-417。

[22] 橫田洋三編，《国際組織法》，東京：有斐閣，1999年，頁72。

成效上絕對無法與加入聯合國相比，何況所謂對中華民國政府的承認，在國際法上是隨時可以斷交也可以撤回的「政府承認」，其穩定性及所代表的意義更是微不足道。這也是我們必須把加入聯合國當作目前外交上全力以赴之重點的主要理由。如此作法不但不會浪費國力，並且將事半功倍，使台灣作為主權國家成為穩固不可變的狀態。

（三）聯合國現狀分析

聯合國成立之後，由原始的51個會員國發展成目前幾乎世界上所有國家都加入的國際組織，其中的過程有許多值得探討之處。

首先，自1945年聯合國成立之後，各國申請加入聯合國，即成為冷戰期間東、西陣營的主戰場。社會主義各國申請加入時，在安理會受到以美國為首的西方國家多數阻撓，另一方面西方各國的加入則被蘇聯以否決權抵制。因此，自1945年至1950年之中，雖然有30多國申請加入，但結果獲准加入的國家只有9國。[23]其中，1947年蘇聯曾提案在安理會表決時，採用對加入申請國以同一議案集體表決方式以避免對立，促使匈牙利、羅馬尼亞、保加利亞等社會主義國與義大利、芬蘭等國可以同時加入。但西方國家卻主張集體表決違反《憲章》規定，仍應以個別表決方式處理安理會對申請國的推薦程序。此一爭議其後經大會提案，要求國際法院提出諮詢意見，但國際法院於1948年5月28日之回答為「加入案應個別審查」。因此，聯合國大會再於1949年11月22日向國際法院請求諮詢意見，希望為使聯合國會藉普遍化原則落實，是否可免除安理會推薦之審查，直接由大會表決加入之申請。國際法院之回答認為，安理會之推薦是「先決條件（condition precedent）」，任何加入申請必須先由安理會推薦，再由大會表決通過才成立。[24]因此，加入問題就在東、西對抗下，自1951年至1955年都無任何申請國得以通過安理會之推薦。其後，聯合國大會於1955年特別提出決議案向安理會施壓，要求允許已申請多年的20多國加入，才使東、西雙方相互讓步，同意其中的16國加入。自此以後，新獨立的國家幾乎都立即申請加入聯合國，使聯合國會員資格逐漸成為新國家取得國家承

---

[23] 1946年冰島、阿富汗、瑞典、泰國加入，1947年（北）葉門、巴基斯坦，1948年緬甸，1949年以色列，1950年印尼等9國。

[24] 有關聯合國加入條件、退出及會員國變動等等問題，參照高野雄一，《国際組織法》（法律學全集58），東京：有斐閣，1975年，頁158-196。

認的通用方式，或某些國家性質尚未明確的國家證明其為國際法上國家的有效手段。例如，1973年東、西德分別成為第134及135個會員國，1991年南、北韓成為第160及166個會員國；在1990年代一些人口數僅3萬前後的歐洲城市國家與太平洋的一些島嶼小國，也都相繼以加入聯合國，確立其國家地位[25]。2002年永久中立的瑞士亦加入成為會員國。在2011年剛獨立的南蘇丹共和國立即加入聯合國之後，目前可以說世界上的國家幾乎都已加入聯合國。

　　其次，加入聯合國與國際法上的國家消滅與新國家成立，並無必然關係。例如，1958年埃及與敘利亞合併成為新國家「阿拉伯聯合共和國（United Arab Republic）」[26]，1964年坦加尼卡（Tanganyika）與贊濟巴（Zanzibar）合併成為新國家「坦尚尼亞聯合共和國」[27]，都未重新申請加入，而是合併為一席會員，可見國家合併不必重新加入。1991年蘇聯瓦解之後，經由合意由俄羅斯繼承舊蘇聯席次（包括安理會常任理事國），白俄羅斯與烏克蘭繼續原席次，其他共和國則重新申請加入。另一方面，1992年捷克與南斯拉夫瓦解之後，由原國家分裂形成之新國家，由於都無法繼承原席次，結果全都經由申請重新加入。由此可知，聯合國的加入與國際法上新國家形成、國家承認及國家繼承理論未必符合[28]。此外，1965年印尼曾一度宣布退出聯合國，1966年再宣稱重新加入聯合國，但聯合國方面卻以印尼是與聯合國「停止協力」，故不必重新申請加入，而是以「恢復協力」方式，使印尼恢復會員國資格[29]。

---

[25] 例如1990年列支敦斯登、1992年聖馬利諾、1993年摩納哥等歐洲小國；1994年帛琉、1999年諾魯與東加、2000年吐瓦魯等島國。

[26] 阿拉伯聯合共和國（簡稱阿聯）是1958年2月1日由埃及與敘利亞合組的泛阿拉伯國家。原來的計畫還包括伊拉克在內，但因為局勢不穩定而未加入。1958年3月8日葉門王國（後來的阿拉伯葉門共和國）以合邦的形式加入，整個聯盟更名為阿拉伯合眾國。1961年9月28日敘利亞宣佈退出，同年12月北葉門也退出，但埃及仍然保留這個國號直到1972年為止。關於阿拉伯聯合共和國的歷史，請參照Elie Podeh, *The Decline of Arab Unity: The Rise And Fall of the United Arab Republic*（New York: Sussex Academic Press, 1999），pp. 5-87.

[27] 坦加尼卡原為英國殖民地，於1961年12月獲得獨立，贊濟巴為英國保護領，於1963年成立人民共和國獲得獨立，但兩國於1964年5月合併。澤本嘉郎編修，《世界各國總事典》，東京：中央社，1965年，頁357-359。

[28] 由此可知，1960年代各國有意推動二個中國或一台一中同時成為聯合國會員國，雖然與國際法理論不符，但在當時聯合國體制下並非不可能。

[29] 印尼退出的理由是為了抗議敵對的馬來西亞成為安理會理事國，但聯合國方面卻認定是印尼只是與聯合國「停止協力」，此一方式使聯合國並無會員國退出之記錄。因此，所謂中華民國退出聯

二、中華民國代表權問題與聯合國申請加入案之區別

　　首先必須釐清的是，「申請加入」與「代表權」是完全不同的問題；前者是國家依《聯合國憲章》第4條規定申請成為會員國，後者在《憲章》中並無任何規定，是聯合國這個國際組織對於其會員國，應由哪個政府取得出席聯合國的代表資格之決定。聯合國成立迄今，有關會員國代表權成為問題而在大會討論的事例，只有1973年的柬埔寨代表權與爭論長達22年的「中華民國代表權」。其次必須釐清的是，中華民國是聯合國的創始會員國，也是《憲章》第23條規定的安理會常任理事國，因此中國這一個國家在聯合國的正式國名應為「中華民國」，一般以中國稱之，故有所謂「中國」代表權問題，但是正確用語應該是「中華民國」代表權問題。1949年10月1日成立的「中華人民共和國政府」，則是中國的新政府，向國際社會宣稱要取代舊中華民國政府[30]。故在聯合國中形成新、舊兩個政府，爭奪中華民國代表權的問題，其過程主要可以分為以下幾個階段說明：

（一）暫緩討論代中華民國表權案階段

　　1950年1月，蘇聯在安理會提出由中華人民共和國政府取代中華民國政府代表權的議案，但因遭多數反對而未通過。同時，印度亦在聯合國大會提出確認中華民國代表權案，但也被多數國家否決。同年6月韓戰爆發，中共人民解放軍進入朝鮮半島與聯合國軍（UNFK）作戰，使中華人民共和國政府被聯合國認定為「侵略者」。因此，以美國為首的西方國家在往後十年之中，即以此一理由提出「暫緩討論中華民國代表權案」，並在聯合國大會都得到大多數會員國支持，而使得中華民國代表權無法進入討論、表決程序。

（二）重要問題案階段

　　1961年前後，由於長期拖延的暫緩討論案，逐漸無法取得會員國的支持，因此美、日等國利用《憲章》第18條之規定，以「中華民國代表權」

合國是錯誤的說法。參照石本泰雄，《國際法の構造轉換》，東京：有信堂，1998年，頁156。

[30] 1949年10月1日宣佈中華人民共和國政府成立之後，1要求各國做「政府承認」，2要求聯合國承認其中國代表權。參照高野雄一，前引註23，頁187。

的「重大性」為由，提出「中華民國代表權屬重要問題案」，使得變更中華民國代表權必須取得三分之二多數[31]。在此情況下，中華人民共和國政府即無法僅以單純過半數取得代表權，西方陣營只要爭取一般中立的會員國投票支持重要問題案，就可阻礙中華人民共和國政府取得中華民國代表權。例如，1965年表決時曾有47票對47票之情形，若非有「重要問題案」三分之二的保險，情勢在當年即有可能改變。

（三）中、蘇衝突階段

1966年，由於中、蘇發生邊界爭端，且中國大陸內部也有文化大革命的內鬥，使得聯合國在表決中華民國代表權問題時，支持北京的勢力大受影響，這造成變更中華民國代表權極為困難。

（四）局勢逆轉階段

由於第三世界國家大量加入聯合國，使得支持中華人民共和國政府的勢力大增，再加上中國內部政局逐漸穩定，使得1970年表決中華民國代表權問題時，出現贊成51票、反對49票的結果，支持中華民國代表權更替的會員國首次超過半數，只是因為有「重要問題案」的三分之二多數要求，才勉強未通過中華民國代表權更替案。然而當美國尼克森總統於1971年7月訪問北京後，使得該年10月聯合國中華民國代表權的表決，不但重要問題案以55票對59票失敗，代表權更替案也以76票對35票的多數通過，終於使中華人民共和國政府取得中華民國代表權[32]。

---

[31] 《聯合國憲章》第18條是規定大會之表決方法，基本上每一會員國應有一個投票權。大會對於重要問題之決議，應以到會及投票之會員國三分之二多數決定之。此項問題應包括：關於維持國際和平及安全之建議；安全理事會非常任理事國之選舉；經濟暨社會理事會理事國之選舉；依第86條第1項所規定託管理事會理事國之選舉；對於新會員國加入聯合國之准許；會員國權利及特權之停止；會員國之除名；關於施行託管制度之問題以及預算問題。但關於其他問題之決議，包括另有何種事項應以三分之二多數決定之問題，應以到會及投票之會員國過半數決定之。參照陳隆志總策劃、許慶雄總主編、李明峻主編，《當代國際法文獻選集》，台北：前衛出版社，1998年，頁4。

[32] 參照羅致政，〈聯合國對「中國代表權問題」的法理爭議〉，《台灣國際法季刊》，第3卷第3期，2006年9月，頁67-98。

三、加入聯合國與承認之關係

有關承認的問題中，聯合國之加入申請與國家承認有何關係？聯合國代表權之決定與政府承認有何關係？會員國之間的關係與國際法承認關係的效果有何差別？以上這些問題在聯合國成立之後，即一直引起各國爭議。

針對此點，聯合國秘書長賴伊（Trygue Lie）曾於1950年3月8日發表《聯合國代表權問題之法觀點備忘錄》，說明有關代表權與承認之相互關係[33]。賴伊在備忘錄中表明，法理顯示將承認與加入、代表權問題連結在一起是不正確的。國際法上國家對新國家與新政府之承認，乃是一個國家的單獨行為，各國是否給予承認亦是每一個國家單獨的權利。然而，聯合國是否允許一個國家加入成為會員，或認定新政府在聯合國的代表權，則是聯合國以國際組織全體所做的決議，是以多數所通過的集體意思表達與行為。因此，國際法上承認與加入或代表權在本質上是完全不同的，承認該國才可贊成其加入，或贊成其加入即表示對該國的承認，都是不正確的觀點。

就法理而言，承認是屬於國家獨立行使的排他性權利，應由各國獨立決定，不受任何其他權力的影響。因此，聯合國議決某一國家的加入或某政府取得代表權，並不影響各會員國在國際上行使承認的權利。亦即，各國是否承認某新國家，與其在聯合國投票的決定並無必然關係。換言之，承認該國亦可反對其加入聯合國，不承認該國亦可贊成其加入聯合國。承認是以國家為主體所作之判斷，而在聯合國的贊否投票則是以國際組織成員之一所做的決定，兩者在法理上屬於不同層次。何況，承認的法效果並不能影響第三國，但聯合國決議卻拘束所有會員國，故兩者之間的法效果亦不相同。

然而，若由另一角度觀之，則加入聯合國這一事實與承認卻有密切的關係。由於聯合國是國際社會的高度政治性組織，同時其憲章亦明確規定會員國之間必須互相尊重對方的主權獨立，視對方為國際法主體及國際法上國家，因此加入聯合國與承認之間有兩種互動關係。

---

[33] 有關聯合國代表權與承認之關係及加入與承認之關係，參照安藤仁介，〈國際機構的加盟手續と國家承認〉，《國家承認》，東京：日本國際問題研究所，1983年，頁216-230；廣瀨善男，同前註15，頁252-279；田畑茂二郎，同前註5，頁222-227。

　　第一，表決態度與承認有關。對於表決時「已承認」申請加入聯合國的國家，依上述國際法原則，無論其投贊成票或反對票並不受拘束。然而，對於「未承認」該國的國家，若表決時投贊成票，則顯然已認定該國為國家，否則不可能同意該國在《聯合國憲章》下參與各項活動。因此，除非特別聲明其投贊成票的行為並不表示承認，否則即應等同於「默示承認」[34]。因而新國家可以經由加入聯合國這一行動，同時獲得國際社會大多數國家承認的效果。

　　第二、加入聯合國可以產生與承認相同的法效果。如前所述，雖然加入聯合國與承認並無必然關係，但即使是自始至終表示不予承認，且表決時採反對或棄權的國家，在該未被承認國家加入聯合國成為新會員之後，因為依《憲章》規定必須視該國為國際法上國家，故其相互間之法關係與承認並無不同。在雙方同時為聯合國會員國的狀態下，即使未承認對方，仍應受《憲章》拘束而維持國家間之法關係，此與一般承認國並無差異。例如，以色列加入聯合國之後，其與阿拉伯各國之間即屬此類關係。然而，若有一方退出聯合國，則此種類似承認的法關係即消失，這點是其與國家承認不可撤回性質的差異處。

四、現階段台灣加入聯合國的問題

　　2007年7月，陳水扁總統以中華民國名義加入聯合國的申請書，在遞交聯合國秘書處之後，遭聯合國秘書處退回，陳總統的申請案遭退回，有人認為聯合國秘書處違反聯合國的相關規定，因為聯合國憲章規定只有聯合國安理會及大會有權審議及決定新會員國入會申請案，聯合國秘書長或秘書處並無篩選過濾申請案之權限。之後，聯合國秘書長潘基文公開表示，聯合國秘書處在「法律上」不能接受中華民國（台灣）申請加入聯合國，1971年聯大決議（指二七五八號決議案），由中華人民共和國取得中華民國（台灣）在聯合國席次，成為中國唯一合法代表，據此，秘書處在法律上無法接受中華民國（台灣）加入申請案。

　　由此可知，申請加入聯合國必須是獨立國家才具備基本的「法律上」

---

[34] 一方面，因為投贊成票是公開明確行為，亦有學者認為不屬默示承認而是「事實上承認」。參照安藤仁介，同前註33，頁228-229；山本草二，同前註10，頁187-188；田畑茂二郎，同前註5，頁225。

要件，秘書處以在台灣的中華民國不是國家為由，未依照憲章規定送交安理會討論而直接退回，是有其法理依據。聯合國會員國及國際社會也都默認秘書處的作法，並未引起爭議，主要也是認定在台灣的中華民國不是國家。台灣內部大多數人都認為台灣是國家或中華民國是國家，但是中華民國與台灣都不是國家，在國際社會是事實與常識，為何內外有此落差，以下僅就其中兩點簡單說明。

首先，前已論及中華民國是聯合國創始會員國及安理會常任理事國，目前由中華人民共和國代表出席，在名稱上雖使用中國或英文的CHINA，但是在憲章及正式名稱仍延續使用中華民國（Republic of China）。事實上由英文觀之，中華人民共和國（People's Republic of China）也可直接意譯為「人民的」中華民國。因此，聯合國秘書處就據此認定，台灣企圖以中華民國有關身分，申請加入聯合國於法不合，根本不予受理申請加入案。台灣政府目前對內、對外都一再使用中華民國名號，是國際社會眾所周知的事實，故申請加入聯合國案被任意退回也就理所當然了。

其次，台灣目前要成為國家，必須要向國際社會「宣布獨立」。國家必須具備領域、人民、政府等要素，反之，支配某些地域、人民、有政府的組織型態的卻不一定是國家。因為即使具備成為國家的要素，如果沒有積極主動的建國「意志」，持續不斷向國際社會「宣布獨立」表明建國的決心，就不可能成為國家。雖然陳水扁總統曾宣布過台灣是國家，但是並沒有持續堅持下去，甚至立刻又否認而且提出「不會宣布獨立、不會更改國號、兩國論不會入憲、不會推動改變現狀的統獨公投，沒有廢除國家統一綱領的問題」（四不一沒有），如此當然沒有國際法上宣布獨立的效果。世界上有不少古老的國家不知是否有發表過獨立宣言，或是不知何時宣布過獨立，但是這些國家必定會一再宣布自己是獨立國家。

事實上世界各國在宣布獨立之後，仍然必需繼續不斷的宣布、宣稱自己是獨立國家，維護自己的國格，這就是國際法上「宣布獨立」的真正意義與重點所在。因為台灣從未主動、積極、持續的宣布獨立或主張為新國家，所以世界各國及國際組織依國際法法理，當然不可能承認台灣是國家，這與中國的反對無必然關係。

所以台灣政府與人民必須堂堂正正公開的宣布「獨立」，每一分每一秒持續堅持著獨立建國意志的表明，如此才有國際法上宣布獨立的效果。所謂已經事實獨立尚未法理獨立，所謂已經宣布過獨立不必再宣布獨立，

這都是逃避追求獨立的說法，有必要時每一分每一秒一再宣布獨立也不為過。當然，實際的政策、行動更必須言行一致，具體顯示已經是獨立國家的國格。最具代表性的是改變目前中華民國外交部仍然要求各國承認「中華民國政府是代表全中國合法政府」的「政府承認」做法，明確向各國闡明台灣與中華人民共和國（或中國）是不同國家，要求對台灣給予國際法上的「國家承認」。

伍、現階段台灣參與其他國際組織的問題

一、非主權身分參加國際組織阻礙台灣進入國際集體安全保障體系

目前台灣所參加的國際組織主要以「世界貿易組織（WTO）」與「亞太經濟合作會議（APEC）」最為重要。然而，世界各國加入國際組織的主要目的及國際組織的功能中，最重要的是「集體安全保障」。台灣面對中國武力威脅，國際組織的集體安全保障效果更形重要。聯合國經由長期的努力，已逐漸架構出集體安全保障的功能，任何會員國受到非法的侵犯與威脅，都是對聯合國的挑戰，全體會員國絕不會坐視不理。台灣的安全長期以來完全依賴台灣人民服兵役及負擔沈重軍事經費來維持，但是未來的國際社會已不是憑藉一國之國防便足以維護國家安全。因此，加入聯合國之後，不但可使台灣成為國際安全保障體系之一環，減輕人民軍事費用之負擔，更進而可以使台灣的地位安定，有助於各國對台灣的投資及台灣人民對未來經濟發展的信心，可獲得一舉數得之效果[35]。

除此之外，目前台灣參與國際組織的問題，更嚴重的是自己主動以「非主權國」性質的經貿體身分申請加入。因此，自然不能與其他會員國相提並論，涉及國家主權問題必然受到歧視打壓。香港在加入WTO之時，就很清楚的以英國的一個經濟體的身分申請加入，現在則以中國經濟體的地位繼續成為會員。再看看台灣的情況，政府說為了我們的經濟，為了我們的貿易不能不加入WTO；但是，難道為了加入WTO就可以否認自己是一個國家？對世界各國說我們不是一個國家？如果我們的政府只是對內認

---

[35] 許慶雄，《加入聯合國手冊》，加入聯合國運動聯盟，1998年，頁46-47。

定自己是一個國家，卻對國際社會宣稱自己不是國家，那麼這樣有資格成為一個國家嗎？世界各國有哪一個國家為了加入一個國際組織而宣稱自己不是國家？但台灣卻在申請時以經濟體的身分加入，宣稱自己不是國家。因此，每年APEC高峰會時，無論是李登輝、陳水扁、馬英九，都不能以國家元首身分出席，這是因為台灣當初就不是以國家的身分申請加入所致。

二、觀察員身分參與國際組織的負面效果

值得注意的是，主張以觀察員身分參與國際組織的主張或策略也必須慎重。所謂觀察員（observer）主要是針對非國家的政治經濟體或國際民間團體參與國際組織時列席提供建議的制度。目前聯合國的觀察員中，只有梵諦岡教皇國是國家，其他都是非國家的各種團體，例如紅十字會、加勒比海共同體、歐洲聯盟、非洲統一機構、回教國家組織、阿拉伯聯盟、大英國協事務局、巴勒斯坦解放組織等。巴勒斯坦在1988年宣布獨立以後也曾申請加入聯合國，但是因為領土還被佔領尚未確定，所以被聯合國拒絕，只能繼續以觀察員身分參與聯合國。

台灣要成為觀察員與申請加入聯合國都同樣困難，但是成為會員國就等於得到國際社會承認是一個主權國家，而成為觀察員卻仍然妾身不明，而且會被認為與巴勒斯坦解放組織一樣，是一個沒有資格成為國家的地區。因此，台灣若不申請成為會員國，只申請成為觀察員，等於是自我否定是國家，犧牲爭取使台灣擁有國家地位的機會。由此可知，台灣若經常以非國家的「經貿實體」、「衛生實體」、「捕魚實體」等參與國際組織，且選擇非會員國的觀察員方式成為國際常例，則台灣未來必然被定位為第二個香港。

陸、結語──立即可行的策略：排除香港化、追求主權化

一、兩岸經濟合作架構協議（ECFA）使台灣香港化

在一個中國的前提下，中華人民共和國政府必然以非國際法關係、非主權國家間關係處理ECFA問題。首先，條約是指「二個或二個以上國際

法主體（國家、國際組織）之間所達成之合意，並藉此而使當事者之間發生、變更、消滅國際法上的權利與義務效果」。因此排除ECFA的國際法條約性質，是北京絕對不會放棄的原則。

　　例如《條約法公約》規定，條約無論使用何種名稱並不影響其法效果。但是因為WTO會員國之間，都是以自由貿易協定（Free Trade Agreement, FTA）簽署條約，排除彼此進行自由貿易的障礙。因此，北京特別排除使用FTA名稱，對香港使用《更緊密經貿關係安排（Closer Economic Partnership Arrangement, CEPA）》，對台灣使用《兩岸經濟合作架構協議（Economic Cooperation Framework Agreement, ECFA）》，以強調雙方並非簽署會員「國」之間的國際法條約，只是簽署會員「獨立的關稅領域」之間的安排與協議。依據北京官方說法，《安排》是在一國之內兩個單獨關稅區建立類似自由貿易伙伴關係的協議。此協議符合世貿組織的規定，目的是促進內地與香港特別行政區的共同繁榮與發展。中國前副總理錢其琛提出建立兩岸經濟合作機制的建議中指出：「因為台灣不僅是WTO的成員，也是個獨立的關稅領域，所以「即屬於一個國家的內部事務」，中國在給予台商優惠待遇時，也應兼顧WTO規則，簽署兩岸經濟合作架構」，這些已經清楚說明北京的目的。

　　其次，條約必須符合締結程序才能成立：（1）談判（negotiation）階段、（2）簽署（signature）階段、（3）批准（ratification）階段、（4）換文或交存（exchange）階段，才能使條約正式生效。因此，北京在簽署兩岸ECFA的過程，必然想盡方法排除國際法條約性質，特別是國會批准、最後換文等等，以避免任何國與國條約關係的聯想。ECFA的條文中是否列入立即生效規定，立法院是否可以審議、批准ECFA，或是只有受理備案，若是可以審議，審議時到底是以國際條約程序，還是以一國之內兩個單獨關稅區的協議審查，都是會受到北京嚴厲規範。其他有關爭端解決方式、監督協商方式等等，是依據國際法規範或是比照北京與香港的CEPA模式，也都是北京步步為營的重點。

二、參與國際組織追求主權化之策略

（一）中國因素

中國可以向國際社會主張台灣是中國的叛亂一省，要求各國不可以介入中國內政，封鎖台灣以國家身分加入國際組織。最主要的原因是，台灣繼續維持中華民國體制的前提下，這些都是北京依據國際法理的合法主張，絕非世界各國「怕」中國或者因為中國是強國等原因。所以如果台灣主張是獨立國家，要求加入國際組織的立場堅定、論理正確，則中國的阻擾將事倍功半，若再配合中國本身的矛盾及內部動亂，則中國的阻擾或引發兩岸衝突的可能性將大為降低[36]。

（二）廢棄一個中國之外交政策

目前外交政策仍然是以維持「一個中國」為最高指導原則，每年外交部的龐大預算仍繼續的用在，要求各國承認中華民國政府是中國合法政府的政府承認上。相反的，任何可能形成台灣為獨立國家，或是主張中華民國是不同於中華人民共和國的獨立國家的外交行動完全不存在[37]。這種維持20幾個政府承認的邦交國，推動以觀察員加入國際組織，支持民間參與NGO，推展國民對外活動等外交部的例行工作，完全無助於確立國家地位或突破外交困境。由此可知政府及各政黨對內一再向人民宣稱自己是國家，中華民國或台灣是主權國家，但是外交預算卻用來維持漢賊不兩立的一個中國政策，基本上是相互矛盾浪費人民納稅錢的外交政策，應予廢棄。外交部必須明確的要求各國，特別是針對20幾個邦交國，要求承認

---

[36] 如過去在1970年代文化大革命時期、天安門事件時期、九七香港回歸前後時期、2008年北京奧運時期，都是有利於台灣的時機。當然未來中國也會有經濟發展上的困境、內部民主化運動等各種問題發生，屆時都是台灣可以採取行動的機會。

[37] 英國劍橋大學國際法學者James Crawford教授在其著述中指出：「雖然台灣事實上已滿足除了國家承認外的其他一切國家成立要件，但因為台灣政府從來沒有對外明確表示『台灣是一個有別於中華人民共和國的獨立國家』（宣布獨立），造成世界各國也普遍不能承認台灣是一個主權獨立的國家，所以台灣並不是一個國家。」。James Crawford, *The Creation of States in International Law,2ⁿᵈ,ed.*（Oxford: Clarendon Press, 2006）pp. 151-2；詳細參照黃居正，〈台灣主張了什麼？〉，《台灣國際法季刊》，第2卷第4期，2005年，頁223-243。

台灣與中華人民共和國（或中國）是不同國家，要求對台灣做國際法上的「國家承認」。

（三）向聯合國秘書長提出加入聯合國申請書

台灣如果要證明自己是國家，那麼就應該申請加入聯合國。譬如過去歐洲有三個小國家，分別是列支登斯敦（Liechtenstein）人口約3萬人，聖馬利諾（San Marino）人口約2萬5千人，摩納哥（Monaco）人口約3萬人，在歐洲各國籌組歐盟時不被當作國家看待，無法參與歐盟的運作，這些小國在體認到只有參與國際組織才能維護國家利益並發揮影響力之後，分別於1990年、1992年與1993年申請加入聯合國，之後包括歐盟與其他歐陸國家就不能再認為他們不是國家。1999年南太平洋的小國，人口只有1萬多人的諾魯，以及人口只有8萬人的吉里巴斯，也申請加入聯合國，並於同年9月正式成為聯合國的會員國。

由此可知，加入聯合國是一個新國家要取得各國承認最有效、最直接的方式，甚至在表明加入聯合國的時刻，各國就必須以國家地位與之往來。所以，一個國家要獲得國際社會的承認，最好的方法就是申請加入聯合國。台灣要成為國家的第一個階段，就是要明確地宣布從中國分離獨立；第二個階段，就是以國家的身分，向聯合國提出加入聯合國申請書，入會案能不能通過是另一回事，單是向聯合國提出新國家加入的申請，就足以證明台灣已經是一個國家。

（四）爭取各國支持之策略

國際社會如果支持台灣的獨立運動，常被中國指為干涉內政。但是一個國家的行為是否涉及干涉他國的內政，主要看該行為是否是主動的。譬如加拿大魁北克省的獨立運動，假設法國與加拿大之間的關係不睦，假設魁北克省的人一向樂意作為加拿大聯邦的一省，而法國政府為了要使加拿大政府無法順利統治國家內部，故意運用某些資源，主動煽動魁北克人叛亂，並提供金錢、武器等各方面的援助，使魁北克人從事分離獨立運動，在這樣的狀況下，加拿大及其他國家就可以指責法國干涉加拿大的內政。但事實是居住在加拿大的法裔魁北克人，其本身的意願就是要從加拿大分離獨立，自己自動自發地推動獨立運動，進行自決投票。

如果法國表示支持魁北克獨立運動，主張應該尊重魁北克人的意願，

那麼加拿大也不能指責法國干涉內政，因為魁北克獨立運動是魁北克人所自動自發進行的，並非受到法國的煽動，法國只是表明應該尊重魁北克人的意願，所以這不是干涉內政。因為所有人民都有自決的權利，這在《聯合國憲章》、《賦予殖民地及人民獨立宣言》、《友好關係原則宣言》中均清楚揭示此一「人民自決原則」。所以，國家是否構成干涉他國內政的關鍵，在於該地區人民的意志。譬如香港並沒有從中國分離獨立的意願，如果英、美等國主動提供各項支援煽動香港獨立，才有可能構成干涉他國內政的狀況。

因此，要認定一國支持獨立的行為是否干涉他國的內政，首先要看該行為是否是當地人民主動的行為，如果是就不構成干涉內政。其次就是要看該行為是否涉及人民自決，如果是就不構成干涉內政。當然，還有其他並不構成干涉內政的行為，譬如違反國際法上所禁止的集團虐殺、人權侵害等強行法規，此時世界各國所作出的制裁，便不構成干涉內政。如北約空襲南斯拉夫，各國出兵科威特均屬此例。所以，台灣人自己若沒有主動展現要從中國分離獨立的建國意志，這樣的狀況下，則各國支持台灣獨立會因此而背上干涉中國內政的罪名。如果台灣人民站起來，主動、積極的從事獨立建國運動，則世界各國的支持就不是干涉中國內政。事實上，台灣只要如巴勒斯坦般一貫堅持是獨立國家，要取得國際社會支持並不困難，各種策略方法都會有事半功倍之效果。

（五）台灣自己應有詳細的規劃，步步向目標前進

今天在台灣要推動獨立建國運動，應該是要讓人民了解台灣的中華民國體制是叛亂體制的事實，只要讓台灣人了解，維持現狀就是讓中國有正當性來併吞台灣，台灣人的建國意志自然就會展現出來。何況台灣地區並沒有人民解放軍，台灣人要表達建國意志很簡單，只要勇敢地對國際社會明說就可以。事實上，台灣沒有人不願意建國，國民黨、親民黨、民進黨都認為中華民國是國家，台灣已經是國家，可見台灣人要有一個國家的意志是百分之百，只是沒有認清「中華民國體制是叛亂體制」的事實而已[38]。

---

[38] 一般而言，台灣人只要有堅定的建國意志，建國就可以成功。因為台灣早已擁有土地、人民、政府、軍隊，可以說是人類歷史上最強的獨立團體。當年印尼只憑幾百支步槍就脫離荷蘭獨立建國，如果像今天台灣這樣的條件都無法建國，那麼世界上其他地區的建國運動根本不可能成功。

五、從百家爭鳴到隱聚山林：
辯證台灣「主權」獨立路線的分與合[*]

蔡育岱[**]

壹、前言

　　2000年台灣首次政黨輪替，象徵台灣政治環境邁入一個新的里程碑，一時間在追求台灣主體的相關論述呈現百花齊放、百家爭鳴的景象。在主導話語霸權的同時，各言論皆有相通與歧異的解釋力，並可謂延續從後李登輝時期到前陳水扁總統主政期間達到高峰，然有關台灣主體論述發展，旋即2008年再隨政權更迭而弱化。2008年5月，國民黨政府上台後，推動兩岸和解進程，在外交上採行外交休兵策略，在經貿上透過台灣海基會與中國海協會簽訂涉及經貿往來及司法互助等協議，遂行採「外交問題兩岸化」的政策主軸，間接造成中華人民共和國對台灣擁有主權[1]。

　　2009年5月，基於一個中國原則下，台灣以「中華台北」觀察員身分受邀參加世界衛生大會（World Health Assembly, WHA），並順利加入世界貿易組織（World Trade Organization, WTO）的政府採購協定（The Agreement on Government Procurement, GPA）。2010年6月，第五次「江

---

[*] 本文構想最初發表於「彭明敏教授米壽紀念論文集暨台灣國際法學會紀念論文」，係屬政論散文類別文章，現經審查委員慷慨提供的寶貴見解，建議作者可依據國際法學理分析、佐證及評論，以符合學術性價值。作者由衷感激評論人之審查意見。惟本文撰寫目的不在於評論各家理論的良窳優劣，或依國際法學理分析正誤是非，文章想強調過去的路線之爭，主要在於有其特殊的歷史事實與發展階段，各論述差異性，只是反映國際法是「一動態持續的決策過程，而所有成員透過過程來闡明、確認與實現他們的共同利益」，故相關台灣地位立場探討，皆有爭議存在，不但可以被質疑、被挑戰，甚至也可以被支持或推翻，然殊途同歸，既然各論述皆以建立台灣主體為共識，現階段「隱聚山林」的同時，更要了解彼此過程中、凝聚力量與尊重包容、潛藏與出發。文中若干學說、學者立場分類，涉及路線運動的進程與學者階段性論述，故較難嚴格予以劃分，若有內容的疏漏與缺失、不當，尚祈不吝指正、見諒。
[**] 國立中正大學戰略暨國際事務研究所專任副教授。
[1] 黃偉峰，〈試探兩岸和解下台灣參與國際組織之法理基礎〉，《台灣國際法季刊》，第5卷第4期，2008年，頁66。

陳會談」於中國重慶舉行，簽署「兩岸經濟合作架構協議（Economic Cooperation Framework Agreement, ECFA）」，2011年1月「兩岸經濟合作委員會」（簡稱經合會）成立[2]。

　　在此期間，學者Brace Gilley在《外交事務》季刊（Foreign Affairs）發表一文引發討論與評斷[3]，主張台灣地位芬蘭化（Finlandization），如此一來美國可允許台灣離開美國戰略軸心繼而往中國靠攏，並強調台灣芬蘭化的過程將促使中國民主化。上述言論在在顯示目前兩岸政策與兩岸關係促使台灣主體地位的流失，也造成國外學者對兩岸發展的誤解與認知錯誤。礙於中國崛起事實與政府現行大陸政策取向，兩岸交流發展迅速，循此路徑的依賴模式發展，不禁使國人產生疑問？難道台灣無論是轉型或升級，都無法擺脫中國大陸龐大的市場經濟與競爭壓力，而積極雙向開放才是台灣的根本活路？加上現階段中國學研究與有關中華民國的傳統論述是目前執政下的主流，亦是政治正確，使致本土化的意識型態遭致污名，並隨著扁政府清廉形象重擊後，導致目前現階段有關台灣主體意識的理念成為執政下的噤聲，相關台灣主體、本土主張邁入寒蟬效應，盛況不再，如同隱聚山林一般。

　　台灣長期政治兩元對立是社會結構的常態，其導因於長期國人對國家定位、國家認同混亂所致，若是人民出現焦躁惴忡與疑慮，所凸顯的是對現實政治考量的無奈外，亦是顯示民眾對政府在處理國家認同的不信任，產生「自我」的不確定和憂慮，這是感受到自我「認同政治（politics of identity）」的「根」面臨被抽離，「自我」將陷入「失語」狀態[4]。爰本文主要撰寫目的在於彙整有關台灣地位現狀、台灣法律地位問題，以及探討各路線之差異，用意以拋磚引玉方式，使學界或國人對此相關議題進行分析。本文強調，藉由梳理與解釋各路線、流派間之話語力量同時，各家理論之間雖存有歧異但卻具有可通約性（commensurability）特質，台灣文化特性多元，具有完整社會型態，人民應有勇氣與自信面對自己的認同，藉以重新思考並建構台灣主體的價值。

---

[2]　《兩岸經濟合作架構協議》，<http://www.ecfa.org.tw/index.aspx>（最後瀏覽日期：2011年11月18日）。

[3]　Bruce Gilley, "Not So Dire Straits: How the Finlandization of Taiwan Benefits U.S. Security," *Foreign Affairs*, Vol. 89, No. 1, 2010, pp. 44-60.

[4]　蔡育岱，〈從人類發展到台灣安全：非傳統與傳統安全之間的聯結〉，《戰略安全研析》，第56期，2010年，頁11-16。

貳、有關台灣地位現狀的探討

　　本文首要目的係由國際法觀點評析歷年來有關台灣法地位的各方說法。其中牽涉中國領土與代表權問題、中華民國政府統治權的合法性及正當性，以及台灣地位歸屬疑義。藉由文獻，除了對於台灣地位相關研究資料，做系統的彙整歸納外，本文強調：有鑑於國際法是一持續變動的過程，相關台灣地位探討立場皆有國際法上的爭議存在，不但可以被質疑、被挑戰，甚至也可以被支持。如此，當吾輩在思考台灣地位關係與前途時，便能理解既存的結構性問題，以致於不做出違背理論的作為。

　　按目前國內存有的論說基礎，如圖一有關以台灣為主體論述的光譜所示，粗略暫訂為二大類、八項，分別是有關台灣地位已定與未定論述兩類，中華民國政府（合法－非法）佔有、台灣地位未定／台灣係屬台灣人民所有、中華民國在台灣～特殊的國與國關係、中華民國第二共和、中華民國＝台灣、一中一台、入聯建國、建國理論派與台灣歸屬於美國等七項。

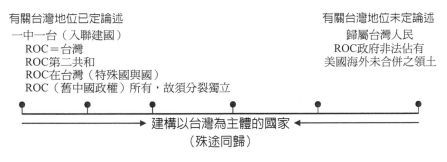

有關台灣地位已定論述　　　　　　　　　　　　　　　有關台灣地位未定論述
　一中一台（入聯建國）　　　　　　　　　　　　　　　　歸屬台灣人民
　　ROC＝台灣　　　　　　　　　　　　　　　　　　ROC政府非法佔有
　　ROC第二共和　　　　　　　　　　　　　　　美國海外未合併之領土
　　ROC在台灣（特殊國與國）
　　ROC（舊中國政權）所有，故須分裂獨立

建構以台灣為主體的國家
（殊途同歸）

圖一　有關以台灣為主體論述的光譜
資料來源：作者自行繪製

一、中華民國政府（非法／合法）佔有

　　此項論述主要探討台灣地位歸屬問題，強調「台灣目前為中華民國所有」，如「台灣獨立建國聯盟」（獨盟）強調，中華民國政府非法佔有台灣，違反國際法原則，台灣需由中華民國獨立出來，並且要打破中華民國

憲政法統體制[5]。此論說基礎是視中華民國為外來政權，需經由台灣人民制定新憲法，更改中華民國國號，去除中華民國體制，即可完成獨立建國目標。

　　另外，則是從一個中國原則來闡述台灣法地位，指出台灣在1895年割讓日本前是中國領土，根據《馬關條約》、《開羅宣言》、《波茨坦宣言》、《中日和約》等連結中國與台灣的法理關係[6]。加上中華人民共和國事實上並未控制台灣，並不能透過中華民國之佔領而取得對台灣主權，台灣是中華民國不可獲缺的一部分，但非中華人民共和國的領土[7]。

二、台灣地位未定／台灣係屬台灣人民所有

　　主張台灣國際法上地位尚未決定，目前歸屬台灣人民所有。學者們以國際法、歷史觀點為論述基礎，曾提及的學者、政治家包括彭明敏、陳隆志、黃昭堂、陳鴻瑜、李憲榮、陳儀深、前法務部長陳定南、前教育部長杜正勝等。其中，《舊金山對日和約》第二條規定：「日本應放棄對台灣與澎湖群島的權利、權限以及請求權。」，日本宣示放棄對台、澎的權利，但卻未言明將台、澎交給誰，轉而將台灣最終地位以未解決的狀態加以擱置[8]，使致日後被引為「台灣地位未定論」（即台、澎主權並未確切交給中國）的法理依據。最後，此觀點後來延伸以儘管台灣主權地位未定，但台灣人民擁有治權數十年，在歷經國會全面改選、總統直選，可以說台灣主權地位已定，台灣地位歸屬台灣人民所有[9]。是故台灣已具國際法上「國家」之要件，目前只需主張制定新憲法，再以台灣名稱加入聯合國。

5　黃昭堂，〈新世紀的台灣國家定位〉，《台灣獨立建國聯盟網站》，2000年9月19日，<http://www.wufi.org.tw/forum.html>（最後瀏覽日期：2011年11月18日）；李鴻禧，〈對台灣國家地位問題的若干意見〉，《台灣國家定位論壇》，台灣教授協會編，台北：前衛出版社，2009年，頁294-301。

6　丘宏達，〈一個中國的原則與台灣法律地位〉，《台灣主權論述論文集（上）》，台北：國史館，2001年，頁81-82。

7　同前註，頁86-88。

8　戴天昭著，李明峻譯，《台灣國際政治史》，台北：前衛出版社，2002年，頁376-380。

9　陳隆志，〈台灣的獨立與建國──發行三十一年後的回顧與展望〉，《新世紀智庫論壇》，第19期，2002年，頁52-74；陳儀深，〈台獨主張的起源與流變〉，《台灣史研究》，第17卷第2期，2010年，頁131-169。

三、中華民國在台灣：特殊的國與國關係

　　源自於李登輝總統主政時期的基調論說。1999年7月9日，李前總統接受「德國之聲」訪問，提出「1991年修憲之後，已將國家領土範圍限定於台、澎、金、馬，正副總統與國會議員也僅為台灣地區選出，並也承認中華人民共和國的合法性」。強調台灣和中國的關係早就已經是「國家與國家」，或「至少是特殊的國（state）與國（state）的關係」[10]。

　　換言之，終止《動員戡亂時期臨時條款》即結束中國內戰，這對「一個中國」政策轉向具劃時代意義，更在政治意義上預備走向「兩個中國」，而非「一合法政府、一叛亂政府」，或「一中央政府、一地方政府」的「一個中國」內部關係[11]。以國際法的角度而言，兩國論即是一種創設國際法人的效果，明白表示兩岸隸屬兩個不同的國際法主體。

四、中華民國第二共和

　　2007年3月，由台大陳明通教授等人提出所謂「中華民國第二共和憲法（簡稱台灣憲法）草案」，主張在不動憲法的架構下，僅在前言中敘述國家管轄領域及於台澎金馬與其附屬島嶼，以符合國際法規定的領空、領海與鄰接水域。其中有關兩岸問題，草案中主張未來建立任何形式政治關係，須經對等、和平協商後交付公投[12]。然此中華民國第二共和並不是新發明的概念，日本學者若林正丈在1994年出版《台灣：分裂國家與民主化》一書中，就認為1991年李登輝總統結束《動員戡亂時期臨時條款》，

---

[10] 洪茂雄、陳文賢，〈論「特殊國與國關係」及其台灣化建構〉，《新世紀政策～台灣的國際角色研討會論文集》，2000年4月8日，<http://www.taiwanncf.org.tw/seminar/20000408/20000408-2.pdf>（最後瀏覽日期：2011年11月18日）。

[11] 陳荔彤，〈中華民國之憲政改革意圖成為國際法上主權獨立國家〉，《台灣主權論述論文集（上）》，台北：國史館，2001年，頁221-222。

[12] 陳明通，〈「中華民國第二共和憲法」草案～「憲法之修改、施行及過渡條款」論述〉，《審議式民主：中華民國第二共和憲法草案第二次研討會》，台北：台灣智庫、中華亞太菁英交流協會主辦，台灣民主基金會、台灣大學國家發展研究所協辦，2007年3月25日；李欣芳、黃忠榮，〈台灣憲草論兩國　陳明通：是事實〉，2007年3月19日《自由時報》，<http://www.libertytimes.com.tw/2007/new/mar/19/today-p5.htm>（最後瀏覽日期：2011年11月18日）。

並且進行全面國民大會改選,就是「中華民國第二共和」的開始[13]。

此外,中華民國第二共和也算是上述特殊國與國關係論述的延續;2000年7月,甫卸任的李登輝總統在與日本作家中嶋嶺雄合著之《亞洲的智略》一書,即在該書中首度系統性的提出中華民國在台灣已經走出兩蔣統治時代,國會全面改選、「凍省」、總統直選等,已經蛻變為「第二共和」的階段[14]。

五、中華民國＝台灣

此觀點有其特殊的陳述事實與發展階段過程。藍綠雙方皆有其各自的論述方式,而詮釋者的政治判斷與政治立場,才是決定此論述的真實意義,並使中華民國與台灣同時併存,讓中華民國＝台灣成為最大公約數。如阮銘教授曾指出「中華民國」是一個變動的歷史概念,主張台灣今天的國號為「中華民國」,之後強調直接用「台灣」稱謂更佳[15]。又如民進黨蔡英文主席表示「台灣就是中華民國,中華民國就是台灣」,而馬英九總統則是:重申「中華民國是我們的國家,台灣是我們的家園」[16]。然而,這種以一種文字相容方式呈現,在敘述中常以兩案併陳方式表達,也算是一種讓台灣符合國家屬性的主客觀要件。例如:「世界僅有少數國家承認『中華民國』(台灣)是個國家,……從現今情況,純粹依國際法判斷,台灣既符合國家屬性的主觀要件,也符合國家屬性的客觀要件,因而吾人實有充足之法律理由視『中華民國』(台灣)為一有別於『中國』之獨立主權國家[17]。」

---

[13] 若林正丈著,洪金珠、許佩賢譯,《台灣:分裂國家與民主化》,台北:月旦出版社,1994年;陳儀深,〈第二共和與台灣國父〉,<http://www.hi-on.org.tw/bulletins.jsp?b_ID=64347>(最後瀏覽日期:2011年11月18日)。

[14] 李登輝、中鳩嶺雄,駱文森、楊明珠譯,《亞洲的智略》,台北:遠流出版社,2000年。

[15] 阮銘,〈台灣企業家的「國家認同」〉,《爭鳴》,第298期,2002年,頁70-74;阮銘,〈阮銘專欄──兩個台灣的命運〉,《男方快報網》,<http://www.southnews.com.tw/specil_coul/Yuan/Yuan_00/00099.htm>(最後瀏覽日期:2011年11月18日)。

[16] 〈國慶談話〉,2011年10月11日《自由時報》,<http://www.libertytimes.com.tw/2011/new/oct/11/today-t1.htm>,(最後瀏覽日期:2011年11月18日);〈中華民國有三種〉,2011年10月14日《自由時報》,<http://iservice.libertytimes.com.tw/Service/editorial/news.php?engno=531436&day=2011-10-14>,(最後瀏覽日期:2011年11月18日)。

[17] 姜皇池,《國際法與台灣:歷史考察與法律評估》,台北:學林文化,2000年,頁100-122。

六、一中一台

　　「一中一台」與「一邊一國」主張，具有明確的追求獨立與追求建國目標。其核心命題在於要化解承認問題的根本之道，就是在法律上把台灣與中國澈底切割，提出台灣不是中國領土這樣的話語，從母國分離獨立，將使我們不再受制於承認之理論[18]。因為就國家成立的要件而言，台灣已是一個主權獨立的國家，但國民黨政府沿用「中華民國」或「中華民國在台灣」此一名稱，反造成無法正常參與國際社會的困擾[19]。故而強調台灣要作為主權獨立國家，證明定位問題為首務，方法即由台灣人民公民投票方式將國號改正為「台灣共和國」或「台灣國」，並以獨立國家身分名義申請加入聯合國，不是用分裂國家爭代表權方式的「一個中國」政策[20]。最後，再透過國家內部各族群融合，建構為民族國家（nation state）[21]。

七、入聯建國派

　　延續上述「一中一台」的主張，以台灣名義申請加入聯合國方式，來澈底解決國際法上「國家承認」或是台灣地位的問題；換言之，即是將台灣具爭議的「國家屬性」予以確認。用來規避在國際法上因「創設台灣法主體」──宣布獨立或建國而遭致中國武力犯台的方式。由於加入聯合國這一事實與承認有密切關係，因為表決態度與承認有關，加入可產生與承認相同的法效果。然而聯合國之會員「必要條件」（necessary conditions）是僅有主權國家始得成為聯合國之會員。故在邏輯上應是先成為國際社會上的「新國家」，始得申請加入聯合國，而非以加入聯合國來得到新國家地位，例如東帝汶入聯模式或科索沃入聯乙案[22]。

---

[18] 李子文，〈國際法上之承認與中華民國〉，《台灣主權論述論文集（上）》，台北：國史館，2001年，頁52。

[19] 陳隆志，〈戰後台灣國際法律地位的演變〉，《台灣主權論述論文集（上）》，台北：國史館，2001年，頁107；陳隆志，〈台灣加入聯合國與「一個中國」的論調〉，1996年9月29日《自由時報》，第4版。

[20] 同前註，頁107-108。

[21] 黃昭堂，〈百年來的台灣與國際法〉，《台灣主權論述論文集（上）》，台北：國史館，2001年，頁126。

[22] 1999年東帝汶公投並從印尼分離出獨立，繼之於2002年申請加入聯合國，而科索沃於則2008年2

　　然而，另一種思考此行為在法律上所展現的意義，是以台灣名義或藉由公民投票模式，申請聯合國會員國，會發生台灣主張本身是國家的效果。透過以台灣名義申請加入聯合國，有揚棄「一個中國原則」之明確對外效果，反擊在中國在法律戰所謂台灣是中國一部分的法律基礎[23]。

八、建國理論派

　　主張台灣不是一個主權獨立國家，在台灣的中華民國並非一個國際法上的國家，中華民國政府只是中國的一個舊政權，對現實的「一個中國」而言，它是偏安台灣的一個叛亂體制，是中國的叛亂團體，台灣也隨之成為中國的叛亂地區[24]。許慶雄教授認為台灣如果要成為國家，必須宣布從中國分離獨立，儘管台灣內部雖主張中華民國體制是一個獨立國家，根據現代國際法理論，與中華民國政府建立邦交的國家，都是一種「政府承認」的行為，決非是給予中華民國是一個國家的「國家承認」模式。

　　而「台灣地位未定論」的說法實際上並不能確保台灣獨立於中國之外，只是消極、被動的指出台灣不一定屬於中國。因為當論及台灣地位歸屬時，台灣就不是國際法上的主體，而是客體，因為台灣不是主權國家才有歸屬問題。既使政府於台灣內部主張自己是國家，但是在國際社會上並未一貫主張是獨立國家，產生自相矛盾的現象，延伸到國際會議場合上，也不得使用「中華民國」名稱與國旗，故如果台灣要成為獨立國家必須堅持理論正確，須面對事實，才能解決問題；理論正確，手段目標才能達成[25]。

九、台灣歸屬於美國海外未合併之領土

　　此觀點的核心在於台灣是「美國軍事政府管轄下之未合併領土」，台灣的主權被信託於主要佔領國美國手中，美國「握有」台灣主權。台灣獨立的捷徑，是要求美國收回台灣這塊領土，再由美國獨立出來成為一個獨立國家。回溯1945年，杜魯門批准一般命令第一號，讓蔣介石代理，是

月17日宣布獨立，目前國際社會已有85個國家給予國家承認，但其在申請入聯案上遭受阻力。
[23] 姜皇池，〈以台灣名義申請加入聯合國之法律意義〉，《新世紀智庫論壇》，第39期，2007年，頁20-21。
[24] 許慶雄，《台灣建國的理論基礎》，台北：前衛出版社，2000年。
[25] 許慶雄，《中華民國如何成為國家》，台北：前衛出版社，2001年。

為次要佔領國，即中華民國在台灣的第一個身分[26]。當時戰後和平條約尚
未簽署，沒有任何同盟國的國家同意，將台灣領土主權過戶給中華民國。
2006年10月24日，何瑞元、林志昇向華盛頓地方法院提起訴訟。經過聯
邦法院兩度駁回，美國國務院並以政治問題、國家免審與無管轄權為理
由[27]。2009年4月7日，美國聯邦地方法院初審判定「台灣人無國籍」後，
城仲模教授以「訴訟召集人」身分，召集國際公法學者討論，赴美國最高
法院，現場指揮辯護律師，替台灣主權問題辯護，上告聯邦最高法院[28]。

參、有關台灣的法律地位問題分析[29]

　　在上述概要描述目前有關台灣地位相關論述之後，本文將提出並彙
整幾個較具爭議與代表的問題分析。將核心探討區分為三，一為台灣地位
「未定論」，其法源依據來自1951年《舊金山和約》的效力、1950年美國
總統杜魯門聲明論述，以及論證中華民國政府對台灣領土治權的國際法準
據。其二為台灣地位「已定論」，其立論根據強調國際法上對領土取得要
件聲明與合法性。其三由戰爭史歸納美國「因征服而獲得海外土地」的結
論意義，引導出本文所提出「自由聯繫邦（Free Associated States, FAS）」
概念作為一種新「思想實驗（mental experiment）」的主張。

一、主張台灣地位未定立場一覽表

　　「台灣地位未定」議論的觀點，一直受到國內外朝野、學界研究的關
注，它的提出反映二戰結束後台海局勢與美國在亞洲的戰略部署背景，儘
管「時過境遷」，或已無法確實的描繪現今台灣的發展模式，然而其對中
美台關係的戰略模糊確實發生重大的形塑效果，使台灣維持一定程度彈性

---

[26] 在領土層次而言，美國才是「主要佔領權國」，美國與中國具有一種主導與代理關係。美國軍事
政府對台灣管轄在1945年10月25日已經開始。林志昇，《台灣最終地位》，台北：展智圖書，
2008年，頁280。

[27] 林志昇，〈站上美國最高法院〉，2009年4月13日《自由電子報》，<http://www.libertytimes.com.
tw/2009/new/apr/13/today-o2.htm>（最後瀏覽日期：2011年11月18日）。

[28] 相關資料與最新發展詳見《台灣民政府網站》：<http://taiwan civilgovernment.ning.com/>（最後
瀏覽日期：2011年11月18日）。

[29] 此章節為力求表達簡約，相關論述皆以表格呈現。

與模糊的國際空間。2009年5月1日，日本交流協會齋藤正樹代表一語「台灣地位未定論」又引起朝野軒然，所涉及的中美日台各方在其國內政界、學界皆產生後續效應，吹皺一池春水[30]。其中針對相關台灣法律地位未定的討論，可分為如表一所示，強調以相關國際法律文件為憑據，以及表二，主張台灣地位未定，現由中華民國政府非法佔領台、澎。

表1　相關國際法律文件的憑據

對1943年《開羅宣言》、1945年《波茲坦宣言》之疑義
儘管宣言內容：「……將日本所竊於中國之領土，例如滿洲、台灣、澎湖群島等，歸還中華民國。」、「……開羅宣言應予執行，日本主權應限制在本州、北海道、九州、四國以及我們所決定的小島。」但《開羅宣言》、《波茲坦宣言》繼續作為台灣法律地位之文件，已喪失其可靠性。例如就宣言的效力、就該宣言未經三國元首簽字等角度進行討論，然而這方面的辯論恐怕實益不大，也難有定論。因為根據「後法優於前法」以及「多邊國際條約優先於宣言」的原理，美國戰後的杜魯門聲明以及《舊金山和約》通過後，已使得《開羅宣言》歸於無效或退居次要地位[31]。
以1950年美國總統杜魯門聲明論述
1950年6月25日韓戰爆發，美國總統杜魯門發表聲明：「本人已下令由美國第七艦隊負責防止對台灣之任何攻擊，同時本人並已請求台灣之中國政府停止對大陸一切海空活動……至於台灣之未來地位，應俟太平洋區域安全恢復後與日本成立和約時，再予討論，或由聯合國予以考慮。」此即為台灣地位未定論的起源[32]。
台灣地位未定論之法源依據《舊金山和約》
有別條約性質，尤其是有關領土的條款，對於領土權利的放棄與受益國都有明確的規定。舊金山和約第二條卻無註明受益國，只強調：「放棄台灣、澎湖的一切權利、主權及領土的要求…。」是台灣國際法律地位未定論主要的法源依據。 條約中沒有規定歸屬國家──既不是中華民國，也不是其他任何國家。換言之，台灣由日本脫離，但並未併入中國或其他任何一國。

資料來源：作者自行彙整。

此外，強調台灣地位未定立場，亦可由中華民國政府接收台灣之瑕疵來分析，如表二所示。就法律角度而言，台灣割讓給日本是依據《馬關條約》，故中華民國要取回台灣和澎湖的領土，也應依據條約方式從日本手

---

[30] 〈日代表：台灣地位未定，外交部召見抗議〉，2009年5月2日《自由電子報》，<http://www.libertytimes.com.tw/2009/new/may/2/today-p6.htm>（最後瀏覽日期：2011年11月18日）。

[31] 蔡育岱、譚偉恩，《現代國際公法精義》，台北：晶華出版社，2006年，頁199-201。

[32] 薛化元，〈有關戰後台灣國際地位的歷史文獻及其意義〉，《台灣國家定位論壇》，台灣教授協會編，台北：前衛出版社，2009年，頁203-203。

中取得。但中華民國卻在沒有條約之下擁有台灣和澎湖的治權，是非依條約方式的「佔有」，並非依法「取得」；日本是在投降後離開台灣，未於第一時間依法「歸還」台灣和澎湖[33]。

再者，中華民國國民政府主席蔣介石派陳儀來台北受降，充其量只是「軍事佔領」，暫時代表盟軍「管理」台灣，並不因此而當然取得台灣領土主權。事實上，台灣至今仍在中華民國政府「管理」之下。這是由於當年奉盟軍最高統帥命令派兵接管台灣的中華民國政府，已於1949年10月1日被中華人民共和國所消滅，失去中國大陸的統治權。而在1950年3月1日蔣介石「復行視事」的政權已非南京「中華民國」之「合法政府（legal government）」，而是蔣氏在台北另起爐灶建構的新政治組織，其所管轄的領土，除金門、馬祖之外，台灣、澎湖並非其「固有領土」[34]，但在台灣的中華民國政府卻因韓戰爆發而被美國支持為代表中國之唯一合法政府，及事實「管理」台灣的統治當局，但並未取得台灣領土主權。

表2　中華民國非法佔領台澎

1952年《中日和約》之疑義[35]
1952年4月28日，日本與台灣的「中華民國」政府簽訂的《中日和約》第十條也規定：「中華民國國民應認為包括依照中華民國在台灣及澎湖已施行或將來可能施行之法律規章而具有中國國籍之一切台灣及澎湖之居民及其後裔……。」並且在換文後「照會第一號」明白指出，「本約各條款，關於中華民國之一方，應適用於現在在中華民國政府控制下或將來在其控制下之全部領土。」可見當時日本所承認的在台灣的中華民國，其控制領域只限於台澎金馬而不及於中國大陸。如此並不代表「中華民國政府」擁有「台灣主權」，加上蔣氏政權實施戒嚴統治，台灣人民亦未能表達獨立建國的意志。台灣人在戒嚴時期猶可視中華民國為外來政權，台灣人民在軍事佔領下不能表明自己的主張，以此做為否定中華民國取得台灣的依據。台灣、澎湖由戰前的日本「殖民地」地位，到戰後的「非自治領土」地位，與原屬南京中華民國政府之領土——金門、馬祖不同。 故在「西南非國際地位案」中，英國國際法學家Arnold McNair所發表的諮詢意見指出，在委任統治及國際託管制度下，委任統治領土（和託管領土）之主權處於凍結狀態，待其獨立時，即復活為該新國家之主權。換言之，中華民國政府「管理」台灣，但並未取得台灣領土主權。

資料來源：作者自行彙整。

---

[33] 王雲程，〈『佔領與流亡』模型下台灣地位與運動整合〉，《台灣國家定位論壇》，台灣教授協會編，台北：前衛出版社，2009年，頁249-252。

[34] 彭明敏、黃昭堂著，蔡秋雄譯，《台灣在國際法上的地位》，台北：玉山社，1995年；陳鴻瑜，〈台灣法律地位之演變（1943-1955）〉，《國史館學術集刊》，第12期，2007年，頁47-138。

[35] 同註31，頁202。

二、主張台灣地位已定論立場一覽表

　　目前在論述的過程中，主張台灣地位已定者，主要在於視台灣為國際法上的客體，並歸屬於國際法主體的「中國」與「美國」，如表三所示，其中將台灣歸屬於中國（ROC／PRC）皆引法源依據，尤其在日本判決方面，訴訟涉及新舊政府之繼承屬於「不完全繼承」或「部分繼承」，更可看出日本政府係將台灣國際法人格定位為：台灣歸屬於中國，但有「中華人民共和國政府」歸屬與「中華民國政府」有效統治等兩造說法。例如在《中日和約》條文中儘管沒有主權移轉字樣，但是第十條所規定：「……中華民國法人應認為包括依照中華民國在台灣及澎湖所已施行或將來可能施行之法律規章所登記之一切法人」，而議定書第二項亦載明「中華民國之船舶應認為包括依照中華民國在台灣所實施的法律規章所登記的一切船舶……」。換言之，兩者產生的效力已經象徵日本宣布放棄對台灣享有主權外，亦表明日本已承認中華民國對台灣享有主權的事實[36]。

　　上述分析證明，同樣是援引《中日和約》內容，卻與主張「台灣地位未定之中華民國非法佔有」有不一樣的解讀方式，試圖產生不一樣的法律效果，在條約解釋上儘管是可能產生料想不到的分歧，但亦更表明台灣地位立場的探討皆有爭議存在，不但可以被質疑、被挑戰，甚至也可以被支持或推翻，較難有放諸四海皆準的闡述。至於台灣歸屬於美國論點，主要目的在於切割台灣與中國的法理連結關係，此類說法所面臨挑戰是，需解釋領土取得要件之「時效原則」，以及二戰後中國政府（中華民國）在台灣行使主權與美國互動關係，例如雙方簽訂《中美共同防禦條約》、1949～1978互設大使館，美方在相當程度上已經接受／默式承認了中華民國政府有效統治台灣，當時世界各國與美國並沒有提出異議態度，以及台灣目前「中國制度化」現狀[37]。

---

[36] 黃自進，〈戰後台灣主權爭議與「中日和平條約」〉，《中央研究院近代史研究所集刊》，第54期，2006年，頁59-104。

[37] 中華民國在台灣行使主權象徵長達60年，台灣人民並未反抗體制，立省、恢復國籍命令等，進行中華民國體制的選舉、修改憲法等。

表3　領土歸屬者非屬台灣本身

台灣主權歸屬	台灣歸屬於中國（唯一法主體）		台灣歸屬於美國[38]
	歸屬中華民國（中國）	歸屬中華人民共和國（中國）	歸屬美利堅合眾國
主張者	中華民國政府（馬政府）	中華人民共和國政府	城仲模、林志昇、何瑞源
依據法源	1.《開羅宣言》 2.《波茲坦宣言》 3.《中日和約》 4.若干日本判決 A.1959年東京高等法院「賴進榮案」、1960年大阪地方法院「張富久控張明欽案」。在之後判決理由，均裁定台灣歸屬「中華民國」，並非中華人民共和國之一省或特別行政區[39]。 B.1986年2月4日，大阪高等法院於「光華寮案」中推翻下級法院之原判決，改判定光華寮之財產權應歸還中華民國[40]。	《中日聯合聲明》「中華人民共和國政府重申：台灣是中華人民共和國領土不可分割的一部分。日本國政府充分理解和尊重中國政府的這一立場」。	《海牙第四公約》第42，43，45條關於佔領地規定。《舊金山和約》第23條：美國為主要佔領國（principal occupying power）。 台灣為美國列島區（Insular Area of the United States）「未合併領土（unincorporated territories）」。（軍事政府對台灣地區管轄權）

資料來源：作者自行彙整

　　另外則是目前多數泛綠、淺藍民眾支持的立場，主張台灣係屬台灣人民或中華民國（國家）所有，強調現階段的國家定位是有別於中國舊政權[41]，為上述貳「有關台灣地位現狀的探討（三、四、五、六）」部分論述，或如下表四所示。強調中華民國或台灣經歷近70年的進化，目前其國

---

[38] 林志昇，《台灣最終地位》，台北：展智圖書，2008年，頁280。

[39] 劉勝驥，〈以相互承認取代一個中國作為兩岸會談前提〉，《2009年台灣政治學會年會論文集》，台北：台灣政治學會、東吳大學政治學系，2009年。

[40] 許慶雄、李明峻，《現代國際法入門》，台北：月旦出版社，1993年，頁327-331。

[41] 「兩國論」的提出是比起「一國論」是進步的作法。但這種「中華民國」式的存在造成主權和領土的模糊，基本上就很難決台灣地位的困境，必須藉由相當大的工程，去區隔有別於1911年在中國本土所成立的中華民國政權。李憲榮，〈『兩國論』的入憲問題〉，《台灣主權論述論文集（上）》，台北：國史館，2001年，頁295。

際地位「已定」，是一個主權獨立的國家，端賴台灣人民的表現如何，進
而最終將影響國際社會對台灣地位的解釋。儘管這類主張是目前較大公約
數，但其顯露的問題是台灣在法理上無法與現階段政府「一中各表」下的
舊中國憲政體制切割，也證明了台灣地位已不是未定，畢竟在領土取得要
件上，台灣人民已經習慣中華民國憲政體制下生活模式[42]，難以說服台灣
是完全有別於中國的新主體，而中華民國政府（一中各表下的舊中國）的
治權也已取得國際法下時效原則的合理期間（reasonable period of time）。

表4　領土歸屬者屬台灣本身

	台灣＝國家	台灣＝中華民國＝國家
台灣 主權歸屬	台灣人民	台灣人民 中華民國公民
主張者	多數泛綠、小田滋 （日本前國際法院法官）[43]	李登輝（主政後期） 泛綠選民、泛藍（淺藍）選民
主要用語	台灣是主權獨立國家	特殊國與國關係（兩國論）、 中華民國在台灣、Taiwan（ROC）
主要用語	陳隆志教授強調，經近70年的進化，台灣的國際法律地位「已定」，是一個主權獨立的國家，不是中國的一部分。故而探討台灣的國際法律地位，應符合動態的政治現實演變及國際法的基本原則，不是一成不變的，因為國際法本身也是動態的，而台灣人民的表現如何，也影響國際社會對台灣地位的解釋。[44]	

---

[42] 台灣人民在中華民國政府統治下長達生活近70年，遵守法令、使用身分證、通貨、護照等，已經
　　順應其管理並沒有大規模推翻其建立新國際法人之意識。
[43] 小田滋，〈主權獨立的國家『台灣』──『台灣』在國際法上的地位〉，《台灣國際法季刊》，
　　第4卷第2期，2007年，頁293-322。
[44] 陳隆志，《台灣的獨立與建國》，台北：月旦出版社，1993年。

| 相關法源 | 1.學者、政府官員、一般民眾論述
2.相關判決間接辯證台灣是國家[45]
A.1992年「紐約美東影視」的訴訟案件[46]
B.2004年「巴貝特館產」案[47]
C.《台灣關係法》處理台灣地位原則──
　《外國主權豁免法（Foreign Sovereign Immunity Act, FSIA）[48]》 | |
| 台灣地位 | 強調屬於台灣 | 較無嚴格區分，Taiwan與ROC兩者都一樣，皆為國際法主體 |

資料來源：作者自行整理。

三、「自由聯繫邦（Free Associated States, FAS）」介紹[49]

　　上述台灣歸屬於美國海外未合併領土之主張，是現階段較特殊的一種有關台灣地位論述，然要成立以台灣為主體的國家，其實完全在於人民的意志，要透過先成為美國領土方式，再尋求獨立建國，儘管亦是一種手段與方式，卻只是反映了目前大多數台灣人民所陷入的安全困境思維，在心態上尚未作好準備。鑑此，本文在此提出有關「自由聯繫邦」的概念，提供思考現階段處理台灣地位的權衡方式。

　　「自由聯繫邦（Free Associated States, FAS）」一詞是援引自西班牙文Estado Libre Asociado，英譯為Free Associated State，其出現於1952年美國與波多黎各（Puerto Rico）對雙方地位的法律設定，讓波多黎各保有一種既非獨立，又非美國一州的事實；換言之，支持此一制度就等於波多黎各保持「維持現狀（status quo）」的地位[50]，此後這種模式成為美國與當時屬地間之基調。不過隨著1990年代後，美屬密克羅尼西亞

---

[45] 以要是透過國外司法案件中有關國際法概念的兩項原則：「主權豁免（sovereign immunity）」與「國家行為原則（act of state doctrine）」，來審查外國政府的行為，而間接證明台灣的國際法地位。
[46] 同前註31，頁205。
[47] 許耀明，〈中華民國（台灣）在法國法院之地位：以巴貝特館產案為例〉，《台灣國際法季刊》，第6卷第2期，2009年，頁5-28。
[48] 謝笠天，〈台灣於美國法院之法律地位〉，《台灣國際法季刊》，第6卷第2期，2009年，頁53-84。
[49] 有關「自由聯繫邦」較完整概念，請參考蔡育岱、張登及、譚偉恩，〈兩岸未來互動模式之研究：以「自由聯繫邦」為基礎之探析〉，《全球政治評論》，第35期，2011年，頁29-51。
[50] 嚴震生，〈波多黎各的定位問題與公民投票經驗〉，《問題與研究》，第37卷第12期，1998年，頁18。

（Micronesia）、馬紹爾群島（Marshall Islands）與帛琉（Palau）相繼獨立後，已使得「自由聯繫邦」一詞非單係指原本波多黎各與美國的模式關係[51]。

　　對此，在探析「自由聯繫邦」之前，有幾個相似概念必須先行說明，分別是「聯繫邦地位（associated statehood）」、「聯繫國（associated states）」與「自由聯盟（free association）」，這些概念牽涉到「自由聯繫邦」歷史演變過程，如表五所示。首先，所謂「聯繫邦地位」係描述一種狀態，一個主要國家與依附其實體（entity）間的一種關係制度[52]，而這種關係程度端賴其兩邊人民來決定；例如可以是保護關係（protectorate）、附庸國關係（vassal state）或是成為一國內之州郡（state）[53]。至於「聯繫國」，通常是指前殖民地國家，在二次世界大戰後，經由聯合國託管，最終脫離殖民母國獨立，獨立後其與託管國家或殖民母國繼續保有聯繫關係，使雙方成為一種在政治、經濟、外交、軍事上緊密的「聯繫國」[54]。

表5　有關自由聯繫邦歷史演變過程

關係模式	聯繫邦地位	聯繫國	自由聯繫邦	自由聯盟
發生時間	19世紀～20世紀初	1949年～1958年	1952年～迄今	1986年～迄今
案例	列強與其殖民地、勢力範圍、保護國或附庸國關係	法蘭西聯邦	美國與波多黎各	美國與密克羅尼西亞三國

---

[51] 同註49，頁32。

[52] 這裡所指的實體，係包含政治實體與經濟實體等，即在國家定位尚未明確的實體。

[53] Masahiro Igarashi, *Associated Statehood in International Law*（The Hague: Kluwer Law International, 2002）, p. 5.從這觀點分析，像是中國清朝與周邊藩屬（朝鮮、琉球、安南）、19世紀歐洲列強與其殖民地、勢力範圍，以及大英帝國成員等，都可歸入「聯繫邦地位」的性質。

[54] 「聯繫國」一詞之意，最早出現在1949年的法國第四共和國，當時組成的「法蘭西聯邦（French Union）」，是由法蘭西本土、海外省、海外領地、託管地和保護領組成，強調法國與當時越南（Viet-Nam）、寮國（Laos）與柬埔寨（Cambodia）的關係。法國二戰後為繼續保有與殖民地關係，於是組成「法蘭西聯邦」，給予前殖民地有限的地方自治權和在巴黎一定的發言權。1958年法國戴高樂總統把「法蘭西聯邦」改組為「法蘭西共同體」（French Community），前法屬殖民地才擁有真正主權國地位。Igarashi, *op. cit*, p. 13.

雙方關係	由宗主國掌控一切政治、軍事、外交與經濟，並進行剝削	法國掌管越南、寮國與柬埔寨的政治、外交、軍事關係	波多黎各為一種既非獨立，又非美國一州的事實	三國內政、外交自主，安全防務由美國負責，可參加地區組織但不能參加聯合國
後來演變	第一、二次世界大戰後，這些「實體」紛紛脫離母國獨立	1958年法蘭西聯邦瓦解	目前波國尚未獨立，亦非美國一州，而是維持現狀	1990年三國紛紛加入聯合國，但仍與美國保有自由聯繫邦關係

資料來源：蔡育岱、張登及、譚偉恩，〈兩岸未來互動模式之研究：以「自由聯繫邦」為基礎之探析〉，《全球政治評論》，第35期，2011年，頁34。

　　最後，「自由聯盟」一詞則是出現於1986年美國國會通過編號為美國公法99-658號的《自由聯盟協議法案（the Compact of Free Association Act）》，其中規定了美國與即將獨立的密克羅尼西亞、馬紹爾群島與帛琉三國的關係[55]。值得注意的是，獨立後的這三個共和國與美國成為所謂「自由聯繫邦」，並獲得內政、外交自主權，安全防務由美國負責，可參加地區組織但不能參加聯合國的限制。直到1990年12月，聯合國安理會召開會議，通過了終止部分太平洋託管領土協定的決議，三國紛紛加入聯合國，使「聯合國託管理事會（Trusteeship Council）」也於1994年11月1日停止運作[56]。

　　鑑此，一般對於「自由聯繫邦」的定義而言，可分為狹義與廣義[57]，狹義直接係指美國與波多黎各關係，抑或指美國與獨立的密克羅尼西亞、馬紹爾群島與帛琉三國的自由緊密形式；而廣義「自由聯繫邦」則說明一種國際社會中的互動關係模式，在漸進的過程中，一個主要大國與其依附的小國或實體，經由「保護關係」、「附庸國關係」與聯合國下的「聯繫國」託管等模式，透過人民的意願最終成為較具獨立自主的「自由聯繫邦」。

　　本文認為「自由聯繫邦」是一種動態中的聯繫體制，是介於聯邦制度與邦聯制度間的過渡形式，其模式亦與國協（commonwealth）類似，不過

---

[55] 可參考「密克羅尼西亞」官方網站：<http://www.fsmlaw.org/compact/>（最後瀏覽日期：2011年11月18日）。

[56] 請參酌「聯合國託管理事會」網址：<http://www.un.org/documents/tc.htm>（最後瀏覽日期：2011年11月18日）。

[57] 本文主要用來探討台灣與中國關係的是採狹義自由聯繫邦模式。

國協專指英國與前殖民地間的互動模式，兩者仍有其差異性[58]，在現實政治考量下，比起目前任何兩岸未來可能的互動模式，自由聯繫邦可提供現階段兩岸發展上較折衷的討論空間。惟在國際法領域目前較無實際探討，未來有待學界進一步研究。因為它是一種求同存異方式，透過條約所達成的契約制度，成員包含主權國與非主權國條約達成的合意，至於自由聯繫程度，選擇端賴未來實力的消長與各方互動的發展。

肆、理想與現實的妥協與堅持：何去何從？

　　儘管現階段政府的「九二共識」、「一中各表」論述無益於國家定位與台灣主體發展[59]，但其亦反映了台灣內部二元分立的事實，民眾無法凝聚共識，並隨著兩岸大幅度開放，通商、通婚、移民頻繁，越來越難切割台灣與中國在法理與在情理的聯繫，這是大勢所趨，也是處於一種在理想與現實的堅持與妥協。無庸諱言，面對21世紀中國崛起的事實，目前相關台灣主體、本土論述盛況不再，已非主流話題，在政府積極籌措中華民國（政府）建國一百年慶祝的同時，更凸顯建構台灣主體路徑的困境，作者管見，以下有幾個觀點僅供參考。

一、如何認真看待中國崛起事實與堅持理念傳承

　　2009年與2011年，美中雙方發表了兩次內容涉及廣泛的《美中聯合聲明（U.S. - China Joint Statement）》[60]，其中在台灣關係部分的聯合聲明

---

[58] 大英國協與自由聯繫邦主要的差別在於：國協是一個鬆散的國際組織，自由聯繫邦則否，類似透過條約所達成的契約制度；大英國協目前有53個成員，成員來自主權國家（自香港從1997年退出後），反觀自由聯繫邦成員包含主權國與非主權國；嚴格講起來大英國協為一邦聯體制，而自由聯繫邦則為美國透過條約達成的合意；大英國協的元首為英國女王，自由聯繫邦成員則各自有其元首。同前註49，頁35。

[59] 雖各界曾有多體制國家、雙重承認、一國兩府或務實外交等理論提出，但基本上無法改變國際法上「國家承認」與「國家繼承」要件，一個國家只有一個政府代表之架構。李子文，〈國際法上之承認與中華民國〉，《台灣主權論述論文集（上）》，台北：國史館，2001年，頁11。如此馬政府將兩岸定位為「各自表述」，也只是現階段與對岸互動過程中的模式，在國際現實考量與國際政治實力對比上，到底誰才擁有「各自表述」的能力，恐最後只落得一相情願的想法。

[60] 相關兩次《美中聯合聲明》內容，請參考「美國白宮」網址：<http://www.whitehouse.gov/the-press-office/us-china-joint-statement;><http://www.whitehouse.gov/the-press-office/2011/01/19/us-

中，強調台灣問題對美中關係的重要性；中方強調，台灣問題涉及中國主
權和領土完整，希望美方信守有關承諾，理解並支持中方在此問題上的立
場。美方則如常態行禮如儀，表示奉行「一中原則」，遵守美中三個聯合
公報。讚揚兩岸《經濟合作架構協議》，表示歡迎兩岸新的溝通渠道，希
望兩岸雙方未來按照這樣的基調處理相關問題。

　　如果從權力的知識論來看，北京、台北和華盛頓的在體系結構是沒
有發生什麼變化，但對台灣而言，兩次聲明內容已不再提及《台灣關係
法》，儘管在之後記者會上歐巴馬（Barack Obama）主動提起，但相較的
重要性與意義已經打了折扣。顯然中國崛起所帶來經濟力量的提升和美台
共伴效應的降低，在許多議題上美國越來越需要中國的協助，台灣問題在
美中議價的籌碼正逐漸降低中。未來在堅持台灣主體建構的道路上勢必更
加艱難，要如何認真看待，抑或接受、學習中國崛起事實，端賴台灣人民
智慧與未來的態度，如何讓台灣處於一種生存於美中權力之間，又可堅持
理念傳承，權衡進退試圖漁翁得利，是吾輩責無旁貸的使命。

二、理論存有歧異但卻互有可通約性

　　在試著梳理論說基礎，尋找處理相關分歧方式，本文發現在建構台
灣主體論述運動路線不一的情況下，宏觀上存有歧異的是台灣地位已定與
未定之觀點，但在作為上卻具有可通約性質，即所要呈現的意義不外乎有
二，一是企圖與中國在法理上的切割，用以形塑台灣國際法人地位。譬如
兩國論、中華民國在台灣、中華民國第二共和、一中一台、美國海外未合
併之領土、中華民國非法佔領等方式；二是以有關國際法概念的兩項原
則：「主權豁免」與「國家行為原則」，強調外國對台灣或中華民國審查
其國家行為，而間接證明台灣／中華民國的國際法地位。例如從學者、政
府官員、一般民眾論述或相關判決間接辯證台灣或中華民國具有行使國家
行為能力。前者以強調形塑事物的繼續狀態，在建構台灣主體論述的能力
較強；後者則是發生在特定時間的客觀事實，並端賴司法判例所給予的承
認；惟兩者皆須經過「一般、一致的重複實踐」，經由一段時間才被多數
國家接受。

china-joint-statement>（最後瀏覽日期：2011年11月18日）。

三、路線之爭的良窳分析？本是同根生，相煎何太急

　　台灣文化特性多元，具有完整社會型態，若要建立台灣主體性，人民應有勇氣與自信面對自己的認同[61]，努力爭取擁有法律上完整的地位，並應奮起主導自己的命運[62]。儘管做為國家的條件，「台灣的國家資格無可置疑」，但追求與堅持並無廉價方式與途徑，因為「妄想台灣可以有廉價的和平，乃是台灣人民今日最大的盲點」[63]。過去的路線之爭，主要在於有其特殊的歷史事實與發展階段，惟各論述的目的一致，只為追求建立以台灣為主體的國度，實屬無益於再分析良窳，而導致研究力道的弱化。

　　各論述差異性，只是反映國際法是「一動態持續的決策過程，國際社會成員透過這過程來闡明、確認與實現他們的共同利益」[64]，故相關台灣地位立場的探討，皆有爭議存在，不但可以被質疑、被挑戰，甚至也可以被支持，然殊途同歸、百川匯宗，既然各論述皆以建立台灣主體為共識，現階段「隱聚山林」的同時，更要在瞭解彼此過程中、凝聚力量與尊重包容、潛藏與出發。

四、擱置論述損益以台灣意識建立為先

　　按「行政院大陸委員會」2010年12月底民調顯示，主張廣義維持現狀的民眾占絕大多數有87.3%[65]。廣義維持現狀（包括「維持現狀，看情形再決定獨立或統一」、「維持現狀，以後走向統一」、「維持現狀，以後走向獨立」、「永遠維持現狀」）的民眾占絕大多數，其中以主張「維持現狀，看情形再決定獨立或統一」是6種意見裡的最大多數（34.2%），其次

---

[61] 目前大學校園不乏中國交換學生、多元族群、新住民子弟，傳統的論述方式──「建構以台灣民族為主體而區隔與中國連結關係」必須改變，作者在與學子接觸後認為，時下青年較重視共同生活價值，以地緣共同信念為主要分類，而無傳統族群包袱。

[62] 王泰升，〈台灣歷史上的主權問題〉，《台灣主權論述論文集（上）》，台北：國史館，2001年，頁56-74。

[63] 林立，〈台灣法律地位解讀方式之爭議與釐清〉，《台灣主權論述論文集（上）》，台北：國史館，2001年，頁196。

[64] 陳隆志，《當代國際法引論》，台北：元照出版社，1999年，前言部分。

[65] 請參考「行政院大陸委員會」網址：<http://www.mac.gov.tw/public/Attachment/11718421562.pdf>（最後瀏覽日期：2011年11月18日）。

是主張「永遠維持現狀」（28.4%）。

　　此外，儘管兩岸交流越加緊密，但國內民眾有關對中國認同卻逐漸流失，認為沒有必要統一的高達67.8%[66]。由此可見，兩岸的交流頻繁並未影響台灣意識的建立與大中國思想的凝聚，反倒助長台灣人民自我共存的認同感，突顯兩岸分隔近70年，彼此在意識型態、價值觀與文化認同的區隔，雙方表面上以話語加強雙方的合作，實質上則是顯現彼此的矛盾與價值差異，兩岸關係在競爭中合作，亦在合作中競爭，兩者是脆弱又不可或缺的關係。台灣人民因接觸而瞭解兩岸差異，是台灣意識滋長的原因，故若要建立台灣主體性價值，現階段應擱置各論述損益，將有關台灣主體意識建立轉為實質化進行。

伍、結論

　　國家的形成通常伴隨特定的目的，這種目的可能是個人追求至善的結果，也可能是確保對特定資源的使用。但是國家所形塑的認同是依附著共同社會經驗（social experience）而非文化或血統主義，其中社會經驗包含了政治經驗與經濟經驗[67]，從這個觀點而言，就算是同一民族，也不一定需要成立共同國家，而這正可說明為何兩岸交流頻繁，但台灣意識卻不降反升的原因，因為兩岸分隔之後在各方面的差異——價值觀、意識型態、人民特質，才是造成真正的問題所在。

　　在台灣土地上的人民，有著共同社會經驗，追求自我認同與政治利益本是民主自由國度的權利，然面對崛起中國的政治、軍事、經濟與文化強勢力量，產生辯證台灣「主權地位」與中國「法理關係」路線的分與合。對支持統合立場而言，儘管在法理、路線上可以與台灣切割，但在情感

---

[66] 依「遠見雜誌」2010年12月民調，馬政府上台兩年多，台灣民意台獨攀升的趨勢沒有得到遏止，在身分認同上承認自己是中國人的比例在日漸式微；認同自己是台灣人的比例則持續升高，創下有史以來新高，1992年為17.6%，2010年達到52.4%。抗拒統一成台灣主流，主張統一的比例則跌到最低點，只有7.1%，主張獨立的高達27.7%；未來即使條件合適，認為沒有必要統一的高達67.8%。「遠見雜誌編輯部」：<www.gvm.com.tw/gvsrc/201012_GVSRC_others.pdf>（最後瀏覽日期：2011年11月18日）；〈認同是中國人正在台灣流失〉，2011年1月《中時電子報》，<http://news.chinatimes.com/wantdaily/11052101/112011012100524.html>（最後瀏覽日期：2011年11月18日）。

[67] Melissa J. Brown, *Is Taiwan Chinese?*（Los Angeles: University of California Press, 2004），pp. xi-xii; 2-3.

上，卻無法與台灣切割；反之，支持獨立自主立場而言，在法理、路線上可以與中國切割，但在情感上，較無法與中國切割[68]。以台灣現況而言，是個國家，也不是個國家，是一個主權獨立的不正常國家，也就是台灣實質已經獨立，但是法理建國尚未成功[69]，或許這是絕大多數台灣人民認同台灣現狀下，對台灣最有利的論述，以及最可行的策略之一。

　　不過本文最後主張，在台灣能否獲得國家承認亦或政府承認的問題上，實際涉及到的還有領土確定問題、《馬關條約》、《開羅宣言》、《中日和約》等國際文件效力問題、軍事佔領與戰後接管問題等，其複雜性已逾越國際法層次，加上在不斷變化、相互依賴的世界，承認問題將永遠存在[70]；如是，台灣與中國關係要「變更、廢除、創設」任何法律上聯繫，俟未來而定。

　　因此，鑑於各論述皆以建立台灣主體為共識，此時此刻「隱聚山林」同時，瞭解彼此與尊重包容各學派與路線，才是凝聚力量的關鍵，作者深信，在主體建立的話語過程，是一種黑白交混之爭，但只要具有凝聚共識的力量，國際社會對台灣地位的解釋最終是來自台灣人民的合意。

---

[68] 這主要是台灣移民社會保留了源自華人社會具有的特質，一些華夏禮儀習俗、節慶、文化、語言與文字等。

[69] 邱乾順，〈解讀李登輝的台灣主權論述〉，《共和國雜誌》，第53期，2007年，<http://www.wufi.org.tw/dbsql/showrwork.php?sid=227>（最後瀏覽日期：2011年11月18日）。

[70] 陳隆志，《當代國際法引論》，台北：元照出版社，1999年，頁53。

第貳部

台灣・人權

一、真的有國際人權法指涉的普世人權？　政治哲學世界公民主義（Kosmopolitismus）與特殊公民主義（Partikularismus）論戰下的人權圖像落差

林佳和[*]

Es gibt nur ein einziges Menschenrecht（只有一個唯一的人權）

Hannah Arendt

　　台灣國際法學會成立以來，在卓然有成的學術研究成果上，「國際人權法」始終是一項熱門，如果不是最重要議題的話。《台灣國際法季刊》的創刊號第1卷第1期，便是以《人權與國際法》為主題，其實直接間接地聲明主要從事者的核心關懷：特別是在國際地位尷尬與艱難的台灣，以人權作為參與國際法秩序——不論任何形式與實質——的切入點與主要路徑，乃至於對台灣自己國家性的期待與想像，無疑的，人權都是一適切的選擇。其後，在陸續出版的《台灣國際法季刊》中，都直接以國際人權法為論述重心，跨越不同的個別領域，而在其他雖未直接冠以人權之名，但事實上所處理之主題亦不脫國際人權法角度之分析觀察者，顯現台灣國際法學會對於國際人權法的重視，不論總論或各論，不分理論與實踐。

　　本篇作為祝賀台灣國際法學會10年的短篇論文，這裡想從另一角度談談國際人權這個問題。這裡不是要談法事實，國際法事實，就像作者在《台灣國際法季刊》第5卷第2期之文章中所提到的[1]，這種Martha C. Nußbaum所稱之「體系性之研究法律規範所由生之社會、政治與其他事實條件，以及探索法律規範所產生之社會、政治與其他影響」的法事實研究進路[2]，雖不是向以法釋義學或部門法為主流關懷的法學主流，但其實並

---

[*]　台灣大學法學博士，德國布華梅大學法學博士候選人，政治大學法律系副教授。

[1]　林佳和，全球化與國際勞動人權保障——國際法事實之觀察，台灣國際法季刊第5卷第2期，2008年6月，頁7-42。

[2]　關於法事實研究的源起介紹，請見Chiotellis/Fikentscher, Rechtstat sachenforschung. Methodische Probleme und Beispiele aus dem Schuld-und Wirtschaftsrecht, Köln 1985, S. 1。相關討論亦見林佳和，全球化與國際勞動人權保障-國際法事實之觀察，台灣國際法季刊第5卷第2期，2008年6月，頁7-8。

未遭法學界完全忽視[3]，法律人也喜歡談「法與社會權力關係（Recht und gesellschaftliche Macht-und Kräfteverhältnisse[4]）」，放在國際法與國際政治的脈絡下，這個角度毋寧更司空見慣：例如德國學者Norman Paech/Gerhard Stuby，在他們的國際法教科書中，不但體系性的作國際法規範與國際政治現實的辯證式觀察與分析，甚至在特定的議題上大膽導入明確理論向度，例如針對世界經濟秩序與國際法的問題，便選擇以葛蘭西（Antonio Gramsci）之霸權理論為基礎的《全球政治經濟學（Globale Politische Ökonomie）[5]》，分析國際經濟（公）法之形成、運作以及與國際政經秩序之關聯[6]。換言之，即便在國際人權法的分析上，從現實國際政治之觀點，對此「國際場域上的法秩序」進行交互式的考察與特別是批判，從不陌生，也相當程度的對國際人權法之內涵發展，有著重要的貢獻。

　　然而，一個有趣而弔詭的提問是：如果對於什麼叫人權，或甚至何謂國際人權法內容，都有不同的理解與體會呢？真的有國際人權法所指涉之普世人權存在嗎？特別是當直指某些特定問題關聯與實體領域時？許多對於國際人權法之分析，是否可能淪為單純的文本詮釋學式論述，一定程度失去其認識基礎？從另一角度言之，前段所述法事實面向的法與權力關係，有無可能跳躍入前一階段與層次，也就是並非以「國際人權法貫徹疑難與困境」，而改以「根本否定某些國際人權法內涵」之形貌出現呢？這裡的基本提問，無涉「國際法規範的執行」問題，換言之，本於國際法規範，例如公約或條約，所建構之會員國有關特定人權事項之義務，自然便

---

[3] 例如如何將法事實融入法釋義學體系中的問題，亦屬於法學方法論方面的標準討論範圍之一，vgl. nur Bydlinski, Gedanken über Rechtsdogmatik, FS Hans Floretta, Wien 1983, S. 3ff.。

[4] 「法與社會權力關係」，這是德國左派法學者的標準談法；例如Abendroth, Antagonistische Gesellschaft und politische Demokratie-Aufsätze zur politischen Soziologie, 2 Aufl., Neuwied und Berlin 1972; Deiseroth/Hase/Ladeur（Hrsg.），Ordnungsmacht? Über das Verhältnis von Legitimität, Konsens und Herrschaft, Ffm. 1981。如果觀察的對象是國際法，則可以參考一論文合輯：Paech/Rinken/Schefold/Weßlau（Hrsg.），Völkerrecht statt Machtpolitik. Beiträge für Gerhard Stuby, Hamburg 2004。

[5] 這個理論進路是以馬克思主義的政治經濟學為基礎，再以葛蘭西的霸權理論為主軸，但是將其範圍延伸至國家範疇以外，而用以分析國際間、以全球為場域的問題，特別是「經濟剝削」與「政治宰制」；關於該理論的探討，請參閱Röttger, Neoliberale Globalisierung und eurokapitalistische Regulation, Münster 1997，頁92以下。

[6] Paech/Stuby, Völkerrecht und Machtpolitik in den internationalen Beziehungen, Hamburg 2001, Kapitel 5。亦請參見林佳和，書評：Norman Paech/Gerhard Stuby，國際關係中的國際法與權力政治，VSA出版社，德國漢堡，2001，台灣國際法季刊第1卷第2期，2004年4月，頁239-248。

有這個層次上的「人權意涵」，否則無以進行國際法上義務執行之監督，這毋寧是站在「國際法規範拘束性與執行力」之角度[7]，此屬當然，但不是本文所想要討論的。作者的提問是比較關於前提性的，可以稱為國際法政策層面的，更精準一點的說：人權內涵形成階段的，甚至是哲學式的命題：如果對於特定的內國社會而言，某些事項根本非屬於人權指涉對象－例如最經常爭論的民主[8]，在人權法上根本未被「權利意識化」，則試問，何來國際人權法之有？除了個別具體的問題關聯下，是否可以嘗試從抽象面來探索之？這篇短文，是一簡單的嘗試。

壹、Extra rempublicam nulla iustitia

問題的發展關鍵，可能無法擺脫一項根本前提：主權國家[9]。現代國民國家興起後，在諸如西發里亞國際法秩序之下、之上的各內國法規範空間場域內，如果著眼於人權，Extra rempublicam nulla iustitia，在國家之外無正義可言，就儼然一個即便不完全符合現實，但也其實相去不遠的法狀態；如同典型之理性法理論（Theorie des Vernunftsrechts）所主張的一般，國民主權與透過內國法之統治所保障的人權，換言之：國民主權與人權，理應是一完美的組合[10]。歷史上從未有如今天一般，「國際人權」那麼樣的被甚囂塵上、廣為流傳，單以東歐政權垮台、東西方冷戰正式結束後的1990年代至今而言，科索沃、盧安達、國際刑事法院、人道干預、正義的戰爭等，無疑就是國際人權發達的代名詞。在人權相對起步與發展較晚的東亞國家與社會，如果再連結民主化作為重要的歷史階段，則台灣與韓國無疑更較日本為晚，「人權」當然也不再是陌生或甚至虛無而沒有現實政治社會意涵的名詞，連根本不是聯合國會員國的台灣，也興沖沖的要標榜

---

[7] 如果聚焦在國際人權場域上，這無疑屬於所謂「爭議的人權保護」（streitiger Menschenrechtsschutz）之問題，相關討論可見Paech/Stuby, Völkerrecht und Machtpolitik in den internationalen Beziehungen, S. 681ff.。

[8] 以民主為例的討論，可參見Benhabib, Kosmopolitismus und Demokratie. Eine Debatte, Ffm. 2008。

[9] 從法學角度聚焦主權之論述，較新者請參看Grimm, Souveränität. Herkunft und Zukunft eines Schlüsselbegriffs, Berlin 2009。

[10] 相關討論與批評可見Habermas, Über den internen Uusammenhang von Rechtsstaat und Demokratie, in: Menke/Raimondi（Hrsg.）, Die Revolution der menschenrechte. Grundlegende Texte zu einem neuen Begriff des Politischen, Ffm. 2011, S. 447。

人權立國、所謂加入人權兩公約，急切地將國際人權法內國法化。這是一個國際人權的時代，一點都不為過。

　　然而，如果將人權之議題抽離形式面或宣傳意識面，而是直指具體的問題脈絡或特定的社會權力關係，例如性別與家庭、勞動與資本、政治領域的統治與被統治者，那麼人權的內涵與解讀，經常就突兀的變成瞎子摸象，各有各的解說，各吹各的調了。1990年代中期馬來西亞總理馬哈地的名言：歐洲的價值是歐洲的，亞洲的價值是普世的，歐美的人權是歐美的，不適用於亞洲，或是台灣的大企業家施振榮，在2012年3月11日一段耐人尋味的談話，他說：「至於『蘋果』在大陸的代工廠遭外界質疑為『血汗工廠』，他認為，『血汗工廠』是美國價值觀，『對很多地區的人來說，努力工作怎麼會是血汗！這是價值觀問題』……」[11]，這些出自權力者的講話，顯然直指一1980年代所謂日本崛起、甚至是亞洲四小龍踏上世界舞台之後的關鍵命題：到底經濟與政治社會發展有無不同路徑？亞洲國家有無忽視民主，不太尊重人權，卻能同時擁有資本主義傲人發展的可能蹊徑？「儒家資本主義」當然是一企圖解釋的關鍵名詞。如果我們暫且忘記數十年來對此之政治經濟學辯論，將焦點聚集中在所謂的國際人權之當代脈絡下呢？到底東亞國家隨著知識領域之進步，絕對耳熟能詳、人人朗朗上口的所謂基本人權，揆諸於例如民主或分配等重大爭點，到底如何自我認知與評價呢？這當然是一大哉問，篇幅非常有限的本文，不能也不想做非常詳盡的學理探討，而是企圖從一政治哲學數年來的重大爭論：所謂世界公民主義（Kosmospolitismus, Kosmopolitism）與特殊公民主義（Partikularismus, Particularism）角度出發，從另一面向試圖觀察此問題。

貳、舉例：內涵層次差異的國際社會人權

　　當然，我們可以趁此機會再聚焦一下「法學與政治經濟學之人權落差」的老問題，也許可以舉資本主義發展下之勞動與社會人權為例。或許容許作者跳脫傳統上直接引介與面對「究竟何一國家的勞動者受了什麼委屈」的基本論述基調，先將焦點選擇擺在「國際人權」的語意意涵上吧。就像德國哲學家哈柏瑪斯（Jürgen Habermas）寄望之「國際／全球市民社

---

[11] 2012年3月11日，中國時報。

會」所掀起的哲學討論熱潮[12]，學者們不斷的問：在「人權」之道德倫理基礎，國家間貿易保護主義的包裝掩飾，有別於國民國家「憲法基本權」之無國家執行權力壟斷為依靠的「國際人權海市蜃樓」等等，在這些有關國際人權的衝突性討論之外[13]，從哲學的角度出發，識者們還應該看到什麼更為本質的重要面向呢？依循著典型哲學式的標準問法，問題無疑是：何謂國際人權？它的具體內涵究竟是什麼？如果再聚焦於經常成為論戰焦點的經濟生活領域，亦即涉及所謂社會人權（soziale Menschenrechte）之時，哲學家們最感興趣的問題無異是：這些社會人權的形成理由、內容與範圍[14]，究竟應該是什麼？觀察歐陸學界分析相關之社會人權的脈絡中，眾所公認的三項核心客體，而無疑的，這三項客體均涉及所必須關注的人權之形成理由、內容與範圍，貫穿其中；這三項客體是：自由自主、基本需求、分配正義[15]。

簡單的說，社會人權涉及到不同的三個面向與領域，或許可以用另外的角度來說：三項存在著「隱約」上下層級與不同階段關係的面向。首先是自由與自主，這當然是源自於一個古典自由主義傳統的產物，強調每個人皆有主張並行使自由的權利，歷史上從政治與經濟領域開始作不盡然是線性式的發展；社會權利在「自由」脈絡中的定位是：滿足人民的社會需求，目的就在於促進主體得以平等的行使自由權，同時保有自我的個人與政治自主。其次，「作為人之主體所應享有之最低基本生活需求」，亦即所謂「人類學上的基本需求（anthropologische Grundbedürfnisse）」，此亦為憲法學上之社會國原則所專注之焦點：「作為一個有尊嚴之人之起碼與最低生存價值與需要」，亦即最為傳統與古典之社會人權的指涉所在[16]。最後則是「符合公平正義的平等分配」問題，換言之，所涉及的並

---

[12] 請參閱Habermas 1999年以來的諸多著作，例如Wahrheit und Rechtfertigung, Ffm. 1999、Zeit der Übergänge, Ffm., 2001。

[13] 例如從Brunkhorst/Köhler/Lutz-Bachmann所編輯之《主張人權的權利》（Recht auf Menschenrechte. Menschenrechte, Demokratie und internationale Politik, Ffm. 1999）專書中，吾人便可看到這一「全球化人權」問題的多重面向。

[14] 請參閱一本集合歐陸眾多知名哲學家所撰寫之「人權的哲學」專書，其中即以此為探討諸多不同面向人權的共通點，以便聚集不同進路的討論於同一焦點；siehe Gosepath/Lohmann, Philosophie der Menschrechte, Ffm. 1998, S. 14ff.。

[15] 最為簡潔與分析各家學說結論，所整合出之此三項社會人權觀照客體，請參閱Gosepath, Zu Begründungen sozialer Menschenrechte, in: dersl./Lohmann, ebenda, S. 146ff.。

[16] Stober, Zur Wirtschaftliche Bedeutung des Demokratie-und Sozialstaat sprinzips, GewArch 1988, 151.

非自由自主或基本生活需求的問題，這兩個層次的問題甚至可能已經完全
滿足與解決；這個面向所觀照的，無非是在「個人擁有自主」以及「基本
生活需求無虞」的條件下，社會成員主體如何能夠更符合公平正義的、更
社會的（sozial）平等分配社會財富。當然，這個部分的問題意識並不令
人陌生，從John Rawls的正義論以降，近期政治哲學的論述均集中圍繞於
此，特別是在當代社會情境早已遠離所謂早期資本主義的「赤裸剝削」的
階段，甚至步入諸如西北歐國家一般之社會民主之後，此一面向的社會人
權問題，無疑成為最重要、甚至是幾近唯一的關注辨正焦點：基於社會連
帶，或甚至本於社會團結與和諧，社會成員如何能聯繫／不聯繫其貢獻與
能力的，去參與整體社會的共同財富與資源？無疑的，二次大戰後數十
年的政治哲學討論告訴我們，這可能已變為當代的惟一、至少是最重要的
「正義」問題。當然，也應是作為「人權」問題的應有關照對象。

　　社會人權的這三個領域與面向，擺放在經濟全球化的環境與條
件下，其呈現之面貌就更為明顯了；且讓我們先以一素樸而直覺式的
觀察開始：顯然，相較於不同國家與社會的發展階段，或用管制學派
（Regulationsschule）的標準術語來說：在彼此間歧異甚鉅的「積累模型
（Akkumulationsregime）」與「管制方式（Regulationsweise）」中[17]，或
再用Immanuel Wallerstein的「中心──邊陲」座標來看待不同國家間的巨
大差距，吾人皆可清楚的看出：想要理出一個清晰而某個程度一致的各
國「社會人權」面貌，其實是難以作到的，假如不是一項不可能之任務的
話。易言之，在不同的資本主義發展階段中，在差距甚大的國民與個體經
濟發展型態下，既使它們同樣面臨經濟全球化的挑戰，卻又尤然呈現截然
不同的現象，吾人如何得以爬梳一清楚的「紅線」，尋找出何謂「全球化
趨勢下的勞動者與社會人權保障」問題呢？這裡無疑地鋪陳了一個無法逃
避的人權圖像衝突，至少是衝突的可能性：如果各國民國家內所建構之社
會（nationalstaatliche Gesellschaft），分別坐落於不同之發展階段中，究竟
應該而且如何去論斷各自的人權發展狀態，或甚至試圖做出「違反人權」
的負面評價呢？即便單以社會人權中最為人所爭論的分配正義為例，即便

---

[17] 管制學派最重要的概念，便是「積累模式」，指某一時期資本積累的形式總稱，以及「管制方
　　式」，意指使資本得以穩定積累、符合資本積累模式的所有國家或非國家的規範、制度、組織
　　形式、社會網絡與行為模式的總稱；相關討論請參見Demirović/Krebs/Sablowski, Hegemonie und
　　Staat. Kapitaistische Regulation als Projekt und Prozeß, Münster 1992, S. 238。

在貧富差距日益懸殊的各資本主義發達國家，恐怕也難以直接做出簡潔有力的評斷。

參、基本提問：世界公民主義與特殊公民主義之核心主張

如果說，甚至該不該評價「符不符合國際人權？」，本身都是一需要證立的問題呢？近來在有關全球正義（Globale Gerechtigkeit）的辯論中，事實上直接間接指涉著具體的「國際人權實踐」，理由很簡單：如果有所謂全球正義、而非僅是地域或侷限空間範圍內的正義存在，那麼透過國際人權之轉化機制，無疑的為此正義問題找到最佳的實踐路徑。然而，也當然間接指涉國際人權隱晦的，在全球正義的思辨過程中，政治哲學界出現了被統稱為世界公民主義與特殊公民主義之爭的不同主張，在我們的問題關聯與脈絡中，特別重要。請原諒在此無法詳細的分析在此背後之眾多學者的理論與說法，為更清楚的聚焦，僅以德國政治哲學界一本非常重要的集子為引，由Christoph Broszies與Henning Hahn合編之《全球正義──世界公民主義與特殊公民主義辯論之關鍵文獻合集》（Globale Gerechtigkeit. Schlüsseltexte zur Debatte zwischen Partikularismus und Kosmopolitismus）[18]，其中收錄包括John Rawls、Thomas Nagel、David Miller、Charles R. Beitz、Martha C. Nussbaum、Otfried Höffe、Thomas W. Pogge、Darrel Moellendorf、Iris Marion Young、Jürgen Habermas、Seyla Benhabib、Rainer Forst等歐美知名政治哲學家重要文章，一同考察其不同陣營之核心主張所在。

一、世界公民主義

簡言之，稟信「確實存在全球正義」、乃至於延伸之普世國際人權存在之世界公民主義論者，有下列之看法[19]：

　　　　──規範性而言，應存在一所謂道德上的普世主義（moralischer

---

[18] Broszies/Hahn（Hrsg.），Globale Gerechtigkeit. Schlüsseltexte zur Debatte zwischen Partikularismus und Kosmopolitismus, Ffm. 2010.

[19] Ebenda, S. 10f.

Universalismus），它對於所有地區的所有人，都具有同樣程度之最終道德上重要性；

────方法論上，如此之世界公民主義係植基於正當之個人主義（legitimatorischer Individualismus），亦即，包括所有實踐、規則與制度在內的統治關係，只要無可避免且重大的干預介入人們之生活，就必須針對每一個當事人而合理化；

────政治上，世界公民主義者主張一正當的全球統治秩序，以改革現存全球宰制的結構，同時建立起維護暨保障全球政治的機構與制度。

我們就用Jürgen Habermas的主張來說明吧：Habermas經常從哲學家康德（Immanuel Kant）之「永恆的和平」出發[20]，認為康德將不同國家間之和平，刻意定義為法之和平（Rechtsfrieden），甚有啟發，因為在國際的場域上，人們向來極少注意法與權力間之相互關係，簡言之，國際場域上存在著明顯的法與權力之嚴重落差，許多國際法上的規範，都只是在反映各該問題關聯上的國家間與國際現實而已，根本不帶規範性的作用，也就是說，國際法只是形塑了各主權體的交往關係，但並沒有、也不是去限制它[21]。對於康德所主張之「所有民族和平但不一定友好的共同體」理念，乃至於仿效內國國民憲法思維的世界公民憲法（weltbürgerliche Verfassung），形構於一「普遍的所有民族之共同國家（allgemeiner Völkerstaat）」之下，進而形成所有國家的共和主義（Republikanismus aller Staaten）、世界共和國（Weltrepublik）、所有共和國的共和國（Republik von Republiken）等，Habermas以為，在當代，應朝向所謂國際法的立憲化（Konstitutionalisierung des Völkerrechts），使之成為世界公民之法（Recht der Weltbürger），採取的路徑就是將作為眾國家之法的國際法，轉化為眾人之法的世界公民法，主體由國家轉為個人，從另一角度言之，此無異國際關係的國家化：不再區分外在與內在主權，理由不只是內含性的各民族國家之全球性擴張，而是本於規範性的思

---

[20] Kant, Zum ewigen Frieden. Ein philosophischer Entwurf [1795], in: Königliche Preußische Akademie der Wissenschaften（Hrsg.）, Gesammelte Schriften, Berlin 1902ff., S. 341ff.

[21] Habermas, Hat die Konstitutionalisierung des Völkerrechts noch eine Chance? Politisch verfasste Weltgesellschaft vs. Weltrepublik, in: Broszies/Hahn（Hrsg.）, Globale Gerechtigkeit, S. 378f.

維，讓法得以完全的貫穿與形塑政治權力，即便是外在的國家間之相互關
係，這便是Habermas著名的概念：以世界共和國形式出現的國際法之立憲
化[22]。面對眾所質疑、特別是後述特殊公民主義者所強調的「國際人權脈
絡下缺乏類似國家之貫徹權利主體」問題，Habermas以為，必須在彼此
對立與衝突的國家之外，創造一超國家之權力，以促使立基於國際法之上
的國家共同體。得以擁有貫徹與執行相關規則所需要的制裁可能性與行為
能量，換言之，世界公民秩序的建立，必須要從集體行動者非階層式的聯
合，走向一具行動能力的國際組織形式，塑造一所謂沒有世界政府的世界
內政（Weltinnenpolitik ohne Weltregierung）[23]。Habermas在其他地方所著
墨之所謂全球移動的市民社會，倡導以相互的溝通行為共同形成意志與意
見[24]，其實皆屬相同的脈絡：追求世界公民之理想狀態，不應該思索透過
強行法的手段，而是以一軟性的形式，例如有建構和平秩序意願的諸多共
和國之自願性聯合[25]，如此精神下的國際法之立憲化，方能在於內國／全
球場域上移動之市民社會的推波下，雖然保持主權國家形式關係，但卻一
定程度擺脫「國家侷限性」，真正以作為社會成員之個人為本位，創造一
類似內國立憲結構、但仍直指主權國家，卻能不再羈絆於國際政治現實的
國際法秩序。

　　如同政治學者Brun-Otto Bryde所說的：在國際的層次上，當然不可能
出現憲法國家性（Verfassungsstaatlichkeit），而毋寧是立憲主義，也不會
跑出來法治國家性，而可能是法治（rule of law），自然看不到社會國原
則，只有可能是社會正義[26]。吾人可以看到，世界公民主義者，至少以這
裡的進一步論述為例，必須化費很大的精力去處理「如果不存在類似國家
主權體之世界政府，全球正義、乃至普世的國際人權如何可能？」的提
問，理由很簡單：要從道德哲學的觀點，去證立普遍性的正義與人權的存
在，至少其必要性，並非困難之工作，即便連後述之特殊公民主義者，相
當程度也並未否認此點。換言之，兩邊陣營隱含的最重要差距與對立，其
實經常在於「貫徹形式」，而未必在於特定問題脈絡下的「實體內涵落

[22] Habermas, ebenda, S. 381f.
[23] Habermas, ebenda, S. 390f., 392.
[24] Habermas, Die Normalität einer Berliner Republik, Ffm. 1995, S. 185.
[25] Habermas in: Broszies/Hahn（Hrsg.），Globale Gerechtigkeit, S. 401.
[26] Bryde, Konstitutionalisierung des Völkerrechts und Internationalisierung des Verfassungsrechts, Der Staat 42（2003），S. 61ff.

差」，因此本文也刻意選擇最多著墨於此層次的Habermas為例，說明世界公民主義的主要論點。

二、特殊公民主義

相對的，認為「正義原則不可能放諸四海皆準，而是必須侷限於特定正義場域」之特殊公民主義者，則提出不同的三項主張[27]：

　　——首先，同就規範性而言，只可能有特殊公民恆優先命題（partikularistische Prioritätsthese）：在國家與全球正義原則相互衝突之場合，只有各該國家自己之國民，方享有優越地位；
　　——就概念上來說，正義與不正義之問題，只有在特別之關係形式上方有意義與可能。易言之，在建構正義之關係形式（gerechtigkeitskonstitutive Beziehungsformen）下，如內國與全球之正義原則衝突，應認不是所有人，而是只有國家之國民（例如國家主義Etatismus），或甚至民族（民族主義Nationalismus）、社群（社群主義Kommunitarismus）或權力秩序（權力現實主義Machtrealismus）之成員，方得享有優越地位與保障；
　　——再者，從經驗角度出發，現實上並不存在與國民國家類似之全球統治形式與全球主權，以解決正義主張之問題。

就以John Rawls的說法來做進一步的說明。氏以為，所謂國際法，應理解為一種法與正義的政治理念，亦即直指國際法與國際實踐之相關原則與規範[28]。這裡的「正義之政治理念（politische Konzeption von Gerechtigkeit）」，自然連結至Rawls所建構的三項基本特徵要素[29]：

　　——涉及基本的政治經濟與社會制度，在內國社會是指其基本結構，在國際場域，則為政治上組成之各國人民共同體之法與實踐；

---

[27] Broszies/Hahn（Hrsg.）, Globale Gerechtigkeit, S. 11f.

[28] Rawls, Das Völkerrecht, in: Broszies/Hahn（Hrsg.）, Globale Gerechtigkeit, S. 55.

[29] 請參見Rawls, Politischer Liberalismus, Ffm. 1998, S. 76ff. 。

——無涉各內國社會獨特之宗教、哲學與道德傳統及學說，即便其政治理念與其相關或甚至來自於該等，但至少直接指涉者仍為該政治理念本身，而非這些傳統與學說；

——此政治理念會以符合自由社會公共政治文化之特定基本思考的方式呈現。

Rawls的核心主張以為，在正義作為公平（Fairness）之場合，這些建立在社會基本結構上的正義原則，其實並非放諸四海皆準、無所不用之普遍性原則，例如在教會、大學就經常不適用，同樣的，也不是所有的社會，包括國際法所指涉之國際社會與各內國社會，都適用同一正義原則，在此，毋寧是由理性的當事人，針對其各自具體的問題，提出各自獨立的正義原則[30]。這與他向來對於正義之基本態度完全一致：針對不同之對象與客體，應該適用不同之原則：「針對某一事實之具體秩序原則，應取決於該事實的特性」[31]。當然，對Rawls而言，並非沒有國際法領域上的普遍性原則，從自由主義的觀點來說，「實踐理性之原則與理念」，無疑就有適用於任何政治上重要場域的普世性，但這必須本於一項基本前提：只有在該原則適當地符合各該領域所需，且由該等領域內理性之當事人在謹慎之思考後決定接受時，這樣的說法才會成立[32]。在此條件下，自由主義的正義理念當然可能延伸至國際法，比方說內含以下三個要素[33]：

——與內國民主憲法類似的，一包括特定基本權、自由與機會的清單；

——其次，針對某些本於公益或所謂更高價值而提出之主張時，仍能捍衛其優先位階的基本自由；

——以及最後，得以保障人民確實得行使貫徹前述自由權之措施。

---

[30] Rawls, Die Idee des politischen Liberalismus, Ffm. 1992, S. 45; dazu auch Rawls, Das Völkerrecht, S. 59.

[31] Rawls, Eine Theorie der Gerechtigkeit, Ffm. 1975, S. 47.

[32] Rawls, Das Völkerrecht, S. 60.

[33] Ebenda, 65f.

　　Rawls以為，沒有一普遍皆能主張適用的普世性之國際法，而只有所謂「針對自由民主社會所適用之國際法（Völkerrecht für liberale, demokratische Gesellschaften）」，也就是說，只有在兩個或數個同屬民主自由之國家社會間，才會有接受某些特定正義原則之後所形構之國際法存在，而這些常見的原則諸如：自由與獨立之人民，尊重他國人民之自由與獨立，人民平等與自我決定之自由，不包括主動開啟戰爭之自我防禦權，不干預他國內政，遵守條約與其他協定，從事戰爭行為時之特定義務限制，乃至於根本的尊重人權[34]。對此，Thomas Nagel的分析很精準：Rawls的政治正義理念，不是針對某些國家社會來量身訂做，但也不代表必須原則性的容忍那些非自由之國家社會，也就是說，自由國家基本上沒有容忍非自由社會的義務，但也當然沒有去改變人家的權利與義務，因為所謂正義的義務（Gerechtigkeitspflichten），只有針對自己國內社會成員，方有之，所以在此意義下，本於尊重他國社會成員人權之故，必須尊重該等社會之自決，但卻勿誤解為是尊重各國之平等，這完全是兩回事[35]。

　　特殊公民主義的焦點看法之一，顯然是有關主權與人權貫徹之問題，而這當為國際人權法常遭批評的罩門。例如Nagel便說到，不存在在所有成員國與其國民之上的主權體，事實上就沒有貫徹正義的可能，甚至自己就不是有資格做為提出正義主張的主體，這在國際經濟法領域最為顯著：單純的經濟合作，並未帶來任何有意義的社會經濟之正義標準；重點在於，Nagel分析道，即便是一全球性或地域性的政治性網絡，針對社會正義，都無法承擔像各內國一般之責任，特別是類似內國社會成員一樣，必須由各成員國共同貫徹與執行的責任[36]。

三、觀察

　　就此，我們可以看到世界公民主義與特殊公民主義的重大爭議，簡言之，關鍵在於所謂正義之場域（Domäne der Gerechtigkeit）：有關正義原則之適用範圍，到底得以延伸至何處？無疑的，特殊公民主義者認為，適用範疇僅及於國民國家，也就是我們所習以為常的內國社會之政治結構，

---

[34] Ebenda, S. 70.

[35] Nagel, Das Problem globaler Gerechtigkeit, in: Broszies/Hahn（Hrsg.）, Globale Gerechtigkeit, S. 131.

[36] Nagel, ebenda, S. 136.

在此區域範圍內的所有社會實踐、規範與制度之總和,而在此的正義要求,不論是形成或行使,都明確是具有針對性的,只適用在特殊當事人團體之上。相對的,世界公民主義者則認為,某些正義原則應該是全球性共通的,它可能來自於針對特定世界性不幸狀態的反省,亦即在道德上主張形成一全球的正義領域,也可能為了要處理全球統治結構所產生之不正義效果,因此形成特殊的全球正義內涵與原則[37]。依個人觀察,世界公民主義與特殊公民主義之爭,其實應有兩個不同面向:

　　——其一,究竟正義原則與內涵,在一定或特定之規範性基礎上,應具有全球場域的普遍性,換言之,放諸四海皆準,所有人應得於所有場域中行使之;
　　——再者,與前述不同的是,針對特定之正義原則與內涵,在可能產生的特殊「成員vs.非成員」對立衝突場合中,是否可能有成員優先之解答,進而產生特殊公民主義論者所言之「建構該正義之關係形式」,也就是說,非該關係形式者即無從建構該正義,形同無正義/不正義問題可言。

如同前面所提及之世界公民主義的看法,吾人其實可隱約發現,兩邊陣營之論點,延伸至最後,將常僅剩下「國家主權體v.s.無類似主權體存在之國際場域」的根本差異,雖然從Rawls之分析中,我們仍能篩檢出從政治哲學角度出發的可能分歧:如果聚焦各自不同的獨特領域,真有所謂得以主張普遍適用的共同正義內涵與標準存在嗎?這個問題著實難以回答,因為兩邊並不多見直接辯論具體脈絡下的問題,不論是形式、實質或實踐層面,換言之,論戰之經常「停留雲端上」,雖當然並非無價值,但總是難以抓緊,不容易回到具體層次上得到明確的對立回答。從道德哲學的觀點,確實容易證立一至少「理應普世性」的全球性正義、國際人權實體,否則無異製造自我矛盾陷阱,何來「道德」之有?但同樣的,在不同的政治經濟社會文化背景、發展軌跡、意識形成下,如果再能排除一定程度的權力宰制因素,不同的內國社會,各自不同的領域,是否抽象上絕不可能容許「同樣正當」的差異?同樣的也難以否認。經常出現的結果便可能是:當論者在敘述何謂國際人權法內涵與標準,特別用來批判性的觀察

---

[37] Ebenda, S. 11.

與解讀其內國社會之牴觸現實或制度時，論者所選擇的，經常不是自己角度的全球正義與國際人權理解，就可能只是在複誦本身就有相當侷限性的「暫時或片面」之國際人權內容，而無論何一，就都與世界公民主義者所倡導者，有著相當的差距。消極一點的說，世界公民主義與特殊公民主義，都留下了各自正面與負面的論證與軌跡，卻又經常在不同的層次與場域上，述說著某部分的真實與道德正當性。

　　也許吾人可用一台灣社會中不斷被提出之問題為例：在台灣工作之外籍勞工──當然，主要指涉者為包括產業與家事之藍領工人──，是否應享有勞動基準法第21條之基本工資保障。有關外籍移工之國際人權法文件並不少[38]，但對於外籍勞工與本國勞工之平等對待，卻經常有各自不同表

---

[38] 例如國際勞工組織「1949年移民就業建議書（第八十六號建議書）」、「1975年移民濫用限制及平等機會與待遇促進公約（第143號公約）」、「1975年移民勞工建議書（第151建議書）」，聯合國「保護所有移徙工人及其家庭成員權利國際公約」，就以聯合國的這項公約為例，便有三個條文在明定有關移民勞工的基本權益：

【第25條】

1.移徙工人在工作報酬和以下其他方面，應享有不低於適用於就業國國民的待遇。
　（a）其他工作條件，即加班、工時、每週休假、有薪假日、安全、衛生、僱用關係的結束，以及依照國家法律和慣例，本詞所涵蓋的任何其他工作條件。
　（b）其他雇用條件，即最低就業年齡、在家工作的限制，以及依照國家法律和慣例經認為是雇用條件的任何其他事項。
2.在私人雇用合約中，克減本條第一項所述的平等待遇原則，應屬非法。
3.締約國應採取一切適當措施，確保移徙工人不因其逗留或就業有任何不正常情況而被剝奪因本原則而獲得的任何權利。特別是雇主不得由於任何這種不正常情況而得免除任何法律的或合同的義務，或對其義務有任何方式的限制。

【第二十六條】

1.締約國承認移徙工人及其家庭成員有權，
　（a）參與工會的及任何其他為保護他們經濟、社會、文化和其他利益而依法成立的協會的集會和活動，僅受有關組織規則的限制；
　（b）自由參加任何工會或上述任何這類協會，僅受有關組織的限制；
　（c）向任何工會或上述任何這類協會尋求援助和協助。
2.這些權利的行使除受法律所規定並在民主社會為了國家安全、公共秩序或保護他人的權利和自由所需的限制以外，不受任何其他限制。

【第三十三條】

1.移徙工人及其家庭成員應有權獲得視情況而定原籍國、就業國或過境國告知以下方面的資料：
　（a）本公約所賦予他們的權利；
　（b）有關國家的法律和慣例規定的接納他們入境的條件、他們的權利和義務以及使他們遵守該國行政的或其他的正規手續的這類其他事項。
2.締約國應採取其認為適當的一切措施傳播上述資料或確保雇主、工會或其他有關機構或機構提供上述資料。並應酌情與其他有關國家合作。

述，例如國內最近極為熱門之本勞外勞基本工資是否應脫鉤的爭論，肯定者多援引國際勞工組織（ILO）第86號「有關移民就業」建議書第17條第1項之規定：「移入國之主管機關應承認，移民及其家庭成員在其有資格擔任之工作上，可以依照法律或行政或團體協約之規定，像其本國人民一樣，享有待遇平等」，是以不應區分本勞外勞，而在實質上最低工資保障之基本工資制度上同有其適用。有趣的是，反對論者則從多個角度出發，例如認為外勞成本高將導致企業出走，進而形成本國勞工失業，而如果成本拉低，則會使已出走之企業再回流，最終結果將對本國勞動者有利。而在本文脈絡下最為重要的：相關法律基本工資保障之基本人權，原則上僅保障本國人民，並不及於外國人。以後者為例，論者巧妙的將本勞與外勞對立起來，進而形成「保障外勞基本工資將最終造成本勞受害＝侵害本勞人權」之不幸結果；姑且不論如此之主張在經驗上是否經得起檢驗，它無疑間接的碰觸到前述世界與特殊公民主義哲學思維之爭：基本（最低）工資之保障是否為普世人權？在特定之人權／正義基礎與基點上，相較於非成員（外勞），特定團體的成員（中華民國國民／本國勞工），是否應享有優位？拋開政治經濟學與社會運動等面向之探索，它當然也同樣是一政治哲學問題，然而，有趣的是，如同前述，不論世界與特殊公民主義者，都呈現出以下的兩種現象：

　　　　——雙方極少針對某一具體特定問題，去推演其主張而得出一貫而合乎邏輯之答案，例如說，因為我主張世界公民主義，所以外勞亦應享有最低工資保障，無論他座落於自己母國以外的哪一國家社會。相反的，雙方多集中於抽象的哲學內涵之爭；

　　　　——誠然，吾人也不能說，世界或特殊公民主義者都忽視具體而特定之問題，不，他們當然有些許面對之，甚至提出毫不含糊的答案與主張；然而，這裡卻間接地顯現出某種尷尬：只要碰到不同的具體問題，雙方都無疑的曝露出一定程度的困窘：針對某些具體問題，世界公民主義者亦不得不承認，「恐怕尚未到普世的程度」，而且可能是波動的，而特殊公民主義者卻也經常不經意地提

3.經請求應向移徙工人及其家庭成員免費並盡可能以他們所瞭解的語言充分提供此類資料。
相關討論請見林佳和，外勞人權與行政管制——建立外勞保護體系之初步研究，行政院勞工委員會職業訓練局委託研究計畫，2004年1月。

到，某種普世性事當然可能存在的。如果說，在辯論中，吾人聚焦於一特定之具體問題，則不同之主張與立場當然會存在，但某種程度而言，卻以超逸出了世界與特殊公民主義陣營之範疇，雖然雙方是站在如此之基點上展開爭辯的。

肆、另一思考進路：Rainer Forst《要求合理化之權利》

或許，面對世界與特殊公民主義者之爭，德國學者Rainer Forst所主張之所謂跨國正義的批判理論（kritische Theorie transnationaler Gerechtigkeit），是一可以思考的捷徑[39]。Forst以為，以全球化所產生之諸如全球資源分配與貧富差距為例，問題之重點並非在於特定資源對於某人／團體之分配或不分配，而是在於決定該分配結果的政治經濟權力關係所形成之基本結構[40]，當然，既然說到這裡，Forst就不能逃避政治民主之問題，因此，他進一步主張，「分配正義與政治正義必須秉持相同之規範性思考」[41]，這極容易理解：如果他不承認這一點，而贊同政治正義可不相同，則自然有極大的風險必須接受諸如「政治不民主所產生之分配不均的結果」，則無疑間接肯定宰制性權力關係的正當性，那就毫無批判性可言，即便著眼於全球化政治經濟秩序。

在此理論爬梳下，Forst有以下四點核心主張[42]：

——吾人必須深究現存社會關係的歷史發展緣由，特別是彰顯其不平等與權力之失衡關係，做精準之分析。

——應運用所謂回溯－普遍之合理化（reziprok-allgemeine Rechtfertigung）方法，直接檢驗並指明正義與不正義之社會關係，亦即批判那些錯誤的合理化手段，那些掩藏社會矛盾與權力關係之錯誤合理化。

——Forst所提出之該回溯－普遍之合理化方法，進一步證立其

---

[39] Siehe Forst, Zu einer kritischen Theorie transnationaler Gerechtigkeit, in: ebenda, S. 439ff.

[40] Ebenda, S. 451.

[41] Forst如此之討論可參見有著論述上緊密關聯的Seyla Benhabib, Gibt es ein Menschenrecht auf Demokratie? Jenseits von Interventionspolitik und Gleichgültigkeit, in: Broszies/Hahn, a.a.O., S. 404ff. 。

[42] Forst, Zu einer kritischen Theorie transnationaler Gerechtigkeit, S. 452f.

必要性與可能性，簡言之，重點在於「合理化為正義的，必須是經得起回溯性檢驗，同時存在普遍性」。所謂的回溯性（Reziprozität）是指：沒有一個人能自我主張特定的權利或特權，卻同時有理由拒絕他人同樣享有，同時，各該權利的描述、論證與評價，不能單方為之。而所謂的普遍性（Allgemeinheit）則是說，所有可能的當事人，都擁有相同的權利，取得並要求其合理化結果。這一項Forst稱之為所謂「要求合理化之權利（Recht auf Rechtfertigung, Right for Justification）」，必須不但能抽象而假設的操作，同時必須在真實的具體情狀下，同樣經得起檢驗，其結果，「只有當事人能自己創造其自身基本結構的正當性，不能假求第三人」。

——最後，在實際操作面上，Forst認為應以實現合理之社會關係為目標，因為首先應創造合理化工作的實踐機會，前者之目標應屬追求最大之正義，後者之方法則為先努力實踐最小之正義。

我們可以看到，Forst理論之重心，顯然在於所謂兩個層次的回溯性。首先是內容的回溯性（Reziprozität der Inhalte）：對於自己所提出與主張的權利，不得阻止他人同時享有，其次則是理由的回溯性（Reziprozität der Gründe），任何人不得將自己之價值觀與利益強加他人之上，即便援引所謂「更高的真理（höhere Wahrheiten）」，亦不能施予其他無此認識與同意之人。也就是說，特定之有關容忍與自由的規範，要尋求其正當性基礎與理由，則絕對少不了所涉關係人原則上的同意，亦即所謂「正義在言談上之善（diskursive Tugend der Gerechtigkeit）」[43]。

個人以為，Forst之主張應是一可資思考的方向：不流於諸如「世界共和國」之夢想與西方人權觀殖民所帶來之衝擊[44]，也不能自陷於各自內國社會權力宰制關係所建立之非道德秩序，而是站在民主權利、自主決定、溝通言說的三個基點上，從分析現存權力關係出發，以辯證式的考察內國與全球之正義秩序，進而避免前述有關世界與特殊公民主義之爭所留下之兩項迷障，兼具理論與實踐之雙重暨辯證考察，頗值參酌。這便是政治哲學

---

[43] Forst, Das Recht auf Rechtfertigung. Elemente einer konstruktivistischen Theorie der Gerechtigkeit, Ffm. 2007, S. 220.

[44] 一個蠻好的簡單討論亦可見Habermas, Hat die Konstitutionalisierung des Völkerrechts noch eine Chance? Politisch verfasste Weltgesellschaft vs. Weltrepublik, in: Broszies/Hahn, a.a.O., S. 373ff. 。

家Axel Honneth，依循黑格爾法哲學之啟發所提出來的：只有透過直接的社會分析，才能找出社會正義的原則，亦言之，在當代的自由民主社會中，唯有藉由特定脈絡下個人自由的定位與座落，所謂「帶來正當性的自由承諾（legitimationswirksames Freiheitsversprechen）」，才能進行規範性的重組工作，找尋出正確的社會正義，例如人權，其內涵與標準[45]。Honneth批評道，主流對於社會正義與人權內涵的建構，多半只是詮釋學式的不斷連結至既有之制度架構或多數接受的道德確信，但卻沒有在具體的社會實踐脈絡中，根本的去證立這些內容本身的理性或正當，是以，正義應該直指某些能夠作為社會再生產條件所需之價值或理想，而個人對此都能擁有規範上的權利主張－就像康德所說的法權要求（Rechtsforderungen），方屬找尋正義、乃至人權意涵的適切路徑[46]。在政治社會學的討論中，所謂的社會權力關係分為兩者，一是「結構性的權力關係（Machtverhältnisse）」，是一種社會結構形成建構之後所客觀存在於該領域內，亦即為社會行動者之社會行動的基本框架；另一則是所謂的「結構與行動辨證影響的權力關係（Kräfteverhältnisse）」，是指在前述的結構權力關係下，基於行動者之行動的辨證式影響結構，所交互形成的另一層社會權力關係[47]，兩者在細緻的分析上必須加以區別。作者的意思是：無論較抽象層次的企圖探討正義所處之場域空間，不管係國內——區域——國際——全球之何一層級，抑或具體的直視特定而具體之問題脈絡，回答是否合理、是否符合正義，都無可避免地必須剖析其背後真正的宰制力量與權力關係；如果特定脈絡下與特定空間基礎上之「何謂正義」，是無從客觀而準確的證立其實體內涵，那麼運用Forst之回溯——普遍之合理化方法，完整關照到「結構性的、結構與行動辨證影響的權力關係」之雙重面向，方能較為細膩而準確地回答正義與否之提問，不論內國社會，亦不分全球正義場域與空間。

伍、結語：在台灣的社會權力關係脈絡下？

　　那麼，正義，或說全球正義，在顯然深受儒家文化影響之東亞社會，例如台灣呢？世界與特殊公民主義的政治哲學之爭，某種程度而言，或許

---

[45] Honneth, Das Recht der Freiheit, Ffm. 2011, S. 9f.
[46] Honneth, ebenda, S. 16, 20.
[47] Vgl. Rolshausen, Macht und Herrschaft, Münster 1997, S. 102ff.

更進一步混淆模糊，而非澄清廓明了其中的迷障，個人姑且稱之為：社會權力的迷障。在不同的歷史發展階段中，東亞不同國家，日本、韓國、台灣、中國，分別做為西方資本主義、國際化、全球化時代的後進者，各有其不同的發展成長軌跡；這裡不想做發展政策（Entwicklungspolitik）角度的提問，而無疑的是想追問「儒家文化所隱藏之社會權力關係結構」，不論是前述的結構性的權力關係，還是結構與行動辨證影響的權力關係。這才是如此思考向度所真正關心的，別無其他。

　　面對新自由主義全球化所帶來之社會權力關係的質變，居於社會多數成員的勞動者，在此特殊之資本主義發展階段，將再難獨以個別或甚至集體之形式與力量，參與整體之社會形成，更何況，在作為儒家文化場域之東亞諸國社會中，或許根本沒有得以孕生此力量的社會結構存在與出現。隨著不同的國家與社會經濟發展型態，在不同的時空中，觀察東亞諸國社會，在人權作為議題之基點上，它或許會展現在諸如自由自主、基本生活需求或社會分配等不同面向，在不同的時期與階段，在不同的國家與社會中，處於不斷之「正義V.S.非正義」的辯論與衝突中。然而，如果站在「正義應該是值得追求的」之起點，真欲尋找一共同而貫穿的「正義紅線」主軸，顯然，如果不欲往吾人所不想看到的方向繼續邁進——赤裸的競爭、多數人的艱困、貧富的懸殊差距、社會整合的崩解、國家形式的末日——，那麼，正視全球化發展下東亞社會的人權趨勢，一個社會權力關係結構的或許不均衡，企圖加以重建，從中找出真正適當的人權圖像，應該才是討論這個問題所能發揮的最大意義。全球正義的命題，不論作為一發展過程或意識型態主張，都必須繼續努力深究下去，而國際人權、乃至於國際人權法，亦當不例外：在以類似針對內國法秩序所習以為常運用之詮釋學手段，試圖耙梳與找尋出國際人權法內容的同時，面對諸如處於差異演進階段之內國社會，以及不同之個別領域時－政治民主、經濟平等、社會公平、性別關係、環境正義等，本於世界公民主義與特殊公民主義的啟發，聚焦獨特的社會權力關係，有時，最重要與困難的，不是去找出不同的人權落差，反而是尋求出其共同的基點。

參考文獻

林佳和，書評：Norman Paech/Gerhard Stuby，國際關係中的國際法與權力政治，VSA出版社，德國漢堡，2001，台灣國際法季刊第1卷第2期，2004年4月，頁239-248。

林佳和，全球化與國際勞動人權保障-國際法事實之觀察，台灣國際法季刊第5卷第2期，2008年6月，頁7-42。

Abendroth, W.Antagonistische Gesellschaft und politische Demokratie-Aufsätze zur politischen Soziologie, 2 Aufl., Neuwied und Berlin 1972.

Benhabib, Kosmopolitismus und Demokratie. Eine Debatte, Ffm. 2008.

Broszies, C./Hahn, H. (Hrsg.), Globale Gerechtigkeit. Schlüsseltexte zur Debatte zwischen Partikularismus und Kosmopolitismus, Ffm. 2010.

Brunkhorst, H./Köhler, W.-R./Lutz-Bachmann, M.: Recht auf Menschenrechte. Menschenrechte, Demokratie und internationale Politik, Ffm. 1999.

Bryde, B.-O.: Konstitutionalisierung des Völkerrechts und Internationalisierung des Verfassungsrechts, Der Staat 42 (2003), S. 61ff.

Bydlinski, F.: Gedanken über Rechtsdogmatik, FS Hans Floretta, Wien 1983.

Chiotellis, A./Fikentscher, W.: Rechtstatsachenforschung. Methodische Probleme und Beispiele aus dem Schuld-und Wirtschaftsrecht, Köln 1985.

Deiseroth, D./Hase, F./Ladeur, K.-H. (Hrsg.), Ordnungsmacht? Über das Verhältnis von Legitimität, Konsens und Herrschaft, Ffm. 1981.

Demirović, A./Krebs, H.-P./Sablowski, T.: Hegemonie und Staat. Kapitaistische Regulation als Projekt und Prozeß, Münster 1992.

Forst, R.: Das Recht auf Rechtfertigung. Elemente einer konstruktivistischen Theorie der Gerechtigkeit, Ffm. 2007.

Gosepath, S./Lohmann, G.: Philosophie der Menschrechte, Ffm. 1998.

Grimm, D.: Souveränität. Herkunft und Zukunft eines Schlüsselbegriffs, Berlin 2009.

Habermas, J.: Die Normalität einer Berliner Republik, Ffm. 1995.

Habermas, J.: Wahrheit und Rechtfertigung, Ffm. 1999.

Habermas, J.: Zeit der Übergänge, Ffm., 2001.

Honneth, A.: Das Recht der Freiheit, Ffm. 2011.

Kant, I.: Gesammelte Schriften, Königliche Preußische Akademie der Wissenschaften (Hrsg.), Berlin 1902ff.

Menke, C./Raimondi, F. (Hrsg.), Die Revolution der Menschenrechte. Grundlegende Texte zu einem neuen Begriff des Politischen, Ffm. 2011.

Paech, N./Stuby, G.: Völkerrecht und Machtpolitik in den internationalen Beziehungen, Hamburg 2001.

Paech, N./Rinken, A./Schefold, D./Weßlau, E. (Hrsg.), Völkerrecht statt Machtpolitik. Beiträge für Gerhard Stuby, Hamburg 2004.

Rawls, J.: Eine Theorie der Gerechtigkeit, Ffm. 1975.

Rawls, J.: Die Idee des politischen Liberalismus, Ffm. 1992.

Rawls, J.: Politischer Liberalismus, Ffm. 1998.

Röttger, B.: Neoliberale Globalisierung und eurokapitalistische Regulation, Münster 1997.

Rolshausen, C.: Macht und Herrschaft, Münster 1997.

Stober, R.: Zur Wirtschaftliche Bedeutung des Demokratie- und Sozialstaatsprinzips, GewArch 1988, 151.

二、加拿大Métis原住民的認同與身分

施正鋒[*]

壹、前言

　　台灣原住民族的人權保障，經過原住民族權利運動二十多年來的努力，有長足的進步，特別是在2005年由國會所通過準憲法位階的《原住民族基本法》，大體把眾人所追求的理想化為原則性的法條。另外，聯合國大會在2007年終於通過《原住民族權利宣言》（*United Nations Declaration on the Rights of Indigenous Peoples*），也象徵著國際社會對於原住民族權利保障的背書。接下來，大家要著重的，應該是如何進行理念的具體實踐。在這令人覺得陶醉的氛圍當中，卻是暗流洶湧，對於平埔族[1]恢復原住民身分的要求，行政院原住民族委員會橫加阻擾[2]。

　　其實，在原住民族權利運動中，平埔族人自來從未缺席，而具有原住民族身分的原運菁英也多支持鼓勵[3]，包括日後擔任原民會主委的尤哈尼・伊斯卡卡夫特（布農族）、以及瓦歷斯・貝林（賽德克族）。然而，目前國民黨政府的原住民族事務主事者，儼然是將自己的角色侷限於已經具有原住民族身分者的代理人，傾向於拒絕平埔族回復原住民族身分，就外人看來，難免有球員兼裁判的行為[4]。對照原運時期尤哈尼・伊斯卡卡夫特（1997）的開放主張，平埔族當然是覺得相當錯愕。

　　遭受如此突如其來的打擊，平埔族菁英的立即反應是訴諸聯合國。當下，台灣平埔權益促進會立即寫了一封信給聯合國大會所轄人權理事

---

[*] 國立東華大學民族發展研究所教授兼原住民族學院院長、美國俄亥俄州立大學政治學博士。

[1] 包括台南的西拉雅族、嘉義的洪雅族、彰化的巴布薩族、台中的拍瀑拉族、中部的巴宰族、苗栗的道卡斯族、北部的凱達格蘭族、宜蘭的噶瑪蘭族、以及屏東的馬卡道族。

[2] 甚至於口出「乞丐趕廟公」的惡言。

[3] 即使台南縣政府在2009年所主辦「西拉雅的認同與認定——2009台南地區平埔族群學術研討會」，多位原住民族學者受邀講評，包括目前的原民會主委孫大川，也是相談甚歡。

[4] 有關於原民會作法的各種說詞、以及批判，見筆者的整理（施正鋒，2010a：131-36；2010b）。

會[5]（Human Rights Council）所聘任的原住民族基本人權特別調查報告員[6]James Anaya[7]，控訴總統馬英九、行政院長吳敦義、以及前後任原住民族委員會主委章仁香、以及孫大川，痛陳未能積極處理其被剝奪的原住民族身分[8]。另外，平埔族西拉雅族人萬淑娟[9]在台南縣政府的支持下，向政府提起行政訴訟[10]，控告原民會不承認西拉雅族人的原住民身分（呂淑姮，2010）。

比較特別的是，與加拿大原住民關係匪淺的立委孔文吉（2010），面對這一波爭議，主張平埔族應該採取Métis[11]的方式來解決問題。無獨有偶，台灣平埔原住民協會先前在當時執政的民進黨族群事務部協助下，主辦「平埔族群運動策略座談會」[12]，邀請筆者以〈台灣平埔族群與加拿大Métis原住民族政策〉為題引言，似乎對於Métis也有一些想像。

在這樣的脈絡下，東華大學原住民民族學院與台灣加拿大研究學會在2009年舉辦了一場「加拿大Métis原住民族研究學術研討會」，初步探索Métis的族群認同、以及法律地位（施正鋒，2010c）。在兩會於次年所舉辦的「加拿大原住民族權利保障學術研討會」與會學者針對加拿大聯邦最高法院的判例提出論文，而攸關Métis原住民族權利的*Regina v. Powley*案，也是會議上討論的焦點之一（紀舜傑，2010）。

加拿大是一個多元族群的國家，大約可以分為英裔（英語使用者[13]）、

---

[5] 成立於2006年。自從中華民國政府退出聯合國以來，台灣長期就是國際社會的孤兒，在中國的蠻橫封鎖之下，相關的周邊組織根本無法正式進門，除非是更改國名，譬如使用「台澎金馬（TPGM）」關稅領域加入「世界貿易組織（WTO）」，再不就是拜託國際友人護航，比如以NGO「亞洲原住民族聯盟（AIPP）」會員身份，偷渡參加聯合國「原住民議題常設論壇（UN Permanent Forum on Indigenous Issues）」會議。

[6] 原文是Special Rapporteur on the Situation of Human Rights and Fundamental Freedoms of Indigenous Peoples。

[7] S. James Anaya是亞歷桑納大學（University of Arizona）的人權法教授，在其名著《國際法中的原住民族》（*Indigenous Peoples in International Law*），不只探討原住民族的人權，還花了相當篇幅說明如何告政府。

[8] 根據相關媒體報導（楊久瑩、范正祥，2010），台灣平埔權益促進會理事長潘紀揚表示，Anaya已經正式簽名回函表示受理。原民會則表示，透過外交管道求證，聯合國並未受理。

[9] 台南縣西拉雅原住民事務委員會執行秘書。

[10] 見台北高等行政法院（100）的『99年度訴字第2306號判決書』。

[11] 台灣譯為梅蒂人、梅蒂絲人、梅諦斯、或是媒地族人。見施正鋒（2010c）。

[12] 台北，劍潭海外青年活動中心，2005/7/23-24。

[13] 也就是English speakers，基本上是以安格魯‧薩克森為主，大體是當年北美洲英國保王黨的後裔，因為美國獨立，被迫北上。

法裔（法語使用者[14]）、原住民族[15]、以及新移民四大族群（見圖1）。

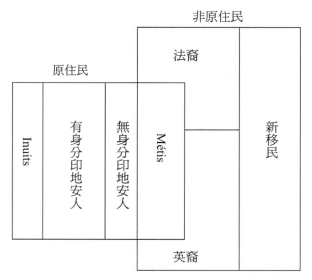

圖1　加拿大的族群分類

　　根據『1982憲政法案』，原住民族又可以細分為First Nations[16]、Inuits[17]、以及Métis。根據2006年的人口普查，在加拿大總人口31,241,030當中，有1,172,790自認為原住民族（佔3.75%），其中First Nations有698,025人、Inuits 50,485人、以及Métis 389,785人（佔原住民族人口的33.23%）（Statistics Canada, c.2006）。當前，大部分Métis分布在安大略省（73,605）、以及西部省份，包括Alberta（85,500）、Manitoba（71,805）、British Columbia（59,445）、以及Saskatchewan[18]（48,115）（見表1）。

---

[14] 也就是French speakers（或稱為Quebecers、Québécois），是當年法國墾殖者的後裔，主要居住在魁北克，因此，也大體可以稱為魁北克人。當然，並非所有的魁北克住民講法語，尤其是Montreal；相對地，並非所有講法語者住在魁北克。

[15] 加拿大對原住民族（indigenous peoples）的用字是Aboriginal peoples、或是Aboriginals；也有人稱為Natives（土著）。在過去，一般人含混慣稱所有的原住民為Indians。

[16] 或可譯為「第一民族」，也就是當年加拿大尚未建國前，就已經與英國簽訂條約的印地安人。

[17] 居住在北極圈，也就是愛斯基摩人。

[18] Alberta、Saskatchewan、以及Manitoba稱為加拿大西部的草原三省（Prairie Provinces）。

表1　加拿大2006年人口普查Métis人口分布以及十年成長率

全國、省份、領域	人數	百分比（%）	成長率（%）
Canada	389,785	100	91
Atlantic region	18,805	5	192
Newfoundland and Labrador	6,470	2	42
Prince Edward Island	385	0.1	250
Nova Scotia	7,680	2	831
New Brunswick	4,270	1	347
Quebec	27,980	7	80
Ontario	73,605	19	242
Manitoba	71,805	18	58
Saskatchewan	48,115	12	34
Alberta	85,500	22	73
British Columbia	59,445	15	132
Territories	4,515	1	5
Yukon Territory	805	0.2	46
Northwest Territories	3,580	0.9	-2
Nunavut	130	0	63

來源：Statistics Canada（c. 2006: Table 13）。

　　大體而言，Métis是當年北美洲法裔皮貨商人／獵人與印地安原住民[19]
通婚的後代，他們同時具有法裔、以及印地安人的特色，然而，大多數不
願意被白人社會整合、也不願意遁入印地安保留區，因此孕育出與兩者不
同的集體認同（Douaud, 1983: 74-76）。在過去，有關於Métis的研究[20]，
主要集中於他們在19世紀與加拿大政府的對抗[21]，特別是有關於其領導者
Louis Riel的歷史定位[22]。近年來由於政府單位與Métis的狩獵權爭議，學術
界對於他們根據「1982憲政法案」而來的原住民族身分有較多的討論[23]；

---

[19] 包括Cree、以及Ojibwa。Alberta Federation of Métis Settlement Associations等（1978: 14）甚至
　　於主張，在1608年建立Quebec City 的法國探險家Samuel de Champlain，他的隊員與Huron、及
　　Algonquin族女性通婚的小孩，其實是第一代Métis。廣義來看，也沒有錯，不然就無法解釋未何
　　Métis的族名用法文、而非英文（Douaud, 1983: 73）。

[20] 見Friesen（1992）歷史回顧，Adams（1975、1995）的政治批判，以及Royal Commission on
　　Aboriginal People（1996）報告書中有關Métis的部份的政策建議。

[21] 見Flanagan（1983）、Melnyk（1992）、Stanley（1960）、以及Woodcock（1975）。

[22] 見Betts（2008）、Braz（2003）、以及Flanagan（1996）。

[23] 見Bell（1991, 1997）、Larry Chartrand（1999-2000, 2004）、Paul Chartrand（2002）、Olthuis

尤其是聯邦最高法院的判例*R. v. Powley*在2003年出爐，對於Métis族群認同、身分、以及權利的探究越來越多[24]。

　　所謂的「認同（identity）」，是指一族人或是個人的自我看法；相對之下，「身分（status）」是指國家對於這個認同的確認[25]，不管是族群的「承認（recognition）」、或是個人的「認定（identification）」（Royal Commission on Aboriginal Peoples, 1996: 1.3）。我們先前曾經針對噶瑪蘭平埔族人的身分認同，提出兩個基本問題：「誰是噶瑪蘭人」、以及「噶瑪蘭人是甚麼？」，前者是要了解作為噶瑪蘭人的意義為何，後者則是要問作為噶瑪蘭人的資格為何（施正鋒，2003：45；2007：223）。而Peterson與Brown（1985a）也有「being Métis」、以及「becoming Métis」的分法，我們可以分別譯「作為Métis」、以及「成為Métis」。這兩組異曲同工、相互呼應的對照，都是在思考族人如何看待自己、以及國家的政治／法律作為，也就是「Who are the Métis」、以及「What is Métis」的課題。

　　根據聯合國「原住民族權利宣言」第33條第1款：

Indigenous peoples have the right to determine their own identity or membership in accordance with their customs and traditions.

　　也就是說，每一個原住民族有權根據本身的慣俗及傳統，決定自己的認同、以及成員的資格。然而，對於現代國家而言，由於原住民族的身分涉及到國家的「權利（rights）」保障、以及社會「福利（welfare、或是services）」的提供，因此，政府機構對於原住民族身分的認定，自然會強調必須有相當明確程度的具體操作化指標，以免可能大量出現投機的身分轉換者。我們把上述概念的關係整理如圖2，意思是說，由認同、身分、到權利，政府的認定雖然決定身分、進而確保權利的行使、或是福利的取得，不過，就原住民族的認同產生而言，只能算是中介變數，頂多只是可以強化，也可以減弱。

　　（2009）、Peterson與Brown（1985a）、以及Sawchuk（2000）。

[24] 見Andersen（2005）、Barman與Evans（2009）、Bell與Leonard（2004）、Grammond（2009）、Horton與Mohr（2005）、以及Wilson與Mallet（2008）。

[25] 有關於國內承認的國際法根源，見Giokas與Groves（2002: 47-48）。

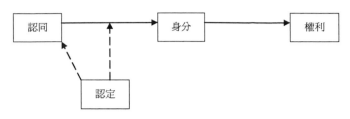

圖2　認同、認定、以及身分的關係

　　究竟加拿大的Métis經驗是否可以移植台灣？乍看之下，加拿大的
Métis與台灣的平埔族似乎有些類似的地方，特別是根據民間「有唐山公、
無唐山母的」說法，似乎是印證台灣的本省籍漢人（包括閩南人、客家
人）多少都有平埔族的血統，也就是混血族群。然而，目前要求國家恢復
原住民族身分者，並非上述自認為是漢人的兩個族群，而是在日治時代的
戶籍登記具有「平埔／熟番」身分者；譬如台南的西拉雅族，他們雖然在
戰後被國民黨剝奪（disenfranchised、disentitled）原住民族身分，卻仍有
相當強烈的原住民族意識。因此，我們如果要借他山之石，首先對於Métis
的認同是如何產生，必須有更深層的了解。

　　在下面，我們先將介紹集體認同的三種理論，然而透過這些理論來了
解Métis認同的不同面向如何詮釋。再來，我們要考察國家體制中是如何來
看待Métis身分、以及權利，包括1982年的『憲政法案』、以及聯邦最高法
院在2003年的判例R. v. Powley

貳、集體認同產生的理論

　　一般而言，我們可以把社會科學對於集體認同如何產生的理論，歸納
為「原生論／本質論（primordialism/essentialism）」、「結構論／工具論
（structuralism/instrumentalism）」、以及「建構論（constructuralism）」
三大類[26]。所謂的原生論，是認為一個人的族群認同是生下來就固定不變
的，而且是取決於在客觀上可以觀察得到的一些本質性特徵，包括血緣、
語言、宗教、或是其他文化特色，因此稱為原生論；論者因此主張，只要

---

[26] 見Isaacs（1975）、Anderson（1991）、Esman（1994）、Grande（2000）、Grammond
（2009）、以及施正鋒（1998、1999、2000）。

把這些認同的本質、或是核心[27]（core）找出來，就可以辨識出這個人的認同，因此又稱為本質論。

相對之下，持結構論者相信，光是有再多的共同本質，如果沒有族人沒有在政治權力、經濟資源、社會地位、或是文化認同層面，感受到結構性的分配不公平，尤其是透過國家機器所制度化的歧視、支配、或是壓迫，那麼，這群人頂多只是一個具有共同血緣、或是文化特色的集團，並不能昇華為具有集體認同的族群、或是民族。由於相對剝奪感往往必須透過族群菁英的啟蒙才有可能出現，因此，這種經過動員而來的認同，難免會被視為具有高度工具性。

最後，當前解釋集體認同的主流是建構論，也就是說，所有的認同都是經過集體想像（imagines）、人為建構（constructed）、或是後天創造（created）而來的，強調彼此的共同經驗、命運、記憶／失憶、或是歷史；因此，到底有多少共同的客觀性特色，並不太重要，重點在於彼此的共同體感覺到底有多強烈。在不同的脈絡下，在選擇如何豎立區隔「我們／自己人（we）」與「他者／圈外人（other）」的藩籬、決定誰要包含在內（included）、誰要排除在外（excluded）之際，往往就會有不同的標準出現。一般而言，基本的作法是強調自己人的共同點、淡化彼此的差異[28]，相對地，必須淡化與他者的共同點、強化與對方的差異。既然如此，認同是經過自我選擇的、而且是高度流動的，不會是一成不變的。

對於Métis的領導者而言，在不同的階段，將會選擇不同的動員策略，潮起潮落、與時俱進，將自己的定位由「族群分類」（ethnic category）或是「文化集團（cultural group）」、「族群（ethnic group）」、到「民族（people、nation）」[29]。接下來，我們將嘗試著從這三個面向[30]，來考察Métis認同的產生。首先，我們認為Métis認同的孕育可以由原生論來解釋；接著，我們可以使用結構論來說明Métis認同是如何在抗爭中成長；最後，我們將以建構論來了解Métis認同的浴火重生。

---

[27] 對於「核心」說法的正反意見，見Stevenson（2004: 4）、以及Andersen（2005: 297）。

[28] 譬如Andersen（2005）主張，應該強調「獨特性（distinctiveness）」、而非「差異（difference）」的多少。

[29] 這裡是參考Sawchuk（1978: 13）的看法，擴大而來。

[30] 請比較Brown（1993: 20）的歷史發展分期。另外，Barman與Evans（2009）也歸納出社會排他／血緣、法律、以及自我認定等三種途徑。

參、原生論下的認同

Métis是指居住在加拿大西部，那些白人與印地安人通婚者的後裔[31]；雖然這些白人以法裔為主，也有不少英裔者（包括蘇格蘭裔）。大寫的Métis是專有名詞，源自法文形容詞métis，等同於英文mixed、或是cross-bred，就是混血兒的意思。根據Métis National Council，小寫代表血緣／種族關係，而大寫則有社會文化、或是政治上的意義（Peterson & Brown, 1985b: 6）。一般而言，英裔的混血兒喜歡自稱half-breed（雜種），而法裔的混血兒喜歡自稱Métis，聽起來比較中性、或是異國情調，比較沒有輕蔑的絃外之音（Sawchuk, 1978: 20）。就字面來看，half-breed有白人、以及印地安人剛好各有一半的意思，如此「素人生物學（folk biology）」的看法，表面上看來似乎合於科學，其實，頂多只能正確稱呼第一代的混血兒，也就是父親是白人、母親是印地安人。事實上，Métis自來習慣採取內婚制[32]，因此，當代的Métis血源，究竟白人與印地安人的成分有多少，並不是那麼切確，而等同於英文mixed bloods的Métis，反倒是比較能反映出事實。

對於原生論的支持者，他們相信可以在一群人當中找出一些共同的外觀特徵、或是文化特色，拿來作為辨識族群的標準。所以，我們要問，有甚麼特色，可以讓族人、或是外人一看就知道是Métis？就外觀而言，Métis的膚色的確是看來比白人稍微深一點，因此，法裔Métis往往自稱為bois-brûlés（burnt sticks，燒過的樹枝）、或是charcoal faces（炭臉）；儘管如此，許多Métis看起來像白人，有些則與印地安人相似。除此之外，不論是語言[33]、衣著、藝術、或是民藝，幾乎是很難與其他族群區隔。譬如

---

[31] 在十六世紀，穿著正式服裝的歐洲紳士往往要戴毛氈帽，而北美洲的水獺毛皮適合做成防水的毛氈布料，可以多年維持高帽的挺直（Campbell, 1978: 7）。由於前來冒險的白人需要印地安人幫忙誘捕水獺，開始與當地女子通婚。這種共生關係，背後有法國在十七世紀的政策考量，也就是說，只要接受同化（皈依天主教），就可以就地取材、解決人口不足問題（Dickason, 1985: 21-22）。

[32] 男性Métis或許會娶印地安人，不過，女性Métis則一成不變，除了少數嫁給白人，一般是不會嫁給其他族群的人（Sawchuk, 1978: 25）。

[33] 當然，Métis所講的法語算是古法語，來自Normandy、以及Picardy，並混有一些Cree、以及Chippewa的腔調，再加上一點點英文（Dusenberry, 1985: 122）。

說，有些Métis從事琉璃珠飾、或是皮雕藝品，只不過，印地安人也有類似的手工藝品。搜索枯腸[34]，唯一可以說是與眾不同的是華麗的手織「Métis織帶（Métis sash）」，主要功能是當做腰帶、或是圍巾，當然，也拿來當作榮耀的象徵（Sawchuk, 1978: 40）。追根究底，Métis織帶畢竟還是起源於東部林地的印地安人（Jones, 2003）。如果真的要說Métis的獨創性，就是他們是唯一起源於北美洲的土生土長（native）族群，因為，不要說白人，連印地安人、以及Inuits都是由他處遷徙而來的移民（Brown, 1993: 24; Sealey & Lussier, 1975: 9）。

　　雖然法裔、以及英裔Métis由於原初與印地安人接觸，因而具有共同的非白人血緣，然而，不管是從語言、宗教、職業、或是墾殖[35]區域來看，兩者還是可以觀察到有相當大的不同點[36]（Sawchuk, 1978: 21-23）。儘管如此，兩者卻能培養出命運共同體的感覺，這表示說，勢必有其他更重要的因素，讓雙方立足於起碼的共同點之後，可以超越彼此的原生差異。具體而言，就是面對來自Ottawa的擴張性墾殖政策，威脅到他們特有的生活方式，尤其是自來的皮貨經濟，因此，Métis除了被迫往西繼續遷徙，就是只有武力抗爭一途。在19世紀的兩次大型抗爭，法裔與英裔Métis攜手合作，進而有「族群的誕生[37]（ethnogenesis）」，此時，不管是白人種族的血緣差異、或是語言／文化／宗教上的差別、甚至於歷史恩怨，都已經不是那麼重要了。

肆、結構論下的認同

　　Métis的分布地，主要是在五大湖區以西，特別是紅河谷[38]（現在的Manitoba省），可以說是孕育現代Métis民族主義的子宮。儘管世居於此的Métis與世無爭，在19世紀開始面對東來的嚴峻挑戰，尤其是墾殖擴張的壓

---

[34] 事實上，早期的Métis會想辦法掩飾他們的文化特徵，以避免被白人歧視（Sawchuk, 1978: 40）。

[35] Métis原本是不從事農業的，然而，漸漸受到後來的白人墾殖者影響，也開始進行開墾的工作（Sawchuk, 1978: 27）。

[36] 即使是對於Métis相當友善的歷史學者Stanley（1960: 8-9），對於兩者有截然不同的評價。儘管他認為前者老實、好客、以及虔誠，不過，卻不免有懶惰、粗心、膚淺、焦躁、喜歡搞小圈圈、以及自負等刻板印象；相對之下，後者則大多是節儉、勤勞、以及事業成功。

[37] 這是Brown（1987: 139）的用字，*R. v. Powley*（2003）判例也用這個字。

[38] 紅河谷的原住民是Cree。

力,在經濟利益與文化認同相互強化的情況下,把原本鬆散的文化認同強化為政治認同,他們開始宣稱自己是「嶄新的民族(New Nation)」。他們在Louis Riel的領導下,對於加拿大政府發動兩波武力抗爭,終於將所有的Métis團結起來[39]。

其實,Métis的混血現象至少在1775年就已經出現在紅河谷,為何遲自19世紀中,才開始在政治場域展頭露面?同樣的,在加拿大東部的魁北克,17世紀早就出現法國人與印地安人通婚的混血兒,為何這些人就未曾凝聚出類似Métis的集體認同(Sawchuk, 1978: 19, 23)?Sealey(1980: 97-102)認為,東部的混血兒大致上融入法裔社會,相對之下,面對白人、以及印地安人的雙重排拒[40],讓西部的Métis強烈感受到主流社會的壓迫,再加上政府的同化政策,Métis族群認同快速發展。另外,歷史學者的傳統解釋多採取邊疆開發的立場,譬如Stanley認為,這是原始人與文明人接觸所必然的,也就是文化優越、加上軍事支配的決定論(Sawchuk, 1978: 16-17)。如此近似於「開山撫番」的說法,形同怪罪Métis咎由自取,也就是說,既然殖民擴張是不可避免的,Métis當然是望風披靡[41]。

有關於Métis抗爭的緣由,另一種說法是工具論,強調在法裔與英裔的矛盾中,族群菁英推波助瀾,儼然把族群當作一種利益團體(Sawchuk, 1978: 11、24)。這樣的詮釋,大體抓住加拿大開國以來的基本社會分歧,也就是先來的法裔抗拒後來者英裔的支配,進而表現在西北公司[42](North West Company,簡寫為NWC)與哈德遜灣公司[43](Hudson's Bay Company,簡寫HBC)之間的經濟利益競爭[44],Métis的族群認同終究難被

---

[39] 此部分的歷史描述,主要整理自Ens(1996)、Francis(1982)、Friesen(1984)、Métis Association of Alberta等人(1981)、Sealey與Lussier(1975)、以及Stanley(1960)。

[40] 也就是被視為私生子而鄙夷(Sealey & Lussier, 1975: 162)。

[41] Sawchuk(1978: 17)不以為然,先是批判這是在族群中心主義的詮釋,假設Métis文化落後,強烈帶有社會達爾文主義的適者生存的觀點;不過,他也指出,對於主流社會的武力優勢在同化過程中的角色,Stanley應該是了然於胸。

[42] 由法國、以及蘇格蘭商人在1779年成立於Montreal。

[43] 成立於1670年,獲得英王查理二世的特許,獨占在Rupert's Land與印第安人的交易,特別是以毛毯交換皮貨。Rupert's Land的面積幾乎佔了北美洲的15%、或是當今加拿大的三分之一。除了當前 Manitoba全部,還包含大部分Saskatchewan、Alberta及Nunavut南部、Ontario及Quebec北部、以及Minnesota及North Dakota部分。

[44] 譬如說,HBC的股東Lord Selkirk,在1811年招募了一些蘇格蘭人、以及愛爾蘭人到紅河谷開墾(這塊墾地稱為Assiniboia);NWC當然認為這是 HBC想要壟斷的陰謀,因此鼓動Métis,要是墾殖者開發成功,他們恐怕就無法保有自己的土地。在1814年,由於穀物歉收,墾殖者只

政治操弄，淪為代理人戰爭的馬前卒（Douaud, 1983: 73）。因此，這種說法暗示著陰謀論的絃外之音，也就是譴責NWC的推波助瀾。然而，如此看來簡潔的二元對立說法，卻沒有辦法解釋，為何法裔與英裔的Métis在日後可以跨越歷史鴻溝，共同對抗加拿大政府。

回頭看歷史發展，在西班牙、以及葡萄牙發現新大陸之後，法國與英國街展開激烈的競爭。法國在17世紀初期於加拿大的大西洋岸，建立了第一塊殖民地Acadia，隨即快速擴展[45]。英國在1613年向法國展開為時150年的戰爭，於1670年在法國人的北邊成立HBC；隨著Acadia在1710年落入英國手中[46]，法國漸漸招架不住。在「七年戰爭」（1756-63）後，戰敗的法國在Treaty of Paris（1763）被迫放棄大部分在北美洲的殖民地。關鍵的是美國在1776年獨立，英國鼓勵保王派北移，以捍衛在北美洲剩下來的殖民地；另外，英國剛好跟法國打完戰爭，必須有地方安置解甲的軍人，因此，鼓勵他們由英國本土移民加拿大，墾殖者在1816年大量移入，從此埋下日後加拿大的裔、英裔住民衝突的因子。

在加拿大西部，兩大商社HBC以及NWC長期為了皮貨競爭激烈；兩者在1821年合併，仍然稱為HBC，從此，皮貨生意已經是日薄西山，擋不住墾殖的潮流（Sawchuk, 1978: 26）。由於兩家公司原本在各地設置貿易站，現在只要一個就夠，造成大量Métis雇員[47]失業，HBC於是將有意願的Métis安置到紅河谷開墾，也好抵擋南部兇猛的Dakota印地安人；陰錯陽差，讓原本四散的Métis有機會進一步凝聚出共同意識。在19世紀中葉，紅河谷的Métis開始從事政治組織，希望能有自己的政府，不必繼續受制於渥

好食用Métis的野牛肉乾（pemmican），HBC因此禁止紅河谷的肉乾外流。然而，NWC的捆工（voyageurs）仰賴肉乾維生，否則，就沒有辦法把皮貨運到東部去，NWC當然會認為HBC存心要他們公司關門，雙方因此打了一場「牛肉乾戰爭（Pemmican War）」，墾殖者被迫北移。次年，Robert Semple又從蘇格蘭招募了一批人前來，墾殖者隨之回來，與NWC的人馬在1816年打了一場Battle of Oaks。Selkirk聞訊，帶領僱傭兵佔領NWC的總部。Selkirk後來雖然受斥，不過，驚慌未定的所有NWC的Métis召開了一場會議，正式宣告Métis Nation的誕生（Alberta Federation of Métis Settlement Associations, et al.: 1978: 26-29）。加拿大歷史學者一向認為這些騷動是NWC煽動所造成的，換句話說，Métis的族群認同只不過是NWC所人為「創造的（created）」（Sawchuk, 1978: 24）。

[45] 在高峰時期，法國在北美洲的殖民地New France分為五大塊，除了Acadia，還有Newfoundland、Canada、Hudson Bay、以及Louisiana。由於法國本土還有相當多的土地未被耕種，因此，在北美洲並不太熱衷墾殖。

[46] 被改名為Nova Scotia。

[47] 他們擔任的工作包括獵人、捆工、以及嚮導。

太華、以及倫敦的統治，也不用老是看那些皮貨公司主管的臉色。

Métis在1846年向英國女王、以及加拿大政府請願，未被受理。在1854年，他們分為兩派，紅河谷的Métis認命，認為只有接受同化才有可能生存，因此選擇農耕、以及放牧；西部草原的Métis則不想定居下來當農人，因此往西發展。然而，前者發現事態越來越嚴重，而HBC對於他們的控訴顯然是充耳不聞，因此，紅河谷的法裔與英裔Métis在1860年共同舉行會議，商討如何處理土地問題，要求政府出面解決，而加拿大政府還是一如往常不予理會（Alberta Federation of Métis Settlement Associations, et al.: 1978: 31, 35-36, 41）。

在1867年，英國在北美洲剩下的三個殖民[48]地結合為加拿大邦聯（Canadian Confederation），成為一個自治領（dominion）。HBC在1869年同意將所擁有的土地讓渡給加拿大政府，其中包含Métis聚居的紅河谷；當時，加拿大政府擔心美國覬覦這塊西北的領土，積極鼓勵墾殖（Alberta Federation of Métis Settlement Associations, et al.: 1978: 40-41）。沿著紅河谷開發的Métis自認為土地之子[49]，對於HBC私相授受相當不滿；儘管Métis彼此知道哪一塊地屬於誰，卻苦於拿不出權狀來證明，擔心政府把土地分配給白人墾殖者。因此，當政府前來清丈土地之際，Métis頑強抗拒，並且成立臨時政府，同時向加拿大政府提出權利保護的清單[50]。窮盡和平的手段，政府仍然不為所動，以法裔為主的Métis只好在1869年訴諸武力，稱為「紅河叛亂（Red River Rebellion）」。

面對Métis的激烈抗爭，加拿大政府被迫讓步，通過權宜性的*Manitoba Act*[51]（*1870*）來加以安撫；不過，Métis的領導者Riel雖然被族人選為議員，政府卻不准就任，他只好流亡美國。此後，白人墾殖者還是源源不斷地移入紅河谷，甚至於侵占Métis的家產、非法徵用其土地，因此爭端時起；更嚴重的是，Métis的領袖迭遭官兵騷擾、毆打、甚至於暗殺，而政府卻視若無睹、袖手旁觀。珊本，根據*Manitoba Act*，政府答應撥出一百四十萬英畝的農地給Métis；Métis可以決定保有土地券／授田證（land

---

[48] 包含New Brunswick、Nova Scotia、以及Canada；後者分為Ontario、以及Quebec，加起來總共有四個省份。
[49] 亦即"Lords of the Soil"；見Sawchuk（1978: 24）。
[50] 也就是"Métis List of Rights"，這些要求包括民選自己的政府、派代表參加加拿大議會、以及在當地採取英法雙語（Métis Association of Alberta, et al.: 1981: 251-52）。
[51] 加拿大憲法為不成文憲法，此法屬於憲法的一部份。

script）、或是補償券（money script）。然而，在充滿敵意的環境下，90%的Métis只得選擇接受現金補償券，然後低價賣出，追著野牛的蹤跡，往西遷徙到Saskatchewan[52]、以及Alberta。一部分Métis選擇土地券，留下來從事墾殖，不過卻是飽受騷擾，最後，在驚弓之鳥之下，也認命地把土地賣給東部來的土地投機客，踏上往西的路途。

沒有想到，土地掮客、以及墾殖者食髓知味，在1870年代以及1880年中葉又蜂擁而至，政府的土地丈量人員也尾隨而來，Métis先後十五次向政府要求解決土地權的問題，未獲重視（Alberta Federation of Métis Settlement Associations, et al.: 1978: 69-70）。眼看著舊戲重演，Métis已經沒有新的邊地可逃逸，走投無路之下，只好在1885年再度進行抗爭，他們找回流亡於Montana的Riel領軍，被稱為「西北叛亂（North-West Rebellion）」。面對Métis的請願，政府先是敷衍了事，後來乾脆派軍隊進行鎮壓。Métis寡不敵眾投降，Riel被判叛國而吊死。戰後，加拿大政府向Métis還是提出保有土地、或是補償券的選擇。不過，大部分的Métis覺悟政府不會幫助他們守住土地，因此乖乖地接受補償券、變換微薄的現金，然後又繼續往西北逃竄。

失去賴以維生的土地、以及相關的生活方式，應該是Métis認同凝聚的主要因素。對於Métis來說，他們「抗爭（resistance）」有理；相對之下，對於加拿大政府來說，Métis的行為就是「叛亂（rebellion）」，當然要採取軍事圍剿。在兩次抗爭之後，不少留下來的Métis隱名埋姓[53]，有些選擇變成白人、有些寧願逸去當印地安人，也有一批人南下當美國人，當然，盛極而衰，還是有相當多的人保持Métis的認同，伺機而動（Brown, 1993: 20）。

伍、建構論下的認同

Métis經歷軍事潰敗，政治屈服、經濟困頓、以及社會歧視排山倒海而來，Métis集體認同暫時衰退。在19世紀末，經過Métis本身的爭取、加上天主教會的聲援，政府短暫設置過保留區，不過，卻因為缺乏奧援，

---

[52] 這裡的Métis於1873年在St. Laurent成立的臨時政府（Sawchuk, 1978: 30）。
[53] 有點像是加禮宛戰役之後，面對清朝官兵的加禮宛人（花蓮的噶瑪蘭人）；見潘朝成、施正鋒（2010）。

終究還是被廢止；在經濟大恐慌的1930年代，貧窮的Métis家庭更是難以為繼（Alberta Federation of Metis Settlement Associations, et al.: 1978: 101-103）。對於這個「被人遺忘的民族（forgotten people）」，Sealey與Lussier（1975: 45）是如此形容在20世紀上半葉的他們：

> In a sense, they were a people who had no future and were cheated of the present because the past was filled with pain, hunger, sorrow and despair.

　　從邏輯上來看，當A（白人認同）與B（印地安人認同）相遇以後，有可能出現四種可能的認同：維持原來的A認同（固守）、接受外來的認同B（涵化）、產生新的認同C（融合）、或是同時保有認同A與B（雙元）（圖3）（Christian, 2000: 12; Serge, 1980: 139-40）。對於大部分Métis來說，他們既不是白人（A）、也不是印地安人（B），因此是自成一體的族群認同[54]（C）。著名的Métis女歌手Buffy Sainte-Marie說，她不是「混／半血兒」（half-breed，兩邊的血緣各一半的意思），而是「雙血兒（double-breed）」（Alberta Federation of Métis Settlement Associations, et al.: 1978: 13），認同近似於A＋B。

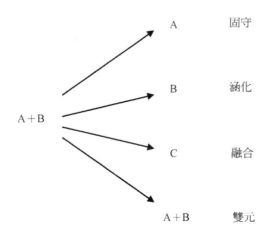

圖3　族群接觸後的可能認同發展

---

[54] Métis神父Guy Lavallee認為，Métis文化就好像他們的織帶，是由多種文化編織而成的（Brown, 1993: 24），也就是說，除了血緣上的相混，還要加上文化上的混搭。見Hill（2001）、Martínez-Echazábal（1998）、Ströbele-Gregor（1994）、以及Turgeon（2009）對於混血認同的討論。

　　Métis因為具有白人的特色，因而不被他們的印地安人鄰居所接受；同時，又由於他們具有印地安人的特徵，白人因此跟他們保持距離（Sawchuk, 1978: 10）。此外，主流社會普遍對於Métis有原始、懶惰、以及叛服無常的刻版印象；只不過，他們也相當有骨氣（non-conformist），認為自己既不是印地安人、也不是白人（Sealey & Lussier, 1975: 162, 169）。長期以來，Métis抱怨政府對他們的待遇遠不如印地安人，沒有相關的政府部門來照顧他們、無福享受國家對原住民族所提供的福利，因此，他們的首要目標就是爭取原住民族身分，進而獲得相關的權利保障。

　　在1960年中期，國內外的政治氣候允許[55]，Métis菁英重新調整族群區隔的界線，展開Métis認同重新形塑（reformulation）的工作，以鼓勵更多的人加入Métis的共同體，希望能透過聯合陣線[56]，克服在文化、經濟、以及政治上的諸多挑戰（Sawchuk, 1978: x）。基本上而言，凡是具有印地安血統、卻又不是「具有身分的印地安人（status Indians、或是registered Indians）」，都可以算是Métis，因而都是可以合作的對象。

　　我們可以看到，Métis認同可以視為一種以消去法所做的負面定義，既不是白人（雖然沒有明說）、又沒有法定的印地安人身分（必要條件），只好當Métis（Sawchuk, 1978: ix-x, 2, 10）。當然，未必所有符合上述條件的人都自認為Métis，因為他們也有可能自認為是白人、或是印地安人（Sawchuk, 1978: 6-7）。如果是那些老早就已經認為自己是白人者，既然符合政府自來的同化政策，因此就沒有困擾。如果硬是要當作廣義的印地安人，當然是可以勉強視為「無身分印地安人（non-status Indians、或是non-registered Indians）」。問題是，並非所有的無身分印地安人都願意自認為Métis，因此，自我認同是作為Métis的第三個條件（Sawchuk, 1978: 6-7）。

---

[55] 有關於國際原住民族權利運動的發展，見施正鋒（2008）。對於加拿大原住民族政策的政治脈絡，見施正鋒（2005）。

[56] 原來不分畛域的National Indian Council成立於1961年，在1968年裂解為National Indian Brotherhood、以及Canadian Métis Society，象徵有身份的印地安人與Métis分道揚鑣。另外，Native Council of Canada在1971年成立（目前稱為Congress of Aboriginal Peoples），取代被譏為「只有頭、沒有身體」的前者。有關於這些組織的發展、以及政治遊說，見Sealey & Lussier（1975: 162）、以及Weinstein（2007）的紀錄。

　　另一個Métis身分的課題，就是如何面對自己內部的多元[57]。就最狹義的定義來說，「紅河谷Métis（Red River Métis）」構成共同體的核心，因為他們的先人參與了兩場歷史抗爭；往外延伸，所謂的「歷史Métis民族（Historic Métis nation）」，也就是居住在西部草原幾個省份的Métis，他們應該是源自紅河谷，因此，Métis身分迫無疑義；不過，有人認為這種定義還是過於狹隘，畢竟，不管是往東的Ontario、還是西部的British Columbia，為數眾多的「其他Métis（Other Métis）」，大致上還是起源於前述祖居地，沒有必要拒人於千里之外（Sawchuk, 2000: 78-83）。

　　我們可以看到（見圖4），廣義的Métis認同／身分的定義是自我認定，也就是連無身分印地安人也可以接受。在光譜的左邊，就端賴Métis組織所訂下來鬆緊不一的成員條件，也就是申請人被社群／族群接受的程度，包含歷史文件的證明（政府、或是教堂的登錄）、或是血緣的百分比（譬如上溯五代先祖之一）（Sawchuk, 2000: 76-80）。在1983年成立的Métis National Council，主張採取比較嚴格的標準，相對之下，Congress of Aboriginal Peoples還是支持廣義的定義[58]，也就是堅持要把「遺忘的（forgotten）」Métis找回來（Royal Commission on Aboriginal Peoples, 1996; 2.1; Barman & Evans, 2009: 65）。

圖4　Métis的範圍

---

[57] 譬如Royal Commission on Aboriginal Peoples（1996: 1.2）便指出，Métis內部有許多不同的社群，不是只有一種文化。另外，*R. v. Powley*（2003）也認為，應該用複數「Métis peoples」才能貼切表達內部的多元。

[58] Congress of Aboriginal Peoples的前身Native Council of Canada，是當年推動原住民族權利入憲的團體之一。Métis National Council則是在1982年《憲政法案》通過後才成立的，基本上是代表草原省份的Métis。有關於Métis組織對於成員的規定（membership code），見Chartrand（2008: 59-70）的整理。

經過眾人的一番努力（尤其是Native Council of Canada），1982年的『憲政法案』（Constitutional Act, 1982）終於承認Métis的原住民族身分（第35條、第2款）：

> In this Act, "aboriginal peoples of Canada" includes the Indian, Inuit, and Métis peoples of Canada.

不過，也因為擔心政府社會福利分配的資源排擠，Métis組織對於誰才是憲法上所提的Métis，開始斤斤計較，也就是到底要不要接納自認為是Métis的無身分印地安人。在粥少僧多的情況下，貧賤夫妻百事哀，Métis與無身分印地安人終於分道揚鑣[59]（Sawchuk, 2000: 77-79）。

陸、國家體制中的Métis法定身分

大體而言，Métis議題一向被加拿大政府視為原住民族政策[60]中無傷大雅的的小菜，把責任推給省政府，因此，只有平日在第一線的社福、保育、或是執法人員必須計較（Groves & Morse, 2004: 268, 272, 277）。相較於人口普查中的自我認定、或是Métis組織的定義，加拿大政府也有一套作法[61]。加拿大國會在1876年將現有相關法規整併為《印地安法》（*Indian Act*），專門處理「印地安人暨印地安保留地（Indians and Lands Reserved for Indians）」，特別是印地安人的「登錄[62]（registration）」，「混血兒（half-breed）」被明文排除在外，Métis因此被認為沒有印地安人的資格（Stevenson, 2004: 43-44）。

就一般的看法，除了血緣上的差別，印地安人與Métis的最大差別，就

---

[59] 值得一提的是，加拿大國會在1985年通過《印地安法》（*Indian Act*）的修正案*Bill C-31*，約有一萬多無身分印地安人取回（reinstatement）身分（Lawrence, 2003: 14）。

[60] 有關於加拿大原住民族政策的一般性回顧，見Guillemin（1978）。

[61] Groves與Morse（2004）認為加拿大行政部門的做法一向是實務取向，講白一點，就是且戰且走的態度。

[62] 表面上，這是一種人口管制的作法，事實上，則是希望嚴格的父系血緣標準，想辦法同化印地安人，剝奪「夠文明（civilized）」者的法定印地安人身分。這個過程稱為「enfranchisement」，可以直譯為「取得選舉權」、或是「取得公民權」，說好聽一點，就是他們能與一般（白人）的加拿大公民平起平坐（Grammond, 2009: 71-75）。

是印地安人當年與英國簽訂條約，而沒有簽條約Métis則獲得分配土地券、或是現金券。不過，這樣的二分法未必精確，因為，西岸的印第安人終究未來得及與加拿大政府簽訂條約，相對地，也有極少數的Métis簽了條約。這表示，兩者的身分還是有相當的灰色地帶。然而，除非為了行政上的需要，也就是身分認定，加拿大政府沒有必要為了Métis認同的定義來傷神。

獨一無二的是，當年政府為了執行*Manitoba Act*的土地分配，適用的對象是該省的「混血住民（half-breed residents）」（31條），只不過，當時並未加以作定義。英國在1873年與Ojibway所簽訂的*Treaty 3*，雖然後面附加了有關Rain River and Lake地區「混血兒（half-breeds）」文字，還是未加定義。雖然1982年的『憲政法案』終於承認Métis的原住民族身分，卻刻意對於Métis的定義留白，而後續的談判對於Métis的定義並未達成協議。在1985-87年，加拿大政府為了處理魁北克問題而與各省總理展開修憲談判，原住民族議題也被帶入，卻沒有具體結果；由於原住民族對於政府大失所望，堅決杯葛政府與Quebec的憲改計畫，讓*Meech Lake Accord*（1987）觸礁。在1992年，政府終於被迫同意將*Métis Nation Accord*以附錄方式列入*Charlottetown Accord*（1992），要求政府進行Métis的身分登錄。以下是該協定的定義。

> "Métis" means an Aboriginal person who self-identifies as Métis, who is distinct from Indian and Inuit and is a descendant of those Métis who received or were entitled to receive land grants and/or scrip under the provisions of the Manitoba Act, 1870, or the Dominion Lands Act, as enacted from time to time.

可惜，該協定公投並未過關，功敗垂成。由於政治協商未能有所突破，Métis領導者只好朝司法途徑來解決[63]。

唯一的特例是Alberta省政府，為了決定誰有資格前往新開設的十二塊墾殖地[64]，在1938年通過*Métis Population Betterment Act*，嘗試對於Métis做

---

[63] 根據前National Council of Canada的理事長Harry W. Daniels（2002: 14），他們當年在策略上的優先順序是，先嘗試與政府進行直接談判，退而求其次是與政府共組委員會處理，最後，不得已之下才打官司。

[64] 稱為Métis Settlements，也可以視為保留區；後來，有四塊實在是難以為繼而被省政府廢止。

了如下的定義：

> "Métis" means a person of mixed white and Indian blood but does not included either an Indian or a non-treaty Indian as defined in the *Indian Act*.

在兩年後的版本（*Métis Population Betterment Act, 1940*），定義修正為：

> "Métis" means a person of mixed white and Indian blood having not less than one-quarter Indian blood, but does not included either an Indian or a non-treaty Indian as defined in the *Indian Act*.

多了一個條件，也就是必須擁有至少25%的印地安血統。後來取而代之的*Métis Settlement Act*（譬如2000年的版本），文字已經調整為：

> "Métis" means a person of aboriginal ancestry who identifies with Métis history and culture.

不過，Royal Commission on Aboriginal Peoples（1996）在報告中倒是明確建議Métis的定義：

> Every person who
>　(a) identifies himself or herself as Métis and
>　(b) is accepted as such by the nation of Métis people with which that person wishes to be associated, on the basis of criteria and procedures determined by that nation be recognized as a member of that nation for purposes of nation-to-nation negotiations and as Métis for that purpose.

也就是除了自我認定外，還必須被族群接受。

依據1867年的「憲政法案」（*Constitution Act, 1867*），有關於印地安人的立法權在於國會（s. 91（24））；然而，究竟這裡的印地安人是採取

廣義、還是狹義的定義，一直有不同的解釋。在*Re Eskimos*（1939）案，爭議在於Inuit是否為該法所提及的印地安人，最高法院最後的判定是廣義、鬆散的（generic）解釋，也就是包含Inuit；如果是這樣，當然應該也包含Métis才對（Stevenson, 2004: 2, 36-37）。然而，法院後來卻對印地安人的範圍採取狹義的解釋。

　　回顧1920-30年代，草原三省與聯邦政府簽署了*Natural Resources Transfer Agreements*[65] *(Tough, 2004)*，特別提到印地安人漁獵權的不分季節保障。迄今，有幾個判例涉及究竟這裡的印地安人是否包含Métis，包括*R. v. Laprise*（1978）、*R. v. Ferguson*（1993）*R. v. Grumbo*（1998）、*R. v. Blais*（2003），大體是以生活方式不像印地安人而判定Métis不是印地安人，與先前的*Re Eskimos*（1939）判例迥然不同（Andersen, 2000; Chartrand, 1999-2000; Stevenson, 2004: 50-53）。我們可以看到，在這三個省份的印地安人，除了《印地安法》，又比Métis多了一個權利保障的依據，就是*NRTA*。

　　聯邦最高法院在2003年所作的判例*R. v. Powley*，可以說是政府首度針對1982年的『憲政法案』所承認Métis的原住民族身分，正面對Métis做出定義。大法官們開宗明義指出，並非所有同時具有白人與印地安人血統的人都是Métis，就民族而言，還必須發展出自己的慣俗／生活方式、以及可資辨識的集體認同：

> The term "Métis" in section 35 does not encompass all individuals with mixed Indian and European heritage; rather, it refers to distinctive peoples who, in addition to their mixed ancestry, developed their own customs, way of life, and recognizable group identity separate from their Indian or Inuit and European forebears."

　　就Métis生活方式／共同體／社群（community）而言，必須滿足三個某種程度持續不斷（continuity、stability）的條件：獨特的集體認同、住在一起、以及享有共同的生活方式（包括慣俗、以及傳統）。至於個人Métis身分要如何驗證（verification），則包含三大因素：自我認同（主觀

---

[65] 稱為*Constitutional Act, 1930*，簡寫為*NRTA*。

條件）、血緣（客觀要條）、以及社群接受[66]。

　　大法官們還提出四項重點：（一）即使缺乏能見度，也就是所謂的「潛伏（go underground）」，並不否定Métis族群在目前繼續存在的事實；（二）即使先人當年接受政府補助而登記為印地安人，並不能否定個人本身的Métis身分；（三）行政部門不能誇大辨識Métis身分的技術性困難，進而否定其憲法所賦予的權利；（四）政府不能以保育為由，全盤否定Métis賴以維生的漁獲權。整體而言，就是強調行政部門不能以任何理由侵犯Métis的原住民族權利。

　　最具有啟發性的，是如何判定Métis誕生（ethnogenesis）的時機。*Powley*判例把*R. v. Van der Peet*（1996）案所提供的檢試（稱為*Van der Peet* test）當作模組（template），稍作修正而運用到Métis（稱為*Powley* test）。根據*R. v. Van der Peet*，1982年『憲政法案』所要保護的原住民族文化及傳統，是指印地安人在與白人接觸以前（pre-contact）的所有者；然而，Métis族群是在與白人接觸以後（post-contact）才有的，也就是在17世紀中葉出現（emerged）、並在1850年達到顛峰（peaked）。因此，合理的Métis文化傳統出現的時間點，是在白人有效控制（control）之前、而非與白人初步接觸的時候。

　　也就是說，即使白人的有效政治控制干預了Métis族群的傳統發展，卻沒有將其完全消滅，他們還是繼續存在的；以被告所居的地方而言，白人完全控制大概是發生在1860年代到1890年代之間。總之，要判斷族群出現、或是存在的時機，必須考慮時空上的脈絡，再來做個案的判斷，並非一成不變。我們根據*Powley*判例，把1982年『憲政法案』適用的時間繪成圖5。

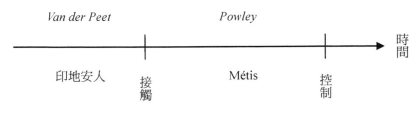

圖5　1982年「憲政法案」適用的時間點

---

[66] 當然，Métis組織是否接受，多少還是會受到族群領導者的主觀判斷所左右（Grammond, 2009: 146）。

　　我們可以這樣說，在早期，有關於印地安人的定義，加拿大官方大體是採取比較寬鬆的方式，包含Inuits、以及Métis在內，也就是說，這是一個等同於原民族的名詞；相對地，近年來，政府對於印地安人的定義，傾向於採取嚴格的解釋，也就是具有身分的印地安人，因此，不要說Métis、連沒有身分的印地安人也排除在相關法律的適用。Stevenson（2004: 33）把印地安人分為「行政上的印地安人[67]（administrative Indians）」、以及「憲法上的印地安人（constitutional Indians）」，前者適用《印地安法》的印地安人「福利」，後者適用1982年《憲政法案》的原住民族「權利」；也就是說，前者位階較低，適用對象較窄，而後者位階較高，適用對象也較廣。

柒、結語

　　從原生論來看，Métis認同決定於共同的混血基礎、以及衍生而來的共同語言及宗教，然而，這樣的觀點，並沒有辦法解釋為何東部的混血兒也有白人、以及印地安人的血緣，卻融入法裔白人社會，終究沒有認同Métis這個共同體。從結構論來看，Métis認同產生，甚至於由族群提升為民族，是一種對於外來支配的反彈，尤其是來自Ottawa的墾殖擴張威脅，剝奪了他們賴以維生的土地、以及獨特的生活方式，最後，由於無路可退，只好選擇武力抗爭一途，也讓Métis認同昇華到最高點。根據建構論，雖然Métis在軍事場域潰敗，又面對隨之而來的政治宰制、經濟匱乏、社會歧視、以及文化剝奪，然而，他們只是暫時蟄伏，等待適當的時機重新崛起，在社會運動與政治運作交叉運用下，終於在憲法獲得承認是原住民族。

　　儘管Métis的集體認同已經在國家體制內屹立不搖，然而，在實際上的原住民族人權保障，特別是Métis是否為適用的對象，仍然爭議不斷，因此，仍然有待政府的進一步澄清。就人口普查而言，由於並未涉及福利的提供，政府採取主觀認同的途徑，因此，Métis的人口看來有可觀的成長。相對地，Métis組織內部看法南轅北轍，有主張從嚴定義，然而，也有力主開放、包含無身分的印地安人，以便擴大結盟力量。

　　加拿大行政部門一向採取是消極的做法，除非必要，不想去更動行之

---

[67] Giokas與Groves（2002: 44）稱為「法定的印地安人（legal Indians）」。

以久的《印地安法》定義，也就是由政府作最狹義的血緣認定。早期，由於印地安人員視為原住民族的同義詞，因此，還有是否包含Métis的爭議；然而，隨著First Nations與Métis分家，新的課題就變成到底誰有資格納入。由於政治上沒有辦法達成協議，只好走司法的路子。在廣義的自我認同（主觀條件）與狹義的血緣（客觀要條）之間，*Powley*加上了第三個條件族群接受，可以算是一種妥協，一方面降低原生論被無限上綱的可能，另一方面，透過族群的認同，也可以適度排除速成而虛假的Métis認同。

整體來看，Métis是一個嶄新的族群／民族，是在白人墾殖者移入以後，才慢慢發展而成的；然而，這並不影響他們作為原住民族的資格。相對之下，我們目前所看到的台灣平埔族，是一個原本具有原住民族身分（熟番、平埔），在戰後被政府以行政命令取消。同樣是希望取得政府的官方承認，前者要求的是取得（obtain）原住民族的身分，而後者則是要求恢復（reinstate）原住民族身分。

目前，Métis的身分已經獲得憲法的正式承認，而且司法上也有明確的判例，接下來要努力的，是族人與行政部門如何著手進一步規範。相對地，馬英九在總統大選之際，在埔里簽署了一份「支持平埔族復振大業約定書」，應允平埔族正名；只不過，他加注了「願在文化、歷史層面，全力支持推動」，仍有相當大的想像空間。或許是因為擔心有限資源的排擠，包括考試加分、工作權保障、敬老津貼、土地登記、以及立委／議員保留席次，目前具有原住民族身分者仍有相當疑慮，這是可以理解的。

儘管有上述的差別，*Powley*判例還是對於平埔族的身分有相當大的啟示。首先，並不能因為平埔族過去隱匿自己的身分，進而否認他們存在的事實。接著，即使他們的祖先因為任何因素選擇當漢人，並不能否定個人的平埔族身分。再來，政府不能以身分認定技術困難為由，否定他們作為平埔族的資格。最後，政府如果不承認平埔族的身分，就是剝奪他們應該享有的原住民族權利。

當年國民政府因為行政上的方便，沒有經過正當程序（due process）、以及取得當事人的同意，剝奪平埔族的身分、以及相關的權利，由人權的角度來看，特別是聯合國在2007年通過的《原住民族權利宣言》（*Declaration on the Rights of Indigenous Peoples*）、以及聯合國在1965年通過的《消除各種形式種族歧視國際公約》（*International Convention on the Elimination of All Forms of Racial Discrimination*），在國際上恐怕是站不住腳的。

參考文獻

一、漢文文獻

台北高等行政法院。100。『99年度訴字第2306號判決書』。<http://jirs. judicial.gov.tw/FJUD/>（2012/2/22）

潘朝成、施正鋒（編）。2010。《加禮宛戰役》。壽豐：東華大學原住民民族 學院。

紀舜傑。2010。〈*R. v. Powley*──Métis原住民族權利之確認〉收於施正鋒 （編）《加拿大原住民權利保障》頁。壽豐：東華大學原住民民族學院。

孔文吉，2010。〈平埔族的正名之路〉《中國時報》11月23日<http://webhost1. ly.gov.tw/10999/f2cont/index.php?load=read&id=94>（2011/3/19）。

呂淑姮，2010。〈不認可平埔身分、西拉雅狀告原民會〉《立報》11月23日 <http://www.lihpao.com/?action-viewnews-itemid- 102039>（2011/3/19）。

施正鋒。1998。《族群與民族主義──集體認同的政治分析》台北：前衛。

施正鋒。1999。〈台灣意識的探索〉《台灣政治建構》頁1-39。台北：前衛。

施正鋒。2000。〈台灣人的國家認同〉《台灣人的民族認同》頁1-40。台北： 前衛。

施正鋒。2003。〈平埔身分認同〉收於潘朝成、劉益昌、施正鋒編《台灣平埔 族》頁43-60。台北：前衛。

施正鋒。2005。《台灣原住民族政治與政策》。台中：新新台灣文化教育基 金會。

施正鋒。2007。《台灣政治史》。台中：新新台灣文化教育基金會。

施正鋒。2008。《原住民族人權》。壽豐：東華大學原住民民族學院。

施正鋒。2010a。《台灣族群政策》。台中：新新台灣文化教育基金會。

施正鋒。2010b。〈平埔族原住民族身分被剝奪的探討〉。發表於台灣國際法 學會主辦「原住民、文化財與國際法學術研討會──平埔族、烏山頭水庫 與聯合國」，官田，烏山頭水庫西拉雅度假飯店國際會議廳，10月31日。

施正鋒（編）。2010c。《加拿大Métis原住民族》。壽豐：東華大學原住民民 族學院。

尤哈尼・依斯卡卡夫特。1997。〈從原住民的觀點來看平埔族〉收於施正鋒編
《族群政治與政策》頁1-15。台北：前衛。

二、外文文獻

Adams, Howard. 1975. *Prison of Grass: Canada from the Native Point of View.* Toronto: General Publishing.

Adams, Howard. 1995. *A Tortured People: The Politics of Colonization.* Penticton, B.C.: Theytus Books.

The Alberta Federation of Métis Settlement Associations, Daniel R. Anderson, and Alda M. Anderson. 1978. *The Métis People of Canada: A History.* Toronto: Gage Publishing.

Andersen, Chris. 2000. "The Formalization of Métis Identities in Canadian Provincial Court," in Ron F. Laliberte, Priscilla Settee, James B. Waldram, Rob Innes, Brenda Macdougall, Lesley MaBain, and F. Laurie Barron, eds. *Expressions in Canadian Native Studies*, pp 95-115. Saskatoon, Sask.: University Extension Press.

Andersen, Chris. 2005. "Residual Tensions of Empire: Contemporary Métis Communities and the Canadian Judicial Imagination," in Michael Murphy, ed. *Reconfiguring Aboriginal-State Relations*, pp. 295-325. Montreal: McGill-Queen's University Press.

Anderson, Benedict. 1991. *Imagined Communities*, rev. ed. London: Verso.

Barman, Jean, and Mike Evans. 2009. "Reflections on Being, and Becoming, Métis in British Columbia." *BC Studies*, No. 161, pp. 59-91.

Bell, Catherine. 1991. "Who Are the Métis People in Section 35(2)?" *Alberta Law Review*, Vol. 29, pp. 351-81.

Bell, Catherine. 1997. "Métis Constitutional Rights in Section 35(1)." *Alberta Law Review*, Vol. 36, No. 1, pp. 180-217.

Bell, Catherine, and Clayton Leonard. 2004. "A New Era in Métis Constitutional Rights: The Importance of *Powley* and *Blais*." *Alberta Law Review*, Vol. 41, No. 4, pp. 1049-83.

Betts, Gregory. 2008. "Non compos mentis: A Meta-Historical Survey of the

Historiographic Narrative of Louis Riel's 'Insanity'." *International Journal of Canadian Studies*, No. 38, pp. 15-40.

Bill C-31, 1985<http://www.johnco.com/nativel/bill_c31.html> (2011/3 /29).

Braz, Albert. 2003. *The False Traitor: Louis Riel in Canadian Culture*. Toronto: University of Toronto Press.

Brown, Jennifer S. H. 1987 (2002). "The Métis: Genesis and Rebirth," in Bruce Alden Cox, ed. *Native People, Native Lands: Canadian Indians, Inuit and Métis*, pp. 241-55. Montreal: McGill-Queen's University Press.

Brown, Jennifer S. H. 1993. "Métis, Halfbreeds, and Other Real Peoples: Challenging Culture and Categories." *History Teacher*, Vol. 27, No. 1, pp. 19-26.

Campbell, Maria. 1978. *Riel's People: How the Métis Lived*. Vancouver: Douglas & McIntyre.

Charlottetown Accord, 1992<http://www.thecanadianencyclopedia.com/ index.cfm? PgNm=TCE&Params=A1ARTA0010099> (2011/3/31).

Chartrand, Larry N. 1999-2000. "Are We Métis or Are We Indians? A Commentary on *R. v. Grumbo*." *Ottawa Law Review*, Vol. 31, No. 2, pp. 267-81.

Chartrand, Larry N. 2004. "The Definition of Métis Peoples in Section 35(2) of the *Constitution Act, 1982*." *Saskatchewan Law Review*, Vol. 67, pp. 209-33.

Chartrand, Paul L. A., ed. 2002. *Who Are Canada's Aboriginal Peoples? Recognition, Definition, and Jurisdiction*. Saskatoon: Purich Publishing.

Chartrand, Paul L. A. 2008. "Defining the 'Métis' of Canada: A Principled Approach to Crown-Aboriginal Relations," in Frederica Wilson, and Melanie Mallet, eds. *Métis-Crown Relations: Rights, Identity, and Governance*, pp. 27-70. Toronto: Irwin Law.

Christian, Mark. 2000. *Multiracial Identity: An International Perspective*. Houndmills, Basingstoke, Hamphire: Macmillan Press.

Constitution Act, 1867 (*British North America Act*) <http://laws-lois. justice.gc.ca/ eng/Const//Const_index.html> (2011/3/31).

Constitutional Act, 1982<http://www.solon.org/Constitutions/Canada /English/ ca_1982.html> (2011/3/29).

Daniels, Harry W. 2002. "Foreword," in Paul L. A. Chartrand, ed. *Who Are Canada's Aboriginal Peoples? Recognition, Definition, and Jurisdiction*, pp. 11-14.

Saskatoon: Purich Publishing.

Dickson, Olive Patricia. 1985. "from 'One Nation' in the Northeast to 'New Nation' in the Northwest: A Look at the Emergence of the Métis," in Jacqueline Peterson, and Jennifer S. H. Brown, eds. *The New Peoples: Being and Becoming Métis in North America*, pp. 19-36. Winnipeg: University of Manitoba Press.

Dominion Lands Act, 1872 (*Act Respecting the Public Lands of the Dominion*) (Stevenson, 2004: 23-24).

Douaud, Patrick C. 1983. "Canadian Métis Identity" A Pattern of Evolution." *Anthropos*, Vol. 78, Nos. 1-2, pp. 71-88.

Dusenberry, Verne. 1985. "Waiting for a Day That never Comes: The Dispossessed Métis of Montana," in Jacqueline Peterson, and Jennifer S. H. Brown, eds. *The New Peoples: Being and Becoming Métis in North America*, pp. 119-36. Winnipeg: University of Manitoba Press.

Ens, Gerhard J. 1996. *Homeland to Hinterland: The Changing Worlds of the Red River Métis in the Nineteenth Century*. Toronto: University of Toronto Press.

Esman, Milton. 1994. *Ethnic Politics*. Ithaca: CornellUniversity Press.

Falnaga, Thomas. 1983. *Riel and the Rebellion: 1885 Reconsidered*. Saskatoon: Western Producer Prairie Books.

Falnaga, Thomas. 1996. *Louis "David" Riel": "Prophet of the New World,"* rev. ed. Toronto: University of Toronto Press.

Francis, Daniel. 1982. *Battle for the West: Fur Traders and the Birth of Western Canada*. Edmonton: Hurtig Publishers.

Friesen, Gerald. 1984. *The Canadian Prairie: A History*. Toronto: University of Toronto Press.

Friesen, Gerald. 1992. "Historical Writing on the Prairie West," in R. Douglas Francis, and Howard Palmer, eds. *The Prairie West: Historical Readings*, 2nd ed. pp. 5-26. Edmonton: Pica Pica Press.

Giokas, John, and Robert K. Groves. 2002. "Collective and Individual Recognition in Canada: The Indian Act Regime," in Paul L. A. Chartrand, ed. *Who Are Canada's Aboriginal Peoples? Recognition, Definition, and Jurisdiction*, pp. 41-82. Saskatoon: Purich Publishing.

Grammond, Sébastien. 2009. *Identity Captured by Law: Membership in Canada's Indigenous Peoples and Linguistic Minorities*. Montreal: McGill-Queen's University Press.

Grande, Sandy. 2000. "American Indian Identity and Intellectual: The Quest for a New Red Pedagogy." *Qualitative Studies in Education*, Vol. 13, No. 4, pp. 343-59.

Groves, Robert K., and Bradford W. Morse. 2004. "Constituting Aboriginal Collectivities" Avoiding New Peoples 'In Between'." *Saskatchewan Law Review*, Vol. 67, No. 1, pp. 263-305

Guillemin, Jeanne. 1978. "The Politics of National Integration: A Comparison of United States and Canadian Indian Administrations." *Social Problems*, Vol. 25, No. 3, pp. 319-32.

Hill, Samantha. 2011. "Race and Nation Building: A Comparison of Canadian Métis and Mexican Mestizos." Master thesis, University of British Columbia.

Horton, Andrew, and Christine Mohr. 2005. "*R. v. Powley*: Dodging *Van der Peet* to Recognize Métis Rights." *Queen's Law Journal*, Vol. 30, No. 2, pp. 772-824.

Indian Act, 1985 (1867) (Stevenson, 2004: 25).

International Convention on the Elimination of All Forms of Racial Discrimination, 1965 <http://www2.ohchr.org/english/law/cerd.htm> (2011/4/9).

Isaacs, Harold R. 1975. *Idols of the Tribe: Group Identity and Political Change.* Cambridge, Mass.: HarvardUniversity Press.

Jones, Archer Doris. 2003. "The Métis Sash." <http://members.shaw.ca/ archeryisme/ Metis/Metis%20Sash.htm> (2011/3/26).

Lawrence, Bonita. 2003. "Gender, Race, and the Regulation of Native Identity in Canada and the United States: An Overview." *Hypatia*, Vol. 18, No. 2, pp. 3-31.

Martínez-Echazábal, Lourdes. 1998. "Mestizaje and the Discourse of National/ Cultural Identity in Latin America, 1845-1959." *Latin American Perspectives*, Vol. 25, No. 3, pp. 21-42.

Manitoba Act, 1870 <http://www.solon.org/Constitutions/Canada/English/ ma_1870. html> (2011/3/29).

Meech LakeAccord, 1987 (1987 Constitutional Accord) <http://www.solon. org/ Constitutions/Canada/English/Proposals/MeechLake.html> (2011/4/2).

Melnyk, George, ed. 1992. *Riel to Reform: A History of Protest in Western Canada.* Saskatoon: Fifth House Publishers.

The Métis Association of Alberta, Joe Sawchuk, Patricia Sawchuk, and Therisa Ferguson. 1981. *Métis Land Rights in Alberta: A Political History.* Edmonton: Métis Association of Alberta.

Métis Nation Accord, 1992<http://caid.ca/RRCAP4.5.D.pdf> (2011/3/31).

Métis Population Betterment Act, 1938<http://historyonline.msgc.ca/ images/4/45. pdf> (2011/3/31).

Métis Population Betterment Act, 1940<http://historyonline.msgc.ca/ images/4/48. pdf> (2011/3/31).

Métis Settlement Act, 2000 <http://www.qp.alberta.ca/574.cfm?page= m14.cfm&leg_ type=Acts&isbncln=9780779748020> (2011/3/31).

Natural Resources Transfer Agreements (*Constitutional Act, 1930*) <http://www. solon.org/Constitutions/Canada/English/ca_1930.html> (2011/3/31).

Olthuis, Brent. 2009. "The Constitution's Peoples: Approaching Community in the Context of Section 35 of the Constitution Act, 1982." *McGill Law Journal*, Vol. 54, No. 1, pp. 1-43.

Peterson, Jacqueline, and Jennifer S. H. Brown. 1985a. *The New Peoples: Being and Becoming Métis in North America.* Winnipeg: University of Manitoba Press.

Peterson, Jacqueline, and Jennifer S. H. Brown. 1985b. "Introduction," in Jacqueline Peterson, and Jennifer S. H. Brown, eds. *The New Peoples: Being and Becoming Métis in North America*, pp. 3-16. Winnipeg: University of Manitoba Press.

R. v. Blais, 2003 <http://csc.lexum.org/en/2003/2003scc44/2003scc44. html> (2011/4/ 1).

R. v. Ferguson, 1993<http://www.mandellpinder.com/pdf/cases/R-v- Ferguson-1994-1-CNLR-117-Alta-QB.pdf> (2011/4/1).

R. v. Grumbo, 1998 (Stevenson, 2004: 51).

R. v. Laprise, 1978 (Stevenson, 2004: 50-51).

R. v. Powley, 2003<http://www.canlii.org/en/ca/scc/doc/2003/2003scc43 /2003scc43. pdf> (2011/4/1).

R. v. Van der Peet, 1996 <http://scc.lexum.org/en/1996/1996scr2-507/ 1996scr2-507. html> (2011/4/01)

Re Eskimos (*Reference re Term "Indians"*), 1939 (Stevenson, 2004: 2-3).

Royal Commission on Aboriginal Peoples. 1996. "Métis Perspective," *Report of the Royal Commission on Aboriginal Peoples*, Vol. 4, *Perspectives and Realities* <http://www.collectionscanada.gc.ca/ webarchives/20071211060054/><http://www.ainc-inac.gc.ca/ch/rcap /sg/sj20_e.html> (2011/3/31).

Sawchuk, Joe. 1978. *The Métis of Manitoba: Reflections of an Ethnic Identity.* Toronto: Peter Martin Associates.

Sawchuk, Joe. 2000. "Negotiating and Identity: Métis Political Organizations and Canadian Government, and Competing Concepts of Aboriginality." *American Indian Quarterly*, Vol. 24, No. 3, pp. 73-92.

Sealey, D. Bruce. 1980. "Ethnicity and the Concept of Métisness," in Antoine S. Lussier, and D. Bruce Sealey, eds. *The Other Natives: The/les Métis*, Vol. 3, pp. 95-117. Winnipeg: Manitoba Métis Federation.

Sealey, D. Bruce, and Antoine S. Lussier. 1975. *The Métis: Canada's Forgotten People*. Winnipeg: Manitoba Métis Federation Press.

Serge, Dan V. 1980. *A Crisis of Identity: Israel and Zionism.* Oxford: OxfordUniversity Press.

Stanley, George F. G. 1960 (1936). *The Birth of Western Canada: A History of the Riel Rebellions*. Toronto: University of Toronto Press.

Statistics Canada. c.2006. *Aboriginal Peoples in Canada in 2006: Inuit, Métis and First Nations, 2006 Census*<http://www12.statcan.ca/ census-recensement/2006/as-sa/97-558/pdf/97-558-XIE2006001.pdf> (2011/3/19).

Stevenson, Mark L. 2004. "The Métis Aboriginal Rights Evolution." Master thesis, University of British Columbia.

Ströbele-Gregor, Juliana. 1994. "From *Indio* to Mestizo ... to *Indio*: New Indianist Movements in Bolivia." *Latin American Perspectives*, Vo. 21, No. 2, pp. 106-23.

Tough, Frank. 2004. "The Forgotten Constitution: The Natural Resources Transfer Agreements and Indian Livelihood Rights, ca. 1925-33." *Alberta Law Review*, Vol. 41, No. 4, pp. 999-1048.

Treaty 3, 1873<http://www.ainc-inac.gc.ca/al/hts/tgu/pubs/t3/trty3-eng. asp> (2011/3/31).

Turgeon, Laurier. 2009. "The Terms of Méstissage: Creolization, and Hybridity: Shades of Meaning and Mixed Messages," in Denis Gagon, Denis Cobet, and Lise Gaboury-Diallo, eds. *Métis Histories and Identities: A Tribute to Gabriel Dumont*, pp. 115-39. Winnipeg: Presses Universitaires de Saint-Bontiface.

United Nations Declaration on the Rights of Indigenous Peoples, 2007<http://www.un.org/esa/socdev/unpfii/en/drip.html> (2011/4/9).

Weinstein, John. 2007. *Quiet Revolution West: The Rebirth of Métis Nationalism*. Calgary: Fifth House.

Wilson, Frederica, and Melanie Mallet, eds. 2008. *Métis-Crown Relations: Rights, Identity, and Governance*. Toronto: Irwin Law.

Woodcock, George. 1975. *Gabriel Dumont*. Edmonton: Hurtig Publishers.

三、日本實踐聯合國兩人權公約之分析
──國內法院適用及國際審查報告

廖福特[*]

壹、日本與聯合國兩人權公約

一、聯合國兩人權公約之形成

聯合國於1945年成立，聯合國大會於1948年12月10日以48票贊成、8票棄權及無反對票通過「世界人權宣言（Universal Declaration of Human Rights）[1]」。「世界人權宣言」為國際機構所完成之第一份人權文件，於人權保障之歷史上可與大憲章、法國人權宣言及美國獨立宣言並駕齊驅，因此「世界人權宣言」也被稱為「國際大憲章（International Magna Carta）[2]」，爾後12月10日被訂為世界人權日。

「世界人權宣言」通過之後，聯合國人權委員會（Commission on Human Rights）繼續進行其另一項工作：開始起草國際人權公約。因為起草過程中人權委員會碰到許多困難及問題，包括公約是否應包括兩類不同之人權（公民及政治權利與經濟、社會及文化權利）、公約是否應制定一套執行體系以及公約是否應寫入民族自決權之保障等，最後人權委員會請求經社理事會及大會做成決議，決定將這兩類不同之人權分別草擬《公民

---

[*] 英國牛津大學法學博士；中央研究院法律學研究所研究員。

[1] 棄權之國家為蘇聯、白俄羅斯、烏克蘭、波蘭、捷克斯洛伐克、南斯拉夫、南非及沙烏地阿拉伯。蘇聯等東歐各國棄權之理由，係以宣言應更具體地否定法西斯主義，包含擁護民主主義之規定，且應明記將其實現之具體措施，特別是國家之責任。就南非而言，宣言之主旨與南非所採取之種族隔離政策相左。沙烏地阿拉伯棄權之理由，係以宣言乃依據西歐文化而成，與回教文化之性質迥異。See Johannes Morsink, *The Universal Declaration of Human Rights Origins, Drafting and Intent*（University of Pennsylvania Press, 1999），p. 21.

[2] See M. Glen Johnson, "A Magna Carta for Mankind: Writing the Universal Declaration of Human Rights," in M. Glen Johnson and Janusz Symonides（eds.），*The Universal Declaration of Human Rights A History of Its Creation and Implementation 1948-1998*（UNESCO, 1998），p. 19.

與政治權利國際公約》及《經濟社會文化權利國際公約》，這兩個國際人權公約之草擬自1947年起至1954年才完成，之後人權委員會將此兩個國際人權公約之草案提交聯合國大會，大會耗費長達12年的時間討論及修改，於1966年12月16日得以通過，共歷時18年。

《經濟社會文化權利國際公約》自通過後開放簽字，並於1976年1月3日開始生效，直至2011年7月為止共有160個締約國。而《公民與政治權利國際公約》亦是自公約通過後開放各國簽字，並於1976年3月23日開始生效，直至2011年7月為止共有167個締約國。形式上雖然《公民與政治權利國際公約》有較多國家成為會員國，但是數目差距不大，而從兩個公約現在之會員國數目觀之，公約起草過程中之不同權利理念，即自由權與社會權之嚴格區別，其實經過幾十年之演變，雙方均已接受對方之理念，而使自由權與社會權兩大類型之權利範疇，均已逐漸為國際上多數國家接受，兩者均成為普世之權利範疇，而此發展也更進一步落實普世人權之建構。

個人申訴制度是《公民與政治權利國際公約》所建構的最重要國際人權監督機制，其使得人權救濟途徑，從國內擴展至國際。在《公民與政治權利國際公約》之草擬期間，對於人權事務委員會是否可接受或審議來自個人指控該締約國不履行在本公約下的義務的通知，草擬者採取以任擇議定書之方式將其定為任意性規範，即締約國有權自由決定是否要接受人權事務委員會有權管轄來自個人對該締約國之控訴，而參加《公民與政治權利國際公約任擇議定書（Optional Protocol to the International Covenant on Civil and Political Rights）》之締約國就是承認人權事務委員會此部分之職權。任擇議定書於1966年12月16日與《公民與政治權利國際公約》同時在聯合國大會通過並開放簽署，於1976年3月23日生效，至2011年7月為止共有114個締約國，即全世界已有超過半數國家允許其人民在公民與政治權利領域進行國際人權救濟。

聯合國大會於1989年決議增訂《公民與政治權利國際公約第二任擇議定書（Second Optional Protocol to the International Covenant on Civil and Political Rights）》，以要求各會員國不得於其管轄權內執行死刑，並應盡所有必要措施於其管轄權內廢除死刑，同時各國應將廢除死刑之情形向人權事務委員會報告[3]，而死刑之執行亦為《公民及政治權利國際公約任擇議

---

[3] 此委員會異於聯合國人權委員會（Commission on Human Rights）。

定書》[4]所賦予之個人申訴（individual communication）之範疇。此任擇議定書於1991年7月11日生效，至2011年7月為止已有73個國家批准此議定書。

　　相較於《公民與政治權利國際公約》，《經濟社會文化權利國際公約》通過時卻沒有建立個人申訴之制度，雖然從1990年開始經濟社會及文化權利委員會即建議應訂定經濟社會及文化權利國際公約附加議定書[5]，以建構經濟、社會及文化權利之個人申訴制度，一直到2008年12月10日聯合國大會才通過《經濟社會文化權利國際公約附加議定書（Optional Protocol to the International Covenant on Economic, Social and Cultural Rights）》，依據此議定書第18條規定，必須有10個國家批准才生效，但是至2011年7月為止，有36個國家簽署，但是只有3個國家批准，因而此議定書尚未生效。然而公民與政治權之個人申訴制度已實行超過20年了，可見兩者之差異。

二、日本參與聯合國兩人權公約

　　日本因為在第二次世界大戰中戰敗，無法成為聯合國之創始會員國，直到1956年日本才成為聯合國會員國。日本多次成為安全理事會之成員國[6]，新世紀的聯合國改革方案中多次提到，構思使日本成為安全理事會之常任會員國，但是因為對於日本再度擴充軍備之疑慮，並因為東亞國家之反對，至今依然沒有完成。

　　日本在1956年才加入聯合國，「世界人權宣言」於1948年公布，因此日本沒有參與「世界人權宣言」之草擬。而《公民與政治權利國際公約》及《經濟社會文化權利國際公約》之草擬時間為1949年至1966年，因而日本只參與後半段過程。《公民與政治權利國際公約》及《經濟社會文

---

[4] Adopted and opened for signature, ratification and accession by General Assembly resolution 2200A（XXI）.

[5] 比較詳盡之論述，請參閱Martin Scheinin, "The Proposed Optional Protocol to the Covenant on Economic, Social and Cultural Rights: A Blueprint for UN Human Rights Treaty Body Reform Without Amending the Existing Treaties," （2006）6 *Human Rights Law Review* 131-142. Kitty Arambulo, *Strengthening the Supervision of the International Covenant of Economic, Social and Cultural Rights*（Intersentia, 1999）, pp. 173-215.

[6] 1958-1959, 1966-1967, 1971-1972, 1975-1976, 1981-1982, 1987-1988, 1992-1993, 1997-1998, 2005-2006.

化權利國際公約》於1966年通過之後，日本直到1978年5月30日才同時簽署《公民與政治權利國際公約》及《經濟社會文化權利國際公約》，並於1979年6月21日同時存放兩個公約之批准書，因而《公民與政治權利國際公約》及《經濟社會文化權利國際公約》同時於1979年9月21日對日本生效。

　　《經濟社會文化權利國際公約》雖然沒有明文規定得以保留部分條款，但是各國依據一般國際法原則，依然有提出保留及聲明之實例。對於日本而言，其在簽署《經濟社會文化權利國際公約》時，便針對第7條第4款[7]、第8條第1項[8]、第13條第2項第2款及第3款[9]提出保留，其中第7條第4款主要針對「公共假日之薪酬（remuneration for public holidays）」，第8條第1項是針對第4款之罷工權，第13條第2項第2款及第3款是針對「特別要逐漸做到免費（in particular by the progressive introduction of free education）」這句話。而日本也另外聲明《經濟社會文化權利國際公約》第8條第2項所稱之警察，應包括消防人員與警察[10]。

　　同樣地《公民與政治權利國際公約》也沒有明文規定得以保留部分條款，但是各國依據一般國際法原則，依然有提出保留及聲明之實例。對於日本而言，在簽署《公民與政治權利國際公約》時，日本即聲明認為《公民與政治權利國際公約》第22條第2項所稱之警察，應包括消防人員與警察[11]。

---

[7] 第七條（工作條件）本公約締約各國承認人人有權享受公正和良好的工作條件，特別要保證：……（丁）休息、閒暇和工作時間的合理限制，定期給薪休假以及公共假日報酬。

[8] 第八條（勞動基本權）一、本公約締約各國承擔保證：（甲）人人有權組織工會和參加他所選擇的工會，以促進和保護他的經濟和社會利益；這個權利只受有關工會的規章的限制。對這一權利的行使，不得加以除法律所規定及在民主社會中為了國家安全或公共秩序的利益或為保護他人的權利和自由所需要的限制以外的任何限制；（乙）工會有權建立全國性的協會或聯合會，有權組織或參加國際工會組織；（丙）工會有權自由地進行工作，不受除法律所規定及在民主社會中為了國家安全或公共秩序的利益或為保護他人的權利和自由所需要的限制以外的任何限制；（丁）有權罷工，但應按照各個國家的法律行使此項權利。

[9] 第十三條（教育之權利）……二、本公約締約各國認為，為了充分實現這一權利起見：……（乙）各種形式的中等教育，包括中等技術和職業教育，應以一切適當方法，普遍設立，並對一切人開放，特別要逐漸做到免費；（丙）高等教育應根據成績，以一切適當方法，對一切人平等開放，特別要逐漸做到免費；

[10] 以上資訊來自於Office of High Commissioner for Human Rights網站：<http://www.unhchr.ch/tbs/doc.nsf/Statusfrset?OpenFrameSet>（last visited 2011-06-24）.

[11] 以上資訊來自於Office of High Commissioner for Human Rights網站：<http://www.unhchr.ch/tbs/doc.nsf/Statusfrset?OpenFrameSet>（last visited 2011-06-24）.

　　日本並未加入《公民與政治權利國際公約任擇議定書》及《公民與政治權利國際公約第二任擇議定書》，日本亦未簽署《經濟社會文化權利國際公約附加議定書》。因而日本並未加入個人訴訟之制度，亦未接受廢除死刑之理念。對於日本而言，其實踐《公民與政治權利國際公約》及《經濟社會文化權利國際公約》之義務包括兩個層面，一者是在國內實踐此兩公約，另一者是在國際提出國家報告以供審查。

　　因而本文以下將著重於兩個議題，第一，日本國內法院如何適用《公民與政治權利國際公約》及《經濟社會文化權利國際公約》，此為第貳部分之重點。第二，人權事務委員會及經濟社會與文化權利委員會如何審查日本之報告，此為第參部分之重點。

貳、日本國內法院之適用

　　當要探討日本國內法院如何適用《公民與政治權利國際公約》及《經濟社會文化權利國際公約》時，應先瞭解國際條約在日本國內之法律地位，同時探討在日本是否可能發生國際人權條約之違憲審查問題，再進而分析個案判決。

一、條約之國內法地位

　　日本戰敗後為盟軍所佔領，1946年，日本制訂新憲法，但是眾所周知，雖然這部憲法形式上是依據過去日本帝國憲法之修憲程序為之，但是實質內容則是以麥克阿瑟將軍為首之盟軍所規劃，因此日本必須適用非其自身所制訂之憲法。

　　日本憲法第98條第1項規定：「本憲法為國家之最高法規，違反其規定之法律、命令、詔勅及關於國務之其他行為之全部或一部，均為無效。」而該條第二項規定：「日本國所締結之條約及已確立之國際法規，應誠實遵守之[12]。」因而日本認為已締約之條約及已確立之國際法規與國內法有同一效力。至於法律位階而言，日本憲法學通說與實務均採「憲法

---

[12] 原條文：「日本国が締結した条約及び確立された国際法規は、これを誠実に遵守することを必要とする。」

優位說」，認為條約的位階在憲法之下，法律之上[13]。

　　國際人權條約既與國內法有同一效力，且其法律位階在法律之上，則法院應與適用憲法、法律一樣直接適用人權條約。一般而言不具有自動履行性質的條約中，可能含有具自動履行性質的特定條款；相同地具有自動履行性質的條約中，可能含有不具自動履行性質的特定條款。日本實務上並不採「自動履行性（或稱直接適用可能性）」，而係以具體事案之事實關係與當事人主張之內容等對照條約規定做個別判斷[14]。例如日本政府否認消除種族歧視公約、禁止酷刑條約具有自動履行性[15]。而著名的「塩見訴訟」[16]否認《經濟社會文化權利國際公約》具有自動履行性，但「京都指紋押捺拒否事件」[17]及「受刑者接見妨害事件」[18]則承認《公民與政治權利國際公約》具有自動履行性。

二、國際人權條約之違憲審查問題

　　國際人權條約能否成為違憲審查之對象，學說上有否定說，也有肯定說。

　　如採「條約優位說」者，認為條約之位階高於憲法，自然是採取否定之立場。又按日本國憲法第81條之規定，最高法院是擁有審判一切法律、命令、規則或處分，合憲與否權之最終審[19]。由於條文中並未將條約列為違憲審查對象，成為否定說的理由之一。然日本憲法學通說與實務均採「憲法優位說」，認為條約的位階在於憲法之下，且未列於條文中之行政處分、判決等國家行為亦屬違憲審查之對象，故日本國憲法第81條應係採

---

[13] 村上正直，〈人権条約の国内的実施〉，畑博行、水上千之編，《国際人権法概論（第四版）》，東京，有信堂高文社，2006年5月，頁272。

[14] 村上正直，〈裁判所による人権条約の適用に関する諸問題〉，部落解放・人権研究所編，《国際人権規約と国内判例——20のケーススタディ》，大阪，部落解放・人権研究所，2004年7月，頁10-17。

[15] 村上正直，前引註8，頁275-276。

[16] 塩見訴訟，最高裁1989（平成元）年10月28日第一小法廷判決，《判例時報》1363号，頁68。

[17] 京都指紋押捺拒否事件，大阪高裁1994（平成6）年10月28日判決，《判例時報》1513号，頁71。

[18] 受刑者接見妨害事件，德島地裁1996（平成8）年3月15日判決，《判例時報》1597号，頁115。

[19] 原條文：「最高裁判所は、一切の法律、命令、規則又は処分が憲法に適合するかしないかを決定する権限を有する終審裁判所である。」

例示規定，認為條約可成為違憲審查對象的肯定說是學說上的多數說[20]，實務上亦採肯定說[21]。

關於法院判決對於國際人權條約之適用方式，日本實務上亦存在兩種適用方式。第一是直接適用說：例如受刑者接見妨害事件之第一審判決[22]。第二是間接適用說：例如小樽溫泉入浴拒否事件之第一審判決[23]。就國際人權條約於私人間之適用問題，有三種不同之看法：1.無效力說：基於私法自治、契約自由原則，私人間的問題不適用人權保障之規定。2.直接適用說：直接適用人權保障之規定。3.間接適用說：不直接適用人權保障之規定，而間接改以適用民法或商法的一般規定，例如違反民法第九十條公序良俗[24]等。實務採間接適用說，著名之案例有三菱樹脂事件[25]、昭和女子大事件[26]、日產自動車事件[27]、小樽溫泉入浴拒否事件[28]等。

三、實際判決

日本法院可以直接適用條約，當然亦應包括人權條約，不過日本國內法院卻又接受將人權條約區別為自動履行及非自動履行條約，因而實質上卻形成截然不同之結果，以下藉由幾個日本最高法院判決，探討日本國內

---

[20] 戶波江二，《憲法（2）人權》，有斐閣Sシリーズ，1998年4月，頁275-277。

[21] 不過亦請參考砂川事件，最高裁1959（昭和34）年12月16日大法廷判決，昭和34年（あ）第710號，刑集第13卷13号，頁3225。本案之主要議題為日美安保條約之合憲性，案由係因美軍使用東京都內之立川飛行場，在擴建工程開始之際，美軍基地反對派的居民舉行示威遊行，基於日美安保條約第三條規定，以違反刑事特別法起訴示威民眾。第一審之東京地院判決，判認駐留軍該當憲法第九條第二項（不保持戰力）之戰力是違憲。檢察官不服，跳躍上訴第三審最高法院。第三審最高法院認為，駐留軍不該當憲法第九條第二項（不保持戰力）之戰力，日美安保條約有高度的政治性，除有明顯違憲無效之情事外，原則上不受司法判決審查。

[22] 德島地裁1996（平成8）年3月15日判決，《判例時報》1597号，頁115。

[23] 札幌地裁2002（平成14）年11月11日判決，《判例時報》1806号，頁84。

[24] 日產自動車事件，最高裁1981（昭和56）年3月24日第三小法廷判決，民集第35卷2号，頁300。

[25] 最高裁1973（昭和48）年12月12日大法廷判決，民集第27卷11号，頁1536。

[26] 最高裁1974（昭和49）年7月19日第三小法廷判決，民集第28卷5号，頁790。

[27] 最高裁1981（昭和56）年3月24日第三小法廷判決，民集第35卷2号，頁300。

[28] 第一審札幌地裁2002（平成14）年11月11日判決，《判例時報》1806号，頁84。第二審札幌高裁2004（平成16）年9月16日判決，判例集未揭載。第三審最高裁第一小法廷，2005（平成17）年4月7日判決，判例集未揭載。參見菊地洋，〈人権条約の国内適用における私人の責任と公的機関の責任：小樽温泉入浴拒否訴訟を素材として〉，《成城法学》，第74期，2005年12月，頁1-53。

適用《公民與政治權利國際公約》及《經濟社會文化權利國際公約》之實際情形。

（一）《經濟社會文化權利國際公約》

日本著名的塩見訴訟否認《經濟社會文化權利國際公約》具有自動履行性，本案件之事實概要如下。1934年，在大阪出生的原告塩見日出有日本國籍，其雙親係為日本殖民地時代時之在日朝鮮人，二次世界大戰日本戰敗後依1952年舊金山和約之約定，日本喪失對朝鮮、台灣的領土主權，基於默示合意日本政府也喪失對人的主權，即所謂基於戶籍主義有朝鮮籍或台灣籍之朝鮮人、台灣人，視為喪失日本國籍。

隨著舊金山和約，當時的法務府民事局發布了行政命令，使得因舊金山和約失去日本國籍的朝鮮人、台灣人，同時成為特別永住者。1959年，制定的國民年金法，國民年金的受領資格有年齡、居住事實、國籍等要件，其中排除了特別永住者之在日外國人的適用。國民年金主要分老人年金、殘障福祉年金、死亡給付三部分，其中殘障福祉年金係以在國民年金制度實施前曾經就診之低所得之日本國民為對象，這是全額由國庫負擔、國民無繳納部分的制度。

自幼因罹患麻疹導致全盲的原告塩見，依國民年金法別表所定為1級殘廢，塩見在1970年與同樣全盲的日本籍男子結婚，並歸化取得日本國籍。塩見向大阪政府申請殘障福祉年金，1972年，大阪政府以殘疾認定日（本案之情形為國民年金法施行日之1959年11月1日）的時點，塩見並非日本國民為由，駁回其申請。1973年，塩見以大阪府市長為被告，提起殘障福祉年金的請求之訴，並主張受領資格的國籍限制違反日本憲法第13條（尊重基本人權）、第14條第1項（平等原則）及第25條（生存權）之規定。

第一審大阪地院於1980年10月29日駁回本案，第二審大阪高院於1984年12月19日亦駁回原告之訴，故當事人上訴至最高法院。而最高法院第一小法庭亦於1989年10月28日判決上訴駁回。

最高法院主要提出四點理由，第一，憲法第25條（生存權）之最低限度的生活是抽象的、相對的概念，不能為了實現該規定之旨趣而無視國家財政狀況，基於多方面考察及基於該考察所做出的政策判斷乃是必要。由於立法機關有裁量權，除有明顯欠缺合理、明顯裁量濫用外，法院不得審查之。殘障福祉年金係由國庫全額負擔，立法機關有決定支給對象的立法

裁量權。

　　第二，在有限的財源下所實施的社會福利制度，比起合法居留的外國人，本國人得優先適用。國民年金法第81條第1項，殘障福祉年金的支給對象排除合法居留外國人之適用，應屬於立法機關之裁量範圍，並無違反憲法第25條（生存權）之情事。第三，殘障福祉年金的受領資格要件係屬於立法機關之裁量範圍，不能否定其合理性，該區別並不違反憲法第14條第1項（平等原則）。

　　最後，《經濟社會文化權利國際公約》第9條係應積極地向實現社會保障政策推進的政治責任的宣示，並不是規定應即時賦予個人具體權利。該公約第2條第1項「採取一切適當方法，尤其包括用立法方法，漸進達成本公約中所承認的權利的充分實現」亦明示該訴求。國際條約、宣言等，對日本可能不具有法之拘束力，即便具有法之拘束力，其亦無直接排斥國籍條項之趣旨。原告主張違反日本國憲法第98條第2項（應誠實遵守已締約之條約及已確立之國際法規）之主張，應認定其無理由。

　　但是此判決有幾個層面可以加以批判，第一，例如著名之憲法學者芦部信喜指出，日本國憲法第25條（生存權）應被視為「社會構成員之權利」，對於定住的外國人應使其與國民負有相同之法與社會的負擔，在憲法上與日本國民有同樣的立法措置。第二，立法目的與達成手段間應有實質的、合理的關聯性存在，要求「嚴格的合理性」基準，以司法審查為準據的審查乃是必要。以日本殘障福祉年金而言，殘障福祉年金是最低生活的保障，變成殘障的意外在人的一生中何時發生並不一定，此比國民繳費制之年金更具重要意涵，應從日本國憲法第25條（生存權）、第14條第1項（平等原則）的觀點慎重判斷之。

　　第三，將《經濟社會文化權利國際公約》解釋為漸進達成的義務，此係針對經濟發展未成熟之發展中國家而言，如日本般的先進國家仍以此為藉口怠於實施，實在無法容許。相反地，日本學者主張《經濟社會文化權利國際公約》第2條第1項並不是漸進達成即可，而係對締約國課予直接的義務。第四，原告已歸化為日本國民，竟以原告過去曾經為外國籍為由，拒絕支給殘障國民年金，否定其最低限度生活的權利，此乃提出再多的理由亦無法合理化的說詞。

　　本案判決其實是對《經濟社會文化權利國際公約》第2條第1項之誤解，雖然此條款規定:「每一締約國家承擔盡最大能力個別採取步驟或經由

國際援助和合作，特別是經濟和技術方面的援助和合作，採取步驟，以便用一切適當方法，尤其包括用立法方法，逐漸達到本公約中所承認的權利的充分實現[29]。」形式上其義務看似漸進式，然而經濟社會及文化權利委員會認為，其中所稱「採取步驟」的義務，其本身不受其他問題的限定或限制。雖然締約國可以逐步爭取完全實現有關的權利，但是在《經濟社會文化權利國際公約》對締約國生效之後的合理較短時間之內就必須採取爭取此一目標的步驟，而且此類步驟應當周密、具體、以盡可能明確地履行《經濟社會文化權利國際公約》義務為目標[30]。

　　而所謂「適當方法」亦包括司法救濟，經濟社會及文化權利委員會認為，不受歧視地享有權利可以藉由司法或其他有效補救辦法得到適當的促進。而所稱「用一切適當方法，尤其包括用立法方法」，經濟社會及文化權利委員會認為，《經濟社會文化權利國際公約》採用廣泛及彈性之途徑，使得各締約國得以衡量其國家之情況[31]。

　　經濟社會及文化權利委員會認為，「逐步實現」的規定，一方面是一種有必要的彈性規定，以反映當今世界的現實及任何國家爭取充分實現經濟、社會和文化權利面臨的困難；另一方面應該綜合《經濟社會文化權利國際公約》之總體目標以理解此用語，而其目標就是賦予締約國確立充分實現各種權利的明確義務，因而它確立了盡可能迅速地（expeditiously）及有效地（effectively）實踐目標的義務。而且任何倒退的措施都需要最嚴格之審查，必須顧及到經濟、社會、文化權利之完整性及已充分利用所有可能的資源，才有正當性[32]。

　　經濟社會及文化權利委員會亦認為，每個締約國均有責任承擔最低限度的核心義務（minimum core obligation），確保至少使每種權利的實現

---

[29] Each State Party to the present Covenant undertakes to take steps, individually and through international assistance and co-operation, especially economic and technical, to the maximum of its available resources, with a view to achieving progressively the full realization of the rights recognized in the present Covenant by all appropriate means, including particularly the adoption of legislative measures. 相關論述請參閱Matthew Craven, *The International Covenant on Economic, Social and Cultural Rights A Perspective on its Development*（Oxford University Press, 1995），pp. 106-150.

[30] 經濟社會及文化權利委員會，第3號一般性意見：締約國義務的性質（《公約》第二條第一款），E/1991/23，HRI\GEN\1\Rev.7（2004），paragraph 2。

[31] 經濟社會及文化權利委員會，第9號一般性意見：「經濟社會文化權利國際公約」之國內實踐，E/C.12/1998/24, 3 December 1998，paragraph？。

[32] 同前註，paragraph 9。

達到一個最基本的水準。經濟社會及文化權利委員會亦發展出對於《經濟社會文化權利國際公約》締約國義務檢視之範疇，經濟社會及文化權利委員會認為締約國之義務包括三個層面：尊重之義務、保護之義務、實踐之義務[33]。

此判決亦導致日本國憲法適用之不一致性，如上所述，日本國憲法第98條第1項規定憲法為國家之最高法規，而該條第2項規定日本國所締結之條約及已確立之國際法規，應誠實遵守之。國際人權條約既與國內法有同一效力，且其法律位階在法律之上，則法院應與適用憲法、法律相同直接適用人權條約，但是法院卻自行認定《經濟社會文化權利國際公約》不具自動履行性，實質結果乃是導致《經濟社會文化權利國際公約》無法直接在日本國內法院適用，本質上無法形成直接之國內保護效力。

（二）《公民與政治權利國際公約》

相對地日本最高法院認為《公民與政治權利國際公約》具有自動履行之性質，例如在「京都指紋押捺拒否事件」中，日本最高法院即指出，對照《公民與政治權利國際公約》的內容，原則上其具有自動履行之性質，在日本國內有直接適用之可能。同時歐洲人權公約等各種國際條約之內容及其相關判決，得更進一步作為解釋《公民與政治權利國際公約》之參考。另外在「小樽溫泉入浴拒否事件」中，日本最高法院亦表示，對照《公民與政治權利國際公約》的內容，原則上其具有自動履行性質之性格。以下即進行個案之分析。

1.表現自由

在實際適用《公民與政治權利國際公約》之情形，首先有關表現自由部分，在「法庭旁聽紀錄不許可國家賠償」[34]案件中，原告為具有美國華盛頓州律師資格者，以國際交流基金特別研究員之身分從事與日本證券市場相關法律制度之研究。做為該研究之一環，自1982（昭和57）年10月以來，於日本東京地方法院旁聽被告人加藤之違反所得稅法案件的各次公

---

[33] Mary Dowell-Jones, *Contextualising the International Covenant on Economic, Social and Cultural Rights: Assessing the Economic Deficit*（Martinus Nijhoff Publishers, 2004）, pp. 28-34.

[34] 判例平成01.03.08大法庭判決昭和63（オ）436法庭旁聽紀錄不許可國家賠償，第43卷2號，頁89。

審。擔任此案件的審判長規定公審期間禁止一般旁聽人紀錄筆記，上告人於各次公審之前皆尋求記錄筆記之許可，然皆遭本案審判長拒絕。本案審判長對於司法記者俱樂部所屬之新聞媒體記者，則允許其在公審期間記錄筆記。

本案中日本最高法院認定，由於《公民與政治權利國際公約》第19條第3項規定，對包含接收資訊等自由在內的表現自由之權利行使課以限制必須有法律之規定，記錄筆記之行為一般來說為人的日常活動之一，並在日常各個場合中進行，其涉及相當程度之範圍，雖說該行為並非完全與憲法所保障之自由有關，然而若將該行為視為接觸、獲取各種意見、知識、資訊之輔助行為，觀諸憲法第21條第1項規定之精神，紀錄筆記之自由乃應受到尊重。伴隨著審判公開制度之保障，旁聽人得以在法庭中聆聽審判之進行，而旁聽人在法庭中記錄筆記，若是為了認識或者記憶其所聆聽之審判所為之行為，則應予以尊重並不應無故予以妨礙者。

但是鑒於法庭警察權在這些場合當中必須適當且迅速行使，該職權之行使應賦予最能確實掌握該當法庭狀況者，亦即對訴訟進行具有全部責任的審判長廣泛之裁量；因此，是否行使該權限以及其所採取之措施應給予審判長最大限度之尊重。因此依據前述各法律之規定對旁聽人記錄筆記之行為所行使之法庭警察權，並不違反《公民與政治權利國際公約》之上述規定。

其次，在有關「教科書檢定之案件」[35]，日本最高法院認為，依據學校教育法第51條之規定而準用於高中之該法第21條第1項規定，日本文部大臣擁有檢定之權限，學校有義務使用經過檢定之教科書，根據該法條所規定的檢定主體與效果，得視其為本案檢定所依據之規定。上訴論旨認為本案檢定違反保障意見以及表現自由的《公民與政治權利國際公約》第19條之規定。然而，前述公約第19條第3項中明確記載，有關表現自由之權利行使，為了尊重他人之權利或名譽、保障國家安全或公共秩序、或公共衛生或道德等目的，應受到法律之限制。如前記三所述，日本國憲法第21條之表現自由，亦應因公共福祉而受到合理且最小限度之限制。而觀前記公約第19條保障表現自由規定之文句，亦可明確得知其並不否定因公共福祉而附加之合理且最小限度限制。據此可了解到本案檢定並未違反保障表

---

[35] 判例平成09.08.29第三小法廷判決平成6年（才）1119損害賠償，第51卷第7號，頁2921。

現自由之憲法第21條規定，而認為本案檢定違反公約第19條規定之論旨亦不予以採用。

再者，在「對於懲戒法官決定案件之即時抗告」[36]案件中，抗告人為候補法官，法制審議會將組織性犯罪對策法綱要要點呈報給日本法務大臣；對此，抗告人以法官之身分投書朝日新聞，以「無法信賴的竊聽令狀審查」為標題發表言論。後來對組織性犯罪之處罰與規制犯罪收益等相關法案、為搜查犯罪所為之監聽相關法案以及刑事訴訟法部分修正，送交國會審查，由於各政黨對法案意見分歧，而使其成為政治問題。抗告人在公開座談會發表反對法案之意見，後來被懲戒。

日本最高法院認為，抗告人主張，在外國法官的政治性行為自由廣泛受到承認，然而在本案中，乃是針對作為本國法官，本案言行是否違反日本法院法第52條第1號之規定，禁止該行為是否違反日本國憲法第21條第1項此等問題，於歷史經緯或者社會上各種條件與日本國相異之外國法規或者其運用之實際情況，或許可以作為一種參考的資料，但卻不應將其直接適用於日本國。不僅如此，不論是在何國，基於審判的本質皆對法官之政治性行為於程度上皆認可一定之界限，因此不能說日本法院法第52條第1號乃特別之規定。再者，該號規定依據以上之理由除並未違反日本國憲法第21條第1項之外，其亦顯然並未違反《公民與政治權利國際公約》第19條之規定。

2.公平審判

在「請求損害賠償案件」[37]中，日本最高法院認為在嫌犯遭到逮捕後不久，搜查機關收到因受到得選任辯護人者之委託而成為辯護人者提出初次會面之申請，對於指定會面時日等時應採取之措施。而若該機關將接見日期指定為隔日之措施符合日本國家賠償法第1條第1項所言之違法行為。不過本判決主要奠基在日本國內之國家賠償法，而非《公民與政治權利國際公約》，本判決認為日本刑事訴訟法第39條第3項之規定並不違反《公民與政治權利國際公約》第14條第3項第2款與第4款之規定，並無違法。

另外，在「受刑者接見妨害事件」中，原告為因殺人罪被判15年有期

[36] 判例平成10.12.01大法庭決定平成10年（分ク）1對於懲戒法官決定案件之即時抗告，第52卷第9號，頁1761。

[37] 判例平成12.06.13第三小法庭判決平成7年（オ）105請求損害賠償案件，第54卷第5號，頁1635。

徒刑確定之受刑者，因在日本德島監獄內遭受到監獄職員的暴行對待，欲訴請國家賠償，原告的律師前往監獄申請接見時，時常遭受到刁難，禁止接見、限制接見30分鐘或突然中止接見等，律師以暴行事件之實質被告為德島監獄為由，申請接見時要求警務職員離場，監獄所長裁示，須有保安職員在場看守且限時30分鐘作為警務職員離場的條件。原告及律師以德島監獄之接見妨害違反《公民與政治權利國際公約》第14條第1項、日本國憲法第13條、第32條之規定，訴請國家賠償。

第一審日本德島地方法院認為，《公民與政治權利國際公約》的國內法地位優於法律，且有直接效力。依據《公民與政治權利國際公約》第14條第1項及日本國憲法之趣旨，受刑者的接見權利非屬監獄所長的自由裁量權範圍。德島監獄30分鐘之接見限制違反《公民與政治權利國際公約》第14條，應賠償原告所受損害。第二審日本高松高院支持第一審判決，同時更指出歐洲人權法院就歐洲人權公約所作之判斷，得作為解釋《公民與政治權利國際公約》之參考，同時聯合國決議通過之受刑人最低處遇準則，對於受刑人保護有作為國際性基準的意義，可作為解釋《公民與政治權利國際公約》第14條之參考。

然而日本最高法院持不同見解，其認為監獄所長之各裁示處分在社會通念上並無明顯有欠妥當之處，亦無逸脫裁量權範圍或濫用裁量之情事，同時依據1970（昭和45）年9月16日之昭和40年（才）第1425號大法廷判決、1983（昭和58）年6月22日之昭和52年（才）第927號大法廷判決、1950（昭和25）年2月1日之昭和23年（れ）第281號大法廷判決，日本監獄法施行規則第121條（接見時間30分鐘以內）及第127條第1項（接見時須有監獄職員在場）之規定，並無違反日本國憲法第13條、第33條之虞，亦不能解釋為違反《公民與政治權利國際公約》第14條第1項之規定。

3.人身自由

在「京都指紋押捺拒否事件」中，原告係所謂在日韓國人二代，即擁有特別永住權之在日外國人，原告於1985年2月8日在京都某區公所辦理外國人登錄證[38]之相關手續時，因拒絕押捺指紋，遭到警察暗中搜查。原告透過律師對搜查主任官的被告提出陳述書，該月17日被告對原告申請

---

[38] 即在日外國人的身分證，日本國民並無身分證，但外國人卻被規範須隨時攜帶此身分證明。

發布逮捕令，18日上午7點33分依違反外國人登錄法第14條原告遭到警察逮捕，在警察署裡錄取口供、拍照、採取指紋、進行身體檢查後，下午1點40分移送至日本京都地檢署接受調查後，下午6點39分釋放。對此，原告主張外國人登錄法第14條之指紋押捺義務及其相關罰則的外國人登錄法第18條第1項第8款、第2項，因違反日本國憲法第13條、第14條及《公民與政治權利國際公約》第7條、第26條而無效，控告對他申請、發布逮捕令、執行逮捕並進而採取指紋、身體檢查均為違法之行為，請求國家、京都府及司法警察員被告連帶賠償100萬日圓，並請求返還指紋原紙及指紋票（行政記錄）。

原一審日本京都地院駁回原告之訴。但是二審日本大阪高院判決原告一部勝訴，從國內法角度觀之，本判決認為，「定住外國人，特別是因和平條約脫離國籍者，以我國（日本）社會構成員之身分長年在國內生活，居住關係、身分關係有相當程度的明確，應考量其與一般外國人有明顯差異。對於定住外國人，特別是因和平條約脫離國籍者，強制採取指紋之實質必要性不足，應檢討採取侵害人權程度較低的代替手段。立法機關已於1992年修法改正廢止對和平條約脫離國籍者之指紋押捺制度，改以實施照片、署名及家族事項登錄以確認當事人之同一性。已於合理期間內完成修法；結果，不能解釋為本案上訴人所指強制採取指紋違憲。」其以已經修法作為判決不違憲之理由。

以國際人權條約觀之，其認為《公民與政治權利國際公約》具有自動履行性，同時指出歐洲人權法院判決可做為參考，不過本判決認定日本國內法律規範並未違反《公民與政治權利國際公約》，其認為「拍照、採取指紋及身體檢查符合刑事法規範，並為社會一般通念中留置設施所為之保安管理行為，尚未逾越法律所允許之範圍，亦無違反『公民與政治權利國際公約』第7條之虞。」而本案之指紋押捺制度本身並未違反《公民與政治權利國際公約》第26條之規定，但是判決中亦指出，「惟對於定住外國人，特別是因平和條約脫離國籍者，是否需要強制押捺指紋，有做特別考慮之必要。」本質上此判決依然未深入探究《公民與政治權利國際公約》所保障權利之細部內涵，日本國內法院依然迴避直接適用《公民與政治權利國際公約》之實質內涵。

4.私人間適用

對於基本權是否得於私人間適用，日本法院呈現否定說及間接適用說兩種理念，不過從時間順序觀之，其已由否定說進展到間接適用說。

（1）否定說

在日本「三菱樹脂事件」中，原告高野達男，東北大學法律系畢業，三菱樹脂公司錄取為儲備幹部之試用期3個月的新進公司職員，因應徵考試時提出的履歷書、自傳及面試時，原告刻意隱瞞學生時代曾從事學生運動、並曾以擔任生協理事的身分從事學生運動之事實，在三個月的試用期結束時，公司以其隱瞞過去從事學生運動的事實，如同惡質的詐欺，不適任公司管理職要員為由，通知原告不予正式錄用。原告以三菱樹脂之不錄用係侵害受僱者思想、信條的自由，訴請確認公司職員身分之訴，並請求三菱樹脂公司支付薪資。

第一審東京地院及第二審東京高院均判決原告勝訴。但是第三審日本最高法院廢棄原判決發回更審，其認為應尊重私法自治原則，日本國憲法原則上不直接規範私人間的關係，但對基本自由、平等權益的侵害超過一般社會容許的限度時，得做適度之調整。除法律或其他有特別規定外，企業有僱傭條件決定的自由。企業以受僱者之思想、信條作為拒絕錄用的理由，並不構成民法上之不法行為，亦不能據以解為違反公序良俗[39]。

另一採用否定說之判決是日本「昭和女子大事件」，亦與表現自由有關，其事實概要如下：昭和女子大學是校風保守之私立學校，在學生手冊的「生活要錄」規定未經學校許可，禁止學生參加校外團體，並規定未經事前申請，不得在校內進行簽名連署、募款之活動。1961年10月20日左右，原告學生A未經申請許可從事簽名連署運動，學校在調查此案時發覺另有學生B、C二人未經許可加入共產黨系的學生組織——民主青年同盟，嗣後調查發現學生A亦申請加入民主青年同盟。校方通知學生及其家長，強烈要求學生不參加政治活動，並切斷與民主青年同盟的聯繫與

---

[39] 本案發回高院更審後，雙方於1976年3月11日達成和解，原告高野達男得返回職場，並獲得1500萬日圓之和解金。但長達13年的訴訟抗爭，使得當時不過35歲左右的高野已經變成一頭白髮了。返回三菱樹脂工作的高野，最高曾擔任三菱樹脂旗下子公司的社長，2005年8月22日病歿，享年65歲。

關係。其中僅有學生C表明「反省」,答應不再與民主青年同盟有任何關係,回歸一般學生的校園生活。但學生A、B依然故我,該年11月8日校方要求學生A、B自宅謹慎[40],翌年1月26日學生A、B出席學生自治會、民主青年同盟等團體舉辦之政治活動,並在活動中有批判教育、毀謗學校的發言,且於1962年2月9日民間電視台的節目上亦作出相同之發言。該月12日,校方以學生A、B違背學生本分、擾亂學校秩序為由,該當學則第三十六條第四款處以退學處分。在退學處分前,校方並未採取任何督促其反省之輔導措施。學生A、B以該退學處分不當侵害學生之受教育權為由,請求確認學生身分之訴。

　　第一審判決認定私人間亦應尊重日本國憲法第19條(精神自由)、第14條(平等原則)之規定,私立大學亦有公的性質、有公共性,應受法律規範對學生思想寬容對待。本案違反行為,雖已違反校規,擾亂教育環境狀況尚輕,教育機關在執行退學處分前,應有法律義務督促本人反省的過程、手續,故此退學處分無效。但是第二審撤銷一審判決,其否認學校在執行退學處分前,有督促本人反省的過程、手續之法律義務,亦難認有社會觀念上顯著不當逾越裁量權範圍。因而學生A、B以生活要錄違反日本國憲法第19條、第21條為由,上訴第三審。

　　第三審日本最高法院認定憲法的基本權保障在私人相互間的關係當然不適用,亦無類推適用,故私立大學之學則、生活要錄,並無違憲的問題存在。私立大學就校內外之政治活動有所限制,不能謂其為社會通念上不合理之限制。本案退學處分,其中涉及現實社會之政治活動,不能解為侵害學生的學問自由及受教育權,亦無違反公序良俗。否認學校在執行退學處分前,有督促本人反省的過程、手續之法律義務,退學處分屬於學校懲戒權之裁量範圍。

　　(2)間接適用說

　　在「日產自動車事件」判決對於私人間事件,以間接適用之方法適用基本權保障,本案事實概要如下:原告為女性,原服務公司於1966年8月被日產汽車公司合併,原公司規定女性之退休年齡為55歲,但是男性為60歲。1969年1月原告即將屆滿50歲,日產汽車公司在其屆滿50歲前一個月

---

[40] 意指在學校作出處分前,禁止外出在家反省。

預告命其辦理退職。

第一審及第二審判決均認定日產汽車公司之退休年齡規定違反日本民法第90條之公序良俗而無效。第三審日本最高法院亦維持原判決，其認為日產汽車之就業規則規定男性之退休年齡為60歲，女性之退休年齡為55歲，日產汽車就高齡女性勞動者無法提升企業貢獻度的判斷並無合理的依據，日產汽車未就個人勞動能力評價差異作審查，僅依性別作不合理的差別區分，違反日本民法第90條公序良俗之規定，參照日本國憲法第14條第1項之平等原則、日本民法第1條第2項之基本原則應解釋為無效。

「小樽溫泉入浴拒否事件」判決則是肯認國際人權條約得以間接適用於私人間之事件，本案事實概要如下：1989年與日本女性結婚，並育有二女之的原告美國人中文譯名（David Christopher Aldwinckle）為北海道情報大學副教授，事件案發當時為講師，1996年取得永住權，並於2000年10月歸化取得日本國籍，自取日文姓名「有道出人」。1999年9月與德國籍友人中文譯名（Olaf Karthaus）[41]及美國籍友人H[42]一同前往小樽市湯之花溫泉設施造訪，卻遭以拒絕外國人入浴為由被拒在外。但是3人均長期在北海道生活，了解日本文化、日語流利。有道出人在2000年10月歸化取得日本國籍後，再度前往湯之花消費仍遭拒絕，其出示駕照證明已取得日本籍，並非外國籍，仍遭以外表看仍是外國人為由拒絕其入浴。有道出人認遭受到種族歧視，2001年2月聯合德國籍及美國籍友人共同提出訴訟，要求湯之花及小樽市賠償600萬日圓並刊登謝罪廣告。

第一審日本札幌地院判決湯之花賠償原告每人100萬日圓，但是駁回原告對小樽市的損害賠償請求。本判決認為，《公民與政治權利國際公約》具有自動履行性，日本國內法院得以直接適用，本案湯之花拒絕當事人入浴，違反《公民與政治權利國際公約》第26條[43]之規定。判決認為，縱使日本尚不容許國際條約直接適用於私人間之關係，國際人權條約仍可被認定是日本之「公序良俗」，因此湯之花對原告3人基於民法第709條、民法第710條仍負有損害賠償責任。

---

[41] 當時為千歲科學技術大學助理教授。

[42] 當時任職於札幌市某公司。

[43] 「公民與政治權利國際公約」第二十六條規定：「所有的人在法律前平等，並有權受法律的平等保護，無所歧視。在這方面，法律應禁止任何歧視並保證所有的人得到平等的和有效的保護，以免受基於種族、膚色、性別、語言、宗教、政治或其他見解、國籍或社會出身、財產，出生或其他身分等任何理由的歧視。」

　　不過判決認為，小樽市就本案涉及之侵害人權問題，曾多次與湯之花協議、口頭指導、文書送達，並數次舉辦活動向市民宣導、協助外國人學習日本之泡湯禮儀等。而本案實為私人間之爭議問題，以行政強制介入有困難，且小樽市為協助解決本案爭議，有努力提出方法、對策之事實，故難究其有不作為之責任，因而駁回原告對小樽市的損害賠償請求[44]。

　　由以上各判決可以看出，日本最高法院適用《公民與政治權利國際公約》的案件不多，理論上《公民與政治權利國際公約》有日本國內法之地位，日本最高法院亦認為《公民與政治權利國際公約》為自動履行之條約，在各有關案件中，都應該適用，但是實際上並非如此，真正適用《公民與政治權利國際公約》之案件其實是相當稀少，《公民與政治權利國際公約》在1979年9月21日即對日本生效，已超過30年之時間，但是卻依然未完整深入日本的國內訴訟，可見得日本國內法院是如此排斥《公民與政治權利國際公約》。而日本國內法院亦從未明確說明《公民與政治權利國際公約》之國內法位階為何，判決內容只是說明《公民與政治權利國際公約》有日本國內法之地位，是自動履行之條約，但是卻未清楚指出公約有高於國內法之地位，其實人權事務委員會亦已指出此情形[45]，但是幾十年來日本國內法院從未改善。

　　而從判決內容觀之，日本最高法院通常只說明日本國憲法與《公民與政治權利國際公約》相同之處，但是卻未進一步探討人權事務委員會如何詮釋《公民與政治權利國際公約》各權利條款之內涵，因此只是作形式上之判斷，因而亦導致日本最高法院從未引用《公民與政治權利國際公約》之內涵，作為判決之核心基礎，與作為違憲審查之重要基礎，當然亦未進而引用《公民與政治權利國際公約》而認定國內法應該不適用，因此吾人可說日本最高法院其實非常忽視《公民與政治權利國際公約》。

　　從判決結果觀之，幾乎是一面倒地認為日本國內法未違反《公民與政治權利國際公約》，而「小樽溫泉入浴拒否事件」判決是將《公民與政治權利國際公約》之權利規定當作公序良俗，亦不是認為日本國內法違反該公約，因而實質上該公約並未影響日本之國內法內容，亦未因為日本國內法院之適用而提升權利之基準。

---

[44] 後來兩造都上訴，但是第二審於2004年駁回上訴，第三審於2005年駁回上訴，因而本案依據第一審判決確定。

[45] 請參見本文後續參二（二）B之相關討論。

參、國際審查日本之國家報告

　　以下先探究《經濟社會文化權利國際公約》及《公民與政治權利國際公約》之締約國必須承擔何種義務，然後進而分析日本如何實踐其義務，兩個人權公約所建立之委員會如何監督日本所提出之國家報告。

一、締約國義務

　　《經濟社會文化權利國際公約》及《公民與政治權利國際公約》締約國之義務包含四種類型，包括國家報告、國家訴訟、個人訴訟、詢問程序。

（一）報告義務

　　《經濟社會文化權利國際公約》的主要監督機制是第16至25條所規範之報告制度。各締約國之義務僅需分期向聯合國秘書長提出關於遵行本公約所承認的權利所採取措施及進展的報告，按照本公約的規定，報告得指出影響履行本公約義務的程度的因素及困難，聯合國秘書長應將報告副本轉交經社理事會以及相關之聯合國專門機構，經社理事會得將各國提出之關於人權的報告及各專門機構提出之關於人權的報告轉交人權委員會，以供人權委員會研究及提出一般性建議或在適當時機加以參考，而接到報告之機構可以就實現人權之問題向聯大提出一般性建議，但是為求避免對某國之行動提出具體評論而使該國陷入窘境，上述之機構不可對某國之人權記錄做出具體之觀察、評論或建議。

　　同樣地《公民與政治權利國際公約》第40條亦規定，締約國有對人權事務委員會提出報告之義務[46]，締約國之報告應送交聯合國秘書長轉交人權事務委員會審議，聯合國秘書長在與人權事務委員會磋商之後，可以將

---

[46] 公約各締約國承擔在（1）本公約對有關締約國生效後的一年內及（2）此後每逢委員會要求如此行時，提出關於締約國已經採取而使本公約所承認的各項權利得以實施的措施和關於在享受這些權利方面所作出的進展的報告。See Ineke Boerefijn, *The Reporting Procedure under the Covenant on Civil and Political Rights Practice and Procedures of the Human Rights Committee*（Intersentia, 1999）, pp. 9-10.

報告中屬於專門機構職司範圍部分的副本轉交有關的專門機構，人權事務委員會應研究本公約各締約國提出的報告，並應將其自己的報告以及其可能認為適當的一般建議（General Comment）送交各締約國，人權事務委員會亦可將其意見連同其從本公約各締約國收到的報告副本一起轉交經社理事會。依據公約第40條第1項及第2項規定，報告的內容包含「關於締約國已經採取而使本公約所承認的各項權利得以實施的措施和關於在享受這些權利方面所作出的進展的報告」及「影響實現本公約的因素和困難」[47]。從以上的敘述可知，報告時不只是法律制度或原則主張，更被要求說明適用之實際情形。

　　但是不同的是《公民與政治權利國際公約》設立人權事務委員會，做為監督此條約之機制，但是《經濟社會文化權利國際公約》卻無獨立條約監督機制之設置，而是委由經社理事會審理之，但是畢竟經社理事會之成員代表，都是各國之外交官，而非人權專家，因此其觀點不一定專業。為求改善此缺失，經社理事會本來是以設立工作小組（working group）之方式，協助其在此領域之工作，直到1985年經社理事會始通過決議[48]設立經濟社會及文化權委員會，作為監督《經濟社會文化權利國際公約》之機制[49]，但是此經濟社會及文化權利委員會與人權事務委員會之差異是：首先，人權事務委員會由人權條約設立，而經濟社會及文化權委員會是由經社理事會決議成立。其次，經濟社會及文化權利委員會委員由經社理事會選舉產生，但是人權事務委員會委員由聯合國大會選舉產生。這兩項差異顯示《經濟社會文化權利國際公約》較受忽視。

（二）國家訴訟

　　「公民與政治權國際公約」的另一項監督途徑是審理國家訴訟，依據《公民與政治權國際公約》第41條規定，締約國得隨時聲明承認人權事務

---

[47] 相關論述請參閱P. R. Ghandhi, *The Human Rights Committee and the Right of Individual Communication Law and Practice*（Ashgate Publishing Ltd., 1998）. Dominic McGoldrick, *The Human Right Committee Its Rule on the International Covenant on Civil and Politic Rights*（Oxford University Press, 1993）.

[48] Economic and Social Council resolution 1985/17.

[49] See Matthew Craven, "The UN Committee on Economic, Social and Cultural Rights," in Asbjørn Eide, Catarina Krause and Allan Rosas（eds.）, *Economic, Social and Cultural Rights*（Martinus Nijhoff Publishers, second revised edition, 2001）, pp. 456-457.

委員會有權接受及審議一締約國指控另一締約國不履行在本公約下義務的通告；惟本條所規定之通告必須是由曾經聲明承認人權事務委員會之職權的締約國所提出者，人權事務委員會始能對此通告加以接受及審議，若通告係由尚未作出此種聲明的締約國提出者，人權事務委員會不得加以接受或審理。易言之，人權事務委員會接受或審議對締約國未履行本公約下義務之指控係限於締約國之間的制度，並且僅以已聲明承認該人權事務委員會的職權之締約國為適用對象。必須強調的是人權事務委員會至今從未審理過任何國家訴訟案件。

《經濟、社會及文化權國際公約》並無國家訴訟制度之規定，不過《經濟社會文化權利國際公約附加議定書》第10條亦明訂締約國得隨時聲明承認經濟社會及文化權利委員會有權接受及審議一締約國指控另一締約國不履行在本公約下義務的通知。不過因為《經濟社會文化權利國際公約附加議定書》尚未生效，因此並未形成國家訴訟制度。

（三）個人申訴

個人申訴制度是《公民與政治權利國際公約》所建構最重要的國際人權監督機制，其使得人權救濟途徑，從國內擴展至國際。在《公民與政治權利國際公約》之草擬期間，對於人權事務委員會是否可接受或審議來自個人指控該締約國不履行在本公約下義務的通報，草擬者採取以任擇議定書之方式將其定為任意性規範，即締約國有權自由決定是否要接受人權事務委員會有權管轄來自個人對該締約國之控訴，而參加《公民與政治權利國際公約任擇議定書》之締約國就是承認人權事務委員會此部分之職權。任擇議定書於1966年12月16日與《公民與政治權利國際公約》同時在聯合國大會通過並開放簽署，於1976年3月23日生效，至2011年6月為止共有113個締約國，即全世界已有超過半數國家允許其人民在公民與政治權利領域進行國際人權救濟。

《公民與政治權利國際公約任擇議定書》共有13條條文，主要規定人權事務委員會有權接受與審查來自締約國管轄下之個人指控該締約國違反公約所載權利的申訴（第1條）；該個人應先用盡國內救濟方法並署名申訴（第2、3條）；人權事務委員會收到通知後應提請有關締約國注意，後者應於六個月內提出說明（第4條）；人權事務委員會審議個人之指控時應以不公開方式進行，並在審查後向有關締約國及個人提出意見（第5

條）；人權事務委員會應將其工作摘要列入經社理事會向大會提出之年度報告中（第6條）。人權事務委員會受理之個人申訴，須先用盡國內救濟，但是不包括受到無理拖延者。

但是《經濟社會文化權利國際公約》卻無個人申訴之制度，雖然從1990年開始經濟社會及文化權利委員會即建議，應訂定經濟、社會及文化權國際公約附加議定書[50]，以建構經濟、社會及文化權之個人申訴制度，一直到2008年12月10日聯合國大會始通過《經濟社會文化權利國際公約附加議定書》，依據此議定書第18條規定，必須有10個國家批准本議定書始生效，但是至2011年6月為止，僅有3個國家批准，因而此議定書尚未生效。然而，公民與政治權之個人申訴制度已實行超過20年，可見兩者之差異。

原則上《經濟社會文化權利國際公約附加議定書》所建構之個人申訴制度與《公民與政治權利國際公約任擇議定書》相當接近，同樣地經濟社會及文化權利委員會有權接受與審查來自締約國管轄下之個人指控該締約國違反公約所載權利的申訴（第1條）；該個人應先用盡國內救濟方法並署名申訴（第2、3條）；不過經濟社會及文化權利委員會若認為此個案未受到明顯不利益時，得以不受理（第4條）。而比較特別的是《經濟社會文化權利國際公約附加議定書》將「臨時措施（interim measure）」及「後續追蹤（follow up）」程序分別明訂於議定書之第5條及第9條中。

（四）詢問程序

比較特別的是《經濟社會文化權利國際公約附加議定書》第11條亦建立詢問程序（inquiry procedure），所謂詢問程序，係指若經濟社會及文化權利委員會收到可靠之消息顯示，在締約國中有嚴重或是集體性之違反經濟社會文化權利時所進行之程序，經濟社會及文化權利委員會得邀請（invite）該當事國合作以檢視此訊息，並提出其對此訊息之觀察意見。不過因為《經濟社會文化權利國際公約附加議定書》尚未生效，並未形成詢

---

[50] 比較詳盡之論述，請參閱Martin Scheinin, "The Proposed Optional Protocol to the Covenant on Economic, Social and Cultural Rights: A Blueprint for UN Human Rights Treaty Body Reform Without Amending the Existing Treaties," （2006）6 *Human Rights Law Review* 131-142. Kitty Arambulo, *Strengthening the Supervision of the International Covenant of Economic, Social and Cultural Rights* （Intersentia, 1999）, pp. 173-215.

問程序之制度。

　　因為從未有國家訴訟發生，日本並未加入《公民與政治權利國際公約任擇議定書》，亦未簽署《經濟、社會及文化權國際公約附加議定書》，日本亦未加入個人申訴之制度，日本亦未聲明接受詢問程序。因而對於日本而言，主要是提出實踐《公民與政治權利國際公約》及《經濟社會文化權利國際公約》之國家報告以供審查，因而以下即檢視人權事務委員會及經濟社會及文化權利委員會如何審理日本所提出之報告。

二、審查報告

　　以下分別探討日本依據《經濟社會文化權利國際公約》及《公民與政治權利國際公約》提出報告之實際情形，同時分析經濟社會及文化權利委員會、人權事務委員會如何審查日本所提出之報告。

（一）《經濟社會文化權利國際公約》

1.提交報告之過程

　　《經濟社會文化權利國際公約》於1979年09月21日對日本生效，原則上締約國應該在本公約對其生效兩年內提出首次報告，不過《經濟社會文化權利國際公約》第17條第1項規定：「本公約締約各國應按照經濟及社會理事會在與本公約締約國和有關的專門機構進行諮商後，於本公約生效後一年內，所制定的計劃，分期提供報告。」

　　而日本亦透過此規定之安排，以便分期提出首次報告，結果是經濟社會及文化權利委員會允許日本於1981年09月1日之前針對《經濟社會文化權利國際公約》第13至15條提出首次報告，日本則是在1981年9月29日提出，而經濟社會及文化權利委員會於1982年4月審查日本之報告。經濟社會及文化權委員會要求日本於1983年9月1日之前針對《經濟社會文化權利國際公約》第六至九條提出首次報告，日本則是在1984年4月27日提出，而經濟社會及文化權利委員會於1984年4月審查日本之報告。經濟社會及文化權委員會要求日本於1985年9月1日之前針對《經濟社會文化權利國際公約》第10至12條提出首次報告，日本則是在1986年3月7日提出，而經濟社會及文化權利委員會於1986年4月審查日本之報告。因而實質上日本的

首次報告歷經多年始完成提交及審查之程序。

　　經濟社會及文化權利委員會建構出要求締約國每五年作定期報告之節奏，不過其最大問題是如何計算五年期間，例如經濟社會及文化權利委員會要求日本於1992年6月30日之前提出第二次定期報告（periodic report），其中難以理解五年期間如何計算，而日本則是拖到1998年8月28日始提出，經濟社會及文化權利委員會則是到2001年8月始審查日本之報告。經過這些時間拖延之後，經濟社會及文化權利委員會要求日本於2006年6月30日之前提出第三次定期報告，顯然地其是以自己審查報告之年度以計算五年期間，而所有的拖延時間就隨風而逝，結果是締約國若能拖延越多年時，即可避免多次的報告義務，此制度恐怕是促使各締約國盡力拖延提出報告之原因，日本亦是如此，本應在2006年6月30日之前提出的第三次定期報告，直到2011年6月30日為止日本皆尚未提出，至少已拖延五年之久，而實質上亦因此日本減少提出報告之次數。

2.檢視重點

　　經濟社會及文化權利委員會以所謂的「最終意見（concluding observation）」之方式呈現其對各締約國國家報告之意見，原則上其包括四個部分，分別是導論（introduction）、積極層面（positive aspects）、主要關切議題（principal subjects of concern）、建議（suggestions and recommendations），對於日本之審查亦不例外。

　　以經濟社會及文化權利委員會對於日本第二次定期報告之審查為例，此最終意見[51]在導論中指出，日本之報告原則上都符合經濟社會及文化權利委員會所定之指引規定，同時與日本代表有開放且具建設性之對話，而日本代表亦有意願回答問題[52]。

　　在積極層面部分，經濟社會及文化權利委員會指出，日本是高度已開發國家，大部分日本人享有高層級之經濟社會及文化權利，日本有大量之國際援助及合作，以協助國際實踐經濟社會文化權利，在準備報告過程中有諮詢民間團體，形成新的性別平等計畫，同時制訂許多新法律，以保障

---

[51] Concluding Observations of the Committee on Economic, Social and Cultural Rights: Japan. 2001/09/24. E/C.12/1/Add.67, 24 September 2001.

[52] Ibid., paragraph 2.

婦女及兒童之權利[53]。

　　經濟社會及文化權利委員會對於日本的主要關切議題，包括以下重點[54]，同時經濟社會及文化權利委員會亦提出諸多建議[55]。第一，日本並未使本公約有充分之國內法律地位，國內法院錯誤地以非直接履行性質而未直接適用本公約[56]。因而經濟社會及文化權利委員會建議日本應該讓《經濟社會文化權利國際公約》得以在日本國內直接適用[57]。不過如上所述，日本著名的塩見訴訟否認《經濟社會文化權利國際公約》具有自動履行性，且長久以來從未改變，日本並未實踐經濟社會及文化權利委員會之意見。

　　第二，經濟社會及文化權利委員會指出，日本無意撤回保留條款[58]，因而經濟社會及文化權利委員會呼籲日本應儘速撤回上述保留[59]。然而確實如上所述，日本從簽署本公約時即提出保留第7條第4款、第8條第1項、第13條第2項第2款及第3款，同樣地長久以來並未撤回。

　　第三，日本有諸多不平等之現象，包括針對部落民（Buraku）、琉球人、愛努族（Ainu）、韓國裔、非婚生子女、女性等[60]。而經濟社會及文化權利委員會亦建議日本應該制訂反歧視法[61]，其實人權事務委員會亦持續關心日本的相關歧視問題，不過日本並未重視上述建議，亦無改善之成果。

　　第四，有關工作部分，經濟社會及文化權利委員會認為日本不論是公部門或私部門都超時工作，而公務員不得罷工[62]。而其原因是日本對《經濟社會文化權利國際公約》第八條第二項提出保留。因而經濟社會及文化權利委員會建議應該降低工時[63]，同時允許部分公務員罷工之權利[64]。然而實質上日本似乎亦未減低工時，更可確定的是日本並未允許公務員罷工。

---

[53] Ibid., paragraphs 3-9.
[54] Ibid., paragraphs 10-32.
[55] Ibid., paragraphs 33-63.
[56] Ibid., paragraph 10.
[57] Ibid., paragraph 33.
[58] Ibid., paragraph 11.
[59] Ibid., paragraph 34.
[60] Ibid., paragraphs 13, 14, 17.
[61] Ibid., paragraph 39.
[62] Ibid., paragraphs 19-21.
[63] Ibid., paragraph 46.
[64] Ibid., paragraph 48.

　　第五，比較特別的是，經濟社會及文化權委員會亦指出，日本核電廠發生事故值得關注，而且其資訊不夠透明[65]。因而經濟社會及文化權利委員會要求日本應該使得相關資訊更加透明，同時預防核子事故之發生[66]。對照日本311強震後福島核電廠的事件及諸多資訊不確實，更是欷噓。其中亦可見，對於經濟社會及文化權利委員會之意見，日本並未嚴肅看待。

　　第六，經濟社會及文化權利委員會亦關注街友問題，其認為日本有諸多街友，甚至強制街友搬遷或驅逐[67]。因而經濟社會及文化權利委員會建議日本應該完整調查產生街友之原因，同時運用各種方法以確保街友適當之生活水準[68]。

　　第七，經濟社會及文化權利委員會亦認為，日本每一層級之教育都遭遇過度之競爭壓力，而少數民族之學生極少有機會受其語言及文化之教育[69]。因而經濟社會及文化權利委員會建議日本應該重新檢視其教育制度，以降低學習壓力，同時賦予少數民族學習母語之機會[70]。

　　另外，有關制度面向，經濟社會及文化權利委員會亦建議日本應該參考建立「人權影響評估（human rights impact assessment）[71]」，建立完整的保障經濟社會及文化權利之國家行動計畫（national plan of action）[72]，同時依據聯合國巴黎原則（Paris Principles）設立國家人權機構（national human rights institution）[73]。不過日本從未構思要建立「人權影響評估」，亦無建立完整的保障經濟社會及文化權利之國家行動計畫，而日本從2002年開始討論設立國家人權委員會，但是至今尚未成功。總而言之，經濟社會及文化權利委員會所建議的制度，皆未在日本實踐。

　　在經濟社會及文化權利委員會提出最終意見之後，日本亦提出評論[74]，然而通篇評論只是認為經濟社會及文化權利委員會對日本有誤解，作出錯誤之評論，或是重申其報告之意見，其中無任何要實踐經濟社會及

---

[65] Ibid., paragraph 22.
[66] Ibid., paragraph 49.
[67] Ibid., paragraphs 29-30.
[68] Ibid., paragraph 56.
[69] Ibid., paragraphs 31-32.
[70] Ibid., paragraphs 58-61.
[71] Ibid., paragraph 33.
[72] Ibid., paragraph 36.
[73] Ibid., paragraph 38.
[74] Comments by States parties on Concluding observations, E/C.12/2002/12, 29 November 2002.

文化權委員會之建議的說明，明顯地日本根本不理會經濟社會及文化權利委員會之意見，甚至不提出第三次定期報告，根本無視於其對《經濟社會文化權利國際公約》所必須承擔之義務，當然實質結果是日本亦從未盡力採取措施，以實踐經濟社會及文化權委員會之建議。

如上所述，日本國內法院否認《經濟社會文化權利國際公約》具有自動履行性，因而《經濟社會文化權利國際公約》不會被日本國內法院適用，而且在國際面向上日本拖延國家報告，甚至不交國家報告，對於經濟社會及文化權委員會之建議亦置之不理；由此觀之，即使日本已成為《經濟社會文化權利國際公約》之締約國超過三十年，但是實質上《經濟社會文化權利國際公約》對於日本幾乎可以用毫無影響加以描述。

（二）《公民與政治權利國際公約》

1.提交報告之過程

《公民與政治權利國際公約》第40條要求締約國必須要在本公約對其生效後一年內提出首次報告，《公民與政治權利國際公約》於1979年09月21日對日本生效，因而依規定日本應該於1980年9月20日之前提出首次報告，日本則是在1980年10月24日提出，而人權事務委員會於1981年10月19日至30日審查日本之報告。

因為人權事務委員會已建立要求締約國五年定期報告之制度，因而人權事務委員會要求日本在1986年10月31日之前提出第二次定期報告（periodic report），但是日本在1987年12月24日始提出，而人權事務委員會於1988年7月11日至29日審查日本之報告。同樣地人權事務委員會要求日本在1991年10月31日之前提出第三次定期報告，但是日本在1991年12月16日始提出，而人權事務委員會於1993年10月18日至11月5日審查日本之報告。人權事務委員會要求日本在1996年10月31日之前提出第四次定期報告，但是日本在1997年6月16日始提出，而人權事務委員會於1998年10月19日至11月5日審查日本之報告。人權事務委員會要求日本在2002年10月31日之前提出第五次定期報告，但是日本卻一直拖到2006年12月16日始提出，而人權事務委員會於2006年10月13日至31日審查日本之報告。

依據規定日本之第六次定期報告應該在2011年10月31日之前提出。本來前四次報告，日本原則上尚能趕上時程，但是第五次卻有嚴重拖延之

現象，而所稱之五年定期報告，其實是以人權事務委員會審查之年份再往後計算五年，而因日本之拖延，實質上日本亦減低報告之次數，其本質與《經濟社會文化權利國際公約》所做之報告乃是一樣，只是日本依據《公民與政治權利國際公約》所做之報告的拖延情形，相對而言不如依據《經濟社會文化權利國際公約》所做之報告般嚴重拖延。

2.檢視重點

人權事務委員會亦是以「最終意見（concluding observation）」之方式呈現其對各締約國國家報告之意見，同樣地其內容包括導論、積極層面、主要關切議題、建議等四個部分，對於日本之審查亦不例外。

在導論部分，人權事務委員會與經濟社會及文化權利委員會有類似之意見，人權事務委員會亦指出，日本之報告原則上皆符合人權事務委員會所定之指引規定，同時與日本代表有開放且具建設性之對話，而日本代表亦有意願回答問題。而日本政府在提出報告之前亦與民間團體充分溝通[75]。

在積極層面部分，人權事務委員會在審查日本之第三次報告時認為日本以嚴肅之態度面對其在《公民與政治權利國際公約》之義務，一般而言公民與政治權利在日本有良好之實踐，同時日本積極協助在國際上提倡人權保障[76]。在審查第四次報告時，人權事務委員會認為日本通過「人權保障措施促進法（Law on the Promotion of Measures for Human Rights Protection）」，在內閣中成立促進性別平等委員會（Council for the Promotion of Gender Equality）等，都是正面之發展[77]。而人權事務委員會在審查第五次報告時，認為日本通過性別平等基本法（Basic Law for a Gender-Equal Society）、任命性別平等大臣、通過性別平等計畫等，都是正面之發展。另外，人權事務委員會亦對日本加入「羅馬國際刑事法院規程（Rome Statute of the International Criminal Court）」表示歡迎[78]。

---

[75] Concluding Observations of the Human Rights Committee: Japan. 1993/11/05. CCPR/C/79/Add.28. Concluding Observations of the Human Rights Committee: Japan. 1998/11/19. CCPR/C/79/Add.102, paragraph 2. Concluding Observations of the Human Rights Committee: Japan, CCPR/C/JPN/CO/5, 18 December 2008, paragraph 2.

[76] Concluding Observations of the Human Rights Committee: Japan. 1993/11/05. CCPR/C/79/Add.28.

[77] Concluding Observations of the Human Rights Committee: Japan. 1998/11/19. CCPR/C/79/Add.102, paragraphs 3-4.

[78] Concluding Observations of the Human Rights Committee: Japan, CCPR/C/JPN/CO/5, 18 December 2008, paragraphs 3-4.

在主要關切議題及建議部分，主要集中於以下領域。第一，國內適用。人權事務委員會認為，日本憲法並未清楚確認《公民與政治權利國際公約》之法律位階是高於日本國內法[79]。日本認為若國內法院可直接適用《公民與政治權利國際公約》時，將會對司法形成難題，甚至影響司法獨立。這可由本文上述有關日本國內法院適用《公民與政治權利國際公約》之實際情形看出，日本依然未確認《公民與政治權利國際公約》之法律位階是高於日本國內法。

而人權事務委員會亦指出，日本未對司法人員教育《公民與政治權利國際公約》之培訓規劃[80]。因此人權事務委員會建議日本應該將人權事務委員會之一般意見及個案判決讓法官瞭解[81]。不過從本文上述日本國內法院適用《公民與政治權利國際公約》之情形觀之，日本法官幾乎未提起過人權事務委員會之一般意見及個案判決，而只是單純地提及《公民與政治權利國際公約》之條文，因而恐怕日本並未積極地讓法官瞭解人權事務委員會之一般意見及個案判決。

第二，平等權。人權事務委員會認為日本依然有一些歧視之事件發生，例如對於婦女、韓國裔永久住民、部落民、愛努人之歧視。而韓國及台灣裔之老兵，其老年給付較低。精神障礙者受雇遭到歧視，非婚生子女之出生及家庭登記規定、繼承規範，都違反《公民與政治權利國際公約》[82]。當然人權事務委員會建議日本應該採取行動消弭上述歧視情事，以符合《公民與政治權利國際公約》第2條、第24條、第26條[83]。然而從人權事務委員會持續關心上述歧視議題及日本並未積極回應觀之，日本不夠積極實踐人權事務委員會之建議。

第三，人身自由及公平審判。人權事務委員會認為，日本偵查中之羈押過於廣泛，未盡速由法院審判，卻由警察決定之，此部分違反《公民與政治權利國際公約》第9條、第10條、第14條[84]。日本之人身保護法

---

[79] Concluding Observations of the Human Rights Committee: Japan. 1993/11/05. CCPR/C/79/Add.28.

[80] Concluding Observations of the Human Rights Committee: Japan. 1998/11/19. CCPR/C/79/Add.102, paragraph 32.

[81] Concluding Observations of the Human Rights Committee: Japan, CCPR/C/JPN/CO/5, 18 December 2008, paragraph 7.

[82] 同前註80。

[83] 同前註。

[84] 同前註80。

（Habeas Corpus Law）亦太嚴格，已限縮人身保護令申請之可能性[85]。人權事務委員會亦認為，日本非常多之刑事判決都是基於被告之自白，因而人權事務委員會建議日本應該改善偵查程序，例如警察偵訊時應全程錄影[86]。而日本未採用起訴狀一本主義，人權事務委員會認為有可能影響被告之防禦權[87]。人權事務委員會在審查日本的第五次定期報告時，特別依據其程序規則第71條第5項[88]要求日本必須在一年內針對人權事務委員會在司法人權議題之建議提出報告，但是日本在一年半之後始提出報告，更重要的是其內容只是解釋日本維持既有制度之理由，對於人權事務委員會之相關建議置之不理[89]。

第四，監獄之狀況。有關日本監獄之狀況，人權事務委員會認為有幾點問題，包括行為管理嚴格，限制言論自由及隱私權。嚴厲的處罰規範，同時處罰決定缺乏公平及公開之程序，對於申訴之囚犯保護不足，缺乏調查申訴之可信制度，過度使用戒具等[90]。

第五，廢除死刑。人權事務委員會關心日本之死刑議題，其認為日本有太多可處死刑之刑法規定，對於死囚有過度之會面及通訊限制，執行死刑前未通知家屬，違反《公民與政治權利國際公約》[91]。因而人權事務委員會建議日本應該縮小死刑之範疇，或是甚至廢除死刑。人權事務委員會亦特別提到，生命權之保障與多數民意不應過度連結[92]。不過非常明顯地日本並未改善上述情況。

第六，外國人權利。有關外國人入境及移民程序，人權事務委員會認為，外國人再入境必須持有再入境許可，此對有永久居留權已居住在日本

---

[85] Concluding Observations of the Human Rights Committee: Japan. 1998/11/19. CCPR/C/79/Add.102, paragraph 24.

[86] ibid, paragraph 26.

[87] 同前註。

[88] 人權事務委員會程序規則第七十一條第五項："The Committee may request the State party to give priority to such aspects of its concluding observations as it may specify."

[89] See Human Rights Committee, Information received from Japan on the implementation of the concluding observations of the Human Rights Committee（CCPR/C/JPN/CO/5），3 May 2010.

[90] Concluding Observations of the Human Rights Committee: Japan. 1998/11/19. CCPR/C/79/Add.102, paragraph 27.

[91] 同前註80。

[92] Concluding Observations of the Human Rights Committee: Japan, CCPR/C/JPN/CO/5, 18 December 2008, paragraph 16.

之第二代或第三代人士,形成相當大之障礙,此違反《公民與政治權利國際公約》第十二條第四項[93]。而在移民審查程序中,有人甚至被拘禁長達兩年,人權事務委員會亦認為此違反《公民與政治權利國際公約》第九條[94]。

第七,加入相關人權條約及設立國家人權委員會。人權事務委員會亦建議日本應該加入「公民與政治權利國際公約任擇議定書」[95]、「禁止酷刑及其他殘忍、不人道或有辱人格的待遇或處罰公約(Convention against Torture and Other Cruel, Inhuman or Degrading Treatment or Punishment)[96]」。人權事務委員會亦認為,日本應該設立獨立之人權機制,以調查違反人權事件[97],人權事務委員會與經濟社會及文化權委員會有一樣之意見,兩者皆認為日本應該依據聯合國巴黎原則設立國家人權機構[98]。此部分積極之面向是日本在1999年6月29日加入「禁止酷刑及其他殘忍、不人道或有辱人格的待遇或處罰公約」,不過日本依然未加入「公民與政治權利國際公約任擇議定書」,亦未設立國家人權機構。

人權事務委員會亦在審查日本的第四次及第五次定期報告時,特別指出其所提出之建議絕大部分日本皆未改進[99]。從以上分析觀之,確實日本並未積極實踐人權事務委員會之建議。

在國內面向,如上所述,實質上《公民與政治權利國際公約》並未影響日本之國內法內容,亦未因為日本國內法院之適用而提升權利之標準。而在國際面向,日本拖延國家報告之繳交,亦未積極實踐人權事務委員會之建議,實在難以認為日本有衷心實踐《公民與政治權利國際公約》之意願。

---

[93] Concluding Observations of the Human Rights Committee: Japan. 1998/11/19. CCPR/C/79/Add.102, paragraph 18.

[94] ibid, paragraph 19.

[95] Concluding Observations of the Human Rights Committee: Japan, CCPR/C/JPN/CO/5, 18 December 2008, paragraph 8.

[96] 同前註80。

[97] 同前註95,id, paragraph 9.。

[98] 同前註95,id, paragraph 9.。

[99] Concluding Observations of the Human Rights Committee: Japan. 1998/11/19. CCPR/C/79/Add.102, paragraph 6. Concluding Observations of the Human Rights Committee: Japan, CCPR/C/JPN/CO/5, 18 December 2008, paragraph 6.

肆、結論

　　日本在1956年始加入聯合國，因此日本並未參與「世界人權宣言」之草擬。而《公民與政治權利國際公約》及《經濟社會文化權利國際公約》之草擬時間為1949年至1966年，因而日本只參與後半段過程。日本於1979年6月21日同時存放《公民與政治權利國際公約》及《經濟社會文化權利國際公約》之批准書，不過日本並未加入《公民與政治權利國際公約任擇議定書》及《公民與政治權利國際公約第二任擇議定書》，日本亦未簽署《經濟社會文化權利國際公約附加議定書》。因而日本並無加入個人申訴之制度，亦未接受廢除死刑之理念。

　　日本認為國際人權條約與國內法有同一效力，且其法律位階在法律之上。不過日本著名的塩見訴訟卻否認《經濟社會文化權利國際公約》具有自動履行性，本文認為本案判決其實是對《經濟社會文化權利國際公約》第二條第一項之誤解，亦導致日本憲法適用之不一致性，而實質結果是導致《經濟社會文化權利國際公約》無法直接在日本國內法院適用。且在國際面向上日本拖延國家報告，甚至不交國家報告，對於經濟社會及文化權利委員會之建議亦置之不理。

　　同樣地實質上《公民與政治權利國際公約》並未影響日本之國內法內容，亦未因為日本國內法院之適用而提升權利之標準。而在國際面向，日本亦拖延國家報告之繳交，亦未積極實踐人權事務委員會之建議，實在難以認為日本有衷心實踐《公民與政治權利國際公約》之意願。

　　由此觀之，即使日本已成為《經濟社會文化權利國際公約》及《公民與政治權利國際公約》之締約國超過30年，但是實質上這兩個人權公約對於日本並無太多影響。

參考文獻

一、漢文及日文資料

日產自動車事件，最高裁1981（昭和56）年3月24日第三小法庭判決，民集第
　　35卷2号，頁300。

判例平成09.08.29第三小法庭˙判決平成6年（オ）1119損害賠償，第51卷第7
　　號，頁2921。

判例平成12.06.13第三小法庭˙判決平成7年（オ）105請求損害賠償案件，第54
　　卷第5號，頁1635。

判例平成01.03.08大法庭˙判決昭和63（オ）436法庭旁聽紀錄不許可國家賠
　　償，第43卷2號，頁89。

判例平成10.12.01大法庭˙決定平成10年（分ク）1對於懲戒法官決定案件之即
　　時抗告，第52卷第9號，頁1761。

村上正直，〈人権条約の国內的実施〉，畑博行、水上千之編，《国際人権法
　　概論（第四版）》，東京，有信堂高文社，2006年5月。

村上正直，〈裁判所による人権条約の適用に関する諸問題〉，部落解放・人
　　権研究所編，《国際人権規約と国內判例──20のケーススタディ》，
　　大阪，部落解放・人権研究所，2004年7月，頁10-17。

京都指紋押捺拒否事件，大阪高裁1994（平成6）年10月28日判決，《判例時
　　報》1513号，頁71。

受刑者接見妨害事件，德島地裁1996（平成8）年3月15日判決，《判例時報》
　　1597号，頁115。

砂川事件，最高裁1959（昭和34）年12月16日大法廷判決，昭和34年（あ）第
　　710号，刑集第13卷13号，頁3225。

菊地洋，〈人権条約の国內適用における私人の責任と公的機關の責任：小樽
　　溫泉入浴拒否訴訟を素材として〉，《成城法学》，第74期，2005年12
　　月，頁1-53。

經濟社會及文化權利委員會，第3號一般性意見：締約國義務的性質《公約》
　　第二條第一款，E/1991/23，HRI\GEN\1\Rev.7（2004）。

經濟社會及文化權利委員會，第9號一般性意見：《經濟社會文化權利國際公約》之國內實踐，E/C.12/1998/24, 3 December 1998。

塩見訴訟，最高裁1989（平成元）年10月28日第一小法廷判決，《判例時報》1363号，頁68。

戸波江二，《憲法（2）人権》，有斐閣Sシリーズ，1998年4月。

横田耕一，〈人権の国際的保障をめぐる理論問題〉，憲法理論研究会編，《人権理論の新展開》，東京，敬文堂，1994年10月15日，頁160-175。

二、英文資料

Arambulo, Kitty, *Strengthening the Supervision of the International Covenant of Economic, Social and Cultural Rights* (Intersentia, 1999).

Boerefijn, Ineke, *The Reporting Procedure under the Covenant on Civil and Political Rights Practice and Procedures of the Human Rights Committee* (Intersentia, 1999).

Comments by States parties on Concluding observations, E/C.12/2002/12, 29 November 2002.

Concluding Observations of the Committee on Economic, Social and Cultural Rights: Japan. 2001/09/24. E/C.12/1/Add.67, 24 September 2001.

Concluding Observations of the Human Rights Committee: Japan, CCPR/C/JPN/CO/5, 18 December 2008.

Concluding Observations of the Human Rights Committee: Japan. 1993/11/05. CCPR/C/79/Add.28.

Concluding Observations of the Human Rights Committee: Japan. 1998/11/19. CCPR/C/79/Add.102.

Craven, Matthew, "The UN Committee on Economic, Social and CulturalRights," in Asbjørn Eide, Catarina Krause and Allan Rosas (eds.), *Economic, Social and Cultural Rights* (Martinus Nijhoff Publishers, second revised edition, 2001), pp. 450-467.

Craven, Matthew, *The International Covenant on Economic, Social and Cultural Rights A Perspective on its Development* (Oxford University Press, 1995).

Dowell-Jones, Mary, *Contextualising the International Covenant on Economic,*

*Social and Cultural Rights: Assessing the Economic Deficit (*Martinus Nijhoff Publishers, 2004).

Economic and Social Council resolution 1985/17.

Ghandhi, P. R., *The Human Rights Committee and the Right of Individual Communication Law and Practice* (Ashgate Publishing Ltd., 1998).

Human Rights Committee, Information received from Japan on the implementation of the concluding observations of the Human Rights Committee (CCPR/C/JPN/CO/5), 3 May 2010.

Johnson, M. Glen, "A Magna Carta for Mankind: Writing the Universal Declaration of Human Rights," in M. Glen Johnson and Janusz Symonides (eds.), *The Universal Declaration of Human Rights A History of Its Creation and Implementation 1948-1998* (UNESCO, 1998), pp. 19-75.

McGoldrick, Dominic, *The Human Right Committee Its Rule on the International Covenant on Civil and Politic Rights* (Oxford University Press, 1993).

Morsink, Johannes, *The Universal Declaration of Human Rights Origins, Drafting and Intent* (University of Pennsylvania Press, 1999).

Office of High Commissioner for Human Rights 網站：<http://www.unhchr.ch/tbs/doc.nsf/Statusfrset?OpenFrameSet> (last visited 2011-06-24).

Scheinin, Martin, "The Proposed Optional Protocol to the Covenant on Economic, Social and Cultural Rights: A Blueprint for UN Human Rights Treaty Body Reform Without Amending the Existing Treaties," (2006) 6 *Human Rights Law Review* 131-14

四、NGO與跨國憲政主義的發展：
以台灣加入國際人權公約的實踐為例[*]

張文貞[**]

壹、前言

跨國憲政主義（transnational constitutionalism）的發展，近年成為憲法及國際法學界共同的關注焦點[1]。「國際法的憲法化」（constitutionalization of international law）及「憲法的國際法化」（internationalization of constitutional law），是其主要的內涵[2]。我們清楚看到，國際規範有逐步向主權國家的內國法秩序下滲的趨勢，而內國憲法規範也相應地漸次向外擴張，甚至產生域外效力[3]。

此一趨勢，某程度亦於台灣近年在憲法及國際法的發展上表現出來，其中又以台灣近年對國際人權公約的批准或加入，最為重要[4]。2005年1

[*] 美國耶魯大學法學博士。本文初稿曾於台大法律學院主辦《東亞法治之形成與發展學術研討會》（2009年6月10日）中發表，後經修改而成。本文為作者台大優勢重點領域拔尖計畫〈憲法與國際人權法的對話：東亞脈絡的考察〉（2008.08-2011.07）之部分研究成果，併此申明。作者感謝研究計畫助理台大法研所李怡俐、陸詩薇、及洪彗玲等同學，協助本文相關資料之蒐集與分析。當然，所有文責，由作者自負。

[**] 國立台灣大學法律學院副教授。

[1] 參見Vicki C. Jackson, Constitutional Engagement in a Transnational Era（2010）; Jiunn-Rong Yeh & Wen-Chen Chang, *The Emergence of Transnational Constitutionalism: Its Features, Challenges and Solutions*, 27 Penn State Int'l L. Rev. 89-124（2008）.

[2] 這兩個趨勢最早的討論，參見Herman Schwartz, *Internationalization of Constitutional Law*, 10 Human Rights Brief 10（2003）.

[3] 參見Tom Ginsburg et al., *Commitment and Diffusion: How and Why National Constitutions Incorporate International Law*, 2008 U. Ill. L. Rev. 201（2008）.以歐洲理事會及歐洲人權法院為對象的探討，參見張文貞，〈跨國憲政主義的合縱與連橫：歐洲人權法院與內國憲法法院關係初探〉，《月旦法學》，150期，頁57-70（2007）。

[4] 初步探討，參見張文貞，〈憲法與國際人權法的匯流——兼論我國大法官解釋之實踐〉，收於廖福特主編：《憲法解釋之理論與實務》第6輯，台北：中研院／元照出版，頁223-272（2009）; 張文貞，〈國際人權與內國憲法的匯流：臺灣施行兩大人權公約之後〉，收於社團法人臺灣法學會主編：《臺灣法學新課題（八）》，台北：元照出版，頁1-26（2010）。

月，立法院通過批准〈國際菸草控制框架公約〉（Framework Convention on Tobacco Control, FCTC），總統隨即於同年3月頒布加入書。2007年1月，立法院通過批准〈消除對婦女一切形式歧視公約〉（Convention on the Elimination of Discrimination against Women, CEDAW），總統很快在同年2月頒布加入書。雖然這兩個公約加入書在聯合國秘書長那邊的存放，如預期般地並不順利，但並未影響我國加入國際人權公約的努力。

　　二年後，2009年3月27日，我國加入CEDAW後的國家報告正式發表，邀請曾任CEDAW委員會的國外專家來台審查並給予評論意見[5]。幾天後，3月31日，立法院批准〈公民與政治權利國際公約〉（International Covenant on Civil and Political Rights, ICCPR）及〈社會經濟文化權利國際公約〉（International Covenant on Economic, Social and Cultural Rights, ICESCR），同時通過〈兩公約施行法〉。總統在5月間頒布兩公約加入書，雖然其存放仍為聯合國秘書長所拒，但總統指定同年人權日（12月10日）正式實施兩公約施行法，自此兩公約所保障人權成為我國內國法律秩序的一部分[6]。2011年5月20日，立法院又通過CEDAW施行法，並於2012年1月1日正式實施，使CEDAW所揭示性別人權及促進性別平等的規定，具有國內法律之效力。

　　其實，台灣積極加入國際人權公約並使其國內法化的努力，並非近年才有。早在1993年，政府就曾多次公開宣示遵守〈兒童權利公約〉（Convention on Rights of the Child, CRC），並在後來兒童相關權利之立法及修法過程中，納入公約的相關規範。

　　有愈來愈多的國家主動加入國際人權公約，甚至透過各種方式讓國際人權規範於內國法律秩序產生效力並直接適用，台灣也不例外[7]。不過，其中的原因，卻非常值得我們進一步思考與探究。不論是國際法學界或憲法學界，在嘗試解釋此一跨國憲政主義現象的發生時，往往將焦點置於主權國家，探究政府或是法院在其中所扮演的角色。例如，目前相當主流的見解，是將跨國憲政主義的發生，解釋為各國政府基於內國政治利益的考

---

[5]　國外專家的審查意見，經財團法人婦女權益促進發展基金會（以下簡稱婦權基金會）整理，非常值得參考。CEDAW初次國家報告及國外專家的審查意見，都收錄於婦權基金會網站上的CEDAW專區，參見 <ttp://wrp.womenweb.org.tw/Page_Show.asp?Page_ID=632>

[6]　兩公約施行法第二條規定：「兩公約所揭示保障人權之規定，具有國內法律之效力。」

[7]　參見張文貞，〈憲法與國際人權法的匯流──兼論我國大法官解釋之實踐〉，收於湯德宗主編：《憲法解釋之理論與實務》第6輯，台北：中研院／元照出版（2009）。

量，不得不對跨國規範秩序作出承諾（commitment），以此增強其在內國統治基礎的合法性及正當性[8]。跨國憲政主義的發展，在時間性上明顯伴隨第三波、甚至第四波民主化浪潮，也就一點都不令人意外[9]。

傳統自由派的國際法論述雖然不贊同此種偏向內國政治利益需要的看法，卻也認為跨國憲政主義的形成，完全繫諸於一國政治部門根據當前國際政治情勢所作的理性計算與決定，當加入國際規範秩序或於內國引入國際規範秩序，無害於一國政治部門的利益時，各國政治部門很自然作出此一選擇，與民主化與否無關[10]。比較有意思的是，也有學者從社會心理學的角度切入，認為當今跨國憲政秩序的形成，其實與各國間在文化及行為上愈來愈多的交往、影響、甚至是相互學習模仿有關；並以歐盟為例，來論證此種社會心理學上的聚合現象，也可能進一步導致各國或跨國規範的相互影響、驅同、甚至合致[11]。

不管是前述哪一種理論，政府角色都是學者的關注焦點，卻不見其他非政府部分的角色或功能。在國際法各相關學派中，最重視非政府組織（nongovernmental organizations, NGO）角色的「跨國程序法學派（transnational legal process）」，雖然相當重視NGO在整個跨國規範秩序形成中的角色，但往往著眼於如「國際特赦組織（Amnesty International）」或「人權觀察（Human Rights Watch）」等非常知名而重要的跨國NGO的角色，對內國的NGO則比較少予以著墨[12]。本文認為，內國NGO對新一波跨國憲政秩序形成，扮演了主導者的角色。以下將以台灣近年積極加入國際人權公約的實踐為例，說明NGO在這一波跨國規範秩序形成脈絡中的地位與重要性。

---

[8] Ginsburg et al, *id.* at 210-21. 參見另參Tom Ginsburg, *Locking in Democracy: Constitutions, Commitment, and International Law*, 38 N.Y.U.J. Int'l & Pol. 707（2006）.

[9] Ginsburg et at., *id.* at 232-33.

[10] For the most recent representative view, *see* Jack L. Goldsmith & Eric A. Posner, The Limits of International Law（2005）.

[11] See e.g. Ryan Goodman & Derek Jinks, How to Influence States: Socialization and International Human Rights Law, 54 Duke L. J. 621, 646-56（2004）.

[12] The role of transnational NGOs is particularly salient in human rights, environmental law and international trade. *See e.g.* Daniel Esty, *Non-governmental organization at the World Trade Organization: Cooperation, Competition or Exclusion*, 1 J. Int'l Econ. L. 123（1998）; and Kal Raustiala, *The "Participatory Revolution" in International Environmental Law*, 21 Harv. Envt'l L. Rev. 537（1997）.

貳、NGO在國際規範形成上的角色

　　NGO對國際規範形成上的角色，可從兩個角度來觀察。一個是NGO直接引導、參與國際規範的形成，這個部分也是近年國際法相關文獻中的討論焦點。另一個則是NGO在國際規範內國法化的過程中，可以予以著力之處。國際法學界近年開始注意到NGO與各國全球或區域國際規範形成的關係，但顯然還有許多尚待開拓、研究的空間[13]。

一、NGO與國際規範的形成

　　NGO對國際規範形成有重大的影響，有時甚至可以引導國家來發現議題、主導國際規範的走向。20世紀末期的全球化所帶動的「跨國主義（internationalism）」強化了NGO的能力，使得它們與政府、甚至是與其他國家的政府，都可以發展出多元互動關係。

　　NGO的活力來自其組成成員。雖然NGO或國家，都是由個人所組成，但NGO與國家最不同的地方在於，NGO的成員都是自願加入，也很積極地幫助NGO實現目標。這種自願加入提供了NGO的強大的量能，更是NGO運作正當性的重要來源。雖然這種正當性，並非來於形式的法制基礎，而是偏向道德層面，但有時反而在其成員之間發揮更深遠的影響力。從二次世界大戰以來，NGO一直是全球規範秩序的重要倡議者；20世紀末期的全球化及區域化，使得NGO對許多全球或區域的規範形成享有更多自主的力量，甚至也會自主選擇其所支持特定國際規範秩序。在越新興的規範議題領域，NGO的角色似乎越能發揮[14]。NGO對於國際規範形成的影響，包括對國際規範的詮釋、發展、法律適用及實行；它們時常在各個國際、區域、甚或內國法院提供專業法律意見、擔任「法庭之友（amici curie）[15]」。

　　何以NGO可以在國際規範形成過程中發揮功能呢？一個可能的原因是NGO較為獨立，相異於追求極大化政治利益的政府，NGO往往能取得更多

---

[13] Steve Charnovitz, *Nongovernmental Organizations and International Law*, 100 Am. J. Int'l L. 348, 348 （2006）.

[14] *Id.* at 350.

[15] *Id.* at 351.

信賴、發揮更大功能。另外則是NGO在愈來愈交錯複雜的各項議題中,有更為優越的創新思考能力,不向一般政府官僚組織容易陷入舊有的思考窠臼,NGO在規範的倡議上往往能扮演更為主動、積極的角色,具有如同企業領導者(entrepreneur)一般的特質,在理念的競爭市場上,更具優勢[16]。

二、NGO與國際規範的實踐及內國法化

雖然NGO在國際規範形成上扮演愈來愈重要的角色,甚至某種程度已經挑戰了以國家為核心主體的國際規範體系,但這並不必然意味著國家在國際規範形成過程中的重要性就會降低。事實上,NGO的參與、尤其是各國國內NGO對國際規範形成過程的參與,可能反而會強化國家的角色。這也可以解釋何以國家會願意給予NGO對國際事務一定的參與權利。此外,許多NGO對特定議題的理解及專業知識,甚至比政府部門的官員來得更深入,加上NGO在公民社會中的連結網絡,不但能協助政府對外參與國際規範的形成,甚至能協助這些國際規範的內國法化與有效遵循[17]。

許多國際法或國際關係理論將觀察焦點過度集中於國家,而忽略了在國家之外的次級的政治實體、法院、個人、企業或其他行動者在國際規範形成及內國法化中的角色。這些非國家的行動者,在國際規範形成、詮釋及實踐的過程中,都扮演了相當的角色。當跨國間的溝通合作出現問題、甚至是僵局時,NGO可以跳過政府的層級,直接在國家內部、或在跨國層次上,來與其他國家的NGO、甚至是政府來進行溝通。許多時候,跨國NGO也可以透過其在不同國家的分支團體,來進行溝通或協調,而其溝通或協調的成果可以作為將來正式跨國協商或規範形成的基礎。國際特赦組織(Amnesty International)、人權觀察(Human Right Watch)的跨國NGO,就在許多議題上扮演這樣的角色,其在正式或非正式規範形成過程中的影響力,許多時候甚至超越單一的國家[18]。

NGO對國際規範的詮釋也扮演了相當重要的角色。規範的詮釋都不可能僅限於政府,詮釋的群體(interpretive community)包括政府部門及

---

[16] *Id.* at 356.

[17] *Id.* at 356.

[18] Margaret E. McGuinness, *Exploring the limits of international human rights law*, 34 Ga. J. Int'l & Comp. L. 393, 411(2006).

NGO。除了各國政府以外，內國或區域的法院、甚至是非官方的仲裁制度，都可能對國際規範進行詮釋。而此一過程中，許多內國或國際NGO如國際法學會（Commissions of international publicist）等，也可以形成另外一個相當具有力量的詮釋社群，而與以國家為主的傳統國際法詮釋社群來競爭、甚至相互抗衡[19]。

參、NGO對台灣批准國際人權公約的影響

台灣從2000年開始積極批准或加入國際人權公約，甚至早在1993年政府就多次公開宣示對〈兒童權利公約〉的主動遵行。以下本文將探討在政府主動加入或遵循這些國際人權公約的背後，NGO究竟發揮何種關鍵性的力量。

一、NGO與消除對婦女一切形式歧視公約

2007年1月，立法院通過批准CEDAW；2010年3月，CEDAW國家報告公布；2011年5月，立法院通過CEDAW施行法；2012年1月，CEDAW施行法正式生效，其中有關婦女人權保障及性別平等的規定，正式成為我國內國法的一部分，具有國內法律的效力。

不過，CEDAW並非是在2000年以後才引入國內。婦女新知基金會在1987年推動兩性工作平等法的修正時，所參考的外國文獻與立法例中已經包括CEDAW，但並未對其進行進一步的闡述[20]。2002年，行政院研考會委託台灣新世紀文教基金會製作了一份《國際人權公約國內法化之方法與策略》委託研究報告，分別由陳隆志教授與廖福特教授擔任計畫主持人與協同主持人。報告中明白指出，加入或落實國際人權公約，是爭取國際地位與國際認同的一種途徑，並且建議應該從CEDAW、兒童權利公約（CRC）、禁止一切酷刑公約開始嘗試，因為這三個公約並未將簽署的主體限定於聯合國會員國[21]。2006年，外交部委託台大張文貞教授進行《台

---

[19] Harold Hongju Koh, *Bringing International Law Home*, 35 Hous. L. Rev. 623, 650（1998）.

[20] 陸詩薇，《當我們「同」在「異」起？台灣CEDAW運動之研究與評析》，台大法研所碩士論文，頁40（2009）。

[21] 同前註，頁88。

灣加入聯合國〈消除對婦女一切形式歧視公約〉之國內法律評估》研究計畫，計畫報告中明白指出加入、落實CEDAW對於落實我國人權立國的目標、提昇我國的國際地位有重大意義[22]。

2004年4月台灣婦全會、台大婦女研究室、中華心理衛生協會合辦〈民間婦女團體參與聯合國婦女地位委員會第48屆大會〉，在這次會議中，陳瑤華教授建議政府應該正視北京行動綱領，並將聯合國安理會1325號決議及CEDAW內國法化，使台灣的人權保障符合國際標準[23]。2004年7月婦全會召開理監事會，同意開始積極推動台灣加入簽署、落實CEDAW。同年8月，台灣婦全會邀集了台灣女性學學會、婦女新知協會、東吳大學張佛泉人權研究中心、台大婦女研究室、台灣終止童妓協會、女影會、勵馨基金會、台北市婦女新知協會等共9個團體，正式成立了〈民間推動台灣落實CEDAW聯盟〉。由婦全會理事長尤美女擔任召集人，中華經濟研究院副研究員徐遵慈及中華民國基督教女青年會（YWCA）秘書長李萍擔任副召集人[24]。婦全會先後邀請中國人權理事會前駐港主任Sophia Woodman、紐西蘭籍教授Maegaret Bedggood來台，召開CEDAW圓桌會議與工作坊[25]。

同時，陳瑤華教授於行政院人權保障推動小組中提案政府簽署CEDAW[26]。內政部隨後召開研商評估的會議，也得到推動加入CEDAW的共識。2006年7月，行政院決議將外交部函送我國擬加入CEDAW一案送請立法院審議，民間推動台灣落實CEDAW聯盟則開始積極監督立法院審議CEDAW，以各種方式爭取朝野立委的支持[27]。2007年1月5日，立法院通過加入CEDAW，並於2月間請我國友邦將加入書轉送聯合國。由於適逢聯合國婦女地位委員會第51屆大會舉行期間，我國也派出了代表團赴紐約與會，並就我國加入CEDAW一事進行宣傳。不過，聯合國秘書長仍拒絕了我國的加入書。

加入書雖然被拒，但是在民間團體的努力之下，CEDAW得到了國內政黨領袖的重視，在2008年的總統大選中，CEDAW出現在兩大黨總統候

[22] 張文貞，〈台灣加入聯合國「消除對婦女一切形式歧視公約」之國內法律評估研究計畫〉，外交部委託研究（2006）。
[23] 陸詩薇，前揭（註20）碩士論文，頁50。
[24] 同前註，頁51。
[25] 同前註，頁51。
[26] 同前註，頁51。
[27] 同前註，頁52。

選人的婦女政見中。其後，政府與民間婦女團體合作，開始研擬CEDAW施行法草案，民間婦運者也持續參與國家報告的撰寫，並由婦女權益促進發展基金會於2008年10月15日舉辦〈CEADW培力國際研討會暨工作坊〉[28]。2009年3月，政府完成第一份國家報告的撰寫，並於2009年3月27、28日舉辦國家報告發表會，邀請三位CEDAW委員來台審查國家報告。

　　從前述的討論中，我們可以很清楚地看到，不管是從CEDAW的引入國內、倡議加入、到國家報告的撰寫及國際審查，都有各個婦女團體的積極努力的痕跡。婦女NGO對CEDAW在台灣的落實可以說發揮了最關鍵的力量。

二、NGO與兒童權利公約

　　〈兒童權利公約（Convention on Rights of the Child, CRC）〉於1989年11月通過，1990年9月正式生效，共有193個締約國，是第一大的國際人權公約。台灣對此一公約的瞭解與主動遵循，也是透過NGO的國際連結與內國倡議。

（一）國際反童妓運動與《兒童權利公約》之引入

　　受到亞洲各國反對觀光買春運動的影響，我國從1980年代末期開始，陸續有幾個民間團體開始倡議援助從娼少女的行動。包括彩虹婦女事工中心、台北市婦女救援基金會、台北市勵馨基金會、終止童妓運動協會、基督教門諾會花蓮善牧中心、天主教善牧修女會等[29]。1987年，十餘個民間團體首次發起「反對販賣人口」之遊行抗議行動，即使在結盟之下隱含著路線的差異，但是，此次遊行可以說是台灣異質民間團體首次的串連。整體而言，這些團體是從反對販賣人口、反對迫害弱勢的少數族群（原住民）此人權關懷的角度作為串連的基礎，並以立法倡議、遊行示威、中途

---

[28] 同前註，頁53。

[29] 終止童妓協會成立的背景，是1990年開始為期三年的「終止亞洲童妓國際運動（The International Campaign to End Child Prostitution in Asian Tourism，簡稱ECPAT）」，台灣終止童妓協會於1991年正式加入國際終止童妓組織，並於1994年3月31日正式立案，結合國內關心婦女、兒童權利等團體組成ECPAT台灣委員會，開始在台灣展開提昇兒童人權與預防兒童從娼的各項工作，主要的工作目標是終止童妓、終止兒童色情、終止跨國性剝削，同時在工作方式上，也注重青少年的參與，以及國際性的合作交流。詳參該會網站：<ttp://www.ecpat.org.tw/>

之家的設置為運動策略，因而得以在政治、經濟、社會劇烈轉型但威權控制陰影未消的社會獲得關注[30]。

　　這一波的民間串連行動也引出了我國第一個以倡議國際人權公約為遊說策略的社會運動，此即1992年的《兒童權利公約》倡議行動，國際公約的規定與國際制裁的壓力，也成為民間團體與政府談判的策略之一[31]。行動團體除了在內國倡議之外，也運用參與國際會議的機會，向聯合國兒童人權次級團體及官方代表爭取支持，呼籲國際社會不應該以政治因素排除台灣加入公約，因為台灣是一個「具有民主政治而積極投入國際化、全球化的國家」，因此排除台灣不但是國際的損失，也是缺乏道德勇氣與公理的表現[32]。

　　這一波倡議的行動得到一些政府方面的回應，例如1989年《少年福利法》的通過、1993年《兒童福利法》修正、1995年《兒童及少年性交易防制條例》的制定等。內政部政務次長房金炎曾於1993年在立法院院會中公開宣示我國願遵守兒童權利公約之精神與原則。而政府亦曾於1995年去函聯合國，詢問加入兒童權利公約之可能性，而得到聯合國官員復函表示，依據2758號決議，中華人民共和國為中國在聯合國之唯一合法代表，故僅有其可以簽署該公約。

　　〈台灣加入聯合國兒童權利公約推動聯盟〉於2000年正式成立，由時任立法委員並身兼中華民國兒童人權協會理事長的賴勁麟先生擔任召集人。賴勁麟等同於是在體制內外同時推動公約的落實[33]。

　　雖然立法院從來沒有正式批准兒童權利公約，在立法院內，論及兒童

---

[30] 張碧琴，《防治未成年從娼的民間行動分析》。台灣大學社會學研究所應用社會學組碩士論文（1994）。

[31] 相關新聞可參考，〈劉麗芳：聯合國兒童人權公約77國下月實施我國不應落於人後〉（1990/8/21）；〈婦女團體發表聯合聲明呼籲政府：別讓雛妓問題成為國際制裁議題〉，楊秋蘋，中國時報第16版（1994/06/23）。

[32] 施慧玲，〈論我國兒童權利法制之發展——兼談落實聯合國兒童權利公約之社會運動〉，收錄於中正大學法學集刊第14期（2004）。

[33] 例如質詢內政部是否有積極推動台灣加入兒童權利公約的政策等，資料來源：立法院公報，第89卷第55期（3114）（下），頁259-297，出版日期：2000/10/21。賴委員表示上個會期已經提出希望能積極推動，就算聯合國不允許我國加入，落實公約也直接與內國兒童權利保障有關，更何況公約並不限制非會員國加入。兒童局長劉邦富則回應，內政部經常與外交部開會協商此事，並委由民間團體進行兒童人權狀況的專案研究，並且會修訂兒童及少年福利法，把保障年齡提高到18歲，以符合公約的要求。

權利相關法制的建制或修正時，幾乎一定會提到兒童權利公約，例如2002年行政院函覆張福興委員質詢，針對台灣兒童人權指標連續四年不及格應如何改善時，就特別強調：

「未來在推動兒童人權的作為上，積極建置完整法規體系、研擬推動整體兒童照顧方案、及踐行聯合國兒童權利公約之精神意旨，藉以改善兒童人權，增進兒童權益。兒童權益範圍至為廣泛，舉凡其基本人權、健康權、教育權及社會權等層面，除了兒童局本身基於政府公部門主導地位極力推動外，未來更將借重於民間之資源力量、團體的參與下，共同致力於兒童權益保障及維護，以及積極加入聯合國兒童權利公約，以提昇保障國內兒童人權[34]。」

（二）兒童福利法制定與修正之發展背景

我國在1973年完成制定《兒童福利法》。該法草案於1950年即開始草擬，1966年送請行政院備核[35]。關於兒童福利法為何在延宕多年後於1973年通過，民進黨於其1993年所提出的政策白皮書中指出：

「民國62年兒童福利法的通過，明顯地在回應聯合國兒童基金會從52年到61年間的支助，隨著我國退出聯合國，聯合國兒童基金會也撤離台灣，而隔年兒童福利法也迅即通過，具體而微反應出這是做給國際社會看的[36]。」

在通過之後，我國兒童福利法經過4次修正，分別是在1993、1999、2000、2002，其中以第1次變動幅度最大，後3次的修正都是細節性、技術性的調整。1993年第1次修法，由兒童福利專家學者、律師、法官及立法委員等組成修法聯盟所主導，命名為〈兒童福利聯盟〉，並於1991年成立兒童福利聯盟文教基金會，除了推動規範的制定與修正外，參與實務亦甚深[37]。

基本上，1993年以後兒童權利相關法制的發展，都受到聯合國兒童權利公約內涵的影響。例如，2003年兒童及少年福利法的合併，就受到

---

[34] 立法院公報90卷第7期，頁344。

[35] 賴月蜜，〈兒童及少年福利法合併修法之歷程與爭議——民間團體推動修法之經驗〉，社區發展季刊103期，頁50、51（2003）。

[36] 賴月蜜，同前註。

[37] 1980年底由林志嘉等數位立委及關心兒童的各界人士、相關團體，共同組成「兒童福利聯盟」，推動兒福法修正，後來於1991年12月成立正式組織「兒童福利聯盟文教基金會」。基金會網站：<http://www.children.org.tw/>。

兒童權利公約第1條及第2條規定的影響[38]。2005年修正刑法第63條,對未滿十八歲之人不得判處死刑或無期徒刑的規定,也提到兒童權利公約第37條的規定[39]。2006年,教育基本法第8條及第15條修正,明文禁止體罰,也受到兒童權利公約第19條第1項、第28條第2項對兒童身體權及人性尊嚴的保障與尊重[40]。2007年,民法第1059條及第1063條的修正,清楚收到兒童權利公約第7條及第12條規定的影響,而確保而兒童有取得其姓名及國籍、及獲知其血統來源的權利[41]。同時,民法收養相關規定的修正,亦本於兒童權利公約所規定之子女最佳利益原則[42]。2007年,兒童及少年性交易防制條例第28條的修正,清楚指出兒童權利公約第34條防止兒童收到性剝削的立法目的[43]。同年菸害防制法的修正,亦訴諸兒童權利公約,以確保胎兒健康為由,將孕婦納入不得吸菸之範圍[44]。2008年,民法繼承編施行法及戶籍法的修正,也都引用的兒童權利公約的相關規定[45]。

三、NGO與防制煙草框架公約

〈國際菸草控制框架公約(Framework Convention on Tobacco Control, FCTC)〉是由世界衛生大會(World Health Assembly)於2003年5月通過,並於2005年2月正式生效。在其正式生效之前,2005年1月,立法院就已經通過批准,總統並隨即於3月頒布加入書。

FCTC是在反菸團體推動菸害防制法的過程中引入台灣。董氏基金會於1988年即提出菸害防制法草案,並且於1992年開始配合世界衛生組織每年的反菸主軸舉辦活動。在法律訴訟方面,1998年董氏基金會協助進行對美國西北航空公司的損害賠償訴訟[46],並於1999在台北召開APACT十週年

---

[38] 立法院公報,第93卷第19期,院會紀錄,頁128。

[39] 立法院公報,第94卷第5期,院會紀錄,頁300-302。

[40] 立法院公報,第94卷第53期,委員會紀錄,頁81;立法院公報,第95卷第59期,委員會紀錄,頁210。

[41] 立法院公報,第96卷第38期,院會紀錄,頁51、53、54、83、86、93、98。

[42] 立法院公報,第96卷第38期,院會紀錄,頁60。

[43] 立法院公報,第96卷第54期,院會紀錄,頁111、115。

[44] 立法院公報,第95卷第2期,院會紀錄,頁190。

[45] 立法院公報,第97卷第16期,院會紀錄,頁68;立法院公報,第97卷第25期,院會紀錄,頁87。

[46] 見台灣高等法院八十八年度重上字第三二〇號判決、最高法院九十一年度台上字第一四九五號判決。

大會，特邀美國律師團針對亞太各國赴美進行跨國菸害訴訟求償的方式及可行性。2004舉辦國際論壇，與亞太各國代表討論如何促成各國遵守國際「菸草控制框架公約」之規範，並再次聯合112個民間團體共同籌組台灣拒菸聯盟[47]，開始推動國內落實、加入FCTC。

這一連串的行動首先促成立法院在公約正式生效前批准，並繼續以FCTC的內涵推動菸害防制法的修法。在公約加入方面，外交部透過友邦駐聯合國代表於2005年5月12日致函聯合國秘書長，向秘書處存放公約加入書，並請求列入紀錄及正式答覆，但未獲回覆。當時的外交部次長高英茂曾經於立法院表示：

「……由於知道秘書處不會理會我國，因此本部請友邦幫我國遞送，不過聯合國方面迄今沒有回應，但是至少我們爭取到道義上的勝利，因為台灣主動推動好的國際公約。現在又有一項新的國際醫衛規定，即International Health Regulations，我國也希望和加入FCTC一樣，透過行政院送請大院審議，審議之後由總統公布，本部再想辦法遞送到聯合國。在法律上雖然無法正式、公開做到，實質上都要做[48]。」

雖然最後我國未能成功加入FCTC，但在後來我國菸害防制法的幾次修正中，其內容明顯收到FCTC相關規定的影響，清楚展現我國主動遵循此一公約的決心與實踐[49]。

四、NGO的主導角色

很明顯地，在前述國際人權公約的加入上，無不是透過我國NGO的積極努力，才得以實現。在許多方面，NGO的行動都更先於政府，也更積極。儘管我國對國際人權公約的正式加入一再被拒，NGO仍持續對政府施壓，甚至主張應自發性地制定內國相關規範，以落實公約的原則及規範。透過這些努力與倡議，NGO變得更熟悉國際人權公約，甚至更清楚跨國規範秩序相互影響、與形成之關鍵過程。

---

[47] 總共有112個團體。包括消費者文教基金會、台灣國際醫學聯盟、新環境基金會、董氏基金會等社會或專業團體。

[48] 立法院公報，第95卷第13期，委員會紀錄。

[49] 例如菸害防制法第十五條及第十六條的規定，就受到FCTC第八（二）條的影響；菸害防制法第六條的規定，就受到FCTC第十一（一）條的影響；菸害防制法第十三條的規定，就受到FCTC第九條的影響。

　　因為我國在國際地位上的孤立，政府並未比民間團體在國際規範形成的過程中享有更多優勢。在前述之三個公約，民間團體並非透過政府得知國際人權公約之簽屬與跨國規範之形成，而是透過自行參與國際會議、或與跨國組織網絡聯繫，來了解國際規範的最新發展。以《兒童權利公約》的早期發展為例，〈終止亞洲童妓國際運動〉即扮演了傳遞《兒童權利公約》相關資訊的關鍵角色。而在CEDAW的例子中，婦女團體非藉官方邀請，而是私下受邀參與1995年世界婦女大會，因而建立跨國婦女運動的聯絡網，透過這些連繫來加強對CEDAW的瞭解其後續的倡議。

　　此外，NGO的跨國連繫，往往比政府來得更加快速且有效率，皆展現出民間團體的跨國性。例如，終止亞洲童妓國際運動與台灣終止童妓協會皆致力於倡議《兒童權利公約》，而在CEDAW運動中，婦女團體則利用個人、及職業上與國際組織的關係，致力於落實CEDAW，這波倡議行動，正是成功將CEDAW引入國內的關鍵因素。同樣的，董氏基金會協助建立亞洲第一個反菸區域組織APACT，使得董氏基金會在區域聯盟中占有一席之地外，更因此得以持續接觸國際上的最新發展。

　　在這些運動中，NGO並非只致力於推動簽署國際人權公約，亦同樣重視內國之立法，亦即並非僅著重於體制內公約的落實，亦著重於國際人權法與內國法律規範之整合。以CEDAW與FCTC為例，儘管我國加入遭拒，NGO仍持續推動國內相應立法、政策的落實。而我國推動《兒童權利公約》之過程，亦是依循著相同的模式，在內國法的落實上，恐怕比許多締約國都要來得更加完整。

　　在國際規範形成與內國整合的過程中，NGO無疑扮演了最關鍵的角色，使台灣不只能夠搭上國際人權發展的潮流，更使跨國憲政秩序能深植內國法規範中。NGO所建構的並非僅是提供國內人權保障之憲政秩序，而是透過內國、跨國組織的努力，使內國與國際人權規範相互影響、甚至是合致的跨國規範秩序。

肆、結論

　　從前面的討論中，我們可以清楚看出NGO在台灣加入國際人權公約中的主導角色。即便在加入書存放受挫之後，NGO仍持續將相關人權規範納入內國修法的努力。在加入及落實國際人權規範的角色上，內國NGO其

實扮演了雙重的功能。第一重是對外的，內國NGO積極要求政府加入國際人權公約。第二重是對內的，不論加入國際人權公約是否順利，內國NGO都致力將國際人權公約透過各種如修法、立法或制定施行法等「規範化」的方式來於內國落實。此種雙重角色的扮演，與傳統國際法區分跨國NGO與內國NGO，而認為國際人權規範的形成往往主要仰賴跨國NGO，內國NGO僅能在內國扮演國際人權規範是否於特定內國落實的監督功能，有很大差異。從前面三個案例我們可以清楚看到，雖然因為台灣特殊的國際處境，政府與民間在相關議題資訊接收及處理的國際化程度均不夠高，但內國NGO國際化的程度顯然比政府更勝一籌。

本文認為，全球化及資訊科技對民間的影響要更大於政府，而有效將全球組織、個人以及各種資訊連結有效予以扁平化。內國NGO透過這種愈來愈扁平的跨國資訊連結，能有效獲得資訊，在台灣前述三個案例中，甚至能比政府更早、更有快地獲得國際人權規範的相關資訊，並進入跨國NGO的資訊整合平台之中。在前述跨國資訊連結的基礎上，愈來愈多的內國NGO逐漸成為「跨國的」NGO，許多內國的NGO不但愈來愈沒有特定國家的屬性，其國際化的程度往往令其政府難以望其項背[50]。更重要的是，這些「跨國的」內國NGO正是當今跨國憲政主義的背後的主要動力。如前所述，當今的跨國憲政主義，並非僅一味單向的國際化，而完全不考慮這些國際規範是否真正能於內國落實，亦非僅著眼各國單獨的人權議題脈絡，而對統一的國際規範不加關心[51]。相反地，跨國憲政主義是一個漸進有機的形成，逐步整合國際規範與內國規範，而「跨國的」內國NGO正是此一跨國憲政秩序形成的主要媒介。這些內國NGO比任何國際性的NGO都還要瞭解內國人權議題的特色，也掌握相關議題的進程，它們可以透過各種內國規範化的手段包括修法、立法、司法訴訟或單純的遊說及鼓吹，來推動人權改革[52]。而在這個過程中，內國NGO透過跨國網絡與資訊

---

[50] For example, Steve Charnovitz called these domestic NGOs as international-minded NGOs. See Charnovitz, *supra* note 10, at 363.

[51] *See e.g.* Thomas Risse & Kathryn Sikkink, *The Socialization of international human rights norms into domestic practice: introduction*, in The Power of Human Rights: International Norms and Domestic Change 1-38, 17-22（Thomas Risse et al ed., 1999）.

[52] See Paul W. Kahn, American Hegemony and International Law: Speaking Law to Power: Popular Sovereignty, Human Rights and the New International Order, 1 CHI. J. INT' L L. 1, 13-16（2000）; Arturo J. Carrillo, Bringing International Human Rights Home: The Innovative Role of Human Rights

連結，能主動掌握跨國人權規範形成及發展，不再被動等待政府願意（或不願意）加入國際人權規範，而能透過國際與內國雙重規範化面向的努力，落實跨國憲政主義。

Clinics in the Transnational Legal Process, 35 COLUM. HUM. RTS. L. REV. 527（2004）.

參考文獻

一、英文專書

Goldsmith J. L., & Posner, E.A. (2005). The limits of international law. NY: Oxford University Press.

Jackson, V. C. (2010). Constitutional engagement in a transnational era. NY: Oxford University Press.

二、英文專書論文

Risse, T. & Sikkink, K. (1999). The Socialization of international human rights norms into domestic practice: introduction. In Risse, T. & Sikkink, K. (Ed.), The power of human rights: international norms and domestic change (1-38). Cambridge: Cambridge University Press.

三、英文期刊

Carrillo, A. J. (2004). Bringing international human rights home: The innovative role of human rights clinics in the transnational legal process. Columbia Human Rights Law Review, 35, 527-587.

Charnovitz, S. (2006). Nongovernmental organizations and international law. American Journal of International Law, 100, 348-372.

Esty, D. (1998). Non-governmental organization at the World Trade Organization: Cooperation, Competition or Exclusion. Journal of International Economic Law, 1, 123-147.

Ginsburg T. & et al. (2008). Commitment and diffusion: how and why national constitutions incorporate international law. University of Illinois Law Review, 1, 201-238.

Ginsburg, T. (2006). Locking in democracy: constitutions, commitment, and international law. New York University Journal of International Law and Policy, 38, 707.

Goodman, R. & Jinks, D. (2004). How to influence states: socialization and international human rights law. Duke Law Journal, 54, 621-656.

Kahn, P. W. (2000). American hegemony and international law: Speaking law to power: popular Sovereignty, human rights and the new international order. Chicago Journal of International Law, 1, 13-16.

Koh, H. H. (1998). Bringing international law home. Houston Law Review, 35, 623-650.

McGuinness, M. E. (2006). Exploring the limits of international human rights law. Georgia Journal of International and Comparative Law, 34, 393-411.

Raustiala, K. (1997). The "participatory revolution" in international environmental law. Harvard Environmental Law Review, 21, 537-586.

Schwartz, H. (2003). Internationalization of constitutional law. Human Rights Brief, 10.

Yeh, J. R. & Chang, W. -C. (2008). The emergence of transnational constitutionalism: Its features, challenges and solutions. Penn State International Law Review, 27, 89-124.

四、中文專書論文

張文貞（2009），〈憲法與國際人權法的匯流——兼論我國大法官解釋之實踐〉，廖福特主編，《憲法解釋之理論與實務》第六輯，頁223-272。臺北：中央研究院／元照。

五、中文期刊

施慧玲（2004）。〈論我國兒童權利法制之發展——兼談落實聯合國兒童權利公約之社會運動〉，《中正大學法學集刊》，第14期。

張文貞（2007）。〈跨國憲政主義的合縱與連橫——歐洲人權法院及內國憲法法院關係初探〉，《月旦法學雜誌》，第151期，頁57-70。

賴月蜜（2003）。〈兒童及少年福利法合併修法之歷程與爭議——民間團體推

動修法之經驗〉，《社區發展季刊》，第103期，頁50-51。

六、碩博士論文

張碧琴（1994）。《防治未成年從娼的民間行動分析》。台灣大學社會學研究
　　所應用社會學組碩士論文。

陸詩薇（2009）。《當我們「同」在「異」起？台灣CEDAW運動之研究與評
　　析》，台大法研所碩士論文。

七、研究計畫

張文貞（2006）。〈台灣加入聯合國「消除對婦女一切形式歧視公約」之國內
　　法律評估研究計畫〉，外交部委託研究。

八、中文網站

財團法人婦女權益促進發展基金會。消除對婦女一切形式歧視公約（CEDAW）
　　專區，網址：<http://wrp.womenweb.org.tw/Page_Show.asp?Page_ID=632。
　　2012.09.20>。點閱日期：2012年10月1日。

台灣展翅協會。網站：<http://www.ecpat.org.tw/>。點閱日期：2012年10月
　　1日。

兒童福利聯盟文教基金會。網站：<http://www.children.org.tw/>。點閱日期：
　　2012年10月1日。

九、新聞報導

〈劉麗芳：聯合國兒童人權公約　77國下月實施　我國不應落於人後〉
　　（1990/8/21）。

〈婦女團體發表聯合聲明呼籲政府:別讓雛妓問題成為國際制裁議題〉，楊秋
　　蘋，中國時報第16版（1994/06/23）。

十、政府資料

立法院公報，第93卷第19期，院會紀錄。
立法院公報，第94卷第5期，院會紀錄。
立法院公報，第94卷第53期，委員會紀錄。
立法院公報，第95卷第13期，委員會紀錄。
立法院公報，第95卷第59期，委員會紀錄。
立法院公報，第96卷第38期，院會紀錄。
立法院公報，第96卷第38期，院會紀錄。
立法院公報，第96卷第54期，院會紀錄。
立法院公報，第95卷第2期，院會紀錄。
立法院公報，第97卷第16期，院會紀錄。
立法院公報，第97卷第25期，院會紀錄。

十一、司法判決

最高法院九十一年度台上字第一四九五號判決。
台灣高等法院八十八年度重上字第三二〇號判決。

五、全球化時代之國際人權保障
——以網路言論自由為例[*]

陳耀祥[**]

壹、前言

　　台灣國際法學會從2001年籌設運作已經十週年，對於提升國際法學之研究及強化台灣國際地位之論述貢獻良多。在21世紀開始之初，謹以此文恭賀學會十週年快樂！

　　國際人權法是21世紀國際法學研究當中非常重要之領域，其中，因為資訊及通訊科技發展所導致之人權侵害問題，網際網路（以下簡稱網路）是從人類印刷術發明以來最重要的發明。此種通訊傳播科技的發展，助長資訊傳播之便利化及全球化。任何人幾乎皆可以相較低廉的近取成本，利用網路所提供的豐富內容，而且，不受時間、國界的阻隔獲取各種所需的資訊。全球化與資訊化不僅改變個人的生活模式，也衝擊國家的治理能力，2010年底起源於北非突尼西亞，後來遍及北非與中東阿拉伯世界的「茉莉花革命（the Jasmine Revolution）」或稱作「突尼西亞革命（Tunisian revolution）」，是通訊傳播科技促成政治革命的典型案例[1]。不僅如此，網際網路之使用亦影響國際法之發展。歐洲理事會（the Council of Europe）各會員國於2001年11月23日於匈牙利之布達佩斯（Budapest）簽署「網際網路犯罪公約（The Convention on Cybercrime）」，並於2004年7月1日生效，成為全球第一項針對電腦及網際網路犯罪，協調修正各會員國法律，改進犯罪偵查技術及促進跨國合作之國際條約[2]。

---

[*]　本論文初稿曾發表於2009年中國政治學會年會暨學術研討會，主題：「金融海嘯下的全球化、民主化與民主治理」，2009年11月6-7日，感謝國立臺灣大學國家發展研究所劉靜怡副教授之寶貴評論意見。

[**]　國立臺北大學公共行政暨政策學系助理教授

[1]　關於茉莉花革命或稱為突尼西亞革命之起源與後續發展之介紹說明，請參閱維基自由百科<http://en.wikipedia.org/wiki/Tunisian_revolution>，瀏覽日期2011年6月21日。。

[2]　關於「網際網路犯罪公約（The Convention on Cybercrime）」之內容請參閱網路資料<http://www.

　　面對此種科技發展所帶來的社會型態轉變，國家以及國際之間做出適當之反應，特別是如何以法律加以規範，成為全球治理及法學研究不可迴避之命題。由英國劍橋大學、牛津大學，美國哈佛大學及加拿大多倫多大學合作組成之「開放網路倡議（OpenNet Initiative，簡稱ONI）」組織，即從事調查、揭露與分析世界各國進行網路過濾及監督行為[3]。再者，網路之人權議題，世界上最大之三個網路搜尋服務公司，Microsoft, Yahoo及Google因為皆於中國面臨「網路人權」之問題，同時面臨中國政府之壓力及國際人權團體之批評，故於2008年共同提出「全球網路倡議（Global Network Initiative），簡稱GNI」，除同意制訂新的自律性的網路「行為規範（code of conduct）」之外，並呼籲各國政府採取行動，以保護網路中之言論自由及隱私權。而且，除規範面之外，並就治理（Governance）、課責（Accountability）及學習（Learning）訂有執行步驟，預計從2009年至2012年分段進行，是研究通訊傳播自由及其全球治理的最新議題。

　　另外，最近一項引起網路中人權保障爭議的事件，就是「綠壩（Green Dam）」事件。中國政府，為管制網路內容，本來預定於2009年7月1日開始，要求所有在中國境內銷售之電腦必須安裝網路過濾軟體「綠壩-花季護航」，對於網路內容進行事前過濾審查，引起歐美各國政府的高度關切，也造成各個電腦公司的壓力[4]。對於綠壩對國際貿易、資訊自由流通和其他對於技術所帶來之可能衝擊。美國商會與歐盟商會等19個外國駐中國工商團體及協會前所未有的共同串聯，於6月26日聯名致函中共國務院總理溫家寶，呼籲中國政府撤銷這項有損電腦安全的決定[5]。由前述實際案例可知，在全球化過程當中，網路科技使用產生各種人權保障問題，尤其是網路言論自由與隱私權之衝突、網路言論自由與政治參與等。因為範圍廣泛，本文僅以網路之「言論自由」為核心，從全球治理及憲法的角度，探討相關議題。

---

conventions.coe.int/Treaty/en/Treaties/Html/185.htm>，瀏覽日期2012年1月12日。

[3] 關於ONI組織及其任務說明，請參閱<http://opennet.net/about-oni>，瀏覽日期2009年9月26日。

[4] 關於綠壩事件之介紹，請參閱維基百科中「中華人民共和國網路審查」之說明，<http://zh.wikipedia.org/zh-tw>，瀏覽日期2009年9月26日。

[5] 相關消息，請參閱聯合新聞網，<http://udn.com/NEWS/MAINLAND/MAI1/4992762.shtml>，瀏覽日期2009年9月26日。

貳、全球化與國家功能變遷

一、全球治理時代的來臨

　　GNI針對網路所衍生之問題提出「治理」的概念，而且是涉及到「全球治理（global governance）」的議題。伴隨全球化時代的來臨，已經產生許多超出國家或地區的公共議題，其中，資訊與通訊傳播科技（information and communication technologies）的普遍使用，帶來政治、經濟、社會及文化各方面的挑戰，各國在政治上及法律上如何回應，成為國家不可迴避的問題。網路是無疆界限制且容易接近使用之溝通空間，最符合人類追求「自由」之夢想。因為網路互相連結之特性，只要有電信基礎設施的地方，就可以連接上網路，所以網路服務具有跨國界性質，人為建構之疆界因為此種新科技而被突破，形成「全球資訊社會（Global Information Society，簡稱GIS）」。網路的跨國界性質，配合自我發展形成之溝通方式與匿名性特徵，產生新型的溝通社群。對於此種溝通社群，卻因跨國界性質，導致各國在嘗試對於網路行為與內容進行管制與規範時，產生「規範能力不足」之現象。各國均欲對網路中之各種行為加以規範，然而各國法律體系不同，究竟何國對其有管轄權？同時即使確定了管轄權的歸屬，若缺乏國際合作的共識，則也將窒礙難行。

　　網路衍生之問題，已經不是具有「權力壟斷（Gewaltmomopol）」之國家所能單獨解決，因為，其非存在於個別國家或社會之議題。此種議題惟有透過治理，而且是全球治理之模式，方可能有效解決。所謂「全球治理」，係指超越國界關係所為之「沒有主權的治理（governance without sovereignty）」，是一種複式管理架構，他隱含著全球公民社會的存在，是國家、跨國企業、非政府組織、城市及個人以議題為導向所建構之自我組織系統，以達到良善治理之目標與功能（吳英明‧張其祿，2006，p.71-72）。在全球化的資訊社會當中，人我與內外之的區別相對降低。全球化之意義與作用具有多種面向，無法統一地加以評價。全球化帶來經濟之成長與繁榮，但也出現社會的動盪與增加全球環境之負擔，通訊傳播科技之進步促進貿易的進行，但是，密切的交通運輸往來也加劇大規模傳

染病之規模，SARS及H1N1流感的散布，讓全人類飽受威脅。主權國家如何面對全球化之挑戰，走向沒落或是重新調整，成為各國都必須面臨的政治及法律議題。因此，在全球化之趨勢下，惟有透過「全球治理（global governance）」模式，才有可能解決此項難題。全球治理的議題相當多，包括反貪腐、氣候變遷、傳染病防治、環境保護標準及勞工保護標準等。因為網路行為所導致之議題也成為全球關注焦點，已非個別國家之治理能力能夠負擔。

　　然而，在全球治理的趨勢當中，一直飽受一項重要的質疑，就是全球性之政策制定具有「民主不足（democratic deficit）」的問題。因此，學者也持續尋找，究竟採取何種途徑可以讓全球性之政策決定更具備可課責性？Benner, Reinicke and Witte建議採取「多部門公共政策網絡（multisectoral public policy networks）」方式解決此項問題（Benner, Reinicke and Witte, 2005, p. 67）。此種網路將公部門（政府及國際組織）、公民社會及企業組合一起，共同對抗各種跨越政治及部門界限之問題。不僅可以增加效率，提升效能，更可以解決「民主正當性（legitimacy）」之疑義。此種整合公私部門及非營利部門之「網絡化治理（networked governance）」的新形式，是處理網際網路所產生之各種法律爭議，相當值得思考之模式。

二、國家功能變遷

　　全球化及其伴隨之挑戰產生對於國家角色與功能的衝擊，對其獨立自主行為明顯地構成限制。在全球體系之競爭當中，國民與企業受到來自國家之干預也逐步減少。以歐洲為例，各成員國將其部分高權移轉給共同體，而逐漸全球化之規範領域，例如，通訊傳播領域，也同時經常成為共同體規範之職權。歐洲化過程中是以成員國「國家屬性（Staatlichkeit）」之流失為代價，當然，主要是成員國將主權逐步地移轉予共同體，在國際層面上尚無此種現象。全球之法秩序係透過國際條約所構成，雖然拘束各締約國，卻未賦予國際組織職權，其法律效力還是必須透過締約國之法律規範或決定（Stoll, 2007, p. 1066）。但是，在全球化之前提下，國家統治能力及效率受到衝擊，若不進行調整，將面臨衰亡之命運。而全球化合作發展之趨勢下，國家之傳統任務，包括經濟、社會、勞工，甚至於內部安

全都受到來自於國際機構之干預，例如，環境保護與健康保護，已不再是國家之「專屬任務」。

　　雖然，國家自主形成權力之流失，但是，國家透過對於國際措施形成與生效之參與權，得以發揮超越原來主權範圍之影響力，反而可能維護經濟、政治及文化各方面行為之界限。當然，對於臺灣而言，此種優點，因為長期在國際體系之參與被侷限於經濟事務部分而受到限制。歐洲聯盟的整合經驗對於全球化過程中，跨國問題之治理提供相當寶貴的經驗。在整合過程當中，諸多政治或法律之項目，得基於共同之歷史或價值構成整合之意願，並透過創立各種制度或法律行為形式建構出秩序框架。可是，在全球性之層面並無可以比較之結構存在，在短期間之內也難以見到。但是，若不創建其他新結構，國家的統治能力將明顯地消失（Stoll, 2007, p. 1065）。

三、建構新的秩序架構

　　為因應全球化之挑戰，必須建構新的全球性秩序架構。依照德國學者Stoll之見解，在秩序重建過程中會涉及三個面向，包括規範、程序及機構（Stoll, 2007, p. 1066）。現今透過國際條約所建構之秩序架構，是各主權國為解決個別問題，經由點狀合作所為之法律行為，在此，各國也會將個別之行政任務委託由國際機構行使。聯合國雖擁有普遍之管轄範圍，但並無權制定拘束各成員國之規範及作成有拘束性之決定。各國際組織在全球化過程中儘管扮演關鍵角色，但是，有別歐洲整合之情況，除WTO之外，大多屬於鬆散之組織而已。歐洲共同體機構對於市場整合具有一定之規範權限，譬如，針對環境、醫療與社會政策等領域。而WTO雖具有廣泛之經濟任務，在個別之法領域當中，例如，智慧財產權法，得採取個別之法規範，惟在其他經濟整合領域則無權進行規範。因為「國際法的片段化（Fragmentierung des Völkerrechts）」，導致在國際體系中諸多領域無法進行一致性之協調、討論、決定及負責（Stoll, 2007, p. 1067）。

參、建構全球性人權保障機制——以網路言論自由為例

一、全球化對於憲法學之挑戰

　　基於前述因素，近年來歐洲法學界有提倡以歐洲整合經驗[6]，進行全球性法律架構整合[7]，尤其是建構全球性之人權保障機制。如前所述，在全球性層面上仍欠缺如同歐盟法一般的統一法律框架，以利各成員國之法律一致與貫徹實施，尤其，涉及個人基本權利保障之事務，歐盟個各成員國人民在窮盡國內之法律救濟途徑後，得向歐洲法院請求救濟。在全球性層面上明顯地欠缺此種對於個人權利保障之法律機制。以國際貿易紛爭為例，歐洲國家企業因為WTO之制裁措施，導致其在其他國家之外銷市場受到重大限制，產生嚴重之損害，卻無法提起法律救濟（Stoll, 2007, p. 1067）。因此，如何創設所謂的「國際憲法（International Law）」，研究其可能之要件與架構，特別是關於人權保障之「基本標準」，成為全球法學界之重要任務。

二、人權保障與全球化之關係

　　全球化對於憲法之影響，在各國憲法中普遍尚無積極之回應。如前所述，與全球化較為類似之經驗為歐洲整合。因為歐盟成員國必須將部分主權移轉予歐盟，故其內國憲法必須有所安排。舉德國聯邦基本法第23條為例，其第1項規定：「為實現歐洲統一，德意志聯邦共和國共同參與歐洲聯盟之發展，負有遵守民主、法治國、社會與聯邦等原則，以及補充性原則，並且，提供與本基本法比較而本質上相當之基本權保障。就此，聯邦得基於法律，經參議院同意後，將高權移轉。……」此項規定，創設德國參與創設歐盟及持續參與發展，尤其是，移轉高權予歐盟之憲法基礎

---

[6] 關於德國及歐洲聯盟中網際網路及多媒體法之最新發展趨勢，請參閱Thomas Hoeren/Ulf Müller （Hrsg.）, Entwicklung des Internet-und Multimediarechts im Jahr 2008, MMR-Beilage 2009 Heft 6, S. 1 ff.

[7] 相關介紹請參閱U. Haltern, Internationales Verfassungsrecht, AöR 128（2003）, S. 511.

（Jarass/Pieroth, 1997, p. 497）。不過，從此項規定當中亦可看出，作為歐盟創始國，德國將其基本法所定之基本原則與基本權保障標準，透過持續參與，成為歐盟層次之原則與標準。由此可知，全球化對於各國憲法之影響，並非片面地繼受全球層面之原理原則，而是「互動關係」。主權國家亦可因為參與全球秩序架構之建立而將其憲法之原理原則，或是人權保障之類型與標準，滲透入全球秩序當中。因而，在觀察與討論全球化與人權保障之議題時，不能忽略自己本國之憲政發展的經驗，特別是人權保障之成果。

三、我國對於網路言論自由之保障

　　基於前述理由，在觀察全球化所產生之網路言論自由問題時，仍須對於本國之憲法理論與實務案例進行分析檢討，作為將來可能與全球法規範秩序整合之基礎。

（一）言論自由為溝通基本權之核心

　　相較於傳統的傳播媒體，網路具有一種特性，就是每位網路使用者，皆可同時成為網路資訊之接收者與資訊提供者。隨著通訊傳播科技之普及與資訊數位化，傳統上個人通訊與大眾傳播之所有形式，包括信件、電信、廣播電視及報紙雜誌等出版品內容，皆可在數位處理後透過網路平台加以傳播。在資訊社會當中，建設完備之通訊傳播基礎設施為國家之「生存照顧」義務之一。國家負有義務讓所有人民都能夠以合理之價格運用通訊傳播科技，以傳播或取得所需資訊。此種「接近使用」通訊傳播科技，尤其是網路之機會，得以突破以往言論市場由財團或少數人壟斷或控制之情況，任何個人均得直接透過網路發表個人意見。司法院大法官曾針對廣播電視之電波頻率分配所涉及之言論自由及是否違反平等原則之憲法疑義，於釋字第364號解釋中明確表示：『以廣播及電視方式表達意見，屬於憲法第11條所保障言論自由之範圍。為保障此項自由，國家應對電波頻率之使用為公平合理之分配，對於人民「接近使用傳播媒體」之權利，亦應在兼顧傳播媒體編輯自由原則下，予以尊重，並均應以法律定之。』此項因為電波頻率有限性而導致之言論表達方式受到限制之問題，因為網路科技之普遍使用而得到緩和。

網路使用中最常出現及最重要之人權問題為「言論自由（Meinungsfreiheit）」及「私人領域保護（Der Schutz der Privatsphäre）」，也就是「隱私權」保障之問題，兩者關係密切。但是，如前言中所述，本文因為篇幅所限，關於網路中隱私權保護之問題，將另行撰文討論，本文僅將討論核心集中在言論自由部分。

言論自由是基本權的傳統核心，是憲法基本權保障的主要對象，為普世人權。依照基本權理論，言論自由、媒體自由、資訊自由及集會自由係民主政治及自由法治國之基本要素，此四項自由權稱之為「溝通自由權（Kommunikationsfreiheiten）」（Hoffmann-Riem, 2002, p. 29）。言論自由是一種「所有人皆享有的自由（Freiheit für alle）」，是促進民主政治與個人自由發展所不可或缺之基礎。憲法中所保障之自由權，包括言論自由在內，是實踐社會秩序的規劃，不同之個人自由之間取得協調。自由權之發展自始即賦予立法者創設自由秩序之委託，即每個人皆應享有最大可能之自由。自由權不僅應賦予權利主體主觀權利，同時更含有透過法律形成生活關係之客觀的公法委託（Hoffmann-Riem, 2002, p. 30）。我國憲法第11條即明白規定：「人民有言論、講學、著作及出版之自由」，稱為表現自由或廣義的言論自由。關於言論自由之意義、內容及保障範圍，迭經司法院解釋在案，包括政治性言論（釋字第122號、第364號、第509號及第644號等）、學術性言論（釋字第380號）及商業性言論（釋字第364號、第407號、第414號、第577號、第617號、第623號及第634號）等。所謂「言論」內容，包括「客觀事實的陳述」及「主觀意見的表達」。在關於菸品標示義務的憲法解釋中，司法院表示：「憲法第11條保障人民有積極表意之自由，及消極不表意之自由，其保障之內容包括主觀意見之表達及客觀事實之陳述。商品標示為提供商品客觀資訊之方式，應受言論自由之保障，惟為重大公益目的所必要，仍得立法採取合理而適當之限制。」（釋字第577號解釋）。而陳述事實與發表意見不同之處，如同釋字509號解釋中吳庚大法官協同意見書所言：「事實有能證明真實與否之問題，意見則為主觀之價值判斷，無所謂真實與否，在民主多元社會各種價值判斷皆應容許，不應有何者正確或何者錯誤而運用公權力加以鼓勵或禁制之現象，僅能經由言論之自由市場機制，使真理愈辯愈明而達去蕪存菁之效果。對於可受公評之事項，尤其對政府之施政措施，縱然以不留餘地或尖酸刻薄之語言文字予以批評，亦應認為仍受憲法之保障。」

　　關於人民自由權利，包括言論自由之限制，憲法第23條規定：「除為防止妨礙他人自由、避免緊急危難、維持社會秩序，或增進公共利益所必要者外，不得以法律限制之。」此為憲法中對於基本權限制之一般規定。換言之，對於人民基本權利進行限制時，必須具備「法定目的」、「形式合法性（法律保留原則）」及「實質正當性（比例原則）」三項要件，並且遵守正當法律程序之要求。個人自由權利之行使容易導致他人自由之減縮。所以，若要達到所有人皆有自由的目標，則必須有依序安排的自由，不同之利益在其中皆可獲取其權利。法定目的要件，係要求國家限制人民基本權時，必須具有目的關連，不能恣意。法律保留原則之要求，係因為國會制定之法律不僅是限制國家公權力之工具，更是確立社會關係秩序之方式（Hoffmann-Riem, 2002, S. 31）。立法者以法律限制國家及其政府，尤其是行政之權力，以確保人民之自由權利不會受到來自國家之不法侵害。至何種事項應以法律直接規範或得委由命令予以規定，依照釋字第443號解釋理由書所發展之層級化法律保留理論，「與所謂規範密度有關，應視規範對象、內容或法益本身及其所受限制之輕重而容許合理之差異：諸如剝奪人民生命或限制人民身體自由者，必須遵守罪刑法定主義，以制定法律之方式為之；涉及人民其他自由權利之限制者，亦應由法律加以規定，如以法律授權主管機關發布命令為補充規定時，其授權應符合具體明確之原則；若僅屬與執行法律之細節性、技術性次要事項，則得由主管機關發布命令為必要之規範，雖因而對人民產生不便或輕微影響，尚非憲法所不許。」易言之，根據「重要性理論」，視規範對象之重要程度決定其規範密度。而所謂「授權明確性」原則，則指「其得由法律授權以命令為補充規定者，則授權之目的、內容及範圍應具體明確，始得據以發布命令。」（釋字第570號參照）

　　至於「比例原則」，則為國家限制人民基本權的限制，亦即屬於「限制的限制（Schranken-Schranke）」。因此，對於基本權之限制，在手段與目的之間，除須符合形式合法性，也應有實質正當性，所採取之限制方法必須具有適當性、必要性及均衡性（狹義比例原則）。『比例原則係屬憲法位階之基本原則，在個別法規範之解釋、適用上，固應隨時注意，其於「立法」尤然，目的在使人民不受立法機關過度之侵害。』（釋字第588號參照）在有關言論自由之限制問題，司法院再三以此種審查基準進行嚴格審查。

（二）網路中言論自由之爭議

　　以我國實務案例而言，目前在網路虛擬世界中最常引起爭議者，如同實體世界一般，為「政治言論」、「猥褻言論」及「性交易言論」之限制問題。以下，針對此三類爭議進行討論分析，以釐清我國對於言論自由之限制標準。

1.政治言論

　　如前所述，言論自由為溝通基本權之一，憲法保障言論自由之真諦在於確保自由及公開的意見形成，對於個人之人格發展具有特別重要性。司法院之憲法解釋中再三強調：「言論自由有實現自我、溝通意見、追求真理、滿足人民知的權利，形成公意，促進各種合理的政治及社會活動之功能，乃維持民主多元社會正常發展不可或缺之機制」（釋字第509號、第644號解釋參照）」因此，言論自由成為檢視國家民主程度之指標。前言中所提及之網路人權問題，尤其是綠壩事件，主要就是因為限制網路中政治言論而引起爭議。

　　就政治言論自由限制之違憲審查，司法院大法官即以此為審查基準。在審查原集會遊行法第4條及第11條第1款與人民團體法第2條及第53條限制「主張共產主義或分裂國土」之言論是否抵觸憲法時，先後表示：『集會遊行法第11條第1款規定違反同法第4條規定者，為不予許可之要件，乃對「主張共產主義或分裂國土」之言論，使主管機關於許可集會、遊行以前，得就人民政治上之言論而為審查，與憲法保障表現自由之意旨有違；……』（釋字第445號解釋）、『人民團體法第2條規定：「人民團體之組織與活動，不得主張共產主義，或主張分裂國土。」同法第53條前段關於「申請設立之人民團體有違反第2條……之規定者，不予許可」之規定部分，乃使主管機關於許可設立人民團體以前，得就人民「主張共產主義，或主張分裂國土」之政治上言論之內容而為審查，並作為不予許可設立人民團體之理由，顯已逾越必要之程度，與憲法保障人民結社自由與言論自由之意旨不符，於此範圍內，應自本解釋公布之日起失其效力。』（釋字第644號解釋）在釋字第445號解釋中，司法院大法官認為，原集會遊行法第四條「集會遊行不得主張共產主義或分裂國土」，乃具有高度政治性之議題，其概念有欠明確，故就此部分，以違反法律明確性原則而宣

告系爭規定違憲。另外，針對以不得主張共產主義分裂國土作為組成人民團體之前提要件的違憲疑義，釋字第644號解釋亦清楚指出，：『所謂「主張共產主義，或主張分裂國土」原係政治主張之一種，以之為不許可設立人民團體之要件，即係賦予主管機關審查言論本身之職權，直接限制人民言論自由之基本權利。雖然憲法增修條文第5條第5項規定：「政黨之目的或其行為，危害中華民國之存在或自由民主之憲政秩序者為違憲。」惟組織政黨既無須事前許可，須俟政黨成立後發生其目的或行為危害中華民國之存在或自由民主之憲政秩序者，經憲法法庭作成解散之判決後，始得禁止，而以違反人民團體法第二條規定為不許可設立人民團體之要件，係授權主管機關於許可設立人民團體以前，先就言論之內容為實質之審查。關此，若人民團體經許可設立後發現其有此主張，依當時之事實狀態，足以認定其目的或行為危害中華民國之存在或自由民主之憲政秩序者，主管機關自得依中華民國78年1月27日修正公布之同法第53條後段規定，撤銷（91年12月11日已修正為「廢止」）其許可，而達禁止之目的；倘於申請設立人民團體之始，僅有此主張即不予許可，則無異僅因主張共產主義或分裂國土，即禁止設立人民團體，顯然逾越憲法第23條所定之必要範圍，與憲法保障人民結社自由與言論自由之意旨不符，前開人民團體法第2條及第53條前段之規定部分於此範圍內，應自本解釋公布之日起失其效力。』

　　由此兩號解釋觀之，以前在威權專制時期被嚴格限制之「主張共產主義或分裂國土」言論，仍屬於憲法第11條言論自由之保障範圍，此種從動員戡亂時期延續而來之限制，無法通過法律保留原則或比例原則之審查，司法院之見解值得贊同。因為，多元意見環境為民主政治存續與發展之基礎，國家不能也不必要替代人民作出選擇，家父長式之思維係為獨裁政治提供溫床，國家如為防止某種政治理念或言論可能對於損害社會發展，應該鼓勵各種不同政治言論之表達，而非禁絕某種系爭的政治言論。在人權保障全球化之趨勢下，國家不應也無法全面禁絕某種政治言論。當然，政治言論中若涉及種族仇恨者，是否該禁止，世界各國也各有不同之立法例，例如，德國禁止在網路傳播納粹言論，違反者處以刑罰；而美國對於納粹言論則無此種禁制手段。要解決此種網路言論保障範圍與密度之落差，只能透過全球人權保障架構之創設。

2.猥褻言論

另外，隨著網路科技使用，「猥褻」言論廣泛散佈，尤其，兒童及未成年人得由此項途徑輕易取得，成為全球共同面對之法律問題。以Yahoo臺灣或Google中文搜尋引擎鍵入「猥褻色情圖片或電影」字句，前者有超過15萬筆資料，後者則超過40萬筆；以「erotic pictures」關鍵字在Google搜尋，可以尋獲880多萬筆資料，遑論以其他關鍵字搜尋的結果[8]。但是，關於「猥褻」之概念世界各國不盡相同，又猥褻言論是否受到憲法中言論自由保障，各國實務亦有歧異。關於猥褻言論之管制，由網路服務提供者（ISPs）所組成之「網際網路觀察基金會（Internet Watch Foundation），簡稱IWF」進行某程度之自我管制（self-regulation），尤其直接移除在網路上受到抗議之資料。此種形式較之法律管制具有彈性及非形式性等優點，但是此種方式，實質上成為「言論檢查（censorship）」。IWF之努力，雖可保護公眾，特別是兒童及青少年受到猥褻資訊之影響，卻也干預或侵害其他網路使用者或溝通者之言論自由（Barendt, 2007, p. 458）。因此，從人權保護之觀點而言，在此種基本權衝突之情況下，由具有民主正當性，可以成為「課責」對象之國家，以法律形式進行管制方符憲政主義之意旨。

就此問題，我國司法院釋字第407號及第617號解釋中皆認為，猥褻出版品仍屬憲法所訂言論及出版自由保護之範疇。而關於猥褻之概念，釋字第407號中強調：『猥褻出版品係指「一切在客觀上，足以刺激或滿足性慾，並引起普通一般人羞恥或厭惡感而侵害性的道德感情，有礙於社會風化之出版品」，且『與藝術性、醫學性、教育性等出版品之區別，應就出版品整體之特性及其目的而為觀察，並依當時之社會一般觀念定之』；而第617號解釋亦採取此見解表示：『刑法第235條規定所稱猥褻之資訊、物品，其中「猥褻」雖屬評價性之不確定法律概念，然所謂猥褻，指客觀上足以刺激或滿足性慾，其內容可與性器官、性行為及性文化之描繪與論述聯結，且須以引起普通一般人羞恥或厭惡感而侵害性的道德感情，有礙於社會風化者為限（本院釋字第407號解釋參照）。』

不過，由此兩號解釋之意旨觀之，針對猥褻言論之限制問題，大法官

---

[8]　瀏覽時間2009年10月18日。

似乎從「社會風化維護者」之角度出發，而非從「保障人民言論與出版自由之觀點」著手，進行審查。誠如林子儀大法官於釋字第617號部分不同意見書所言：「基於憲法保障言論自由之意旨，政府不宜基於言論所表達之訊息、思想、議題或內容，而異其保護之程度，以防止政府不能容忍異見或不當干預或扭曲公眾討論，故對政府針對言論內容之規制，應採取嚴格之審查標準，審查其合憲性。」、猥褻言論既亦係憲法保障言論自由之「言論」，則刑法第235條之規定是否合憲，應從憲法保障人民言論與出版自由之觀點，加以審查。系爭規定既係為維護社會風化，而對猥褻出版品予以規範，即係對猥褻出版品之內容或其可能之效果所作之一種規範，而屬「針對言論內容之規制」。

　　釋字第617號當中，大法官雖然以憲法第23條所定之法律保留原則及比例原則進行審查，並導出刑法第235條第1項規定對性言論之表現與性資訊之流通，並未為過度之封鎖與歧視，對人民言論及出版自由之限制尚屬合理的結論。此項規定雖符合形式合法性之要求，但是，就「實質正當性」層面，亦即比例原則部分，則顯有商榷之處。此又可分為言論內容與管制手段兩點討論。關於言論內容之限制，我國法秩序中設有各種程度不同之限制，下述之性交易言論即是最典型的例子。另外，對於一般散佈或傳播之出版品或錄影節目，亦是如此。主管機關行政院新聞局基於兒童及少年福利法第27條第3項之授權，基於保護兒童及少年之身心健康發展，訂有「出版品及錄影節目帶分級辦法」，針對「言論內容」進行分類管制，以避免兒童及少年接受不適合其年齡之資訊。但是，對於所謂「猥褻言論」，不分其內容為何，是否涉及以兒童或少年為對象，或是，是否涉及同性戀內容，刑法第235條全部禁止，而非區分管制，此種立法手段是否過當，是否符合「必要性（侵害最少性）」之要求，即不無疑問。因此，釋字第617號當中，大法官亦明文表示，「為維持男女生活中之性道德感情與社會風化，立法機關如制定法律加以規範，則釋憲者就立法者關於社會多數共通價值所為之判斷，原則上應予尊重。惟為貫徹憲法第11條保障人民言論及出版自由之本旨，除為維護社會多數共通之性價值秩序所必要而得以法律加以限制者外，仍應對少數性文化族群依其性道德感情與對社會風化之認知而形諸為性言論表現或性資訊流通者，予以保障。」前述兩號解釋就此並未深入審查，理由顯有不備。再者，就限制手段部分，尤其是針對「刑罰最後手段性」的疑義，顯然並未進行嚴格審查。如許玉

秀大法官於不同意見書所言：「反觀散布有害性資訊與性言論，如果不廣為傳布，沒有危險可言，無須管制；如果廣為傳布，有流通管道，就有管制方法，以行政手段管制，能防範於未然。如以刑罰手段制裁，總在犯罪事實發生之後，緩不濟急。雖然刑罰規定也有事前教育的一般預防效果，但是比起行政手段的立即介入干預，防範效果究竟相差太多。尤其在行政訴訟法將司法救濟程序周備之後，訴訟人權獲得相同的保障，行政管制手段對於保護法益，比刑罰手段更積極而有效。此外，就排除自由刑而言，行政管制手段也是侵害較小的手段。」因此，不分言論內容，概以刑罰方式禁止所謂猥褻言論之散布、播送、販賣、或公然陳列、或以他法供人觀覽所謂之手段，似有不符比例原則之情形。綜言之，關於猥褻言論之限制，我國之立法例仍不夠精緻，司法實務態度也相當保守。

（三）「性交易」言論

最後，在限制網路言論自由中最引起爭議的就是「性交易」言論之處罰問題，而直接關連的就是釋字第623號解釋。此號解釋之目的在於釐清兒少條例（以下簡稱兒少條例）第29條是否違憲之爭議，其審查對象與釋字第617號解釋類似，也是針對言論內容與言論限制手段之違憲疑義。兒少條例之立法目的在於「為防制、消弭以兒童少年為性交易對象事件」（第1條），而採取資訊管制手段，透過限制相關資訊之提供散布，避免兒童及少年接觸。對於違反之行為人或大眾傳播媒體，則依其情節輕重採取刑罰或行政罰制裁。其中第29條規定：「以廣告物、出版品、廣播、電視、電子訊號、電腦網路或其他媒體，散布、播送或刊登足以引誘、媒介、暗示或其他促使人為性交易之訊息者，處五年以下有期徒刑，得併科新臺幣一百萬元以下罰金」、「廣告物、出版品、廣播、電視、電子訊號、電腦網路或其他媒體，散布、播送或刊登足以引誘、媒介、暗示或其他促使人為性交易之訊息者，由各目的事業主管機關處以新臺幣五萬元以上六十萬元以下罰鍰。新聞主管機關對於違反前項規定之媒體，應發布新聞並公告之。」此種規定明顯地產生是否過度限制人民言論自由及出版自由之疑義。

釋字第623號解釋明白表示，針對兒童及少年性交易防治條例（以下簡稱兒少條例）第29條是否違憲之解釋亦表示：「憲法第11條保障人民之言論自由，乃在保障意見之自由流通，使人民有取得充分資訊及自我實現

之機會，包括政治、學術、宗教及商業言論等，並依其性質而有不同之保護範疇及限制之準則。商業言論所提供之訊息，內容為真實，無誤導性，以合法交易為目的而有助於消費大眾作出經濟上之合理抉擇者，應受憲法言論自由之保障。惟憲法之保障並非絕對，立法者於符合憲法第23條規定意旨之範圍內，得以法律明確規定對之予以適當之限制，業經本院釋字第414號、第577號及第617號解釋在案。」此種見解是將大法官向來之立場進行更有體系之論述。網路中之言論自由，如同其他人民的基本權利一般也是有其限制。憲法第23條中已有關於基本權之一般性限制規定。因此，在涉及新聞報導之釋字第509號解釋即表示，為兼顧對個人名譽、隱私及公共利益的保護，法律尚非不得對言論自由依其傳播方式為合理的限制。「至於限制的手段究應採用民事賠償抑或兼採刑事處罰，則應就國民守法精神、對他人權利尊重的態度、現行民事賠償制度的功能、媒體工作者對本身職業規範遵守的程度及其違背時所受同業紀律制裁的效果等各項因素，綜合考量。以我國現況而言，基於上述各項因素，尚不能認為不實施誹謗除罪化，即屬違憲。」該號理由書中亦有闡明。當然，釋字第623號解釋之聲請是由一般人民提出，大法官是從商業言論保障之角度出發，與釋字第509號解釋涉及之政治性言論限制問題尚有不同。但是，大法官也意識到兒少條例雖有保護兒童及少年免於淪為性交易對象之重大公益目的存在，但只要在網路上表達性交易之言論即受到刑罰制裁，似有限制範圍過度之疑慮，故解釋文中特別強調：「是行為人所傳布之訊息如非以兒童少年性交易或促使其為性交易為內容，且已採取必要之隔絕措施，使其訊息之接收人僅限於18歲以上之人者，即不屬該條規定規範之範圍。」換言之，透過此種「合憲而限縮解釋」方式，讓兒童少年之保護與人民之言論自由及資訊自由之保障取得平衡，解決此類基本權之衝突問題，應予肯定。

肆、結論

　　因為網際網路科技所產生之人權保障問題，已經引起諸多法律爭議與管制議題，成為全球化時代國際法的重要課題。就此，各國法學界與法院實務判決汗牛充棟，如何透過全球治理與國際合作方式建構網路規範與治理，實乃國際法刻不容緩的任務。歐洲理事會建構歐洲人權公約的國際法

架構，並設置相關人權法院以提供一致性之權利救濟途徑的作法值得各國重視與參考，也提供我國國際法研究未來的重要方向！

參考文獻

一、中文

1.書籍

吳英明‧張其祿合著，全球化下的公共管理，2006年，商鼎。

David Held‧Anthony McGrew等著，林祐聖譯，治理全球化：權力、權威與全球治理，2005年，韋伯文化。

Tony Schirato‧Jen Webb著，游美齡‧廖曉晶譯，洞悉全球化，2006年，韋伯文化。

2.期刊論文

陳耀祥，論國家對於通訊傳播之管制——從德國之規範取向論我國通訊傳播基本法之基本議題，銘傳大學法學論叢第二期，2004年6月，頁47-75。

陳耀祥，論大眾傳播媒體報導SARS疫情與人格權保障之衝突，台灣海洋法學報第3卷第2期，2004年12月，頁119-162。

二、英文書籍

Barendt, Eric: Freedom of Speech, 2nd ed., 2007.

Held, David/Koenig-Archibugi, Mathais (edited): Global Governance and Public Accountability, Blackwell, 2005.

Marsden, Christopher T. (edited): Regulating the Global Information Society, Routledge, 2000.

三、德文

1.書籍

Grabenwarter, Christoph: Europäische Menschenrechtskonvention, 2. Auflage, 2005, C.H. Beck‧Manz。

Grimm, Dieter: Die Zukunft der Verfassung, 1. Auflage,1991, Suhrkamp.

Hoeren, Thomas: grundzüge des Internetrechts, E-Commerce/Domains/Urheberrecht, 2 Auflage, 2002, C.H. Beck München.

Hoffmann-Riem, Wolfgang: Kommunikationsfreiheiten-Kommentierungen zu Art. 5 Abs. 1 und 2 sowie Art. 8 GG, 1. Auflage,2002, Nomos.

Jarass, Hanns. D./Pieroth, Bodo: Grundgesetz für die Bundesrepublik Deutschland, 4 Auflage, 1997, C.H. Beck München.

2.期刊論文

Hoeren, Thomas/Müller, Ulf （Hrsg.）: Entwicklung des Internet- und Multimediarechts im Jahr 2008, MMR-Beil. 2009, S. 1-44。

Michel, Eva-Maria: Rechtsfragen von Rundfunk und Printmedien im Internet, Ein Beitrag aus Sicht der Rundfunkanstalten, ZUM 2000, S. 425-432。

Stoll, Peter-Tobias: Das Verfassungsrecht vor den Herausforderungen der Globalisierung, DVBl 2007, 1064-1073.

Uerpmann-Wittzack, Robert/Jankowska-Gilberg, Magdalena: Die Europäische Menschenrechtskonvention als Ordnungsrahmen für das Internet, MMR 2008, S. 83-89。

六、國際海上勞動公約對我國勞動法制之衝擊

蕭仰歸[*]、李文良[**]

壹、前言

　　近來因我國基本工資之調整，引發勞工團體之抗議與陳情[1]，繼而有因醫師過勞[2]、長途客運司機過勞[3]，致有8月8日勞工團體及社運團體之「老爸不要爆肝」抗議行動。但這些只是為陸上勞動部分的勞工爭取「更好」權利，而海上勞動者不僅其基本人權及勞動者應有的權利被忽視，甚至連「生命的保護階段」都付之闕如[4]。其實，海上勞動者的勞動人權尚不及陸上勞動者比比皆是，而在此領域更少人投入關懷及研究其勞動人權。在標榜海洋國家、海洋立國的台灣，是應該正視海上勞動者之人權及其工作權。

　　筆者發現我國的勞工法制皆著重在陸上勞工，甚少觸及海上勞動或空中勞動；又因我國長期戒嚴，政治氛圍趨於封閉，自1971年退出聯合國後，參與國際勞工事務活動亦相對較少，因此我國的勞動立法與政策，相對的就不符國際勞動立法之規範，導致我國之勞動條件與國際勞工組織之要求相較之下，顯得相當落後。但時至今日，國際法興盛發展，在全球化之潮流下及我國加入世界貿易組織（World Trade Organization, 簡稱WTO）後，經濟全球化與勞動人權出現衝突[5]，產生社會不公平現象，我國根本無法置身國際化之外，故如何與國際勞工組織接軌，就不得不關注國際勞動

---

[*] 蕭仰歸，國立台灣海洋大學海洋法律研究所博士，銘傳大學兼任助理教授。

[**] 李文良，國立台灣海洋大學海洋法律研究所博士，國立中山大學海事所兼任助理教授、國立高雄海洋科技大學兼任助理教授。

[1] 〈肝爆到比它大──上百父親送豬肝給勞委會〉，中央社，2011年8月7日。

[2] 〈長庚住院醫師猝死──家屬疑似過勞死〉，《大紀元》，2011年8月5日。

[3] 〈統聯司機爆料，全員超時駕駛〉，《自由時報》，2009年10月21日。

[4] 如商船遭海盜佔領（見中央社，2011年8月6日，〈索國海盜猖獗──遠漁添風險〉）、漁民越界捕魚被扣（見《聯合報》，2010年9月9日，〈蘇澳新德益漁船被指越界──遭日強押〉）、漁船海上喋血（見民視新聞，2011年6月27日，〈漁船海上喋血，台船長疑遭丟海〉）等不勝枚舉。

[5] 呂建德，《全球化下的勞工與社會保障──全球化與社會不平等》（北京，中國勞動社會保障出版社，2002年6月再版），頁47-80。

立法之趨勢[6]。

我國之勞動立法如欲與國際接軌，首先應瞭解國際勞動立法之情況，依國際勞工組織所公佈之國際勞動立法以三種方式表現：

其一為憲章（Charter）：所謂國際憲章，是用以規範組織的架構，且是正式、莊嚴、慎重之文件，如《國際勞工憲章》、《聯合國憲章》等[7]。

其二為公約（Convention）：為國際社會（含非會員國）所接受之法律原則，且用法較為廣泛，為國際法的重要法源。依1980年正式生效之《維也納條約法公約（Vienna Convention on the Law of Treaties）》之規定，其議決書採三分之二絕對多數決為之，但在國際組織之實踐上，並未真正採用，而是採取"全體一致同意"協商制，以"全體一致"方式通過公約[8]，而非會員國即需以國際習慣法加以遵守，並受其規範[9]。

其三為建議書（Recommendation）：其決議方式與公約相同，惟其不需經由35個會員國予以批准，而還具有一般法律原則之效力，即僅有訓示或提醒之作用，由會員國加以斟酌、運用，故對於非會員國則不能以國際習慣法加以引用，此為最大之區別。

自1919年成立國際勞工組織（International Labour Organization，簡稱ILO）以來，迄今2011年ILO共通過189號公約、199號建議書[10]。至於國際勞動公約在189號公約中關於海上勞動共有73號公約及建議書，ILO將海上勞動分成《海事勞工公約（Maritime Labour Convention，簡稱MLC）》及《捕魚工作公約（Work in Fishing Convention，簡稱WFC）》二種，在此公約之前本文稱為一般漁工公約，其中《海事勞工公約》以規範商船船員（海員）為主共74號公約及建議書；《捕魚工作公約》則規範漁船船員為主共有6號公約及1號建議書[11]。直到《2006年海事勞工公約》及《2007年捕魚工作公約》形成兩號統一之商船船員勞動條件公約、漁船船員勞動條件公約。

---

[6] 焦興鎧，《國際勞動基準之建構》（台北：新學林出版股份有限公司，2006年，一版），頁5。

[7] 朱文奇、李強，《國際條約法》（北京：中國人民大學出版社，2008年，一版），頁13；李浩培，《條約法概論》（北京：法律出版社，2003年，二版），頁23。

[8] 同註6，頁46-47。

[9] 黃異，《國際法在國內法領域中的效力》（台北：元照出版社，2006年12月，初版），頁102。

[10] ILO網站，國際勞工組織<http://www.ilo.org/golbal/what_we_do/InternationalLabourStandards/lang-en/index.htm>.

[11] 國立中山大學海洋政策研究中心，《漁業工作公約生效後對我國漁船及船員管理之影響及因應對策》（台北：行政院農業委員會，2008年），頁1-3。

　　因我國長期忽略海上勞動之法律制度，致使海上勞動之法律制度付之闕如，僅以《海商法》、《船員法》、《船舶法》、《漁業法》等零星之規範海上運輸、船舶設備及航運、航權之海上行政法規；對於從事海上勞動者，不論係商船船員、漁船船員或公務船工作者之勞動條件均甚少著墨。就法律制度而言，勞基法適用全體勞動關係，而《船員法》只適用商船船員，其關係特別法與普通法之關係，但《勞基法》係勞動法系一體之關係，並非以船員法即能與其他勞動法作連結。可見我國海上勞動法制之貧瘠。

　　直到我國漁業發生漁工不足，加入WTO後，因引進大陸漁船船員，暴發出不合國際勞動法律之情事，如海上船屋、大陸漁船船員不得登陸、火燒船屋事件之發生及世界海洋漁業組織控告我國之濫捕及便宜國籍船……等漁政問題後，我國才開始注意國際海洋事務的重要性，因而有2004年《國家海洋政策綱領》[12]及海洋三法之制定[13]及更新漁業政策，凡此來自國際或中國之壓力，甚至國內政策的缺失，期望能深入及有系統的加以研究，釐清問題，進而提出解決之諍議，稍作從事公務十幾年之野人獻曝。

貳、國際海上勞動立法

　　ILO是國際勞動立法的機關，自1919年成立後，即致力爭取全球勞動者之權利，迨加入聯合國後，更以聯合國之組織正式向會員國要求遵守公約或建議書，以具體實踐勞工尊嚴勞動及保障勞動人權之理想。本文將ILO就海上勞動分成：一般海上勞動公約、海事勞工公約、捕魚工作公約三類型。

一、一般海上勞動公約

　　各種工人之勞動條件，原則上一體適用在各種勞動者，但因船舶為漁船船員、商船船員之工作地點、工作時間、工作內容，皆以陸上勞工之勞

---

[12] 行政院海洋事務推動委員會，《海洋政策白皮書（2006）》（台北：行政院研究發展考核委員會，初版），頁23。

[13] 所謂三法係指《中華民國領海及鄰接區法》、《中華民國專屬經濟海域及大陸礁層法》及《海岸巡防法》。

動條件截然不同，故若干陸上勞動公約在適用上予明文排除[14]，而在國內亦有函文解釋陸上勞動法適用海上勞動之限制[15]。故本文將ILO於1919年成立以來，就商船船員與漁船船員所通過的公約及建議書，舊漁船船員公約所列之公約有下列幾種：

ILO於1919年方有決議通過第7號《（漁撈）工時建議書》，直到1959年第112號《（漁工）最低年齡公約》，其間相隔39年，足見漁工之勞動條件在ILO之關心程度遠不及商船船員，更顯漁船船員是弱勢勞工中之弱勢。從1919年到1966年ILO就漁船船員勞動條件共作出決議有6件公約及建議書，其中公約有4號、建議書有2號，稱為舊的漁船船員勞工公約。

而商船船員部分，ILO自1919至2005年八十七年間，召開9次商船船員專門會議及海事大會[16]，通過41號公約、30號建議書及1號議定書，總計72號國際商船船員的文件，這些文件內容包括船員的勞動條件、勞動檢查和社會保障……等。

二、《海事勞工公約》（C186 Maritime Labour Convention, 2006）[17]

因1982年《聯合國海洋法公約》（United National Convention on Law of The Sea, 簡稱UNCLOS）已制定一部關於海洋事務的整體法律架構。因此，在國際間的海洋事務必需在此法律系統下依循而展開各種海洋法律行為，此法律整合國家間、區域和活動互動的基石，實具戰略性、國際性的時代意義，依1982年UNCLOS第94條第1、3項（a）、（b）規定船旗國對懸掛其國旗的船舶其船員的勞動條件、船員配備和社會事務的具有管轄責任義務[18]。

（一）定義與適用範圍

依MLC第一條要求批准本公約之各會員國，應依公約第6條規定全面

---

[14] 參閱C33第一條第二項第一款；C109第二條第二項第三款；C73第一條第三項第一款。

[15] 行政院75年4月19日（75）台內字第7899號函釋。

[16] 王秀芬、尹偉民，《國際勞工組織的船員立法趨勢及我國（中國）對策研究》（北京：法律出版社，2009年6月一版），頁1。

[17] 參閱ILO網站，C186 Maritime Labor Convention, 2006 <http://www.ilo.org/ilolex/english/convdisp1.htm>.

[18] 王秀芬、尹偉民，前揭書，頁9。

履行本公約之規定，予商船船員具體之就業的權利。MLC第2條所謂商船船員，係指本公約所適用的船舶上受僱之任何職務或從事任何工作人員。商船船員就業協議包括勞動契約協議條款。商船船員招募和安置服務機構，係指公告方式或公開招募從事代表船東進行招募船員或安排商船船員上船的任何個人公司、團體部門或其他機構。

「船舶」一詞，係指除專門在內河、或遮蔽水域之內、或其毗鄰水域、或適用港口規定的區域航行的船舶以外之船舶，係為立法方式之反面定義。「船東」則係指船舶所有人或承租人或代表船東承租人，根據本公約負擔本公約之責任的個人或組織，例如：管理人、代理或光船承租人，本公約適用於任何噸位從事商業活動的所有海船、捕魚船舶。但200噸以下的國內航行船舶可免除章程中之有關規定[19]。本公約更要求500噸以上，而以200浬外作業的國際船舶應持有〈海事勞工證書〉及〈海事勞工符合聲明〉，並明定公約生效後締約國可對非締國到港船舶進行港口檢查、監督[20]。但公約生效後，對於艙室標準之規定不溯及既往。最後本公約第10條一共修正37號公約，分別有1920年第7號《（海上）最低年齡公約》；同年第8號《（海難）失物賠償公約》；同年第9號《海員僱傭業公約》等……。

（二）內容簡述

依《2006年海事勞工公約》的規則和章程之註解（Explanatory Note to the Regulations and Code of the Maritime Labour Convention）第5點，將規則（Regulations）及章程（Codes）劃分為五大主題（Title）分別為：第一主題（款）：商船船員船上工作之最低需求（Title 1: Minimum Reguirements for Seafarers to Work on a Ship）；第二主題（款）：勞動條件（Title 2: Conditions of Employment）；第三主題（款）：起居艙、娛樂設備、食物和膳食服務（Title 3: Accommodation Recrcational Facilities Food and Catering）；第四主題：健康保護、醫療照料、福利和社會保障（Title 4: Hearth Protection Medical Care and Welfare and Social Security Protection）；第五主題（款）：遵守與強行執行（Title 5: Compliance and Enforcement）。

---

[19] 參閱ILO Maritime Labor Convention, 2006. <http://www.ilo.org/ilolex/english/convdispl.htm>.
[20] 參閱C186 MLC, Article 5, 3。

（三）特徵與影響

1.特徵

《海事勞工公約》係第一件綜合性的商船船員統一公約，其內容梗要如前述，但其具有下列特徵：

（1）綜合性統一海上商船船員公約

本公約基本上將ILO從1919年成立以來，將各種單項的商船船員公約和建議書，對其不合時宜或不符國際經濟發展實況的公約及建議書加以取捨，並考慮造船技術的進步，增加船舶之噸位、船長及載重之能力，同時斟酌全球化競爭的現況，來架構本公約。尤其國際社會日益重視的勞工人權問題，對之加以重視，並表現在職業災害的預防及監護，輔以社會安全的理念，重視社會福利及勞工福利。綜合上述之要求，具體加以立法，並建立監察體系，以量化的概念評估其成效，明顯展現本公約的協調性，因各國代表不同之要求，取得最大公約數的〈統一基準〉，表現妥協綜合性，而且統一商船船員權利保障公約，此為本公約的特徵一也。

（2）充分運用法階層的靈活原則

奧地利學者凱爾森（Hans Kelsen）的法階級理論（或稱法規範體系）[21]，架構出法律體系的上下隸屬關係及相互間法律效力的強弱，此種理論在本公約條文之結構及其法律效力之強弱，亦有相似之立法，如認為公約內之條文，具有各國皆有能力實施，則以強制法效的條文表現，並要求會員國遵守，如因考慮各國政治、經濟發展情況不同，則以任意性規定方式加以表現，以建議性質之條文表示之，即以強制基準與建議性質結合三方利益加以呈現。

如此一來，由各會員國在推行本公約時更具有活潑性，擁有更多的自主性，在勞工權利之保障則有堅定的立場，但實踐上則具有相當程度之彈性，如在公約內Code部分以二種彈性方

---

[21] Hans Kelsen，General Theory of Law and State，1945. 中譯本參照李龍澤譯，《法治國家一般理論》（南昌，江西人民出版社，2005年5月，三版），頁399-420。

式來執行；又如同意允許會員國在必要的時候制定有相同法律效力去執行A部分的具體要求，同時又准許會員國將B部分非強制性的要求廣泛的加以實踐，此種立法方式係鼓勵政府或船東會願以更好的勞動條件或福利事項來履行其義務，以利採取本公約的簽署，早日加以實施，如此則可避免如其他公約只獲得少數國家之簽署之情況發生。

（3）樹立新型式的公約修正方式

　　在ILO對公約之修正往往在該公約公佈實施後一段時間發現與實際情況有落差或簽署情形不理想時再以新公約方式，修正前公約之部分窒礙難行或爭議條項款。但本公約卻以條文修正數公約之方式呈現，跟以往相較差異甚大，可謂新型式之公約修正方式。又因在立法技巧上將Articles、Regulations、Code、Standards、Guideline、Contract分成強制規定及任意規定，又將其性質分為其修正需由大會議決及不必由大會議決二大方式，以簡化及彈性化交叉應用以達到合乎不同國家之國情及政經實況，來提升簽署會員國之數，以期及早達到實施之條件。

（4）制定具體的商船船員勞動權利在公約中商船船員之權利表現出下列四大部分

　A.符合海上勞動的職業安全及工作場所安全。

　B.著重公平、公開、平等的就業條件及機會。

　C.保障在船上工作的勞動條件。

　D.取得身體健康及社會福利之保障。

　　並且加以國際化促使國際上普遍接受，而達到保護船商、船員之目的，因此本公約被譽為"海上船員權利的保障書"。

（5）建立落實本公約的發證程序及效力

　　本公約責成船旗國應確保其船舶應符合本公約所規定之各項要求，因此本公約建立符合證書之發證程序，並要求營運國際航線不分貨輪或客船，其噸位500噸以上應攜帶〈海事勞工證書〉及〈海事勞工符合聲明〉，以確保商船船員權益，尤其是海事符合聲明之簽發採取監察發證系統[22]，其目的無非再於確實

---

[22] 即所謂〈海事勞工證書〉及〈海事勞工符合聲明〉應隨船攜帶，並持續符合規定以備查驗，並應

實踐本公約，以保障商船船員之勞動權利。

（6）有效的監督體系

　　　　其實監察體系之制度，並非從本公約開始，ILO第147號公約中早有明文。本公約亦同時要求會員國應透過定期的監察、監督及其他有效的控制方式，尤其船旗國對其所屬船舶應訂定國內法保證確實實踐本公約之要求。另外，又依本公約對到港之外國船舶，對其船上海員之勞動條件是否符合本公約，亦可要求進行監督或檢查，此為公約港口國執行公約檢查監督權，為其他公約所無，堪稱獨步之先進規定，程序之保障更對商船船員之勞動權利更加落實。

　　　　又在監督體系中對於商船船員之申訴制度，亦涵蓋在監督體系中。本公約分成船上及岸上申訴二種，申訴程序在船上進行，儘量的要在最初申訴時即可立即解決，但任何商船船員皆可直接向船長或其認為最有權責的人員或機關申訴。又在岸上申訴程序中，會員國應確保他國船舶在其領土內的港口靠岸時，船上之海員因勞動條件向岸上機關申訴時，港口國應予協助解決或建議船旗國予解決，必要時可依公約由授權港口國進行審理[23]。

2.影響

　　本公約公佈以來引起廣大迴響，深具時代的意義，本公約生效後，將帶來各方面的不同影響，其影響表現在四大方向，即船員方面，船東的影響、國家的影響及國際各國的責任四大方向，茲分述如下：

（1）船員方面具體表現的有下列各點：

A.船員勞工保護意識提升

　　　　船員長期在海上工作，取得保障自己的資訊相對不足，在昔日船員之權利分散在各種不同的公約、建議書，在其國內又分散不同的法規命令，要求船員各人深入瞭解有其困難。如今本公約生效後，依公約之規定，船員在工作中即可

每年由會員國公開向勞工局報告國內執行狀況，參閱林燕玲，《國際勞工標準》（北京：中國勞動社會保障出版社，2007年9月，一版），頁245。

[23] 請參閱MLC Standard A5, 3, 2。

透過公約規定得到新的權利資訊，如工作時間安排表及一些工作與休息時間記錄表，均要求船員瞭解後，加以簽名確認，甚至有權進行向船長申訴等等皆是。

B.船員勞動之保護監督機制的強化

　　因本公約的公佈各國皆應建立一套監督檢查之制度，加以勞工申訴制度的建立暨國際勞工局要求的程序報告，輔以〈海事勞工證書〉及〈海事勞工符合聲明〉之制度更強化船員勞動權利之保障。

C.船員勞動條件的提升及落實

　　海運事業是國際間貨物互通之處，人民交流及國際的經濟供給鏈的一環，船員更是這一環中的中心人物，也是發展或進行的關鍵，發展海運的權源公約如確實被遵守，船員的勞動條件必然提升，工作環境更符合人性勞動，表現出ILO所要求的核心價值－尊嚴的勞動。間接帶動國際經濟之發達。

（2）船東方面的影響表現出的有下列幾種：

A.船舶本身之升級更加符合船員之勞動之需求

　　依本公約之附件，不論船員之休息空間（居艙室）、娛樂設施等之設備，使船員在海上勞動時得到更好的環境。因此，船舶在本公約生效後將會使船舶的設計、建造更加符合船員之需要。

B.船東責任的加重

　　不論船員的招募、工作環境之強化、船舶的建造等職業安全的加強，醫療的設備，船員之遣返……等等皆會加重船東的財務壓力及法律責任，前者屬船東之營運責任之加重，後者則屬遵守公約或國內法之法律義務，屬法律責任，其目的無非在於確實實踐本公約促使國內法將公約納入，於國內法令表現之最終之目的，即在於落實保護船員之權利。但也加重船東之負擔成本與責任。

C.船公司（船東）將會制定工作規則[24]

---

[24] 船東或僱主為統一要求員工遵守工作場所或公司之工作秩序，在本公司相關規定或其國內法強行規定外，加以任意約定，以作為降低成本或管理方便之企業內工作規定，但在法定勞動條件則只能優於不能低於基準法之要求。

公約要能實踐，即必需要會員國簽署後使之生效，進而制定國內法使之普遍要求國內各船東遵守，最終仍落在船公司是否願意遵守，因此，要求船公司制定企業內之工作規則，才能確實普遍遵循加以實踐。

（3）國家責任

國際公約一經ILO制定，會員國勢必產生國內各利益團體的注意，不論是勞工NPO、NGO皆會在國際團體串連或要求遵守ILO之決議盡快納入國內法，因此國家在公約生效前，即應開始相關法律之制定或修正及相關制度的配套，使公約能落實並加速各國對商船船員立法的保障。

（4）世界各國的責任

依本公約之規定，具有全球性的強制效力，即不管會員國批准與否？或簽約否？都將會受強制執行，尤其有關〈海事勞工證書〉及〈海事勞工符合聲明〉，明定港口國的海事主管機關在執行PSC[25]檢查時，得要求進港船舶提出上項文件，並可依情況進行監督檢查，倘進港船舶有不符合公約所要求情況時，港口國之檢查單位可以留置船舶，同時本公約還規定對非簽約國的船舶不給予豁免，以強化本公約確實被實踐，此乃國際國家之責任。

三、《捕魚工作公約》（C188 Work in Fishing Convention, 2007）

（一）立法過程及其概述

海上勞動之保護法制，比起陸上勞動之保障來得晚，亦較不完備，而海上勞動中，商船船員勞動條件之保護法制又比漁船船員之保護法制來得早與周全，故ILO在2004年漁業部門工作會議中，以三方專家[26]會議的報告

---

[25] 司玉琢，《國際海事立法趨勢及對策研究》（北京：法律出版社，2002年1月，一版），頁120-124。Port States Control簡稱PSC，參閱劉慶林，〈台灣海難與海事評議制度之研究〉，交通部航政組報告，2007年10月23日。

[26] International Labour Conference, 96th Session 2007, Work in Fishing sector, Report（2A）Appendix Tripartite Meeting of Expertson the Fishing Sector P79.

為基礎，於2004年6月16日在日內瓦舉行之第92屆世界勞工大會中通過審議第5項議程，經委員會所提的報告，核准有關漁業部門一般性結論：制定一份綜合性的漁業部門公約及建議書，並要求各會員國就國際勞工局之報告，提出具體意見以便進行討論，便利於2005年6月舉行之第93屆會議時有充分的討論過程[27]；而在第92屆勞工大會關於漁業部門勞動條件問題中，主席Mr. F. Ribero Lopes（葡萄牙政府委員）認為漁船船員屬於更弱勢之勞工群體，制定一個公平對待的多樣性的公約，就眾多種類船舶和不同規模的捕魚工作態樣之差異性及有關國家所處的不同程度開發水準，將之基準化，實係一大挑戰[28]。亦有委員建議將漁工的7個公約進行修正（5個公約及2個建議書），此涉及漁船船員最低年齡、體格檢查、勞動契約條款、膳宿和培訓，及現有公約、建議書。未涉及的如：身分證明、遣返、招聘、海上醫療、安全衛生事項、社會保障等，即類似綜合性的《海事勞工公約》（Maritime Labour Convention, C186）之形式，提出綜合性公約的可能性，本公約應儘量涵蓋所有漁船船員、所有船舶類別和捕魚工作之類型，其目的在於保護沿海小型船舶上工作之漁船船員及長期滯留的遠洋船舶上工作之漁船船員，委員會認為儘管捕魚工作與海運工作有著顯著區別，從事國際捕魚作業的大型船舶之漁船船員與商船之船員，船上之經歷有著類似之問題，雖然漁船船員在海上勞動之勞動條件上，排除適用於有關海員之國際公約[29]，但此兩公約之間應考慮有所聯結，更何況全球漁船船員之人數有3,500百萬人之多，國際勞工組織應提供有效的法律保護，Ms. R. Kari Angarg（加納雇主委員）副主席指出，雖然目前存有5個公約、2號建議書，但為何簽署之會員國如此之少，委員會應思考其目標應讓更多的會員國簽署；就勞動條件上之需要而言，90%的漁船船員是在小型漁船工作，大型漁船僅僱傭5%的漁船船員；小型漁船分佈的情況不論在開發中國家或未開發中國家都是大量存在，故本公約之制定應朝向靈活及平衡性，提供漁船船員的基本保護[30]。

倒是狹義之勞動條件，如工資、工作時間、休息時間、帶薪休假、遣返、海上醫療較少被提及。此次大會後，綜合各會員國書面回覆意見及會

---

[27] International Labour Conference 96th Session 2007, Work in Fishing Sector Report IV（1），P1-2.

[28] International Labour Conference 93th Session 2005, Work in Fishing Sector Report 5（1），P3.

[29] 如R116號第二十三條及R98號第三條皆明文排除漁民之適用。

[30] 同前註12，C188前言所揭示。

議大致討論及意見後ILO將之整理，於2006年3月ILO第294次理事會再次
討論整理各會員國開會結論及書面意見後，於2006年6月第94屆ILO大會通
過第186號海事勞工公約，其中有些條文涉及漁船船員部分。直到2007年6
月14日ILO在日內瓦召開第96屆大會，通過第188號《捕魚工作公約》後確
定。從2002年6月的理事會為本公約之濫觴起到2007年6月通過捕魚工作公
約止，歷經5年的漁船船員勞動條件基準保護公約終告完成。

（二）特徵與影響

《捕魚工作公約》係繼《海事勞工公約》後，又一規定漁船船員勞動
條件的統一公約，在ILO的歷史上同樣具有多種特徵。

1.特徵

《捕魚工作公約》經ILO議決通過後，影響全球3,500萬捕魚工作之勞
工，堪稱為〈漁船船員權利保障書〉；雖然制定之內容以《海事勞工公
約》為底本，兩公約亦有競合適用之處，但就監督體系而言，《捕魚工作
公約》對勞動條件之保障不如《海事勞工公約》，而且立法例亦未若海事
勞工公約更富彈性，但就歷史觀點而言，漁船船員之保障在20世紀間的十
幾年內直追海員之保障，就此而言，是有長足之進步，其特殊之處有：

（1）公約中之漁船船員一詞

在本公約委員會的大體討論中，副主席Ms. R. Kari Angarg
即明白裁示，本公約之主體不稱漁工（Worker Labour），而稱
以Fishing之工作Work更譯為"漁民"，本文稱為漁船船員；係指
受僱或以任何身分從事執行業務之每一個人，並排除陸地上執
行漁船上工作的人與漁業觀察人，因強調僱傭關係當然排除受
僱於政府或海軍人員及類似地位之人員，其中最特別者為包括
以漁獲物（實物）分配基礎而受薪的人，有別以其他漁業相關
公約，亦有別於傳統僱傭關係之事例，又本公約亦不排除船舶
學校學員與訂有專業技術契約的學徒勞工（即技術職訓生），
擴大的本公約的適用對象，此為本公約特徵之一。

（2）漁捕工作之範圍

在傳統的漁船船員捕魚工作只限於海洋中或鹽水中從事捕
撈，如1959年《漁船船員協議條款公約》。換言之，一般係指

從事海上漁捕為主，但《捕魚工作公約》，係將捕魚限於商業行為之漁捕，雖主要以海上為主，但不排除淡水中的商業捕魚，故其適用範圍更廣，雖有會員國認為此將使會員國之農業分類造成衝擊[31]，而導致本公約適用到內陸捕魚，雖擴大保護漁船船員之權利，但亦對本公約之簽署造成遲緩卻步，此特徵二也。

（3）增列夜間工作之最低年齡規定

在1973年最低年齡公約只規定最低工作年齡，不分工作之時段，但本公約第9條第6項規定18歲以下之未成年漁船船員不得於夜間工作，開創夜間工作，有最低年齡限制之先河。

（4）漁船船員勞動契約之備置

漁船船員勞動契約之攜帶或漁船備置勞動契約，也是本公約要求船上應備置漁船船員勞動契約的強制規定。雖勞動契約基本上係本於契約自由，由當事人間之任意約定，只有雙方之約定有違反強制或禁止規定或違反公序良俗外，一般而言，政府係不予干涉的，但本公約要求雙方之協議（契約）有必要記載事項，亦要求船東應在船上備有漁船船員勞動契約，此種要式及要物契約之方式，亦為任何公約所無，也為民事性質之勞動契約所無，這種私法約定予公法化，亦為特徵之一。

（5）綜合性統一漁船船員勞動條件公約

自1959年ILO議決通過第一部漁船船員最低工作年齡公約以來，對漁船船員之勞動條件保障，係以特定勞動事項各別公約方式呈現。本公約則為第一部綜合性之統一漁船船員勞動條件保護公約，亦為本公約之特徵之一。

（6）以公約中之條文修正公約

在本公約之前，ILO對漁船船員勞動條件皆以單一事項加以立法，其修正或廢止，亦以公約形式加以修正，但本公約卻以公約中之一條文加以修正數公約[32]，亦為所有其他相關公約所無，亦為特徵之一。以上諸端，係就公約的立法方式及技巧暨內容所作之分類，為比較特殊之處。

---

[31] International Labour Office Generva 93rd Session 2005, Work in the Fishing Sector Report V（1），p9.

[32] 參閱ILO網站，C188Work in Fishing Convention, 2007. <http://www.ilo. org/ilolex/english/convdisp1. htm>.

2.影響

2007年ILO議決通WFC（C188）後，雖然對長期被漠視的漁船船員權利獲得跨時代的保障，拉近海上與陸上勞工的勞動條件，畢竟尚未經相當會員國批准實施，其成效如何？尚未可知，但其影響應從三方觀察，所謂三方影響即指國家（政府）、資方（雇主或船東）、勞方（即漁船船員）。

（1）國家的影響可分為二大方面，即國際責任及國家政策：

A.國際責任及協助

　　WFC通過後，不但會員國有責任在其國內形成政策外，亦要制定相關法律制度，使其國內法化；但國際責任則係在簽署之義務，使達到相當會員國之數量後方可實施，亦即促其早日實施之責任；其次即國際間之合作如港口國之監督、檢查及處理外國漁船船員之岸上申訴，或公海檢查[33]，皆應配合WFC之規定，以確實實踐，WFC之規定，此一部分即是為國際責任。

B.國內漁船船員勞動政策之釐定

　　欲將WFC之規定國內化，最為有效方法即是將之引入而制定國內法，使其國內法化作為一般法律加以適用。然後，再配合行政措施在國內推行，由行政、司法機關加以實踐。如船舶如何建造才符合WFC附件之要求，或勞動檢查在海上如何執行？安全衛生如何規範？涉及甚多的行政措施，及各部會行政單位之配合，及縱向行政機關間之權責劃分，皆待國家形成政策制定法律後方能竟其功。

（2）船東責任

　　因WFC之國內化後，國內法之制定，勢必影響企業或船東之經營責任，而行政策措施之頒布，亦影響其企業之營運及管理，其影響主要者有：

A.企業責任加重

　　在WFC未實施前，不論漁船船員的勞動條件或勞工福

---

[33] 基本上公海檢查制度只有在國際死罪或違反人權之國際刑法，使各國皆有管轄權之情況，而在海上勞動則可是童工或法制勞動此類違反人權之罪方可能遭公海檢查。

利，各企業相當不一致，但WFC內國化後，勢必加重企業之
法律及企業責任、社會責任。在法律責任方面不僅在勞動條
件上需符合WFC內國化後之規定，如有違反，不但應負民
事、刑事、行政責任，甚至受到國際社會制裁；其次是企業
規範必需加以重新檢討，而且符合政府之行政規定，致使企
業內部之管理責任加重且影響其企業文化。社會責任方面乃
因WFC中對社會保障要求所致，以致必需在政府責任及雇主
責任兩相結合下，提供漁船船員較完整之社會保障、保險，
以符合WFC之要求。

B.成本增加，財務負擔加重

　　因上述不論在企業內部之責任或船舶之建造，以及人員
管理、培訓，以符合WFC之要求，以致其成本勢必增加，又
如遣返、醫療設備、起居艙之標準，凡此種勢必增加僱主之
營業成本，加重其財政負擔，尤其小規模漁船船東。日後其
營運成本勢必轉嫁到漁產品消費者，轉嫁人民食用漁類之花
費增加是必然趨勢。

（3）漁船船員方面

　　因WFC之實施，加以會員國將之國內化後，各項配合之行
政措施將亦步亦趨的推出，如漁船船員協議書（契約）隨船攜
帶……，其影響漁船船員如：

A.勞動意識之提高

　　因各項WFC之宣傳及實施，漁船船員瞭解其權利所在將
使其權利之保障轉向落實問題，因此，激發漁船船員勞動意
識之提昇。

B.勞資關係將由緊張對立趨向制度化

　　在傳統漁船船員不論工作環境或勞動條件皆無保障可
言，屢屢發生勞資糾紛或海上喋血，如今因WFC之實施，導
致國內化，使長期無法律制度保障漁船船員將變成依法有據
的勞動條件保障，勢必要求雇主依法給付。此時，勞資雙方
之關係將由事實衝突變成法律衝突，如我國於1984年勞動基

準法實施後引發的大型抗爭（依法抗爭）[34]層出不窮，如台電
臨時工之爭議、榮民工程公司與契約工之定期契約爭議之問
題、公務機關之臨時工適用勞基法之爭議……皆是，但經過
一段時間之緊張後，將呈現制度化的勞資關係，此為過渡現
象。法制化亦是WFC制定之目的，即漁船船員勞動條件法制
化之精神。

C.漁船船員勞動條件的國際化

　　ILO制定勞動基準（Labour Standards）其目的在於折衝
各國在不同政經環境中取得最大公約數－即皆可接受之最低
標準，讓世界各地之勞動者有尊嚴的勞動，雖然漁船船員之
勞動條件較晚被注意，又其工作具有高度之危險，直到2007
年方有統一綜合性的勞動公約，象徵著漁船船員勞動條件之
國際化，誠屬可喜可賀。

參、我國海上勞動法制

　　我國海上勞動立法相當晚，體系上亦不完整，且完全依附在陸上勞工
法之體系上，因此如欲探究海上勞動法制，應先瞭解我國勞工法之體系。

　　我國憲法於1947年公佈實施，其中有具體明文規定有關於勞工權利
者共有5個條文，而且完全移植1919年德國威瑪憲法[35]，這五個條文分別
為第15條對於人民工作權之保障；第150條對於勞工失業救濟所設之平民
銀行；第152條對於人民工作機會之提供；第153條第1項國家應制定保護
勞工之法律及實施保護勞工之政策，第2項為童工、女工特別保障之規
定；第154條勞資爭議之解決程序。其中，第153條第1項：〈國家為改良
勞工之生活，增進其生產技能，應制定保護勞工之法律，實施保護勞工政
策〉，本條文被勞動法學者稱為勞工實體權利之法源，但就勞動三權－勞
工團結權、集體協商權、集體行動權之完整勞動權而言，則分別規定在憲
法第2章的人民權利義務中第14條人民之集會及結社自由權，此為勞工團
結權所在工會法立法之法源，其他如勞工之集體協商及集體行動權則分別

---

[34] 如大同關廠案、嘉隆女工抗爭案、遠東化纖關廠案……。
[35] 林紀東，中華民國憲法釋論（台北：大中國圖書公司，1976年7月，十九版），頁376。

規定在第13章第152、153、154條之條文內。

　　但近代對勞工權利之保障已從勞動三權之保障進步到攸關人身及生命的職業安全衛生；生活保障之社會福利及社會安全之層次，諸如：勞工保險、職災、帶薪進修……；故勞工權利之保障已非單獨機關所能達成的，必需加強橫向的合作才能確實保障勞工權利。但憲法只就抽象及高階的權利作宣示，因此，必需由法律來實踐，進而以行政政策作全面的執行。

　　然而，就海上勞動而言，我國於1984年8月1日公佈實施《勞動基準法》，同年亦成立行政院勞工委員會，為政策制定及執行機關，此為我國勞工實體保障（或稱個別勞動法）[36]，而其他之工會法及勞資爭議處理法依憲法揭示，逐步加以修正，成為今日之勞工法體系。然而，海上勞動法亦含混其中，並無特別立法，直到1999年船員法的修正大量引用《勞動基準法》之規定，我國才有一部有關海上勞動的特別立法，唯《船員法》適用於商船船員，該法第三條第一項第三款明文排除漁船之適用，並無適用於海上之漁船船員。因此，漁船船員勞動條件之保護，只能適用性質不同之陸上勞動基準法，亟待各界關注。

一、海上勞動之類型

　　我國海上勞動起步較晚，文獻不多，仍處初創階段。但因我國四面環海，海洋產業多樣，而居世界重要地位，如遠洋漁業之漁獲量、貨櫃的吞吐量及遊艇製造量。足見海上勞動在我國經濟上有一定之地位。目前國內海上勞動類型，依據勞動關係，歸納成下列四種勞動類型，茲分述如下：

（一）雇傭關係

　　即船東或船舶所有人，以雇傭之法律關係，雇傭船上之勞動者，從事各種不同之工作內容；又依各國及我國之類型，歸納出下列四大類：

1.海上運輸

　　海上運輸之勞動者以船員為主，尤其商船船員，即雇主雇傭人員從事客運或貨物（櫃）之運送而言。

---

[36] 呂榮海，《勞動法法源及其適用關係之研究》（台北：蔚理有限公司，2002年，初版），頁141-144。

2.海上捕撈

即船東或船舶所有人雇傭人員以從事海上捕撈或加工而言。一般皆指漁船船員屬之；此類因船舶之設備以其作業之地點又分遠洋漁船船員、近海漁船船員、沿岸漁船船員，但一般並不包括內河或內陸養殖在內[37]除特殊之情況下，始予納入[38]。

3.海上游憩

即船東或船舶所有人雇傭船員（工），以從事海上攬客，並以遊樂為主要活動之類型，如郵輪、娛樂小船。

4.海上拖船靠泊

即船東或船舶所有人雇傭員工，在海上之船舶上從事對事故或失去動力或對泊內港水道之船舶施以拖救或拖移行為或靠泊之勞動類型，雖在海上勞動性質與陸上勞動性質迥異，但仍適用勞動基準法。如中油靠泊船員[39]。

（二）特別雇傭關係

即船東或船舶所有人以任官程序，依國家法律程序所選任之官員在海上之船舶從事國防或公務或研究之目的，所從事之海上勞動類型，為行政法上特別權利義務關係[40]，其主要有三：

1.軍事船舶之勞動

此種船上之員工，皆依法受雇於國家，依國防之需要執行海上任務之海上勞動類型，但基本上非民事上之雇傭關係，而是特別權利義務關係之任官行為，但其執行職務仍在海洋中之船舶上，亦屬海上勞動之類型。如海軍軍人依國防法第17條。

---

[37] 2007年C188捕漁工作公約第三條第一款（1）在河流、湖泊或運河從事捕魚作業之漁船，即予排除。

[38] 2007年C188捕漁工作公約第三條第二款被排除適用漁船，在經相關勞資團體協商則內河漁場仍有適用該公約。

[39] 請參閱最高法院95年度臺上字第1943號判決。

[40] 張家洋，《行政法》（台北：三民書局，2002年2月三版），頁159-168。

2.公務船舶之勞動

此種海上船舶之人員與上述之任官程序相同仍屬於一種不平等之特別權利義務關係，只是其職務與國防有別，但仍係依法執行職務，亦為海上勞動之類型。

例如，海巡人員依公務人員任用法任官。

3.學術海洋研究

即學術單位或學校之研究船舶，如中山大學、海洋大學、國科會等研究船屬之。係亦為特別權利義務關係中公營造物關係。

唯應注意者，上述二種國防或公船舶上之勞工不具特別任官程序之軍職或公務員，諸如船上之技工或雇員、工友之類，仍應有海上勞動法之適用應特別注意。

（三）無一定雇主之自營船東或船舶所有人

如漁船遊憩船、小規模之貨務運送船或其法律關係與雇主間為承攬關係，非雇傭關係，因其係無一定雇主或自為雇主兼勞工，並無勞動基準法或海上勞動法之適用，如陸上之計程車司機性質相同。

然究竟海上勞動法在海法體系中之定位如何？仍應先瞭解海上勞動法究係為公法或私法或為社會法，以方便作法律分類。海上勞動究竟不同於陸上勞動法。一般而言，海上勞動較偏向公法性質，比陸上勞動法偏向社會法，因此依近代之法律分類，已從二元論進化到三元論[41]，唯適合海上勞動之分類尚有疑義。故海上勞動應屬社會法偏公法性質，與陸上勞動係社會法偏私法不同，因此類勞動條件之規定為法律強行規定不容當事人以契約加以否定，諸如體檢合格之要求即是適例[42]。

（四）承攬性質之自由引水人，強制雇傭的強制引水人

此為法律規定強制承攬的特殊勞動類型[43]。

---

[41] John Henry Merrtman著，顧培東、祿正平譯，《大陸法系（*the Civil Tradition*）》（北京：法譯出版社，2007年4月，一版三刷），頁103。

[42] 體格檢查為海上勞動之法定勞動條件不允許勞資雙方合意變更，具有強行規定之性質，請參閱2007年C188。

[43] 施智謀，《海商法》（台北：三民書局，75年7月，再版），頁112。

二、海上勞動立法

　　海商法為我國最早關於船員（長）之勞動條件之法律，其中關於勞資關係之規定有：（一）船東與船舶所有人與船長船員之關係，明定為雇傭關係；（二）僱傭契約所生之債權，即為勞動條件之債權，諸如：工資、資遣費，加班費，不休假獎金、職災補償、退休金皆是，但具有特殊性質之債權[44]。故海商法對船員勞動條件之規定只有第1、2、22、24、28條等5個條文，尚未足於全面規範商船船員之勞動條件，更何況勞工法具有體系性，並無法用單一法律法保障或提昇勞工之總體勞動權益[45]。直到1999年才有船員法之制頒。

（一）勞動基準法

　　勞動契約在民法、勞動契約法、勞動基準法中均有規定，但其法意均不相同，其內容所約定者，主要為勞動條件。

1.定義

　　勞動契約是一切勞動法令所欲規範的主體，它屬於勞工法學研究的一部分，因其具有經濟、社會、政治等特殊性，故民法上之契約自由原則，往往要作某程度之限縮適用。推原其故，蓋因勞動契約之性質使然。又勞動契約是雇傭關係之一種契約類型，但非民法上之有名契約，因其納入其他法律之中，以致於具有民法僱傭契約之特別法，而優先適用於民法。但我國除勞動基準法中之勞動契約章外，又有勞動契約法之公佈（民國25年公佈但未實施），基於部分法優於全部法之法理，理應以勞動契約法為最優先適用，再次適用勞動基準法，如有未能納入其法之規範事項再以民法為補充適用。唯目前勞動契約法並未實施，關於勞動契約所約定事項，只能適用勞動基準法及民法之相關規定。

2.適用範圍

　　基本上，自1998年以後我國一切雇傭關係均應適用勞動基準法，但其

---

[44] 請參閱舊海商法，1999年7月14日修訂前之《海商法》。
[45] 即前述勞工之權益有實體保障、程序保障、附隨保障非單一法律能涵蓋。

適用有窒礙難行者不在此限，此為《勞基法》第3條第3項所明文，故勞動基準法仍適用於漁業，但商船船員卻適用特別法之海商法，直到2002年修正後的船員法將勞基法內有關勞動條件移植到船員法，才釐清漁船船員部分適用勞動基準法，而商船船員則適用船員法，而其他海上勞動類型基本上仍適用勞動基準法，而民法之承攬和海上勞動從業人員而言，其究應適用海洋法律或陸上勞動法較能保障其權利，實值得研究？

3.核心勞動條件（勞動人權）

核心勞動條件以勞動人權為主，在國際人權公約或核心勞動公約有四項要求[46]，但在我國分散於不同之法律有規定，而本法只規定二項：

（1）強制勞動之禁止

本法禁止雇主不得以強暴、脅迫、拘禁或其他非法之方法強制勞動，本條規範之對象不僅指雇主，其實任何人皆不得強制任何人勞動，故強制勞動不限於有雇傭關係。以強制手段要求勞動，強制變更工作亦有違反本法之虞。

（2）介入他人勞動牟取不法利益

本法規定任何人不得介入他人勞動契約抽取不法利益，如不法仲介他人從事勞動，獲取不法利益即為適例。

4.陸上勞動條件（傳統勞動條件）

為工廠制度規範之對象乃受英國工業革命之影響，亦為早期國際勞動公約所規範之對象，故稱為傳統勞動條件，其中又分法定勞動條件及意定勞動條件，而法定勞動條件共有：工資、工時、延長工時、休息（假）、職業災害、資遣、退休金等幾項。意定勞動條件則依契約自由任由當事人之意思加以約定，但不得違反強制、禁止之規定。

（二）海商法

我國《海商法》早於1929年12月30日制定公布，於1931年1月1日施行，前後歷經三次修正，最後一次修正為2000年1月26日，《海商法》可謂我國最早的海上勞動法，但只限於商船船員之勞動規範不及其他海上勞

---

[46] 李文良，《我國漁船船員暨權益法律制度之研究》，國立海洋大學法研究所博士論文，2010年6月，頁119-121。

動類型（如漁船船員、引水人、拖船……），但就海上勞動之法制而言，就商船船員之勞動條件作完整規範，於當時已算相當進步；惟於2002年之修正，將商船船員有關勞資關係之雇傭勞動條件已刪除，移歸《船員法》，究係進步或退步之立法，恐見仁見智。但現行之《海商法》已純粹之商業性航海業有關船舶建造、船運活動之規範，已無海上勞動之規定。

（三）漁業法

本法公佈於1929年11月11日甚為早遠，實施於1930年7月1日，至2002年6月19日修正實施。依本法第一條所訂之立法目的為：（1）保育及合理利用水產資源；（2）提高漁業生產力並促進漁業發展；（3）改進漁船船員生活輔導娛樂漁業。足見本法著重漁業之發展及水資產之利用，附帶之目的在提昇漁民之生活，故本法應屬漁業經濟管理法，無涉漁業勞動者或從業者之勞動條件。又依本法第四條將漁業人定義為漁業權人、入漁權人或其他依本法經營漁業之人，而漁業從業人則定義為漁船船員及其他為漁業人採捕或養殖水產之人員。

然究竟漁業人與漁業權人之間法律關係為何？不得而知。但從本法而言，漁業權人或漁業從業人員皆為漁業主管機關欲管理之人，只有政府對漁業人或對漁業權人之間之高權管理行為，不見兩者間之法律關係，故漁船船員與漁業權人之間之關係非本法規範之標的。此項於本法第10條、第5條、第29條自明。然而，於本法第四章娛樂漁業專章內，對於專營或兼營之人員與船長、船員之法律關係為何，亦無規定。

又依其所授權訂定之娛樂漁業管理辦法經營漁船娛樂業只限漁業權人，其與娛樂漁船之船員關係如何？亦付之闕如，雖有規定，業者應申報船員人數與編制卻無規定之當事人間法律關係。因此，《漁業法》應不在漁船船員勞動法規之列。換言之，我國至目前（2010年）尚無漁船船員勞動條件之專門法律，比商船船員之保障還不如，只能依陸上勞動之《勞動基準法》作相同性質之類推適用，或類推適用船員法有關商船船員之勞動條件[47]。

---

[47] 行政院75年4月19日（75）台內字第7899號函釋。

（四）船員法

本法於1999年6月23日總統公佈實施，部分條文於2002年1月30日修正公佈實施。本法於第一條即開宗明義闡明立法目的在於調和航運業之勞資關係，保障船員權利，故本法屬商船船員之勞動基準法。其中，有關船員之勞動條件規定甚為周密，惟其中大部分皆抄襲1984年8月1日之《勞動基準法》之條文與內容，故仍不失為陸上勞動之性質。

其次，就雇主之組織型態，海上及陸上法律有所不同，蓋陸上大抵以公司法或商業登記法、工廠法為其雇主之態樣。但船員之雇主則以海商法或航業法之態樣出現，故其改組、轉讓、業務緊縮……之態樣亦有所不同，是否可全盤繼受，殆無疑義？又本法立法目的在於航業船員勞動權利之保障屬實質之勞動法（實質保障），然其主管機卻為交通部，將實體保障、程序保障、附隨保障之勞動三權分割管理是否妥當？不無疑義。

同時，本法規定有僱傭契約範本具有法定契約之性質，有違契約自由或最低基準之要求，鼓勵雙方勞動條件不優於本法之用意又與勞動基準法之勞動契約不同。本法將企業懲戒權明定於條文中，由國家負起懲戒權，與勞動法之工業民主不涉及企業內懲戒權之目的是否相符？凡此種種皆有待進一步加以研究？

本法勞動條件規定在第四章從第26條到第57條共32個條文，本法並無本文所述海上勞動條件：包括核心勞動條件（抽象法定勞動條件──勞動人權）、陸上勞動條件與海上特有之勞動條件三部分：

1.核心勞動條件

本法並無像勞動基準法規定，禁止強制勞動及介入他人勞動契約抽取不法利益等屬國際勞動法之核心勞動條件，實有遺憾。其次，船員之工作具有國際性，然本法制定甚晚，仍未與國際勞工公約有關人權之規定接軌，稍嫌遺憾。又本法將船員視為專門技術員如律師、會計師……諸類定有行政罰，加重國家對船員之控制，與一般勞工與雇主於平等之法律地位殊異，亦加重勞工對國家之特殊責任[48]，誠屬罕見。亦罕見國家對勞工之威權，實難以令人信服，實有違國際勞動法學之常例。反倒對國際核心公

---

[48] 《船員法》內有關國家規定之要求，如有違反可處徒刑，例如《船員法》第77至86條相較勞動基準法處罰雇主之立法意旨不同。

約之要求皆支字未提。

2.陸上勞動條件

即一般勞動者擁有的勞動條件，或稱傳統勞動條件，其內容有八項：如報酬（工資）、工時、延長工時、夜間工作、休假（含例假、特別休假、法定假日）、職災醫療（補償）、資遣、退休等八項。以上係船員法在勞動條件章所規定，本文加以歸納出的勞動條件內容。

3.海上勞動條件

但就國際勞動公約之規定，而本法加以列入者，即海上勞動所特有之勞動條件則有以下七項：如法定最低工作年齡、體格檢查、要式勞動契約、船上食宿之供應、船上醫療設備、船上娛樂設備、遣返等七項。

（五）船舶法

我國《船舶法》於1930年12月4日公布，隔年（1931年）7月1日施行，當時全文共43條，先後歷經五次修正，最近一次修正時間為2002年1月30日，全文增至89條。雖然，船舶法並不規範海上勞動者之勞動條件或勞資關係，但卻是海上勞動者的工作場所；亦為勞務給付地，在勞動法上為重要規範之場所；尤其在國際海上勞動公約上更形重要，在《海事勞工公約》及《捕魚工作公約》中，對船舶設備及堪航能力的要求亦相當嚴格，更是國際航運上特別規範的對象。同時，在2006年及2007年兩海上公約中，如住宿之提供已成法定勞動條件，不容勞資雙方以契約約定而排除或降低其設備要求；然而在我國《船舶法》之規定與海上勞動有關者有下列幾項：

1.所有海上勞動之船舶皆應符合船舶法之規定。

船舶即海上勞動者之給付場所，尤如陸上勞動之工廠，同其概念。一如工廠應符合工廠法及工廠勞工安全衛生法之規定，相同的船舶亦應符合船舶法及船舶設備規則之相關規定，係同一旨趣。

2.適用《國際海上生命安全公約》[49]之船舶應同時符合國內外公約、法律之設備標準。依船舶法第32條之規定，我國船舶如符合國際海

---

[49] 《國際海上生命安全公約（International Convention for the safety of life at sea, 1974，簡稱SOLAS 1974）》，1980年5月25日生效，共有156國家簽署，佔世界商船總噸位98.88%。

上安全公約之船舶，不但要符合我國國內法之規定，同時亦應符合
海上人命安全公約對船舶所規範之標準。

3.如為商船或漁船，符合《海事勞工公約》及《捕魚工作公約》之船
舶，除應符合上述《海上人命安全公約》之規定外，又必需同時符
合2006年及2007年兩項海上勞動公約所規定之標準。

4.依船舶法所頒布之船舶設備規則及受權檢驗機構配套應及時修正，
以符合前述二公約之規定。依現行船舶法最後一次修正為2002年，
在2006年海事勞工公約及2007年捕魚工作公約公布之前，皆未配合
二國際公約作修正；而其執行檢驗機構之授權檢驗、認證……等程
序，亦未符合二公約所授權制定之相關規則及章程之規定，故為應
因未來，應儘早作修正及設置符合國際標準之驗證機構。並與國際
NPO、NGO相關機構接軌。

5.《勞工安全衛生法》就船舶部分之勞工安全檢查及項目亦應隨著二
公約及船舶法及船舶設備規則施實而作修正，否則無法保證船員在
海上勞動工作環境之安全。然而，相關因應而生者，即檢查員之訓
練、養成、專業如何與國際接軌，以便執行港口國檢查制度及岸上
申訴制度，皆應整體配套修正。

三、海上勞動法制之缺失

海上勞動在國際勞工組織（ILO）被界定為危險行業，而我國對其勞
動條件之保護，更相對差於陸上勞動，而海上勞動四大類型中只有海上航
業之商船船員，早期適用《海商法》片斷條文予保護，直到2002年才有船
員法之修正實施，雖比《海商法》更進一步保障航業船員，但亦屬片斷而
無法與勞動法體系相結合，其他三種類型更不用提及〈保護〉二字；故海
上勞動之缺失表現在三大方面。

（一）海上勞動立法規範之遺漏

在立法缺失中，首先在海上勞動態樣中，主管機關並未歸納成幾種類
型，作系統性之立法，其缺點如下：

1.未將海上勞動依其類型作分別或統一立法，如前所述海上勞動分四
大類型、九種型態，但我國僅就海上航業中之商船船員立法，單獨

制定《船員法》,又:

（1）在該法中將勞動三權在立法時分離,主管機關亦由勞工行政機關轉而由交通部主管。

（2）船員法引入勞動基準法之條文,但卻配套不齊,如工作規則係要經工會或勞資會議同意,再由地方主管機關核可,而此工作規則是否由交通部直接核可?其效力?是否依勞動基準法核備?不得而知?

（3）船員法中應由工會或勞資會議同意之權利者是否無法實現?而侵害程序保障(集體勞工權)?如何組工會?如何行使團結權[50]?

（4）勞動檢查制度亦無相關規定,是否適用原有勞工檢查?有無能力?交通部或勞委會?海上勞動如何在海上執法?

（5）申訴制度亦未有規定,是否適用勞基法由勞委會受理解決或適用勞基法由交通部受理解決?

（6）與《海事勞工公約》C186號所定之勞動條件相去甚遠,包括船舶設備、住宿、遣返、船上醫療,船上、岸上申訴,雖海事勞工公約尚未實施,但仍應及早提出因應。

（7）漁船船員勞動條件未曾立法,根本無法符合《捕魚工作公約》C188號。

2.漁船船員勞動條件尚無立法保障,其勞動人權之保障,更遜於商船船員。

3.C186及C188之規定應及早使之國內法化。

4.漁船船員之勞動三權如何立法或保障?

5.漁船船員之勞動性質不同於陸上勞動如何適用勞動基準法?

（二）實踐上之缺失

行政及司法之實踐,其前提必需有法律有效存在,行政機關才能依法行政、司法機關才能依法審判;因海上勞動我國之立法尚未依現實社會存在之海上勞動型態作歸納類型後,進行立法,交由行政機關依法行政或頒布相關執法之行政法規作配套,有所爭議時司法機關方能依法審判,表示法律見解以解決爭議。然後將判決所示之意見再回到法律之修正程序。

---

[50] 如女性勞工之夜間工作,工會或勞資會議如何同意?其他如變形工時等亦是。

　　然截至目前為止，只有1999年就海上勞動中之船員進行立法，但該法性質屬勞動法律，其主管機關為交通部已有不妥，畢竟交通部並非勞動法專業機構，其缺失一也；其二、因其非專業機構要制定相關執法之行政規章，則有其困難，例如就《勞動基準法》而言，其配合之行政規章高達26種[51]。《船員法》至今連施行細則、工作規則審議辦法皆尚未制定；其三、其他協同機關無法配合，如工會主管機關，勞資會議主管機關、勞動條件檢查機關，職災認定委員會、工資審議委員會……，皆屬行政院勞工委員會，其間如何配合，恐一大難題。其四、因船員工作地點及時間之特性，船員法有關之送達或意思表示或勞資會議或工會組成，皆有其時空上之困難。

　　至於漁船船員因無單獨或統一之漁船船員勞動條件之法律規定，只有依賴陸上勞動基準法之規定，就其性質相同部分勉強適用，司法實踐方面因船員法之爭議尚無司法判決，亦無法評斷司法實踐之缺失，而《勞基法》適用漁船船員亦無行政釋示。但適用勞基法之司法判決：漁船船員之判決尚無，而海上勞動則有乙件關於工資之內容。此為最高法院95年台上字第1943判決[52]就船員排定班次出海執行繫泊作業，每月次數不固定但可期待之主要收入來源可認為相當於勞動基準法第2條第3款所謂「經常性給與」，自應列入平均工資乙件，因司法判決為數甚少，實踐上之比較，顯有困難。

（三）未與國際海上勞動立法接軌

　　《海事勞工公約》係商船船員勞動條件的統一公約，《捕魚工作公約》是漁船船員勞動條件的統一公約，二個公約皆在《勞動基準法》及《船員法》最後條正之後公布，而二公約雖迄今皆未實施，但其實施後恐離目前適用的《勞動基準法》或《船員法》更久。故現行勞動基準法或船員法並沒有將此國際社會對海上勞動重大變革納入本國法，甚至其所衍生之行政法規亦未將國際規範納入其中。因此，以現行勞動法恐無法滿足國際海上勞動公約之要求，如此將對我國航運、漁業造成相當大衝擊，更嚴重的是將衝擊到我國的勞動體制，影響我國經濟發展及社會之安定。

---

[51] 參閱行政院勞工委員會員工消費合作社，《勞動法規輯要》（台北：有限責任行政勞工委員會員工消費合作社編印，2004年10月，一版）。
[52] 請參閱最高法院裁判彙編。

四、國內海上勞動法制與國際公約就勞動條件之比較

　　茲將2006年C186號《海事勞工公約》與2007年C188號《捕魚工作公約》之勞動條件作基礎，加上歷年來由ILO就漁船船員勞動條件所制定之公約及1994年國際核心勞動公約，將之歸納成三大部分：一、為抽象勞動條件或勞動人權；二、傳統勞動條件即與陸上勞動條件相同者；三、漁船船員勞動條件為海上勞動專有者，以利比較我國勞動基準法之勞動條件。又何以分成此三類？蓋從勞動立法的趨勢及歷史的演變，再加以ILO各種勞動立法的分類，本文乃以比較及歸納研究方法分成此三類，作為具體的比較基準。

（一）一般國際漁船船員公約之規定

　　本項即以1919到2006年來ILO國際勞工公約與1994年核心勞動七項公約，即《工作基本原則與權利宣言》（Declaration Fundamental Principles and Right on Work）為主分成三大部分之海上勞動條件。

　　1.勞動人權（核心勞動條件）

　　　　勞動人權又稱為核心勞動條件包括有：（1）勞動三權；（2）就業歧視與兩性同工同酬；（3）強迫勞動之禁止；（4）雇傭童工之禁止等4項。

　　2.傳統勞動條件（陸上勞動條件）

　　　　所謂的傳統勞動條件又稱陸上勞動條件則有：工資、工作時間、夜間工作、休假、帶薪休假、職業安全、資遣費、退休金等八大類。

　　3.漁船船員特有之勞動條件

　　　　ILO從1919年至2006年就漁船船員及商船船員勞動條件所議決的公約共有6號公約漁船船員部分：分別為1959年第112號《漁工最低年齡公約》對就業年齡作最低之限制，不容由契約當事人任意降低年齡為法定勞動條件；1959年113號《漁工體格檢查公約》就漁船船員上船時應具備的健康身體，此亦為法定勞動條件；1959年125號《漁工資格證明公約》，此項公約亦為法定勞動條件藉以保障漁船船員得適宜的上船工作；1966年第126號《漁工艙位公約》明定漁

船應設有最低休息的船艙空間。商船船員之特有規定，尚有船員編制、遣回……有優於漁船船員之勞動條件。

（二）《海事勞工公約》及《捕魚工作公約》所列之勞動條件

1.核心勞動人權

其勞動人權仍以1998年《工作基本原則及權利宣言》（Declaration Fundamental Principles and Right on Work）所列舉的7項人權公約，將之分類為：（1）勞權三權；（2）就業歧視及同性同工同酬；（3）強迫勞動之禁止；（4）僱傭童工之禁止等4項。

2.傳統勞動條件（陸上勞動條件）

ILO自1919年成立以來議決有關勞動條件的公約，彙整依ILO之分類所謂的勞動條件有：工資、工作時間、夜間工作、休假、帶薪休假、職業安全衛生、資遣費、退休金等八大類。從各國之勞動制度大都一致，惟對於退休金、職災之補償，有些國家如加拿大、澳洲、美國皆列入社會福利制度或社會安全制度；至於日本則由雇主與國家共同負擔[53]，與我國相同；而中國則與美國、加拿大、澳洲相似，由國家負擔[54]。故此類之陸上勞動條件稱為傳統勞動條件亦適用於海上勞動，只是程度之問題，在《捕魚工作公約》，亦予納入。

3.海上漁船船員特有勞動條件

這部分由《海事勞工公約》及《捕魚工作公約》直接加以規定，可稱為國際法定勞動條件，何以稱之為法定？蓋因此項內容不得由會員國加以排除，或由契約當事人合意免除，此項內部規章涉三大層面，一方為航行安全之考慮，航行安全除船舶本身依國際相關公約或其船旗國之國內法加以規定，一般稱為「堪航能力」，如不具此項能力則其港口不准其出港，而此項之規定亦跟「堪航能力」相當，如漁船船員之工作年齡、體格檢查合格，具有「國家

---

[53] 《勞動基準法》第五十五條、五十六條；《勞工保險條例》、《勞工退休金條例》第六條、第九條；《勞工保險例》第十三條至十七條。

[54] 楊會軍，《列國志——美國》（北京：社會科學文獻出版社，2007年5月，一版二刷），頁395-397；劉軍，《列國志——加拿大》（北京：社會科學文獻出版社，2006年8月，一版二刷），頁212-238；沈永興、張秋生、高國榮，《列國志——澳大利亞》（北京：社會科學文獻出版社，2006年8月，一版），頁213-218。

檢覈及格漁船船員」、「一定員額之編制」，凡此種種皆是航行中遇到任何困難所應具備應變力之基本要求；第二層次及對上述人員之各種體力予補充再生之物資及基本設備，諸如船上食物飲水、住宿、醫療物品及設備；第三層次如終止勞動契約應提供之義務，如遣返，凡此種種皆係海上漁船船員勞動所獨特具有之勞動條件，且有別於陸上勞動。

（三）我國勞動基準法海上勞動條件與權益之規定

1.勞工人權（核心勞動條件）

　　勞工人權共2項，為介入他人勞動契約牟利及強迫勞動。

2.傳統勞動條件（陸上勞動條件）

　　共12項，為工資、工時、夜間工作、休息、休假、例假、帶薪休假、資遣、退休、職業安全衛生，日本多休業津貼。

3.勞動基準法並無規定漁船船員特有之勞動條件

　　誠如上述，《勞動基準法》之制定在於修正《工廠法》，為典型的陸上勞動法，故其就海上勞動基本上並無規定。綜合以上《海事勞工公約》、《捕魚工作公約》與我國勞動基準法三法立法比較，如表1、表2。

表1　核心勞工公約與國內法勞動人權規範之比較表

內容	公約
	國內法
強迫勞動之禁止	1930年第29號公約、1957年第105號公約。
	勞動基準法第5條、第6條、第75條、第76條。就業服務法第57條第7款、第72條。
結社自由權、集團協商權	1948年第87號公約、1949年第98號公約、1978年第151號公約。
	工會法、團體協約法、勞資爭議處理法。
就業歧視及兩性同工同酬	1951年第100號公約、1958年第111號公約。
	勞動基準法第25條、第79條。性別工作平等法第10條、第38條。就業服務法第5條、第65條、第六67條。兩性工作平等法第7條、第38條。
童工工作之禁止及限制	1973年第138號最低工作年齡公約。1999年第182號惡劣童工公約。

	勞動條件		
童工工作之禁止及限制	勞動基準法第44條、第47條、第77條。海員法第5條、第48條。工廠法第5條、第6條、第7條、第68條、第69條。礦業法第5條。		

資料來源：筆者自行整理。

表2　2006海事勞工公約、2007年捕魚工作公約、我國勞動基準法三法立法比較表

法律 公約　勞動條件	抽象勞動條件	傳統勞動條件	海上特有勞動條件
2006年海事勞工公約 2007年捕魚工作公約	0項	12項 （1）工資 （2）工作時間 （3）休息 （4）例假 （5）夜間工作 （6）職災預防及補償 （7）帶薪休假 （8）終止契約之條件 （9）資遣 （10）退休 （11）社會保障 （12）工作安全衛生之保障	6項 （1）最低工作年齡 （2）體格檢查 （3）編制配員 （4）住宿供應 （5）膳食供給 （6）遣返
我國勞動基準法	3項 （1）禁止強迫勞動 （2）介入他人勞動契約謀取不法利益 （3）同工同酬	12項 （1）工資 （2）勞動契約終止之條件 （3）工作時間 （4）休息 （5）例假 （6）夜間工作 （7）延長工時 （8）童工保護 （9）女性勞工之保護 （10）資遣 （11）職災之預防及補償 （12）退休	無

資料來源：筆者自行整理。

五、小結

（一）相關法令之修正與訂定

從《海事勞工公約》及《捕魚工作公約》二號公約之內容牽涉的範圍相當廣泛，不但牽涉勞動者基本人權，亦包括勞動三權[55]及勞資關係之調整，勞動條件和國家之社會福利制度，但基本上區分為三類：

首先為實體保障，諸如勞動條件中之工資、工時、休假、資遣、退休等；其次為程序保障方面，包含勞動三權，諸如：《工會法》、集體協商之《團體協約法》及勞資爭議之解決的《勞資爭議處理法》；其三為附隨保障，如勞工保險制度、企業的福利制度……，其他涉及國家之勞動檢查、《勞工安全衛生法》、《就業服務法》等相當廣泛，但最主要癥結在於我國並未就海上勞動有統一立法，只就商船船員部分透過船員法予以保障；而漁船船員之勞動條件保障乃依附在陸上勞動的勞動基準法，故就我國目前海上勞動法制而言，對於漁船船員或其他類型之海上勞動者之適用法律相當不完備，同時對其保障亦嫌不足。因此，如欲符合上述二公約之要求，要全面修正相關法令，方能奏效。

（二）相關機關之設立

有相關法令就必需有行政單位予以執法，亦應有相關單位對行政機關作監察，其涉及國際事務除政府機關外，亦需有NPO、NGO等民間組織相互配合，就行政機關而言，商船船員其主管機關在中央為交通部，在地方為各縣市政府（含院轄市），而漁船船員其目的主管機關為行政院農業委員會，在地方為縣市政府（含院轄市），其他類型之海上勞動者有屬交通部、有屬地方政府不一而足，相當混亂，但就其勞動條件之主管機關，在商船船員就顯得相當曖昧，因依船員法之規定其主管機關明定為交通部，但依該法之內容涉及勞動條件的條文甚多，如生爭議，應屬勞資爭議，適用勞資爭議處理法，其主管機關為中央機關之行政院勞工委員會及地方政府之勞工局，因此，如產生爭議，其監察機關則更糾結不清，但漁船船員

---

[55] 黃程貫，《勞動法》，國立空中大學，頁149-152。

之勞動條件並未有商船船員有專法——《船員法》，就其勞動條件予專法規定，只能適用性質迥異的陸上勞動法——《勞動基準法》亦屬不公平，其他類型之海上勞動者更遑論其保障。

同時，依《海事勞工公約》及《捕魚工作公約》，關於〈勞工證明書〉及〈海事勞工符合聲明〉，其核發機關更可授權民間專業機構核發，及船舶檢驗合格證明之核發，凡此皆涉及現行行政單位之整併，及相互授權和民間機關國際NPO、NGO相關機關之協調配合，方能有效執行或落實上述二公約之實行，對非ILO之會員的我國而言，實為一大考驗。

（三）與國際組織NPO、NGO之接軌

在《海事勞工公約》及《捕魚工作公約》與聯合國、ILO及IMO三個組織最為密切，而國際相關之民間組織更為數不少，如國際海事委員會、國際無線電諮詢委員會（International Radio Consultative Committee，簡稱CCIR）、國際商會（The International Chamber of Commerce，簡稱ICC），因我國非ILO成員亦非聯合國會員國，故需以國際組織認證替代我國之認證。因此，皆應與其業務交流、互通信息及相互支持。

（四）相關產業之配合

航運業其主力在於商船運送及客船運送，其相關之配合產業，在上游有造船、在下游有物流，故其產業群亦應配合二公約作修正，如造船因二公約對於公約實施後對船舶之設備，尤其是商船船員及漁船船員之住宿、起居間、娛樂設備、供暖……皆有新約規範，勢必要求造船業者加以配合，方能有所成效，而下流產業之物流亦復如是，其與船舶上下船之相關規範，在二公約亦有所增加規定，亦應加以配合，故有效的執行二公約不單是單一的航運業或漁業而已，其他相關之產業亦應加以配合修正，故我國如欲符合二公約之規定，牽涉之事務遠比想像中還複雜。

肆、國際海上勞動公約對我國勞動法制之衝擊

國際海上勞動公約雖已通過，但簽署國並未達該公約所規定之額數，然依估計兩公約大約在2020年將會實施，而實施後對我國的國際航運業及漁業，除成本提高及漁民的勞動利益必提升外，將產生另一波勞資之爭

議，但影響最大者倒不是國內內置成本或勞資關係之衝擊而已，最主要者將涉及我國在國際社會如何自處（生存）之重大衝擊，舉其主要者有六大衝擊：

一、適用兩公約之疑異

對於公約如何適用於我國？其主要之癥結在於我自1971年退出聯合國以後，已非聯合國成員，常被一些國際組織排除在外，雖近年有意返回國際組織，但因中國百般阻撓，以致未能如願，故對於國際公約的適用即產生疑異？亦即，非會員國如何適用國際公約在我國的行政及司法管轄下？

依現行勞工法令，勞動條件之檢查、監理，在地方屬縣市政府，在中央則屬勞工委員會勞動檢查處，但實踐上在漁船船員之部分，因行政院勞工委員會將之分成二部分；其一、本國人之漁船船員，雖屬勞動基準法之適用對象，但實務上卻屬行政院農委會所屬之漁業署權責，但漁業署卻稱只管理漁船、漁籍、漁業權，不管理勞動條件；其二、大陸漁船船員因與本國雇主間無勞動契約（即派遣工），故無從管理勞動條件，於是漁船船員變成三不管。

就商船勞工而言，理論上歸屬行政院勞工委員會，但實務上卻歸交通部與前述狀況一樣，故我國就此一部分缺專屬主管單位，實有詳加研究之必要。

因我國長期受國際社會之排斥，未能成為聯合國之一員，在國際之法律人格，一直有爭議，但在全球化與我國加入WTO之後，我國亦不能置身於國際社會之外，故如何適用國際公約一直存有爭議[56]。惟學者之意見大抵有三種看法：

（一）將國際公約之內容引入國內，透過立法程序成為國內法，而加以適用。

（二）將國際公約當作習慣法在司法實務上加以引用，但刑法礙於罪刑法定恐有爭議。

（三）行政機關是否能直接引用則有相當大之爭議。

---

[56] 黃異，前揭書，頁12。

　　但世界各國如美國，依其國家憲法規定，國際公約與國內法之中央法律同其效力；日本國憲法亦有相同規定；但中國則於其國家憲法規定，國際公約屬於其國家中央法律，但有例外情形；故各國對此問題亦有所差異[57]。

　　國際公約為世界絕大多數國家所認同，已形成我國際上之慣例，因此，我國行政或司法應將之視為國際習慣法加以適用，此一原則在民事部分，應依民法第一條之規定，以法理加以適用，但若與現行法律有所抵觸，恐又生爭議？其次，若公約中涉及刑法部分，因刑法第一條明文規定罪刑法定主義之原則，不容非法律型態之法規加以適用，故除非該公約經過憲法制定法律之程序，而成為內國法，否則應無法加以引用；最後在行政上法治國之要求一向依法行政，但依法行政除法律保留外，行政機關有較大空間，以行政規章或命令形式加以引用，其問題不若前述司法管轄來得嚴謹，因此作者考慮我國海洋產業之發展及國際慣例的氛圍下，將前述二公約以2009年立法院通過二人權公約之模式[58]，將之納入國內法，將是適當的方法。

二、具體納入國際勞動人權為法定勞動條件

　　不論是《海事勞工公約》或《捕魚工作公約》皆明白表示《工作基本原則及權利宣言》所臚列的七大公約，而歸納出四大法定勞動人權（一）勞動三權；（二）就業歧視及同性同工同酬；（三）強迫勞動之禁止；（四）雇傭童工之禁止等四項，要求會員國列入其本國法之海上立法之內。因此，此四大勞動人權宜正式納入海上勞動立法之法定勞動條件。

三、海上法定勞動條件之創設

　　在傳統陸上勞動條件有關員額編制，最低工作年齡、體格檢查或是住宿及用膳、遣返，皆非勞動法所關心者，往往由勞資雙方約定，而未納入

---

[57] 呂榮海，《勞動法源及其適用關係之研究》（台北：蔚理有限公司，2002年，初版），頁498-506。

[58] 我國立法院於2009年通過《公民與政治權利國際公約》、《經濟社會與文化權利國際公約》，將此二人權公約納入國內法予適用，並於同年（2009年）12月10日實施。

法定勞動條件，作為法律強制規定。但《海事勞動公約》及《捕魚工作公約》兩號海上勞動公約，將之納入法定條件，而創造出有別以傳統的陸上勞動條件。

四、海事勞工證書與海事勞工符合聲明之核發

前面的問題在於我國如何承認或適用國際公約之問題，而此問題在於各國承不承認我國依國際海上勞動公約之程序所核發之文書問題。換言之，會員國承認非會國之國際文書問題，恐怕此一問題比前述問題更難解決，依〈海事勞工證明書〉及〈海事勞工符合聲明〉屬船旗國之責任，但我國非ILO之會員國，其所簽發之證明或聲明，會員國承否？

依《海事勞公約》及《捕魚工作公約》，前者有簽發〈海事勞工證書〉及〈海事勞工符合聲明〉之簽證機關及核發證明二部分；其目的在於港口國檢查制度之落實，為會員國間相互監督之機制，而二證書分別在公約本文，及其規則及標準中詳細規定書證，簽發機關如何授權，其證書應載之內容及如何執行和港口國如何監查……等細節，然我國之船舶若懸掛他國旗幟，則應依船旗國之規定，但懸掛我國旗幟之船舶即成爭議？此一部分如何解決，恐政府機關應及早因應？《捕魚工作公約》並無像《海事勞工公約》有〈海事勞工證明書〉及〈海事勞工符合聲明〉需為進港必備文件，但《捕魚工作公約》在第41條亦有規定，漁船船員符合本公約之證書，同公約第42條亦有〈港口國申訴制度〉而需檢查上開文件、第43條更規定違反上開規定之法律責任，足見二公約皆有相關符合海上勞動條件證書之核發、備置、檢查、調查之機制，故二公約實施對我國商船或漁船將造成莫大的衝擊，如不妥為因應，公約實施以後，我國的商船、漁船恐走不出國門。

五、港口國檢查制度

此一制度，《海事勞工公約》與《捕魚工作公約》之規定不太相同，前者較為嚴苛，必需備妥相關海事文件外，尚應交〈海上勞工證書〉及〈海上勞動符合聲明〉，為進港之要件，與《捕魚工作公約》不同，該公約在於接到岸上申訴或檢舉不符公約規範時方要提出。

　　何謂〈港口國檢查制度〉，皆係二公約首創，以前之一般海上勞動公約所無？港口國檢查制度係在於補充船旗國責任之不足，透過船舶進港時之檢查制度來落實，各國應遵守公約所規定之責任。尤其對非公約之會員國亦不例外，其規則第五條第七款規定，對於非會員國不得優於會員國之責任，亦即非會員國亦應受港口國檢查制度拘束，同樣在《捕魚工作公約》亦作相同之規定，對於非會員國亦同樣受其拘束，惟《捕魚工作公約》將〈港口檢查制度〉與〈岸上申訴制度〉連接，顯然是因為漁船船員之勞動保障自始不若商船船員，若要同步與商船船員一樣，恐對漁船船東或雇主加以過重之責任，因此，兩者之規定才有如此之分別，否則《捕魚工作公約》係以《海事勞工公約》為藍本，怎反而輕於前者之規定？其中之理由即如上所述。但不管二公約對此係如何規定，對我國之商船、漁船皆係一大衝擊，國家、雇主、船東皆應有因應之對策，才不致臨頭一團亂。

六、岸上申訴制度

　　本制度屬港口國之責任，其係補充船旗國責任使本公約所規定對船員權利保障之落實，以確保任何船舶在任何地方皆應履行本公約對船員的勞動條件之保障，本規定在《海事勞工公約》條文（Article）、規則（Regulation）、章程（Code），包含標準（Standard）及導則（Guideline），皆有詳盡的規定。船員之申訴，二公約分成二部分：第一部分為船上申訴，基本上應於船舶上解決，並力求於最基層幹部解決，就地即時予以解決，當然船員亦可直接向船長申訴，倘未能在船舶上第一時間予解決，可能導致在船舶進入港口時，演變成船員向港口國申訴，即是〈港口國申訴制度〉。〈港口國申訴制度〉最嚴重則將是由港口國檢察機關或司法機關予扣押或留置，導致船舶未能如期出港，因關係重大，公約規定港口國檢查時應通知船旗國最近港口國之代表到場，及通知國際勞工局局長。因此，本公約亦要求港口國對於此一部分要求會員國應制定一套關於扣船及留置之符合公約之國內法。

　　綜上所述，兩公約之實施，我國不但要修正勞動法，也要修正船舶設備相關法令，及海關港口檢查相關法律，甚至是刑事訴訟法及海洋相關法律，是一項非常浩大的法律修正及制度翻新工程；其次，修法後的執法機關亦是一大問題，那些法規的職權，由何機關及單位執行？而執行與監

察機關間之相互監督機制如何？尤其就涉外船舶檢驗、認證部分及國際事務，我國往往透過民間機關，因此，政府如何授權民間機關及與國際NPO、NGO機構配合，亦應一併考慮作一整體修正。

伍、結語

　　本文對於弱勢中的弱勢的漁船——船員卻未被國際勞工組織尊嚴的加以保障，直到《海事勞工公約》公布，刺激2007年通過《捕魚工作公約》，雖然這兩個公約尚未被實施，但已提醒各國政府應注意到國內漁船船員勞動條件及權益的立法時機到。本文僅以簡短之結語，列出本文之重大發現，繼而提出建議以供政府及相關部門之參考，並與關心船員之人士共同關心此一議題，提供本文之研究發現。茲臚列於下：

一、在國內漁船船員勞動條件保障方面，得知其勞動條件並無專法加以保護仍適用現行《勞動基準法》。

二、我國於1999年通過實施之《船員法》，依該法第3條明文規定不適用漁船船員，引用法律之適用上，應嚴予區別。

三、《勞動基準法》並無漁船船員勞動條件之特別規定，仍以陸上勞動條件在性質相似的情況下來加以適用，致使在行政、司法實踐上產生個案認定的混亂情況。

四、對於國際核心勞工公約要求的勞動人權保障部分，《勞動基準法》亦無法符合1998年〈工作中之基本原則及其權利宣言〉之要求。

五、在傳統勞動條件部分，基本上尚符合傳統陸上勞動公約相關勞動條件之要求，唯其中關於船舶上工作時間、休息、休假如何劃分？仍有待國內法加以詮釋，而由行政、司法實踐加以區分。

六、在海上特有勞動條件部分，因勞動基準法之立法時代背景，皆以陸上勞動為主，導致這方面之保障迨無規範，宜加以立法補救方為根本解決之道。

七、在《海事勞工公約》依該公約之規定有適用漁船船員之規定，唯其適用之船舶需500公噸以上，且停留海上作業期間超過七日以上。因此，我國漁船船員將有部分適用勞動條件較優渥的海事勞工公約，應宜加以注意。

八、依《捕魚工作公約》之規定，其中具有強制效力之部分，我國雖

非ILO會員國，但因該公約已普遍為各國慣行予實踐已具有國際習慣法之拘束力，我國雖非會員國，仍應以習慣法加以適用。

九、至於《捕魚工作公約》，因我國非會員國，不具強制拘束力的部分，因考慮到我國的政治、經濟情況有加以斟酌採用之必要，無可厚非。但基於國際的潮流及趨勢，就長遠而言，在我國勞工政策或漁業政策宜逐漸趨於符合國際政策為宜。

十、《捕魚工作公約》中所稱漁船船員並不以雇傭關係為限，亦包括以捕獲漁類實物作報酬者及合夥關係。我國在適用上應先釐清法律關係。

十一、查《捕魚工作公約》所稱之漁船船員，並不以海上漁船船員為限，亦包括內河、內湖之漁船船員在內，此與我國勞動基準法適用範圍相同。

十二、若國內法欲與《捕魚工作公約》結合，根本方法仍宜以該公約納入國內法，方為長久之計。致於政策部分，倒可逐步加以採用。

十三、又依《捕魚工作公約》訂有港口申訴檢查制度，因此我國漁港及港務機關應有連繫的作業平台，而《海事勞工公約》此類規定更為嚴格。

十四、漁船船員的勞動條件與其他權益應有完整連結，即如勞動三權及社會福利制度，皆應加以全盤配套，方能完全解決漁船船員之勞工問題。

十五、要確保上述船員的勞動條件及權益獲得確實的實踐，則必需有檢查制度，而此一部分即需與海岸巡防署配合，方能於海上執行保護船上船員之勞動條件及權益。

十六、至於行政實踐部分，應區分勞動之主管機關與目的主管機關各別之職掌，方能在行政管理與船員勞動保障獲得明確實踐保障。

十七、《捕魚工作公約》通過後，依ILO之推估將於2020年實施，雖距目前尚有10年之久，對我國以遠洋漁業為主之漁業型態，不能不正視二公約規定及相關關係與實施時程，我國宜早日因應在立法、行政、司法上作配合，才不致於因本公約之實施衝擊我國漁業，造成經濟、社會、勞工問題。

十八、最後如果要制定一部完整的漁船船員的勞動條件保護法，則應
　　　包括五大部分，第一、勞動人權保護；第二、海上勞動特有之
　　　勞動條件；第三、陸上勞動條件應含於其中；第四、保障勞動
　　　三權之實踐；第五、設置海上勞動條件檢查機關。社會福利制
　　　度也應配合逐步建立，才能架構出完整漁船船員勞動條件及權
　　　益，構成完整的海上勞動的法制，但因涉及之相關法律相關權
　　　責單位，結合上有其困難。

第參部

台灣‧世界

一、從國際核損賠償制度論美國在馬紹爾群島核子試爆損害賠償案

林廷輝[*]

壹、前言

1946-1996年，美國、英國及法國在太平洋上測試超過250個核子武器，測試地點包括比基尼環礁（Bikini Atoll）[1]、埃尼威塔克環礁（Enewetak Atoll）、約翰斯頓環礁（Johnston Atoll）、聖誕島（Christmas Island）、莫耳登島（Malden）、穆魯羅瓦島（Moruroa）[2]及方阿陶法島（Fangataufa）[3]等地，但遭受核子武器測試過的地方卻受到空前的損害，包括破壞土地的使用、社會生活的擾亂等等。至今，核子試爆在馬紹爾群島仍是個敏感的議題，甚至影響到國內政情。悲劇是由美國開始在比基尼島進行核子試爆，在1954年的「喝采（Bravo）」測試過程中，雖然測試地點在比基尼及埃尼威塔克，但鄰近的烏垂克（Utrik）及朗格拉普島（Rongelap）卻受到嚴重影響[4]，當地居民竟是在測試後才離開居住地。

馬紹爾群島人民要求立即停止核子試爆，但「聯合國託管理事會」

---

* 中研院亞太區域研究專題中心博士後研究人員

  Postdoctoral Fellow, CAPAS, RCHSS, Academia Sinica

[1] 「比基尼環礁（比基尼環礁Atoll）」，是位於北太平洋馬紹爾群島北方的一個環礁，由23個小島圍繞著229.4平方公里的潟湖（lagoon）所組成。

[2] 法國南太平洋核試驗場之一。

[3] 法國南太平洋核試驗場之一。

[4] 派克（Bill Peck）在《井然有序的島嶼世界（A Tidy Universe of Islands）》一書中，描述1954年「喝采」在比基尼環礁試爆後，附近的朗格拉普島天降粉紅雪花的情景：「天上開始飄下東西來，是在爆炸後四至六小時之間，剛開始是一片薄霧，很快就變成紛飛的白色粉末，曾經看過電影的孩子們說像雪。孩子們快活地在村中跳來跳去，為這項奇蹟狂喜不已，手裡一面指著那些濕濕黏黏的粉末，一面叫喊著：『看！我們好像在聖誕節的電影裡，我們在玩雪！』那些粉末弄髒他們的皮膚，染白他們的頭髮，落在地面上像覆蓋一層白霜。夜晚來臨……接著是發癢，每個人都在抓癢，到了早上還在抓癢，其中有些人開始流淚不止。那些雪花已經變髒，與汗水混合在一起，在冷水中試圖把它們洗掉也不可行。每個人都覺得有點病了，……，全島陷入一片恐慌……。」W. M. Peck, *A Tidy Universe of Islands*（Honolulu, Hawaii: Mutual Pub. Co. June 1997）.

的回應充滿推託之辭，1962年美國總統甘迺迪（John Kennedy）對外公開
宣稱，美國將終止在太平洋上的核子試爆，1963年美英俄簽署《局部禁止
核子試爆條約（Partial Test Ban Treaty, PTBT）》，禁止在大氣層、太空和
水下進行核子試爆[5]。從1960年代開始，在馬紹爾群島居民的抗議下，美
國於是在1986年設立信託基金，經由「核損索償法庭」判決後，提供受損
民眾賠償。不過，當這些島民於1970年代重返家園時，仍因土地已受到放
射性物質污染，只能被迫再次離開家鄉，美國也花費數百萬美元，協助清
除放射性物質。此外，美國也提供白米、罐頭食物、餅乾等民生物資予島
民，盡力讓島民的家園回復原狀，但終究無法實現[6]。

　　從國際核損賠償標準來觀察，美國在馬紹爾群島核子試爆後的處置
方式與核損賠償金額，明顯嫌不足之處。同時，核損範圍僅侷限於某些島
嶼，未能包括整個馬紹爾群島及其相關海域。此點與美國內華達州核子試
爆後對國內人民及其衍生之相關權益受損賠償相比，兩者標準顯然不一。
因此，馬紹爾群島政府及其人民除在「核損害索償法庭」以訴訟方式獲得
賠償外，對未來無法預期的島民醫療、財產、土地與海洋權益補償等，馬
紹爾群島援引「情勢變遷（changed circumstances）」向美國國會請願，要
求訂定特別法，但美國反應消極。因此，本文旨在從國際核損賠償制度出
發，從馬紹爾群島索償過程中，探討馬紹爾群島提出之「情勢變遷」主張
是否合理的問題。

貳、國際核損賠償制度：巴黎公約體系與維也納公約體系

　　大多數國際核規範關切的是核武議題。1995年，聯合國大會要求國際
法院就威脅使用核武法律問題發表諮詢意見[7]，國際法院認為：雖未有任何
習慣國際法或國際條約禁止威脅或使用核子武器，不過無論威脅或使用核
武，均應符合國際人道法。但針對環境損害部分，國際法院表明：「國家
在進行合法軍事目的而使用武器時，在評估必要性與比例時應考量環境因

---

[5] 「托爾德西里亞斯條約」條約於1963年8月5日蘇聯、英國和美國在莫斯科簽署該條約，同年10月
　10日生效。

[6] Steven Roger Fischer, *A History of the Pacific Islands*（New York: PALGRAVE, 2002），pp.230-232.

[7] G.A. Res. 49/75 [K], U.N. Doc. A/RES/49/75（Dec. 15, 1994）.

素[8]。」

　　雖說美國在馬紹爾群島的核子試爆是在島民同意下進行，且核子試爆賠償並不等同核子設施（諸如核電廠）造成損害之賠償責任，因為前者為國家主權行為，傳統國際法針對國家不當行為所衍生的侵權行為擔負責任，但在國家國際民事賠償責任規範不明的情況下，要求美國政府對馬紹爾群島給予核損賠償，僅能透過國會訂立特別法。在國際核損賠償制度方面，則可成為核子試爆損害賠償重要參考依據，而目前國際核損賠償制度可分為「巴黎公約體系」與「維也納公約體系」兩者，前者由「經濟合作與發展組織（Organization For Economic Cooperation And Development, OECD）」主導，後者由「國際原子能總署（The International Atomic Energy Agency, IAEA）」推動，分述如下：

一、巴黎公約體系

　　有關核損害賠償的巴黎公約體系，是由1960年《巴黎核領域中第三者責任公約（Paris Convention on Nuclear Third Party Liability，以下簡稱巴黎責任公約）》與2004年《修正巴黎核領域中第三者責任公約議定書（Protocol to amend the Paris）》建構而成，《巴黎責任公約》規範，在採取必要步驟確保和平目的之核能使用與產品開發的同時，確立對因核子事故受有損害者予以適當且公平的賠償。由於發生於核子設施內與核子物料有關之核子事故或自核子設施露出所致之人命、財產損害，應負賠償責任。不僅核子設施之事故，核子物料之運送、儲存及其設施所引起之意外等均在規範之內[9]，且只須事故與損害間有相當因果關係，設施所有人之責任即成立，並無須證明其過失[10]。《巴黎責任公約》第七條（B）項規定，賠償責任上限為1,500萬歐元；各締約國考量經營人取得保險或其他財務保證之可能性，得立法調整限額，但不得低於500萬歐元；同條（G）項並將利息與訴訟費用排除於該項責任限額之計算外。

　　此外，由「歐洲原子能共同體（EURATOM）」所主導之1963年《布魯塞爾補充核領域中第三者責任公約（Brussels Supplementary Convention

---

[8]　Legality of the Threat or Use of Nuclear Weapons, Advisory Opinion, 1996 I.C.J. 226,（July 8, 1996）.

[9]　Article 3, *Paris Convention on Third Party Liability in the Field of Nuclear Energy*, 1960.

[10]　Articles 3（b）, 4（a）.

on Nuclear Third Party Liability，以下稱補充公約）》與2004年《修正布魯塞爾補充核領域中第三者責任公約議定書（Protocol to amend the Brussels Supplementary Convention on Third Party Liability）》。《補充公約》第二條規定，該公約適用於發生在公海及其上空，以及在當事國進行登記的船舶和飛機上的核子事故所造成的損害，且也適用於當事國國民在公海或公海上空所造成之核子事故，而對在當事國進行登記的船舶和飛機所造成的損害。

　　根據《補充公約》第3條（A）項之規定，第二條所規定的單一核事故損害之賠償額上限是為1億2,000萬特別提款權（Special Drawing Rights, SDRs）。根據同條（B）項，（1）500萬單位為止的損害賠償，以保險等財政上之保證措施的基金支付；（2）500萬至7,000萬單位為止的損害賠償，由造成事故的核設施所登記的領域當事國所提供的公基金支付；（3）7,000萬至1億2,000萬單位為止的損害賠償，由依公約規定以各當事國出資所設立的國際公約基金支付。

　　但在適用第3條（B）項之際，各當事國將核設施營運者的賠償責任額之上限定為1億2,000萬單位，以上述（1）（2）（3）的全基金來支付此項；還將核設施營運者的賠償責任額上限至少定為上述（1）項所規定的數額，此數額至1億2,000萬單位的賠償，由上述（2）和（3）之基金所支付，二者必須擇一。當然，根據第三條（D）項規定，核設施營運者基於同條（B）項的公基金賠償支付義務，也僅限於該公基金可能使用的情況，而且也只限於該營運者可以申請，此部分較《巴黎核領域中第三者責任公約》更具彈性[11]。

二、維也納公約體系

　　在1963年《維也納核子損害民事責任公約（Vienna Convention on Civil Liability for Nuclear Damage）》與1997年《修正維也納核子損害民事責任公約議定書（Protocol to Amend the Vienna Convention on Civil Liability for Nuclear Damage）》中，國際社會試圖建立最低標準，以便對於因特定核

---

[11] J. Brian McLoughlin and E. G. Bellinger, *Environmental Pollution Control: An Introduction to Principles and Practice of Administration*（London: Graham & Trotman Limited, 1993），p. 128.

能的和平使用所致之損害，提供財政上的保障，關於核子損害的民事責任，公約將有助於各國間友善關係的發展。公約第一條a項明文規定不限個人，尚包括合夥、公法或私法實體（不論是否為法人），依設施所在國法律享有法人格的國際組織，以及國家或其憲法上的組成部分等均可適用。至於應負核子損害民事責任者，公約第7條第1項規定依公約應提供差額基金的設施所在國。

公約第七條第一項規定：「核設施之營運者，為確保履行核事故所造成損害之損害賠償責任，須置備設施國所指定的保險等財政上的保證措施。當由保險等財政上的保證措施所提供的賠償額不足以支付核損害之賠償時，設施國須提供必要的基金以保證營運者的賠償支付，但賠償額之上限以不超出依第5條規定為限。」第5條便規定賠償責任不得低於500萬美元[12]，也將利息與訴訟費用排除於該項責任限額之計算之外[13]。

此議定書擴大「核子損害」之定義，將經濟損失、預防成本與環境復原成本，一同納入核子損害之範疇。在賠償金額方面，為此議定書變動之重要部分。第七條規定，當發生核事故時，核子設施國營運人之賠償責任不得低於3億特別提款權；或者營運人賠償不得低於1億5,000萬特別提款權，未達到3億特別提款權部分，則由國家運用公基金負起賠償責任；在求償時效方面，於第8條特別將生命與個人傷害求償時限部分，訂為自核子事故發生後30年內有效。此議定書等於是修正1963年《維也納核子損害民事責任公約》之補償範圍，更為確保受災難者之權益。

其次，1988年《關於適用維也納核子損害民事責任公約及巴黎核領域中第三者責任公約聯合議定書（Joint Protocol Relating to the Application of the Vienna Convention and the Paris Convention）》，此議定書目的在於聯結1960年《巴黎核能領域中第三者責任公約》與1963年《維也納核損害民事責任公約》，使兩公約之締約國一方，對他方條約締約國給與條約上之利益[14]，並達到消弭兩公約適用所引發之衝突[15]。依此議定書，今後有關

---

[12] Article 5（1）, *Vienna Convention on Civil Liability for Nuclear Damage, 1963.*

[13] Article 5（2）.

[14] Article II, *Joint Protocol Relating to the Application of the Vienna Convention and the Paris Convention, 1988*; Philippe Sands, *Principles of International Environmental Law I: Frameworks, Standards and Implementation*（Manchester: Manchester University Press, 1995）, p. 657.

[15] 該議定書前言指出："Desirous to establish a link between the Vienna Convention and the Paris Convention by mutually extending the benefit of the special regime of civil liability for nuclear damage

核子損害事故，對於損害結果橫跨兩締約國者，將可獲得一致解決[16]。此外，依據《維也納核損害民事責任公約》第2條第1項及《巴黎核能領域中第三者責任公約》第4條等規定，該責任應由核子設施之經營人所負責。

最後，1997年《核損害補充賠償公約（Convention on Supplementary Compensation for Nuclear Damage）》第3條規定，將賠償金額調高到3億特別提款權；第18條則把管轄權範圍擴大到締約國之專屬經濟區（Exclusive Economic Zone，EEZ），適用該締約國之專屬經濟區法規，倘該國並無制訂相關法規，則可依據1982年《聯合國海洋法公約》之規定處理。

參、美國核子試爆與核損賠償

一、馬紹爾群島及美國核子試爆

馬紹爾群島在數千年前就有人類的足跡，但西方國家發現馬紹爾群島的存在是近五百多年的事情。1494年，《托爾德西里亞斯條約（Treaty of Tordesillas）》[17]將密克羅尼西亞群島的所有權交予西班牙。1529年，西班牙探險家薩維德拉（Alvaro de Saavedra）與馬紹爾群島人首次接觸，不過雙方僅交換一些貨物，當地民眾也僅提供探險家飲用水和補給物資以為長途航行所需，因此西方世界並未與馬紹爾群島有真正的聯繫。

1788年，英國船長馬紹爾（John Marshall）與吉伯特（Thomas Gilbert）在該島停留數日，船舶獲得補給後前往澳大利亞，馬紹爾群島至此方才出現在歐洲人的地圖中。1850年代中期，美國傳教士抵達馬紹爾群島，不過這些傳教士大多由夏威夷人伴隨，由夏威夷人來說服馬紹爾群島

---

set forth under each Convention and to eliminate conflicts arising from the simultaneous applications of both Conventions to a nuclear incident."

[16] 陳春生，《核能利用與法之規制》，台北：月旦出版社股份有限公司，1995年11，頁439。

[17] 「托爾德西里亞斯條約」是西班牙和葡萄牙兩國於1494年6月7日，經過教宗亞歷山大六世（西班牙人）的協調，兩國在西班牙卡斯利亞（Castile and León）的托爾德西里亞小鎮簽訂的一份旨在瓜分新世界的協議。協議規定兩國將共同壟斷歐洲之外的世界，並特別將位於維德角群島（Cape Verde Islands）以西約1770公里，大約位於西經46°37'的南北經線，為兩國的勢力分界線：分界線以西歸西班牙，以東歸葡萄牙。這條分割線，也被稱為教宗子午線。

人民信奉基督教[18]，1870至1880年代，德國商人與海軍在馬紹爾群島進行
貿易行為，德國透過條約取得使用賈盧伊特環礁（Jaluit Atoll），擁有港
口與貿易特許權。1885年，馬紹爾群島成為德國的保護地，不過德國並非
直接統治馬紹爾群島，透過當地酋長來統治，反倒使酋長的地位更加鞏
固，因為只有酋長才有辦法透過西方世界取得物資與經費。

　　早期的馬紹爾群島經濟活動都是島際之間的貿易，不過在德國人的鼓
勵下，各島遍植椰子樹，以利德國製造香皂、椰子油等產品。透過椰子產
業，馬紹爾群島建立薪資勞工制度，也融入世界貿易體系的一環，至今椰
子仍是馬紹爾群島出口最重要的產業。

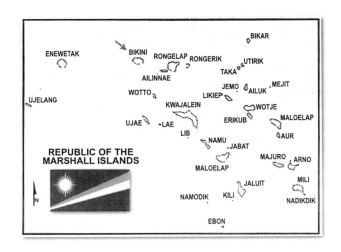

圖一　馬紹爾群島比基尼環礁及其他島嶼位置圖

資料來源：http://www.bikiniatoll.com/

　　第一次世界大戰爆發，日本占領馬紹爾群島，並在上面建立行政當
局，一改過去德國殖民所採取的間接手法，以直接手段採四個明確目標
殖民該地，這四個目標包括：經濟發展、日人移民、與日本整合、軍事
化[19]。對當地人而言，日本的統治是嚴謹且有效率，在當地興建學校、道
路，並提供馬紹爾人正規教育；第二次世界大戰期間，日本將馬紹爾群島

[18] Francis X. Hezel, *Strangers in Their Own Land: a Century of Colonial Rule in the Caroline and Marshall Islands. Pacific Islands Monograph Series, 13*（Honolulu: University of Hawaii Press, 1995），p. 45.

[19] U.S. Department of Interior, *Integrated Renewable Resource Management for U.S. Insular Areas. Office of Technology Assessment*（Washington, DC: U.S. Government Printing Office, 1987），p. 336.

武裝化,在美國切斷運補路線後,馬紹爾人面臨飢餓,僅存的糧食僅供應日本軍隊使用,當地人民也試圖竊取日軍的糧食。

1942年,以美國為首的盟軍攻擊馬紹爾群島,當地人協助美國襲擊日本人,1944年馬紹爾群島被美國占領,進入美國戰略託管的年代。美國海軍瞭解當地戰略地位的重要性,就美國的觀點而言,馬紹爾群島離蘇聯遙遠,因此在冷戰時期美蘇競相測試核武的情形下,馬紹爾群島地處偏僻,提供一個高度機密進行核子試爆的理想據點,同時也可有效控制避免任何人隨意進入測試地區。此外,在馬紹爾群島測試核武,可以遠離美國本土,避免輻射塵影響到美國人,這也是視馬紹爾群島為重要據點理由之一。

就在美國取得馬紹爾群島後不久,美國在日本長崎與廣島的兩顆原子彈,迫使日本無條件投降,原子彈的輻射塵也造成許多倖存者得到相關疾病。日本也不幸地成為美國原爆真實試驗場,不過美國並無法從中完全瞭解原爆對人類、基礎建設與環境會造成多大的影響。為取得相關數據,具有偏遠地理位置且祕密的馬紹爾群島,成為美國核子試爆的首選之地。1946年,美國與馬紹爾群島比基尼環礁當地人民與領導人溝通後,杜魯門總統批准這些測試,美國政府也邀請記者、好萊塢劇組人員到比基尼環礁見證美國海軍與當地人民的溝通協調,當時美國海軍准將維特(Ben H. Wyatt)曾拿出聖經來遊說島民,希望島民犧牲自己的島嶼而為全世界的人民福祉著想[20]。島民最後同意讓美軍使用該土地,並向維特等人表示「萬事都在神的手中(Everything is in God's hands)」,由於島民信仰上帝,當初美籍傳教士到此阻止島際之間的戰爭,用聖經教化島民;比基尼環礁的住民視美國人為朋友,因為自二次大戰後解放他們,使他們脫離日本的統治。美國以「犧牲比基尼人來成就世界的和平」為理由遊說當地民眾,因此當地居民便答應美國在此地進行核子試爆的要求。美國於是在1946年3月開始撤離比基尼環礁的居民,而核子試爆的代號便取名為「十字路口行動(Operation Crossroads)」。

1946-1958年,美國在馬紹爾群島進行20多次核子試爆,除了「比基尼環礁」之外,美國在其他地點共計試爆67枚核子彈(試爆時間與地點

---

[20] Jonathan Weisgall, *Operation Crossroads: The Atomic Tests at Bikini Atoll*(Annapolis: Naval Institute Press, 1994), p. 107.

如附件），而比基尼環礁的167位居民為了配合美國遂行其「偉大的計畫」，踏上永無終點的旅程。他們逐島流浪，時常處於饑饉邊緣，在離鄉已經半個多世紀之後，仍約有兩千多人至今還無家可歸。多年來，馬紹爾群島的居民及其政府向美國政府求償，但得不到美國政府正面的回應，而「太平洋島國論壇（Pacific Islands Forum, PIF）」每一年的高峰會議通過之公報中，也就馬紹爾群島核子試爆損害賠償案表態，認為美國應給予適切的補償[21]。

就在「十字路口行動」試爆過程中，只有美國科學家、研究人員等等才能進入測試基地，對於測試後對環境之影響，美國政府列為高度機密。試爆中有33次的規模遠大於美國在內華達州的測試規模[22]。試爆的威力造成馬紹爾群島有六個珊瑚島礁不復存在，試爆後的輻射塵落到其他地區，也造成其他島礁及水域受到污染，經由大氣層也飄到其他島國，更嚴重的是，當地島民賴以為生的經濟資源因此無法利用。

二、《自由聯繫協定》下的賠償責任問題

經歷將近15年的談判，舉辦過30多場聽證會，美國和馬紹爾群島終於確立他們未來的政治關係。1983年，馬紹爾群島公民投票通過《自由聯繫協定（Compact of Free Association）》，不過美國國會直到1986年才通過而使協定生效。協定最大的成就便是終止戰略託管地的地位，使馬紹爾群島400多年來首次獨立建國，因為美國與馬紹爾群島均瞭解，戰略託管地已不再是確保利益的最佳方式，美國其後則透過協定租用瓜佳蓮礁環礁（Kwajalein Atoll），確保其使用馬紹爾群島之戰略地位。

1986年，美國與馬紹爾群島簽署賠償協議，由美國提供1億5,000萬美元成立基金，其中4,575萬美元則用做核爆損害賠償。這些賠償款對當地居民而言可說是杯水車薪，馬紹爾群島政府官員與民眾多年來援引「情勢變

---

[21] 就以2010年在萬納杜通過的論壇公報內容來說，論壇領袖們要求美國應對馬紹爾群島擔負起責任，特別是適切的補償與安置這些環境已受影響的島民，恢復受影響區的經濟生產力，論壇領袖們也將聯名發函美國政府，要求美國國會開聽證會，同時也會在聯合國大會、安理會及其他國際場域發言聲援馬紹爾群島。詳見2010年論壇公報（Forum Communiqué）第六十五至六十七條 <http://www.forumsec.org.fj/resources/uploads/attachments/documents/2010_Forum_Communique.pdf>

[22] Oscar deBrum, *Testimony to the House Resources Committee Regarding the Nuclear Claims Tribunal* （Washington, DC: U.S. House of Representatives, 1999）.

遷」，要求美國政府拿出誠意，加上他們認為1986年的協議條文中提到：
「所有索償之全部解決，應顧及到過去、現在、未來的馬紹爾群島政府、
公民以及國民（constitutes the full settlement of all claims, past, present and
future, of the government, citizens, and nationals of the Marshall Islands）」。
因此，對下一代生活所需，甚至是輻射塵所造成的環境污染與漁獲量減少
等問題，應納入賠償範圍內[23]。

三、馬紹爾群島「核損害索償法庭（The Marshall Islands Nuclear Claims Tribunal）[24]」

　　馬紹爾群島「核損害索償法庭」於1988年成立，針對過去、現在與
未來馬紹爾群島政府、公民與國民基於任何與核測試計畫有關之索償，享
有管轄權並做出最後判決。「核損害索償法庭」成立初期，主要針對核子
試爆計畫對人類身體健康造成的影響徵詢專家意見與蒐集資訊，不過這些
專家建議法庭依循過去一些法院針對放射性損害的判決先例，包括個人曝
露在核子試爆後的放射性環境下，造成個人健康狀況的賠償及其因果關係
等等。不過當法庭向美國索取有關當年馬紹爾群島人民曝露在放射性環境
下的程度等相關資訊時，最後獲得美國回應與承認的也僅是在1954年3月1
日測試的「喝采」此一數據，這些資訊也僅侷限在朗格拉普或烏垂克。由
於缺乏充分及可信賴的資訊，也就無法瞭解放射性在當時對人體健康狀況
造成的影響有多大；因為缺乏證據，數千人的個人損害索償案均被法庭駁
回[25]。

　　然而，1990年10月5日，美國國會通過「輻射暴露補償法（Radiation
Exposure Compensation Act, RECA）[26]」，主要針對內華達州核子試爆受
到影響區域內的美國國民給予補償，在內華達州、猶他州及亞利桑納州共

---

[23] Holly M. Barker, *Bravo for the Marshallese: Regaining Control in a Post-Colonial World*（Belmont, CA: Wadsworth/Thomson Learning, 2004），pp. 115-117.

[24] "History and Activities," *Republic of the Marshall Islands Nuclear Claims Tribunal*, at <http://www.nuclearclaimstribunal.com/>

[25] Dick Thornburgh, Glenn Reichardt, and Jon Stanley, *The Nuclear Claims Tribunal of the Republic of the Marshall Islands: An Independent Examination and Assessment of its Decision-Making Processes*（Kirkpatrick & Lockhart LLP, Washington, DC, January 2003）.

[26] 有關RECA資訊可參考：<http://www.usdoj.gov/civil/torts/const/reca>

計有15個鄉鎮為受影響區域。由於此法案的影響，「核損害索償法庭」推定，馬紹爾群島受到影響的區域範圍應包括整個國家所有的環礁與島嶼。至2003年年底，法庭判決的補償金額已超過10億美元，但在同一時間，「核損害索償信託基金」從開始時的1億5,000萬美元剩下到僅有600萬美元，而現在馬紹爾群島在核子試爆的受難者希望的是能獲得全額補償，則是根據「情勢變遷」重新談判。

　　馬紹爾群島民眾也使用美國司法途徑尋求救濟，2010年該案上訴到美國最高法院，尤其於當年4月中裁決，因為美國各級法院遵照1986年美國與馬紹爾群島協議內容，並不受理與此相關之訟案的。因此，馬紹爾群島民眾緊急呼籲美國的司法單位，應該遵守美國憲法第5修正案當中的規定：「人民私有產業，如無合理賠償，不得被徵為公用（nor shall private property be taken for public use, without just compensation）。」因為當美國政府在戰略託管地的土地上進行核子試爆時，應給予當地居民合理賠償。除司法救濟手段，馬紹爾群島政府官員與民眾也走上美國國會請願這條道路，認為以立法方式或許取得賠償的機率較大，再加上本案已對馬紹爾群島內政形成壓力，每一位馬紹爾群島的領導人上台後便要面對這樣的難題，美國提供的年度預算援款占馬國年度預算將近50%，因此馬紹爾群島若沒有美國就等於破產，但若沒有人民的支持，即可能在下次選舉或是國會提出不信任案，喪失領導人地位。

肆、向美國國會請願

一、請願的基礎：情勢變遷

　　如前所述，馬紹爾群島與美國終止戰略託管地關係後，雙方締結《自由聯繫協定》，建立起新的法律關係。《自由聯繫協定》第177部分前言規定：「解決的目的是為了創造與維持一種方法，可以滿足核子試爆計畫在過去、現在和未來的結果」，而馬紹爾群島則認為，條款的文字「未來的結果」，代表以「情勢變遷」條款授權馬紹爾群島政府，在認為美國所提供的援助與補償並不適切時，可向國會提出請願。

　　為了從美國政府取得完整的處置結果，馬紹爾群島必須終止在美國及

馬國法院的訴訟，包括比基尼環礁人民提出的損害賠償要求，在馬紹爾群島成立核訴法庭，做為最終解決與確保合適補償。美國國會於是在1985年通過馬紹爾群島核訴解決方案，馬紹爾群島則基於美國政府所提供的資訊要求賠償。然而，馬紹爾群島並沒有獨立的科學家或醫學人才，無法提供另一種核子試爆損害結果的統計，因此馬紹爾群島不得已僅能接受美國政府所提出的證據。在此情況下，美國的統計資料成為《自由聯繫協定》第177部分考慮賠償的標準。

當柯林頓總統開始將美國政府在馬紹爾群島的核子試爆行動資料進行解密時，美國政府將新的資訊提供給馬紹爾群島政府，但這些資訊卻是馬紹爾群島政府與美國談判《自由聯繫協定》時並未知曉的。因此，根據《自由聯繫協定》的情勢變遷條款，馬紹爾群島有權向美國國會要求增加援助，只要能夠證明：（1）新事證是因核子試爆造成的結果；（2）該事證在結束託管地談判期間並未知曉；（3）這些資訊顯示，美國政府一次給付的1億5,000萬美元顯然是不足的[27]。

《自由聯繫協定》簽署實施第一期的15年後，馬紹爾群島政府決定可依上述三個情勢變遷標準來向國會提出請願，馬紹爾群島前總統卡布亞（Imta Kabua）在美國華府聘請律師撰寫請願書草稿，不過由於馬紹爾群島其後總統更替，使得該請願書並未送至美國國會。其後，諾特總統（Kessai Note）政府命其外長查其奧（Gerald M. Zackios）成立「情勢變遷諮詢委員會（Advisory Committee on Changed Circumstances, ACCC）」，藉此討論提送國會的請願書。

二、情勢變遷諮詢委員會（ACCC）

在前馬紹爾群島駐美國大使迪布倫（Banny deBrum）的領導下，「情勢變遷諮詢委員會」成員包括外交部長、衛生部長和環境部長，亦納入烏垂克、比基尼、朗格拉普及埃尼威塔克地方政府的代表、另有埃路克（Ailuk）環礁代表，作為美國援助範圍以外利益代表、「核損害索償法庭」、馬紹爾群島政府聘用之獨立科學家及醫學顧問。

其後，馬紹爾群島政府明確地向美國國會提出因情勢變遷請願六大訴

---

[27] Holly M. Barker, *op.cit.*, p. 116.

求，馬紹爾群島政府因情勢變遷訴願案要求美國賠償共約30億美元[28]：

　　1.2,690萬美元補償個人損失；

　　2.3億8,600萬美元補償埃尼威塔克人民及其財產，包括喪失使用土地及清除受到污染的放射性物質等等；

　　3.2億7,800萬美元補償比基尼人民及其受損財產，包括恢復土地的成本等；

　　4.5,000萬美元興建醫療院所與基礎建設，提供受放射性影響的人民初級與二級醫療照護；

　　5.未來50年內，每年提供4,500萬美元，補償受放射性影響的社區與個人損害；

　　6.擴大美國能源部醫療監測系統至可能曝露在高度放射性物質下的人民與團體。

　　諾特政府向美國國會提出請願，2000年9月，馬紹爾群島政府正式以「情勢變遷」為由向美國國會提出請願案，同時將副本送達柯林頓總統，美國政府政權移轉後，馬紹爾群島政府又在2001年11月向布希總統及國會再次提出請願書。請願書內容包括：

（一）法律議題（Legal issues）

　　法律部分成為向美國政府請願索償之必要條件，同時引用科學研究證據，建立馬紹爾群島所屬環礁獲得補償較先前所承認的要少。此外，科學與醫療研究顯示，較低微的放射性物質對人類的傷害更多，遠比《自由聯繫協定》談判時所理解的更加危險。

（二）個人損害裁決（Personal injury awards）

　　「核損害索償法庭」裁決7,260萬美元支付約1,600名個人損害賠償，作為與核子試爆計畫直接相關的醫療救助，由於個人受損相當嚴重，因此法庭裁決較依據《自由聯繫協定》支付超出2,690萬美元補償款，情勢變遷的請願則要求國會授權成立適切的基金，讓法庭的裁決能有足夠的金額賠償仍存活的島民及其受到核損的土地。

---

[28] Thomas Lum, *op.cit.*, p. 13.

（三）土地索償（Land claims）

2001年馬紹爾群島政府向美國國會提出訴願，埃尼威塔克環礁及比基尼環礁以社區（communities）名義成功地向「核損害索償法庭」要求索償，法庭裁決必須對社區的損害給予補償，如同對個人損害賠償，但由於「核損害索償信託基金（Nuclear Claims Trust Fund）」資金不足，法庭無法根據裁決動用資金，因此情勢變遷請願要求美國國會授權並成立適切基金以撥付相關損害賠償款項。此外，針對朗格拉普和烏垂克土地的損害賠償金額，馬紹爾群島政府也將在情勢變遷的請願書中加入。

（四）醫療照護（Medical care）

《自由聯繫協定》規範美國政府應提供適切的醫療照護，但不幸的是，目前的計畫並非適當，每年度僅有200萬美元，平均每位受害者每月僅能獲得12美元。同時，雖然共有177個醫療計畫在烏垂克、比基尼、朗格拉普及埃尼威塔克四個社區內進行，但卻未能符合民眾需要，請願書要求美國政府建立永續醫療照護體系，提供受核子試爆影響民眾適切的照護。

除了請願內容外，馬紹爾群島政府是否得就當年在美國戰略託管地下所進行的核子試爆損害賠償案，替其現在的國民向美國提出國際索償，根據國際索償中的「國籍繼續（continuous nationality）原則」，國家僅能對滿足於其統治當下所受損害並擁有其國籍的國民提出索償，而這些受到核子試爆波及的馬紹爾群島民眾，由於馬紹爾群島在1946-1958年期間並未獨立，因此該政府是否有權代位，其人民向美國在其戰略託管期間造成之傷害提出索償，不無疑問。

伍、結論

從國際核損賠償制度觀之，《巴黎核領域中第三者責任公約》規定，只要發生與核子事故有關而造成人命、財產損害，均應負賠償責任，不過賠償責任上限為1,500萬歐元（約2,151萬美元）；至於《布魯塞爾補充核領域中第三者責任公約》則規定上限是1億2,000萬特別提款權，兩公約共同之處為間接鼓勵核設施經營人，訂定較「維也納核損責任」為低的賠償

標準。然而，1963年《維也納核子損害民事責任公約》建立起的最低標準，規定對採取核事故引起的賠償責任，不得低於3億特別提款權。簡言之，「維也納核損責任」賠償金額只有最低下限而無上限。

美國在馬紹爾群島核子試爆損害賠償，依據《自由聯繫協定》，美國提供1億5,000萬美元成立基金，但馬紹爾群島援引情勢變遷，要求美國賠償共30億美元，無論是來自核子試爆驗後的損害結果，亦或核設施發生意外造成核損害，其環境均可能遭受破壞，侵權行為所導致的損害賠償範圍，包括財產上所受損害及所失去的利益，在有法律特別規定時，被害人還可請求非財產上的金錢賠償，且無最高金額的限制。因此，包括個人損害、財產損害、環境損害等等，均成為馬紹爾群島向美國的基礎。

不過，由於美國賠償的基礎來自於與馬紹爾群島簽署之《自由聯繫協定》，依該協定177部分作為賠償的基礎，其後的「核損害索償法庭」也針對各項癌症醫療判決賠償金額，在美國各級法院亦必須遵守條約與法律之規範下，要以司法途徑增加額外的補償已不可能，因此馬紹爾群島僅能透過政治途徑獲取更多的保障。倘從人道主義出發，美國與馬紹爾群島可以簽署新的補償協議，依「維也納核損責任」，配合最低賠償標準，並考慮無限責任，方能符合國際核損賠償責任與環境正義之精神。

附件　1946-1958年美國在馬紹爾群島試爆核武一覽表

編號	時間	名稱	地點	核彈型式	影響
Operation Crossroads:					
1	1946/06/30	Able	比基尼環礁	B-29空中投擲（520呎）	23 kilotons
2	1946/07/24	Baker	比基尼環礁	水下測試（-90呎）	23 kilotons
Operation Sandstone:					
3	1948/04/14	X-Ray	埃尼威塔克環礁	空中高塔（200呎）	37 kilotons
4	1948/04/30	Yoke	埃尼威塔克環礁	空中高塔（200呎）	49 kilotons
5	1948/05/14	Zebra	埃尼威塔克環礁	空中高塔（200呎）	18 kilotons
Operation Greenhouse:					
6	1951/04/07	Dog	埃尼威塔克環礁	空中高塔（300呎）	81 kilotons

7	1951/04/20	Easy	埃尼威塔克環礁	空中高塔 （300呎）	47 kilotons
8	1951/05/08	George	埃尼威塔克環礁	空中高塔 （200呎）	225 kilotons
9	1951/05/24	Item	埃尼威塔克環礁	空中高塔 （200呎）	45.5 kilotons
Operation Ivy:					
10	1951/10/31	Mike	埃尼威塔克環礁	地面	10.4 megatons
11	1952/11/15	King	埃尼威塔克環礁	空中投擲	500 kilotons
Operation Castle:					
12	1954/02/28	Bravo	比基尼環礁	地面	15 megatons
13	1954/03/26	Romeo	比基尼環礁	軍艦發射	11 megatons
14	1954/04/06	Koon	比基尼環礁	地面	110 kilotons
15	1954/04/25	Union	比基尼環礁	軍艦發射	6.9 megatons
16	1954/05/04	Yankee	比基尼環礁	軍艦發射	13.5 megatons
17	1954/05/13	Nectar	比基尼環礁	軍艦發射	1.69 megatons
Operation Redwing:					
18	1956/05/04	Lacrosse	埃尼威塔克環礁	地面	40 kilotons
19	1956/05/20	Cherokee	比基尼環礁	空中投擲	3.8 megatons
20	1956/05/27	Zuni	比基尼環礁	地面	3.5 megatons
21	1956/05/27	Yuma	埃尼威塔克環礁	空中高塔 （205呎）	.19 kilotons
22	1956/05/30	Erie	埃尼威塔克環礁	空中高塔 （300呎）	14.9 kilotons
23	1956/06/06	Seminole	埃尼威塔克環礁	地面	13.7 kilotons
24	1956/06/11	Flathead	比基尼環礁	軍艦發射	365 kilotons
25	1956/06/11	Blackfoot	埃尼威塔克環礁	空中高塔 （200呎）	8 kilotons
26	1956/06/13	Kickapoo	埃尼威塔克環礁	空中高塔 （300呎）	1.49 kilotons
27	1956/06/16	Osage	埃尼威塔克環礁	空中投擲 （600-700呎）	1.7 kilotons
28	1956/06/21	Inca	埃尼威塔克環礁	空中高塔 （200呎）	15.2 kilotons
29	1956/06/25	Dakota	比基尼環礁	軍艦發射	1.1 megaton
30	1956/07/02	Mohawk	埃尼威塔克環礁	空中高塔 （300呎）	360 kilotons
31	1956/07/08	Apache	埃尼威塔克環礁	軍艦發射	1.85 megatons
32	1956/07/10	Navajo	比基尼環礁	軍艦發射	4.5 megatons
33	1956/07/20	Tewa	比基尼環礁	軍艦發射	5 megatons
34	1956/07/21	Huron	埃尼威塔克環礁	軍艦發射	250 kilotons
Operation Hardtack I:					
35	1958/04/28	Yucca	近埃尼威塔克環礁	氣球測試 （86,000呎）	1.7 kilotons
36	1958/05/05	Cactus	埃尼威塔克環礁	地面	18 kilotons

37	1958/05/11	Fir	比基尼環礁	軍艦發射	1.36 megatons
38	1958/05/11	Butternut	埃尼威塔克環礁	軍艦發射	81 kilotons
39	1958/05/12	Koa	埃尼威塔克環礁	地面	1.37 megatons
40	1958/05/16	Wahoo	埃尼威塔克環礁	水下測試 （-500呎）	9 kilotons
41	1958/05/20	Holly	埃尼威塔克環礁	軍艦發射	5.9 kilotons
42	19458/05/21	Nutmeg	比基尼環礁	軍艦發射	25.1 kilotons
43	1958/05/26	Yellowwood	埃尼威塔克環礁	軍艦發射	330 kilotons
44	1958/05/26	Magnolia	埃尼威塔克環礁	軍艦發射	57 kilotons
45	1958/05/30	Tobacco	埃尼威塔克環礁	軍艦發射	11.6 kilotons
46	1958/05/31	Sycamore	比基尼環礁	軍艦發射	92 kilotons
47	1958/06/02	Rose	埃尼威塔克環礁	軍艦發射	15 kilotons
48	1958/06/08	Umbrella	埃尼威塔克環礁	水下測試 （-150呎）	8 kilotons
49	1958/06/10	Maple	比基尼環礁	軍艦發射	213 kilotons
50	1958/06/14	Aspen	比基尼環礁	軍艦發射	319 kilotons
51	1958/06/14	Walnut	埃尼威塔克環礁	軍艦發射	1.45 megatons
52	1958/06/18	Linden	埃尼威塔克環礁	軍艦發射	11 kilotons
53	1958/06/27	Redwood	比基尼環礁	軍艦發射	412 kilotons
54	1958/06/27	Elder	埃尼威塔克環礁	軍艦發射	880 kilotons
55	1958/06/28	Oak	埃尼威塔克環礁	軍艦發射	8.9 megatons
56	1958/06/29	Hickory	比基尼環礁	軍艦發射	14 kilotons
57	1958/07/01	Sequoia	埃尼威塔克環礁	軍艦發射	5.2 kilotons
58	1958/07/02	Cedar	比基尼環礁	軍艦發射	220 kilotons
59	1958/07/05	Dogwood	埃尼威塔克環礁	軍艦發射	397 kilotons
60	1958/07/12	Poplar	比基尼環礁	軍艦發射	9.3 megatons
61	1958/07/14	Scaevola	埃尼威塔克環礁	軍艦發射	0
62	1958/07/17	Pisonia	埃尼威塔克環礁	軍艦發射	255 kilotons
63	1958/07/22	Juniper	比基尼環礁	軍艦發射	65 kilotons
64	1958/07/22	Olive	埃尼威塔克環礁	軍艦發射	202 kilotons
65	1958/07/26	Pine	埃尼威塔克環礁	軍艦發射	2 megatons
66	1958/08/06	Quince	埃尼威塔克環礁	地面	0 ("fizzle")
67	1958/08/18	Fig	埃尼威塔克環礁	地面	0.02

資料來源："U.S. Nuclear Testing Program in the Marshall Islands" in *Nuclear Claims Tribunal, Republic of Marshall Islands Website*, http://www.nuclearclaimstribunal.com/testing. htm#testlist

二、碳捕集與封存科技適用清潔發展機制之現況與挑戰

高銘志[*]

壹、前言

　　為因應氣候變遷，避免極端氣候所帶來之危害，世界各國紛紛採取全方位「溫室氣體之減排（mitigation）」為主與「氣候變遷調適（adaptation）[1]」為輔之雙管齊下措施。在達成減碳之措施中，科技之解決途徑——即各種減碳「科技」之開發、普及及應用——毋寧為推動減排工作不可或缺一環。依據國際權威機構國際能源總署（International Energy Agency, IEA）於2010年提出之「能源科技願景」（參見圖一）中表示，若世界欲達成2050年溫室氣體減量之目標，再生能源、能源效率、核能發電、碳捕集與封存（carbon capture and storage, CCS）等科技，將扮演重要之角色[2]。其中，值得注意者，乃一般人較為陌生之CCS科技之貢獻度高達19%，高於一般較為熟悉之減碳科技再生能源（17%）及核能（6%）。

---

[*]　國立東華大學財經法律研究所碩士、國立中興大學財經法律學系學士。

[1]　國際上因應氣候變遷的方式有減緩（mitigation）與調適（adaptation）兩大類別，減緩係指「減少人造溫室氣體排放至氣候循環中，包括溫室氣體的源頭減緩與加強溫室氣體的吸存（IPCC, 2007）」；另一種方式是調適，其定義為「調整自然界或人類系統來因應氣候變遷的影響，減少損害，或開發有益的機會（IPCC, 2007）」。參見：行政院環保署，台灣氣候變遷調適資訊平台，調適背景資訊介紹，網址：<http://climate.cier.edu.tw/main.asp?ID=2&Tree=1&OPENID=1>（last visited 2011-02-12）。我國自2010年起，亦在經建會之發動下，致力於研擬「氣候變遷調適政策綱領」與「國家調適計畫」。參見：經建會，規劃推動氣候變遷調適政策綱領及行動計畫，網址：<http://apf.cier.edu.tw/index.asp?ID=18&Tree=1&OPENID=18>（last visited 2011-02-12）。

[2]　See IEA, "Energy Technology Perspectives 2010, Executive Summary", 2010, at page 3, available at: <www.iea.org/techno/etp/etp10/English.pdf>（last visited 2011-02-12）。

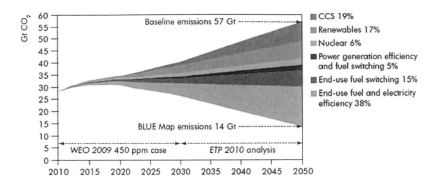

圖一 2050年六項主要能源科技及措施對於二氧化碳減量之貢獻度

圖片來源：IEA, Energy Technology Perspectives 2010, Executive Summary, at page 3, <www.iea.org/techno/etp/etp10/English.pdf> (last visited 2011-07-27).

一、碳捕集與封存科技相關之政策及法制概述

CCS係針對二氧化碳排放源（如發電廠、石化廠、鋼鐵廠等）所產生的二氧化碳，加以捕集、運送後注入鹽水層、舊油氣田等地下構造，藉由地層之封閉與吸附原理，予以長期封存，以解決二氧化碳排放問題之科技[3]。於2005年京都議定書生效後，體認到仰賴既有減排方式（如：提升能源效率與發展再生能源等）未必足以達成減量目標，八大工業國高峰會（G8）便呼籲將淨煤技術納入因應氣候變遷之行動計畫[4]中。在此一呼籲之下，各國亦將此一科技，納入重點研發與能源政策推動方向。如英國將CCS科技，納入2007年能源政策白皮書推廣之重要方向之一[5]；日本亦將

---

[3] 參見：行政院經濟建設委員會，發展碳捕捉與封存技術，減少CO2排放，網址：<http://www.cepd.gov.tw/m1.aspx?sNo=0013455>（last visited 2011-02-12）。

[4] See G8 2005 Summit, "Gleneagles Plan of Action on Climate Change, Clean Energy and Sustainable Development", 2005, available at: <www.g7.utoronto.ca/summit/2005gleneagles/communique.pdf>（last visited 2011-02-12）. 嗣後持續之肯認，參見：G8 2008 Summit, "Hokkaido Toyako Summit outcomes, Environment and Climate Change section", 2008, available at: <http://g8.gc.ca/wpcontent/uploads/2010/01/Environment_and_Climate_Change-eng.pdf>（last visited 2011-02-12）. See also, G8 2009 Summit, "Responsible Leadership for a Sustainable Future", 2009, Declaration, L'Aquila, Italy, available at: <www.g8italia2009.it/static/G8_Allegato/G8_Declaration_08_07_09_final,0.pdf>（last visited 2011-02-12）. See also, IEA/CSLF, "Report to the Muskoka 2010 G8 Summit Carbon and Capture And Storage Progress and Next Steps", 2010, available at: <www.iea.org /papers/2010/ccs_g8.pdf>（last visited 2011-02-12）.

[5] See DTI, "A White Paper on Energy MAY 2007 MEETING THE ENERGY CHALLENGE", 2007, at

CCS科技列為達成低碳電力之重要措施[6]。

為協助科技發展與應用，CCS法規體系與管制架構之建構，亦被賦予重責大任。例如，在IEA之重要文件中，將「建立法律與管制之架構」列為發展CCS科技之八大建議方針之一[7]。建構CCS發展之法規架構，亦成為國際間努力之方向。如於2008年5月，IEA成立「CCS管制者網絡」（CCS Regulators'Network）作為建構法規與管制架構之重要溝通平台[8]。另外，政府高階層級之溝通平台——「固碳領導論壇」（Carbon Sequestration Leadership Forum, CSLF），亦將法規體制之發展，列為重要之方向[9]。甚至，IEA也雄心勃勃地，希望能夠建立針對CCS之法規「模範管制架構」（Model Regulatory Framework），供世界各國在制訂CCS法規之參考[10]。在此一發展趨勢下，世界各國與區域組織紛紛研提CCS立法草案或推動CCS發展相關之立法：草案方面，如美國肯塔基州之CCS法草案（HB 213（2010））[11][12]；已通過之立法部分，如歐盟2009年之CCS指令[13]、英國

---

page 170-179, available at: <www.berr.gov. uk/files/file39387.pdf>（last visited 2011-02-12）.

[6] 簡慧貞、呂鴻光、蔡妙姍、楊斐喬、郭瑾瑋、周裕豐，〈從國際低碳社會建構看我國節能減碳推動〉，《碳經濟》，第13期，2009年5月，頁13。

[7] 「第一、進行二氧化碳捕集與儲存之示範計畫；第二、採取相關的國際層級之行動；第三、提供資金，進行示範計畫；第四、創造二氧化碳之價值，以支持CCS技術之下一步商業化；第五、建立法律與管制之架構；第六、發展CCS應與社會大眾充分溝通；第七、興建CCS相關之基礎設施；第八、既有電廠設施如何整合入碳捕集科技。」See, IEA/CSLF, above n. 4, at 6-8

[8] See IEA, "The International CCS Regulators Network", available at: <http: //www.iea.org/subjectqueries/ccs_network.asp>（last visited 2011-02-12）.

[9] See CSLF, "CSLF will also promote awareness and champion legal, regulatory, financial, and institutional environments conducive to such technologies", available at: <http://www.cslforum.org/aboutus/index.html?cid=nav_about>（last visited 2011-02-12）.

[10] See IEA, "Carbon Capture and Storage: Model Regulatory Framework", 2010, available at: <http://www.iea.org/publications/free_new_Desc.asp?PUBS_ID=2322>（last visited 2011-02-12）. See also, IEA, "June 2007 IEA publication Legal Aspects of CO2 Storage", 2007, available at: <http://www.iea.org/publications/free_new_Desc.asp?PUBS_ID=2322>（last visited 2011-02-12）.

[11] Available at: <http://www.lrc.ky.gov/record/10RS/HB213.htm>（last visited 2011-02-12）. 美國法制之介紹，可參見：廖宗聖，〈從碳捕獲與封存談我國溫室氣體減量法草案修訂——以美國潔淨能源與安全法案為比較基礎〉，《國立中正大學法學集刊》，第32期，2011年1月，頁49-88。廖宗聖，〈談美國碳捕獲與封存示範及早期部署計畫之規範〉，《碳經濟》，第18期，2010年8月，頁3-15。廖宗聖，〈美國碳捕獲與封存立法模式作為我國碳捕獲與封存立法及其他環境〉，2010年第十四屆全國科技法律研討會，交通大學科技法律研究所，2010年11月。

[12] 德國法制之發展，參見：陳志忠，〈二氧化碳捕獲、運輸及封存之法律問題〉，《興大法學》，第7期，2010年11月，頁1-48。

[13] See European Commission, "Directive2009/31/EC of the European Parliament and of the Council",

2008年及2010年能源法[14]、加拿大2009年CCS贊助法[15]等。

　　CCS之應用法規，看似僅涉及前述國內法（或區域法），實則，國際法之重要性，亦不容忽視，甚至扮演先行者之角色。若相關國際公約之規範不夠明確，或者根本禁止CCS發展，則各國進一步形成國內法之空間，自然遭到大幅限縮。故於前揭G8高峰會之呼籲後，各國紛紛率先研析當前國際法（聯合國海洋公約、國際環境法相關公約、聯合國氣候變化綱要公約等）下發展CCS之容許性[16]，並進一步消弭發展CCS之管制障礙並明確化管制措施[17]。例如：國際海事組織（International Maritime Organization, IMO）已於2007年修正倫敦議定書，將CCS之發展考量納入，採取有條件允許二氧化碳海拋之途徑[18]，並進一步建立風險評估與管制之架構[19]。

　　除消極禁止或規範CCS發展之切入點外，國際法亦可扮演積極提供CCS發展「誘因」之角色。例如，CCS是否被認為乃聯合國氣候變化綱要公約及京都議定書下之「減碳」措施，即有助於吸引投資人之關注[20]。另

---

available at: <http://eur-lex.europa.eu/LexUriServ/LexUriServ.do?uri=OJ:L:2009:140:0114:0135:EN:P DF>（last visited 2011-02-12）。

[14] See UK, "Energy Act 2010", available at: <http://www.legislation.gov.uk/ukpga/2010/27/contents>. "Energy Act 2008", available at: <http://www.decc.gov.uk/en/content/cms/legislation/energy_act_08/ energy_act_08.aspx>（last visited 2011-02-12）。

[15] See Canada, "Carbon Capture and Storage Funding Act 2009", available at: <http://www.canlii.org/en/ ab/laws/stat/sa-2009-c-c-2.5/latest/sa-2009-c-c-2.5.html>（last visited 2011-02-12）。

[16] 如歐盟第六期科研架構計畫下所贊助之Accsept計畫，其內容即探討CCS科技發展之國際法障礙，與因應對策。（如：國際公法、倫敦海拋公約、倫敦海拋議定書等議題）See European Commission," Deliverable 2.1 in the ACCSEPT project: Acceptability of CO2 capture and storage A review of legal, regulatory, economic and social aspects of CO2 capture and storage", at page 8-10, available at: <http://www.accsept.org/outputs/accsept_review.pdf>（last visited 2011-02-12）。

[17] CCS於相關國際公約之討論。參見：高銘志，〈碳捕捉與封存科技發展之國際海洋及環境法問題〉，《台灣國際法季刊》，第7卷第1期，頁33-82。倫敦公約之探討，參見，高銘志，〈二氧化碳海床下封存的國際法規範──以「防止傾倒廢棄物及其他物質污染海洋公約」為中心〉，第一屆氣候變遷與永續發展研討會，中興大學法律系，2011年。

[18] See International Marine Organization, "London Convention and Protocol Convention on the Prevention of Marine Pollution by Dumping of Wastes and Other Matter 1972 and 1996 Protocol Thereto", available at: <http://www.imo.org/OurWork/Environment/SpecialProgrammesAndInitiatives/Pages/London-Convention-and-Protocol.aspx>（last visited 2011-02-12）。

[19] See International Marine Organization, "Risk assessment and management framework for CO2 sequestration in sub-seabed geological structures", 2006, available at: <http://www5.imo.org/SharePoint/ blastDataHelper.asp/data_id%3D19064/CO2SEQUESTRATIONRAMF2006.doc>（last visited 2011-02-12）。

[20] 來自CCS計畫之減碳努力，其估算、測量及報告之具體規範，已經落實於京都議定書下之相

外，國際間建議性法規（如IEA模範管制架構），亦希望各國思考評估以碳稅、京都機制（包括：清潔發展機制（Clean Development Mechanism, CDM）、排放權交易、共同減量（Joint Implementation, JI）、強制裝設CCS義務（CCS Technology Mandate）等措施，鼓勵CCS發展之可能性[21]。在國際法與國內法之交錯應用之下，的確促成了CCS近幾年相關計畫之蓬勃發展。如根據全球CCS中心（Global CCS Institute）之統計數據，英國規劃12座、歐陸則有六座之規劃[22]。

二、碳捕集與封存科技適用CDM之概述

經過數年間努力，大多數前述CCS所衍生之國際法層面議題，已有初步之解決[23]或有定論[24]。然而，針對CCS科技是否可被認可並適用及如何適用京都議定書下CDM之法律議題，自2005年以來發展至今，已歷經多年之討論且引發重大爭議[25]。故進一步瞭解此一懸而未決且爭議重重之議題之

關規範中。並有專章加以規範。參見：IPCC, "2006 IPCC Guideline for National Greenhouse Gas Inventories",2006, available at: <http://www.ipcc-nggip.iges.or.jp/public/2006gl/vol2.html>. See also, IPCC, "Carbon Dioxide Transport, Injection and Geological Storage",2006, available at: <http://www.ipcc-nggip.iges.or.jp/public/2006gl/pdf/2_Volume2/V2_5_Ch5_CCS.pdf>（last visited 2011-02-12）.

[21] IEA, above n. 10, at 35-38。類似之誘因機制之討論，參見Edwin Woerdman and Oscar Couwenberg, "CCS in the European emission trading scheme", *Legal Design of Carbon Capture and Storage*, 2009 Aug, at page 106-116.

[22] See Global CCS Institute, available at: <http://www.globalccsinstitute.com/resources/projects/map>（last visited 2011-02-12）.

[23] 如：CCS是否是「有害廢棄物（hazardous waste）」之問題。目前國際之《巴賽爾公約》及歐盟2009年CCS指令已經不認為其乃有害廢棄物。

[24] 如CCS原本並不在2003年排放權交易指令（EU Emissions Trading Directive 2003/87/EC）但嗣後歐盟《2009年排放權交易指令》與《京都議定書》，已經確定將 CCS納入排放交易機制當中。參見：ETS指令recital 19（Directive 2009/29/EC）（（19）Consequently, full auctioning should be the rule from 2013 onwards for the power sector, taking into account its ability to pass on the increased cost of CO2, and no free allocation should be given for the capture and storage of CO2 as the incentive for this arises from allowances not being required to be surrendered in respect of emissions which are stored. In order to avoid distortions of competition, electricity generators may receive free allowances for district heating and cooling and for heating and cooling produced through high-efficiency cogeneration as defined by Directive 2004/8/EC of the European Parliament and of the Council of 11 February 2004 on the promotion of cogeneration based on a useful heat demand in the internal energy market [7] where such heat produced by installations in other sectors would be given free allocations.）. See also，IEA（2010），above n. 10, at 36-37

[25] 自2005年來迄今於聯合國氣候變化綱要公約架構下之官方討論，參見：<http://www.google.com.tw/search?sourceid=chrome&ie=UTF-8&q=cdm+ccs>（last visited 2011-02-12）.

企求，也啟發本文研究之動機。

　　CDM允許並鼓勵減量成本較高之附件一國家[26]（通常為高度工業化國家），以資金援助並移轉技術至減量成本低的非附件一國家（通常為開發中國家）[27]，促成溫室氣體減量目標。並針對計畫成效作出評鑑，發予經認可的「排放減量證明（減排認證）（Certified Emission Reduction, CERs）」給參與國家[28]。透過此一參與，可以營造所謂「雙贏」之局面，亦即：附件一國家可以作為抵銷排放份額之用；而非附件一國家，也可出售其CERs賺取利潤，且可由附件一國家協助相關之資金與技術。目前此一機制已經廣泛運用，例如，設置再生能源發電設備、生質能設備，並協助開發中國家提升能源效率等[29]。

　　CDM具有如此之優點，且CCS科技乍看之下，亦可透過工業化國家提供開發中國家相關之資金與技術，照道理當然宜適用於CCS，無庸置疑[30]，何以卻反引發CDM可否適用於CCS之爭議與討論？其核心問題，即在於CCS計畫與傳統CDM之差異性。首先最根本之爭議，在於CCS科技本身是否乃值得CDM鼓勵，有助於「永續發展」之科技[31]？特別是CCS技術之原罪，將造成捕捉二氧化碳過程中，額外能源利用（energy penalty）之結果，此一情況，是否當真有助於減碳，歷年來備受環保團體之質疑[32]。

---

[26] 附件一國家：是由歐洲聯盟、美國、日本、俄羅斯等41個主要工業國家組成。

[27] 非附件一國家：是由140餘個開發中國家組成，包括：中國、新加坡、南韓等。

[28] 參見：戴天麗，〈京都議定書之清潔發展機制研究〉，國立政治大學財政研究所碩士論文，2005年，頁22。

[29] 相關適用領域之統計，網址：<http://cdm.unfccc.int/Statistics/Registration/RegisteredProjByScopePieChart.html>（last visited 2011-02-12）.

[30] CDM對CCS計畫落實之誘因，參見：邱錦田，〈歐盟推動二氧化碳捕獲與封存的政策與措施〉，《科技發展政策報導》，2009年1月，頁65-71。「開發中國家要實施CCS計畫因受限於技術推力不足，若沒有金融（或其他經濟）誘因很難推動，故對重要性漸增的CCS提供市場拉力誘因，例如：經由清潔發展機制（Clean Development Mechanism, CDM）或任一未來機制將有助於激勵更多國家投入CCS計畫，大型CCS計畫在CDM機制中相當低的交易成本，此可能提供CCS計畫比其他小型CDM計畫更多的優勢。」

[31] See Jason Anderson, Heleen de Coninck, Paul Curnow, Todd Flach, David Reiner,Peter Richardson, Simon Shackley, Paul Upham, Gudmundur Sigurthorsson, "The ACCSEPT project: Summary of the Main Findings and Key Recommendations",2007, at page 15, available at: <http://www.accsept. org/ outputs/wp_5_2dec_2007_final.pdf>（last visited 2011-02-12）.

[32] 環保團體較偏好以再生能源作為CDM計畫之主要方向。參見：Greenpeace International（GPI），"Carbon dioxide capture and storage in geological formations as clean development mechanism project activities" ,2007, at page 2, available at: <http://unfccc.int/essential_background/library/items/3599.

再者，就CDM本身之制度與CCS科技之相容性言，與再生能源或能源效率
之CDM計畫係由源頭減量之概念並不相同，CCS計畫所產生之二氧化碳之
減量，係透過地質封存之方式加以處理，故其是否能夠達成減量之效果，
與該計畫是否能夠保證長期封存，不發生外洩有關，由於目前對於此一確
保仍有疑慮[33]，故在歷年氣候變遷談判過程中，難以形成共識[34]。最後，與
一般CDM計畫係由先進國家在其技術扮演比較重要之角色，從而可確保實
質減量不同。在採用CCS之CDM計畫中，開發中國家政府將扮演重要的角
色。例如，在灌注二氧化碳至地質封存之過程中，傳統策略性與獨占企業
（如鋼鐵公司或電力公司），及封存場址關閉後之長期監督，都需大幅仰
賴開發中國家之國營企業或政府。此也引發這些國家是否有能力確保不會
發生碳漏之擔憂。

在歷經多年之爭論與僵局，特別是環保團體之反對後，在前年（2009
年）哥本哈根會議時，露出一線曙光[35]，並在2010年底的墨西哥坎昆氣候
變遷談判（COP16）有重大之突破，決定只要符合相關條件，即可將CCS
納入CDM當中[36]。如此，可為將來CCS之發展，提供重要之財務誘因[37]。
然而，究竟如何處理CCS在CDM機制下之特殊性，並發展出其專有之具體
規範，該決議並未加以處理。例如，如何確保選定適當之封存場址，以確
保碳封存之「持續性」（permanence）、如何處理跨國之CCS計畫等之具

---

php?rec=j&priref=500004795#beg> （last visited 2011-02-12）。

[33] 此種情況，導致此一計畫恐不具持續性（non-permanence），並引發如何認定「減排認證」（Certified emission reductions, CERs）之爭議。參見：UNFCCC, "Carbon dioxide capture and storage in geological formations as clean development mechanism project activities Draft conclusions proposed by the Chair", available at: <http://unfccc.int/resource/docs/2010/sbsta/eng/l11.pdf> （last visited 2011-02-12）。

[34] 「由于不能長期保證封存的二氧化碳不發生泄漏，而且無法保證CCS項目的二氧化碳屬于淨減排，在是否將CCS納入清潔發展機制的問題上各國也尚未達成共識。」2009年10月29日科技日報，網址：<www.stdaily. com/big5/kjrb/.../2009-10/29/content_118630.htm> （last visited 2011-02-12）。

[35] 承認CCS於減碳之重要角色。See：UNFCCC, "Decision 2/CMP. 5 Further guidance relating to the clean development mechanism", 2009, available at: <http://unfccc.int/resource/docs/2009/cmp5/eng/21a01.pdf#page=4> （last visited 2011-02-12）。

[36] See UNFCCC, "Decision /CMP.6: Carbon dioxide capture and storage in geological formations as clean development mechanism project activities", 2010, available at: <http://unfccc.int/files/meetings/cop_16/application/pdf/cop16_cmp_ccs.pdf> （last visited 2011-02-12）。

[37] Cancun's boost for carbon capture, Petroleum Economist, 27 Jan 2011, available at: <http://www.petroleum-economist.com/IssueArticle/727734/Archive/Title.html> （last visited 2011-02-12）。

體規範[38]。未來仍藉由持續之溝通與討論，希望能在2011年底之南非德班之第十七次締約國會議（COP17）處理完成；並經德班會議之討論後，目前已經提出CCS適用CDM方法學之草稿[39]。

三、CDM、碳捕集與封存與台灣

　　如此之發展，到底對台灣有什麼樣的意義？首先，必須探討台灣加入CDM機制之可行性。實際上，台灣由於國際地位不明，在京都議定書中之地位並不明確，故難以「直接」參與CDM。且考量CDM機制之高風險特性，故環保署之態度，並不傾向推動台灣參與CDM機制[40]，即便民間或學界早有此一呼籲[41]。然而，「間接」方式，則有可能[42]。近來政府之態度，相當積極推動，希望在締約國大會中，爭取容許台灣產業以國際認可方式，在其他國家投入資金、技術達成的減量成果（CERs）計入，並讓我國產業加入「國際CDM」期待未來台灣在其他國家投資、對中南美洲援外計畫產生的碳減量，都可以認可的「碳權」形式計入國內產業減量成果[43]。有鑑於中國大陸乃重要之CDM國家[44]，並隨著兩岸關係及交流之

---

[38] See World Coal Association, "World Coal Association CCS in the CDM-making it happen", available at: <http://www.worldcoal.org/blog/ccs-in-the-cdm-%E2%80%93-making-it-happen/>（last visited 2011-02-12）.

[39] See Global CCS Institute, "CCS in CDM? Benefits and challenges", available at: <http://www.globalccsinstitute.com/community/blogs/authors/g%C3%B8ril-tjetland/2011/02/17/ccs-cdm-benefits-and-challenges>（last visited 2011-02-12）. See also, UNFCCC, Carbon dioxide capture and storage in geological formations as CDM project activities, available at: <http://cdm.unfccc.int/about/ccs/index.html>

[40] 參見：環境資訊中心，〈溫室氣體減量環保署長：台灣參與清潔發展機制意義不大〉，網址：<http://e-info.org.tw/node/17888>（last visited 2011-02-12）大紀元，〈台灣官員：加入清潔發展機制無利台國際形象〉，網址：<http://www.epochtimes.com/b5/6/12/20/n1563589.htm>（last visited 2011-02-12）.

[41] 如早於民國89年12月9日即有專文呼籲。參見：國家政策研究基金會，網址：<http://old.npf.org.tw/e-newsletter/report/891209-L-6.htm>（last visited 2011-02-12）.

[42] 三種方式，包括：協助主辦國開發單邊CDM、與京都議定書締約國透過契約共用CERs註冊帳戶、參加芝加哥碳排放交易市場。參見：范建得，《京都議定書與清潔發展機制一百問》，元照，2008年，頁182-183。

[43] 參見：中華民國駐外單位聯合網站，〈企業碳權交易　台灣爭取加入「國際清潔發展機制」（CDM）〉，網址：<http://www.taiwanembassy.org/ct.asp?xItem=119911&ctNode=2221&mp=2>（last visited 2011-02-12）.

[44] 例如，於2008年中國清潔發展機制項目（CDM）產生的核證減排量成交量佔全球的84%，是全球

頻繁，政府積極研擬CDM的合作計畫[45]。此外，民間亦呼應此一方向，成立海峽兩岸清潔發展協會[46]。近來政府也積極爭取加入聯合國氣候變化綱要公約之觀察員角色，其中一個目的，無非藉此提昇我國在落實CDM之角色[47]。最後，與落實CDM相關之溫室氣體減量法目前也已經列為優先法案[48]，依據溫室氣體減量法草案之規劃，未來將逐步落實「境外碳權取得認可（公約機制下之CERs如CDM）」[49]。

　　CDM於台灣發展CCS科技，具有雙重意義。一方面，假設台灣界定為類似非附件一國家之角色，則可以有助於外國CCS產業至台灣之投資，協助台灣發展CCS之科技。目前政府在諸多政策當中，一再強調CCS科技發展之重要性[50]，並致力於扶植帶動其成為出口產業[51]。則如此可預見，在發展初期，「導入」科技之過程中[52]，似可藉由CDM之模式，引進國外之技術與資金，協助台灣進行初步之CCS發展[53]，亦可協助實踐目前台灣規劃

　　第一大國。參見：中國明年將啟動碳交易國內市場謀求碳市定價權，網址：<http://blog.sina.com.cn/s/blog_5ff21ad80100fwdg.html>（last visited 2011-02-12）。

[45] 參見：〈兩岸擬減碳合作清潔發展機制是選項〉，《改變飲食為地球降溫》，網址：<http://blog.udn.com/shangten/3587657>（last visited 2011-02-12）。

[46] 參見：海峽兩岸清潔發展協會，網址：<http://www.cdm.com.tw/yellowpage/index.html>（last visited 2011-02-12）。

[47] 參見：推動台灣參與氣候變化綱要公約，網址：<http://unfccc.epa.gov.tw/unfccc/chinese/07_faq/01_faq.html#02>（last visited 2011-02-12）。

[48] 能源產業溫室氣體資訊中心，〈能源三法拚本會期三讀〉，經濟日報，2009年5月29日，網址：<http://estc10.estc.tw/eigic/index.asp?titlename=view_note&id_=2991>（last visited 2011-02-12）。

[49] 參見：杜悅元，〈台灣推動清潔發展機制的挑戰〉，頁4，網址：<http://www.tgpf.org.tw/Event/file/20100705/%E8%AD%B0%E9%A1%8C%E4%BA%8C%E8%87%BA%E7%81%A3%E6%8E%A8%E5%8B%95%E6%B8%85%E6%BD%94%E7%99%BC%E5%B1%95%E6%A9%9F%E5%88%B6%E7%9A%84%E6%8C%91%E6%88%B0（%E6%9D%9C%E6%82%85%E5%85%83）.pdf>（last visited 2011-02-12）。

[50] 參見：行政院節能減碳推動會，國家節能減碳總計畫，頁11，網址：<http://www.ey.gov.tw/ct.asp?xItem=77814&CtNode=3472&mp=95>（last visited 2011-02-12）。See also，經濟部能源局，2010年能源產業技術白皮書，網址：<www.moeaboe.gov.tw/Download/Policy>（last visited 2011-02-12）。

[51] 如計畫徵求書中，強調產業發展、創造就業機會、國民所得之方向。計畫名稱：「二氧化碳封存/再利用」發展潛力評估、研究重點：我國「二氧化碳封存／再利用」的發展潛能，至少從我國天然資源、能源安全、二氧化碳減量、創造就業、提升國民所得、環境衝擊、等指標說明其潛力。參見：<http://nstpe.ntu.edu.tw/spindle_1.php>（last visited 2011-02-12）。

[52] 行政院節能減碳推動會，同前揭註50，頁11。

[53] 參見：台灣溫室氣量減量政策及行動，目前台灣國營事業：中油與台電紛紛發展規劃進行二氧化碳地下封存（CCS）先導試驗計畫。網址：<http://www.tgpf.org.tw/Event/file/20100705/%E8%AD%B0%E9%A1%8C%E4%B8%80%E8%87%BA%E7%81%A3%E6%BA%AB%E5%AE%A4%E

於2020年前備妥碳捕集後封存場址與作業能力[54]。

　　另一方面，隨著台灣CCS技術之發展與成熟，則可進一步透過CDM之機制，躍升為計畫發展國協助其他國家減碳。舉例言之，由於台灣自產能源缺乏，故中油之海外油氣探勘與開發活動頻繁，未來可考慮將CCS科技用於強化油氣生產（enhance oil and gas recovery）之用，不僅可有助於取得更多能源，也可同時取得碳權。或者，近來高耗能產業（如煉鋼產業與石化產業）有外移之現象[55]，未來此種產業亦可透過整合入CCS科技之設備。鑑於台灣鄰近國家（如中國大陸、印尼、馬來西亞等），擁有眾多發展CCS之天然條件[56]，故可為台灣CCS產業提供廣大之市場。如中國目前已經與歐盟採取此一模式，推動CCS之發展[57]。

四、本文目的與架構

　　本文之目的，在針對CCS適用CDM之爭議，做一歷史回顧，回顧過去歷史文件之討論，瞭解未來CCS在CDM機制下之可能之制度設計方向。在討論此一制度設計之過程中，必須注意到CCS在CDM機制下必須考量之多方利益。CCS適用CDM後，勢必與其他既有CDM機制之大宗（再生能源

6%B0%A3%E9%AB%94%E6%B8%9B%E9%87%8F%E6%94%BF%E7%AD%96%E5%8F%8A%E8%A1%8C%E5%8B%95.pdf>（last visited 2011-02-12）、臺灣中油在國內推動CCS試驗計畫之現況與困難，網址：<http://www.cier.edu.tw/public/Data/ccs07.pdf>（last visited 2011-02-12）、台電在國內推動CCS試行計畫之現況、成果與實際困難，網址：<http://www.cier.edu.tw/public/Attachment/011813593071.pdf>（last visited 2011-02-12）。

[54] 參見：總統府月會，網址：<http://www.president.gov.tw/Default.aspx?tabid=1061&itemid=21460&rmid=2577>（last visited 2011-02-12）。

[55] 例如：〈中鋼與台塑越南煉鋼啟動〉，經濟日報，2010年8月27日，網址：<http://www.vn520.org/@forum/topic5367.html>（last visited 2011-02-12）。以及〈六輕五期受阻‧台塑將於新加坡投資逾2500億元〉，工商時報，2011年3月11日，網址：<http://news.cnyes.com/content/20110301/KDVJGESSQKFIQ.shtml?c=tw_stock>（last visited 2011-02-12）。

[56] 如：油田或氣田。

[57] 「在2005年12月以及2006年2月，中國大陸科學技術部分別與英國以及歐盟簽署了關於二氧化碳捕獲與封存技術研發合作的備忘錄，而在2007年6月，科學技術部部長萬鋼以及副部長劉燕華也呼籲，希望已開發國能轉讓碳封存技術給中國大陸，使中國大陸能夠買得起、用得起這樣的技術，並希望能夠透過清潔發展機制（CDM），使中國大陸得以和各國進行合作，盡快讓這項新技術進入應用階段。目前中國大陸也投入了大量經費進行碳封存研究，希望能夠把碳封存技術直接應用於發電廠的建設過程中。」參見：全球台商e焦點，〈低碳技術成本初探——以碳捕獲與封存為例〉，網址：<http://twbusiness.nat.gov.tw/epaperArticle.do?id=84574208>（last visited 2011-02-12）。

發展與提升能源效率之計畫）產生競爭之效果，而這也是向來環保團體[58]相當反對CCS納入CDM機制之因。再則，對投資CCS科技並期待從中得到CERs收益之投資者而言，必須要讓CCS所取得之CERs不至於太少，以增加其投資之可行性。然而，回歸環境保護之觀點以及CDM制度之目的，也必須注意到CCS科技會產生所謂碳漏（leakage）[59]及漏碳（seepage）[60]之風險，故在發放CERs時，也應考量該計畫之實際減碳成效。此外，CCS科技之設備者、輸出科技之國家、輸入科技之國家，均有不同之利害或利益關係考量，故也需要平衡兼顧不同利益之關係。故制度取捨之依據，仍不應過度傾斜於促進科技之應用或納入太多與CDM目的不相干之利益考量，而應扣緊「CDM制度」之目的，確定該CCS計畫之名副其實地減碳，亦即其實際之減量貢獻。

　　針對本文之架構安排，首先本文將簡介CDM制度，並針對CCS科技納入CDM之歷史發展過程，提供一背景之介紹。其次，本文則針對CDM適用於CCS時，會產生之主要問題，提出分析。特別是針對CDM計畫適格（project eligibility）三大要件：「永續發展」、「額外性」（additionality）[61]，及CCS計畫可能產生減量之持續性[62]之疑慮，提出詳細之見解。最後，則提出相關之結論與建議。

貳、碳捕集封存科技適用清潔發展機制之現狀

　　首先，本文將針對CDM進行簡要介紹後，討論CCS科技是否適用CDM歷史發展。

---

[58] See .e.g., UNFCCC, "Greenpeace International: Views on leakage", 2007m available at: <http://unfccc.int/essential_background/library/items/3599.php?rec=j&priref=500004156#beg>

[59] "碳漏，係指在既有CDM計畫範圍或時間範圍外，但可歸因於該計畫，之排碳增加或減少之情況（*Leakage* is a measurable emission increase or decrease that is attributable to the project, but which is outside of the CDM project boundary or timeframe.）" See Jørgen Fenhann, Kirsten Halsnæs, Romeo Pacudan, Anne Olhoff, "*The UNEP project CD4CDM CDM Information and Guidebook*", Second edition, 2004, at page 59, available at: <http://cd4cdm.org/Publications/cdm%20guideline%202nd%20edition.pdf>（last visited 2011-02-12）.

[60] 漏碳係指二氧化碳放至地質封存場址後，在長期之過程中，產生溢散回歸大氣之現象。

[61] "The Kyoto Protocol stipulates several criteria that CDM projects must satisfy. Two critical criteria could be broadly classified as additionality and sustainable development."

[62] 即如何避免從封存場外洩之二氧化碳（漏碳，seepage）之相關機制。See Gurmit Singh Understanding Carbon Credits 61（2009）.

一、清潔發展機制之簡介

依據京都議定書第十二條之規定[63]，CDM係透過附件一國家，協助非附件一國家減低其溫室氣體之排放。在協助過程之相關CDM計畫中，所產生之減量，稱為「減排認證（CERs）」。而該減排量，則可以用來協助附件一之工業化國家在非附件一國家之開發中國家中，進行相關氣候變化友善科技之投資，以滿足其溫室氣體減量目標。

一般言，CDM實際運作，須遵守下列三項原則[64]：

（一）經每一有關締約方批准的自願參加。

（二）與減緩氣候變化相關的真實的、可衡量的和長期的效益。

（三）減少排放對於在沒有經證明的項目活動的情況下產生的任何減少排放而言是額外的。（額外性）

其中與CCS特別相關者，乃第2項與第3項之原則。第2項原則，係強調系爭CDM計畫所造成之減量，須具有真實性、可量測性與長期性。套用在CCS科技上，亦即必須確保注入地質封存場之溫室氣體，不會重新排放回大氣之中[65]。至於額外性之需求，則強調若無系爭CDM計畫，則無從造成此一減量成果。故CCS科技之應用，若會造成溫室氣體排放反而增加之結果，則不能符合CDM之原則。

既然CDM乃京都議定書下所制訂之機制，而非聯合國氣候變化綱要公約（United Nations Framework Convention on Climate Change, UNFCCC）下之機制，故整體CDM機制之主管機關與相關具體規範之形成，係由執行京都議定書締約方大會（the Conference of the Parties serving as the meeting of the Parties to the Kyoto Protocol, CMP）負責[66]，而非締約國大

---

[63] 京都議定書第十二條第二項「清潔發展機制的目的是協助未列入附件一的締約方實現可持續發展和有益於《公約》的最終目標，並協助附件一所列締約方實現遵守第三條規定的其量化排放限制和減少排放的承諾。」

[64] 京都議定書第十二條第五項「每一項目活動所產生的減少排放，須經作為本議定書締結方會議的《公約》締結方會議指定的經營實體根據以下各項做出證明：（a）經每一有關締約方批准的自應參加；（b）與減緩氣候變化相關的實際的、可測量的和長期的效益；（c）減少排放對於沒有進行經證明的項目活動的情況下產生的任何減少排放而言是額外的」

[65] See IEA, "Carbon and Capture in the CDM", 2007, at page 13, available at: <http://www.iea.org/papers/2007/CCS_in_CDM.pdf> （last visited 2011-02-12）.

[66] 推動台灣參與氣候變化綱要公約，同前揭註47。CMP（the Conference of the Parties serving as the

會（Conference of the Parties, COP）[67]所負責。CDM發展之管理單位，係「CDM執行理事會（CDM Executive Board）」[68]。

　　為具體落實京都議定書第12條之CDM機制，協助執行京都議定書締約方大會的會議（即CMP）進一步制訂了「CDM方法學及程序」（modalities and procedures）[69]。在該方法學及程序中，規範了一般CDM「計畫參與者（project participants）[70]」及相關「計畫活動（project activities）[71]」應遵守之規範要求。

　　CDM計畫之整個運作流程，主要包括四階段[72]：

　　第一、有鑑於CDM計畫乃是自願性，故計畫主辦國（host country）及「指定國家管理單位（Designated National Authority, DNA）」[73]，必須先核定計畫，並確認該計畫有助於「永續發展」[74]。

---

meeting of the Parties to the Kyoto Protocol）是指協助執行京都議定書締約方大會的會議，自2005年京都議定書正式生效後召開第一次大會後，每年與COP共同召開。

[67] 推動台灣參與氣候變化綱要公約，同前揭註47。COP是指氣候變化綱要公約的締約方會議，自1995年於德國柏林召開第一次大會後，每年締約方仍會召開一次大會，共同商議公約規範的執行。

[68] 京都議定書第十二條第四項：「清潔發展機制應置於由作為本議定書締約方會議的《公約》締約方會議的權力和指導下，並由清潔發展機制的執行理事會監督。」。

[69] See UNFCCC, "3/CMP.1 Modalities and procedures for a clean development mechanism, as defined in Article 12 of the Kyoto Protocol", 2005, available at: <http://unfccc.int/resource/docs/2005/cmp1/eng/08a01.pdf#page=6>（last visited 2011-02-12）. See also, UNFCCC, "1/CMP.2 Further guidance relating to the clean development mechanism", 2006, available at: <http://unfccc.int/resource/docs/2006/cmp2/eng/10a01.pdf#page=3>（last visited 2011-02-12）. 與CCS相關者，UNFCCC, "Decision-/CMP.6 Carbon dioxide capture and storage in geological formations as clean development mechanism project activities", 2010, available at: <http://unfccc.int/files/meetings/cop_16/application/pdf/cop16_cmp_ccs.pdf.>（last visited 2011-02-12）. 所有之模式與程序，參見：<http://cdm.unfccc.int/Reference/COPMOP/index.html>（last visited 2011-02-12）.

[70] UNFCCC, above n. 69, at 28-34.

[71] 例如附件二提供「小型」CDM計畫活動之簡化模式與程序之規範。See E.g.,（ANNEX II Simplified modalities and procedures for small-scale clean development mechanism project activities）

[72] 詳細流程，同前揭註42，頁85。

[73] 乃依據京都議定書所成立，由締約國所指定負責批准、監督締約國國內CDM計畫之國家單位。參見：范建得，同前揭註42，頁246。

[74] 指定經營實體應：（a）在向執行理事會提交審定報告之前，已從項目參與方收到所涉每一締約方指定的國家主管部門的自願參與批准書，包括項目活動協助其實現永續發展的所在國的確認（"40. The designated operational entity shall:（a）Prior to the submission of the validation report to the Executive Board, have received from the project participants written approval of voluntary participation from the designated national authority of each Party involved, including confirmation by the host Party that the project activity assists it in achieving sustainable development;"（40, Modalities and procedures for a clean development mechanism FCCC/KP/CMP/2005/8/ Add.1）.

第二、計畫參與者，需提交「計畫設計文件（project design document, PDD）」[75]，特別是針對，該計畫活動之技術細節，並提供其可能造成之減量之說明。PDD必須能夠證明其減量，係具有「額外性」。該證明，必須使用CDM執行理事會所認可之「基線方法學（baseline methodology）」。此一PDD，必須經「指定操作單位（Designated Operational Entities, DOE）」[76]核定[77]。

第三、經DOE認可後，CDM計畫之提案，必須再提交給CDM執行理事會，並註冊為「CDM計畫活動」。一旦計畫經註冊，該計畫活動開始施行。亦即，該計畫已經開始產生減量之成效。但如此並非無後續之義務與要求，該CERs仍須在計畫參與者所提交之PDD內所定之「監控計畫（monitor plan）」下，持續受到監督[78]。為決定相關計畫是否具備額外性，該監控計畫，必須根據CDM執行理事會認可之「監控方法」。且相關之減量，必須經DOE進行確認（verify）與認證（certify）[79]。

第四、CERs之發放：該DOE必須獨立控制計畫參與者之「監控報告」，並認證系爭CDM計畫所達成之減排數量。嗣後CDM執行理事會會發放相對應減排數量之CERs[80]。CERs之計入期（crediting period）可分為兩種：包括「最長為七年但可更新兩次」及「最長十年不得延長」[81]。

---

[75] 計畫參與者必須交給指定操作單位之文件，用於審核計畫參與者提議之CDM計畫。參見：范建得，同前註42，頁248。

[76] 由CDM執行理事會授權之法律實體，為計畫參與者欲申請建構一CDM計畫，此一指定操作單位，將負責審核此計畫之可行性，並驗證、認證其溫室氣體排放之減量。參見：范建得，同前註42，頁246。

[77] UNFCCC, above n. 69, at 6-29.

[78] UNFCCC, above n. 69, at 53-60.

[79] UNFCCC, above n. 69, at 61-63.

[80] UNFCCC, above n. 69, at 64-66.

[81] UNFCCC, above n. 69, at 6-29. 項目參與方應為擬議的項目活動從以下備選辦法中選擇一個入計期：（a）入計期最長為七年，最多可延長兩次，條件是每次延長時指定經營實體必須確定並告知執行理事會原項目基準仍然有效或者已經根據適用的新資料加以更新；或（b）入計期最長為十年，不得延長。

二、碳捕集與封存科技適用清潔發展機制之歷史發展

依據京都議定書第2條第1項下之規定：「附件一所列每一締約方，為實現第3條所述關於其量化的限制和減少排放的承諾時，為促進可持續發展，應：（a）根據本國情況執行和／或進一步制訂政策和措施，諸如：（四）研究、促進、開發和增加使用新能源和可再生能源、二氧化碳固碳技術和有益於環境的創新技術；」此乃京都議定書中，唯一提到CCS之處。此一規範，有助於各國推動鼓勵CCS科技研發之方向。但其並未進一步探討CCS與京都議定書第12條所談到之CDM機制之關係為何？究竟京都議定書第12條之CDM機制，是否也適用在CCS之計畫？也引發一系列之討論。

早期之觀點，傾向認為CDM機制對CCS科技之發展，採取中立之態度，亦即，其並非鼓勵，亦非抑制CCS科技之發展[82]。亦即，若計畫提案者其提交之CCS計畫之CDM方法學，能夠受到CDM執行理事會之認可。則往後針對類似之計畫（不論是否為該計畫提案者所提交），均將適用類似之方法學，以計算CERs並運作該科技之CDM制度。但如此也將導致第一個發展新科技計畫之提案人，因無先例可循而需負擔比較高之說理與說服義務，而遭受到較為嚴苛之待遇。早期三個以CCS申請CDM計畫之提案[83]，在2006年9月經CDM執行理事會判斷，認為該議題仍有待CMP進一步處理，故遭遇到否決之命運[84]。此一立場，也於2006年11月CMP於其「CDM方法學及程序」（modalities and procedures）再度肯認[85]：CCS之

---

[82] See Energy Research of the Netherlands "The CDM neither restricts nor encourages CCS", 2006, at page 14, available at: <http://www.ccs-communications.gr/reports/acceptability%20CCS.pdf>（last visited 2011-02-12）.

[83] 三個計畫分別為：
　　1.NM0168（CDM-PDD: "The capture of the CO2 from the Liquefied Natural Gas（LNG）complex and its geological storage in the aquifer located in Malaysia".
　　2.SSC_038（"Anthropogenic ocean sequestration by changing the alkalinity of ocean surface water（alkalinity shift"）
　　3.NM0167（CDM-PDD: "The White Tiger Oil Field Carbon Capture and Storage（CCS）project in Vietnam"）

[84] See CDM-Executive Board, "Annex 13 Recommendation on CO2 capture and storage as CDM project activities based on the review of cases NM0167, NM0168 and SSC_038", 2006, available at: <http://cdm.unfccc.int/EB/026/eb26_repan13.pdf>（last visited 2011-02-12）.

[85] See UNFCCC, "Decision 1/CMP.2 Further guidance relating to the clean development mechanism",

CDM計畫，有待CMP自己未來發展並核定之方針（guideline）後，方可進行。CMP並要求CDM執行理事會，必須持續發展可應用於CCS之方法，以提供未來是否將CCS納入CDM及如何（制訂相關CCS方法學）之參考。為擴大決策所需之基礎資訊，其亦對外徵求非政府組織及國家[86]之意見，受到熱烈之迴響，相關制度設置之重要議題包括：包括：長期之物理性漏碳（long term physical seepage）、計畫區域範圍（project boundary issues）、計畫之範圍超過一國時之處理、監控封存地址之長期責任、封存場之長期責任、選址適當封存場所之程序、可能之漏碳途徑、封存場之營運等[87]。

　　附帶一提，在討論與溝通是否將CCS納入CDM之過程中，SBSTA扮演協助之相當重要之角色[88]。SBSTA乃聯合國氣候變化綱要公約下所設立之「科學和技術附屬諮詢機構（Subsidiary Body for Scientific and Technological Advice, SBSTA）」，於1995年3月COP1決議成立，以提供

2006, available at: <http://unfccc.int/resource/docs/2006/cmp2/eng/10a01.pdf#page=3>（last visited 2011-02-12）.

[86] 相關有表示意見之國家，如日本、沙烏地阿拉伯、加拿大等。巴西之意見，網址：<http://unfccc.int/resource/docs/2010/sbsta/eng/misc02a01.pdf>（last visited 2011-02-12）.

[87] See e.g., UNFCCC, "Greenpeace International: Views on leakage", 2007m available at: <http://unfccc.int/essential_background/library/items/3599.php?rec=j&priref=500004156#beg>

UNFCCC, "Greenpeace International: Views on long-term liability", 2007, available at: <http://unfccc.int/essential_background/library/items/3599.php?rec=j&priref=500004157#beg>.

UNFCCC, "Greenpeace International: Views on monitoring", 2007, available at: <http://unfccc.int/essential_background/library/items/3599.php?rec=j&priref=500004158#beg>.

UNFCCC, "International Emissions Trading Association（IETA）", 2007, available at: <http://unfccc.int/essential_background/library/items/3599.php?rec=j&priref=500004159#beg>.

UNFCCC, "International Petroleum Industry Environmental Conservation Association（IPIECA）", 2007, available at: <http://unfccc.int/essential_background/library/items/3599.php?rec=j&priref=500004160#beg>.

UNFCCC, "International Risk Governance Council（IRGC）", 2007, available at: <http://unfccc.int/essential_background/library/items/3599.php?rec=j&priref=500004161#beg>.

World Coal Institute（WCI）, available at: <http://unfccc.int/essential_background/library/items/3599.php?rec=j&priref=500004162#beg>（last visited 2011-02-12）.

[88] See e.g. FCCC/SBSTA "Report on the in-session workshop of the Subsidiary Body for Scientific and Technological Advice, at its twenty-fourth session, on carbon dioxide capture and storage. Note by the Chair of the Subsidiary Body for Scientific and Technological Advice", 2006, available at: <http://unfccc.int/resource/docs/2006/sbsta/eng/07.pdf>（last visited 2011-02-12）. See also, "FCCC/SBSTA "Report of the Subsidiary Body for Scientific and Technological Advice on its thirty-first session, held in Copenhagen", 2009", available at: <http://unfccc.int/resource/docs/2009/sbsta/ eng/08.pdf>（last visited 2011-02-12）.

COP及其附屬機構有關科學與技術之即時資訊與諮詢。SBSTA是由成員指派的相關領域專家所組成，並向COP/MOP（Meetings of Parties of the Kyoto Protocol）報告SBSTA工作情形與進展[89]。例如，其於2007年12月廣邀會員國、政府間組織（Intergovernmental organization, IGO）及非政府組織，共同針對CCS及CDM表示意見，並製作相關報告，以提供締約國大會COP/MOP討論之用。而最後於墨西哥坎昆通過之決定（Decision）之雛形，亦由SBSTA所提出[90]。

　　近年來COP/MOP歷經數次討論，但進展速度緩慢。在2007年峇里島會議並無共識[91]。而在2008年波蘭之波茲南大會中，則在開發中國家之反對下，也僅做出：CCS與植樹造林納入CDM是未來協商的重要項目[92]。在哥本哈根會議之前夕，於2009年5月27日，挪威勃根舉辦了全球首次CCS高階會議，會議形成了一個準備在哥本哈根會議上遞交的議案——把CCS技術納入CDM框架，以便利已開發國家向開發中國家輸出CCS技術和資金支持[93]。這一個哥本哈根回合之發展，雖未一舉將CCS納入CDM機制之

---

[89] 參見：氣候變化綱要公約——公約組織架構，網址<http://webgis.sinica.edu.tw/epa/fccc-3.html>（last visited 2011-02-12）.

[90] UNFCCC, "Carbon dioxide capture and storage in geological formations as clean development mechanism project activities Draft conclusions proposed by the Chair", 2010,available at: <http://unfccc.int/resource/docs/2010/sbsta/eng/l11.pdf>（last visited 2011-02-12）.

[91] 「碳捕捉與儲存獲取碳信用額度未獲進展：在峇里會議的一個針對是否讓碳捕捉與儲存（CCS）計畫獲取碳信用額度之接觸團體會議中，結果是對此議題毫無共識。最後依據公約草案文件（FCCC/SBSTA/2007/L.19），關於將在地質構造中捕捉和儲存二氧化碳作為清潔發展機制計畫之審議工作，未來將彙編各方意見成一綜合性報告，重點闡述其中的技術、方法學、法律和政策問題，供SBSTA 28會議（2008年6月）審議。」網址：<http://open.nat.gov.tw/OpenFront/report_download.jspx?sysId=C09603515&fileNo=001>（last visited 2011-02-12）.

[92] 參見：波茲南報告：在碳儲存拉起戰線。「在波茲南氣候大會中兩方人士對CCS議題拉起戰線：已開發國家想把該技術那素清潔發展機制（CDM）的選項，但開發中國家反對，認為該技術必須在已開發中國家實施，證明成熟可靠後才能採用。爭論的核心包括科技、可靠度、法規、道德、財務與方法論的觀點。由於強烈的反對，科技指導次級委員會（SBSTA）表示，「不會同意接受」將CCS納入CDM之下，並"因此不能對此議題做出決定"。巴西在向SBSTA申訴的文件中指出，「由CCS衍生面的誘因，會阻礙小型專案並進一步妨礙公平的參與。最後，那會偏離CDM的中心理想，也就是導引至低碳經濟方向的長期效益，卻因此創造補助而加強化石燃料的應用。」委內瑞拉擔憂該技術在未經證明安全可靠之前，被勸誘在開發中國家實施，可能導致日後發生災難，並因洩漏而白忙一場。參見：李堅明，〈COP14MOP4發展與台灣啟示〉，《能源報導》，2009年2月，網址：<http://energymonthly.tier.org.tw/outdatecontent.asp?ReportIssue=9802&Page=9>（last visited 2011-02-12）.

[93] 參見：王勇，碳捕獲：昂貴的拯救，2009年07月28日，《中國企業家》<http://env.people.com.cn/BIG5/9734380.html>（last visited 2011-02-12）.

中，但卻在結論中，難得對CDM機制與CCS之關係，做了詳細之處理。特別是針對將CCS納入CDM機制中，應該注意之事項作了詳細之規範。在該哥本哈根二號決議中，與CCS相關之處，摘錄如下[94]：

表1　2009年哥本哈根決議中與CCS相關之內容

清潔發展機制（CDM）：
1.CCS是否適用於第二減量承諾期的CDM計畫，有兩個選項（贊同或不贊同），尚需要再討論。
29.CCS與CDM計畫的相關之重要議題： 1.區分非永久性與長期永久； 2.量測、申報、及查證制度； 3.環境衝擊； 4.計畫區域範圍； 5.國際法律； 6.信賴度； 7.潛在不利影響； 8.安全性； 9.洩漏造成損害之補償。
30.要求SBSTA應持續建議如何將CCS納入CDM中，並考量上述重要第二十九點提及之重要議題。

資料來源：Decision 2/CMP.5 Further guidance relating to the clean development mechanism, <http://unfccc.int/resource/docs/2009/cmp5/eng/21a01.pdf#page=4>

　　雖然在坎昆會議中，有反對將CCS納入CDM機制之聲浪[95]，但在IEA及相關產油國之支持下[96]，促成了坎昆會議決定有條件將CCS納入CDM機制中之結論。其相關內容摘錄如下[97]：

---

[94] See UNFCCC, "Decision 2/CMP.5 Further guidance relating to the clean development mechanism", 2009, available at:<http://unfccc.int/resource/docs/2009/cmp5/eng/21a01.pdf#page=4>（last visited 2011-02-12）.

[95] 「將開發中市場的核能和碳捕集與儲存（CCS）專案納入《京都議定書》架構的主張是一種倒退。」網址：<http://times.hinet.net/times/article.do?newsid=2384182&option=finance>（last visited 2011-02-12）.

[96] 台灣環境保護聯盟，〈從坎昆協商談台灣與氣候變遷的衝擊〉，網址：<http://www.tepu.org.tw/?p=3011>（last visited 2011-02-12）.

[97] See UNFCCC, "Decision /CMP.6 Carbon dioxide capture and storage in geological formations as clean development mechanism project activities", 2010, available at: <http://unfccc.int/files/meetings/cop_16/application/pdf/cop16_cmp_ccs.pdf>（last visited 2011-02-12）. 中文翻譯資訊，請參見：環境品質文教基金會，參與「聯合國第十六屆氣候變遷綱要公約締約國大會暨京都地訂書第六次締約國會議（COP 16, CMP6）」，頁2，網址：<http://www.envi.org.tw/common/upload_file/COP16EQPF.pdf>

「強化京都議定書的CDM，例如增加CCS於CDM中，以便推動更大的投資和更重要的技術，並為開發中國家帶來對環境有益且永續性的減量專案。締約方啟動一系列倡議與制度，俾保護氣候變化方面的脆弱者，並籌集開發中國家為謀劃、建設自身的可持續未來所需要的資金和技術。」

「MOP認為二氧化碳捕集與地質封存技術是一種實現UNFCCC最終目標的相關科技，並且也是降低溫室氣體排放的選擇之一。」

「MOP了解當事人已經開始關切包含CCS技術在內作為CDM活動的可能相關問題，並且強調二氧化碳捕集跟地質封存技術的設計跟執行面所需要處理和解決的問題。目的在於讓CCS可當作是CDM的範疇內部分。」

雖然坎昆會議之結論，給予CCS適用CDM之綠燈。但實際如何執行仍在未定之天。個別制度，仍有待進一步之規範落實，於南非德班會議，才會有所決定[98]。而在坎昆相關決定[99]中，亦針對CDM機制在未來有許多制度設計上之考量，有諸多擔憂。例如，其強調CCS之發展必須在注意環境安全，並避免漏碳之前提下，且應避免發生有害之結果[100]方可發展。至於發展方向，包括：整體與具體之建議：整體之建議為，對未來在制訂「CCS特殊方法學與程序（modalities and procedures）」[101]。個別之處，則涉及該形式與程序需遵守之方向，給予諸多之方向提示[102]。例如「（a）二氧化碳捕集跟地質封存地點的選擇應該基於嚴格跟健全的標準，以確保二氧化碳封存地點能夠符合持續性之要求。」個別部分，也將分別於後述相關之處介紹之。

（last visited 2011-02-12）.

[98] See Global CCS Institute, "Wrap up from COP16 Cancun", 2010, available at: <http://www.globalccsinstitute.com/community/blogs/authors/markbonner/2011/02/07/wrap-cop16-cancun>（last visited 2011-02-12）. 在德班會議後，未來討論之重點，將著重在CCS之CDM方法學之建立。參見：UNFCCC, above n. 39.

[99] See UNFCCC, "Decision /CMP.6 Carbon dioxide capture and storage in geological formations as clean development mechanism project activities", 2010, available at: <http://unfccc.int/files/meetings/cop_16/application/pdf/cop16_cmp_ccs.pdf>（last visited 2011-02-12）.

[100] Ibid.前言：[CMP]強調二氧化碳捕捉和地質封存技術建立應該以環境安全作為目標，並且避免任何從儲存場外洩之情況發生。[CMP]強調二氧化碳捕捉跟地質封存技術作為一種清潔發展機制不應該有任何有害結果產生。

[101] 為了提供CMP建議，要求科學與技術諮詢的附屬機構，在其第35次會期，制訂二氧化碳捕集跟地質封存之CDM方法學與程序。

[102] See UNFCCC, above note 102.

參、碳捕集封存科技於適用清潔發展機制之挑戰

本部分所欲探討者，乃CDM計畫之主要法律要件於適用於CCS科技時，將遭遇到之法律問題。故本文將依序介紹各法律要件後，探討適用於CCS時將引發之法律問題。

CDM計畫之主要法律要件，包括[103]：

1.透過計畫幫助主辦國達到永續發展之目標。

2.該計畫所產生之排放減量，必須額外於沒有本計畫之時所產生之減量。

3.該計畫對於減緩氣候變化提供了真實、可量測及持續性之利益。

CCS計畫之發展，亦必須符合上述三項要件。然而，由於CCS計畫之特殊性，引發永續發展否？具備額外性否？與可能會有漏碳之擔憂，引發是否具備持續性之爭議。本文將依序探討如下：

一、碳捕集與封存與永續發展

CCS是否有助於促成開發中國家之永續發展？支持之論點認為，CCS有助於在兼顧經濟發展之同時，也協助開發中國家進行減碳之工作[104]。特別是這些開發中國家，在追求經濟成長與能源供應安全之過程中，必須仰賴煤及化石燃料之使用[105]。另外，CCS科技之使用也有助於改善地方之空氣品質[106]。但亦有反對者認為，CCS無法達成永續發展，因為其從長期觀點，其無法帶來減量的利益，且其非成本有效且對環境安全之科技，並會進一步造成電價上漲[107]。

---

[103] 參見：范建得，同前揭註42，頁47。

[104] See International Chamber of Commerce,available at<:http://unfccc.int/essential_background/library/items/3599.php?rec=j&priref=500004789#beg>（last visited 2011-02-12）.

[105] See SBSTA, "Synthesis of views on technological, methodological, legal, policy and financial issues relevant to the consideration of carbon dioxide capture and storage in geological formations as project activities under the clean development mechanism", 2008, at page 22, available at: <http://unfccc.int/resource/docs/2008/sbsta/eng/inf03.pdf>（last visited 2011-02-12）.

[106] See International Emissions Trading Association（IETA）, available at: <http://unfccc.int/essential_background/library/items/3599.php?rec=j&priref=500004159#beg>（last visited 2011-02-12）.

[107] See Anatole Boute, "Carbon Capture and Storage under the Project-Based Kyoto Mechanisms, in: Legal

　　目前評估系爭計畫是否具備永續發展性，依據CDM方法學與程序之規定，乃各計畫主辦國之職責，並非於國際層級規範[108]。故可預見，系爭CCS計畫是否符合永續發展性之要求，係採個案決定（case-by-case）之方式。但由於開發中國家普遍缺乏決定之技術能力，故相關文獻建議，應由國際專家加以協助[109]。

　　未來可預見國際專家協助之重要項目，包括：選用適當之捕集技術，以確保系爭計畫所產生之額外能源使用（energy penalty）不會侵蝕該計畫所帶來之減量貢獻。其次，如何確保適當地質封存場之選擇，以避免選到會有漏碳風險之場址，也是國際專家重要之工作。另外，也應審慎評估，避免因強化油氣生產使用之CCS科技，反而造成太多化石燃料之生產，而產生所謂碳漏排放（leakage emission）之現象，從而抵銷CCS科技之減碳努力。

二、額外性

　　CDM之計畫參與者，必須證明因其對於該計畫之投資，將比沒有該筆投資的正常情況（business as usual）下之「基線情境（Baseline scenario）」，達成額外減排之效果。而且該計畫活動（project activity）之所以得以實現，乃基於該投資所促成。此一額外性之表現，體現在CDM方法學與程序第43條之規範：「43. CDM專案活動如果實現以下目標，即具有額外性：溫室氣體人為源排放量減至低於不開展所登記的CDM專案活動情況下會出現的水準[110]。」

　　故在此需求下，核心之關鍵問題，即在決定CCS計畫之投資，是否足以產生此一「額外性」之效果？在決定系爭計畫活動是否具有額外性之過程中，必須確認「基線情境」。在此基線情境中，可呈現出目前規劃之計

　　Design of Carbon Capture and Storage, Antwerp/Oxford/Portland", *Intersentia*, 2009, at page 92.

[108] 「指定經營實體應：（a）在向執行理事會提交審定報告之前，已從專案參與方收到所涉每一締約方指定的國家主管部門的自願參與批准書，包括項目活動協助其實現可持續發展的所在國的確認；」。

[109] Anatole Boute, above n. 110, at 92.

[110] "A CDM project activity is additional if anthropogenic emissions of greenhouse gases by sources are reduced below those that would have occurred in the absence of the registered CDM project activity." See 3/CMP.1, Annex, paragraph 43.

畫活動,所有可能及潛在可供選擇之方案[111]。亦即,許多可達成減排之可供選擇之方案(alternative),未必需要透過CDM計畫之資金贊助,才可以實踐。因此,為展現出CCS計畫額外性,首先,計畫參與者必須先進行「投資分析(investment analysis)」,在該分析中,必須能夠證實若系爭計畫未能獲得拍賣減量後所取得之碳權資金,則會造成系爭計畫在經濟上與財務上,較其他相類似(且產生類似產出之)可供選擇方案,更為不利之結果。另一種方式,則是系爭計畫參與者,必須透過「障礙分析」,主張系爭計畫之難以落實,係存在許多障礙。而無論投資分析與障礙分析,都需要附隨一普遍性分析(common practice analysis),以作為確認與系爭計畫類似之科技或實務,若不具備CDM計畫之資金,則難以在該地區或相關部門實踐之證明。(即若在該地區,並沒有類似之計畫,則可以反映出需要CDM之誘因)[112]本文以下,將先探討CCS在基線情境下,可能會遭遇之問題。其次,則將探討CCS與投資分析、障礙分析、及普遍性分析所遭遇到之難題。

(一)基線情境(Baseline Scenario)

普遍之觀點,認為,若系爭計畫不具備CCS計畫活動,則其另一可供選擇方案將會是:持續排放二氧化碳進入大氣中。如某一火力電廠,若不具備CCS科技,則其所產生之二氧化碳勢必排入大氣中。因此,CDM之「基線情境」,似乎宜認為乃持續「不搭配CCS科技地」,繼續應用原本(不具備CCS之燃煤電廠)科技之計畫,將二氧化碳持續排放入大氣中[113]。套用在既有火力機組上,可能方案是將既有火力機組更新為搭配CCS科技之新機組。不過,另一可供選擇(且可能性較高之)之方案,則是繼續使用既有之機組而不更新,並僅作定期之維護與檢修[114]。至於,亦

---

[111] 評估額外性之方法學工具,參見:CDM Executive Board, "Methodological Tool for the Demonstration and Assessment of Additionality", available at: <cdm.unfccc.int/methodologies/PAmethodologies/tools/am-tool-01-v4.pdf>(last visited 2011-02-12)。

[112] Anatole boute, above n. 110, at 72.

[113] See IEA, "ERM-Carbon Dioxide Capture and Storage in the Clean Development Mechanism", 2007, at page 23, available at: <http://www.co2captureandstorage.info/techworkshops/2007%20TR2CCS%20CDM%20methodology%20.pdf>(last visited 2011-02-12)。

[114] See UNFCCC, "Methodology for rehabilitation and/or energy efficiency improvement in existing power plants", 2008, available at: <http://cdm.unfccc.int/methodologies/DB/U5APNKUZPGKRON461OMSR9PZU613GA> last visited 2011-02-12)。

有可能採取新建機組之途徑，但乃興建不具備CCS科技之傳統化石燃料發電廠。

然而，上述預設必然是持續使用既有高污染化石燃料科技，或一律排放至大氣之「可供選擇替代方案」之觀點，未必可以成立。舉例言之，以一般工業設備來說，亦有可能有其他未必排放到大氣之可供選擇方案。如在北京奧運期間，相關捕集之二氧化碳，用於提供飲料廠商製造碳酸飲料之用[115]。

此外，適用於電力部門，也呈現出此一「基線情境」假設之可能問題。亦即，前述基本情境，係假設會一直不斷地發展火力電廠之情境。但實際上，「再生能源發電設備」亦有可能作為取代傳統化石燃料電廠之「潛在可供選擇方案」[116]。甚至，再生能源計畫本身，也有可能作為新CCS計畫之「潛在可供選擇之方案」[117]故將再生能源發電排除在CCS計畫之基線情境之外，恐怕會不利再生能源之發展[118]。

最後，在考量CCS之基線情境時，也必須分析是否有可能透過許多提升既有設備能源效率之措施[119]。例如，潛在可供選擇之方式，亦有可能包括以超臨界機組或較高效率之燃氣複循環機組替代既有老舊低效率燃煤機組之可能。

由此可見，未來如何界定基線情境，也將影響系爭計畫之減量成效。例如，若基線情境是假設為繼續使用燃煤電廠之情況，則較有助於取得較多之減量成效及CERs；相反，若為假設未來有可能發展再生能源替代之情況，則系爭CCS計畫之減量成效較低。

---

[115] 「華能集團已經趕在2008年奧運前夕在北京建設了我國首個碳捕集示範燃煤電廠。由於沒有封存，這些二氧化碳賣給了食品加工企業生產碳酸飲料」網址：<www.news365.com.cn/wxpd/wz/kjqy/.../t20100326_2659163.htm>（last visited 2011-02-12）

[116] See e.g., CDM-Executive Board, "Revision to the approved baseline methodology", 2006, available at: <http://cdm.unfccc.int/UserManagement/FileStorage/CDMWF_AM_GTS8WWST6TM5OVGQT7OVAQ1KVF5QWJ>（last visited 2011-02-12）.

[117] Anatole boute, above n. 110, at73

[118] See De Coninck, "Trojan Horse or Horn of Plenty? Reflections on Allowing CCS in the CDM", *Energy Policy*, 2008, at page 934-935.

[119] See ZERO, "White Tiger Oil Field Carbon Capture and Storage Project in Vietnam", 2011, available at: <http://www.zeroco2.no/projects/white-tiger-ccs-project>（last visited 2011-02-12）.

（二）投資、障礙、普遍性分析

如前所述，以CCS作為可供選擇方案之一，仍必須透過相關「分析」證明其具有資金上的障礙，才有透過CDM機制提供額外資助之必要性，才可滿足額外性之需求。顯然，CCS科技目前仍在發展初期，相當地昂貴，故勢必符合此一要求[120]。否則，沒有此一CERs之財務誘因，則恐怕很難鼓勵業者發展強化油氣生產、研究及示範[121]。

故計畫參與者，必須能夠提供下列相關證明。首先，其或許能夠證明並無受到相關政策之誘因所鼓勵，故其必須透過CDM，此為投資分析之證據。其次，其亦可強調既有科技對CCS發展發展之障礙，提供所謂障礙分析[122]。最後，針對所謂普遍性分析（common practice analysis）之要求，若該地區並未存在所謂CCS之計畫，也可以呈現出其需要財務上之支援[123]。

其中值得一提者，乃針對強化油氣生產（Enhanced Oil Recovery, EOR）計畫之相關分析，在早期CCS發展初期，「障礙分析」應該是一個重點。特別是科技不成熟恐怕帶來較高風險之發展障礙。但若EOR逐漸成為發展成熟之科技，則未來分析之重點，應強調在「投資分析」[124]。

在此分析之下，若開發中國家國內有相關之政策或資金支應CCS計畫之發展，則將使該CCS發展成CDM計畫之可能性大幅降低。

（三）基線情境排放量（Baseline Emission）

依據CDM方法學與程序之規定：「44. CDM專案活動的基準〔基線情境排放量〕是一種假設情況，合理代表在不開展擬議專案活動的情況下的溫室氣體人為源排放量[125]。」故此一基線情境排放量之決定，影響到

---

[120] See Cédric*Philibert*（IEA）, Jane*Ellis*（OECD）and Jacek *Podkanski*, "*CARBON CAPTURE AND STORAGE IN THE CDM*", 2007, at page 11, available at: <http://www.iea.org/papers/2007/CCS_in_CDM.pdf>（last visited 2011-02-12）.

[121] See Carbon Finance, "Shell backs CCS amendment, proposes CDM scheme", 2008, available at: <http://www.carbon-financeonline.com/index.cfm?section=global&action=view&id=11373>（last visited 2011-02-12）.

[122] CDM Executive Board, above n. 114, at7.

[123] Anatole Boute, above n. 110, at74.

[124] See ZERO, "White Tiger Oil Field Carbon Capture and Storage Project in Vietnam", 2011, available at: <http://www.zeroco2.no/projects/white-tiger-ccs-project>（last visited 2011-02-12）.

[125] "The baseline for a CDM project activity is the scenario that reasonably represents the anthropogenic

底產生多少減量成效及CERs。詳細之內容（到底此一基線情境排放量為何、計畫所產生之排放量為何），規範於「計畫設計文件（project design document, PDD）」中[126]。此外，此一基線情境排放量之設定，也必須依據CDM執行理事會（CDM Executive Board）所認可之方法學[127]。

CCS計畫在CDM之下，是否能成功推動，必須仰賴此一基線情境排放量之「精確」界定。太高、太低，都未必恰當。例如，若將此一基線情境排放量設定太高，則恐怕過度肯定CCS之貢獻，而導致發出過多之CERs[128]。相反地，若基線情境排放量設定太低，則會導致支持之財務誘因不足[129]。

既然決定此一基線情境排放量如此重要，目前CDM方法學及程序提供下列之途徑，並擇一選擇，並說明其取捨之理由[130]：

1. 相關的現有實際排放量或歷史排放量；或
2. 在考慮到投資障礙的情況下，一種代表有經濟吸引力的行動方針的技術所產生的排放量；或

---

emissions by sources of greenhouse gases that would occur in the absence of the proposed project activity." Available at: <http://www.positiveclimatecare.com/faq's_cdm.htm> （last visited 2011-02-12）

[126] See CDM-Executive Board, "CLEAN DEVELOPMENT MECHANISM PROJECT DESIGN DOCUMENT FORM（CDM-PDD）Version 03", 2006, available at: <http://cdm.unfccc.int/Reference/PDDs_Forms/PDDs/PDD_form04_v03_2.pdf> （last visited 2011-02-12）.

[127] See UNFCCC, "Approved Baseline and Monitoring Methodologies for Large Scale CDM Project Activities", available at: <http://cdm.unfccc.int/methodologies/PAmethodologies/approved> （last visited 2011-02-12）.

[128] See Fischer, "Project-based Mechanisms for Emissions Reductions: Balancing Tradeoffs with Baselines", *Energy Policy*, 2004, at page 1809, available at: <http://www.rff.org/documents/RFF-DP-04-32.pdf> （last visited 2011-02-12）.

[129] See Kartha/Lazarus/Bosi, "Baseline Recommendations for Greenhouse Gas Mitigation Projects in the Electric Power Sector", *Energy Policy*, 2004, at page 546.See also, Sivan Kartha, Michael Lazarusand Martina Bosi ," Baseline recommendations for greenhouse gas mitigation projects in the electric power sector", *Energy Policy*, 2004 ,at page 545-566.

[130] UNFCCC, above n. 69, at 16. "48. In choosing a baseline methodology for a project activity, project participants shall select from among the following approaches the one deemed most appropriate for the project activity, taking into account any guidance by the Executive Board, and justify the appropriateness of their choice: （a）Existing actual or historical emissions, as applicable, or （b）Emissions from a technology that represents an economically attractive course of action, taking into account barriers to investment, or （c）The average emissions of similar project activities undertaken in the previous five years, in similar social, economic, environmental and technological circumstances, and whose performance is among the top 20 per cent of their category."

3.過去五年在類似社會、經濟、環境和技術狀況下開展的、其績效在
同一類別位居前20%的類似項目活動的平均排放量。

上述方法，到底哪一個適合作為CCS計畫活動之途徑？依據CDM執
行理事會見解，CCS計畫之基線情境排放量，應該依據「迴避之二氧化
碳」，而非「捕集之二氧化碳」[131]。其因在於：在CCS運作過程中，迴避
之二氧化碳量，會少於捕集之二氧化碳量。

實際在評估基線情境排放量時，必須區別「既有」工業設備與發電設
備，及「新設」工業設備與發電設備[132]。

若以CCS科技更新既有之機組，則基線情境排放量，應該依據「設備
更新前」機組之運轉特性，特別是考量前揭三途徑中之「歷史排放量」
因素[133]。然而，在計算此一排放量時，必須特別考量CCS科技之特性。例
如，在將燃燒後捕集之碳捕集科技設備配置到既有電廠中，則由於捕集過
程需要浪費額外電力且輸送過程也需要額外電力，為了維持相同之電力輸
出，則勢必既有機組之裝置容量會提高[134]。也因此，若採取歷史排放方法
來計算更新前之機組之基線情境排放量，則因加裝CCS科技所產生之額外
排放，則必須要界定為該「計畫之排放量（project emissions）」，方為公
允[135]。

針對新設之CCS計畫燃燒後與燃燒前捕集CCS計畫，似乎原則上宜採取
前述第二種方法（（b）在考慮到投資障礙的情況下，一種代表有經濟吸引
力的行動方針的技術所產生的排放量）為主、第三種方法為輔[136]。前者兩種
方法，乃一般性之建議，不過針對新設之搭配CCS之「電廠」在方法學上，
IEA研究報告普遍認為應將CCS裝設後所需之額外電力納入考量後，依據一
般針對連網發電計畫所採取之「組合邊際基線方法（combined margin）[137]」

[131]CDM Executive Board, above n. 114, at 8.

[132]詳細之可能計畫類型，共有二十九種，頁25-36，網址：<http://www.co2captureandstorage.info/
techworkshops/2007%20TR2CCS%20CDM%20methodology%20.pdf>（last visited 2011-02-12）.

[133]Kartha/Lazarus/Bosi, above n. 132, at 559.

[134]IEA, above n. 116, at23.

[135]Anatole Boute, above n. 110, at 76.

[136]IEA, above n. 116, at 23.

[137]IEA, above n. 116, at B2，「至目前為止，針對連網發電廠之基線方法學，主要依據系爭計畫在邊
際（margin）之情況下，可能產生置換系爭計畫之燃料種類電廠，加以計算其排放。而此一「邊
際」採取所謂「組合邊際」之途徑，亦即綜合考量「興建邊際」（Build margin:若沒有該計畫之
前提下，何種發電設備會被「興建」並注入電力網中，以提供所需之電力？）及「營運邊際」

並考量該機組之經濟調度之順序（通常為基載電廠）[138]。不過此一方法的話，則恐怕會產生處罰再生能源發電，而優惠CCS科技之後果[139]。如由「經濟調度」觀點（即發電系統進入電力系統之調度順序，係取決於不同發電機組發電成本之高低，便宜者（如核電、燃煤）優先進入電力系統），來決定替代系爭計畫之可能電力來源，則明顯忽略再生能源之發展情況，而係假設既有燃煤機組之情況。

　　為避免此項缺失，有論者建議，在計算「基線情境排量」應建立在：沒有系爭計畫之情況下，估算可能興建之發電設備種類[140]。亦即回歸前述第二項方法，而不採取常用之方法。如此途徑較能有效考量計畫主辦國發展「再生能源」計畫之情況，也比較能夠考量讓「基礎排放量」之設定，更能考量較「高效率之化石燃料機組」[141]。

　　經由上述分析可發現，目前CDM所發展出來的計畫基線情境排放量之方法學，均可適用在CCS計畫上。但必須注意妥善處理與「再生能源」發展與「提高能源效率措施」之關係，以確保在發展CCS同時，仍可同時注意此兩項科技之發展與普及[142]。而這一點重點，似乎也隱含在坎昆會議通過將CCS納入CDM機制之決議中：「強調二氧化碳捕集跟地質封存技術作為一種CDM不應該有任何不利（perverse）結果產生[143]。」

（四）計畫排放（Project Emission）

　　計畫排放量，係指執行CDM計畫後之實際排放量，其與前述基線排放量之差額，即為計畫參與者可以請求相對應之CERs，故計畫排放量之決定，亦影響系爭CDM計畫所帶來之財務誘因與減碳實績。在決

（Operating margin：假若沒有該計畫之情況下，何種發電設備會被「調度」並注入電力網中，提供所需之電力？）。」

[138] IEA, above n. 116, at 27.

[139] Anatole Boute, above n. 110, at 77.

[140] Kartha Lazarus Bosi, above n. 132, at 555-558.

[141] Anatole Boute, above n. 110, at77.

[142] See Anatole Boute, "Carbon Capture and Storage under the Clean Development Mechanism–An Overview of Regulatory Challenges", *Carbon and Climate Law Review*, Vol.2, 2008, at page 8, at available at: <http://papers.ssrn.com/sol3/papers.cfm?abstract_id=1410592>（last visited 2011-02-12）.

[143] *"Emphasizing* that the inclusion of carbon dioxide capture and storage project activities in geological formations in the clean development mechanism should not provide perverse outcomes," See UNFCCC, above n. 102.

定計畫排放量之過程中，首要需先確定「計畫（project）之區域範圍（boundary）」後，才決定其「排放量（emission）」。

1.計畫區域範圍（Project Boundary）

依據「CDM方法學與程序」之規定：計畫區域範圍，「應包括項目參與方控制範圍內的、數量可觀並可合理歸因於CDM專案活動的所有溫室氣體人為源排放量[144]。」

以CCS之發展鏈而言，一般可以分為：碳捕集、壓縮、運輸、注入及封存等階段[145]。故CCS計畫區域範圍，應包含這四個流程。不過實際上在探討計畫區域範圍時，宜進一步區分「陸上」與「地下」設施。

針對陸上設施，其計畫區域範圍，包括：捕集與壓縮、運輸及注入設施[146]。詳細言之，包括：產生二氧化碳之設備、捕集設備、二氧化碳壓縮或液化設備、運輸設備（包括：管線、船舶或車輛）、管線輸送過程之加壓站、暫時貯存二氧化碳之設施、其他相關之接收設施與注入設施等[147]。如何計算與監督這些設施之排放，可透過既有之CDM計畫之「監督方法學」[148]。故將這些陸上設施，納入「計畫區域範圍」中，並不會造成額外之困擾。畢竟其與既有相關CDM計畫之監督方法學，有相當多之類似性。

不過針對CCS之地下計畫活動或地下設施，可能會造成在判斷CDM是否合格之重要關鍵。首先，二氧化碳在注入過程中，有可能經由注入井或其他與陸上連接之途徑而釋放，故其可能成為二氧化碳排放源[149]。故針對注入井與其他有可能產生碳漏後果之管道，均需納入「計畫區域範圍」之

[144] See UNFCCC, above n. 69, at 17. "52. The project boundary shall encompass all anthropogenic emissions by sources of greenhouse gases under the control of the project participants that are significant and reasonably attributable to the CDM project activity."

[145] See Sam Holloway（UK）, Anhar Karimjee（USA）, Makoto Akai（Japan）, Riitta Pipatti（Finland）, and Kristin Rypdal（Norway）, "Chapter 5: Carbon Dioxide Transport, Injection and Geological Storage", *2006 IPCC Guidelines for National Greenhouse Gas Inventories* ,Vol. 5, 2006, at page 5.1, available at: <http://www.ipcc-nggip.iges.or.jp/public/2006gl/pdf/2_Volume2/V2_5_Ch5_CCS.pdf>（last visited 2011-02-12）.

[146] See UNFCCC, "Consideration of Carbon Dioxide Capture and Storage as Clean Development Mechanism Project Activities", 2007, at page 4-5, available at: <http://unfccc.int/resource/docs/2007/sbsta/eng/misc18a01.pdf>（last visited 2011-02-12）.

[147] Anatole Boute, above n. 145, at 9.

[148] UNFCCC, above n. 102, at 11.

[149] UNFCCC, above n. 102, at 11.

範疇中，並受到高度監控。其次，二氧化碳之地質封存處，也應納入CCS計畫區域範圍中[150]。此一場址，必須透過先期研究探討其地層、地球力學與地球化學之特性後，評估二氧化碳封存地之滲透性（permeability）及二氧化碳之遷移率（migration rate）[151]。此一研究之目的，在預測可能從封存場溢漏而出之二氧化碳數量。且該封存場，必須受到嚴密之監控[152]。

　　除了前述四個涉及CCS流程之前述設施外，恐怕為了保險起見，需將CCS計畫區域範圍，進一步擴大到納入：「封存場附近可能受到二氧化碳遷移影響所及之區域」[153]。最後，似乎也須考量在強化油氣生產之設施運作過程中，所可能產生之額外排放量納入CCS計算界線中。特別是，在萃取井（extraction well）注入二氧化碳擊穿（breakthrough）及在強化油氣生產過程中所使用之額外能源[154]。

　　而此一計畫區域範圍之見解，也被坎昆會議之CCS決議所採納：「二氧化碳捕集跟地質封存的計畫範圍應該包含地表上與地底下的安裝跟封存地點，包含捕集、處理、運送、注入，二氧化碳的封存以及潛在的二氧化碳流動路徑包含二氧化碳在地下水中之分解。這些過程都有可能成為潛在將二氧化碳排放至大氣的來源[155]。」坎昆會議之CCS決議，並要求該計畫區域範圍應該清楚定義[156]。顯然，此一計畫區域範圍，影響未來進一步在界定「計畫排放量」甚大，也影響一CDM計畫可取得多少CERs及可否具備財務可行性。而二氧化碳在地表下之遷移情況，甚至可能發生漏碳或碳漏之路徑，都亟待進一步之研究，才有辦法將可能之設施或區域納入計畫區域範圍當中。特別是，不同封存場之特性，可能均不同，亦影響可能之計畫區域範圍之大小。

---

[150]UNFCCC, above n. 102, at 4, 11-12.

[151]IEA, above n. 116, at 12.

[152]Anatole Boute, above n. 110, at 79.

[153]UNFCCC, above n. 102, at 5, 13.

[154]UNFCCC, above n. 102, at 5.

[155]" (e) The boundaries of carbon dioxide capture and storage in geological formations shall include all above-ground and underground installations and storage sites, as well as all potential sources of carbon dioxide that can be released into the atmosphere, involved in the capture, treatment, transportation, injection and storage of carbon dioxide, and any potential migratory pathways of the carbon dioxide plume, including a pathway resulting from dissolution of the carbon dioxide in underground water; "

[156]「 (f) 在第3點提到的計畫範圍，問題必須清楚闡明。」

2.計畫排放量

計畫排放量，係指上述在前述計畫區域範圍內，所產生之溫室氣體排放量之總和。這些排放量，一般而言包括下列排放[157]：

(1) 直接逸散之排放（Fugitive emissions）：例如，二氧化碳在陸上設施運作過程中，捕集、運送與注入過程當中所產生之物理性洩漏。

(2) 間接排放（又稱做碳漏）：係指為了運作CCS，如供碳捕集設備使用，因需使用額外之輔助電力，而產生之溫室氣體。

　　A.漏碳：例如，於封存後，長期逐漸地從封存場釋放出來二氧化碳之情況。

　　B.封存失靈（Storage site breach）：如：短期間內從封存場釋出之二氧化碳（sudden release of CO2 from the storage site），此一情況，又可稱為非持續性（non-permanence）之CCS計畫活動。

在計算「計畫排放量」之過程中，必須將上述碳漏與漏碳等情況均納入考量[158]。在此必須區分碳漏與漏碳溫室氣體排放之不同。碳漏定義為：「……是指審定項目計畫區域範圍之外可計量的和可歸因於CDM項目活動的溫室氣體人為源排放量的淨變化[159]。」而漏碳，則是單純指被注入之二氧化碳從碳封存場發生洩漏之情況[160]。故可發現，前者乃計畫區域範圍之外，但又可預期之情況，而可納入計算；相反者，後者則是單純指封存場本身之溢漏現象。

在四種計算計畫排放量之項目中，第一個項目較為可理解，故不多介

---

[157]UNFCCC, "Synthesis of views on issues relevant to the consideration of CCS in geological formations as CDM project activities. Note by the secretariat", 2008, at page 7, available at: <http://cdm.unfccc.int/about/ccs/index.html>（last visited 2011-02-12）.

[158]UNFCCC, above n. 69, at 17.「50.應分別按照下文第59段和第62段（f）分段關於監測和核查的規定，就滲漏調整人為源排放量的減少。」"50. Reductions in anthropogenic emissions by sources shall be adjusted for leakage in accordance with the monitoring and verification provisions in paragraphs 59 and 62（f）below, respectively."

[159]UNFCCC, above n. 69, at 17. "51. Leakage is defined as the net change of anthropogenic emissions by sources of greenhouse gases which occurs outside the project boundary, and which is measurable and attributable to the CDM project activity."

[160]IEA, above n. 116, at 47.

紹。而第2項之「碳漏排放」較具備獨特性，故在此進行深入之介紹。而第三項與第四項，則涉及CCS較為獨特之漏碳與減碳之持續性議題，故將在「減碳之持續性」加以討論之。

有哪些溫室氣體排放，雖然屬於計畫區域範圍外，但卻可歸咎於該CDM計畫活動？其主要涉及CCS計畫對「初期能源市場」之影響[161]。

新設機組搭配CCS計畫，通常是搭配燃煤電廠或傳統化石能源之使用，故其勢必增加化石燃料之消耗。從而會引發這些化石燃料在整體供應從「探勘開採」、「運輸」、「加工處理」等過程所引發之而外能源消耗，產生溫室體排放[162]。故這些排放量，都應該算做是該CCS計畫之「碳漏排放量」。然而，若新設之CCS電廠，非使用傳統化石燃料，而乃使用生質能燃料時，則在計算碳漏排放量時，應將生質燃料之製作與運輸等過程，所產生之溫室氣體排放納入考量[163]。既有使用生質能之方法學，也適用於此一情況[164]。

不過必須注意，若是以CCS科技更新既有之化石燃料電廠，則由於既有化石燃料電廠既然已經使用化石燃料，故不會產生新設機組所謂增加化石燃料探採、開採、運輸、加工處理所產生之碳漏排放之問題。在探討既設機組之碳漏排放時，比較著重之處，乃因使用CCS科技，在捕集與運輸等過程所需之額外能源，其消耗所產生之二氧化碳[165]。例如，因捕集過程必須額外之電力使用，而該電力來源，背後所反應乃相對應數量之化石燃料之探採、開採、運輸、加工處理所產生之溫室氣體排放。故此時，必需將這些排放，認為乃碳漏排放量，而納入計畫排放量當中。

若將CCS科技應用於強化油氣生產之用，則由於油氣生產之增加，將導致額外化石燃料之使用，從而導致額外溫室氣體之排放[166]。亦即，原來傳統製造過程產生之油氣數量較少，但卻因為CCS科技，產生了更多油氣生產，導致更多實際使用而產生之二氧化碳排放。若將此一排放量納入考

---

[161] IEA, above n. 116, at 47.

[162] IEA, above n. 116, at 48.

[163] IEA, above n. 116, at Annex C, C3.

[164] See UNFCCC, "ACM0006: Consolidated methodology for electricity and heat generation from biomass residues", Version 11.1.0, 2010, available at: <http://cdm.unfccc.int/methodologies/DB/VREL7OE14N1ACV1JAW0J0G858FBGFN/view.html> （last visited 2011-02-12）.

[165] Anatole Boute, above n. 110, at 80.

[166] Philibert/Ellis/Podkanski, above n. 123, at 23-25.

量，則有論者相當懷疑CCS計畫是否有可能成為CDM之適格計畫。亦有論者認為，如此之結果，會導致額外產生之油氣於實際利用所產生之二氧化碳，抵銷了系爭CCS計畫所注入之二氧化碳之努力及成果[167]。甚至，有些更激進之觀點，認為一旦將CCS用於強化油氣生產，甚至會造成注入「一單位」二氧化碳，卻會額外增加油氣生產之效果，其供現實生活中使用後卻會產生「二單位」二氧化碳之排放之結果，造成：由於該CCS計畫，反而會導致比沒有該CCS計畫之產生更多溫室氣體排放之結果[168]。由此可見，如何計算強化油氣生產之設施，所產生之碳漏排放量，毋寧乃未來CCS之CDM計畫是否可以成功於主要產油國之開發中國家大規模應用之關鍵。若計算方法相當嚴苛，將導致此類計畫之發展並不受CDM之財務誘因所贊助。

　　還有其他可能產生之碳漏排放之情況，包括：因電廠興建而產生之額外建材，所造成之溫室氣體排放、因使用CCS計畫活動過程中（如碳捕集之化學吸收劑）之製造使用，而產生之額外溫室氣體排放等。但顯然這些碳漏排放之外延相當地廣泛，難以計算[169]。其他困難之議題，包括：有可能在減排額計入期之後，所產生之溫室氣體排放、或因CCS計畫對電力市場電價之影響，造成電價提高，是否反而會減少電力使用之減排效應等，都是複雜很難預測計算之問題[170]。

　　總之，碳漏排放量之考量，影響系爭CCS之CDM計畫，到底能夠取得多少CERs。若實際計算碳漏排放量太大或甚至會產生反效果，則CCS計畫恐怕完全不能取得CDM計畫之支持[171]。其中需特別注意者，乃向來支持將CCS計畫納入CDM之產油大國與產油公司，其主要乃希望透過強化油氣生產，一兼二顧地取得額外CERs之同時，也獲取更多可銷售之傳統化石燃料，但在前述分析下，有可能並無法達成其預期目的。

　　雖然目前坎昆會議CCS決議，已將CCS納入CDM機制中，但不代表支持「所有種類」之CCS發展。本文認為，是否「強化油氣生產」或其他

---

[167] Coninck, above n. 121, at 935.

[168] Coninck, above n. 121, at 935. According to de Coninck, '[t]he oil that is recovered additionally will be combusted, generating about two times as many CO2 emissions as the CO2 injected. If these emissions are accounted for, the CO2 emissions of the CDM project would be even higher than the emissions without the CDM project.'

[169] IEA, above n. 116, at 43.

[170] Ibid.

[171] IEA, above n. 116, at 49.

CCS計畫之類型，會納入未來CDM計畫之關鍵，便在於「碳漏排放量」之計算方式。在該坎昆決議中，特別強調CCS計畫之「碳漏排放量」之重要性[172]。故未來計算CCS計畫碳漏排放量之方法學，顯然會影響——CCS計畫，是否可以得到CDM計畫贊助之關鍵因素。

三、減量之持續性

　　在計算計畫排放量時，也必須考量可能之漏碳問題，這也呈現出在CDM計畫下，CCS計畫與一般再生能源、提升能源效率計畫不同之特色。漏碳定義為：注入之二氧化碳從二氧化碳封存場溢脫之現象[173]。又可稱為「非意圖或故意性排放二氧化碳至大氣之情況」[174]。漏碳與前述之碳漏與碳遷移（migration）並不相同。碳漏之定義已如前述；碳遷移（migration）則是指「二氧化碳在地質封存場內與外之活動，在其仍在地表下及海床內[175]。」故碳漏與漏碳之現象並不相同，故為不同之碳排放路徑；至於碳遷移，則由於溫室氣體並未散回大氣中，故並非漏碳。

　　在傳統CDM計畫中，通常相關計畫活動（如發展再生能源或使用高效率設備）所產生之減量效果，都會發生所謂「持續性（permanent）」效果[176]，也就是所謂從源頭減碳的效果。

　　但在CCS計畫中，CCS計畫之目的，並非達到從源頭減碳，毋寧其乃是避免該二氧化碳排放至大氣中[177]。故也造成，一般CDM計畫無須擔憂二氧化碳有重新回到大氣之漏碳之問題，而CCS計畫必須額外注意此一

---

[172]" （i）Any project emissions associated with the deployment of carbon dioxide capture and storage in geological formations shall be accounted for as project or leakage emissions and shall be included in the monitoring plans, including an ex-ante estimation of project emissions".

[173] See Secretariat to the United Nations Framework Convention on Climate Change, "Report on the Workshop on Carbon Dioxide Capture and Storage as Clean Development Mechanism Project Activities",15 August 2006, available at: <http://cdm.unfccc.int/about/ccs/index.html> （last visited 2011-02-12）.

[174] Philibert/Ellis/Podkanski, above n. 123, at 9.

[175] See Sam Holloway et al., above n. 148, at 5.1.

[176] Anatole Boute, above n. 110, at 81.

[177] See e.g., Bode Jung, "On the integration of Carbon Capture and Storage into the international. climate regime", *HWWA discussion paper*, 2004, at page 13, available at: <http://ideas.repec.org/p/ags/hiiedp/26279.html> （last visited 2011-02-12）.

問題。

　　若從CDM之發展階段來看，若漏碳之現象發生在「減排額計入期」，則該溫室氣體排放，須要納入「計畫排放量」之計算中，從而其可取得之CERs會被降低。但若其漏碳，發生在減排額計入期「之後」，則應如何處理？並且在計畫「前」與計畫「期間」，如何給予適當誘因或管制措施，避免所謂漏碳之情況[178]？

　　雖然漏碳之計算，亦為前述「二、4.計畫排放量」之項目之一，且實際上也影響系爭計畫之減碳實績，但由於漏碳排放量之計算，相較於碳漏排放量之計算而言，較難發展出一致之方法學。如新設搭配CCS機組之300MW燃煤電廠，較能發展出方法學，計算其碳漏排放量，但漏碳排放量，可能之變因較多（如：這一個電廠所使用之封存場之選擇），且具有不確定性（如：漏碳涉及長期之預測，難以在計畫發展初期，即可預測），故在處理漏碳之議題時，固然仍應盡力發展計算與預估「漏碳排放量」之方法，以發展CDM計畫；但實際關注之重點，毋寧在強調透過「計畫前」、「中」、「後」之措施，以提升減碳之「持續性」。

（一）計畫前措施：封存場「選址」之重要性

　　一般而言，如何防止發生漏碳，與封存場之位置非常重要。若能有效事前「選址」與建造過程中適當「營運」與「監控」，則發生漏碳之機率會大幅下降[179]。故若欲確保該CCS計畫能夠達成減量持續性（permanent）之效果，適當之選址毋寧乃重要關鍵[180]。

　　選址之重要性，反映在坎昆CCS決議中。首先，在該決議中，針對未來應處理之15項議題中，即將選址納入其第1項：「（a）二氧化碳捕集跟地質封存地點的選擇應該基於嚴格與健全的標準，這是為了要確保二氧化

[178] See Olawuyi, " Enlisting Carbon Dioxide Capture and Storage as a Clean Development Mechanism Project: Legal and Regulatory Issues Considered", *Harvard University*,2006, available at <http://papers.ssrn.com/sol3/papers.cfm?abstract_id=999508>（last visited 2011-02-12）.

[179] See IPCC, Special Report on Carbon Dioxide Capture and Storage, *Cambridge*, 2005, at page 10, available at: <www.ipcc.ch/ipccreports/srccs. htm>（last visited 2011-02-12）.

[180] See UNFCCC, "Submission from Portugal on behalf of the European Community and its member States", 16 Aug 2007, at page 21-22, available at: <unfccc.int/files/meetings/dialogue/application/pdf/wp10-portugal.pdf>（last visited 2011-02-12）.

碳封存地點能夠永久保存完整[181]。」其次，相關選址條件，也責陳相關權
責機構，進一步形成[182]。故未來京都議定書締約國會進一步制訂「選址之
實體條件與程序要件」以供CCS計畫在註冊為CDM計畫之前置作業要求，
有助於確保適當位址之選取[183]。

　　目前其具體內容仍在研議中，但相關文獻建議，宜包括下列項目：
1.進行該封存場地理特性之詳細分析；2.深入瞭解二氧化碳注入之影響；
3.評估可能之漏碳途徑、潛在漏碳對周遭環境可能造成之影響等[184]。而這
些評估之結果，或許可以包含在計畫設計文件（PDD）中，並經指定操作
單位（DOE）驗證[185]。此外，考量到CCS之高技術性、專業性與複雜性，
顧及需特殊專業知識來進行這些封存場之評估，故建議亦可考慮透過設立
專業國際專家小組，以協助各國進行選址之工作[186]。

　　總體言之，在京都議定書下，由於非附件一國家，並不受到減量目標
之拘束。故必須透過上述機制，提高其選址過程之審慎性，以避免其發生
漏碳之現象，確保該CDM計畫之持續減量效果。

（二）監督（控）計畫（Monitoring Plan）

　　為確保CDM計畫於營運過程之適當「監控」以避免發生漏碳之情
況，坎昆會議之決議相當強調制訂「嚴格」[187]且經京都議定書締約國會議

---

[181] "The selection of the storage site for carbon dioxide capture and storage in geological formations shall be based on stringent and robust criteria in order to seek to ensure the long-term permanence of the storage of carbon dioxide and the long-term integrity of the storage site; "See UNFCCC, above n. 36.

[182]「（d）封存地點選擇跟監督計畫的標準必須由同意京都議定書的締約國來決定，並且參考國際相關準則，例如2006 IPCC國家溫室氣體排放清單準則的規定。」（The criteria for site selection and monitoring plans shall be decided upon by the Conference of the Parties serving as the meeting of the Parties to the Kyoto Protocol and may draw upon relevant guidelines by international bodies, such as the 2006 IPCC Guidelines for National Greenhouse Gas Inventories; ）See UNFCCC, above n. 36.

[183] 類似見解，參見：SBSTA, above n. 108 at 13. See also, Submission by Portugal on behalf of the European Community and its Member States, 17 October 2007, at page 23, available at: <unfccc.int/files/meetings/dialogue/application/pdf/wp10-portugal.pdf>（last visited 2011-02-12）.

[184] SBSTA, above n. 108 at 13.

[185] IEA, above n. 116, at 57, 76-77.

[186] IEA, above n. 116, at 76.

[187]「（b）應制訂嚴格的監督計畫並且在計劃期間跟期間後實行，以減少二氧化碳捕集跟地質封存對於環境完整性產生的風險。（Stringent monitoring plans shall be in place and be applied during and beyond the crediting period in order to reduce the risk to the environmental integrity of carbon dioxide capture and storage in geological formations;）（c）需要更進一步考量有關草案施行下的合適性，

所認可條件[188]之監督計畫。且監督計畫中,必須強力監督、強力監控漏碳之問題[189]。監督計畫,被賦予相當重要之角色。

此外針對監督所需之監控方法學(monitoring methodology)也是如何確保監督之重點。

針對「陸上」CCS設備之監督,似乎已可以透過既有處理傳統CDM計畫之方法學來加以處理[190]。但如何針對漏碳進行監督則是相當有挑戰性之項目,有待進一步之發展[191]。故預計這也是本年度京都議定書締約國大會討論之項目。

針對監督計畫之方向,雖然目前已有之「國家溫室氣體盤查方針」(IPCC 2006, IPCC Guidelines for national greenhouse gas inventories)目的在協助附件一國家估算、測量與報告來自CCS計畫之二氧化碳情況[192],但卻被普遍認為可以適用於CDM計畫之監督計畫中[193]。為分析可能之漏碳情況,其發展出四階段之監控程序。而特別值得說明者,乃此一監控範圍較廣,不只包括營運後之監督,甚至也包括「營運前之選址」程序。此四階段分別說明如下:

第一階段:計畫主辦國須確保是否系爭地質封存場,製作具有合適之

並考慮到現有樣本下科學的不確定性,來符合監督計畫的嚴格標準,尤其要注意2006 IPCC國家溫室氣體排放清單準則的規定。」(Further consideration is required as regards the suitability of theuse of modelling, taking into account the scientific uncertainties surrounding existing models, in meeting the stringency requirements of such monitoring plans, in particular taking into account the 2006 IPCC Guidelines for National Greenhouse Gas Inventories;)See UNFCCC, above n. 36.

[188] Holloway/Karimjee/Akai/Pipatti/Rypda, above n. 148.

(d)封存地點選擇跟監督計畫的標準必須由同意京都議定書的締約國來決定,並且參考國際相關準則,例如2006 IPCC國家溫室氣體排放清單準則的規定。("The criteria for site selection and monitoring plans shall be decided upon by the Conference of the Parties serving as the meeting of the Parties to the Kyoto Protocol and may draw upon relevant guidelines by international bodies, such as the 2006 IPCC Guidelines for National Greenhouse Gas Inventories;")

[189] 「(g)在第3點所提到任何計畫範圍中排放的二氧化碳量必須由監督計畫來測量跟計算,以及儲備槽的壓力必須持續測量,這些資料必須個別獨立核查。」(g)Anyrelease of carbon dioxide from the boundaries referred to in paragraph 3(e)above must be measured and accounted for in the monitoring plans and the reservoir pressure shall be continuously measured and these data must be independently verifiable;"

[190] IEA, above n. 116, at 60.

[191] IEA, above n. 116, at 90.

[192] Holloway/Karimjee/Akai/Pipatti/Rypdal, above n. 148. at. 5. 13-5. 20.

[193] UNFCCC, above n. 183,at 22; See also IEA, above n. 116, at 62.

「場址特性報告」（site characterization report）。該報告中，須蒐集地下（subsurface）之相關資料，分析並指出可能之遷移（migration）與漏碳之路徑[194]若針對該封存場具備足夠之資訊，將可選擇最合適之場址，減少在未來長期發生漏碳之機會。這也將減少未來進行營運監督之密度[195]。必須注意，坎昆CCS之CDM決議中，亦相當強調由一獨立機構，進行此一事前風險安全性健康、環境評估之重要性[196]。

第二階段：主辦國必須確認，CCS計畫之營運者必需針對漏碳之可能性進行評估。至少需進行相當之「情境模擬（simulation）」預測二氧化碳之短期與長期在封存場之情況[197]，並需進行達「數世紀」之評估[198]。如此將可有助於暸解該封存場營運之可能風險，並更暸解到可能發生遷移（migration）或漏碳之可能時間、地點、及比例等[199]。

第三階段：營運時，主辦國應確保每一個場址均有合適之「監控計畫」（monitoring plan），以確保能夠發現並監測實際之漏碳量[200]。

第四階段：每一個封存場之排放量，必須蒐集與報告給主辦國政府知悉[201]。

在整體監控計畫之過程中，毋寧國家會扮演相當重要之角色。以上之四步驟之設計，主要乃針對附件一之已開發國家為主，故當然比較無需擔憂能力之問題，相對而言，應該較有技術能力進行監督。但由於CDM計畫之主辦國，往往為開發中國家，故是否有上述之足夠行政能力與技術知識

---

[194] Holloway/Karimjee/Akai/Pipatti/Rypda, above n. 148, at 5. 15.

[195] Holloway/Karimjee/Akai/Pipatti/Rypda, above n. 148, at 5. 14.

[196] 「（j）使用一個特定的方式與程序所做的整體風險、安全性的評估及整體社會環境影響評估，應該在做二氧化碳捕集和地質封存技術之前，由獨立的單位為之。（k）前述（j）所提及之風險、安全性評估，應該包含下列項目：從注入時點開始、從地面及地下裝置、儲存槽、滲透、側流、migrating plumes排放情形的風險評估，包含以水為介質將二氧化碳分解而在CCS裝置外面流動的情形，及當封存的二氧化碳大量毀滅性的外洩時，對人類健康、生態環境、氣候所造成的影響。（l）當評估CCS地質封存在技術上和環境上之可行性時，必須考量到關於前面（j）、（k）所述之風險、安全性影響評估和社會環境影響評估的結果。」

[197] Holloway/Karimjee/Akai/Pipatti/Rypda, above n. 148, at 5. 15.

[198] Holloway/Karimjee/Akai/Pipatti/Rypda, above n. 148, at 5. 15.

[199] IEA, above n. 116, at 67.

[200] Holloway/Karimjee/Akai/Pipatti/Rypda, above n. 148, at 5. 15. 類似規範，參見：坎昆CCS之CDM決議："（g）Anyrelease of carbon dioxide from the boundaries referred to in paragraph 3（e）above must be measured and accounted for in the monitoring plans and the reservoir pressure shall be continuously measured and these data must be independently verifiable;"

[201] Holloway/Karimjee/Akai/Pipatti/Rypda, above n. 148, at 5. 15.

進行上述之四階段監督，即有所疑慮[202]。故有論者建議，或許應朝向成立國際專家小組，協助這些CDM主辦國，進行選址、場址關閉，與擬定監控計畫等工作[203]。

（三）漏碳之責任

在減量計入期間「後」所產生之漏碳現象，必須備有一合理之責任機制。其直接目的，乃在確保該CCS計畫達成減碳之目的；另一方面，則是透過此一責任機制，回過頭來，讓各CCS計畫可強化前述事前「選址」過程及營運之過程或「監督計畫」之審慎性，以避免發生漏碳之現象[204]。故漏碳之責任機制，恰可與前述之選址與監督計畫相呼應。

此一透過事後責任以避免發生漏碳之現象，亦為坎昆CCS之CDM決議所強調。其規範須於核定CCS作為一CDM計畫活動前，考量京都議定書之精神，明確界定在計入期間「中」及「後」一旦發生漏碳情況下之「短、中、長期」責任歸屬[205]。未來該規範，如何具體實踐，仍有待持續形成。

本文，僅依據過去相關文獻之討論，提供實際上可能之發展方向。在CDM制度下，究竟如何透過CDM制度本身，避免發生漏碳之現象？以過去類似之「碳匯」及「土地利用變化與林業（Land use, land-use change and forestry, LULUCF）」適用CDM之討論[206]，可提供CCS計畫之參考。前述兩者，即在處理以「土壤或植物」進行廣義之碳捕集封存之情況[207]。而發生之問題，則在於有無可能該CDM計畫，在植樹吸收二氧化碳，取得CERs後，樹被砍掉，而無法讓減量有其持續性之效果。有論者主張，或許我們

---

[202] Anatole Boute, above n. 110 at 90.

[203] Anatole Boute, above n. 145 at17-18.

[204] Anatole Boute, above n. 110 at 84.

[205] "（m）Short-, medium-and long-term liability for potential physical leakage or seepage of stored carbon dioxide, potential induced seismicity or geological instability or any other potential damage to the environment, property or public health attributable to the clean development mechanism project activity during and beyond the crediting period, including the clear identification of liable entities, shall:（i）Be defined prior to the approval of carbon dioxide capture and storage in geological formations as clean development mechanism project activities;（ii）Be appliedduring and beyond the crediting period;（iii）Be consistent with the Kyoto Protocol;"

[206] See Scholz and Noble, "Generation of Sequestration Credits under the CDM", *Legal Aspects of Implementing the Kyoto Protocol Mechanisms–Making Kyoto Work*, 2005,at page 269.

[207] See Bosquet, "Specific Features of Land Use, Land-Use Change, and Forestry Transactions" *Legal Aspects of Implementing the Kyoto Protocol Mechanisms–Making Kyoto Work*, 2005, p. 281.

可以借用碳匯之機制，來處理CCS之議題。套用在CCS上，必須確保CCS過程之二氧化碳，當真封存於地底，而不發生漏碳現象。

　　為處理碳匯可能發生之「不持續減量」之現象，制度設計上，創造了所謂「臨時型CERs」（temporary CERs）與「長效型CERs（long term CERs）」之機制[208]。臨時型CERs[209]定義為：「……在符合下文K節規定前提下，為CDM之下造林或再造林項目活動發放的核證的排減量（CERs），過期失效時間為該CERs發放所涉承諾期之後的下一個承諾期期末；……」；長效型CERs定義為「……是指在符合下文K節規定前提下，為CDM之下造林或再造林專案活動發放的CERs，過期失效時間為該CERs發放所涉CDM之下造林或再造林項目活動的入計期期末[210]。」透過此一機制，則這些減量權證（credit）只會在一定期間內有效。故每隔五年，這些碳匯CDM計畫所產生之減量效果，必須重新確認與驗證。但這些構想並毫無缺失。

1.臨時型CERs之機制

　　雖然透過臨時型CERs，可確保二氧化碳封存之「持續性」。但實際適用上，可能產生相關之問題。首先，如此之「暫時CERs」，會造成降低此一憑證之「交易性」（fungibility），及其市場交易價值，恐不利提供CCS發展所需之財務誘因[211]。此外，如此之系統，也不足以確保長期之監控與責任，難以避免漏碳之情況[212]。

---

[208] UNFCCC, "Modalities and procedures for afforestation and reforestation project activities under the clean development mechanism in the first commitment period of the Kyoto Protocol", 2006, at page 70, available at: <http://cdm.unfccc.int/Reference/COPMOP/08a01.pdf>（last visited 2011-02-12）.

[209] "（g）"Temporary CER" or "tCER" is a certified emission reduction（CER）issued for an afforestation or reforestation project activity under the CDM which, subject to the provisions of section K below, expires at the end of the commitment period following the one during which it was issued;"

[210] "（h）"Long-term CER" or "lCER" is a CER issued for an afforestation or reforestation project activity under the CDM which, subject to the provisions in section K below, expires at the end of the crediting period of the afforestation or reforestation project activity under the CDM for which it was issued;"

[211] Philibert/Ellis/Podkanski,above n. 123, at 19-20. See also IEA, above n. 116 at 56. UNFCCC, above n. 183, at 26. See also, UNFCCC, "Submission from Norway on the Inclusion of Carbon Capture and Storage in the Clean Development Mechanism", 2008, available at: <http://unfccc.int/resource/docs/2008/sbsta/eng/inf03.pdf>（last visited 2011-02-12）.

[212] Philibert/Ellis/Podkanski,above n. 123, at 19-20. See also SBSTA, above n108 at 18.

2.長效型CERs機制

也因為擔憂臨時型CERs可能對CCS科技發展之不利效果，故有論者認為，仍應在維持發給CCS之CDM計畫「長效型CERs」之情況下，適度調節因其在長期可能發生漏碳之情況，要求相關參與者負擔必要之責任。依據相關文獻之歸納整理，負擔此一責任者，可能為：CERs之買方、計畫參與者或計畫主辦國（host country）三者[213]。而實際上，可能產生五種運作之具體態樣。

第一種情況，由買入這些CERs之買方，負擔可能發生漏碳之責任。亦即，若這些探封存場發生漏碳之現象時，這些CERs之買方，必須購入額外之CERs以補足漏碳所發生之減量權證價值下降之現象[214]。既然附件一國家被要求需要符合減量目標，則這些購入額外減量權證之責任，顯然落在這些國家上面[215]。此種情況，與前述臨時型CERs之情況相當類似，故可能也會產生相類似之質疑。例如，由於買方必須負擔某些責任，將導致此種CERs之市場價值偏低，不利CCS之發展；此外，由於非附件一國家之碳封存場之不當管理責任（或計畫參與者管理不當之結果），可能卻是附件一國家或買方必須承擔之結果，並無法給予該封存場適當之管控與避免漏碳之誘因[216]。

第二種情況：為避免前述之缺失，似乎傾向課與「計畫參與者」責任，則可有效並提供誘因讓其在營運與長期觀點，避免發生漏碳之情況[217]。亦即，發生漏碳之情況時，則這些計畫參與者，必須想辦法至市場上購入足夠之減碳權證，以彌補CERs持有者因其漏碳之損失。如此實際運作之結果，勢必會讓計畫參與者，在一開始就會選擇比較適當之封存場址，並妥善建造與規劃，並確保營運過程之適當性，甚至在關閉場址（site closure）時，也都相當謹慎，避免產生長期之漏碳責任[218]。然而，此一責任，也將造成市場參與者無法在計畫發展初期，即預測在長期（一千年後）可能發生漏碳及碳之價值為何，將引發參與者不願意發展此一在長

---

[213] Anatole Boute, above n. 110, at 85.

[214] Anatole Boute, above n. 145, at 14.

[215] Anatole Boute, above n. 110, at 86.

[216] Anatole Boute, above n. 145, at 14.

[217] IEA, above n. 116, at 56. See also, Philibert Ellis Podkanski, above n. 123, at 20.

[218] Anatole Boute, above n. 110, at 86.

期具有如此不確定性及不確定負擔之CCS科技[219]。

　　第三種情況：為避免前述缺失，有論者提出是否有可能採取「計畫參與者」「責任上限」之制度。亦即若能將業者必須負擔之此一不確定之責任明確化，特別是避免未來CERs價格之不確定性，也可以讓投資人做出合理之投資預測與風險評估之預測[220]。

　　第四種情況：既然由買方與計畫參與者，會產生前述諸多缺失。故可能之情況，便是由非附件一國家之計畫主辦國（host country）負擔漏碳之責任。一旦發生漏碳之情況，該國必須購買相等量之CERs以補足之。此一制度具有兩項優點：首先，計畫參與者，不需負擔長遠不確定性之風險，故有利於提高其投資誘因；其次，由於國家必須負擔之結果，故其也可以確保該計畫參與者在執行計畫過程之審慎性[221]。例如，若國家可能必須負擔此一責任，則其會確保計畫參與者，在選址過程，核定過程，甚至於監督計畫過程，都會保持相當嚴格之標準，以避免自己未來必須負責之局面。此外，針對此種可能長達數百年之「長期」責任，似乎宜由國家負擔，比較實際[222]。但必須注意在CDM制度下，這些國家原本就無須負擔減量之義務，故反而因CCS發生漏碳之情況，反而需至市場上購買排放權之結果，是否會造成其過度之負擔[223]。最後，本文也強烈質疑，這些開發中國家是否當真有能力確保選址、營運、過程之嚴格標準。官商勾結、貪污腐敗、管制俘虜之結果，是否有可能反而造成這些「計畫參與者」成功將責任移轉到國家之情況，不可不查。

　　第五種情況：既然前述將責任交由單一主體負責，都會發生弊病。故相關論者也開始思索所謂「兩階段」責任之可能性。亦即，「在封存場停止二氧化碳注入之一定期間內」，係由計畫參與者負責。而該風險，則可由保險公司之相關保險負責。在該期間後，則責任移轉到計畫主辦國（host country）。而在責任移交之過程中，計畫主辦國（host country）可

---

[219] IEA, above n. 116, at 54. "[i]t is unclear whether it is truly feasible to try and attach present day values to emissions that may occur 1000's years into the future, if ever."

[220] IEA, above n. 116, at 57. See also, SBSTA, above n. 108, at19.

[221] See UNFCCC, "Submission from Portugal on behalf of the European Community and its member States", 16 Aug 2007, at page 26, available at: <unfccc.int/files/meetings/dialogue/application/pdf/wp10-portugal.pdf> （lastvisited 2011-02-12）.

[222] See SBSTA, above n. 108, at 19.

[223] Anatole Boute, above n. 110, at 87.

透過「評估」之機制，確保該封存場已經有合理之措施，避免未來可能發生漏碳之情況，或可將未來發生漏碳之情況降至最低[224]。此外若擔心系爭非附件一國家並無足夠之科技能力可以進行此種評估，此時，似乎亦可透過「國際專家小組」之協助，完成此一工作[225]。

3.長效型CERs搭配折扣率

另外還有一種方法，則是針對CCS計畫之CERs採取所謂折扣率之觀點。亦即，在發給CERs時，即預測未來之長期漏碳情況而折損該CERs[226]。亦即，該CERs已經考量到未來可能發生漏碳之情況，做出適度之折扣。但該作法似乎無法涵蓋「非預期性漏碳」之情況；且並無法提供避免漏碳之誘因[227]，故亦飽受批評。

4.小結

總之目前針對如何透過具體責任機制為何，較能確保不產生漏碳之情況，亦為坎昆會議CCS決議之重點。其指出碳漏之妥當「責任分配」[228]及「責任移轉」[229]、「國家責任」[230]之議題。目前相關責任機制，仍在討論之中。而實際觀之，雖然主要著重在避免在計畫期間或長期發生漏碳情況之環境責任或損害賠償責任[231]，但實際上，仍難以迴避處理前述之透過長效型與臨時型CERs之機制，來給予相關計畫參與者適度之責任與誘因，以避免發生漏碳之情況。以目前坎昆CCS決議提及之方向，分別提及責任移

---

[224] Ibid. See also Philibert Ellis Podkanski,above n. 123, at 21.

[225] Anatole Boute, above n. 110, at 87.

[226] SBSTA, above n. 108 at 8-9.

[227] Ibid.

[228] 「一個能夠調和在CDM下，受封存之二氧化碳外洩影響之當事人、社群、私部門和個人權益之機制。」（（i）A means of redress for Parties, communities, private-sector entities and individuals affected by the release of stored carbon dioxide from carbon dioxide capture and storage project activities under the clean development mechanism;）.

[229] "（iii）Possible transfer of liability at the end of the crediting period or at any other time;"（在CDM施行結束或其他時間，可能的責任轉移情形。）.

[230] （iv）State liability, recognizing the need to afford redress taking into account the longevity of liabilities surrounding potential physical leakage or seepage of stored carbon dioxide, potential induced seismicity or geological instability or any other potential damage to the environment, property or public health attributable to the clean development mechanism project activity during and beyond the crediting period;

[231] E.g.,「（o）對於在損生態系統的封存，和針對受CCS地質封存氣體外洩影響的社群民眾的所有求償情形，必須在相關活動開始前就已經建立明確規範。」

轉、國家責任之概念，似乎傾向前述之二階段責任說。此一作法，亦可與目前歐盟CCS指令與IEA管制架構所提出之針對CCS之責任機制之設計理念相當類似[232]，但又有些許之不同，畢竟CDM僅針對漏碳之責任，而CCS指令與IEA管制架構所處理的議題，尚擴及損害賠償責任等。惟最終究竟採取何種機制，仍有待進一步觀察。

四、跨國CCS活動之CDM計畫

碳封存地址，有可能跨越不同國家[233]。實際上，整個CCS運作的流程都有可能發生跨國之現象。故針對此種跨國之問題，可能對CDM之影響，坎昆會議之CCS決議，亦初步指出此一問題之重要性，並將持續處理[234]。

相關文獻主要指出三個主要問題，並從「國家溫室氣體盤查方針」（IPCC 2006, IPCC Guidelines for national greenhouse gas inventories）找到相關之解答[235]。

（一）在附件一國家一國捕集，而經由跨國運送至非附件一國家他國封存之現象究竟如何處理？

（二）也有可能發生在一國注入之二氧化碳，卻遷移到另外一國而產生外漏之現象？

（三）多個國家共同使用單一口注入井，注入一個碳封存場之情況，則相關國家之義務為何？

針對第一個問題：若附件一國家捕集之二氧化碳，經過長途管線或船運送至非附件一國家封存時，則「出口國」必須報告其捕集與出口之二氧化碳之數量，甚至在過程當中產生之二氧化碳排放都需要進行報告。但此時，非附件一國家由於並無溫室氣體減量之責任與義務，故自然無須負擔

---

[232] Art. 18-20 of the European CCS Directive; Art. 6.9, 6.11, 6.12 of the *CCS Model Regulatory Framework- International Energy Agency*（IEA）.

[233] Philibert/Ellis/Podkanski, above n. 123, at 16-17. See also Purdy, "The Legal Implications of Carbon Capture and Storage under the Sea", *Sustainable Development and Policy* ,2006, p. 22; See also IEA, "Legal Aspects of Storing CO2 Update and Recommendations", 2005, at page 21-28, available at: <http://www.iea.org/textbase/nppdf/free/2007/legal_aspects.pdf>（last visited 2011-02-12）

[234] 「（h）在跨國發展二氧化碳捕集跟地質封存計畫的適當性以及所衍生牽連的問題都必須加以處理。」（（h）The appropriateness of the development of transboundary carbon dioxide capture and storage project activities in geological formations and their implications shall be addressed;）

[235] Holloway/Karimjee/Akai/Pipatti/Rypda, above n. 148, at 5.20-5.21.

報告其進口之二氧化碳以及因運輸或暫時貯存過程或灌注過程所產生之二氧化碳排放[236]。此時，有論者認為應該要求附件一國家應負擔報告其在非附件一國家之碳封存場所發生之漏碳之義務[237]。未來似乎宜明訂，要求非附件一國家負擔某種報告義務，以處理坎昆會議CCS決議所指出之問題。

針對第二個問題，若一國注入二氧化碳後，由另外一國漏碳之情況，此時，灌注二氧化碳之國家，必須有責任報告此一排放量。若這樣的遷移與漏碳乃是發展之初可預見者，則灌注國需要建立「長期探封存之監控標準」並適用之[238]。此時，若灌注國乃附件一國家時，當然有此一報告之責任，並建立監控標準之責任；但若灌注國為非附件一國家時，則似乎並無此一責任之要求。

在單一封存場，由不同國家共用之情況，則原則上封存場所在地之國家必須負責報告由該封存場產生漏碳排放之義務。若漏碳乃發生在該國範圍之外，則該國仍有報告之責任與義務[239]。而此種情況下，亦會發生其他國家利用此一封存場儲存自己國家二氧化碳排放之情況，此時，「進口國」（即注入井及封存場所在地國）必須報告其在封存期間所產生之相關排放。至於該場址若為多國共用之情況，則不同國家之間，可達成協議個別報告其認列之「排放比例」[240]。前述情況，也適用在：多個國家使用不同的注入井，注入單一之跨國地下封存場之情況[241]。然而，此一情況，若發生在注入井所在地國及封存場所在地國，乃非附件一國家時，或多個國家共同使用不同注入井，注入單一跨國地下封存場之多國中，有些國家並非屬於附件一國家時，則其是否有報告義務，則不無疑問。

因此，針對非附件一國家無須具備報告之義務之情況，有論者即建議：未來應將前述僅適用於附件一國家之報告義務，擴大適用於附件一國家與非附件一國家間，甚至非附件一與非附件一國家之間[242]。故未來此種

---

[236] Anatole Boute, above n. 110, at 89.

[237] See Haefeli/Bosi/Philibert, "Carbon Dioxide Capture and Storage Issues–Accounting and Baselines under the United Nations Framework Convention on Climate Change（UNFCCC）", 2004, p. 21-22.

[238] Anatole Boute, above n. 110, at 88.

[239] Holloway/Karimjee/Akai/Pipatti/Rypda, above n. 148, at 5.21.

[240] Holloway/Karimjee/Akai/Pipatti/Rypda, above n. 148, at 5.20.

[241] Anatole Boute, above n. 110, at 89.

[242] See UNFCCC, "Submission from Portugal on behalf of the European Community and its member States", 16 Aug 2007, at page 21-22, available at: <unfccc.int/files/meetings/dialogue/application/pdf/wp10-portugal.pdf>（last visited 2011-02-12）.

報告義務，應適用於所有參與CDM計畫之參與者，而非只有附件一國家。並進一步處理其他跨國之間可能發生之相關「責任」問題[243]。

肆、結論

在坎昆與德班會議後之CDM決定中，將CCS計畫納入，看似並無重大影響，但實際上，卻被世界上擁護CCS科技發展者，認為乃對CCS發展重大之契機[244]。除了長久以來支持CCS科技納入CDM制度之產油國外，許多CCS設備之廠商也藉機宣揚此一機會，認為在CDM制度之經濟誘因贊助下，可有助於大幅提前CCS商業化之時程。如，在碳捕集設備之重要廠商艾斯敦（Alstom），即大肆宣揚預計於2015年推出CCS產品[245]。由此可見，CDM對CCS發展挹注了一劑強心針。

另外一個與CCS科技發展相關，不能忽略者，乃近來日本福島核電安全事件，對於核能政策與世界各國能源政策之衝擊，甚至對CCS科技之正面影響。在電力供應所扮演之角色，核電與燃煤電廠向來扮演著所謂基載電廠之角色。然而，隨著溫室氣體之擔憂，國際間對於核能較為友善，而有核能文藝復興（nuclear renaissance）[246]。燃煤電廠之角色，則在晚近CCS科技發展被IEA所肯認後，才較為抬頭。然而，隨著福島事件各國對核能電廠之態度丕變，不僅新設電廠計畫可能受阻，既有機組延役亦有隱憂，甚者，有可能導致既有核電機組提前除役之局面，而中間所造成之電力缺口，都需仰賴傳統化石燃料，特別是燃煤電廠所補充。而為發展以低碳電廠科技取代既有低碳核能發電之科技，則傳統化石燃料電廠搭配CCS科技，作為替代核能發電基載機組之角色，顯然是未來重要之發展方向[247]。而此一風潮，若能擴大到其他產業，則各級產業之CCS化現象，似

---

[243] Anatole Boute, above n. 145, at 16.

[244] See Global CCS Institute, "Wrap up from COP16 Cancun", 2010, available at: <http://www.globalccsinstitute.com/community/blogs/authors/markbonner/2011/02/07/wrap-cop16-cancun>（last visited 2011-02-12）.

[245] 參見：台灣淨碳計畫之芻議Draft Proposal On Taiwan Clean Carbon Project，網址：<http://ghgregistry.epa.gov.tw/upload/2.pdf>（last visited 2011-02-12）.

[246] See World Nuclear Association, "The Nuclear Renaissance", available at: <www.world-nuclear.org/info/inf104.html>（last visited 2011-02-12）.

[247] See Bloomberg Businessweek, "The Nuclear Effect on Carbon Capture Plans Fukushima could speed up the quest to scurb co₂ from fossil fuel", Mar 31 2011,available at: <http://www.businessweek.com/

乎指日可待[248]。

　　然而，我國長期以來由於國際地位不明，導致是否屬於附件一或非附件一國家並不明，且在CDM所應扮演之角色，亦不清楚。臺灣若界定為前者附件一國家，則可引進外國CCS產業至臺灣投資，但由於目前並非京都議定書的締約國，外國CCS業者並無法於我國投資CDM計畫，故CCS科技納入CDM計畫之後對我國國內實施CCS計畫並無此實質的幫助；我國或許可以計畫參與者或投資者的方式，以CCS科技投資位於其他非附件一國家之CDM計畫，藉此取得CERs，以轉回我國使用，但涉及此之CDM法制之建立，仍有待具體化。雖然如此並不影響台灣可在陸上、領海、經濟海域或其他國家發展CCS之可能性，但由於欠缺CDM可取得之財務誘因，勢將減少台灣或國外公司於台灣投資CCS及相關減碳科技之誘因。故未來是否可以透過此一坎昆CCS決議，而有助於我國CCS科技之蓬勃發展，即不無疑問。故可預見未來在能源科技國家型計畫之淨煤主軸計畫及環保署之相關研究計畫中，勢必須對此一根本性之議題，有更深入之解決方案之提出。此外，若CDM能夠發揮其經濟誘因之效果，也與碳之交易價格與機制有關，若碳交易價格過於便宜，或不存在碳交易機制，則恐怕也難以提供「足夠」之發展誘因。

　　從更廣之觀點，也必需仰賴近期一直讓世界失望之氣候變遷談判，能有重大突破，特別是針對2012年後京都議定書時期之減量承諾能否繼續，否則勢必影響身為「京都機制」之CDM。再則，CCS「科技」是否當真能夠突破與發展（特別是，如何降低捕集過程中之額外能量消耗，並降低捕集設備之成本），而成功商業化，也是未來能否普及應用之一重點[249]。

---

magazine/content/11_15/b4223059492137.htm>（last visited 2011-02-12）.

[248]世界各國科技研發之重點。韓國：韓國將加強採行二氧化碳捕獲與儲存（CCS）技術，研發供應電氣車、燃料電池車等。網址：<verity.erl.itri.org.tw/EIGIC/Files/韓國因應溫室氣體減量之發展趨勢.pdf>；英國：「水泥、製鋁與鋼鐵業之CCS.」，網址：<ww.ctci.org.tw/public/Attachment/811288584171.pdf>（last visited 2011-02-12）.

[249]「CCS技術已有相當大的進展，目前主要障礙是大型設備商業化」。網址：<http://www.moeaidb.gov.tw/2009/ctlr?PRO=filepath.DownloadFile&f=executive&t=f&id=1969><http://report.kcg.gov.tw/OpenFront/report/show_file.jsp?sysId=C09503486&fileNo=1>（last visited 2011-02-12）.因應減碳之重要角色：「各界普遍認為要能永續使用煤做為能源，則實施碳捕集與儲存（CCS）技術乃是必須途徑。因此2009年全球將投資200億美元於CCS技術研發上，這些投資包括歐盟116億元，美國60億元與加拿大27億元。這些CCS試行計畫大多由石油與天然氣公司實施，將捕集二氧化碳打入地下油田與汽井中。然而業界一般估計每公噸二氧化碳價格需要達到38-85美元時，CCS計畫投

　　若回歸本文所研討之CCS適用CDM之主題，預期在未來之數年中，針對CCS科技本身是否符合永續發展之需求，並未隨著坎昆及德班CCS決議而塵埃落定，環保團體勢必會將過去於國際層級之攻防[250]，轉為國家層級，要求各開發中國家不應將該科技列為永續發展之科技。此亦涉及非附件一國家是否會透過CDM引進CCS科技之關鍵[251]。再則，一CCS之CDM計畫究竟是否具備「額外性」？如何計算其基線排放量、計畫排放量？及其所產生之減排效果，而產生之CERs，是否可以足夠經濟誘因？則是涉及CCS計畫可否得到足夠CDM財務誘因之關鍵核心。最後，則是CCS科技之發展能否達成減碳之目的，如何妥善透過「生命週期」（從前端之選址、營運過程之監控監督、場址之除役，一直到後端之監控）以確保二氧化碳確實封存而不發生漏碳之現象。而此一漏碳之處理，也影響所有科技發展之最核心「民眾接受度」

資才能打平，但是在歐盟排放量交易制度下，目前每公噸二氧化碳價格已經較去年夏天高峰下跌50%，僅有約10美元左右。使得目前此類投資毫無獲利可能性。然而產業界所以依然願意進行投資有兩個原因：政府提供大量補助金；相信碳價格遲早會提高因此需要提早進行準備。

[250] Greenpeace International, above n. 32, at 2.

[251] 「一、中國推動清淨燃煤技術尚無法降低健康風險：環保團體推出報告指出，燃煤電廠占中國3/4供電，占能源業產生空氣污染70%，更導致癌症、先天性缺陷、非特定的慢性神經、免疫力與呼吸道疾病發生率節節上升。儘管政府大力提倡高效能的超臨界鍋爐和碳捕存（carbon capture and storage, CCS）等，仍無法彌補燃煤對環境健康的傷害。專家表示，中國政府目前正針對煤電廠大氣污染排放標準進行修訂，並可能於明年施行氮氧化物和可吸入懸浮微粒限制。相關企業遊說政府提供更多支援，並要求聯合國開放將CCS納入清潔發展機制（CDM）資助對象。專家也認為，CDM應該只金援風力與太陽能發展計畫，且中國應尋求供電來源多樣性，並致力於無碳化。」網址：<http://ivy3.epa.gov.tw/international_news/news20100804.htm>（last visited 2011-02-12）.

三、日俄戰爭期間所涉及之國際法問題

趙國材[*]、李明峻^{**}

壹、前言

　　日俄戰爭係歷史上之重大戰爭，戰爭的起因是由於大日本帝國和俄羅斯帝國爭奪在朝鮮半島和當時的滿洲地區（即中國東北）的利權。俄國出動約50萬部隊，而日本亦投入約40萬部隊，結果俄軍戰死52,623人，病死11,170人，負傷146,032人，而日軍戰死88,429人，病死27,192人，負傷153,584人，戰況可謂十分慘烈。如旅順西線制高點「203高地爭奪戰」，日軍死傷59,304名，而俄軍陣地42,000名幾無一人存活。

　　早在1894年中日甲午戰爭之後，俄國以「三國干涉」迫使日本同意由清政府贖回遼東半島，兩國即發生嫌隙。之後，1896年俄國與李鴻章簽訂《中俄密約》，取得通過滿洲修建西伯利亞鐵路（東清鐵路）的權利。1898年3月27日，沙俄再迫使清政府簽訂《旅大租地條約》，租借軍港旅順口、商港大連灣25年。1900年八國聯軍侵華，俄國趁機介入內滿全境，染指朝鮮，引起日本的極度不滿。當1903年橫貫北滿的東清鐵路和縱貫整個滿洲的東清鐵路南滿支線全部完工，鐵路樞紐哈爾濱成為旅順之外俄國在滿洲的第二個重要據點，俄國在滿洲取得極大優勢，獨佔在內滿洲的殖民利益，引發日本發動戰爭的決心。

　　於是，當1903年日俄瓜分內滿和朝鮮的談判破裂時，備戰多年且於1902年與英國結成同盟的日本，決心以此為藉口發動戰爭。1904年2月6日，日本向俄國發出最後通牒，並宣布斷絕日俄外交關係。2月8日，日軍偷襲旅順口，對俄國不宣而戰。2月9日，俄國對日宣戰，2月10日日本正式對俄宣戰。日俄戰爭全面爆發。日俄戰爭的陸上戰場是清朝本土的滿洲地區，而清朝政府卻被逼迫宣布中立，甚至為這場戰爭專門劃出一塊交戰區。然而，日

[*] 英國劍橋大學法學學士、法學碩士，愛丁堡大學法學博士。現任行政院海洋事務推動小組委員、國防大學及國立政治大學國際法兼任教授。

^{**} 中信金融管理學院助理教授，台灣國際法學會副秘書長。

俄戰爭以海戰（仁川海戰）開始，也以海戰（對馬海峽海戰）結束。在對馬海峽海戰中，日本聯合艦隊使用丁字戰法殲滅俄國太平洋艦隊，俄國太平洋艦隊三分之二的艦隻被摧毀，幾乎全軍覆沒，而日方僅損失三艘魚雷艇。這是海戰史上損失最為懸殊的海戰之一，使得俄國海軍自此一蹶不振。

日俄戰爭的影響深遠。日本因戰勝於1905年與俄簽訂《日俄樸資茅斯和約（The Russo-Japanese Portsmouth Peace Treaty）》，獲得庫頁島，日俄戰爭促成日本在東北亞取得軍事優勢，並取得在朝鮮、滿洲駐軍的權利，令俄國於此的拓展受阻撓。日本其後於1910年間兼併朝鮮，取得滿洲，包括遼東之半島之大連港的權利。另一方面，俄國革命者不滿俄軍在日俄戰爭中挫敗而引發騷亂，沙皇聲望折損，須動用軍隊平息動亂，卻產生1905年革命。俄國因東亞外交政策挫敗而將其重點轉移歐洲，在巴爾幹半島製造一系列危機，終於引爆第一次世界大戰。

從歷史、政治、外交、軍事等角度分析日俄戰爭之論著不少，惟本文則聚焦於討論日俄戰爭所牽涉之國際法問題，包括日俄雙方的宣戰與停戰問題、在中立國領土上從事戰爭行為之適法性、海戰方面的相關問題、俄國驅逐在滿洲及西伯利亞之日僑問題、戰時禁製品（Contraband of War）問題以及調停與幹旋之效力問題等，並探討旅順、大連租借權之讓渡以及滿蒙權益問題。

貳、日俄雙方的宣戰與停戰問題

一、宣戰問題

戰爭由宣戰而開始乎？從中世紀以至17世紀初葉，國際慣例上均先宣戰而後開戰。在傳統國際法上，開戰須表明戰意，無論為明示或默示，而先制攻擊是存在於戰爭（武裝衝突）及武力使用的歷史中，若基於侵略他國之立場，則先制攻擊如同偷襲一般，不宣而戰。

在日俄戰爭的案例中，1904年2月6日，日本公使粟野遞送致俄最後通牒（Ultimatum）[1]，日俄兩國正式斷交。日本於2月10日正式對俄宣戰之

---

[1] 最後通牒（Ultimatum）乃在國家間有懸而未決的爭端時，爭端一國政府以斷然的詞句向另一國

前，為求先制之利，於2月8日之夜，正當俄國軍官在旅順城內舉行慶祝艦隊司令施塔克將軍夫人晚宴時，日方司令官東鄉平八郎[2]指揮日本聯合艦隊突發襲擊，連發16枚魚雷，重創俄軍3艘戰艦，日俄戰爭正式拉開序幕[3]；另尤其他日艦護送十二師團至仁川上陸，使日本陸軍得以先於俄軍佔平壤之地形優勢，取得戰略先機。

傳統的戰爭法認為戰爭的開始需經宣戰，但並不完全否認事實上的敵對武裝行為，亦是使爭端或敵對雙方進入戰爭狀態的方式。所謂宣戰就是宣告武力爭端國間和平關係的結束和武裝衝突狀態的開始。從國際條約的規定來看，1907年《海牙第三公約》第1條規定：「非有預先而明顯的警告，或用說明理由的宣戰形式，或有附有條件的宣戰為最後通牒的形式，彼此均不應開戰。」；第2條規定：「戰爭情形之存在，應從速通知各中立國。」開戰是敵對雙方戰鬥行動的開始，可以是戰爭狀態的正式開始，也可以是敵對雙方實際戰事的開始。交戰國需以附理由之「開戰宣告」（Declaration of War）或告知目的之「最後通牒」兩種方式，使交戰國雙方進入戰爭之法律狀態。然而，1904年日本偷襲俄駐旅順艦隊，如同1941年日本偷襲珍珠港一般，此種在軍事上不宣而戰的行為，是否違反國際法值得討論。

首先，《海牙第三公約》成立於1907年，但日俄戰爭發生於1904年，故而1941年日本偷襲珍珠港或有違反國際法的問題，但在《海牙第三公約》成立之前的行為，是否違反國際法即頗有爭議。其次，前述這些規定表明宣戰或以最後通牒方式作「附有條件的宣戰」，是傳統戰爭法的一般要求，但不是強行規範（*jus cogens*）[4]。

政府公開提出的專斷的、不容對方作任何爭辯和反駁的威脅性要求和警告。

[2] 東鄉平八郎東鄉平八郎（1848-1934），日本海軍元帥，海軍大將，侯爵，與陸軍的乃木希典並稱日本軍國主義的軍神。日俄戰爭時在對馬海峽海戰中，擊敗俄國海軍，成為近代史上東方黃種人打敗西方白種人的先例，使他得到「東方納爾遜」之譽。

[3] 鄧蜀生、張秀平、楊慧玫主編，《影響世界的100個戰爭》（台中：好讀出版社，2005年），頁363-367。

[4] The general definition of *jus cogens* reflected in Article 53 of the 1969 Vienna Convention on the Law of Treaties. What, exactly, is it about *jus cogens* that distinguishes it from ordinary international law? In answering this question, international lawyers usually resort to "the Legal-Consequences-as-Criterion Theory": while ordinary international law can be rebutted or modified in accordance with the duly expressed will of States, *jus cogens* norms permit no derogation and allow modification only by the creation of a new norm having the same character. See Alexidze, "Legal Natural of *Jus Cogens* in Contemporary International Law,"*Hague Recueil des Cours*, 172（1981）, pp. 219, 259-60; Kyoji Kawasaki, "A Brief Note on the Legal Effects of *Jus Cogens* in International Law," *Hitotsubashi Journal of Law and Politics*. 34（2006）, p. 27;

　　但此點並非指宣戰不具國際法的效力。有關宣戰的必要性，格勞秀斯（Hugo Grotius）認為：「開戰前必須宣戰是國際法的準則。」但英美學者則認為宣戰只是一種任意的法律程式，大規模的武裝衝突或武力爭端並不因沒有宣戰就不是戰爭[5]。因此，即使敵對雙方採取的是事實上的戰爭行為，也不能否認這種行為的戰爭性質。由上可見，宣戰並不是普遍性的國際法規則，其用限於使交戰雙方、非衝突當事國和中立國知悉交戰狀態的開始或事實上已經存在。

　　同時，雖然在1928年巴黎《非戰公約》明文廢棄戰爭，但宣戰在國際法上的地位隨之降低，但並未完全失去作用。第二次世界大戰後，基於國際法上聯合國憲章之限制，國家發動戰爭之權利被禁止，惟《聯合國憲章》第51條又承認被動的自衛權，但目前對自衛權之解釋或實際運用仍多爭議。然而，憲章第51條規定自衛權的條件應限於個別自衛（Individual Self-Defence）或集體自衛（Collectively Self-Defence）；在面臨立即的攻擊時，先發制人被認為是可接受的自衛行動；敵人必須有能力又有意圖襲擊，才有合理的理由實行先發制人。2002年美國小布希（George W. Bush）政府提出「預防性自衛（Anticipatory Self-Defense）」，亦即當國家安全受到威脅時，得先發制人，解除威脅，美國攻打阿富汗和伊拉克就是實例[6]。

二、停戰問題

　　1905年，在日俄戰爭媾和之前，雙方議和代表簽訂全部停戰條約。《海牙規則》關於停戰之規定，見於1907年《陸戰法規和慣例公約》／《海牙第四公約》（1907 Hague Convention IV Respecting the Laws and Customs of War on Land）第36至第41條[7]。在停戰協定中，停戰之開始及

Ulf Linderfalk, "What Is So Special About *Jus Cogens*? – On the Difference between the Ordinary and the Peremptory International Law," *International Community Law Review*, 14（2012），pp. 3-18.

[5] 從國際實踐來看，世界史上許多重大戰爭都是不宣而戰，如1904年的日俄戰爭、1937年日本入侵中國、1939年德國入侵波蘭和1941年日本偷襲珍珠港等。村瀬信也、真山全著，《武力紛争の国際法》（東京：東信堂，2004年），頁253。

[6] 張勝凱著，《從國際法觀點：論水雷在武裝衝突中對戰術及戰略之影響》（臺北：政治大學外交所戰略專班碩士論文，民國94年），頁102-105。

[7] Adam Roberts and Richard Guelff, *Documents on the Law of War*, 3 rd ed.（Oxford: Oxford University

終結日期須明白規定；如協定上未規定有特定時期，則任一方可隨時重新開戰，但須先通知他方。停戰須於適當之時期內通告各關係官署及軍隊；敵對行為當於接到通知後或於指定時間即行停止。

停戰期間，雙方在戰線外關於攻守之一切準備可以為所欲為，但在停戰協定中，應當明白規定在停戰期間，何項行為可為，何項行為不許為；若協定上未有明文規定，多數學者認為若不是因為停戰，敵方可防制之一切行為，皆不許為，即雙方有維持戰線內現狀之義務；少數學者則主張凡未經協定上明白禁止之事皆可為；後者比較與近世國際慣例相合。

當一方有重大違反停戰條約之情事，他方得即時宣告廢約，或在緊急場合即時開始戰鬥。個人如有違犯停戰條約情事，受害者之他方交戰者有要求處罰犯人或賠償損害之權利。關於停戰後得否繼續增兵至前線，傳統國際法並未規定，而日俄戰爭時，日本於停戰時仍繼續增兵到前線，從國際法角度觀之，此一行為是否合法仍有爭議。

值得注意的是，武裝衝突的結束是指衝突當事國間武力爭端狀態的終止和和平關係的恢復。在傳統國際法中，戰爭的結束與停止戰爭不同，停戰是交戰各方根據協議暫時停止軍事行動，而不是戰爭狀態的終止。停戰可以是全面的，也可以是局部的。全面停戰是指各衝突當事國停止所有戰場的軍事行動，往往是戰爭終止的前兆。局部停戰是指在某個或幾個戰場、戰區等有限範圍內，武裝衝突各方停止其軍事行動。局部停戰大都是臨時性且定期性，甚至還有重新開戰的可能[8]。

戰爭的結束與投降或無條件投降亦有區別。投降是指衝突當事國一方承認自己完全戰敗而要求對方停止戰鬥。根據1907年《海牙第四公約》的規定，投降必須接受，且不得拒絕。投降後的軍人不得受侮辱。所謂無條件投降即是依戰勝國一方的要求和條件投降。投降是結束敵對行為的步驟，但不是戰爭狀態的結束，戰爭狀態的結束須經必要的法律程式，通常方式是締結和約。這些規定亦適用於武裝衝突法。

Press, 2000），pp. 80-81.

[8] 1953年7月23日簽訂的韓戰停戰協定，雖然劃定軍事分界線、非軍事區，並作出有關戰俘、停火等事項的具體安排，但南北韓間的戰爭狀態並未就此結束。參照金学俊著，《朝鮮戦争──原因‧過程‧休戦‧影響》（東京：論創社，2007年），頁23-25。

參、日俄戰爭與中立國之問題

一、交戰雙方應尊重中立國之主權

在日俄戰爭時期，中國採取「局外中立」之態度，然日俄戰爭之進行，實際之戰場卻在中國境內。就中立法之發展而言，在進入20世紀之後，南非戰爭與日俄戰爭發生牽涉中立法之若干問題，引起1907年第二次海牙和平會議對中立法之注意，從而議定兩個直接與中立法有關之公約，即《海牙第五公約》／《關於陸戰中立國家及其人民之權利與義務》（1907 Hague Convention V Respecting the Rights and Duties of Neutral Powers and Persons in Case of War on Land）[9]，與《海牙第十三公約》／《關於海戰中立國家之權利與義務》（1907 Hague Convention XIII Concerning the Rights and Duties of Neutral Powers in Naval War）[10]。其中關於交戰國對中立國應盡之基本義務，就是尊重中立國之領土。

《海牙第五公約》第1條規定：「中立國之領土，不可侵犯。」《海牙第十三公約》亦規定，交戰國必須尊重中立國之領土主權，並避免在中立國領水內有違反中立情事，若中立國故意容許交戰國一方對另一方從事戰鬥，即構成違反中立之義務。在日俄戰爭前，由於俄國未獲中國同意而對滿洲進行軍事占領，故日本於戰爭爆發時，以此作為藉口，指明中國未達完全的中立。然當戰爭爆發時，中國向日、俄兩國宣言：「日俄失和，中國均以友邦之故，嚴守局外中立。東三省所在之城池、官衙、民命、財產，兩國均不得有損傷，原有之中國軍隊彼此不相侵犯。遼河以西凡俄國撤退之地，由北洋大臣派兵駐紮，各省邊境內、外蒙古均照局外中立之例辦理，不使兩國軍隊稍微侵越。如有闖入境界內時，中國當竭力攔阻，不得視為有乖平和，但滿洲之地為外國駐紮軍隊，尚未撤退各地方，中國力所不及，難實行局外中立之例。然東三省權利，兩國無論誰勝誰敗，仍歸

---

[9] Adam Roberts and Richard Guelff, *Documents on the Law of War*, 3 rd ed.（Oxford: Oxford University Press, 2000），pp. 85-94.

[10] Roberts and Guelff, *ibid.*, pp. 127-37.

中國自主不得佔據。」[11]。中國對滿洲有全然不可克服之障礙,故未能有效行使領土主權以保護其中立。在此種情況下,其與中立責任問題並沒有關係,在中國領土內實行軍事行動不足以減損中國為中立國之地位。

二、交戰雙方在中立國領域不得從事任何戰鬥之行為

交戰國既然必須尊重中立國之領土,便不得在中立國領域有從事任何戰鬥之行為。戰場只限於交戰國的領土、公海、公海上空與無主地,不得擴及中立領土;交戰國之陸軍與空軍,不得進入中立國之領陸與領空,也不得在上述地區作戰;如中立國不禁止,交戰國軍艦雖可通過中立國之領海,但不得在中立國領海與敵人有敵對行為,也不得行使交戰國之權利。

同時,《海牙第十三公約》第2條規定:「交戰國軍艦在中立國領水內之任何敵對行為,包括拿捕與搜索權之行使,構成違反中立,並應嚴加禁止。」。由此觀之,中立國領土不但不得作為戰場,且不得作為軍事活動之根據地。《海牙第十三公約》第五條規定,交戰國不得以中立國港口或領海作為海軍活動之根據地。此一原則,對中立領陸及領空,也比照適用。

中國作為中立國,不僅要保持中立,更必須要避免捲入戰爭,其責任並非單純是對自己本身的責任,亦不能用以作為其不履行中立義務的藉口,這是國際公法上的一種國際責任,中國後來禁止各交戰國在中國領土、領海內有交戰行為,且明令禁止其軍隊及軍需經過中國,中國在這方面從其中立規章及其發給邊防官員的命令,均可以證明其已然盡力。

三、日艦侵犯中立國之中立義務

在日俄戰爭中,交戰國確有侵犯中國中立情事[12]。1904年7月,因日本陸軍圍攻旅順,俄艦隊侷處港內缺乏安全保障,由俄少將維達蓋特

---

[11] 劉彥著,《中國近時外交史》(臺北:文海出版社,民國10年),頁377-378。

[12] China's neutrality rules prescribed that war vessels of either belligerent should leave China's territorial waters within forty-eight hours or else be interned. Instead, however, of acting boldly on this proclaimed rule, the Chinese authorities opened discussions with the representatives of both belligerents over the treatment to be accorded to certain Russian war vessels which had taken refuge in the port of Shanghai. This action and attitude threw into clear relief China's executive weakness, and both belligerents took advantage of it, Russia by passive resistance to China's neutrality regulations, and Japan by open

（Witjeft）於1904年8月10日率領艦隊實行突圍，遭遇日本艦隊，爆發黃海海戰，俄艦敗退。11日，俄國驅逐艦「剛毅號（The *Rechitelni*）」避入中國芝罘（煙台）港，該艦已失去戰鬥能力，被中國拘留，惟俄兵仍留在艦上，由中國軍艦看守。然翌日，日本軍艦闖入芝罘港內，要求「剛毅號」駛至外海作戰，否則就得向日本投降。俄艦長回答其已向中國投降，並解除武裝，不能作戰，該艦已在中國的保護之下。中國官員曾派一位軍官規勸日艦：中國是中立國，並且已對俄艦做了保證，日本不應在中國海面擄去一艘受中立國保護之下的船。但已駛入港內的兩艘日艦仍靠舷向「剛毅號」開火射擊，並企圖拖走該艦進行拿捕，侵犯中國之中立。蓋芝罘港與旅順、大連不同，並未包括在中國所劃定之戰區範圍內，日本軍艦開到中國港口來，已構成對中國中立的破壞行為，但日本不肯為此向中國道歉，反辯稱中國對俄國未能履行中立規則。

其後，在芝罘港內又發生數次類似事件，大半俄艦均不想重蹈「剛毅號」之覆轍，同年11月16日，俄國驅逐艦「拉斯特羅尼號（The *Rasteropny*）」進入中國芝罘（煙台）港，通知中國官員俄艦願意投降而拘留，但俄艦懷疑中國對其具有保護的能力，在中國軍官登艦接管之前，撤走艦上俄兵，將該艦自行炸沉，防止日軍拿捕該艦；但此一舉動是非常不適當的，有危及通航之可能。1905年1月2日，又有四艘俄國驅逐艦和汽艇駛入芝罘港，通知中國官員俄艦願意投降，解除武裝而被中國拘留。中國為避免「剛毅號」事件重演，俄兵被移到岸上居住，艦艇由中國官員完全接管。對於這種接管情事，係因交戰國破壞中國之中立規條，中國已傾盡全力阻止，對於這些俄艦已完全盡到中立義務。

---

violation of them and by "her attempt to dictate what China's neutrality duties were in respect to herself," Luckily, Captain W.F. Tyler, the Coast Inspector was appointed adviser in neutrality affairs to Admiral Yeh, the Chinese Naval Commander-in-Chief. When the next case arose Admiral Sah, on Tyler's advice, refused point blank to discuss the matter with the belligerent Consuls or to allow the local Chinese authorities to interfere. He took the stand: "In carrying out neutrality duties China is acting as the Constable of International Law. She will listen to representations from either side, but she refuses to discuss her duties or to have pressure brought to hear on her. On her rests the responsibility for giving effect to International Law. If she makes a mistake remedy can be obtained by proper process. She does not discuss, she acts and accepts the responsibility for her action." Stanley F. Wright, *Hart and the Chinese Customs*（Belfast: WM. Mullan & Son, 1950）, pp. 803-04.

四、交戰國侵犯中立情事之救濟方法

一般而言，交戰國違反中立後，中立國得使用三種方法，謀求救濟：

（一）抗議。中立國向違反中立之交戰國抗議，往往能發生效力，因交戰國都願與中立國維持友好，避免使其加入敵方作戰。例如，日俄戰爭期間，根據《英日同盟條約》之規定，除非有其他國家投入俄國陣營，否則英國須守中立，而為了不使英國支持日本投入日俄戰爭，故一旦英國對俄國提出侵犯其中立之抗議，俄國通常會接受。

（二）次於戰爭的方法。中立國對違反中立之交戰國，使用報仇手段，給予交戰國雙方差別待遇，不得視為與其不偏不倚之義務相違背。

（三）使用武力。中立國如若認為交戰國違反中立之情形已十分嚴重，經交涉後，該交戰國又否認責任或拒絕賠償，中立國得使用武力，達到救濟之目的。

日俄戰爭期間，中國雖宣布局外中立，但實際戰場卻是在中國境內，交戰國之戰鬥行為已經侵犯中國之中立地位，然因當時中國之積弱不振，對於此種情形卻是無可奈何，除了提出抗議之外，只得劃定東三省為戰區，中國為顧及自身安全，不可能向交戰國其中任何一方宣戰。交戰中之俄國與日本都不想讓中國嚴格執行中立義務，故俄國對中國的中立規章作消極抵抗，日本則侵犯芝罘港的中立。有關中立事項，日本作為一個交戰國，得對中立國的貿易在一定限度內進行偵察，有權表示意見，但沒有干涉中國的中立責任，危害中國的中立地位的權利。中國作為中立國，應傾聽交戰國任何一方的意見，但拒絕討論對交戰國的責任，或拒絕交戰國所施展的壓力，一切依國際公法處理，若中立國有違反中立義務，得循適當手續獲得補救。

五、交戰國侵犯中立國平民之生命、財產

長達十九個月的日俄戰爭，除日軍登陸庫頁島之役外，陸上都是以中國東北為戰場。俄軍剽掠戰場附近的村莊，掠奪東北森林、煤礦等自然

資源及利用中國難民，將東三省變成俄軍的供應基地，並經常以武力脅迫中國壯丁，前往鐵路、礦山勞動，或到海域修築炮臺，開挖戰壕等無償勞動，甚至於敗退時還屠殺中國人以洩憤恨；日軍所到之處，毀房伐樹，侵害村民。由於戰區擴大，難民日益增多，如1904年冬天奉天省城已聚集待賑災之難民十餘萬人，不少人飢寒交迫，露宿街頭；許多兒童因感染猩紅熱或天花而喪命。

東北人民死於戰火達二萬人之上，財產損失約白銀六千九百萬兩之多，地方歷史文物多毀於戰火。從旅順口逃往煙台、上海等港口，擅自登岸的俄國水兵和難民拒絕按中立條規解除武裝，無視中國法令，逞兇作惡，影響戰場以外的中國人民之人身安全。受到俄軍壓迫和剝削的中國人，紛紛結會拒俄，舉行罷工；被俄軍蹂躪的村落，聯合起來組織「團練」，抗俄檄文，遍佈城鄉，武裝抵抗俄軍。中國武裝抗俄組織中最有名為「馬賊」，馬賊毀鐵路和奪糧餉的「制俄二策」，使沙俄駐華公使不得不要求清政府命盛京將軍速將馬賊殄滅之。清廷對日俄兩國在東北戰場的各種違反中立之行為，卻僅以「守局外中立」為由，拒絕採取任何武裝行動，制止日俄兩國對中國人民生命及財產上的迫害[13]。

六、中立國設立軍事情報站之防止義務

無線電台與無線電裝備，在傳達情報之各種工具中，所佔地位尤為重要，故中立國應防止交戰國於其境內設立軍用無線電台，且禁止使用戰前純為非軍事目的而設置於中立地之此等設置。戰爭期間，俄國在煙台設立一無線電台，與旅順守軍通達消息。中國因其某些舉動違反中立，而將該電台毀壞。自國際法觀察，中國措施實屬正當。事實上，軍事情報與軍事行動之進行，其關係十分密切，是以中立國如允許交戰國在其領域內設立軍事情報站，便等於以其領土作為交戰國之軍事根據地，違反中立義務。

《海牙公約》與《海牙無線電規則（Hague Radio Regulations）》，對中立國有防止交戰國在其境內設立軍事情報站之義務，都有相關規定[14]。

---

[13] 中國社會科學院近代史研究所編，《沙俄侵華史》（北京：人民出版社，1990年），第四卷，上冊，頁495-509。

[14] The Commission of Jurists, met in The Hague from 11 December 1922 to 19 February 1923, unanimously adopted a General Report on the Revision of the Rules of Warfare, Part I of which was the

《海牙第五公約》第3條規定,「交戰國不得:一、在中立國領土設立無
線電報台,或用以為與交戰國海陸軍通達消息之各種器具;二、在中立國
領土使用戰前所設此等裝置,其目的專為軍用而向未作為公眾交通之用
者。」;《海牙第十三公約》第5條規定,「交戰國不得設立無線電報台
或為與交戰國陸海軍通達消息之任何工具。」;《海牙無線電規則》第3
條規定:「交戰國與其代理人在中立國境內設立或管理無線電台,在交戰
國與許可成立或管理此種電台之中立國,皆構成違反中立。」;《海牙無
線電規則》第5條又規定:「交戰國之流動無線電台,在中立國境內,必
須避免使用其無線電器具。中立國政府,必須以在其權力下之方法,防止
此種使用。」

就此而言,中立國之義務僅限於此,蓋《海牙第五公約》第8條規
定:「交戰國使用中立國電報線、電話線、或無線電機,無論屬於國家或
屬於公司或個人,中立國均不得加以禁止或限制。」

七、仁川港停泊中立船艦之問題

日俄戰爭之初,日本聯合艦隊主力於1904年2月6日由佐世保啟航,
向旅順航駛,一部在對馬海峽扼制海參威,一部則掩護向朝鮮仁川運送
之陸軍部隊;8日下午四時,以日本聯合艦隊一部兵力編成「瓜生戰隊」
或「瓜生支隊」,由海軍少將瓜生外吉擔任司令官,掩護陸軍登陸之艦
隊抵達八尾島,在仁川西方七海浬處,適逢1,230噸的俄艦「朝鮮人(The
Koretz)」號從港內駛出,預備要送朝鮮俄使機要文件赴旅順,恰與日艦
相遇,雙方於當日下午4時40分交火,「朝鮮人號」見日艦發砲,隨即轉
頭逃回仁川錨地內;5時30分,「瓜生戰隊」各艦抵達仁川港附近,當時
港內除俄艦6,500百噸的「瓦利牙古號(The Varyag)」、「朝鮮人號」及
商船「生加利號」外,尚有英、法、義、美及朝鮮等國各一艘之軍艦和商
船等停泊於港內。

9日午時,日本陸軍登陸完畢,戰隊司令官瓜生通牒俄艦「瓦利牙古
號」艦長,要求「限其於本日午後1時出港,逾時即於港內施行砲擊」,
並通知其他各中立國之艦長,「請於本日午後4時以前,停泊於安全之

Rules f or the Control of Radio in Time of War.

地」，經法、義、英艦長會商，聯合答覆以交戰國軍艦不應停泊於中立國港內，各艦無變換錨位之理，且若於港內相互炮擊，更嚴重違反國際法之規定。」

當日正午剛過，俄艦自行出港，英、法、義艦聞之均向其歡呼示敬，日本可能違反國際規約之問題也一併化解；但日艦已在港外部署就緒，等待俄艦出港，即施行攻擊，12時30分，俄艦駛抵八尾島北方約4海浬處，雙方發生戰鬥，俄艦寡不敵眾，「瓦利牙古號」重創不支，急退回仁川，「朝鮮人號」亦隨之而退，日軍見「瓦利牙古號」受到重創乃停止追擊，暫停於八尾島西北約3海浬附近的菲裡浦島；「瓦利牙古號」艦長魯鬥乃夫知該艦受傷已無法再戰，即命乘員一律離艦，而將之破壞沉沒；「朝鮮人號」雖無損傷，但孤掌難鳴，亦自行爆沉；商船「生加利號」則破壞引擎汽缸，縱火焚燒至夜間沉沒；此一仁川港海戰，涉及到港內中立船艦之國際法爭端問題，就在俄艦自行爆沉下無聲化解。

肆、海戰方面的相關問題

一、日本以沉船封鎖旅順港問題

在國際法上，封鎖須為「有效（must be effective）[15]」，而非紙上封鎖（Paper Blockade）。封鎖在分類上又可分為「平時封鎖」與「戰時封鎖」；就封鎖的效果而言，「平時封鎖」的效果不及於第三國；「戰時封鎖」的效果及於第三國。日俄戰爭中，日本對俄國的海上封鎖就屬於「戰時封鎖」。日本雖襲擊旅順，但俄艦避港不出，又有強大陸基岸炮支援，使日本艦隊難以重創俄軍。日本為取得黃海及日本海之制海權，從2月9日到3月初，日軍以沉船的方式試圖三次封鎖旅順港，將船沉在旅順港出口處，封鎖俄國艦隊，並不斷炮擊俄艦，使俄艦不能出港。

第一次實行封鎖時，東鄉平八郎司令官編制閉塞艦五艘，召集決死將卒77名，立應募者2,000餘人，於1904年2月24日午前3時，齊向旅順港口前

---

[15] Under 4 of the 1856 Paris Declaration Respecting Maritime Law: "Blockades···must be effective, that is to say, maintained by a force sufficient really to prevent access to the coast of the enemy."

進，俄軍發現日艦進襲，以探海燈照射閉塞艦，使其目眩，又以俄由炮臺
猛放彈丸，而未能達其目的而退；又於3月27日，實施第二次封鎖，閉塞
艦4艘，決死員65人，以日午前3時突進旅順口距港口2哩許，俄軍探海燈
發現閉塞艦後開始攻擊，閉塞艦雖達其目的進港口中錨沉之，然俄軍鐵甲
艦尚得出入港口，封鎖之實效尚未全收；故於5月3日午前3、4時，日軍再
進行第三次封鎖，敢死隊應達2萬人，閉塞船12艘，向港口進發，5艘閉塞
艦入港自沉，自是巡洋艦以上之船，不能通航，封鎖旅順之目的全達。但
美國並不以為日本之封鎖行為是「戰時封鎖」，主要原因是美國以為日俄
兩國尚未進入戰爭狀態，封鎖之效力不及於美國。

二、設置海上防禦區域

日俄戰爭時，日本在其沿海一帶，劃定10浬範圍之海上防禦區域
（defensive area at sea）。在防禦區域內，限制外國船舶之航行，尤其是禁
止夜間通過；禁止捕魚；船舶必須服從命令，否則即可依法處罰等。1917
年美國參加第一次世界大戰之後，也有類似防禦區之措施。日、美兩國設
置海上防禦區域，似未招致中立國之抗議。這或許是中立國以為，交戰國
為防衛之目的而在與其領海毗連之海上實施航行管制是一種合理之措施。

三、使用水雷與魚雷之限制

水雷是一種裝有強烈性炸藥，專門在水下引爆的武器。水雷和魚雷的
發明和使用，嚴重威脅國際航運與中立國之航行權利。日俄戰爭期間，交
戰國雙方都曾使用水雷，對水雷戰之準備及計畫相當周詳，且日本亦開創
水雷在海戰中，攻勢戰略思想運用之先河，威脅中立船之航行。

自1904年2月8日起，日本東鄉平八郎元帥率領聯合艦隊，突擊旅順
港俄艦隊，取得制海權，復以船隻堵塞港口，敷布水雷；3月上旬，俄國
新任太平洋艦隊司令馬卡羅夫到旅順就職，瞭解海區、艦船要塞的基礎，
決定在遼東半島沿海地區布設水雷，防止日軍登陸並從側後威脅旅順基
地。俄國艦隊為佈雷而潛出港口，於港外航道佈雷，也用水雷還擊，擊沉
2艘日本戰艦和3艘巡洋艦。馬卡羅夫於4月13日乘坐1萬1000噸的俄國旗艦
「彼德巴夫羅斯克號（The *Petropaulousk*）」出海返航時，誤觸日本水雷

而沉沒，1萬3000噸的「波比達號（The *Pobieda*）」亦被水雷擊傷[16]。在這次戰爭中，俄國軍艦為日本海軍所擊沉者共為16艘。而日本商船為己方的水雷擊沉者21艘之多。

當時使用水雷的種類如下：

（一）「繫纜繩自動觸發水雷（anchored automatic contact mine）」：在岸上或船上以纜繩繫住一觸即發的水雷，雖以纜繩繫住，但時有脫離纜繩之可能，故對中立船之危害很大。

（二）「無繫纜繩自動觸發水雷（unanchored automatic contact mine）」：設在海中毫無所繫、一觸即發之水雷，多敷設在公海上，而且漂流不定，故又稱漂浮水雷（floating mine），任何船舶與之相觸，隨即被炸，對中立船之危害最大。

然戰爭中及戰後數個月內，這些繫留觸發水雷卻因與雷錨斷脫，漂浮在非戰區的航道上，不斷發生商船觸雷而受損之事件，中立國船艦被殃及者，不在少數。尤其是中國船艦、商船、漁船、旅客、漁民等，在日俄戰爭前後，因觸發上述兩種水雷而沉沒與溺斃者眾多。鑑於水雷效能威脅頗鉅，常危及中立國船舶，為限制水雷之使用，以避免不必要之災害，1907年第二次海牙和平會議上，各國討論有關如何限制使用自動觸發水雷之問題。

結果，與會各國簽訂《海牙第八公約》／《關於敷設自動觸發水雷公約》（1907 Hague Convention VIII Relative to the Laying of Automatic Submarine Contact Mines）[17]，該約第1條規定，禁止以下的手段：

（一）禁止敷設「無繫纜繩自動觸發水雷」，但若敷設此種水雷失其控制後至多一小時而不復危害者，不在此限。

---

[16] 中外重要戰史彙編編纂委員會編，《中外重要戰史彙編》（桃園：三軍大學編印：民國87年），下冊，頁7。

[17] N. Ronzitti,（ed.）, *The Law of Naval Warfare: A Collections of Agreements and Documents with Commentaries*（Dordrecht/Boston/London: Martinus Nijhoff Publishers, 1988）, pp. 129-48; Roberts and Guelff, *supra*.note 8, pp. 103-110, 113, 512. 1994 San Remo Manual on International Law Applicable to Armed Conflicts at Sea, *ibid.,* pp.591-92. UK Ministry of Defence, *The Manual of the Law of Armed Conflict*（Oxford: Oxford University Press, 2007）, 16.20；幹焱平編，《國際海戰法概要》〈北京：海潮出版社：1999年〉，頁72-74。

趙國材、張勝凱，〈論海戰法上的水雷及魚雷〉，〔臺北：國防部〕《海軍學術月刊》，第三十九卷，第十二期（民國94年），頁42-55。

（二）禁止敷設斷纜後仍有危害之「繫纜繩自動觸發水雷」。

（三）禁止使用射擊不中後仍有危害之魚雷。

　　該約第3條規定，使用「繫纜繩自動觸發水雷」時，必須採取各種預防措施，以保障和平航行之安全，各交戰國應盡力設法使該種水雷於一定時限後不復危害，並於停止看守時，若於軍情無害，應立即對航行者指示有危險之海域，並通知各國政府。第五條規定，各交戰國在停戰後，須盡力將所敷設之水雷完全除去，交戰一方在他方海域敷設的繫纜繩觸發水雷，應由敷設國將敷設之地點通知對方；交戰國雙方，並各應於最短期內，除去所有在本國領海內敷設之水雷。第六條規定，各締約國如有未及仿造本約內所定改良之水雷，以致於尚難遵守第一條、第三條之規定者，應速將所有水雷質料改變，以符合條約之規定。但此公約之規避方法很多，故對於戰時中立船舶之航行，未能提供充分之保障。

　　日俄戰爭中雙方過度使用且無法控制水雷，造成戰爭期間及往後無辜的傷亡與損失，而1907年《海牙第八公約》「關於敷設自動觸發水雷公約」之規定有關施放水雷的相關規則，其目的在確保和平航行安全可通行的範圍，並要求水雷的安置使之無傷害性，且要求交戰國國際法中雖然不禁止使用水雷，但卻在使用時對目標之選擇及方法有諸多限制，並要求適時宣告或通知。有關目標方面，水雷可攻擊的目標限定為軍事目標，且在海戰中水雷攻擊之目標為敵方軍艦（或有敵意之商船、公船）；在方法方面，基於作戰需求，僅能對敵對國家使用水雷，但不得影響中立國或第三國之海上航行自由。若基於封鎖，必須宣告，並配合其他封鎖手段執行，但不得讓平民受餓及斷絕民生必需物資[18]。

　　在戰爭結束後，佈雷國負有清除水雷之義務，然日俄戰爭結束以後，遺留在中國沿海及附近公海上之浮雷，從未掃除，以致造成日後許多中國沿海貿易船舶、漁船等觸雷沉沒，約有五、六百人因而喪生[19]。

---

[18] 趙國材、張勝凱，〈論海戰法上的水雷及魚雷〉，〔臺北：國防部〕《海軍學術月刊》，第三十九卷，第十二期（民國94年），頁42-55。

[19] Howard S. Levie, *Mine Warfare at Sea*（Dordrecht/Boston/London: Martinus Nijhoff Publishers,1992），p. 29.

四、義勇海軍之適法性

1877年，俄國為防範與英國有發生戰爭之可能，接受一個愛國團體之請求，准其購船，組織義勇艦隊，由政府任命船長與官長各一人，所有水手皆須受過海軍訓練，以便於戰事發生後，成為海軍的輔助艦隊。在平時，這些船舶懸掛商旗，除了為國家服務（如運送兵士、犯人等）外，暇餘之時得兼營商運。一旦戰事發生，這些船舶就完全供政府使用，並於開始執勤時，改懸海軍旗。由於義勇艦隊平時即在政府管理之下，故在戰時應可視為合法之戰鬥者。

1904年日俄戰爭時，英、俄兩國因「彼得堡號（The *Petersburg*）」與「斯莫稜斯克號（The *Smolensk*）」事件，質疑義勇艦隊之法律地位。由於這兩艘屬於俄國義勇艦隊之船舶，攜帶武器，在日俄戰爭開始以後，以商船之資格，由黑海經博斯普魯斯海峽與達達尼爾海峽，駛入地中海，航經通過蘇伊士運河之後，竟立即裝砲，升海軍旗，並對中立國商船行使交戰權，以中立船運載戰時禁製品為由，拿捕了幾艘英國商船。英國當即向俄國提出抗議，謂依據現行條約，軍艦不得駛出黑海。俄國義勇艦隊之船舶「彼得堡號」與「斯莫稜斯克號」，既以商船資格駛出黑海，便不得再冒稱軍艦，或干涉中立商務；如以軍艦資格而行使交戰權，當初就不得駛出黑海。故無論如何，這兩艘船既非合法交戰者，其拿捕英國商船之行為，自屬非法。俄國終於將所拿捕之英國商船釋放。

上述義勇海軍之適法性事件，最終雖獲平和解決，惟此事件引發各國深切感悟：一艘船舶不應同時具有兩種身分，兼享兩種特權。就國際法的角度而言，這兩艘船若未在公海上更換旗幟，也不以商船資格通過博斯普魯斯海峽與達達尼爾海峽，可說是具有交戰者之各項條件。故1907年第二次海牙和平會議，乃討論商船改裝軍艦之問題，並制定《海牙第七公約》之法律規範。依《海牙第七公約》（Hague Convention VII Relating to the Convention of Merchant Ships into Warships）之規定，改裝的商船欲享有軍艦之權利，須具備下列條件：

（一）須立於國家之直接權力管轄下，由國家負責任。
（二）須附有該國軍艦之外部的特殊標誌。

（三）艦長須為國家服役之人員並受正式委任，而其名列於海軍人
　　　員名簿者。

（四）船員須受軍隊紀律之支配。

（五）此船須遵守戰爭規例。

五、北海事件與國際調查委員會

有些國際爭端，必須判明事實真相，才能解決。解決這種爭議之最佳
方法，是設立國際調查委員會（International Commission of Inquiry）。這
種方法首見於1899年《海牙第一公約》，該約第九條規定，凡與國家榮譽
及重大利益無關而僅係對事實問題有不同意見之爭端，如不能經外交途徑
解決，應由爭端國成立國際調查委員會，查明事實真相，以便於瞭解。調
查委員會之報告，只限於事實之說明，並無仲裁性質，對於這種說明應給
予何種效力，全由爭端國自由決定。

1904年10月21日，日俄戰爭進行之際，發生北海事件（The North Sea
Dogger Bank Incident）。由於俄國在旅順的遠東太平洋艦隊折損嚴重，俄
國太平洋第二艦隊東調歐洲波羅的海艦隊以支援遠東陸軍部隊。10月15
日，俄海軍上將羅徹斯特溫斯基（Admiral Rojdestvensky）率波羅的海艦
隊東行途中，22日在北海（英、法海峽東方道加盤克附近）遇見數艘英國
漁船，由於事前盛傳日本於丹麥海峽敷設水雷，並有日本水雷艇隊埋伏於
歐洲某處。俄國海軍誤以為英國漁船是日本魚雷艇，為免遭受攻擊乃加以
砲擊，結果擊沉英國漁船一艘，傷及五艘，兩名漁夫死亡，六人受傷，
英、俄因而產生爭端。

當時英國民情激昂，主張對俄宣戰，並用外交管道對俄國施壓，使
俄國艦隊在各國港口皆無法停留，俄國軍艦被迫在海上加煤、補給，有機
會就多裝，軍艦超重影響了速度及衛生條件，非戰鬥大量減員影響戰鬥結
果；迨法國出面調停，英俄雙方遂同意[20]以和平方法解決，依據1899年《國
際爭端和平解決公約》（The Hague Convention for the Pacific Settlement of
International Disputes），於1904年11月25日簽署聖彼德堡宣言，成立一個

---

[20] An Anglo-Russian Declaration of 12 November 1904, which is drawn up in French, but has been quoted
for convention in English translation.*British and Foreign State Papers*, Vol. 97, p. 77.

由法、奧匈、英、美、俄等國海軍上將組成的國際調查委員會，調查結果指出漁船附近並無魚雷艇，俄國艦隊之砲擊，實屬不當。俄國終於接受調查委員會之報告書，賠償英國損失六萬五千英鎊。1907年第二次海牙會議，鑒於這次國際調查委員會方法之成功，遂將原約中相關之規定詳加補充。

伍、其他相關國際法問題

一、俄國驅逐在滿洲及西伯利亞之日僑

　　18世紀以前，兩國交戰，往往拘留敵國僑民作為俘虜。自18世紀以後，平時多以條約規定，如兩國交戰，應許彼此僑民於一定期限內安然出境，不拘禁（non-detention）敵國僑民之慣例，漸為國際所公認，而日俄戰爭時期，俄國驅逐在滿洲及西伯利亞之日僑[21]。現行國際法上，佔領當局倘大批驅逐平民，即構成戰爭罪。例如1943年2月16日至1944年4月1日期間，德國陸軍元帥曼斯特恩（Field-Marshal von Manstein）在佔領區大批驅逐平民，在紐侖堡國際軍事法庭上，他辯稱乃軍事必須（military necessity），國際軍事法庭裁定他戰爭罪名成立[22]。

二、戰時禁製品問題

　　戰時禁製品（Contraband of War）是指能夠增強作戰能力而被交戰國任何一方禁止運往其敵國的物品。捕獲戰時禁製品為世界各國公認之原則，但是何種物品可以稱為戰時禁製品，意見不一。軍器、軍火是絕對禁製品（Absolute Contraband），有爭議的係軍火以外之相對禁製品

---

[21] Yutaka Arai-Takahashi, *The Law of Occupation: Continuity and Change of International Humanitarian Law, and its Interaction with International Human Rights Law*（Leiden/Boston: Martinus Nijhoff Publishers, 2009）, pp. 219, 283, 328.

[22] 聯合國戰爭罪委員會沿襲1919年巴黎和會責任委員會，草擬戰爭罪罪狀名單，列舉違法戰爭法及慣例之罪狀，其中即包括（7）驅逐平民。交戰國之間必須經常遵守戰爭法公約及其國際慣例。N.C.H. Dunbar, "Military Necessity in War Crime Trials," *British Year Book of International Law*, 29（1952）, pp. 442-452; Egon Schwelb, "The United Nations War Crimes Commission," *British Year Book of International Law*, 23（1946）, pp. 363-376.

（Relative Contraband）。在歐陸國家之實踐慣例，戰時絕對禁製品限於軍器、軍火與直接用於戰爭的物品，至於其他物品則視為自由物品，這等於否認絕對與相對禁製品之區別。英、美、日等國之慣例是軍器、軍火以外之物品，只要能用於作戰且係在運往敵境途中，都可當作戰時禁製品，加以捕獲[23]。由於這兩種慣例完全不同，故每當戰事發生，中立國與交戰國間之爭端即啟，有時交戰國宣布之戰時禁製品項目過多，而遭中立國反對。有時交戰國認為某種物品，係對作戰極有用處之禁製品，但中立國卻認為係平民使用之非禁製品。

日俄戰爭時，俄國將燃料與棉花，列為絕對禁製品，若干國家當即提出抗議，以為這些物品必須確實為作戰所使用，始能列為戰時禁製品。後來，俄國讓步，承認這些物品若運交私人，則可不再視為戰時禁製品。中國後來於《局外中立條例》第23條規定，中國船隻所載交戰國之尋常貨物可以往來無阻，中國所發之護照憑照各交戰國均應一律認准。1909年倫敦《海戰法宣言》將戰時禁製品分為絕對禁製品與有條件禁製品兩類，絕對禁製品指那些專供作戰用的物品；有條件禁製品包括糧食、軍用衣物、鞋靴、電報、無線電、電話器材、車輛、燃料、潤滑油、非專供戰爭使用的火藥及炸藥、航海器具及望遠鏡等。凡不供戰爭使的物品，不得宣布為戰時禁製品。

三、調停與斡旋之效力

日俄戰爭結束，實賴美國總統老羅斯福（Theodore Roosevelt, 1858-1919）之調停[24]。就國際法而言，國際爭端和平解決的辦法之一乃透過第三國來進行斡旋（good office）及調停（mediation）。調停和斡旋都是和平解決國際爭端的方式，在爭端當事國不能通過直接談判的方式解決它們之間的爭端的情況下，調停是指第三國以調停者的身分提出建議作為談判的基礎，並直接主持或參與談判，以調和、折衷爭端各當事國相反的主張

---

[23] Sir Gerald Fitzmaurice, "Some Aspects of Modern Contraband Control and the Law of Prize," *British Year Book of International Law*, 22（1945）, pp. 73-95.

[24] In 1903 Theodore Roosevelt was secured the right to construct the Panama Canal, after sending American warships to Panama to ensure that Panama seceded from Colombia. Yet in 1906 he was awarded the Nobel Peace Prize for his work as a mediator in the Russo-Japanese War of 1904-05.

或要求，緩和或平息它們之間的敵對情緒，使爭端雙方達成協議，最終使爭端得以解決。斡旋是指一個或一個以上的國家或國際組織，以解決爭端或為促成爭端當事國之間的直接談判而在其他國家之間採取行為的一種和平解決國際爭端的方法。調停和斡旋兩者之間的區別在於斡旋只促成談判之進行，第三者不參與亦不發表意見；調停是由第三者引導並參與談判，可提出建議，作為談判之根據。

斡旋與調停之共同點如下：

（一）這種舉動完全是第三國之友善行為，爭端國不得視為含有敵意。

（二）爭端國接受與否，有絕對自由，第三者不得勉強。此與干涉有所不同。

（三）必須爭端國雙方都接受，始能成立。

（四）在法律上，第三國雖無斡旋與調停之義務，爭端國也無請求斡旋與調停之義務，但這種義務，得由條約規定。

（五）斡旋與調停，得由第三者發起，也得由爭端國雙方或單方請求；得由一個第三國單獨進行，也得由若干第三國聯合進行。

第二次海牙和平會議所締結之1907年《國際爭端和平解決公約》第一條規定：「為國際關係上儘量免除訴諸武力起見，締約各國都願盡力於國際爭端之和平解決。」；第二條規定：「遇有重大之意見衝突或紛爭事件，當於未用兵之前，締約各國酌度情形，請友邦一國或數國斡旋或調停。」；第三條規定：「第三國可以主動進行斡旋或調停。」。該公約首次對國際爭端之訴諸戰爭權（*jus ad bellum*）加以限制，日俄戰爭期間所發生之北海事件（North Sea *Dogger Bank* incident）[25]，也是經由法國出面調停，兩國同意以和平方法解決國際爭端。

四、旅順、大連租借權之讓渡

在法律上，「租借地（Leased territory）」與「割讓地（Ceded territory）」不同。「租借地」是指一國租給另一國的土地，乃使用權之轉

---

[25] J. B. Scott, *Hague Court Reports*（New York: 1916），p. 403-413. The Finding of the Commission is also given in the *American Journal of International Law*, 2, Part 2（1907），p. 929; Sir Charles Petrie, *Diplomatic History 1713-1933*（London: Hollis & Carter Ltd., 1946），p. 298.

移，通常有租借年限、繳付租金、到期返還、租期不逾99年，不得轉租他國之規定[26]；「割讓地」是一國通過條約轉讓給另一國的部分領土，乃所有權之轉移，不須繳付租金，也無年限、轉租等規定。

　　按照《喀西尼密約（The Cossini Secret Agreement）》[27]，膠澳本已許租給俄國，既被德所強租，俄國便以代中國抵抗德國為言，派西伯利亞艦隊駛入旅順口，迫中國簽訂1898年《旅順、大連租借條約》，其要點為：（一）旅順租給俄國作軍港，大連租給俄國做商港，都以25年期，租期內中國軍隊不得在界內駐箚；（二）由旅順、大連到哈爾濱的鐵路歸俄國築造[28]。惟依日俄《樸資茅斯次和約》第五款之規定，俄國放棄旅順、大連之租借權。該和約簽署後，日本政府以《日俄樸資茅斯和約》所衍生之中日兩國滿洲諸關係，不可不從速議定，故派小村壽太郎全權赴北京，於1905年12月締結《中日滿洲善後協約》，中國正式承認日本在滿洲所享有的特權，將俄國在旅順、大連租借權及長春寬城子至旅順間鐵道煤礦之經營權，讓渡予日本，又締結《中日滿洲善後協約之附約》[29]，使日本獲得的實際利益遠超過俄國。

---

[26] 民法中之租賃權，租約通常規定，不得轉租或讓與，租借地之租借權涉及國家主權，承租國不得私相授受。

[27] 1895年《馬關條約》簽訂之後，中國無力償付鉅額賠款。俄國慷慨解囊，促俄法兩國銀行借給中國四萬萬金佛郎，使中國得以應付第一期賠款一萬萬兩，俄國幫助中國索還割地，又協助中國應付賠款。李鴻章為表示感激與報酬，與俄公使喀西尼（Cossini）訂立中俄密約，性質近乎一種軍事同盟，目的在聯合對付日本。此密約亦稱「喀西尼密約」，內容大要如下：（1）、日本如侵略俄國亞洲土地，或中國土地，或韓國土地，中俄兩國聯合軍事行動，共同抵禦；（2）、中俄兩國如與日本發生戰爭，則兩國中任何一國不得單獨與日本議和；（3）、中俄如與日本作戰，則中國所有口岸，必要時得許俄國軍隊或兵艦入駐；（4）、為俄國將來運輸便利，允許俄國在中國境內建築鐵路，得穿過黑龍江與吉林地方以連接海參崴（時俄國之西伯利亞鐵路方建至外貝加爾，有此橫縱鐵路可縮短五百俄里）。為避免俄國政府侵犯中國土地主權，此項鐵路，由中國交由中俄兩國合組之銀行代理建築；（5）、條約以十五年為限。（約允許俄國建築縱貫鐵路，通過中國滿洲而與西伯利亞鐵路銜接，使俄國軍隊可以暢行無阻進入中國。且此項縱貫鐵路路軌寬度與西伯利亞鐵路相同，則可與俄國的運輸銜接，而不能與中國鐵路銜接，僅能供俄國所利用，而不能為中國人利用。

[28] 金兆梓，《近世中國史》（臺北：文海出版社，1984年），頁90。

[29] 《中日滿洲善後協約之附約》內容要點如下：1.中國承認俄國在滿洲大部分權利轉讓於日本；2.開鳳凰城、遼陽、新民屯、長春、吉林、哈爾濱、琿春、齊齊哈爾、海拉爾、愛琿、滿洲里等為商埠；3.日本取得安奉鐵路經管權；4.日本於營口、安東、奉天得有設立租界地權；5.中國政府允日本有採伐鴨綠江森林之權。日本因取得安奉鐵路經管權至1923年，使日本可迅速由朝鮮運輸軍隊至南滿，足以聯絡滿洲與朝鮮，無論在對俄或侵華上，使日本在軍事上佔有絕對優勢。事實上，安奉鐵路是日俄開戰後，由日本趕築鐵路，以運輸軍隊之用，而此項並未包括在俄國轉讓於日本的權利之內。李鼎聲，《中國近代史》〈上海：光明書局，1949年〉，頁194-195。

在《中日滿洲善後協約》中，中國允諾讓渡旅順大連租借地，此轉租可證明，租借地主權仍屬中國。旅順大連雖為「租借地」，但日本與俄國簽訂的相關條約，均未提及租金，故「借」而不租，完全無償。日本租借旅順大連後稱旅順大連租借地為「關東州」[30]，利用各種方式擴大租借面積，日本公佈之關東州總面積為3,462平方公里，較諸俄國租借時之3,200平方公里，約拓展200餘平方公里。

日本在法律上視關東州為外地之一。外地是相對日本領土（內地）的新統治區域，在其區域內有特別制訂的法規而自成一體系，從政治與經濟的角度來看，也就是外地殖民地。在九一八事變前，日本並無改變關東州當地中國人國籍的企圖，但行政、立法、司法不在中國管轄範圍之內，不承認外國在旅順大連享有領事裁判權。對於名義上為外國領土的關東州是否適用《日本帝國憲法》？日本法學界有爭議，其中主張「消極說」者認為租借地並非領土，故不適用；而主張「積極說」者則認為租賃國在租借時期主權停止，日本實際上行使排他性的統治權，故依《日本帝國憲法》第4條「天皇為國家元首，總攬治權」之規定，日本憲法適用於當地。直至九一八事變後，日本軍國主義抬頭，「積極說」漸為通說。

1945年2月，史達林向美國羅斯福總統提出蘇聯參加對日作戰之條件，其中包括要求大連成為「自由港」，旅順租予蘇聯作為軍事基地，而羅斯福慨然同意。11日，美、蘇協商擬定《雅爾達密約（The Yalta Secret Agreement）》[31]，要求英相邱吉爾簽署背書。6月30日至8月中旬，中、蘇在莫斯科進行祕密談判，蘇聯主張把旅順、大連由「自由港」變成片面佔領之軍事區。因美國在雅爾達密約中已允諾在先，中國只得在1945年《中蘇友好同盟條約（The Sino-Soviet TreatyofFriendship and Alliance）》中讓步，僅在詞句上要求勿使用「租借」，並加上「中國海軍也得使用」等字樣便告結。

---

[30] 清廷視旅大租借地為金州。中華民國成立後，1913年實施府縣級行政單位統合，即裁府留縣，改金州為金縣，歸入奉天省，1929年以後，劃入遼寧省行政區域，直到1945年。

[31] 《雅爾達密約》（The Yalta Secret Agreement）是蘇、美、英三國政府首腦於1945年2月11日在蘇聯克裡米亞半島雅爾達簽訂的秘密協定。主要內容是：蘇、美、英三國領袖同意，在德國投降及歐洲戰爭結束後兩個月或三個月內蘇聯將參加對日作戰，其條件為：維持外蒙古的現狀；庫頁島南部及鄰近一切島嶼給予蘇聯；大連商港須國際化，保證蘇聯在該港的優越權益；蘇聯租用旅順港為海軍基地；中、蘇共同經營中東鐵路和南滿鐵路，經諒解，蘇聯在該地區的優越權益須予保證，而中國須保持在滿洲的全部主權；千島群島須予蘇聯。

　　8月9日，蘇聯到得英、美的支持，揮軍佔領整個滿洲；15日，日本宣告投降，結束旅順大連租借，卻又陷入蘇聯事實上的租借，蘇聯政府採「對日合約尚未簽訂，仍為戰爭狀態」之論據，在旅順海軍基地與大連市進行雖無租借之名，卻行租借之實的軍事管制。但從法律的角度來看，中國國民政府既不承認21條，即可視租約已在1923年到期，而《雅爾達密約》內容未經中國承認，對中國無法律上之效力。直到1955年5月26日，由於日蘇已進行復交及解除戰爭狀態之談判，終使蘇聯失去留駐旅順的藉口，結束蘇聯在旅順的變相租借[32]。

五、滿蒙權益問題

　　從國際法角度觀之，俄國在日俄戰爭後，給予日本在「滿洲蒙古」私相授受的權益，存在許多疑點與不妥：

（一）鐵路權益方面，俄國在中國東北「合法」之鐵路權益，主要依據1896年《中俄密約》與依據該密約所簽訂之相關合同，清政府也已注意到權益讓渡之限度。趁帝國主義瓜分中國的熱潮，俄國在1898年3月強迫中國簽訂《旅大租借地條約》，隨後與中國政府簽訂《南滿支路合同》。日俄戰爭結束後，依日俄《樸資茅斯和約》關於權益轉讓之條款。條約特意列入「且以清國政府允許者」，「須商請清國政府承諾」等內容得知，日俄政府與清政府之間就俄國在華權益私相授受，在當時國際法來說並非合法。日本只能繼承俄根據條約合法享有的權益，最多再加上有條件、有時間限制的鐵道守備權。

（二）鐵路守備隊問題方面，起源於日俄戰爭時，兩國派往中國東北作戰部隊的撤退問題，依中俄所簽訂之條約對此本無規定，日俄《樸資茅斯和約》附約列有鐵路守備隊相關條款，中日《東三省事宜條約附約》也有條件地承認這種鐵路守備隊暫駐權，日本鐵道守備隊僅具有條件之暫駐。

（三）旅大租借地權益方面，根據中俄《旅大租借地條約》及《旅大

---

[32] 劉彥著，同注7，頁394-404；黃清琦，《旅大租借地之研究》（臺北：政治大學外交所碩士論文，民國92年），頁136-152，207-210。

租借地續約》，中國被迫讓出俄國享有租借地內權益。細究
「隙地」問題，按照原約，「隙地」一切治權全歸中國，中國
不派兵至「隙地」。日本政府承認其所繼承俄國之權益，僅包
括中俄所簽訂的條約所明確授予之權益，而且日本政府還保證
遵行原約。

（四）「滿鐵區域」行政權問題方面，日本在東北之特殊權益區包括
「旅順大連租借地」和「滿鐵區域」。追本溯源，須先從中俄
所簽訂的條約來考察俄國在鐵路區域應享的權益，即日本所
能「繼承」之權益。日本稱「滿鐵區域」為「滿鐵附屬地」，
鐵路區域之實際界限只能依據相關合同或契約而定。「東三省
鐵路合同」與「南滿支路合同」都只做出原則規定，沒有劃定
明確界限。「南滿支路合同」載明具體細節依「東三省鐵路合
同」各點辦理，根據解釋條約之一般原則，當個別字句出現分
歧，應依據條約之主旨和全部條約的連帶意義來處理有分歧的
詞句，此合同皆未明確劃定明確界限。

可見俄國在「鐵路區域」行使行政權根本沒有合法依據，日本擬循俄
國成例，透過日俄戰爭，從俄國手裡繼承其於「滿蒙」之權益，在鐵路區
域行使行政權，同樣屬於掠奪性質。

陸、結論

當武裝衝突發生時，國際法並非僅規範衝突當事國間的關係，對於未
參加戰爭的第三國之間，亦需設定與平時狀態相異的法關係。亦即第三國
在法律上自然成為中立國，並須對衝突當事國負有做為中立國的義務。此
乃歷來國際法上的一般原則。在傳統國際法上，在國家擁有訴諸戰爭的自
由之同時，除條約另有規定外，其他國家是否參加戰爭即屬自由決定的範
疇。此時，不參加戰爭的國家即成為中立國。換言之，戰爭發生時，國家
僅能選擇成為衝突當事國或成為中立國。

19世紀中葉，中立法規繼續發展。鑒於1904年至1905年日俄戰爭發
生若干事件，引起世人對於中立法規之關切，以致1907年第二次海牙和平
會議，將中立法規列入議程，討論陸戰及海戰時期中立國與其人民之權利
與義務問題，而議定《海牙第五公約》／《關於陸戰中立國家及其人民之

權利與義務》以及《海牙第十三公約》／《關於海戰中立國家之權利與義務》。1909年11月27日，美國批准《海牙第五公約》，1909年12月3日又加入《海牙第十三公約》；中國於1910年1月15日加入此兩公約；1911年12月13日，日本批准此兩公約；俄國雖批准此兩公約，但直到1955年3月7日蘇聯政府始繼承之。

　　關於中立國權利與義務問題，1907年第二次海牙和平會議議定《海牙第七公約》／《關於商船改為戰艦》（Convention relative to the Conversion of Merchant-Ships into Warships）、《海牙第八公約》／《關於敷設機械自動水雷》、《海牙第十一公約》／《關於海戰時限制捕獲權》（Convention relative to Certain Restrictions with regard to the Exercise of the Right of Capture in Naval War），以及《海牙第十二公約》／《設立國際捕獲法庭》（Convention relative to the Creation of an International Prize Court）。這些公約並非直接牽涉中立國家，而係間接牽涉中立國家，例如《海牙第七公約》關於商船改裝軍艦之規定，間接牽涉中立國商務；而《海牙第八公約》是關於潛水雷之敷設，以及《海牙第十一公約》乃關於海上捕獲權行使之限制等規定亦然。依《海牙第十二公約》，海牙和平會議議決設立一個國際捕獲法庭作為不服國內捕獲法庭判決之上訴機關，並且制定出一部捕獲法規以為國際捕獲法庭援引審判之依據，藉以保護中立國及其人民之利益，但此條約未獲批准。

　　1908年至1909年，倫敦海法會議召開期間，議定一部關於海戰規則之1909年《倫敦宣言》（Declaration of London），對戰時封鎖、禁製品、非中立役務、中立、捕獲之破壞、交戰國船舶移轉於中立國、敵性、護航、拒絕檢查、賠償之規定綦詳，係第一部有系統的海戰法典。1911年義土戰爭時，交戰國雙方皆遵守《倫敦宣言》，彼時該宣言尚未有任何國家批准，土耳其亦非締約國之一。

　　1914年第一次世界大戰爆發時，《倫敦宣言》因未獲簽字國之批准而無條約之效用，在法律上無拘束力，美國提請交戰雙方適用《倫敦宣言》；德、奧匈同意以交戰雙方一同採用為條件；英、法、俄接受美國建議，惟附提多項修正。在大戰期間，英國幾次發布樞密院令，修正《倫敦宣言》之規則而付諸實施。惟《倫敦宣言》之中多為國際習慣法之成文化，係既存國際習慣規則之重申。中國政府則於同年8月9日公佈《中華民國局外中立條規》共24條。第1條明文：「各交戰國在中國領土、領海

內，不得有佔據及交戰行為，凡中國海陸各處，均不得倚之為根據地，以攻敵人。」第2條：「各交戰國之軍隊、軍械及輜重品，均不得由中國領土、領海經過。其有違背前項規定者，應聽中國官員卸去武裝，並約束扣留至戰事完畢之時為止。」第14條：「各交戰國有破壞中國中立條規者，中國如以各種方法阻止時，不得視為啟釁之舉。」第24條載明：「本條規定未盡事宜，應遵照1907年各國在海牙所畫押之陸戰中立條約、海戰中立條約辦理。」。甚至中華民國《刑法》第117條亦規定：「於外國交戰之際，違背政府局外中立之命令者，處一年以下有期徒刑、拘役、或三千元以下罰金。」。

　　隨著戰爭違法化概念的確立，以往無差別戰爭觀下的中立國制度亦須有所調整，甚至在集體安全保障的運作下，中立制度是否能存在的問題，也應進一步加以檢討[33]。

---

[33] Norman Johnston, *Peace, War and Neutrality*（London: Colourpoint Books, 1997）, p. 29.

四、聯合國糧農組織與糧食安全

王思為[*]

壹、前言

　　隨著時代不斷地向前推移，文明不斷地演化，社會型態大幅轉變，各種類型科技也日新月異地快速進步，但是人類對於自身最基本的民生問題卻依然沒有能力澈底解決，特別是地球上某些區域始終難以擺脫糧食缺乏的困境與飢餓的陰影；吾人觀察到在世界各個角落所發生的饑荒現象從未消失，例如1978年於巴西東北部、1983年於非洲的薩赫爾（Sahel）地區、1984年的衣索比亞、1989年的蘇丹、1992年的索馬利亞等等，上述這些不幸的饑荒事件所導致的不僅僅是一條條人們寶貴生命的喪失，同時也等於是人類的一部分文明受到饑荒侵蝕。

　　雖然這些饑荒發生有時乃由於天候異常的因素所導致，例如嚴重乾旱；有時則是因為戰爭頻仍的人為因素所影響[1]；但無論起因是天災抑或是人禍，饑荒始終是人類無法克服的一項難題。饑荒發生的關鍵在於糧食供給突然出現嚴重不足，並且此種情況一直地持續惡化、在短期之內難以恢復，因而導致普遍性的糧食欠缺災難。簡而言之，饑荒（famine）即是糧食安全（Food seciruty）無法確保之下最糟糕的演變情境（worst-case scenario）。

　　不過對於糧食安全的追求雖是每個國家的基本目標，但一個國家因為社會發展型態與自然條件的各項限制，其糧食供應通常不可能達到充分自給自足、完全無須與外界交換糧食的地步；職是之故，糧食安全在一定程度上端視國際間的糧食供應網絡建全與否，萬一適逢某項農作物的主要生產國因天災緣故而嚴重歉收，或是遭遇例如石油危機突然爆發等意外狀況的無預警衝擊時，則國際糧食系統便會受到上述因素的干擾而突然發生

[*] 南華大學歐洲研究所助理教授、法國巴黎第五大學政治學博士

[1] Micheline Rousselet, *Les Tiers Mondes*,（Le Monde-Ediitons, 1996）, p. 115.

運轉失靈的情形[2]；此時，糧食生產國可能會迅速地採取保護措施以確保其國內糧食供應充足無虞[3]，而非糧食生產國就必須花費更多成本尋求其他供給管道或是可暫時替代的糧食來源。當上述類似情況發生時，貧窮國家的人民便自然而然地成為被富有國家邊緣化的對象，而導致飢餓問題惡化、甚至演變成饑荒的悲劇，並引發大規模難民潮出現，使得區域間乃至於國際局勢的不穩定度升高。換言之，因為糧食問題所具有國際間的緊密連動性（inter-connection），讓吾人了解到擁有一個能夠正常運作的糧食系統對於穩定國際及國內的政治、經濟與社會局勢都是不可或缺的支柱。因此，糧食安全並非只是單一國家的內部事務，糧食安全也不僅僅是單純農、漁業的科技問題，而是一個涵蓋國際政治、國際經濟、國際金融及國際發展及科技創新等等的高複雜度的治理（governance）議題。

　　自二次世界大戰以降，如何生產更多的糧食、並提升糧食安全一直都是過去半個世紀中國際間關注的重點。全球的糧食產量無論是在質與量的方面亦不斷地提升[4]，且單純就數量上的統計來看，以目前全球所生產的糧食已經足以充份供養在地球上生存的七十億人口[5]。然而遭受飢餓之苦的大多數民眾卻仍是那些生活在南方國家貧困農村的糧食生產者，窮人的生活並未獲得太多實質改善；另一方面諷刺的是同時在北方國家所面臨到的健康問題卻是肥胖與不安全食品的疑慮，例如有越來越多的人面臨體重過重和肥胖問題[6]，此外庫賈氏症、沙門氏菌與大腸桿菌等增加食品風險的問題仍層出不窮[7]，而這些問題也持續困擾著國內消費者與外國的農產

---

[2]　此外，某些糧食生產國對於糧食的政策也可能是一項影響甚鉅的因素，例如對於生質燃料的大福補貼所產生的排擠效應。

[3]　可能的保護手段像是減少出口，或者甚至是一段時間的禁運。

[4]　自從二十世紀中期的綠色革命（Green Revolution）成功利用雜交方法培植出新的農作物品種，以及使用化學肥料、農藥及灌溉工程等農業工程種植出高產量的小麥、稻米及玉米等之後，糧食生產的問題獲得長足進步，許多國家的糧食也開始可以自給自足，甚至還有出口外銷多餘農作物的能力。參見：王思為，〈糧食安全之淺析〉，《台灣外交的省思與前瞻》，新台灣國策智庫，2012，頁269-299。

[5]　Gouvernance alimentaire mondiale: Comité de la sécurité alimentaire mondiale, Document d'information stratégique, mai 2010, Agency for cooperation and research in development, 見<http://www.acordinternational.org/silo/files/governance-alimentaire-mondiale-a4-col.pdf>

[6]　雖然肥胖並不全然是過度吃喝的「富人病」，例如在美國有許多過胖者其實是低收入族群，但因為他們只能夠負擔得起高熱量的工業食品，亦即俗稱的垃圾食物。

[7]　美國於2012年4月發現第四起狂牛症病例，該例為位於加州牧場的一頭已死亡的乳牛。參見美國肉類出口協會網站<http://www.usmef.org.tw/trade/news_2.asp?id=559>

貿易夥伴。

　　值得注意的是國際間糧食安全並沒有因為全球化程度的日益加深與國際貿易量的增加而獲得改善，相反地，該問題卻反而變得愈來愈複雜，維繫糧食安全成為一項艱鉅的任務。在20世紀時，有關糧食安全的討論主要乃聚焦於農業生產的增加，而今日在治理綱領的要求底下，糧食安全並不僅僅是糧食生產的問題而已，還要考慮到這些糧食是如何經過處理、分發及消費的過程。依此角度觀之，糧食治理已經進入到一個涵蓋著複雜的國際政策、經貿與衛生法規與商業網絡之間折衝與角力的場域。

　　到了21世紀，當我們面對著全球人口穩定增長、社會型態快速變遷、氣候明顯改變並逐漸極端化、土地與飲水資源的稀有化、原物料價格大幅波動、地緣政治及經濟的版圖勢力重組、農作物人為炒作等新興問題的交互作用之下，於上個世紀中從綠色革命裡所賺取的「糧食紅利」看起來已經不敷使用。諸多國家早就積極地將提高「糧食自給率（Food Self-Sufficiency Ratio）」、提升「糧食安全（Food Security）」訂為國家整體戰略的目標之一；也有的國家將「糧食自恃（Food Self-Reliance[8]）」視為未來的國家發展方向，並積極地調整國內農業生產結構與國民飲食習慣；至於國際間的協同合作行動則是像2008年6月於羅馬召開的聯合國世界糧食高峰會，與會181國領袖承諾要在2030年將全球糧食生產加倍，以因應全球人口的不斷增加，避免下一代受到糧食危機的衝擊。

　　2008年時有許多觀察家認為類似的糧食價格高峰將很難於短期之內再度出現，不過事實上依據糧農組織的糧食價格指數（Food price index）顯示，糧食價格在未來呈現明顯價格波動趨勢卻是可能的[9]（見圖1）。糧食價格的波動將成為世界各地的社會動亂的根源之一，例如2010年9月在莫三比克的糧食動亂便是一件具體事證。

---

[8]　係指糧食的自給自足能力，尤其強調農業永續發展的可能性。

[9]　資料來源FAO Food Price Index, <http://www.fao.org/worldfoodsituation /wfs-home/foodpricesindex/en/>

圖1　FAO糧食價格指數

來源：FAO網站<http://www.fao.org/worldfoodsituation/wfs-home/foodpricesindex/en/>

貳、糧食安全

糧食安全在不同國際組織的定義下略有不同，例如：

一、聯合國糧食與農業組織（簡稱糧農組織，Food and Agriculture Organization, FAO）定義糧食安全係指所有人隨時都可以擁有實質的、社會的、與經濟的管道取得足夠、安全、及營養的食物。

二、世界衛生組織（WHO）對糧食安全的定義則需滿足下列三項要求：

（一）糧食可取得性（Food availability）：長期擁有可取得足夠的食物量。

（二）糧食近用（Food access）：擁有足夠的資源取得適當食物做為營養飲食。

（三）糧食使用（Food use）：良好的糧食使用乃奠基於基本營養與照料，以及充足的飲水與衛生設備。

吾人可以觀察到依照各國際組織的任務特性與專業要求，其所定義的糧食安全雖有若干差別，但基本上大同小異，皆強調無論在質與量上皆需符合適當標準的糧食來源。

一、全球人口增長變化

　　2011年聯合國人口基金會（United Nations Population Fund, UNFPA）預計世界人口於該年10月31日突破70億，如果地球人口增加趨勢維持不變的話，則至2050年全世界就會有超過90億的人口，2085年便可能突破100億大關；反觀1950年時，全球人口僅不過處於25億之譜（當然第二次世界大戰中全球人口大量減少的因素也需要納入考量），到了2000年時全球人口就已經來到了61億的關卡、2010年則有68億，在短短一百年之間（1950-2050）全球人口可能增加的幅度為268%，屆時就需要比目前糧食產量增加78%的幅度才足以餵飽全球人口。馬爾薩斯的人口論基本上認為人口的增加會呈現等比級數成長，但糧食的增加僅會呈現等差數列的成長，所以馬爾薩斯警覺到人類要生存下去必須顧慮到食物缺乏的問題，也就是糧食供給的重要性。雖然20世紀歷經綠色革命之後農作物的產量增加許多，不過馬爾薩斯的觀點原則上迄今依然適用[10]。

二、全球飢餓問題

　　飢餓問題，大抵上可分為「營養不足（under-nourishment）」和「營養不良（malnutrition）」兩種類別。

　　「營養不足（under-nourishment）」係指人因故未能攝取足夠卡路里以應付最低限度的生理需要；一般來說，每人每天平均需要至少約2100卡路里才能維持正常和健康的生活，否則就會發生營養不足的情況。而「營養不良（malnutrition）」係指人因故未能攝取足夠蛋白質、卡路里和微量營養素（micronutrients），或因為身體受感染和疾病而令身體未能有效地吸收食物營養而造成營養不良。根據聯合國糧農組織2011年的資料，在過去47年全球穀類產量平均每年成長2.0%，而在過去10年全球穀類產量平均每年成長率降到1.3%，產量不增反降；如果將過去半世紀世界人口成長速度與全球穀類產量增長相比，粗略計算為人口增加了2.4倍，而穀類總產量

---

[10] 雖然全球糧食問題並非僅僅是單純的供給－需求的問題，其它因素還有貧窮、國家基礎建設、資訊分享等也在糧食問題中插一腳。1998年諾貝爾經濟學得主沈恩（Amartya Sen）對此問題有深入研究。

才增加2.23倍，雖然人類不是單純依靠穀類維生，但穀類的產量增長可能不足在未來依然是一項隱憂。

在國際糧食商品市場上使得價格攀升的因素可從需求面及供給面兩個不同角度加以分析。以需求面來說，人口增加、經濟快速成長、每人平均肉食消費量增加是需求增長的主因，其他因素還包括世界局勢穩定導致各國的儲糧需求減少、生質柴油需求增加、美元貶值、過多的外匯存底、進口者的強勢採買、進口者的政策等影響；就供給面而言，則有農作產量的增長緩慢、原油價格上漲、農作成本增加、氣候條件不佳、出口政策影響等。

三、國際糧食安全議題之各階段沿革

從二次世界大戰至今，國際間在糧食安全議題的處理與爭辯上有許多階段性的變化，簡述以下。

40年代至50年代時期：此一期間對抗飢餓的主要工作是運用科學和技術生產進行糧食增產。美國總統杜魯門在就職演說中即提及：產量增加是通往繁榮與和平的鑰匙；對於現代科學和技術知識的更廣泛和積極應用則是提升更多產量的鑰匙。此時因南方國家尚未脫離殖民統治，因此糧食領域的行動仍由北方政府所主導。

60年代至70年代：過去的前殖民地於60年代初期之後逐漸地成為獨立國家，因此先前聯合國內部所維持的權力平衡情況也開始出現調整與重組的現象。開發中國家於1964年成立77國集團，他們將糧農組織視為一項重要的糧食安全工具，希望糧農組織可以幫助他們制定農產品價格，實現糧食安全的目標；然而其他國際組織例如經濟合作發展組織（OECD）[11]卻主張自由市場經濟導向的糧食貿易政策，這與77國集團的看法大異其趣，而這兩股相互拉扯的力量便使得糧農組織作為聯合國「農業部」所能夠發揮的各種影響力大大地減損，功能也一一地被削弱：1971年成立的國際農業研究諮商組織（Consultative Group on International Agricultural Research, CGIAR）[12]總部位於世界銀行，便將糧農相關的科學研究切割出去；1974

---

[11] OECD也有所謂富國俱樂部的外號。

[12] 國際農業研究諮商組織是一個由世界銀行（World Bank）、聯合國糧農組織、聯合國開發計劃署（United Nations Development Program, UNDP）、國際農業發展基金會（International Fund for

年聯合國世界糧食會議決議設立全球糧食理事會（Conseil mondiale de l'alimentaiton）作為全球糧食的政策機構，不過功能始終不彰，實質影響力十分有限；至於農業融資的部分則委託給新成立的國際農業發展基金（International Fund for Agricultural Development）。最後，為應對糧食緊急情況所設立的世界糧食計劃署[13]（World Food Programme）也逐步脫離糧農組織，成為聯合國體系內的獨立機構。

80年代至2005年：在全球化浪潮席捲之下，全球糧食的治理已經被國際金融機構所設定的議程所佔據。布列敦森林體系的世界銀行和國際貨幣基金要求債台高築的開發中國家進行結構上的制度調整，並要求各國開放市場、以及減少對農業部門的補貼；1995年成立的世界貿易組織（World Trade Organization）則延續上述貿易自由化的倡議進程，對發展中國家的農業發展形成持續的壓力。儘管1996年與2002年的世界糧食高峰會議中皆提出正式聲明，指出消弭飢餓的目標早已被自由資本主義陣營標榜經濟成長與全球市場整合做為人類發展萬靈丹的假設排擠而不復存在，且多年以來因為企業所有權（包括智慧財產權在內，如各項專利甚至是基因）的快速增長，以及糧食體系中財團的集中與整合，實際上賦予了私人企業對於全球糧食政策擁有不成比例的過大影響力[14]。然而在同一時間，工業化之後的糧農體制是否能夠永續發展也逐漸成為問題[15]，農業結構經過如此震盪調整之後的負面效果一一浮現，例如貧困和飢餓的問題也愈來愈被接踵而來的饑荒所凸顯。針對這種情況的檢討與批判聲浪在90年代中期開始大量出現，由市民社會所提出的新的糧食治理典範，譬如糧食權利（right to food）[16]、糧食主權（food sovereignty）[17]，農業生態（agroecology）等主張

Agricultural Development, IFAD）等機構創建的非營利性國際農業研究機構。

[13] 世界糧食計畫署最初係美國為其農業產能過剩所設計的專屬戰略機構。

[14] 無論是從上游的作物生產一直到加工產品，糧食集團一直呈現著大者恆大的持續併購現象。以食品業來說，消費者縱使面對市場上眾多不同品牌的產品，實際上都是由少數集團所擁有。

[15] 尤其是石化產品，例如化學肥料及農藥等已經深植於農業生產體系之中，成為農業生產不可或缺的環節。

[16] 事實上，right to food的概念並非最近幾年才出現，早於1948年時聯合國成員於普世人權宣言中即宣示所有人皆擁有免於飢餓的權利，以及充足的糧食，其中也包括人權宣言第25條中所明載之飲用水。經濟、社會與文化國際公約第11條也將該權利明定為具有法律效力的國際承諾，公民及政治權利國際公約第六條所記載之生命權亦與之相關，兒童人權國際公約第27條也要求相同事項。依照其定義，該權利屬於個人基本人權。

[17] 糧食主權是人民、社群、以及國家能夠自行決定適合他們自己獨特環境的農業、勞動、漁獲、糧食

便首次進入全球糧食治理的舞台。

　　2005年之後：冷戰結束之後的聯合國危機在進入千禧年之後漸漸地平息，一方面是因為聯合國已經針對自身體系的效率不彰進行諸多改革，外界抨擊聲浪力道也慢慢地消退；另一方面則是其他國際聯合勢力（如G20）在一時之間尚難取代運作成熟的聯合國多邊體系，因此聯合國體系在全球治理上仍扮演著無可取代的角色。此外，在良善治理（good governance）的要求下，聯合國體系也需廣納各界檢討意見，因此三個主要的國際農業機構－農發基金，糧農組織，國際農業研究諮商組織亦於2005年起接受外部評估，結果顯示這些組織正面臨著嚴重的體制缺失。至於世界銀行在進行自身檢討的部分，在2008年世界發展報告針對農業及發展的專章裡承認它長期以來忽視農業作為成長動力的戰略錯誤。世界銀行在同年出版的獨立評估中也認知到二十多年來在非洲農業的結構調整政策上所造成的負面影響。而恰好2005年也正是世貿組織在杜哈回合談判中於農業議題上停頓的一年，種種因素的匯集使得2005年成為一個階段性的分水嶺。而在這種針對體制改革重啟省思的氛圍之中，2007-2008年間所爆發的糧食危機更暴露出全球糧食治理中的真空狀態[18]。

參、聯合國糧農組織

　　聯合國糧農組織於1945年10月16日在加拿大魁北克成立，為聯合國體系內第一個專門機構。聯合國糧農組織的標語是首任秘書長歐爾（Sir John Boyd Orr）所選用的*Fiat Panis*（見圖2 FAO的logo中下方文字），意思是「讓人們有麵包（Let there be bread）[19]」。

與土地政策之基本權利，而攸關此基本權利之考量需納入生態的、社會的、經濟的以及文化的各項條件。此等權利包括真確的糧食近用權與糧食生產權，亦即所有人皆有權享受安全、營養與合乎文化的食物，並且擁有糧食生產的資源，以及維護糧食生產的永續性。按照其定義，該權利屬於集體人權。參見The International Planning Committee for Food Sovereignty, Food Sovereignty: A Right For All Political Statement of the NGO/CSO Forum for Food Sovereignty, <http://www.food sovereignty.org/Portals/0/documenti sito/About us/FoodSovereignty-A Right For All Political Statement.pdf>

[18] 以上參見Nora McKeon, Global Governance for World Food Security: A Scorecard Four Years After the Eruption of the "Food Crisis", Berlin, 2011. <http://www.boell.de/downloads/Global-Governance-for-World-Food-Security.pdf>

[19] FAO: its origins, formation and evolution 1945-1981, <http://www.fao.org/docrep/009/p4228e/P4228E16.htm>

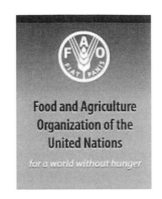

圖2

來源：FAO網站 <http://www.fao.org/index_en.htm>

一、組織的任務

　　聯合國糧農組織在第二次世界大戰結束後成立，當時的時空背景為普遍的糧食供應不足，故糧農組織的宗旨在於希望提升人類的糧食安全。所謂的糧食安全即是確保人類能夠擁有獲得足夠的高品質食物管道，進而擁有活躍且健康的生活，因此聯合國糧農組織的主要任務便是提升人類營養水準、改善農業生產效率、提供較佳的農村民眾生活，並促成世界經濟成長。可以肯定的是聯合國糧農組織從成立以來，一直在國際間對抗饑荒、提升糧食安全扮演著關鍵的角色。

　　聯合國糧農組織的成立規章於第1條明定其任務範圍為涵蓋「漁產、海產、林產及其他林業開發的初級產品」的廣義農業。五個主要的任務為[20]：

　　（一）蒐集、分析與向國際間傳遞農業、食物與營養的相關資訊。

　　（二）籌辦會員國之間與糧食相關的政策協同與協商會議。

　　（三）提供會員國政府或多邊會談時關於農業議題的決策建議。

　　（四）在持續消弭饑荒的目標下，提供合作計畫執行的技術協助。

　　（五）鼓勵科學、技術、社會與經濟研究，以及改善關於營養、食物及農業的教學、行政與知識普及化。

　　聯合國糧農組織的工作包含下列四個主要項目：

---

[20] 參見FAO網站，<http://www.fao.org/about/en/>

（一）提供容易取用的資訊：聯合國糧農組織本身即為一個知識網絡，該組織聯合旗下的農業專家、森林學家、漁業與畜牧專家、營養學家、社會科學家、經濟學家、統計學家與其他專家們共同進行蒐集、分析並宣導有助於糧農發展的相關資料。

（二）分享政策專家意見：聯合國糧農組織向會員國提供農業政策設計、協助規畫、草擬實際立法條文並擘劃達成鄉村發展與減緩飢餓問題目標的國家策略。

（三）提供各國進行討論的場域：每天都有來自全世界各地的決策者與專家在總部或各區辦公室聚集開會。藉由聯合國糧農組織如此的安排，讓富國與窮國之間得以交流、加深彼此的了解。

（四）將知識運用到田野：聯合國糧農組織募集並管理那些由已開發的工業國家、發展銀行等單位所提供的預算，讓每個計畫都能夠在田野實施時達成目標。聯合國糧農組織平時多為提供技術指導的角色，偶而亦有為數不多的基金財源提供。一旦遭遇糧食危機時，則與世界糧食計畫及其他人道組織共同合作，保護鄉村民眾與進行重建。

換言之，聯合國糧農組織在協助發展中國家與轉型國家進行現代化、改善其農作、林作及漁作活動，並盡力確保所有人類具有良好品質的營養來源等工作上的重要性不言可喻。

二、組織的工作貢獻

成立至今，聯合國糧農組織針對糧農領域提出了為數可觀的規範性與具體的可操作性方案。

糧農組織在規範性活動上的工作投入尤其重要，特別是透過該組織協商之下的國際協定。1961年第11屆聯合國糧農組織大會以及1963年第16屆世界衛生組織大會分別通過了共同創建食品法典委員會（Codex Alimentarius Commission, CAC）的決議，因而於1963年誕生了FAO/WHO CAC[21]。CAC[22]秘書處設在糧農組織位於羅馬的食品政策與營養部食品標

[21] *Codex Alimentarius*係指拉丁文，意指食物的法律或食物的規則，故稱之「食品法典」。
[22] 各國政府和企業習慣稱食品法典委員會為CODEX。

準處。食品法典委員會被定位為一個促進消費者健康、維護消費者經濟利益、鼓勵公平的國際食品貿易組織。易言之，該組織的宗旨在於保護消費者健康，確保食品貿易的公正性，並且負責所有食品標準制定相關的協調工作。

關於糧食生產，聯合國糧農組織在國際植物保護公約（International Plant Protection Convention, IPPC）上也具有貢獻，該公約是1951年聯合國糧農業組織所通過的一個有關植物保護的多邊國際協定，於1952年生效。國際植物保護公約的目的是確保全球農業安全，並採取有效措施防止有害生物隨著植物和植物產品傳播和擴散，以促進有害生物的控制措施。國際植物保護公約為區域和國家植物保護組織提供了一個國際合作、協調和技術交流的框架和論壇平台。糧農組織於1992年在其農業部植物保護處下設立了IPPC秘書處，扮演協調IPPC工作計畫的角色。為有助於國際標準之制定，1993年成立了植物防疫檢疫措施專家委員會（Committee of Experts on Phytosanitary Measures, CEPM）。此外，糧農組織於1994年建立跨國動植物疾病及蟲害的預警與快速反應系統（Emergency Prevention System, EMPRES），針對糧食供應鏈提出預防及早期預警的訊息[23]。

1998年於鹿特丹簽署的關於有毒農藥化學製品進出口國責任共同承擔公約，避免農民在耕種時使用到具高度危險的農藥而危及自身健康；2001年糧食與農業植物基因資源國際條約（International Treaty on Plant Genetic Resources for Food and Agriculture），或是一般所俗稱的國際種子條約（International Seed Treaty）[24]。1996年糧農組織則聚集了186位政府元首參加世界糧食高峰會，會中訂定要於2015年要將全球營養不良的人口減半的目標，並提出有關全球糧食安全的羅馬宣言，以及後續的因應計畫。

糧農組織還發展出如聯合國糧農組織數據庫（FAOSTAT），該單位是全球關於飢餓、糧食與農業領域資料蒐集最完備的統計中心，擁有自1961

---

[23] FAO Emergency Prevention System, <http://www.fao.org/foodchain/empres-prevention-and-early-warning/en/>

[24] 從1970年代初開始，開發中國家對於植物基因資源（genetic resources）的所有權逐漸被北方國家佔有日益感到不滿；至1980年代，在此議題爭議性不斷擴大之下，FAO乃針對此一議題通過「植物基因資源國際承諾（International Undertaking on Plant Genetic Resources）」，制訂了全球植物基因資源保育與使用之制度，但此一國際承諾並不具法律拘束力。為確保植物基因資源之保持、永續利用及其所產生利益應公平分享理念下，FAO於歷時長達7年馬拉松談判終於通過此一具法律拘束力之「糧食與農業之植物基因資源國際條約」。

年起超過245個國家與地區的農業生產、消費、貿易、價格與資源,及營養、漁業、林業、糧食援助、土地利用與人口的統計數據[25],並定期提出糧農組織年度統計報告。

另外,糧農組織也針對低所得國家提出「糧食安全特別計畫(Special programme for food security)[26]」,目標是在區域間發展糧食與營養安全計畫、提供技術協助、與計畫的知識共享。

三、組織的運作與檢討

(一)組織的運作與財務

糧農組織共有191個會員國,兩個準會員(associate member),以及歐盟是以組織成員國的會員身分參加。糧農組織以兩年召開一次的會員大會為最高決策機關,大會主要審查糧農組織過去兩年的業務執行成效並討論未來兩年的預算及業務規劃。

糧農組織設有理事會(Council),由大會選出49個會員國組成,理事國任期三年,每年改選三分之一名額,但其中有四個常任理事國無須改選,分別是法國、澳大利亞、美國及英國。該理事會為大會的執行機關,工作內容為準備年度要向大會提出的決議案。

糧農組織秘書長經大會選出,統理秘書處工作。原本秘書長並無任期限制,但經過2003年的改革之後,秘書長改為連得連任一屆,一屆任期為4年。現任秘書長為巴西與義大利雙重國籍的José Graziano da Silva博士擔任,於2011年6月選出,任期從2012年1月到2017年6月。糧農組織總計雇用約3,700名工作人員,其中計有53%的員工於義大利總部,其餘則分佈於各國辦公室及田野計畫。

除了位於羅馬的總部之外,糧農組織在全世界130多個國家設有辦事處,包括5個區域辦事處、11個分區域辦事處、2個跨領域小組、74個駐國辦事處(不包括設在區域和分區域辦事處內的國家辦事處)、8個技術官員或是糧農組織代表的辦事處,另有36個國家由兼任代表負責。此外,糧

---

[25] FAO, <http://www.fao.org/economic/ess/ess-home/ess-about/en/>

[26] FAO Supporting Program for Food Security, <http://www.fao.org/spfs/spfs-home/fr/>

農組織在已開發國家共設有5個聯絡處和4個資訊辦公室。

　　糧農組織的整體工作計畫預算係由會員國所分攤會費與自願捐款提供資金資助,各成員國根據兩年一度的糧農組織大會確定繳納分攤會費的數額。糧農組織於2010～2011雙年度的一般性預算約為10億美元,而由成員國和其他夥伴提供的主動捐款用途在於向各國政府提供技術和緊急援助(包括重建與恢復工作),以及對糧農組織核心任務提供直接支援。預計2010～2011年的自願捐款將超過12億美元[27]。

（二）組織的檢討

　　雖然糧農組織的貢獻頗多,然而糧農組織卻長期面對著會員國對於該組織行動的優先順序應該為何而出現彼此之間不同調的困難;已開發國家多認為糧農組織應先發揮其規範性角色的作用,而開發中國家則傾向於田野計畫與協助發展的優先。尤其是面臨資源日趨緊縮與參與糧農領域相關成員(actor)日益增多的情況之下,使得糧農組織的角色與正當性屢屢遭受質疑,亦即所謂的正當性危機[28]。

　　這個正當性危機的源起在於即便農業生產在今日的已開發國家中多半屬於一項次要的經濟活動,但對於其他地區來說,無論在就業、糧食、商業往來及自然資源管理上來說,農業仍然是一項主要的經濟與社會活動。全世界有70%的貧窮與飢餓人口居住於鄉村地區,但針對農業與鄉村發展的外來援助卻不斷地減少,於1980年代初期的90億美金驟降到1990年代末期的50億美金,而同時全世界卻仍有約9億人處於飢餓狀態。換句話說,對於對抗結構性的飢餓問題,糧農組織似乎力有未逮。因此2007年11月,糧農組織大會通過一項有關進行獨立外部評估(Independent External Evaluation of FAO, IEE)後續行動的決議,該決議包括建立一個臨時任務編組型態的向糧農組織所有成員開放的大會委員會,任務是為「立即行動計畫(Immediate Plan of Action)」提供建議,供2008年下半年舉行的大會特別會議審議。大會特別會議在大會委員會所提供的工作基礎上通過第1/2008號決議:糧農組織革新圖變近期行動計畫,並將委員會的工作期限

---

[27] FAO finance committee, <http://www.fao.org/fileadmin/user_upload/bodies/Fin_Comm/Documents_FC_143/en/FC143-3.pdf>

[28] Jacques Remiller, Rapport de l'Assemblée Naitonale, N. 165, Autorisant la ratification de l'acte constitutif de l'Organisation des Nations unies pour l'alimentation et l'agriculture, 2007, pp. 15-19.

延長，以便處理後續尚未完成的工作，並向2009年大會提出報告。於2009年通過有關糧農組織革新圖變近期行動計畫的第4/2009號決議，繼續進行組織的改革[29]。

肆、其他與糧食議題相關的聯合國體系

一、全球糧食理事會

　　在1972-1974之間全球發生了嚴重的糧食欠收，這場農業災難導致先前二十年間維持平穩的糧食價格急速上揚，引發了自二次世界大戰結束以來最嚴重的糧食危機。而糧食短缺的結果也使得發展中國家一方面除了必須承受穀物等基本糧食價格不斷上漲的壓力之外，另一方面還必須面對外國糧食援助大幅縮減的雙重困境[30]。面對一場隨時可能爆發的區域性大規模饑荒與國際情勢的不穩定度持續昇高，許多國家開始擔心這個世界是否具備提供充足糧食的能力，而要如何能夠長期確保國際間的糧食安全便成為各國政府關心的焦點。

　　職是之故，聯合國大會在1973年12月17日做出3180號決議[31]，要求於1974年11月在義大利首都羅馬召開「全球糧食會議（World Food Conference）[32]」。這場由聯合國首次舉辦的全球糧食會議共計有一百多個國家代表與會，與會者皆呼籲國際間應該重視此波糧食問題的複雜性與嚴重性，並要求各國政府展現一致的行動以因應全球未來可能再度面臨的糧食危機。各國代表於全球糧食會議中提出了「永久消弭饑荒與營養不良世界宣言（Déclaration universelle pour l'élimination définitive de la faim et de

---

[29] Resolution 4/2009 on the Immediate Plan of Action for FAO Renewal, <http://www.fao.org/fileadmin/user_upload/IEE/Resolution_4_2009_on_the_IPA.pdf>

[30] 1973年的全球石油危機事實上也是加深該次糧食危機的導火線之一。

[31] Universal Declaration on the Eradication of Hunger and Malnutrition，網址<http://www2.ohchr.org/english/law/malnutrition.htm>

[32] 最早主張應該召開該會議的國家為阿爾及利亞，它在1973年9月於阿爾及爾所舉辦的不結盟國家會議中提出，然而最後卻是由美國國務卿季辛吉於兩星期後在聯合國大會中提出。見 Rondeau Alain, «La Conférence mondiale de l'Alimentation ou le triomphe de la rhétorique. Rome, 5-16 novembre 1974», *Tiers-Monde*, 1975, tome 16 n° 63, p. 672.

la malnutrition）³³」，並同時要求聯合國以部長級代表或全權大使的位階設立「全球糧食理事會（Conseil mondiale de l'alimentation）」，做為統籌全球糧食相關議題的聯合國最高機構；「全球糧食理事會」因此於1974年12月成立，透過聯合國經濟與社會理事會（Economic and Social Council, ECOSOC）向聯合國大會進行業務報告。全球糧食理事會總部位於羅馬，計有36名理事，由聯合國秘書長指派一名執行委員負責管理秘書處。全球糧食理事會的職權在於定期檢視全球的糧食狀況，並針對重大問題提出改善建議與具體行動方案，例如在消弭饑荒及營養不良的問題上，要求各國與國際間應當推行有成效的農業政策；它還要求國際間提高對糧食問題的重視程度，提升國際援助計畫之間的行動綜效[34]。

全球糧食理事會在聯合國會員國邀請之下於不同地區舉辦年會，並與聯合國機構如聯合國糧食與農業組織（Food and Agriculture Organisation, FAO）、世界糧食計畫（World Food Programme, WFP）、農業發展國際基金（International Fund for Agriculture Development, IFAD）、以及其他相關組織密切合作。全球糧食理事會與上述機構主要的差別在於它並不直接負責糧食相關援助計畫的執行[35]。

二、食物權問題特別報告員

食物權問題特別報告員（Special Rapporteur on the right to food）是由聯合國人權理事會（UN Human Rights Council）所任命檢視食物權的獨立專家[36]。對食物權問題特別報告員而言，所謂的食物權係指不管是透過直接或經由購買的間接方式，都能經常性、恆久與無限制的在數量與質量上擁有符合其文化傳統的足夠食物之糧食近用權[37]。現任食物權問題特別報

---

[33] Déclaration universelle pour l'élimination définitive de la faim et de la malnutrition, <http://www2.ohchr.org/french/law/malnutrition.htm>

[34] *ABC des Nations Unies*, Nations Unies, 1990, pp. 126-129.

[35] Rapport du Conseil de la FAO-69ème Session, <http://www.fao.org/docrep/meeting/007/AC976F/AC976F03.htm#ref20>

[36] 該職位由聯合國人權理事會的前身－人權委員會（Commission on Human Rights）於2000年4月的2000/10號決議所設立。

[37] Special Rapporteur on the right to food, <http://www.ohchr.org/EN/Issues/Food/Pages/FoodIndex.aspx>

告員為2008年5月任命的比利時籍的德舒特（Olivier De Schutter）[38]。

聯合國人權理事會在體認到飢餓和糧食不安全問題是全球性問題的前提底下，食物權問題特別報告員的任務即為協助世人對食物權的落實。職是之故，聯合國人權理事會在任命決議上特別向食物權問題特別報告員提出下列任務的要求：（一）促進食物權的充分落實，並在國家、區域和國際各級採取措施，實現人人都能獲得適足食物的權利與免於飢餓的基本權，以便能夠充分維持並發展其身心能力；（二）探討克服現存與正在形成的阻礙落實食物權障礙的各種方法和具體途徑；（三）在履行任務時應繼續納入性別主流化，同時顧及年齡方面的問題，還要考慮到飢餓、糧食不安全和貧窮對婦女和兒童的影響更加嚴重；（四）提出可以幫助實現2015年將挨餓人口比例減半的千禧年發展目標、並落實食物權的各項建議方案，尤其要考慮到國際援助與合作在加強執行永續糧食安全政策的國家行動；（五）就逐步地充分落實食物權使世人免於飢餓，儘快充分享有食物權的步驟提出建議，同時需納入反飢餓國家計畫方面所取得的經驗教訓；（六）與所有國家、政府間組織和非政府組織、經濟、社會、文化權利委員會、以及代表盡可能廣大利益和經驗的其他相關行為者在各自職權範圍內密切合作，充分考慮到必須促進對所有人切實落實食物權等[39]。

對於當前世界的糧食問題，現任食物權問題特別報告員於2012年3月提出警告：德舒特指出自60年代以來農業專著於提高糧食產量，而忽略糧食政策對健康所能造成的重大影響。農業政策傾向於提高穀物、玉米和黃豆的產量，而忽略水果和蔬菜的生產。特別是得到大量補貼的玉米產量過剩，導致以玉米為原料的糖產量和以玉米為飼料的畜牧、養殖肉食生產增多，進而導致多醣、多脂肪和多鹽的加工食品增多，導致世人食物結構的改變。未能在制定糧食政策時兼顧健康後果所付出的代價之一即是目前在經濟合作與發展組織的34個會員國中，有19個國家中有5成的人口面臨超重或肥胖問題。而與此形成嚴重對比的是在許多開發中國家營養不良和缺乏微營養素同樣造成疾病負擔。德舒特建議改革農業和食物政策，通過包括稅收在內的手段重新形塑糧食體系，促進健康飲食的永續發展[40]。

---

[38] Rapporteur Spécial des Nations Unies pour le Droit à l'Alimentation, <http://www.srfood.org/>

[39] 聯合國人權理事會決議文，<http://ap.ohchr.org/documents/C/HRC/resolutions/A_HRC_RES_6_2.pdf>

[40] 聯合國新聞中心，<http://www.un.org/apps/news/story.asp?NewsID=41470&Cr=food&Cr1=#>

伍、檢討與結論

　　糧食安全問題向來被視為聯合國的主要任務之一，在聯合國體系內處理糧食安全相關議題的歷史與經驗也已經超過半世紀以上，然而糧食安全卻仍是一項始終困擾著南方國家的難題；且國際間對於糧食安全問題的思考重點所亦隨著時代演進而在不同時期裡有著不同的關注面向，這也讓我們一再錯失諸多改革全球糧食體系的契機[41]。

　　不過值得肯定的是今日主動關心並積極參與糧食安全問題討論的利害關係人（stakeholder）日益增多，這使得糧食問題開始有機會脫離少數決策、逐漸朝著民主化的方向發展。因為糧食安全絕不僅僅是政府與聯合國的問題，同時是農產者的問題，也是企業的問題，更是消費者與市民社會的問題；特別是在公民團體已經提出人民有權可以定義屬於自己的糧食和農業系統，而不傷害其他人或環境的糧食主權觀念的今日（糧食主權的具體主張還包括改變糧食生產和消費方式、改變糧食的分配模式、重視及改善在糧食和農業系統中的勞動及社會條件、重申人民對於糧食公共財的權利、自我管理糧食和農業系統的公共政策等[42]），國際間對於希望推動糧食安全體系改革的動能其實相當強大。因為糧食問題並不只是糧食體系裡面上、中、下游等各個權力與屬性互異的單位所串聯起來的市場問題而已，它可說是一種具有特殊性的國際人權結構，尤其是糧食安全其中所隱含的倫理議題絕不應該被單純的供需法則所支配。況且基於糧食相關資源應成為人類所共同享有之公共財（public goods）的概念出發，國際間就有責任對此有更進一步的規範與保障，亦即糧食體系之中各個行動者的權利與義務關係必須加以明確化，如此才可能透過法律架構捍衛上述所謂的「公共財」。

　　再者，基於永續發展的觀點，糧食安全也與生態、社會、文化等層面息息相關，因此不該獨厚提升農糧生產的質與量之技術性面向，而還須一併考量如何能夠讓糧食體系永續地運轉。另外，國際間對於糧食治理長久以來也一直存在一項值得吾人深切檢討的迷思，那就是各國政府針對糧食

---

[41] 例如國際間從未真正地將糧食安全當成是國際發展的主軸，糧食安全多半只是輔助性、或者是具有人道性質的片斷性任務。

[42] Declaration of Nyéleni, Forum for Food Sovereignty, February 2007. <http://www.nyeleni.org/?lang=en>

安全問題的態度上，一般都只願意進行災難已經發生之後的風險控管，然而對於改善問題的根源卻往往興趣缺缺，不願意與他國共同攜手合作。但糟糕的是一旦糧食問題真正發生時各國政府卻又手足無措，或者甚至是不幸地陷於自顧不暇的窘境。然而參考2008年金融海嘯期間，各國政府可以不計成本地傾全國之力拯救「大到不能倒（too big to fail）」的銀行體系和金融機構；倘若比照上述邏輯，那麼國際間也應該要傾全力對「重要到不能忽略」的糧食安全貢獻同等的資源進行糧食體系的缺陷修補才是[43]。假若糧農組織能夠成為促進各國政府轉換治理觀念的平台，對於未來的糧食治理才能扮演好未雨綢繆的角色。

　　總而言之，聯合國糧農組織如果想要繼續扮演聯合國體系中統理糧食安全的主要協調者，它除了繼續與其他聯合國相關單位密切合作之外，更應持續發揮其規範性功能，促進國際間協商以制定相關規章，並促成糧食體系的民主與自由化，推動糧食體系之結構改革、並消弭南北差距。此乃未來強化糧農組織正當性之一條無可迴避的道路。

---

[43] 看來相當諷刺地是，人類於1969年就有能力登陸月球；並於2012年將好奇號偵測器送上火星進行探測。然而人類卻對於存在已久的糧食問題依然無法提出改善與解決之道。

五、金融監理之國際互助初探
——瑞士法制之觀察

鄭文中[*]、陳文禹[**]

壹、緒論：金融監理國際化之形成

　　隨著證券市場全球化、一體化、混業化和電子化，全球證券市場已經聯結成一個整體，現在以倫敦、紐約、東京、巴黎、香港、法蘭克福、蘇黎士等國際性證券交易所為代表，全球24小時連續交易的世界證券市場體系已經形成。在現代條件下，國際資本市場的巨額游資出於避險或投機的目的而造成對各國證券市場的衝擊；各國為擺脫證券市場對本國貨幣之壓力，頻頻調整匯率，在國際市場上轉嫁危機；一些投資機構和投資者利用不同證券市場管理的「灰色區域」逃避監理，從事跨國證券欺詐活動；各國證券業監理標準和市場交易規則的不同會造成制度性的競爭扭曲等等。凡此種種均有賴於各國政府通過嚴格監理及相互協助，共同對於國際證券市場進行有效監理，以確保國際證券市場之公平交易秩序。因此，加強證券市場國際監理之合作與協調，已成為各國之共同要求及努力目標。

　　為強化跨國監理協助能力，促進我國與其他國家金融主管機關及國際機構之國際合作，99年5月4日立法院第7屆第5會期第11次會議通過證券交易法修正案，於第21條之1新增「為促進證券市場國際合作，對於有違反外國金融管理法律之虞經外國政府調查、追訴或進行司法程序者，於外國政府依第一項簽訂之條約或協定請求協助調查時，主管機關得要求與證券交易有關之機構、法人、團體或自然人，提示相關之帳簿、文據或到達辦公處所說明，必要時，並得請該外國政府派員協助調查事宜」，且對於主管機關要求提供必要資訊、提示相關帳簿、文據或到達辦公處所說明，不得規避、妨礙或拒絕。」

---

[*]　鄭文中，文化大學法律系專任助理教授，德國Passau大學法學博士。
[**]　陳文禹，宏宇法律事務所主持律師，仲裁人，德國佛萊堡大學法學碩士。

　　隨著證券交易法之修正，我國已補足金融資訊交換之法源依據，因此在今年3月我國也正式升級成為國際證券管理委員會（International Organization of Securities Commissions，IOSCO）之A級會員，並順利簽署多邊瞭解備忘錄MMOU，未來我國可與美國、日本及新加坡等75個國家進行資訊分享。MMOU的資訊分享功能，可以讓過去受限於外國監理權限之情況改善，其他國家之企業或人民若在我國境內進行金融犯罪，則我國可以要求與該國進行約談與調查，強化查緝犯罪效能；再者簽署MMOU等同於和會員國簽定MOU，因此我國與其他國家金融合作空間亦隨之擴大。

　　與我國證券交易法第21條之1的規範目的相同，瑞士於2006年年初修正通過證券交易法第三十八條亦是針對有關國際監理合作機制，提供法律規範之基礎。且瑞士證券交易法修正之主要背景之一，亦與我國修正證券交易法若合符節，即是在於強化國際合作，防範與對抗國際間不法之金融交易行為。與我國最大的不同處之一，瑞士金融市場之國際化程度遠勝於我國，且其金融業佔國民生產毛額相當之比重，並提供為數眾多之就業機會；此外瑞士銀行的保密原則，更是被許多瑞士人認為是一項文化成就，因此在國際金融監理互助之事項，更顯示出瑞士所具有特殊性，而有可供參考之處。

一、金融市場之內部需求

　　瑞士金融業被視為瑞士之命脈。自中世紀以來，瑞士即成為永久中立國，而瑞士人亦認為銀行保密原則正是瑞士經濟繁榮的基石，此一原則讓瑞士在全球金融業務的競爭中立於不敗之地。然而隨者全球化之浪潮，國際金融市場已成為無國界，緊密連繫結織成網絡。銀行和金融中介機構直接於國際間從事業務，或藉由設定據點之方式進行。瑞士金融業亦不能自外於此項潮流，這尤其對於瑞士兩家大型跨國銀行集團，瑞士信貸銀行和瑞士銀行集團，具有重要意義。再者根據本世紀開始之初的資料顯示，當時在瑞士銀行監理委員會底下，共有127家外資控股銀行及26家外資銀行分行。在這種情況下，對於瑞士銀行監理委員而言，在瑞士金融市場上活動之外國銀行及其跨境銀行銷售業務據點，在全世界亦具有之重要意義

　　此外客戶國際化的趨勢持續地增加，尤其是在新穎的電子通訊媒介之助長下，一般而言，這些情況將有賴於超國家之監督方式，然而對於銀行，證券交易商及金融機服務機構之監理，一如往常，仍然是以國內組織

的方式進行。因此,就地理性質而言,監理機關之管轄是限制在國家所屬之疆域內。根據國際法上之屬地原則(Territorialitätsprinzip),在外國藉由高權機關取得資訊,於欠缺有關國家之同意時,是不被允理的。

屬地原則是奠基於國際法禁止在外國領土內進行高權行為之內涵上。在各國的實務上,外國官署成員以官方之身分在場(Präsenz)已被認為是不可接受之高權行為(Hoheitsakt)。在這種情勢下,一項國際間相互協調之監理和行政互助(Amtshilfe)將更形重要。就金融市場而言,此項國際行政互助尤其是對於跨境之國際性活動具有重大貢獻。另外,分行(Zweigniederlassungen)與子公司(Tochtergesellschaften)的行為與活動,尚且可能對於整個機構造成毀滅性的結果。在國際商業信貸銀行(Bank of Commerce and Credit)和霸菱銀行(Bank Barings)的案件中,於登記母國(Herkunftsland)以外之國家所為之欺詐行為即導致整個機構的經濟崩潰。而2008年所發生之全球金融海嘯,更是重創全球之金融產業。而使得各國對於國際互助此一方面有了全新之認知,亦促使在地之監督(Vor-Ort-Kontrolle)之作用於國際上之突破。

二、國際政經局勢變化之外部效應

1989年7月,當時的七大工業國領袖在巴黎決定成立國際防制洗錢金融行動小組(Financial Action Task Force FATF)。該小組織於1990年2月提出了「關於洗錢問題之40項建議」,要求各國迅速採取各項措施反制洗錢,這些措施主要可分為法律、金融監管及國際合作等三個面向[1]。在該項建議的基礎上,瑞士於1997年10月制定「反洗錢法」,並於次年4月1日正式生效,該法之適用範圍,除了傳統意義下之金融機構,如銀行、保險公司、證券交易商之外,尚且擴及賭場及其他所有非銀行領域的金融仲介機構與個人,倘若此類機構與個人從事管理他人財物、協助他人投資或進行財產轉移之職業活動,如信託公司、資產管理者、貨幣兌換商、錢幣及貴重金屬經營商、律師、公證師等等。911恐怖攻擊事件之後,反恐議題與反洗錢產生聯結,反恐融資成為反洗錢工作的一項重要領域。2003年6

---

[1] 趙國材,論跨國洗錢之法律控制問題,第六屆「恐怖主義與國家安全」學術暨實務研討會,民99,頁53-54。

月，國際防制洗錢金融行動小組對「關於洗錢問題之40項建議」進行較大
幅度之修定，其中最大之變動在於增加了反恐融資的內容和擴大了洗錢上
游犯罪的範圍。新修定之「關於洗錢問題之40項建議」將商品假冒、內線
交易、操縱證券、人口販運和組織模式之走私均列為洗錢的上游犯罪。瑞
士作為特別工作組的成員國，積極參與了此次修訂工作。為此，瑞士除進
行實體法部分，如刑法、著作權法、外國人法等之修正，亦針對本文所探
討之司法互助法進行修正。

　　在金融監理組織方面，2007年6月22日依據「聯邦金融監督管理委員
會法（FINMAG）[2]」成立瑞士金管會（FINMA），負責金融監理之事
項，並於2009年1月1日正式掛牌運作。瑞士金管會擁有獨立之法人格，直
接向瑞士議會負責，就機構上、功能上和財務上而言，瑞士金管會獨立於
聯邦中央政府和聯邦財政部。瑞士金管會整合了聯邦私人保險管理辦公室
（FOPI）、瑞士聯邦銀行業委員會（SFBC）以及瑞士反洗錢控制委員之
職能，採取銀行、保險、證券綜合監理之體系負責瑞士所有銀行、保險公
司、證券交易所、證券交易商、資產管理公司以及其他各類金融仲介。

　　金融監理之國際互助，就內容而言，與請求國及受請求國之行政作
為（Verwaltungshandeln）有密切關聯。行政作為之結果並無法標準化或
予以特定，以何種方式作出決定，對於接受國際行政互助及其合法性即
具關鍵性。在行政互助之範圍內，金融監督管理委員會將藉由銀行祕密
或證券交易商祕密而守到保護之資訊，交付給外國的監理機關。透過行
政互助之決定，必須確立一項特別之顧客保護（Kundenschutz），而瑞士
的立法者已經將顧客資訊保護之情形於證券交易法中加以考量，於交付
與顧客有關之資訊時，須適用聯邦行政程序法（Bundesgesetzes über das
Verwaltungsverfahren）之規定。

　　於法治國家中，程序性保障措施對於行政行為所作成之結論及特別具有
重要性，然而瑞士的銀行祕密與瑞士獨特之歷史背景有密切關聯，此亦是不
可忽略之處。在國際行政互助之相關條文中，對於顧客之程序性保障，並未
有共通的普遍性原則。在瑞士所處之地位之背景下，顧客保護毋寧須認為
是瑞士的獨特產物，亦即須考慮者為，對於瑞士所握有之銀行祕密應賦予
何種程序性保障。然而此種顧客保護並非在任何情況下都肯定可以獲得滿

---

[2]　<http://www.finma.ch/archiv/bpv/download/e/FINMASA.pdf>，最後瀏覽日，2011年7月31日。

足。監理機關所憂慮者為，在交付與顧客有關之資訊時，行政程序之可適用性將可能使得證據之傳送變為困難，而可能遲滯甚或阻礙行政互助之進行。對於此一部分，特別是關於資訊保護之部分，固屬證券市場監理國際互助不可忽視之問題。然限於篇幅因素，本文僅係就瑞士證券法關於國際互助之規範部分作初步觀察，行文或將淺顯地論及顧客資訊保護之問題，惟限於篇幅，並未作深入探究，須另為文加以探討，於此一併先予以說明。

貳、國際行政互助與國際司法互助

　　證券監理之國際相互協調和行政互助，最簡單之形式即是國與國之雙邊合作。證券監理之雙邊合作是指，兩個國家的證券主管機關之間為證券市場之管理，就法律性、技術性之相關問題所進行之交流和協作。國際雙邊合作是最基本、最常見的形式，一般是藉由簽訂雙邊協定來實現，主要形式為司法互助協定（Mutual Legal Assistance Treaties, MLATs）與瞭解備忘錄（Memoranda of Understandings, MOLTs）。後者所涉及者，即是本文所稱之行政互助（Amtshilfe）。

一、國際行政互助

（一）作為行政法程序之國際行政互助

　　國際行政互助係指，不同國家間之行政機關在一項不具有爭議之行政程序或於其所處之機關階段、例如監理機關、稅捐機關及海關等之合作項目，加以規定。國際行政互助是一項與行政法有關之程序，並且是歸類為公法事項。而在公法事項上，則必須適用屬地原則。藉由行政互助之方式所得實現之行為或措施，其是否應予許可，須以尋求協助機關之有效法律為依歸，相反地，進行行政互助之程序則以提供協助之監理機關的現行法律為準。

（二）作為監理工具之國際行政互助

　　國際行政互助的邏輯對應者為內國監理，而其主要是運用在針對銀行、證券交易所、證券交易商、證券交易之跨境長期監視。原則上，國際

行政互助之目的在於，傳遞進行監視業務所必要之資訊。藉由此種方式，監理機關能夠將發生在國外且與一項監督機構或證券交易有關之事實，納入內國監視之範疇。

於此種意義之下，行政互助即成為監理機關為履行其公務，於監理法上所得運用工具之一部分。倘若監理機關需要一項處於外國之資訊，其將尋求友邦機關之協助，為其取得相關資訊並將資訊交付至其手上。因此行政互助是跨境監理之一項重要支柱，而為實現跨境監理之目標提供關鍵性之服務。然而行政互助之對象並不包括調查及蒐集資訊。至於交付之資訊可能涉及文件、口頭言詞和書面資料、證人之陳述，表徵證據（Augenschein）或專家鑑定報告（Gutachten von Sachverständigen）（瑞士行政執行法第12條）。其他措施將不予考慮。

在針對跨境的銀行集團進行綜合監理（konsolidierte Aufsicht）時，國際行政互助執行一項重要的作用。就國際層面而言，根據巴塞爾委員會（Basler Ausschuss）之所建議並獲得通過之原則，對於跨國公司之綜合監理，將由集團高層所屬母國之監理機關負責執行，此即所謂的母國監理（Home Country Supervision）。此項原則也體現在瑞士有關的銀行立法上。綜合監理的一項主要元素在於，與其他不同之參與監理機關，特別是與東道國之監理機關，建立接觸管道及進行資訊交流。綜合監理所必要之資訊交流尤其需要藉由國際機關互助加以確保。

針對國際行政互助而與外國監理機關所進行之合作係屬於瑞士金融監督管理委員會之法定職掌。因此為使金管會得以履行此項職務，受到監理之銀行及證券交易商負有義務，定期地向瑞士金管會提供相關之資訊及交付書面文件。此項義務必須擴及到所有與銀行在瑞士境內所能支配之機構及人員的有關內容。此外也包括與外國子公司有關之資訊，倘若事實上為顧客所提供之管理服務是來自於瑞士。

二、刑事案件上之國際行政互助及司法互助

（一）刑事案件上國際司法互助之定義

國際司法互助係指，針對一項未決案件或立即待覺之案件，不同國家間之司法機關所進行之合作，其目的主要是在於訴追一項過去所發生之犯

罪行為，或是外國法院所為判決之執行（Vollstreckung）。國際司法互助
之內容，簡言之，即是對於請求國家提供司法協助，而此種司法協助係藉
由以下此種方式完成，即被請求協助國家之機關在其境內進行程序或是其
他之官方行為（Amtshandlungen），並且於一項特定的程序中，將結果交
付予請求協助國家之官署。於此種意義之下，國際司法互助包括，訊問證
人、回答者（Auskunftspersonen）[3]，犯罪嫌疑人（Beschuldigten），證據
或書面文件之移交或保全，搜查與扣押，指認（Gegenüberstellung），交
付資產及送達傳票，判決書與其他訴訟文件。

　　瑞士提供司法互助係以雙邊司法協助條約、1959年4月20日所簽署之
歐洲刑事司法互助公約（Europäisches Übereinkommen über die Rechtshilfe
in Strafsachen, EUeR）及於1983年1月1日生效之聯邦國際刑事司法互助法
（Bundesgesetz über die internationale Rechtshilfe in Strafsachen, IRSG）為
基礎。根據聯邦國際刑事司法互助法，對於與瑞士並未簽訂雙邊協定及非
歐洲刑事司法互助公約簽署國的國家，瑞士亦得提供司法協助。倘若請求
司法協助所涉及之犯罪行為，在瑞士被認為是政治犯罪、與政治犯罪有關
聯性之犯罪行為或是經濟犯罪行為（fiskalische strafbare Handlungen）（瑞
士聯邦國際刑事司法互助法第3至5條），或者瑞士政府認為，司法協助請
求之執行恐有損及瑞士國家主權、內國安全、公共秩序或是其他根本利益
時，將不提供司法協助（瑞士聯邦國際刑事司法互助法第一a條）。

（二）刑事案件上行政互助及司法互助間之關連性

　　在實務上，畫定國際行政互助與國際刑事司法互助間之界限係相當困
難者。由於行政互助與刑事司法互助涉及到相同的事項，且就部分情況而
言，可能必須要交換相同之資訊。因此對於兩者作出一項明確的概念區分

---

[3] 根據瑞士刑事訴訟法第162條之規定，得作為證人加以訊問者係，未參與一項犯罪行為，且其陳
述能有助於澄清該項犯罪行為之人。而依照瑞士刑事訴訟法第163條第1項，適格的證人必須年滿
十五歲以上，且對於與訊問有關之事項須有識別判斷能力（urteilsfähig）。瑞士刑事訴訟法第162
條亦規定，回答者（Auskunftsperson）不得作為證人加以訊問。有關回答者係規定於瑞士刑事訴
訟法第178條，例如於接受訊問時，未滿十五歲（瑞士刑事訴訟法第178條第b款），或由於有限
的識別能力，對於訊問之事項，僅於有限的範圍（m eingeschränkten Masse）有理解能力（瑞士
刑事訴訟法第178條c款），又或是受有損害而得提起自訴之人，亦僅得作為回答者，而非證人
加以訊問（瑞士刑事訴訟法第178條a款）。依照瑞士刑事訴訟法第180條第2項，儘管其並非以
證人身分接受訊問，然而回答者於檢察官訊問或是委由警察訊問的範圍內，一如證人，仍有陳述
之義務。

則是充滿困難。基於此種理由，如何協調此兩項程序即十分重要。此時，特別的難題是在於，倘若監理機關同時亦為刑事偵查機關，而監理機關在具有刑事偵查機關地位的情況下，使其有權向瑞士請求提供刑事司法協助。

對於違反規範證券交易所及證券交易商正常運作之規定，而加以監視及訴追之犯罪行為，國際行政互助與國際刑事司法協助之間存在有連繫點。因為證券交易所與證券交易，不僅可以藉由監理法，同時亦可以藉由刑事法上之手段加以調節。在某些情況下，如同刑事司法互助一般，行政互助亦可能涉及個別的、已完成的交易，例如內線交易（nsidertransaktionen）或者是針對過去之事件進行調查。

在針對金融市場犯罪（Finanzmarktdelikten）展開刑事訴追之前階段，經常是涉及到由監理機關所進行之監理法上之（行政）調查。因而此將有可能與以下事項產生關聯，即究竟是否有理由對之產生刑法上有關之犯罪嫌疑。例如，金管會得知犯罪行為，因而必須向有管轄權限之刑事訴追機關進行通報（聯邦銀行及儲蓄銀行法第23條第4項，聯邦證券交易法第35條第6項）。針對犯罪構成要件之調查，則非金管會主管之事項。因此行政互助原則上不應介入犯罪行為之調查，此一部分則是司法互助所規定之事項。

倘若在個案之中，已經向刑事訴追機關進行犯罪告發者，則在此種情況下，將資訊交付予外國監理機關亦屬可能。例如此時在外國可以顯示出，行政機關具有自身之利益，而與刑事訴追機關之利益不相一致。然而於有濫用顧慮之案件時，對於資訊之交付，仍然可以加以保留。不過必須注意的是，行政互助之提供在實務上不應導致司法互助之規定實質失效的情況。因此，倘若監理之目的顯然居於優越地位，且行政互助符合監理之目標時，此時瑞士金管會僅得執行行政互助之事項。

瑞士聯邦法院已經接受以下觀點，監理機關可以藉由替代刑事司法互助或是行政互助之途徑，請求交付來自於瑞士之資訊。特別值得一提的是，監理機關之後亦得提出行政互助之請求，倘若一項針對內線交易行為所進行之監理法上的（行政）調查，於稍後的時點上，可能進入刑事訴訟程序。然而必須強調的是，刑事司法互助不得藉由行政互助之方式予以規避。

基於此項理由，倘若於請求行政互助的階段中，一個機關已經向金管會請求決定將資訊轉交予檢察機關，於此種情況下，瑞士聯邦法院要求，

必須存在有足夠的要素開啟刑事訴訟程序。然而必須強調的是,在外國並非實際須有刑事訴訟程序之開啟,倘若一項監理法上之調查結果得以啟動刑事訴訟程序,即為已足。不過在有濫用顧慮之情形,當外國的監理機關未有任何獨立之監理利益,而受已審理案件法官之委託,謀求在外國蒐集證據時,此時瑞士將不考慮給予任何協助。

參、瑞士證券交易法國際行政互助之架構

一、瑞士證券交易法第38條之構成要件概述

　　瑞士於證券交易範疇內之行政互助規定在瑞士證券交易法第38條。瑞士國際行政互助之條文所之重要構成要件要素如下:

　　國際行政互助僅得由金融市場監督機關為之(瑞士證券交易法第38條第2項)。於執行請求國際行政互助之範圍內,瑞士金管會得交付非公開之資訊和/或文件(瑞士證券交易法第38條第2項)。瑞士聯邦行政法院已藉尤其判決一再地確認此項觀點[4]。

　　經由行政互助方式所提供之資料僅得用於(外國)政府執行有關證券交易所、證券交易及證券交易商之措施或基於此一目的移交予其他官署、法院或是機構(所謂的專業原則,Spezialitätsprinzip,瑞士證券交易法第38條第2項第a款)。因此,在未經瑞士金管會之許可下,將資料移交給檢察機關以訴追違反金融市場法之行為,例如內線交易、操縱股價(Kursmanipulation)、無照營業活動(Tätigkeit ohne Zulassung)、經營欺詐式雪球系統(龐氏騙局)(Betreiben von betrügerischen SchneeballSystemen(Ponzi scheme)[5]等為目的,係可行者。將移資訊移

---

[4]　Z.B. BGE 128 II 407, Erw. 6.2 oder BGE 2A.246/2006, Erw. 5.4.

[5]　又稱為「非法集資」、「非法吸金」,在台灣俗稱為「老鼠會」,是層壓式推銷方式的一種。參與者須先支付一筆款項作為入會代價,而所得之利潤是來自於其他新加入之參與者,而非公司本身透過業務所獲取。投資者藉由吸引新的投資者加入付款,以支付上線投資者,通常在短時間內獲得回報。然而著更多人加入,資金流入不足,騙局泡沫爆破時,最下線的投資者即蒙受金錢之損失。「龐氏騙局」稱謂源自美國一名義大利移民查爾斯・龐氏(Charles Ponzi)。龐氏於1919年開始策劃一項陰謀,成立一間空殼公司,欺騙他人投資此一事實上子虛烏有之企業,並承諾投資者於三個月內獲得到40%之利潤回報,之後龐氏將新投資者之款項作為快速盈利支付予最初

交給第三機關（Drittbehörde），並不以雙重犯罪（doppelte Strafbarkeit）為前提[6]。於適用專業原則時，基於稅務目的或於與執行金融市場監理法無關之刑事訴訟程序之範圍內，在事先未經瑞士金管會批准而運用資訊之情形，則是不可行的。瑞士金管會之此項批准須獲得瑞士聯邦法務部之同意。於此種情況下，必須滿足司法互助提供之前提要件，是以，此時須符合雙重犯罪原則（瑞士證券交易法第38條第6項）。

　　請求瑞士政府提供協助之外國必須保守其所知悉之官方祕密或專業祕密（Amts-oder Berufsgeheimnis），此即所謂的保密原則（Vertraulichkeitsprinzip）。然而在某些司法管轄領域內，此項保密原則並不包括現行法中關於程序公開（Öffentlichkeit von Verfahren）及關於如此程序公開之方向（Orientierung der Öffentlichkeit über solche Verfahren）（瑞士證券交易法第38條第2項第b款）。倘若程序之開啟是以公開方式進行，則此並未與此項保密原則相牴觸。於制定通過證券交易法第38條第2項第b款時，對於特定監理機關之資訊政策以及因而將喪失對於這些交付予外國機關之資訊的控制，瑞士國會有充分地認識[7]。此項規定並非意謂者，瑞士金管會應審查，於適用瑞士證券交易法第38條第2項第a款時，而受有資訊移交之機關是否亦遵行保密原則[8]。

　　相對於其他大多數國家的通常程序，瑞士證券交易法第38條之規定具有一項特殊性，即聯邦行政程序法之適用，須是在倘若所交付之資訊涉及到證券交易商之個別顧客之情況（瑞士證券交易法第38條第3項）。此對於瑞士金管會具有以下之意義，亦即瑞士金管會必須以受到行政互助程序所波及之顧客，以及顧客知悉其決定將資訊交付予外國之金融市場監理機關之機會為依歸。對於此項決定，（顧客）得以一審終結之方式，請求向聯邦行政法院予以撤銷（瑞士證券交易法第38條第5項）。此項所謂的顧客異議程序（Kundenverfahren），就國際上而言，是有所爭議的。特別是因為其要求必須向受關係人（Betroffene）揭露協助之內容（Offenlegung des Ersuchens），因而可能造成勾結與證據滅失之風險（Risiko der

---

之投資人，以誘使更多人上當而參與。由於前期之投資人回報豐厚，龐氏成功地於七個月內吸引三萬名投資者。此項詐騙計畫持續了一年之久，被利益衝昏頭之人們始清醒而爆發。

[6]　BBI 2004 6764 und BGE 2A.170/2006, Erw. 2.1.2.

[7]　BGE 2A.13/2007, Erw. 8.

[8]　BBI 2004 6765 und BGE 2A.649/2006, Erw. 5.

Kollusion und der Beweisvernichtung）。關於此一部分，詳見後述。

　　倘若應交付予請求協助機關之資訊，並未涉及到證券交易商之個別顧客，則不得適用行政程序法（瑞士證券交易法第38條第3項之反面解釋）。於此種情況下，無需特別之程序即可將資訊移交給請求協助之機關。

　　行政互助之程序須迅速進行（瑞士證券交易法第38條第4項）。此意謂著，除其他事項外，提起異議程序之猶豫期間（Beschwerdefrist）為10天，且假日亦不停止計算（瑞士證券交易法第38條第5項）。

　　於行政互助程序必須考慮比例原則。於請求行政互助時，亦必須顯示出，行為違反監理法之初步懷疑（Anfangsverdacht）。此項原則可以基於以下理由予以排除，即移交顯然未涉及請求協助事項中人員之資料，此即瑞士證券交易法第38條第4項意義下所稱之無辜第三者（unverwickelten Dritten）的概念。根據瑞士金管會之實務運作，顧客身分管理之揭露僅得於嚴格、明確之條件下，予以排除。此項例外，則是證券交易範疇內，瑞士行政互助制度所具有之另一特點。

二、瑞士證券交易法第38條之修正原因—舊法適用之困難

　　修正後之瑞士證券交易法第38條係於2006年2月1日生效。修正前之瑞士證券交易法第38條之規定內容固然亦是關於行政互助之提供，然而根據當時規定之條件難以與外國之金融市場監督機關進行有效之合作[9]。

　　修正前之瑞士證券交易法第38條，一方面無法滿足保密原則之要求，而無法與美國之監理機關，美國證券交易委員會（The U.S. Securities and Exchange Commission, SEC）進行合作。這項合作原本欲將交付之資訊運用在美國法院所提起之公益訴訟（öffentliche Klageverfahren）。然而瑞士聯邦法院認為，在當時的情況下，並無法提供美國證券交易委員會機關協助，因為此項行政互助已經明顯地違反當時條文規定之保密要求[10]。

　　另一方面則是所謂的長手原則（Prinzip der langen Hand），據此，對於將資訊移交給外國另一個監理機構或刑事機關，瑞士銀行監理委員會（瑞士金管會前身之一）必須加以控制並作出決定。因此對於每次資訊

---

[9] EBK-Jahresbericht 2002, Ziff. I/3, S. 19.
[10] BGE 2A.349/2001.

之移交，都需要特別之請求，而這本身就是一項單獨的顧客程序之客體
（Gegenstand eines eigenen Kundenverfahrens）。當資訊係移交給刑事訴
追機關時，更進一步地作出限制而要求聯邦法務部必須對於以下事項進行
審查，即司法互助之有關規定是否被遵行及是否符合雙重犯罪原則。蓋依
照舊瑞士刑法典第161條之法條文字，內線之構成要件應嚴作限制性之解
釋[11]，而在明確運用內線消息（Insiderwissen）之情形，將資訊移交給外國
的刑事機關有時候甚至是不可能的。此項規定特別將導致以下的問題，倘
若根據其本國法律，當有犯罪之跡象時（Anzeichen einer Straftat），外國
的金融監理機關被迫在未徵詢瑞士銀行監理委員會之情況下，逕向其本國
有管轄權之檢察機關告發犯罪。

　　隨著瑞士證券交易法第38條之修正，上述兩項證券交易範疇內之行政
互助的重要問題得以紓解[12]。

　　由瑞士金管會獲得資訊之外國機關，在運用金融市場立法之目的下，
得以將資訊移交給其他機關，亦包括檢察機關。此外，外國機關有權，於
執行（Enforcement）程序中運用這些資訊，縱使過程是在廣大公眾前進行。

　　瑞士聯邦法院曾明確地表示，根據舊瑞士證券交易法與第二個機關
進行合作是不可能的。交付資訊予第二個機關的前提要件目前毋寧已完
全被滿足，特別是與以下兩個外國機關之合作，即義大利證券交易所監
管部門（Commissione Nazionale per le So-cietà e la Borsa, CONSOB）[13]及
美國證券交易委員會。[14]因此，瑞士金管會得以提供所有外國夥伴組織
（Partnerorganisationen）機關協助。

---

[11] 瑞士關於內線交易刑法規範之修正已於2008年10月1日生效。根據現行瑞士法之規定，對於內線
　　交易之處罰，係針對利用得以影響股價之任何機密資訊（vertrauliche Tatsachen）。在此次修法之
　　前，關於機密資訊是被限制在與即將發行新股、企業併購（Unternehmensverbindung）或是與此
　　相類似事件範圍內對股價有重大關係（kursrelevant）之事實。由於瑞士刑法第161條第3款已經廢
　　除，上述之限制亦隨之取消。

[12] BBI 2004 6754.

[13] Vgl. EBK-Bulletin 50/2007 S. 104 ff. und BGE 2A.371/2006.

[14] Vgl. EBK-Bulletin 50/2007 S. 91 ff. und BGE 2A.13/2007.

肆、外國監理機關請求行政互助之流程

一、請求協助之原因

外國機關提出行政互助之請求，需要符合以下兩項要件：

首先，外國機關必須因對於交易行為有初步懷疑或是於其高權範圍內發生特定的可疑活動而展開調查[15]。對於特定交易之時點具有初步懷疑經常是唯一的理由[16]。在一般的情況下，外國機關的調查涉及到在特定期間內與名目有關之所有的交易行為，至於交易係經由內國證券交易商或是外國證券交易商所進行，則不是重點。

其次，於調查期間內，必須有一證券交易商（例如一家瑞士銀行）活躍於外國市場上。倘若有一來自於其他國家之金融中介機構（Finanzintermediär）在相關的期間內進行交易，就其調查而言，金融監理機關原則上即無獲取相關資訊之直接途徑，特別是當交易之委託人並不明顯之時。因此該外國金融監理機關即必須向有關之金融中介機構所在地國（Sitzstaats）的金融監理機關取得聯繫，在瑞士，瑞士金管會即是瑞士境內證券交易商之監理機關。

二、請求協助之內容

向瑞士金管會提出之協助請求，大多數是涉及到針對可能的內線交易之調查，也有涉及到操縱股價之情形，但相對為少數。而最近幾年來向瑞士金管會提出請求行政互助之案件，涉嫌違反通報義務（Meldepflicht）或是通常與藉由未經允許之非法活動有關的詐欺投資人之數目，則有所增加。

外國機關向瑞士金管會提出之行政互助請求，倘若是涉及到可能的內線

---

[15] 事實上，瑞士金管會並不需要如同請求協助之外國官署一般，對於開啟調查及提出（機關互助之）請求具有相同的權限。

[16] 例如在公布取得目標公司公開發售商品之前，在一項（前）調查階段的範圍內，外國金融監理機關經常針對是否違反運用特權訊息（Verwendung privilegierter Informationen）之相關規定進行審查。

交易或是操縱股價之情形，其所提出之問題通常包括以下幾點:調查期間內所進行之所有交易的詳細情形；交易進行的最終受益人（Endbegünstigten）之身分；委託人之身分，即由何人作出投資決定（Anlageentscheid）；交易之原因。另外也會提及其他的問題，例如在納入調查主題之整體投資組合（Gesamtportfolio）中，個別顧客所佔之比例，或是交易所得利潤之使用，或是交易之資金來源等。

倘若外國機關對於瑞士金管會之相關法律規定是否允許提供行政互助而有所懷疑時，外國機關得事先與瑞士金管會取得聯繫，以避免提出瑞士金管會無法處理之不必要請求。金管會與請求協助之機關討論以概念的形式（in Form von Entwürfen）提出，同樣也發生過。於討論的過程中，將僅論及法律與技術層面之觀點，而不會有顧客資料之交換[17]。

三、瑞士金管會對於形式要件之審查

於接獲行政互助之情求時，瑞士金管會將對請求是否符合形式要件進行審查，亦即瑞士金管會須針對有關專業原則、保密原則及是否存在有初步懷疑之情形加以審查。倘若行政互助之請求並不符合形式要件，基於補正之理由，瑞士金管會可以退回該項請求。倘若欠缺初步懷疑時，瑞士金管會將拒絕此項請求並通知請求機關。然而於提出請求時欠缺初步懷疑之情況，則是極其罕見。初步懷疑是否存在，必須就與可能之牴觸法律間之關係進行調查。在一項內線交易犯罪之調查範圍內，倘若有以下之情形，已經足夠，例如在特定期間內有進行交易之情形，而此項交易與未公開之資訊或是未公開之事件有關，且此項資訊或事件對股價造成影響。相反地，交易是否有獲利或者邏輯上出現與該事件有關連之問題，則非屬必要。例如在導致股價上漲的主題經由新聞發布前，不僅是買入，包括賣出之情形亦可以為行政互助資訊交付之客體[18]。值得一提的是，於此項名目底下，瑞士證券交易商所進行之交易（瑞士金管會所管轄者）經常僅係交

---

[17] 對於技術性的協助（technische Hilfe），瑞士學說上有認為不應予以許可，vgl. Honegger, Peter/ Kolb Andreas, Amts-und Rechtshilfe: 10 aktuelle Fragen, RZ. 21, ASA online vom 5.3.2009, <http:// www.nkf.ch/de/attorneys/peterc_honegger.php>（最後瀏覽日，2011/7/31）。事實上這是有待商榷的觀點。瑞士金管會的法定職權係提供行政互助，而非妨礙之。此種非法定的協商方式有助於和解之進行，並且促進相互間之理解，而與顧客有關之數據亦不會進行交換。

[18] BVGE B-6039/2008 vom 8. Dezember 2008.

易行為之一部分，瑞士金管會對於市場上一項特殊之名目並未進行整體之審查。

　　儘管為了阻止行政互助之進行，所謂「刺探」詢問（"fishing expedition" -Anfrage，意指無針對性之資訊蒐集）之論點經常被提及，然而截至目前為止，這些見解尚未獲得法院判決之認同。一方面對於此種「刺探」詢問，瑞士金管會並不加以處理，而另一方面，主要是外國機關對於初步懷疑有所認知。因此一般而言，外國機關並不會向瑞士金管會提出「刺探」詢問。

　　倘若形式要件獲得滿足且具備初步懷疑的情況，瑞士金管會應將此項行政互助之請求移交給相關的證券交易商。根據與請求協助之機關所達成之協議，瑞士金管會可以不移交此項請求，而僅僅移交包括有必要元素之綜合紀要予證券交易商（Zusammenfassung），但不包括與外國程序有關而必須保密之資訊。對於外國機關之請求，瑞士金管會經常藉尤其本身之問題予以補充，始得金管會本身對於交易進行之事件概要形成更佳之圖象。近來瑞士金管會也催促相關的證券交易商，填寫一項包含有每位顧客所有必要資訊之表格，例如交易明目之數量、股價、一項名目所占之投資百分比（Prozentsatz der Anlage）、委託人或受益人。此舉將有助於審查負擔之減輕。

四、面對瑞士金管會時之說明義務

　　根據瑞士金融監理法第29條之規定，受到監管之自然人或是法人，必須向瑞士金管會提供所有為完成其任務所需之資料及相關的資訊。如前所述，依照瑞士金融監理法第42條第2項，對於外國金融監理機關提供行政互助係瑞士金管會的任務之一。同法第45條並且規定，對於提供錯誤資訊予瑞士金管會之行為，應予以刑事處罰，而瑞士金管會對此亦可藉由行政法體系追究責任[19]。

　　對於不受瑞士金管會所監理之機構，例如獨立的資產管理人（Unabhängige Vermögensverwalter）或者是有關的私人投資者（Privatanleger），亦同樣負有向瑞士金管會提供對於給予請求行政互助

---

[19] Z.B. Entscheid der EBK vom 27 Mai 2004, vgl. EBK-Bulletin 46/2004, S. 46.

之外國官署所有必要資料之義務。此項義務亦為瑞士聯邦最高行政法院
之實務見解所肯認[20]。在瑞士，依照其證券交易法第35條第2項之規定，
所有受到瑞士金管會（前身為瑞士銀行監理委員會），所監督管理之自
然人或是法人，瑞士金管會對之享有一項真正的知情權（ein wirkliches
Auskunftsrecht）。甚至有瑞士學者[21]認為，瑞士金管會可以向所有毋須認
可之法律實體（Rechtseinheiten）要求提供資料，瑞士聯邦法院（BGE）
亦採取相同之見解[22]。倘若瑞士金管會依據瑞士證券交易法第38條之規
定，必須提供機關協助時，則其必須蒐集對於其執行任務有必要之一切
資訊，原因在於，瑞士證券交易法之目的，並非僅是針對證券交易所
（Börsen）及證券交易商（Effektenhändeler）進行監理，而是一般性地針
對證券交易（Effektenhandel）加以監督管理。藉由此種涵蓋範圍更廣之描
述，一般而言，瑞士金管會之監理措施得以影響及市場。再者在此種觀點
之下，在市場上活動的每一個自然人或是法人，都將納入瑞士金管會的監
督管理之下，而其結果即是，這些人對於瑞士金管會負有說明義務。

　　在蒐集資訊的階段，瑞士金管會禁止有關的證券交易商告知任何受到
影響的顧客。此項通知之禁止係為了相對於其顧客而於法律上係處於明確
狀況之銀行的利益。[23]同樣地，藉由此項禁止，瑞士金管會得就其他應採
行之作為進行裁決，而毋須顧慮上述之顧客。因此倘若金管會作成以下之
結論而認為在個案中有勾串之虞（Kollusionsgefahr）、湮滅證據或是影響
證人的情況時，則在必要之時，瑞士金管會亦得採取相關措施予以防止。

五、機構相關資訊與顧客資訊

　　瑞士金管會在蒐集完必要之資訊後，必須將之予以分類，亦即瑞士金
管會須將其所掌握之資訊區分為機構相關資訊及受到影響之顧客的資訊。
根據瑞士證券交易法第38條第3項之規定，關於上述資訊之傳遞須適用瑞

---

[20] BVGE B-2537/2008 vom 10, Juli 2008.

[21] Althaus, Internationale Amtshilfe als Einsatz für die international Rechtshilfe bei Insiderverfahren, AJP
1996 , S. 943-944.

[22] BGE 2A 128/2001，EBK-Bulletin 42/2002, S. 56ff..

[23] 在部分瑞士文獻上則持不同之見解而認為，此種通知之禁止將使得銀行陷入一項尷尬的境況，
vgl. Honegger Peter / Kolb Andreas, Amts-und Rechtshilfe: 10 aktuelle Fragen, ASA online vom 5.3.2009,
RZ.30; 不過此種見解似與瑞士金管會之實務操作不符，因為銀行傾向於此種通知之禁止。

士行政程序法之相關規定。

　　所謂機構相關資訊係指受到監理之證券交易商本身，而不是從事交易之顧客，包括證券商自身所進行之交易行為、證券交易商之組織、機關或者是其所屬員工。這些資訊得以任何形式之方式傳遞予請求協助之官署，只要法律所規定之行政互助的前提要件獲得滿足[24]。例如瑞士金管會將受監理機構為本身之計算所為之交易認為是機構相關之資訊，而參與受監理機構為本身之計算所進行交易之受監理機構員工的資訊，亦被視為機構相關之資訊[25]。另外自然人或是法人所從事之非法交易行為，倘若其為某一銀行或是證券交易商之顧客時，則同樣被認為是與機構有關的資料。

　　至於顧客之資訊，瑞士金管會要求銀行或是證券交易商，與每一位相關之顧客進行接觸，藉由接觸以了解顧客對於將與其有關之交易資訊傳遞予請求協助之官署的立場。倘若顧客同意資訊之傳遞，則通常此時瑞士金管會將請求行政互助所要求之資訊，連同顧客的同意聲明（Einverständniserklärung）及關於顧客所進行交易之說明，傳遞予外國官署。此種關於顧客所進行交易之說明係有利於請求協助之外國官署，蓋藉由此項說明，對於相關顧客所進行之交易，外國官署即得形成初步之意見。

六、顧客異議程序

　　銀行及證券交易商與其顧客進行接觸，以了解顧客對於交易資訊傳遞予請求協助之官署的立場時，倘若顧客表示拒絕的態度，則此時顧客將得到瑞士金管會對此所為之決定。顧客若對於瑞士金管會之決定有異議，根據瑞士證券交易法第38條第5項之規定，得於該項決定公布後10日內，向瑞士聯邦行政法院請求撤銷，瑞士聯邦行政法院之決定為終審判決，依照瑞士聯邦法院法（Bundesgerichtsgesetz，BGG）第83條h款之規定，對之不得異議。於此項顧客的異議程序，銀行或是證券交易商不得參與。瑞士聯

---

[24] Vgl.Schaad Hans-Peter in Basler Kommentar zum Börsengesetz，Watter/Vogt（Hrsg.），Art. 38, 2007, S. 724, N 122.

[25] 2008年，在一項違反美國證券法及美國刑法而由美國證管會及美國聯邦司法部所進行的調查程序中，在瑞士聯邦司法部的批准下，當時的瑞士銀行監理委員會傳遞出大量的文件資料，其中即包括受監理機構所屬員工之資訊，vgl. EBK Jahresbericht 2008, S. 38.

邦行政法院倘若認可瑞士金管會所為之決定，相關之資料將立即傳遞予請求協助之官署。

　　倘若於此項顧客異議程序中，當顧客之住所位於瑞士以外之國家且未定居於瑞士，此時根據銀行或證券交易法與顧客所簽定之契約，銀行或證券交易商則負有義務將有關交易資訊傳遞予請求協助之外國官署的事項通知該名顧客[26]。此項通知之義務隨著契約關係之消滅而解除，此時銀行或證券交易商即不再需要尋找其先前之顧客，將交易資訊傳遞予外國官署之有關程序加以通知，而此種之顧客亦無權請求其先前委託交易之銀行或證券交易法通知其知悉交易資訊傳遞予外國官署之事項[27]。此外，銀行或證券交易商亦無任何監理法上或是法律互助法上之義務，作為官署蒐集顧客資訊之延長手臂（verlängerter Arm der Behörde）。因此以下此種情況仍屬適當，即證券交易商或銀行自行決定，其欲以何種形式將交易資訊傳遞予外國官署之事項通知其先前之顧客，以使得此類顧客在此種情況下仍得以提出異議。

　　得注意的是，自2002年年底至2009年中，所有針對瑞士聯邦銀行監理委員會或是瑞士金管會有關行政互助的決定所提起之顧客異議程序，皆遭到瑞士聯邦法院或是瑞士聯邦行政法院駁回。儘管提起異議成功之機會相當地渺茫，然而顧客異議程序仍是不斷地上演。主要原因之一是在於，試圖遲滯交易資訊傳遞之程序進行。因此瑞士金管會評估，未來在明確的情況下，將排除顧客經由試圖提起異議所欲達到遲延程序進行之效果，並且向瑞士聯邦行政法院提出聲請，請求保護該項提供行政互助之決定[28]。

七、瑞士聯邦行政法院之實務見解

　　從上開之敘述可以得知，在瑞士金管會或是其前身之一的瑞士聯邦銀行監理委員會有關行政互助之決定程序上，瑞士聯邦法法院具有相當重要之角色。根據統計，瑞士聯邦行政法院自2007年1月1日起作為行政互助

[26] Vgl. Schaad Hans-Peter（Fn. 25），S. 734, N 155. 依照瑞士行政程序法第十一b條之規定，瑞士金管會亦得藉由郵寄方式將交易資訊傳遞予外國官署之事項通知位於位於瑞士以外之國家且未定居於瑞士的顧客，倘若有可供投遞之地址時。

[27] 瑞士實務見解亦持相同之看法，vgl. Urteil Bundesstrafgericht vom 8. Mai 2007, Ziff. 3.2; Urteil Bundesstrafgericht vom 20. No-vember 2008, E. 2.2.

[28] Vgl. Schaad Hans-Peter（Fn. 25），S. 734, N 157.

事項之上訴終審法院（letztinstanzliches Appellationsgericht）至2009年中，一共作成了20個判決，每一項於瑞士聯邦行政法院所進行之異議程序大約需要二至三個月的時間。瑞士聯邦行政法院於其判決中接納了瑞士聯邦法院所形成的概括準則，並且加以補充，亦即將有關比例原則之解釋運用在證券交易之行政互助事項上，特別是在關於所謂「無辜第三者」的概念（Begriff des unverwickelten Dritten）上，瑞士聯邦行政法院有著深入地分析，關於此一部分，見以下「無辜第三者之概念」的部分。

伍、可能產生之特殊問題

一、初步懷疑

　　關於市場濫用（Marktmissbrauch，market Abuse）案例之調查，毫無疑問的，有關之機關總是必須得蒐集在一段敏感期間（eine heikle Periode）內所進行之所有交易的資訊，就一項內線交易而言，在與股票價格有關之消息釋放之前，此一期間可能長達數週，甚至是數個月的時間。在針對有操縱股價（Kursmanipulation）之嫌疑情事進行調查時，將涵蓋更長的期間。與市場參與者（Marktakteure）有關之資訊，於蒐集完成後，隨即將與擁有機密資訊（vertrauliche Informationen），即內線消息（Insiderinformationen）之人的交易資料，或者是與其他已知的市場參與者的交易資料進行比對。此種調查僅有在以下條件的配合下，始有可能取得成效，即負責調查之機關毫無例外且未出現差錯地（ausnahmslos und fehlerfrei）針對何人於市場上介入某一項股票之交易進行相關之調查。有時候，一筆小交易就已經可以造成令人感到有趣的結果。在瑞士金管會本身所進行之調查活動中，關於市場濫用之案件是優先加以處理者。

　　在國際合作之架構下，尋求行政互助的外國官署必須針對證實有違反市場規則之初步懷疑事實加以說明。毫無意外的，反對提供行政互助之當事人經常地聲稱，尋求行政互助之外國官署所提出之證據（Indizien）並不充分，此時其將立即地運用所謂「刺探虛實（"fishing expedition"）」的概念。然而對於在市場濫用的個案中，應如何進行調查，瑞士聯邦行政法院亦有所了解，因此針對初步懷疑之門檻，期並未設定相當高之限制，因為

就一般情形而言，請求行政互助之外國官署其仍停留在進行調查之初步階段。於此一階段，並無法要求請求協助之外國官署，對於事實部分毫無漏洞地或是毫不矛盾地予以呈現，如此之要求勢必將妨礙行政互助目的之達成，而行政互助之宗旨即在於，藉由被請求機關所掌握資訊之協助，以澄清交易過程中尚不明朗之情況[29]。

依照實務判決，作為被請求協助機關之瑞士金管會必須僅考慮以下因素，即就可能的市場扭曲（Marktverzerrungen）而言，是否存在有足夠的證據作為請求行政互助之理由，換言之，即就時間而言，相關的交易活動是否與可疑的市場發展相符[30]。相反的，實際上的股價發展或者是交易數量的金額則不具有重要意義。此項事實，即於外國官署請求行政互助之時，其並非涉及到一項重大的交易數量或是一項高額利潤的事實並未造成以下之結果，即一項初步懷疑的存在將加以排除，而此種情形其實亦未牴觸比例原則[31]。

二、無辜第三人之概念

依照瑞士證券交易法第38條第4項之規定，傳遞顯然未涉入被調查案件之自然人或法人之資訊予外國官署是不被允許的。

在瑞士的司法實務上，無辜第三人之概念是一項具有豐富判決的議題。此項爭論事實上往往是由顧客出於反對行政互助所提出者。然而一如瑞士聯邦法院之前的見解，瑞士聯邦行政法院則是以判決再三地肯認瑞士金管會的限制性作法。正因為如此，試圖在這一點上，尋求瑞士金管會作成批准一方當事人要求之決定，是徒勞無功的，這種結果主要的原因有二：首先，對於所謂無辜第三人，瑞士金管會本身有所認識，並不會將所謂無辜第三人之交易資訊傳遞予外國官署；其次，無辜第三人的這種情形是相當罕見的。倘若一名銀行或是證券交易商的顧客被認定為是無辜第三人，則後續即不得將其所進行之交易資訊傳遞予請求行政互助之外國官署，而將使得外國官署的合理期待落空。在經常由於內線交易所發生之行

---

[29] BVGE B-1589/2008 vom 2. Juni 2008.

[30] 在某些情況下，在機密訊息公布前而被認為是敏感期間者，其可能長達一年以上的時，vgl. BVGE B-1589/2008 vom 2. Juni 2008.

[31] BVGE B-4675/2008 vom 29. August 2008.

政互助請求的情形，在大多數的情況下，交易委託人的身分係唯一的可能性，使得不同之市場參與者之間產生關聯，而隨後證明或是排除內線交易之存在。倘若瑞士金管會未將在瑞士進行交易之交易委託人的身分傳遞予請求協助之機關，則是顯示，瑞士金管會對於外國官署調查的關鍵要素有所保留。至於在仍有懷疑的情形時，瑞士金管會會將交易委託人的身分傳遞予請求協助之外國官署，只要其他的前提要件獲得滿足。

依照瑞士司法實務之見解，一般而言認為已經足夠，亦即縱使在帳戶所有人不知的情況下，該交易帳戶亦可能有助於違反法律行為之實行，而使得該帳戶之所有人視為「涉案人」[32]。瑞士金管會務實的作法，在這一點上亦為瑞士司法實務所接受，且同時使得此項原則能夠更加具有彈性地予以鋪陳。如此對於將銀行顧客之資料傳遞予外國官署形成限制，倘若一項明確的、意思清晰的資產管理委託（Vermögensverwaltungsmandat），且並不存在有任何理由能夠懷疑，可疑的交易活動係經尤其帳戶進行的該名顧客本身可能以任何一種方式涉入此項有問題的交易之中[33]。基於避免在確定參與交易之自然人或法人之間的關係時所可能產生的困難及誤解，瑞士聯邦法院認為，必須存在有一項明確的、以書面作成且意思清晰的資產管理關係[34]。此外，相關的顧客必須舉證加以說明，其絕對未參與受到調查之交易活動，而此項交易係在其不知的情況下，依據資產管理關係所進行者[35]。

因此根據瑞士法律之規定及實務判決之見解，認定一名顧客是否具有無辜第三人之性質，必須符合以下要件：

於可疑的交易活動進行之前，顧客早已與其資產管理人以書面簽訂資產管理委託契約[36]。

交易係在顧客不知的情況下所進行。對此，瑞士金管會要求一項資產管理人所為之明確且可信的聲明[37]。

---

[32] BGE 2A.701/2005 vom 9. August 2006, Erw. 4.2; BGE 126 II 126, Erw. 6a/bb.

[33] BVGE B-168/2008 vom 26. März 2008, Erw. 6.1; BGE 127 II 323, Erw. 6b/aa; BGE 2A.12/2007 vom 17. April 2007

[34] BGE 2A.3/2004 vom 19. Mai 2004

[35] BGE B-168/2008 vom 26. März 2008; BVGE B-1589/2008 vom 2. Juni 2008.

[36] 須注意的是，瑞士金管會並不認為一項簡單的帳戶授權（Kontovollmacht）是資產管理委託關係。

[37] 根據瑞士聯邦金融監督管理委員會法（FINMAG）第四十五條之規定，向瑞士金管會傳遞虛偽不

別無其他情事顯示，經尤其帳戶進行交易的該名顧客曾經以任何一種方式參與該項交易。

近來瑞士司法實務之討論大多是針對第三項要件。以下茲列舉最近瑞士聯邦行政法院所審查之情況，並且由這些情況認定顧客是否涉入被調查之交易中：

於以書面授予資產管理委託之資產管理公司的範圍內，顧客具備較高的責任[38]；
指向相同顧客之多項要求[39]；
顧客與金融業有關之教育訓練及職業[40]；
所為之有利於顧客的交易範圍[41]；
資產管理公司對於商品投資選擇所具有之風險[42]；
於相關名目中，資產管理人僅為一位顧客進行投資[43]。

此外一般而言，倘若一名顧客的投資組合（Portfolio）中有超過百分之十以上之比例係投資單獨一項名目，瑞士金管會則認為是不尋常的（ungewöhnlich）。在此種情況下，瑞士金管會將要求資產管理人及其顧客舉證說明，對於資產管理人而言，此種情形並非不尋常。

根據個案之情形及請求協助之外國官署所提供之資訊，瑞士金管會也依循一些其他的標準，例如姓名、國籍或是職業等。最後，對於瑞士金管會而言，顧客未曾參與引起請求協助之外國官署注意之交易[44]，必須係顯而易見的，關於消極事實（negative Tatsache）之舉證責任則由顧客承擔。

實之資訊，係犯罪行為。
[38] BVGE B-2921/2008 vom 17. Juli 2008.
[39] BVGE B-2537/2008 vom 10. Juli 2008.
[40] BVGE B-2537/2008 vom 10. Juli 2008.
[41] BVGE B-2537/2008 vom 10. Juli 2008.
[42] BVGE B-2537/2008 vom 10. Juli 2008.
[43] BVGE B-2537/2008 vom 10. Juli 2008.
[44] BVGE B-2537/2008 vom 10. Juli 2008.

三、顧客之防禦

如前所述，在瑞士實務上，無辜第三人之爭論往往是由顧客出於反對行政互助所提出。顧客之所以反對將其自身有關的交易資訊傳遞予外國官署，大部分的情況係由於顧客認為其並無任何觸犯法律之行為，而有疑問的投資也是出於正當之原因，例如根據已經公開的資訊所為。儘管瑞士金管會並不會對於顧客如此之聲明提出質疑，然而其並不能認同這種論點。

經由行政互助之請求所開啟之調查活動係在外國進行，而所涉及的是外國市場。對於受到行政互助影響的自然人或是法人實際上是否違反外國規定，瑞士金管會既無任何方法亦無法律上的委託進行監控。瑞士金管會僅限於針對提供行政互助之前提要件是否已經獲得滿足加以審查。此時，瑞士金管會所為之判斷不得超過，於相同事件時，受其委託之外國官署所調查之情況事實，而此亦經常為瑞士司法判決所指明[45]。在提供行政互助的架構下，瑞士金管會期待能夠獲得其外國對應官署相同之協助。因此瑞士金管會經常所獲得之為數眾多而與外國調查有關的檔案文件，例如基本分析、圖形分析、研究報告、意見、媒體報導等，對於瑞士金管會於審查提供行政互助之前提要件是否獲得滿足之問題時，並無作用。因為即使是於與股價波動有關之訊息公開前，已經有公眾週知之事實，仍然無法排除違反法律之情事，例如內線交易之存在。然而在顧客的同意下，瑞士金管會相當樂意將能夠說明交易進行之情況事實及理由的這一類資訊傳遞予外國官署。

四、主動提供行政互助

一般而言，行政互助之提供是由請求協助之外國官署所發動，受請求知本國機關則是審查提供行政互助之前提要件是否獲得滿足，而決定是否提供相關之必要協助。在瑞士亦復如此。實務上，由瑞士金管會主動地將資訊傳遞與外國官署之情形，是相當罕見的。其理由主要是在於，在接獲行政互助之請求前，瑞士金管會並無從知悉，究竟何種資訊對於外國官署

---

[45] BVGE B-1589/2008.

才是有利的。然而必須強調的是，對於瑞士金管會而言，接獲外國官署協助之請求並非提供行政互助之前提要件[46]。

在行政互助之架構下，瑞士金管會由證券交易商處取得對於請求協助之外國官署所進行之調查可能有助益之資訊，而這些資訊並不能為外國官署所提出之問題所涵蓋。在這種情況下，為了對於與交易進行有關之情況能夠獲致更清楚之輪廓及印象，針對外國官署所提出之問題，瑞士金管會會主動地擴張其所能夠涵蓋之範疇。倘若藉由此種方式所獲致之資訊，瑞士金管會認為對於請求協助之外國官署是有助益者，瑞士金管會亦會將此種資訊予以傳遞。

瑞士聯邦法院之判決一再地肯認，瑞士金管會具有以下的權限，即與行政互助請求直接有關之資訊，瑞士金管會得以主動地，且甚至是在未有具體詢問之情況下，加以傳送。

陸、成為國際證券管理委員會之完全會員後

如前所述，瑞士與證券交易有關之行政互助係規定在瑞士證券交易法第38條。就目前瑞士實務運作情況觀之，2006年2月1日修正生效後之現行瑞士證券交易法第38條至少是一項可行的妥協性規定，折衷於提供外國官署有效率之協助及教示受影響之顧客與交易資訊傳遞有關之事項。亦即，一方面藉由該條文之規定，對於外國官署之協助請求，瑞士金管會得以迅速地回應；另一方面始得有關之自然人或是法人能夠向法院請求審查交易資訊之傳遞是否適宜。

瑞士證券交易法第38條固然係可行之妥協規定，然而由於其妥協性規定之性質，在實務運作上，瑞士金管會即面臨若干困難，亦即有愈來愈多的銀行或是證券交易商之顧客，通常是在其律師的催促下，反對將交易資訊傳遞予外國官署，儘管異議成功的機率相當地低，然而將遲滯資訊之傳遞，並且就瑞士金管會的立場而言，已經耗費其所有之相關資源。不過值得注意的是，不論是就瑞士聯邦法院或是目前瑞士聯邦行政法院（自2007年1月1日起）負責案件管轄的情況而言，並無任何異議成功之

---

[46] Honegger Peter/Kolb Andreas, Amts-und Rechtshilfe, RZ. 42: 10 aktuelle Fragen, ASA online vom 5.3.2009, vgl, <http://www.nkf.ch/de/attorneys/peterc_honegger.php>

案例。此外，現行之瑞士證券交易法第38條固然在一定程度上舒緩了難以與外國之金融市場監督管理機關進行有效之合作之問題，然而對於外國之金融監理機關而言，縱使其並未質疑瑞士金管會合作之意願，瑞士證券交易法第38條之法文仍然無法令外國之金融監理機關感到滿意。此種情形於2010年初，瑞士成為國際證券管理委員會完全會員，即所謂的A級會員（A-Signatar）後，仍無法獲致圓滿地解決。

其中最大的癥結即是在於與顧客異議程序，亦即在傳遞交易資訊予外國官署之前是否有必要通知受機關互著影響之有關顧客。蓋此種對於顧客所為之教示，在個案中可能危及請求行政互助之外國官署所進行之調查，倘若其造成顧客湮滅證據或是試圖影響證人。無論如何，於證券交易商所掌握之有關外匯交易或是其他金融交易之資訊無法為顧客所操縱的範圍內，此種危險並不存在。然而事實上，倘若顧客能夠接收到外國正在針對其所為之交易行為進行調查之通知，將失去對之所有的突襲效果（Überraschungseffekt），因為此舉將使得顧客在外國官署掌握相關的資料之前，得以即早地擬定防禦策略。為了限制勾串危險（Kollusionsgefahr）之發生，在懷疑有內線交易之情事，針對此瑞士金管會展開調查時，瑞士金管會禁止提供相關資料之銀行通知有關的顧客。同樣地，在國際互助的架構下，瑞士金管會亦請求外國官署配合，於調查階段勿通知相關的顧客。綜上所述，一言以蔽之，依照瑞士證券交易法第38條之法條文字，瑞士金管會並無法完全提供外國官署所請求事項之協助。此或許將藉由再度修正證券交易法，明定規定於明確之例外情形，得不通知有關的顧客，以避免勾串之危險發生。

柒、代結論──對於我國法制之建議

於現今的時空環境下，欠缺各國金融監理機關間之相互合作，討論金融市場及其參與者之監督，無疑是虛幻而不切實際的。藉由證券交易法第21條之一的制定，顯示出我國金融監督管理機關與國際合作之意願。於外國金融監理機關進行調查之時提供高效率的協助，對於建立我國金融市場之信譽誠屬關鍵。換言之，於外國金融監理機關進行調查之際，提供必要之協助時，我國金管會及其授權機構必須謹守證券交易法第21條之1所設定之法律架構，除必須考慮到行政互助之程序參與者所具有之權利外，亦

應於合理的期限內將相關資訊繼續傳遞予外國金融監理機關。

　　然而就提供高效率的機關協助而言，本文認為，證券交易法第21條之1的規定或許仍有若干之問題存在。

　　一、證券交易法第21條之1第2項規定，除有妨害國家利益或投資大眾權益者外，主管機關依前項簽訂之條約或協定，得洽請相關機關或要求有關之機構、法人、團體或自然人依該條約或協定提供必要資訊，並基於互惠及保密原則，提供予與我國簽訂條約或協定之外國政府、機構或國際組織。該項文字中蘇所稱提供予與我國簽訂條約或協定之外國政府、機構或國際組織之必要資訊，係指資訊原本，或是經由主管附加解釋、說明、註記之資料，甚或是由主管機管或其授權機構改寫、改編後之資訊？蓋此時若是將資料原本傳輸予與我國簽訂條約或協定之外國政府、機構或國際組織，恐有違反個人資料保護法之虞[47]。

　　二、我國證券交易法固然無瑞士證交法第38條第3項，金融監督管理委員會所傳遞之資訊涉及證券交易商之個別顧客，應通知有關之顧客的規定；然而我國證券交易法第21條之1第2項規定，除有妨害國家利益或投資大眾權益者外，主管機關依前項簽訂之條約或協定，得洽請相關機關或要求有關之機構、法人、團體或自然人依該條約或協定提供必要資訊。兼以我國證交法並無如同瑞士證交法，顧客異議程序應於10日內向聯邦最高行政法院請求撤銷，一般而言，整體程序約為兩個月，且不得上訴，可謂相當迅速。又我國證券交易法第178條第2項對於違反第21條之1第5項設有罰鍰之規定，換言之，規避、妨礙或拒絕主管機關要求提示相關之帳簿、文據或到達辦公處所說明之自然人、法人或是機構，例如證券交易商、銀行得處以罰鍰，而依我國法制，不服主管機關之罰鍰裁處得向其上級機關提起訴願、向行政法院提起行政訴訟，程序相對冗繁；綜上規定，將使得甫接獲主管機關要求提示相關之帳簿、文據或到達辦公處所說明之自然人、法人，而得以有充裕之時間湮滅證據、試圖影響證人等。國際互助之提供

---

[47] 相對於司法院及法務部目前分別針對審判或偵查、執行事項所研擬之「外國法院委託事件協助法」及「刑事司法互助法」中有關司法互助之部分有關協助調查部分可能涉及司法互助事項外，證券交易法第二十一條之一的國際互助規定，在性質上與司法行政機關所制定法律之內容容或有不同之處，不過本文認為，即使是在單純涉及證券交易監理之行政互助事項上，司法院及法務部就職掌範圍內所分別制定之司法互助法，仍有其參考價值。尤其是法務部所草擬之「刑事司法互助法」部分，因為證券市場之監理作為涉及到國際互助時，通常是可能涉及內線交易或是操縱股價之不法行為，已經是到達發動偵查之「前」階段。

亦應依循迅速原則，讓相關之自然人、法人或是機構依我國一般行政程序尋求救濟，避免其個人資料向外國傳輸固然能週全保護其權益，然恐損及國際互助合作之成效，甚至淪為濫用外國金融市場的避風港（Zufluchtsort für Missbrauch ausländischer Finanzmärkte）。是以，關於有關自然人、法人或是機構不服交易資訊向外國傳輸之行政異議程序，或有可修正之處。此外，值得注意的是，關於此一部分，已有涉及到刑事訴訟法關於所謂強制處分之問題，主管機關是否有此權限決定或執行，不無商榷之處

　　由於目前我國金管會及台灣證券交易所尚有與外國政府或機構簽定條約或協定，實務上並未有重大案例產生，上述問題在實務運作上是否會成為國際互助之障礙，其後續發展仍值關注。

第肆部

法學一般

一、從「法律與社會學會」
看法律與社會科學的跨界研究領域

謝若蘭[*]

壹、前言

　　法律，到底在人類社會扮演什麼角色？法律，對很多人而言是很遙遠的，但是，我們卻又很清楚的知道在生活中充滿著法律的標誌與痕跡。當我們同意發表一篇研討會論文時，必須簽下一紙合約書說明同意撰寫發表以及著作權等事；出版一本書與出版商來回協商，不免要去注意包括權利義務與如何分享著作權利金等；買小家電用品，打開說明書除了一些標準說明外，會說明如果客戶對產品有問題或不滿意話而需要提出申訴，標準申訴的流程與方式；用藥的時候，密密麻麻寫下一堆藥的作用與副作用，除了要病人與醫生保持聯繫，並也將相關的法律義務權利責任寫清楚，避免糾紛並提供糾紛時的處置；捷運車廂中寫著不可吃東西，違者罰款；購買網路商品時必須注意如果有爭議後或退貨需如何處理或申訴；飛機抵達台灣國土之前，空服員廣播依規定必須要清楚說明攜帶毒品槍械最高處無期徒刑到死刑等。很多時候人們對於這些法律相關事情感到理所當然或因為事不關己而麻木，但是，很多時候因為個人經驗或是對法律的敏感，有些人又會特別去注意這些散佈在各處的法律標誌與規訓。

　　換言之，法律看似非常的遙遠，但又無時無刻不在我們身邊竄動的玩意兒，因為法律在社會中，就一直處在一個非常有趣與複雜的位置上（Ewick and Silbey, 1998）。從傳統的突爾幹、馬克思、韋柏等古典社會學家將法的體系（legal system）定位在一個社會轉型的不可缺乏之過程（Sutton, 2001: 23-160），到了後現代的傅柯（Foucault,1977）認為當代社會藉由法律的實施所帶來的懲處，本身不過就是為了維持社會規範的

[*] 國立東華大學族群關係與文化學系副教授Associate Professor Department of Ethnic Relations and Cultures, National Dong Hua University

最佳途徑。但是，從另一個層次上，我們也可以來探討呈現在書上的法律（law in the books）或是具有具體行動的法律（law in action）的不同層次，以及所影響的範疇與人們。簡單的說，這就是【法律與社會（科學）】研究的出發點與基礎中心思考。

　　本文介紹【法律與社會（科學）】跨領域學科的研究領域與內涵。但是不同於近代法律與社會學者如Carroll Seron（2006）、Austin Sarat（2004）、Richard Abel（1995）、Steven Vago（2006）等收錄法律與社會領域的重要論文去說明本領域的內涵，本文主要將以美國的「法律與社會學會（The Law and Society Association, LSA）」為探討對象，介紹近年來年會之主題與議題、學會的官方刊物《法律與社會（*The Law & Society Review*）》與相關重點活動等，並另簡單介紹美國高等教育中在此領域的相關系所，最後以原住民立場為出發點為例，討論此學門的必要性。雖然此法律社會相關領域也在台灣，部分受美國訓練的法律界學者持續參與「法律與社會學會」，但相較於鄰近亞州國家如日本等國的發展，尚待更多努力。藉由「台灣國際法學會」成立十週年專刊拋磚引玉，希望透過本文的實務性質取向介紹有關法律與社會跨學科領域的基礎背景認識，並探索於本國真正建立【法律與社會（科學）】學門專門領域與實務性質運用之可能性。

貳、「法律與社會學會」簡介[1]

　　「法律與社會學會」於1964年與美國正式成立，是一群由不同國籍與領域的學者所組成，他們大部分是在法律、社會學、政治學、心理學、人類學、經濟學、與歷史等社會現象研究的社會科學領域學者專家或社會實踐者，共同的興趣是檢視法律在社會、政治、經濟和文化的位置（the place of law）。不過根據從政治學出身的法律與社會領域有名學者Michael Musheno與Austin Sarat[2]的說法，此領域最主要原本是一群芝加哥學派[3]的

---

[1] 本部份資料多為本人親身參與資訊，並參考自LSA官方網站<http://www.lawandsociety.org/>（2011/12/1）。主題部份作者不作逐字翻譯，避免精確性失真，但是年會主題實質內涵方面則盡量以社會科學認知敏銳度進行轉述。

[2] 兩位教授是本人於1995年開始接觸此領域所認識的學者，2004年到2008年期間曾正式就本主題與兩位教授訪談與交換意見，本文的完成感謝他們提供不少資訊與閱讀文獻。

[3] 芝加哥學派在不同領域有不同重點。若以法律與社會科學領域來說，此學派律學者認為違反規

律師對於一些法律無法處理的問題感到棘手，尤其是有關民事法上的爭議與協調（dispute and mediation）的適用性，因此開始了這個領域，試圖想要藉尤其他學科領域學者探討法律的出路，使得法律與社會在研究領域上有跨領域對話與聯繫的可能性。

「法律與社會學會」年會很顯然是學會最主要的年度活動之一，除了發表文章、意見交流、作者與讀者見面會、開各小組工作會議外，另外也辦書展以及各校徵才等活動。不過，就連學會的長期會員與內部工作人員都不否認，在這些表面功能之外，最大的效益其實是社交機制下所帶來的社會資源網絡的連結。因此，主辦地點變成非常重要，必須要能夠符合吸引人願意去的景點，有時並附有一些社會意涵或特殊性之延伸，以便暑期間的研討盛會剛好可以成為知識休閒渡假之旅。以下就最近幾屆年會（2006～2011）的主題與其思考出發點，進行簡單說明（另請參見附錄：The Law an Society年會之主題與地點（2001～2012））。

一、2006～2011年會主題

2011年舊金山年會主題*Ocean Apart? Narratives of (IL) Legality in Liminal Locations*主要是以公民社會為主題，探討公民與移民敘述與邊界，以及所面臨一股全球資本化與移民邊界的社會與法律模糊暨兩難困惑。會議參與者針對公民身分、主權、非法、權利等一些相關概念與內涵之日益複雜化進行討論，尤其針對這些議題如何去挑戰了原本法律的界線與位置，並重新思考法律的限制與可能發展。這主題似乎延續2010年的美國亞利桑納州（Arizona）立法遏止邊境墨西哥裔為主移民相關立法爭議，並因著舊金山所在地臨太平洋為美洲大陸本土西邊，為美洲原住民原居地與墨西哥邊境之故，產生許多針對區域性探討與深思。

2010年芝加哥年會主題*AFTER CRITIQUE: What is Left of the Law & Society Paradigm?*主要以探討自由主義架構下的法律典範為主軸，討論與批判自由主義法典的失敗，並探討批判後的未來建構性價值。另外，因考量到來自批判的傳統與理論暨研究方法傳統典範的重新思考需求，年會也

範或犯罪並不能脫離社會因素，也就是以社會生態學去解釋偏差行為或違法法律因素，並以此進行判決上之考量依據。

再次針對參與者從不領域出發思考法律與社會學界的意義與合作機制，並透過討論思考如何在自己的專業領域或工作位置跨領域合作，尤其是在批判種族理論、法實證研究、法律、社會、與人文等之連結。很值得一提的是，本年度學會的理事會通過決議拒絕亞利桑納州為未來研討會地點與聲明[4]，最主要是針對該州通過的以墨西哥無證移民為對象執法的「安全鄰國法案」（Arizona's Support Our Law Enforcement Safe Neighborhoods Act, SB 1070）所產生的違反憲法、移民法等精神，以及針對無證移民的質疑所產生對基本人權價值的衝擊等，與其他相關領域學術團體共同進行該州通過並執行此法的譴責。

　　2009年科羅拉多州的丹佛年會主題*Law, Power, and Inequality in the 21st Century*，以21世紀的法律、權力、與不平等為主軸探討都市化中的族群關係、貧窮、犯罪等議題。學會認為即使經過數十年的努力想要透過政策或法律翻轉社會中不平等，不過事實上效果並沒有太大成效，而各式新興議題正以不同的方式繼續在社會中產生。有鑒於此，年會主題回到看似了無新意，但卻值得投入更多關注在社會不平等的法律與權力中議題上。年會的討論從地方性、區域性到全國性、全球性探索法律到底是限制抑或是強化個人與集體權利？新的社會階級與改變是否也改變人們對於法律對待不平等的影響？社會科學領域學者與法律人是否應該繼續努力致力於成為改變與翻轉社會不平等的專家？如何去探討與實際落實改變？如何共同攜手合作？等議題切入，再次提醒與凸顯當代社會學者與法律人應該扮演的社會參與以及關懷社會正義的角色。

　　2008年的加拿大蒙特婁年會主題*Les Territoires du Droit: Placing Law*是強調法律的根基在他的不同位置，從家庭、社區、到全球經濟，法律有權力去放置（place）與誤置（displace）人們於不同空間（space）、時間（time）與之間的相互關係，因此年會針對不同領域的學者提供反應在空間與時間等不同面向的法律、位置與權力的關係。此年會在加拿大舉行，因此因應加拿大語言政策之故，特別提及研討會官方語言為法語和英語，並在宣傳上雙語並用，顯示學會對多元文化中的語言權利之重視。不過，畢竟英語為強勢語言，雖列法語為官方發表語言之一，但實際上個人投稿

---

[4] 聲明全文請看：An Open Letter to the People of Arizona-Boycott of Arizona as Site for Future Meetings, Approved by the Law and Society Association Board of Trustees <http://www.lawandsociety.org/policies/AZ_boycott.pdf>

時則建議以英語摘要會較優先處理，研討會發表中雖有現場同步翻譯服務，但實際上也只是選擇性的幾個重要場次。

2007年的德國柏林的法界重鎮Humboldt University所舉行的國際年會主題*Law and Society in the 21st Century: Transformations, Resistances, Futures*是強調21世紀的法律與社會過去的轉型、當代的抗拒，以及其未來性。此年會最主要目的是論辯全球性的變化劇烈下如何藉由轉型與抗拒到重新定位（redefining）新世紀的法律位置，因此在年會中所討論的議題包含全球化經濟、跨國組織、國界、移民、環境正義議題、原住民與法律等等，不管是從具體例子到預測性的未來議題，或是從區域性到全球性案例來談，都探討引起不少精采對話。另外，柏林圍牆推倒所象徵的東、西德關係，以及改變後的社會秩序調整與法律修訂與再適應，都因為研討會所在地的關係有不少相關發表與對話。

2006年的巴爾地摩年會主題*Law's End (s)?*以法律的終結之雙關困惑性探討，主要是因為21世紀以來全球之社會生活相較於以前比較複雜與多元，更重要的是多重的階層與次序，所謂合法性定義的邊界與政策治理都變得比較容易衝突、挑戰與破壞。這些合法性是如何形成的？如何被界定的？如何被挑戰與重新協商？所謂的法的多元性（legal pluralism）是否足夠成為重新協商出法的次序（order）與邊界（boundaries）？再者，因為西方世界的法則幾乎成為全球各地的圭臬，在不同的社會應有的不同法則雖被討論，但卻不見得可以抗辦過西方的霸權，可以思考的是，難道一個屬於法的共通法則（rule of law）是一條死路？或是一個由新的資本主義與世界秩序需要一個新的法的規則，那是應該現在就去想像的？而在許多社會中正發生著許多法的次序瓦解狀況，尤其是當這些法的次序瓦解是因為社會階級與權力不平等所造成的情形，該如何去面對與解釋這些情形？對於法的執行與治理的效率問題是如何評估？最後，透過這些討論與思辯，回歸到一個問題，就是法的作用何在？如果法律是需要繼續存在且有其必要的，那麼應該用何種形式與規範存在於不同的社會中？

縱觀上述幾年之年會主題思考面向，美國法律與社會學者面臨各式新興議題或困境，如在雷曼兄弟案後美國經濟不景氣使貧窮問題惡化的情況下，如何因應現有的法律限制等，不僅令人深思，也著實為【法律與社會（科學）】界的學者們之重要課題與挑戰。

二、《法律與社會》期刊

　　「法律與社會學會」除了每年度的年會暨學術研討會外，另有經常性的會訊（*The Law & Society Newsletter*），但最主要的則是學會所發行的刊物《法律與社會》。自1966年發行以來，本期刊堪稱為此領域之最知名刊物，投稿經由審查後的接受率低於5%，引用率與影響率均為第一級刊物，目前每年出刊四期，透過Wiley-Blackwell出版社定期發行出版，除了郵寄與線上免費提供給超過1500名會員（會員的權利之一部分）外，另有超過1300份來自世界各地不同圖書館與研究機構的訂閱（並不包含只購買電子資料庫的部分）。雖然《法律與社會》歡迎各領域有關法律與社會的刊物，不過從近年來所刊登的文章題目看來，原則上還是直接與法律相關為主，如法庭判決行為分析、律師角色、新興國家的法律地位、世貿組織案例、同志婚姻權等。但是在探討的面向上則是非常的寬廣，簡單來說，就研究方法與採用國際例子上，取材上也走出既定範疇而趨向較多元的，實證與論理並重，或說是質性與量化研究論文都有。例如2007年秋季號Jeffrey Martin即以民族誌田野方式探究台灣警察執行任務的運作方式與邏輯（Martin, 2007），此篇文章針對台灣社會歷史脈絡的介紹下之警察任務與人民互動做出不錯的詮釋與描述[5]。

　　另外值得一提的是，近年來在原則上每年會有一期刊登「法律與社會學會」會長在年會的演講稿，例如2007年的冬季號刊登了前任會長Malcolm M. Feelev（University of California at Berkeley）以*Legality, Social Research, and the Challenge of Institutional Review Boards*為題的文章談法律與社會科學在研究倫理與挑戰（Feelev, 2007），呼應當年度會員與倫理小組的相同主題專門報告[6]；而2005年春季號刊登了Howard S. Erlanger（University of Wisconsin-Madison）擔任會長時以*Organizations,*

---

[5]　Jeffrey Martin自芝佳哥大學畢業，博士論文即是以台灣警察與社區互動以及社區模式安全防務體系芝可能性為題。他所發表的期刊論文即是他以社會學田野研究方式長期對社區及警察進行觀察與互動，從他自己與社區居民發展出來的警察故事中，配合警察對執法的看法之訪談，提出台灣警察執法角色的特殊性。

[6]　詳請參閱"The Impact of Institutional Review Boards（IRBs）on Law & Society Researchers", Report of the Membership and Professional Issues Committee to the Board of Trustees of the Law and Society Association. <http://www.lawandsociety.org/LSA_MPIC_Report.pdf.>（2011/7/25）

*Institutions, and the Story of Shmuel: Reflections on the 40th Anniversary of Law and Society Association*為題在2004年年會所發表學會40週年回顧的精彩演講（Erlanger, 2005）。這些演講詞所改編的文章成為非常好的資源，不僅是提供分析不同年代所注重的法律與社會的議題，也可以反應年度議題的設定，以及當時社會狀況所呈現的一種對法律在社會上的反應與期許。

三、其他網絡連結

　　有鑒於提攜後輩並培養人才，「法律與社會學會」也特別針對研究生與新畢業學者的照顧，於年會期間舉辦不同型態的工作坊與師徒制（mentorship）的諮商，針對研究生傳承經驗與一些工作或教學的技巧門路，但更重要的是藉此建立社會支援網絡。另外，學會近十年來開始在非美國地區進行，以連結其他相關領域的國際學術研究學會或機構進行合作機制可看出學會從區域性走向國際連結的意向。目前每五年會有一次到非美國地區開會，藉以與「國際社會學學會（International Sociological Association, ISA）」的法律社會學研究小組（Research Committee on Sociology of Law, RCSL）合作召開聯合年會。從過去1991年迄今的歷史來看，「法律與社會學會」的國際年會均以歐洲為地點舉辦：1991年在荷蘭阿姆斯特丹舉行，1996年在英國Glasgow舉行，2002年在匈牙利布達佩斯舉行，2007年在德國柏林舉行。不過值得注意的是，即將舉行的2012年國際年會則捨棄歐洲，將於美國夏威夷舉行，而主辦單位除了美國學會主體外，另外有1985年成立的「加拿大法律社會學會（Canadian Law and Society Association/Association Canadienne Droit et Societe, CLSA/ACDS）」，1990年英國成立的「法社會研究會（Socio-Legal Studies Association）」，以及1947年成立的「日本法社会学会（Japanese Association of Sociology of Law）」共同協辦。

　　自2000年起，「法律與社會學會」也開始注重不同區域與國家的對於法律與社會的關注的不同質性，因此也開啟了不同的對話。舉例來說，2000年在邁阿密舉行的年會中，由一些拉丁美洲國家與東歐學者一起成立「聯合研究網絡（Collaborative Research Networks, CRNs）[7]」，在隔年

---

[7] 目前總共有39個議題小組在CRNs底下，包括國際人權、女性主義法學、死刑文化、公民與移

的布達佩斯年會[8]繼續擴張，CRNs網絡中也加入了中歐與過去蘇維埃國的學者。2007年柏林年會有超過70個國家的2400名學者參加年會，CRNs以及特別於2007年會成立的「國際研究聯盟International Research Consortia（IRCs）」，加入了不少亞洲學者，尤其是以日本學者為主。日本明治大學法學院教授Masayuki Murayama在年會中一起號召成立了Working Group on Civil Justice and Dispute Resolution在RCSL之下，另一個則是在LSA下的Comparative Research Network，不過最後只有RCSL的工作小組成立運作，2008於義大利舉行會議後，持續在此相關領域中發表論文與進行對此議題的研究合作。

除了，另也有北美洲區域性的交流。「加拿大法律與社會學會」的成立口述歷史中，雖然不諱言是1980年初期受到美國風潮影響而成立屬於加拿大的學會，但是其走向當然偏重法社會學在加拿大的一些應用與案例。2002年「加拿大法律與社會學會」第一次與美國學會合作，於溫哥華召開年會，有超過46國1200名學者參加，2008年是第二度合作，五月底於蒙特婁舉行，有超過56個國家的2000多名學者與會。目前學會也是「世界法律與社會聯盟（World Consortium of Law and Society）[9]」會員之一，在亞州國家的參與方面，僅有本文提及的「日本法社會學會」參與為聯盟團體會員。

參、【法律與社會（研究）】在美國學術界的現況

那麼，在美國究竟有哪些大學設有相關的法律與社會系所，以提供教育人才與研究的中心呢？根據本人訪問本領域相關學者所提供的資訊，目前美國大高等教育單位中設有法律與社會相關學科或中心的大致可以分成以下幾類[10]：

民、東亞法律與社會、殖民與法律等。新議題小組可自行提議成立，經學會允許後通過，方可正式成為CRN小組，公開號召有志一同者進行學術與經驗交流。

[8] 當年國際年會有超過57國的1500名學者參加。

[9] 官方網頁請參考<http://lawandsoceityworld.org>（2011/7/23）

[10] 在此說明這些單位並非是一個完整性介紹，只是近年來所接受到的相關資訊匯整。美國許多傳統法學院的訓練也都注重法律與社會科學跨領域的對話與思考，許多國內赴美國取得法律學位的學者如任教台大法學院的陳昭如（密西根大學）與張文貞（耶魯大學）等人，因受教於此領域著名學者，在美留學期間也因此參與「法律與社會學會」，返國後也繼續關心此領域之發展。張文貞

大學部的法律與社會相關學科：基本上有兩所大學非常出名，一所為西岸的University of California at Berkeley的Legal Studies[11]，是位於法學院底下的一個學系。另一所則是位於東岸的University of Massachusetts Amherst的Legal Studies[12]，但不同於前所學校位於法學院下，它是位於社會與行為科學院的一個系。這兩所學校雖位於不同學院底下，但是其中心皆著重在法的形成與正義的追求，更重要的是從人文觀點去看法在社會的位置與使用。除了上述兩個學校比較值得一提外，另外大部分的大學部相關科系也都加入了一個在2003年也組成了一個跨校性的大學部法律與正義科系聯盟[13]（Consortium for Undergraduate Law and Justice Programs），而其年會通常也會在「法律與社會學會」前後同一地點舉行。目前大約有30幾個聯盟成員，不過其實這些成員中部分大學課程其實並不是真正偏重法律與社會的走向，而是到了研究所才轉向此訓練。

博士班（Ph.D）的法律與社會：兩所有名的學校為University of California at Berkeley位於法學院下的Jurisprudence & Social Policy[14]（Law and Society Program），以及The New York University中法學院與藝術科學研究院（Graduate School of Arts and Science）一起共有的Law and Society Program[15]（另設有Institute for Law and Society），由於兩個學院共同合作，因此學生可選擇修課方式獲得Ph.D或Ph.D與JD雙學位。雖然是兩個學院共有，不過原則上是以法學院為基礎，藝術科學院的師資為支援來進行法律與社會的訓練。

跨領域博士班（Interdisciplinary Ph.D program）：另外有些博士班課程的部分研究重心在法律與社會的層面上，有名的三所分別為University of California at Irvine的社會生態學院（School of Social Ecology）底下的Criminology, Law and Society[16]，Arizona State University人文學院下的School of Justice Studies and Social Inquiry[17]，以及University of Washington

---

為2012年的「法律與社會學會」年會國際議程組委員之一。

[11] 官方網頁請參考<http://legalstudies.berkeley.edu/>（2011/7/23）

[12] 官方網頁請參考<http://www.umass.edu/legal/>（2011/7/23）

[13] 官方網頁請參考<http://www.culjp.org/index.shtml>（2011/7/25）

[14] 官方網頁請參考<http://www.law.berkeley.edu/jsp/>（2011/7/25）

[15] 官方網頁請參考<http://www.law.nyu.edu/ils/>（2011/7/25）

[16] 官方網頁請參考<http://socialecology.uci.edu/cls/phd>（2011/7/25）

[17] 官方網頁請參考<http://sjsi.clas.asu.edu/>。其實本單位原本稱為School of Justice Studies, 隸

位於比較法律與社會研究中心（the Comparative Law and Society Studies Center, CLSSS）的Graduate Certificate in Law and Society證書學位。

專精領域博士班（Disciplinary Ph.D program）：博士班課程為為本的各專精領與，如政治學、社會學、人類學、心理學、歷史學、性別研究、科技等，但有部分的研究重心是放在法律與社會的。比較有名的幾所為University of Wisconsin at Madison、Northwestern University、University of California at Berkeley、Stanford University、The New York University等，都在各專精學科下與法學院合作，依學生的需求同時有部分【法律與社會（科學）】研究。

2008年四月George Mason University也透過了「法律與社會學會」線上通訊，發布學校剛剛成立了一個Center for Justice, Law and Society Law and Society。除了這些學院派的傳統外，文化研究與國際化走向也在美國的法律與社會研究領域發酵，幾位有名的法律與社會學者如Austin Sarat、Kitty Calavita、Susan Silbey、Sally Engle Merry等人，也各自在其領域中從文化現象觀察法律在社會的位置與對人類所起的作用；而為回應全球化的全新次序，法律與社會也走向國際連結，這在先前介紹的年會中也可以看出端倪。由此可見，法律與社會的這個領域不僅一直在學術領域上以跨學科學術領域生存著，並且因著時代變遷與社會多元之故，本領域需求持續增加熱量中。

一、【法律與社會（科學）】跨領域思考的必要性——以原住民思考出發為例

台灣近年來一直號召著跨領域研究，不過卻似乎一直沒有真正走出專業領域的學科架構的框架，這尤其是在現有的學門專長分類下，更是可看出學門的自我中心與門戶對立之衝突。人文與社會中間通常可以有條界限讓學者去勾選，但是也常常面臨選項上的難題，例如有篇論文從政治思想史的角度寫法律變遷的歷史，這是屬於人文或是社會科學（也因此合併

屬在College of Public Programs 之下，大學部與碩士班直接由學院頒發文憑，碩士班可以與人類學研究所合作取得雙文憑；博士班則成為研究學院的管轄成為法律與社會科學跨領域學科（Interdisciplinary Program of Law and Social Science），與法學院共同合作，可選擇修課方式獲得Ph.D或Ph.D與JD雙學位。

成為人文社會科學？）也就是說，這種面臨選項，不再是自己對學門專長
的考量與其他相對性因素（如傳言中哪個研究領域上的審查排外性等）而
已。更重要的是，我們要去面對標榜跨領域時，思考的不應只是不同領域
的合作，而是應該為一個研究中的不同面向思考多元，已經無法被傳統學
門給框架住了。目前國內這種不夠跨越思考的邏輯，更是在原住民研究的
區塊上，顯現出此領域面對傳統分類的挑戰之迫切性。

二、薩摩亞案例

　　當我們以法律與社會的跨領域研究視野來看原住民族議題時，就會有
不同的方式來看待法在不同社會與人群中所扮演的位置與影響，並導致我
們去深究法的正當性。舉例來說，因為殖民政策的不同，所導致的不同社
會制度，包含法的功能與實施，在許多原住民族社會有跡可循。

　　舉國際知名的薩摩亞例子而言，位於南太平洋夏威夷與紐西蘭之間的
南島語系（Polynesian）島國薩摩亞自1900年起就區分為兩個政治實體。
從1899依據柏林條約（Treaty of Berlin）與德國分割薩摩亞領土的東薩摩亞
（Eastern Samoa）成為美屬領地，歷經Deed of Cession of Tutuila（1990）
以及被迫簽訂的Deed of Cession of Manu's（1904）後，正式成為美屬薩摩
亞（American Samoa），是在南太平洋的美國無建制領地（United States
unincorporated and unorganized territory）。2005年，美屬薩摩亞要求聯合
國把當地從殖民地名單中剔除，但並沒有主張脫離美屬地位。西薩摩亞
（Western Samoa, 1914-1997），曾為稱德屬薩摩亞（German Samoa, 1900-
1919），先後經過德國與紐西蘭佔領與託管後，1962年從紐西蘭正式獨
立，成為20世紀第一個南島語系族群獨立的國家，1976年底以獨立主權國
家加入聯合國，1997年修憲將國名由西薩摩亞（West Samoa）改為薩摩亞
（Samoa），正式國號為獨立薩摩亞國（Independent State of Samoa）。

　　值得一提的是，目前獨立薩摩亞憲法制訂乃依據英國民主制度與薩
摩亞傳統Matai制度混用。傳統上，薩摩亞以親族關係拓展社會體系，而
所謂親族關係建立則由雙系（父系或母系均可）祖先血源或透過認養而
來。Matai制度即為一般所稱的酋長或頭銜制度，至今仍是薩摩亞家庭、
聚落、社會與政治運作的基礎，這個制度的權力地位並非以世襲而來，
也沒有固定性別限制，而是來自頭銜的擁有。薩摩亞人在傳統上是社群

共有制度生活，每個村落中都有fono，亦即議會（Council），fono專門處理村落中的制訂法令與爭議相關事件，而在這制度中最高掌權者為ali'i（酋長），平時由pulenu'u輔助相關時政工作，再來則是tulafale（發言酋長），tulafale有時替代ali'i參與與決定相關事務。事實上當西薩摩亞獨立時擁有頭銜地位的人才有資格參選與投票，直至1990年才經由公民投票決定突破傳統制度改成全民（包括婦女）皆有投票資格，不過議會席次多半留給具也頭銜地位者。而美屬薩摩亞雖是配合美國制度，不過因為美國政策並未太過深入在此美屬地區[18]，因此各樣制度還是沿用傳統村落議會方式來進行社會秩序的規範（謝若蘭，2007: 89-93）。

對於研究法律與社會的學者而言，在看待薩摩亞的例子時，我們如何一方面去肯認其習慣法[19]保留與殖民統治下的社會之相容並存，但一方面如何去處理習慣法中可能所擁有的性別與階級的不平等問題？或者，我們如何去看法的位置在薩摩亞社會中是如何的不同於他們的殖民者的法之社會位階？而台灣社會又可以如何在這些國際案例中學習面對殖民法則的衝擊與調適？這些都可以引發後續研究與爭議，但這也正是當今法律與社會科學的研究領域的精闢之處，透過不同領域的對話，使法的功能成為對人類社會的貢獻而非限制。

三、傳統知識？智慧財產？

再舉一例來探討。當我們研究智慧財產權時，原住民的智慧財產權是如何被放置的的？原住民智慧財產權保障與研究有其必要性與緊迫性，其一為反應國際潮流對於原住民傳統知識的保障，其二為確立法令政策來落實保障。2005年立法院通過並經總統府公布的「原住民族基本法」中，第13條針對傳統生態知識：「對原住民族傳統之生物多樣性知識及智慧創作，應予保護，並促進其發展；其相關事項，另以法律定之。」對於傳統生態知識保護的立法，相當重要與迫切，而對於傳統知識及其創新的各種

---

[18] 一般而言美國對於託管／境外屬地採取鬆綁政策，原則上屬於美國（commonwealth 形式）也具有管轄權，但並非真正為美國領土（not a state），實際上所有法律的運作上並未如同美國境內。例如在境外託管領土可自行懸掛自己旗幟並採習慣法，但是在地責任則屬美國國會權限（US Congress）。

[19] 許多傳統法律學者不採用習慣法或不承認習慣法。原則上自十九世紀以來法學家對於習慣法是否可構成國家法源依據有不同看法。相關討論與說明可參閱黃源盛（2000）文章。

面向之正確瞭解，是如何將觀念（原住民傳統知識的保障）落實（制訂法律政策）的關鍵。另外，2007年底「原住民族傳統智慧創作保護條例」經立法院三讀通過，但是條文內涵幾乎還是以西方世界架構下的智慧財產權保護模式制定，欠缺了原住民族傳統智慧下的群體意義與生命智慧（林開世，2008: 2）。換句話說，這樣的一套法則雖然以保護原住民族傳統知識為基礎，但是內涵部分仍然以西方資本化擁有權模式進行設立。

近年來各單位也察覺此法的缺失與周延性不足，透過委託專家學者進行研究與座談方式試圖釐清相關問題，不過以現階段來看，到底誰擁有權利被與被保障權利，以及保護的是屬個人抑或團體，或之間的界線與準則，以及更重要的是這樣的法律知識的普及性與適用性與否，都需要更多的跨界對話。國內關於原住民傳統生態知識的研究，一向偏重於純粹生物學、生態學或農學等自然科學方面的探討，而人文科學者偏重於民俗或傳統社會制度面，呈現不出完整的面貌。當今存在的西方智慧財產權體系架構是以資本主義下的個人中心為觀點延伸，這與原住民傳統的集體共有制的知識產業觀互有衝突。有些人認為原住民應受到智慧財產權保障因為他們是創造與看守者，特別是在傳統藥材、農產、及生態圈知識。這些人認為國家或政府不應該發智慧財產權或專利權給從生態圈中獲利之私人營利集團，因為在本質上此保護使得原住民及當地社區之傳統知識受剽竊導致智慧財產權受損。另有些人雖認為原住民傳統知識對生物多樣性的貢獻應重視，但智慧財產權觀念只保障新的發明而非在舊有知識傳承。另外有人則仍然強調對原住民代代相傳的舊有傳統知識對生態圈之貢獻與現代科技發展創新的界線應劃出鴻溝。

再者，因著社會經濟以及文化傳統對兩性有不同的社會化模式，男人和女人不僅在社會上扮演著不同角色，就連所擁有的生物多樣性知識也有所不同。舉例而言，在許多賴以林木業維生的社會中，女人通常扮演摘取果實、辨識藥材、或將其交易到當地市集的工作，而男人則擔任伐木與運送之工作。女人似乎較靈活運用剩餘資源，或以同一種資源作多種不同用途，而男人則多半端賴體能上的優勢從事資源的原始運用。但不管是以何種方式的去運用生態資源，這些依賴生態資源的人們總運用傳統知識去顧及到生態間的平衡，而顯而易見的是男人和女人在生態圈上扮著合夥的角色是不容忽視的（Shiva, 1997）。這些看似二元對立的分法雖然不見得顯現全然面貌，尤其是不同族群的傳統社會的性別權利以及權力結構的差

異，但是很明顯的，對於生態資源的保存及永續運用上不同性別各有所貢獻，但傳統上而言論及資源利益獲取、資源運用及分享機會時則大有不同。尤其在對於參與所謂主流知識體下架構下的公領域政策制定或意見分享時，女性參與機會近乎於零。以台灣的例子來說，許多原住民婦女擁有一些運用不同的草的特質來從事不同用途的藝術上或實用面的編織技巧知識，或者是擁有各類生物種子分辨的本能技巧。但每逢有農業生態方面相關的研究方案或研討會議中，婦女常常沒有機會參與意見提供，而這造成在有關生態平衡保護或資源永續開發運用上，兩性的智慧並沒有得到平等的對待（謝若蘭，2000a、2002b）。

　　儘管對於原住民傳統知識是否該受智慧財產權保護有許多不同看法，這些爭議都與「集體人權」有了關聯性（謝若蘭，2000c）。聯合國生物多樣性公約第八條J款（Article 8 J）規定：「依照國家立法，尊重、保存和維持原住民和地方社區（體現傳統生活方式而與生物多樣性的保護和永續利用相關）的知識、創新和習慣；由此等知識、創新和習慣的擁有者認可和參與其事的前提下促進其廣泛應用；並鼓勵公平地分享因利用此等知識、創新和習慣而獲得的惠益」。如何透過法律政策以及其他任何型式加強保護原住民的傳統知識體系，實為一大急待解決的。以一般原則來說，原住民的傳統知識屬共有財產性質，現有智慧財產權保障制度尚不足以保護原住民的利益與需求。但是，有效的運用智慧財產權概念，也可以多少促進原住民文化財的保護。當外界強行侵入原住民土地或當地社區受到遺傳基因資源分享的權益被完全忽視時，原住民族之群體人權受到剝削是無可置疑的。再則，因為資源與傳統知識與原住民之間的關聯性，政策法令的制定成為與之不可或缺的環環相扣議題，所以再次顯露了【法律與社會（科學）】的重要性，以及面對一個議題的多面思考面向之必要性，而這需要跨領域的對話來讓議題的完整性呈現。

肆、結語

　　本文從【法律與社會（科學）】跨領域研究切入，最主要是希望能夠真正去看到法在人類社會中的相互依賴關係，而在學術領域上也應該因此更具多元的視野，並推動此一領域在國內研究領域上成為一個真正的跨領域學門。西方法庭常常提及：「因為法律太重要，所以不能將法律完全

交給法律人！」，也因此打破傳統法律世界所擁有的法律知識體系有其必要性。從【法律與社會（科學）】的角度來看，法律本身是一個行為系統（Behavioral System）與社會制度（Social Institution）（Sutton, 2001: 8-14），而以我社會科學司法正義研究的領域影響下的個人觀點，則是認為法律是規範的體系（Normative System）與權力的遊戲（Game of the Power）。而在這之間，就有許多的問題可以去探討，包含有什麼樣是法律？何為規範？合法規範之模糊界線之形成？誰的定義？誰在制定？如果合法規範是模糊的，那執行法律的決策者如何做決定？在法律中的性別、階級與族群的位置？法律、文化與認同的交錯？法律與經濟力？等等，不僅可以成為知識上的滿足，以此去抗爭法律的不公義性（injustice）並去敦促法律的修正，也是成為一種社會應用的貢獻。舉例而言，近年來針對平埔正名運動狀告國際，尤其是西拉雅的行政訴訟或可能提起的憲法解釋一案，正是一個在不折不扣的跨界問題──不僅僅是身分認同的跨界，更是【法律與社會（科學）】的跨界，無法以單一面向思考來對待這個議題（謝若蘭，2011）。

「台灣國際法學會」十年來在台灣扮演著在【法律與社會（科學）】議題的重要關鍵角色，事實上從所出版的期刊中的專題論文，以及所辦理的相關活動都可以多少看出一些這樣的社會參與色彩，尤其是針對國際人權相關議題上的論述與關懷，更是不遺餘力。如果今天我們在此要對話法律被放置在社會的地位，我們不得不問為何法律有相關？如何相關？（How does law matter? And how?）不管我們因著個人的興趣與訓練背景來當成一個點來接觸法律與社會這個領域──從性別意識出發挑戰、從族群定位進行批判、或從階級角度提出質疑，我們都可以從這些當中看到我們可以彼此更多可以對話的空間，也可以真正從法的角度（legal perspective）研究法律（study in law），走到從社會科學角度（socio-legal perspective）研究有關法律與社會（study about law and society）。目前的台灣法學界對於有關法律知識的跨界研究並不重視，但因著社會關係的法律化（legalization of social relations）之日漸明顯，或許「台灣國際法學會」可以扮演更積極的角色，呼籲台灣的學者對於更多的投入【法律與社會（科學）】跨學科領域研究，無論是針對文化權利議題、智慧創作與數位化的財產化爭議、身分與認同間的法律流動性等，藉由法律議題的社會文化分析，在方法論、分析架構、研究範疇等進行更多面向的深度對話，

催生【法律與社會（科學）】領域成為一門配合時代的需求性的顯學，也成為一個可以與國際社會接軌的對話空間。

附錄　The Law an Society年會之主題與地點（2001～2012）

Year／年度	Theme／主題	Location／地點	Remarks／備註
June 5-8, 2012	N/A	Honolulu, Hawaii, USA	Joint Research Committee on Sociology of Law of the International Sociological Association (RCSL/ISA) meeting. Co-sponsored with Canadian Law and Society Association (CLSA/ACDA), Japanese Association of Sociology of Law (JASL), and Socio-Legal Studies Association (SLSA)
June 2-5, 2011	Oceans Apart? Narratives of (IL) Legality in Liminal Locations	San Francisco, California, USA	
May 27-30, 2010	AFTER CRITIQUE: What is Left of the Law & Society Paradigm?	Chicago, Illinois, USA	
May 28-31, 2009	Law, Power, and Inequality in the 21st Century	Denver, Colorado, USA	
May 29- June 1, 2008	Les Territoires du Droit: Placing Law	Montreal, Quebec, Canada	Joint CLSA/ACDS meeting.
July 25-28, 2007	Law and Society in the 21st Century: Transformations, Resistances, Futures	Berlin, Germany	Joint RCSL/ISA meeting. Co-sponsored by SLSA, JASL, *Vereinigung fur Rechtssoziologie*, and Sociological of Law Section of the German Sociological Association.
July 6-9, 2006	Law's End (s)?	Baltimore, Maryland, USA	
June 2-5, 2005	Sociolegal Futures: Gambles, Dangers, Dreams, Stakes	Las Vegas, Nevada, USA	

May 27-30, 2004	Law, Power, and Injustice: Confronting the Legacies of Sociolegal Research	Chicago, Illinois, USA	40th Anniversary Meeting.
June 5-8, 2003	Rivers of Law: The Confluence of Life, Work and Justice	Pittsburgh, Pennsylvania, USA	
May 30- June 1, 2002	The Reach of Law	Vancouver, British Columbia, Canada	Joint CLSA/ACDS meeting.
July 4-7, 2001	Law in Action	Budapest, Hungary	Joint RCSL/ISA meeting.

二、日本少年法修法趨向與處分[*]

陳慈幸[**]

壹、前言

　　日本少年法有新舊之分，舊少年法制定於1922年[1]，沿用至二次世界大戰其間。需說明的是，因殖民時期之故，舊少年法亦施行於台灣。然而，日本舊少年法因二次世界大戰，伴隨日本法律進行全面性之修整，而進行大幅度之修正。此亦是新少年法誕生之由來。

　　日本目前所實施之少年法，為1948年7月15日所實施[2]。新少年法與舊少年法最大之差異，乃在於對觸法少年行政機關需實施保護處分，新少年法之內容，將少年觸法行為分以保護處分、刑事處分之二大階段，此部分亦影響台灣少年法承襲，亦即，台灣目前之少年法，亦是承襲於日本新少年法，而略加以修正。

　　觀測目前日本少年法之內容，共分四章，其為：第一章總則（第1、2條）、第二章：少年保護事件（第3條至第39條）、第三章：少年刑事案件（第40條至第60條）與第四章：附則（第61條），請參考下表。此部分與目前台灣少年法各章節幾乎雷同。

---

[*] 感謝台灣國際法學會給予晚學發表論文之機會。

本論文感謝日本中央大學Law School中野目善則教授審閱。

本文一部份曾與蔡孟凌小姐於2009年11月台灣觀護協會所舉辦會議發表，論文原名為：「日本少年法之立法趨勢與展望」，收錄於觀護協會論文集當中，並未出版。蔡孟凌小姐為當時第二作者，主要負責部分是日本文獻資料蒐集，主要貢獻在於當時論文之第三部分：「日本實務與學術近來討論之重要議題」。本文刪除當時蔡孟凌小姐所負責蒐集之部分，再針對論文發表時，專家給予之意見進行彙整，特此說明。

[**] 日本中央大學法學博士，日本比較法研究所兼任研究員，國立中正大學犯罪防治學系副教授

[1] 大正11年法律42號。

[2] 昭和23年7月15日，法律168號。

表1　日本新少年法各章節

第一章　総則（第1条・第2条）	第一章　總則（第1、2条）
第二章　少年の保護事件 　第一節　通則（第3条－第5条の3） 　第二節　通告、警察官の調査等（第6条－第7条） 　第三節　調査及び審判（第8条－第31条の2） 　第四節　抗告（第32条－第39条）	第二章　少年保護事件 （第3条至第39条）
第三章　少年の刑事事件 　第一節　通則（第40条） 　第二節　手続（第41条－第50条） 　第三節　処分（第51条－第60条）	第三章　少年刑事案件 （第40条至第60条）
第四章　雑則（第61条）	第四章　附則（第61条）

　　然而，新少年法施行至今，進行了數次修正，主要修正趨勢為被害人保護、警察調查程序……等之內容。綜合前述，筆者認為日本少年法有以下之特色：

　　其一、保護處分與刑事處分架構清晰。

　　其二、著重犯罪人保護。

　　其三、警察調查程序之完整[3]。

　　承上述之背景，本文擬就文獻分析之研究方法，主要先以探討日本當今少年法修法趨勢，其次，介紹日本當前新少年法之主要架構，並一併論述目前日本實施「裁判員制度」對於少年事件處理狀況，進行整合性探討。

貳、近年日本少年法重要修正歷史經緯

　　承前述所言，日本新少年法制定於二次世界大戰戰後之1948年7月15日，至今為止，歷經了數次修正。筆者歸納從1948年新少年法施行至今之修正共有下列數次修正，分別為1985年6月1日法律45號（施行日期：1986年4月1日）、1987年9月26日法律99號（施行日期：1988年4月1日）、1995年5月12日法律91號（施行日期：1995年6月1日）、1997年6月11日法律74號（施行日期：1998年4月1日）、1999年7月16日法律87號（施行

---

[3]　關於日本犯罪被害人保護政策，可參閱陳慈幸（2010），從日本法看犯罪被害人保護：日本犯罪被害保護重要論點歸納與觀察，月旦法學雜誌第176號，頁1-14。

日期：2000年4月1日）、2000年12月6日法律142號（施行日期：2001年4月1日）、2003年7月16日法律121號（施行日期：2005年4月1日）、2004年5月28日法律62號（施行日期：2005年11月1日）、2004年12月3日法律152號（施行日期：2007年4月1日）、2004年12月3日法律153號（施行日期：2007年4月1日）、2005年5月25日法律50號（施行日期：2006年5月24日）、2005年11月7日法律123號（施行日期：2006年10月1日）、2006年6月8日法律58號（施行日期：2007年6月1日）、2007年6月1日法律68號（施行日期：2007年11月1日）、2007年6月1日法律73號（施行日期2008年4月1日）、2007年6月15日法律88號（施行日期：2008年6月1日）、2007年6月27日法律96號（施行日期2007年12月26日）、2008年6月18日法律71號（施行日期2008年12月15日）等[4]。

在此修正過程當中，可發現的是，日本在於1985年前少年法並無巨大更修，反自1986年起陸續更修，特別說明是，於1996年起，新少年法更為積極進行更修，然而，在學理上對於此些修正歸納了二大時期。第一個時期稱為「第一次修正」，主要修正時間為2000年，第二個時期稱為「第二次修正」，主要修正時期為2007年。學理指稱，促使少年法第一次修正之契因，主要於90年代末，日本少年犯罪率突然急速增加，其中暴力犯罪案例較為顯著之故[5]。

第一次修正主要於2000年11月26日所進行之少年法修正，於2001年4月1日實施。修正內容除有：

其一、刑事處分適用擴大與強化，
其二、非行事實認定程序之適切化，
其三、被害人之保護等[6]。

---

[4]　Http://www.houko.com/00/01/168.HTM，2009年11月19日造訪。

[5]　陳慈幸（2000年12月26日），「日本少年犯罪現狀分析」，中輟學生與青少年犯罪問題研討會論文集——中華民國犯罪學學會，pp149-pp164。椎橋隆幸，陳慈幸譯（2001年10月20-21日），「現代日本の少年犯罪と少年法改正」，21世紀刑事司法與犯罪問題對策研討（中華民國犯罪學學會），90年10月20日、21日，pp441-pp446。太田達也，陳慈幸譯（2001年10月20-21日），「日本における少年非行の動向と少年司法制度の改革」，21世紀刑事司法與犯罪問題對策研討會（中華民國犯罪學學會），90年10月20日、21日，pp447-pp453。

[6]　改正少年法検証研究会編（2006），『司法研修所編・改正少年法の運用に関する研究』の批判的検討，立命館法学。

　　閱讀者可參閱下圖日文與中文對照，即可發現此次日本修法之重點主要環繞在上述三點。

　　也可以說日本少年法之修正，從此次修正而為奠基。詳言之，此次日本少年法修正，牽涉法條內容眾多，主要修正方向在於被害人保護（第5條之2）、當事人閱覽記錄費用（第5條之3）、輔佐人規定（第10條）、審判長若有緊急狀況可以合議制執行同行書狀處分（第13條第3項）、此外，尚有聲明異議（第17條之2）、特別抗告（第17條之3）、送致少年鑑別所之暫時收容（第17條之4）、移送檢察官時，檢察官可依據加害少年身心狀況處以刑事處分以外之處分（第20條第2項）、檢察官在於少年審判程序當中出庭（第22條之2）、國選輔佐人（第22條之3）、家事法條對於少年之法定保護人之監督（第25條之2）、家事法庭對於觀護處置決定後之後續處理（第26條）、保護處分之取消（第27條之2）、證人等之費用（第30條第4項）、對當事人少年有扶養義務者徵收費用（第31條）、被害者通知制度（第31條之2）、對於保護處分之抗告（第32條）、抗告法院調查範圍之規定（第32條之2）、抗告法院事實調查（第32條之3）、抗告受理之申請（第32條之4）、抗告審國選輔佐人之規定（第32條之5第1項）、抗告審審理準用之規定（第32條之6）、抗告審之裁判（第33條第1項）、再抗告（第36條）、刑事案件移送檢察官之要件（第45條）、保護處分之效力（第46條）、死刑、有期徒刑之輕減處分（第51條）、懲役與禁錮之執行（第56條）、假釋（第58條）、假釋終了（第59條）等（請參考下表）

表2　日本少年法2000年修正

中文譯		法條	修正
被害人保護 （第5條之2）	第5条の2	2　前項の申出は、その申出に係る保護事件を終局させる決定が確定した後3年を経過したときは、することができない。 3　第1項の規定により記録の閲覧又は謄写をした者は、正当な理由がないのに閲覧又は謄写により知り得た少年の氏名その他少年の身上に関する事項を漏らしてはならず、かつ、閲覧又は謄写により知り得た事項をみだりに用いて、少年の健全な育成を妨げ、関係人の名誉若しくは生活の平穏を害し、又は調査若しくは審判に支障を生じさせる行為をしてはならない。	《追加》平 12法142

當事人閱覽記錄費用（第5條之3）	第5条の3	前条第1項の規定による記録の閲覧又は謄写の手数料については、その性質に反しない限り、民事訴訟費用等に関する法律（昭和46年法律第40号）第7条から第10条まで及び別表第2の1の項の規定（同項上欄中「（事件の係属中に当事者等が請求するものを除く。）」とある部分を除く。）を準用する。	《追加》平12法142
輔佐人規定（第10條）	第10条	少年及び保護者は、家庭裁判所の許可を受けて、付添人を選任することができる。ただし、弁護士を付添人に選任するには、家庭裁判所の許可を要しない。 2　保護者は、家庭裁判所の許可を受けて、付添人となることができる。	《改正》平12法142
略	第12条	2　裁判長は、急速を要する場合には、前項の処分をし、又は合議体の構成員にこれをさせることができる。	《追加》平12法142
審判長若有緊急狀況可以合議制執行同行書狀處分（第13條第3項）	第13条	3　裁判長は、急速を要する場合には、前項の処分をし、又は合議体の構成員にこれをさせることができる。	《追加》平12法142
略	第17条	3　第1項第2号の措置においては、少年鑑別所に収容する期間は、2週間を超えることができない。ただし、特に継続の必要があるときは、決定をもつて糧これを更新することができる。	《全改》平12法142
		4　前項ただし書の規定による更新は、1回を超えて行うことができない。ただし、第3条第1項第1号に掲げる少年に係る死刑、懲役又は禁錮に当たる罪の事件でその非行事実（犯行の動機、態様及び結果その他の当該犯罪に密接に関連する重要な事実を含む。以下同じ。）の認定に関し証人尋問、鑑定若しくは検證を行うことを決定したもの又はこれを行つたものについて、少年を収容しなければ審判に著しい支障が生じるおそれがあると認めるに足りる相当の理由がある場合には、その更新は、更に2回を限度として、行うことができる。	《追加》平12法142
		5　第3項ただし書の規定にかかわらず、検察官から再び送致を受けた事件が先に第1項第2号の措置がとられ、又は勾留状が発せられた事件であるときは、収容の期間は、これを更新することができない。	
		8　観護の措置は、決定をもつて、これを取り消し、又は変更することができる。	《改正》平12法142

		9　第1項第2号の措置については、収容の期間は、通じて8週間を超えることができない。ただし、その収容の期間が通じて4週間を超えることとなる決定を行うときは、第4項ただし書に規定する事由がなければならない。	《追加》平12法142
		10　裁判長は、急速を要する場合には、第1項及び第8項の処分をし、又は合議体の構成員にこれをさせることができる。	
聲明異議 （第17條之2）	第17条の2	少年、その法定代理人又は付添人は、前条第1項第2号又は第3項ただし書の決定に対して、保護事件の係属する家庭裁判所に異議の申立てをすることができる。ただし、付添人は、選任者である保護者の明示した意思に反して、異議の申立てをすることができない。	【則】第22条の2 《追加》平12法142
		2　前項の、異議の申立ては、審判に付すべき事由がないことを理由としてすることはできない。	《追加》平12法142
		3　第1項の異議の申立てについては、家庭裁判所は、合議体で決定をしなければならない。この場合において、その決定には、原決定に関与した裁判官は、関与することができない。	《追加》平12法142
		4　第32条の3、第33条及び第34条の規定は、第1項の異議の申立てがあつた場合について準用する。この場合において、第33条第2項中「取り消して、事件を原裁判所に差し戻し、又は他の家庭裁判所に移送しなければならない」とあるのは、「取り消し、必要があるときは、更に裁判をしなければならない」と読み替えるものとする。	《追加》平12法142
特別抗告 （第17條之3）	第17条の3	第35条第1項の規定は、前条第3項の決定について準用する。この場合において、第35条第1項中「2週間」とあるのは、「5日」と読み替えるものとする。	《追加》平12法142
		2　前条第4項及び第32条の2の規定は、前項の規定による抗告があつた場合について準用する。	
送致少年鑑別所之暫時收容 （第17條之4）	第17条の4	2　裁判長は、急速を要する場合には、前項の処分をし、又は合議体の構成員にこれをさせることができる。	《追加》平12法142

移送檢察官時，檢察官可依據加害少年身心狀況處以刑事處分以外之處分（第20條第2項）	第20条	2　前項の規定にかかわらず、家庭裁判所は、故意の犯罪行為により被害者を死亡させた罪の事件であつて、その罪を犯すとき16歳以上の少年に係るものについては、同項の決定をしなければならない。ただし、調査の結果、犯行の動機及び態様、犯行後の情況、少年の性格、年齢、行状及び環境その他の事情を考慮し、刑事処分以外の措置を相当と認めるときは、この限りでない。	《追加》平12法142
略	第22条	審判は、懇切を旨として、和やかに行うとともに、非行のある少年に対し自己の非行について内省を促すものとしなければならない。 3　審判の指揮は、裁判長が行う。	《改正》平12法142 《追加》平12法142
檢察官在於少年審判程序當中出庭（第22條之2）	第22条の2	家庭裁判所は、第3条第1項第1号に掲げる少年に係る事件であつて、次に掲げる罪のものにおいて、その非行事実を認定するための審判の手続に検察官が関与する必要があると認めるときは、決定をもつて、審判に検察官を出席させることができる。 1.　故意の犯罪行為により被害者を死亡させた罪 2.　前号に掲げるもののほか、死刑又は無期若しくは短期2年以上の懲役若しくは禁錮に当たる罪 2　家庭裁判所は、前項の決定をするには、検察官の申出がある場合を除き、あらかじめ、検察官の意見を聴かなければならない。 3　検察官は、第1項の決定があつた事件において、その非行事実の認定に資するため必要な限度で、最高裁判所規則の定めるところにより、事件の記録及び証拠物を閲覧し及び謄写し、審判の手続（事件を終局させる決定の告知を含む。）に立ち会い、少年及び証人その他の関係人に発問し、並びに意見を述べることができる。	《追加》平12法142
國選輔佐人（第22條之3）	第22条の3	家庭裁判所は、前条第1項の決定をした場合において、少年に弁護士である付添人がないときは、弁護士である付添人を付さなければならない。	【則】第30条の3 《追加》平12法142 《改正》平19法068
家事法條對於少年之法定保護人之監督（第25條之2）	第25条の2	家庭裁判所は、必要があると認めるときは、保護者に対し、少年の監護に関する責任を自覚させ、その非行を防止するため、調査又は審判において、自ら訓戒、指導その他の適当な措置をとり、又は家庭裁判所調査官に命じてこれらの措置をとらせることができる。	《追加》平12法142

家事法庭對於觀護處置決定後之後續處理（第26條）	第26条	家庭裁判所は、第17条第1項第2号、第17条の4第1項、第18条、第20条及び第24条第1項の決定をしたときは、家庭裁判所調査官、裁判所書記官、法務事務官、法務教官、警察官、保護観察官又は児童福祉司をして、その決定を執行させることができる。 2　家庭裁判所は、第17条第1項第2号、第17条の4第1項、第18条、第20条及び第24条第1項の決定を執行するため必要があるときは、少年に対して、呼出状を発することができる。 6　裁判長は、急速を要する場合には、第1項及び第4項の処分をし、又は合議体の構成員にこれをさせることができる。	《改正》平12法142 《追加》平12法142
保護處分之取消（第27條之2）	第27条の2	保護処分の継続中、本人に対し審判権がなかつたこと、又は14歳に満たない少年について、都道府県知事若しくは児童相談所長から送致の手続がなかつたにもかかわらず、保護処分をしたことを認め得る明らかな資料を新たに発見したときは、保護処分をした家庭裁判所は、決定をもつて、その保護処分を取り消さなければならない。 3　保護観察所、教護院、養護施設又は少年院の長は、保護処分の継続中の者について、第1項の事由があることを疑うに足りる資料を発見したときは、保護処分をした家庭裁判所に、その旨の通知をしなければならない。 2　保護処分が終了した後においても、審判に付すべき事由の存在が認められないにもかかわらず保護処分をしたことを認め得る明らかな資料を新たに発見したときは、前項と同様とする。ただし、本人が死亡した場合は、この限りでない。 6　前3項に定めるもののほか、第1項及び第2項の規定による保護処分の取消しの事件の手続は、その性質に反しない限り、保護事件の例による。	《改正》平12法142 《追加》平12法142
證人等之費用（第30條第4項）	第30条	証人、鑑定人、翻訳人及び通訳人に支給する旅費、日で宿泊料その他の費用の額については、刑事訴訟費用に関する法令の規定を準用する。 2　参考人は、旅費、日当、宿泊料を請求することができる。 3　参考人に支給する費用は、これを証人に支給する費用とみなして、第1項の規定を適用する。 4　第22条の3第4項の規定により付添人に支給すべき旅費、日当、宿泊料及び報酬の額については、刑事訴訟法第38条第2項の規定により弁護人に支給すべき旅費、日当、宿泊料及び報酬の例による。	《追加》平12法142 《改正》平19法068

對當事人少年有扶養義務者徵收費用 （第31條）	第31条	家庭裁判所は、少年又はこれを扶養する義務のある者から證人、鑑定人、通訳人、翻訳人、参考人、第22条の3第3項（第22条の5第4項において準用する場合を含む。）の規定により選任された付添人及び補導を委託された者に支給した旅費、日当、宿泊料その他の費用並びに少年鑑別所及び少年院において生じた費用の全部又は一部を徵収することができる。 2　前項の費用の徵収については、非訟事件手続法（明治31年法律第14号）第163条の規定を準用する。	《改正》平 12法142 《改正》平 19法068 《改正》平 20法071 《改正》平 16法152
被害者通知制度 （第31條之2）	第31条の2	家庭裁判所は、第3条 第1項第1号又は第2号に掲げる少年に係る事件を終局させる決定をした場合において、最高裁判所規則の定めるところにより当該事件の被害者等から申出があるときは、その申出をした者に対し、次に掲げる事項を通知するものとする。ただし、その通知をすることが少年の健全な育成を妨げるおそれがあり相当でないと認められるものについては、この限りでない。 1．少年及びその法定代理人の氏名及び住居 2．決定の年月日、主文及び理由の要旨 2　前項の申出は、同項に規定する決定が確定した後3年を経過したときは、することができない。 3　第5条の2第3項の規定は、第1項の規定により通知を受けた者について、準用する。	《追加》平 12法142
對於保護處分之抗告 （第32條）	第32条	保護処分の決定に対しては、決定に影響を及ぼす法令の違反、重大な事実の誤認又は処分の著しい不当を理由とするときに限り、少年、その法定代理人又は付添人から、2週間以内に、抗告をすることができる。ただし、付添人は、選任者である保護者の明示した意思に反して、抗告をすることができない。	《改正》平 12法142
抗告法院調查範圍之規定 （第32條之2）	第32条の2	抗告裁判所は、抗告の趣意に含まれている事項に限り、調査をするものとする。 2　抗告裁判所は、抗告の趣意に含まれていない事項であつても、抗告の理由となる事由に関しては、職権で調査をすることができる。	《追加》平 12法142
抗告法院事實調查 （第32條之3）	第32条の3	抗告裁判所は、決定をするについて必要があるときは、事実の取調べをすることができる。 2　前項の取調べは、合議体の構成員にさせ、又は家庭裁判所の裁判官に嘱託することができる。	《追加》平 12法142

抗告受理之申請 （第32條之4）	第32條 の4	検察官は、第22条の2第1項の決定がされた場合において、保護処分に付さない決定又は保護処分の決定に対し、同項の決定があつた事件の非行事実の認定に関し、決定に影響を及ぼす法令の違反又は重大な事実の誤認があることを理由とするときに限り、高等裁判所に対し、2週間以内に、抗告審として事件を受理すべきことを申し立てることができる。 2　前項の規定による申立て（以下「抗告受理の申立て」という。）は、申立書を原裁判所に差し出してしなければならない。この場合において、原裁判所は、速やかにこれを高等裁判所に送付しなければならない。 3　高等裁判所は、抗告受理の申立てがされた場合において、抗告審として事件を受理するのを相当と認めるときは、これを受理することができる。この場合においては、その旨の決定をしなければならない。 4　高等裁判所は、前項の決定をする場合において、抗告受理の申立ての理由中に重要でないと認めるものがあるときは、これを排除することができる。 5　第3項の決定は、高等裁判所が原裁判所から第2項の申立書の送付を受けた日から2週間以内にしなければならない。 6　第3項の決定があつた場合には、抗告があつたものとみなす。この場合において、第32条の2の規定の適用については、抗告受理の申立ての理由中第4項の規定により排除されたもの以外のものを抗告の趣意とみなす。	《追加》平12法142
抗告審國選輔佐人之規定 （第32條之5第1項）	第32條 の5	前条第3項の決定があつた場合において、少年に弁護士である付添人がないときは、抗告裁判所は、弁護士である付添人を付さなければならない。	【則】第46条の4 《追加》平12法142 《改正》平19法068
抗告審審理準用之規定 （第32條之6）	第32條 の6	第32条の2、第32条の3及び前条に定めるもののほか、抗告審の審理については、その性質に反しない限り、家庭裁判所の審判に関する規定を準用する。	《追加》平12法142
抗告審之裁判 （第33條第1項）	第33條	抗告の手続がその規定に違反したとき、又は抗告が理由のないときは、決定をもつて、抗告を棄却しなければならない。	《改正》平12法142

再抗告 （第35條）	第35条	抗告裁判所のした第33条の決定に対しては、憲法に違反し、若しくは憲法の解釈に誤りがあること、又は最高裁判所若しくは控訴裁判所である高等裁判所の判例と相反する判断をしたことを理由とする場合に限り、少年、その法定代理人又は付添人から、最高裁判所に対し、2週間以内に、特に抗告をすることができる。ただし、付添人は、選任者である保護者の明示した意思に反して、抗告をすることができない。	《改正》平12法142
刑事案件移送檢察官之要件 （第45條）	第45条	家庭裁判所が、第20条の規定によつて事件を検察官に送致したときは、次の例による。 1. 第17条第1項第1号の措置は、その少年の事件が再び家庭裁判所に送致された場合を除いて、検察官が事件の送致を受けた日から10日以内に公訴が提起されないときは、その効力を失う。公訴が提起されたときは、裁判所は、検察官の請求により、又は職権をもつて、いつでも、これを取り消すことができる。 2. 前号の措置の継続中、勾留状が発せられたときは、その措置は、これによつて、その効力を失う。 3. 第1号の措置は、その少年が満20歳に達した後も、引き続きその効力を有する。 4. 第17条第1項第2号の措置は、これを裁判官のした勾留とみなし、その期間は、検察官が事件の送致を受けた日から、これを起算する。この場合において、その事件が先に勾留状の発せられた事件であるときは、この期間は、これを延長することができない。 5. 検察官は、家庭裁判所から送致を受けた事件について、公訴を提起するに足りる犯罪の嫌疑があると思料するときは、公訴を提起しなければならない。ただし、送致を受けた事件の一部について公訴を提起するに足りる犯罪の嫌疑がないか、又は犯罪の情状等に影響を及ぼすべき新たな事情を発見したため、訴追を相当でないと思料するときは、この限りでない。送致後の情況により訴追を相当でないと思料するときも、同様である。 6. 少年又は保護者が選任した弁護士である付添人は、これを弁護人とみなす。	【則】第24条の2、第24条の3 刑事訴訟規則・第280条・第24条の2 《改正》平12法142 《改正》平16法062

		7. 第4号の規定により第17条第1項第2号の措置が裁判官のした勾留とみなされた場合には、勾留状が発せられているものとみなして、刑事訴訟法中、裁判官による被疑者についての弁護人の選任に関する規定を適用する。	
保護處分之效力（第46條）	第46条	罪を犯した少年に対して第24条第1項の保護処分等がなされたときは、審判を経た事件について、刑事訴追をし、又は家庭裁判所の審判に付することができない。	《改正》平12法142
		2　第22条の2第1項の決定がされた場合において、同項の決定があつた事件につき、審判に付すべき事由の存在が認められないこと又は保護処分に付する必要がないことを理由とした保護処分に付さない旨の決定が確定したときは、その事件についても、前項と同様とする。	《追加》平12法142
		3　第1項の規定は、第27条の2第1項の規定による保護処分の取消しの決定が確定した事件については、適用しない。ただし、当該事件につき同条第6項の規定によりその例によることとされる第22条の2第1項の決定がされた場合であつて、その取消しの理由が審判に付すべき事由の存在が認められないことであるときは、この限りでない。	
有期徒刑之輕減處分（第51條）	第51条	罪を犯すとき18歳に満たない者に対しては、死刑をもつて処断すべきときは、無期刑を科する。	《改正》平12法142
		2　罪を犯すとき18歳に満たない者に対しては、無期刑をもつて処断すべきときであつても、有期の懲役又は禁錮を科することができる。この場合において、その刑は、10年以上15年以下において言い渡す。	《追加》平12法142
懲役與禁錮之執行（第56條第3項）	第56条	3　懲役又は禁錮の言渡しを受けた16歳に満たない少年に対しては、刑法第12条第2項又は第13条第2項の規定にかかわらず、16歳に達するまでの間、少年院において、その刑を執行することができる。この場合において、その少年には、矯正教育を授ける。	《追加》平12法142
假釋（第58條第2項）	第58条	2　第51条第1項の規定により無期刑の言渡しを受けた者については、前項第1号の規定は適用しない。	《追加》平12法142

| 假釋終了
（第59條） | 第59条 | 少年のとき無期刑の言渡しを受けた者が、仮釈放後、その処分を取り消されないで10年を経過したときは、刑の執行を受け終わつたものとする。 | 《改正》平
17法050 |
| | | 2　少年のとき第51条第2項又は第52条第1項及び第2項の規定により有期の刑の言渡しを受けた者が、仮釈放後、その処分を取り消されないで仮釈放前に刑の執行を受けた期間と同一の期間又は第51条第2項の刑期若しくは第52条第1項及び第2項の長期を経過したときは、そのいずれか早い時期において、刑の執行を受け終わつたものとする。 | 《改正》平
12法142
《改正》平
17法050 |

　　少年法第一次修正，亦即2000年12月6日法律142號之修正，影響日本少年法甚大，爾後，日本少年法逐年進行了幾次小幅度修正，分別為2003年進行部分法規修正外，2004之修正則有較大之法律修正，詳細而言請參考下表，其修法趨勢除了證人費用徵收外（第31條），尚有刑事程序當中移送檢察官（第42條），以及2002年法142號修正更為細緻化，修正移送檢察官後之程序（第45條），以及刑事程序當中訴訟費用的負擔（第45條之3）。可客觀得知，2004年之修法，主要在於程序面之完整建構。

表3　日本少年法2004年修正

中文譯		法條	修正
略	第16条	家庭裁判所は、調査及び観察のため、警察官、保護観察官、保護司、児童福祉司（児童福祉法第12条の3第2項第4号に規定する児童福祉司をいう。第26条第1項において同じ。）又は児童委員に対して、必要な援助をさせることができる。	《改正》平 11法087 《改正》平 16法153
證人費用徵收 （第31條）	第31条	2　前項の費用の徴収については、非訟事件手続法（明治31年法律第14号）第163条の規定を準用する。	《改正》平 16法152
刑事程序當中移送檢察官 （第42條）	第42条	2　前項の場合においては、刑事訴訟法の規定に基づく裁判官による被疑者についての弁護人の選任は、その効力を失う。	《追加》平 16法062

| 細緻化，修正移送檢察官後之程序（第45條） | 第45条 | 家庭裁判所が、第20条の規定によつて事件を検察官に送致したときは、次の例による。
1. 第17条第1項第1号の措置は、その少年の事件が再び家庭裁判所に送致された場合を除いて、検察官が事件の送致を受けた日から10日以内に公訴が提起されないときは、その効力を失う。公訴が提起されたときは、裁判所は、検察官の請求により、又は職権をもつて、いつでも、これを取り消すことができる。
2. 前号の措置の継続中、勾留状が発せられたときは、その措置は、これによつて、その効力を失う。
3. 第1号の措置は、その少年が満20歳に達した後も、引き続きその効力を有する。
4. 第17条第1項第2号の措置は、これを裁判官のした勾留とみなし、その期間は、検察官が事件の送致を受けた日から、これを起算する。この場合において、その事件が先に勾留状の発せられた事件であるときは、この期間は、これを延長することができない。
5. 検察官は、家庭裁判所から送致を受けた事件について、公訴を提起するに足りる犯罪の嫌疑があると思料するときは、公訴を提起しなければならない。ただし、送致を受けた事件の一部について公訴を提起するに足りる犯罪の嫌疑がないか、又は犯罪の情状等に影響を及ぼすべき新たな事情を発見したため、訴追を相当でないと思料するときは、この限りでない。送致後の情況により訴追を相当でないと思料するときも、同様である。
6. 少年又は保護者が選任した弁護士である付添人は、これを弁護人とみなす。
7. 第4号の規定により第17条第1項第2号の措置が裁判官のした勾留とみなされた場合には、勾留状が発せられているものとみなして、刑事訴訟法中、裁判官による被疑者についての弁護人の選任に関する規定を適用する。 | 《改正》平12法142
《改正》平16法062 |
| 略 | 第45条の2 | 前条第1号から第4号まで及び第7号の規定は、家庭裁判所が、第19条第2項又は第23条第3項の規定により、事件を検察官に送致した場合に準用する。 | 《改正》平16法062 |

中文譯		法條	修正
刑事程序當中訴訟費用的負擔（第45條之3）	第45条の3	家庭裁判所が、先に裁判官により被疑者のため弁護人が付された事件について第23条第2項又は第24条第1項の決定をするときは、刑事訴訟法中、訴訟費用の負担に関する規定を準用する。この場合において、同法第181条第1項及び第2項中「刑の言渡」とあるのは、「保護処分の決定」と読み替えるものとする。 2　検察官は、家庭裁判所が少年に訴訟費用の負担を命ずる裁判をした事件について、その裁判を執行するため必要な限度で、最高裁判所規則の定めるところにより、事件の記録及び証拠物を閲覧し、及び謄写することができる。	《追加》平16法062

　　隨後，2005年日本少年法通過了二個修正，主要內容列舉以下：

　　其一，移送少年觀護所時，若有相當程度之困難時，可至附近少年院及刑事矯正機關進行暫時收容（第17條之4第1項與第3項）。

　　其二，少年嫌疑人與被告與其他嫌疑人被告隔離（第49條第1項）。

　　其三，少年收容人應與成人分別收容（第49條第3項）。除此之外，尚有有期徒刑、禁錮之執行（第56條第1項）。

　　其四，假釋期間終了規定（第59條）等修正。

　　從此部分可得知，2005年之修正，較為偏向矯正政策之整合與完善。

表4　日本少年法2005年修正

中文譯		法條		修正
移送少年觀護所時，若有相當程度之困難時，可至附近少年院及刑事矯正機關進行暫時收容（第17條之4第1項與第3項）	第17条の4	3	第1項の規定による収容の期間は、これを第17条第1項第2号の措置により少年鑑別所に収容した期間とみなし、同条第3項の期間は、少年院又は刑事施設に収容した日から、これを起算する。	《改正》平12法142 《改正》平17法050

少年嫌疑人與被告與其他嫌疑人被告隔離（第49條第1項）；少年收容人應與成人分別收容（第49條第3項）	第49条	少年の被疑者又は被告人は、他の被疑者又は被告人と分離して、なるべく、その接触を避けなければならない。 3　刑事施設、留置施設及び海上保安留置施設においては、少年（刑事収容施設及び被収容者等の処遇に関する法律（平成17年法律第50号）第2条第4号の受刑者（同条第8号の未決拘禁者としての地位を有するものを除く。）を除く。）を成人と分離して収容しなければならない。	《改正》平17法050 《改正》平17法050 《改正》平18法058
有期徒刑、禁錮之執行（第56條第1項）	第56条	懲役又は禁錮の言渡しを受けた少年（第3項の規定により少年院において刑の執行を受ける者を除く。）に対しては、特に設けた刑事施設又は刑事施設若しくは留置施設内の特に分界を設けた場所において、その刑を執行する。	《改正》平12法142 《改正》平17法050 《改正》平18法058
略	第58条	少年のとき懲役又は禁錮の言渡しを受けた者については、次の期間を経過した後、仮釈放をすることができる。 1.　無期刑については7年 2.　第51条第2項の規定により言い渡した有期の刑については3年 3.　第52条第1項及び第2項の規定により言い渡した刑については、その刑の短期の3分の1	《改正》平12法142 《改正》平17法050
假釋期間終了規定（第59條）	第59条	少年のとき無期刑の言渡しを受けた者が、仮釈放後、その処分を取り消されないで10年を経過したときは、刑の執行を受け終わつたものとする。	《改正》平17法050
	第59条	2　少年のとき第51条第2項又は第52条第1項及び第2項の規定により有期の刑の言渡しを受けた者が、仮釈放後、その処分を取り消されないで仮釈放前に刑の執行を受けた期間と同一の期間又は第51条第2項の刑期若しくは第52条第1項及び第2項の長期を経過したときは、そのいずれか早い時期において、刑の執行を受け終わつたものとする。	《改正》平12法142 《改正》平17法050

　　爾後，2006年之修正，主要是針對2005年少年法修正之部分再度進行加強，其內容主要在於：

　　其一，主要在於少年嫌疑人與被告與成人隔離收容（第49條第3項）

　　其二，以及有期徒刑、禁錮之執行（第56條第1項）。

　　觀測本年度之修正，亦是偏向矯正政策之整合與完善。

表5　日本少年法2006年修正

中文譯		法條	修正
略	第17条の4	家庭裁判所は、第17条第1項第2号の措置をとつた場合において、直ちに少年鑑別所に収容することが著しく困難であると認める事情があるときは、決定をもつて、少年を仮に最寄りの少年院又は刑事施設の特に区別した場所に収容することができる。ただし、その期間は、収容した時から72時間を超えることができない。	《改正》平12法142 《改正》平17法050 《改正》平18法058
少年嫌疑人與被告與成人隔離收容（第49條第3項）	第49条	3　刑事施設、留置施設及び海上保安留置施設においては、少年（刑事収容施設及び被収容者等の処遇に関する法律（平成17年法律第50号）第2条第4号の受刑者（同条第8号の未決拘禁者としての地位を有するものを除く。）を除く。）を成人と分離して収容しなければならない。	《改正》平17法050 《改正》平18法058
以及有期徒刑、禁錮之執行（第五十六條第一項）	第56条	懲役又は禁錮の言渡しを受けた少年（第3項の規定により少年院において刑の執行を受ける者を除く。）に対しては、特に設けた刑事施設又は刑事施設若しくは留置施設內の特に分界を設けた場所において、その刑を執行する。	《改正》平12法142 《改正》平17法050 《改正》平18法058

　　然而，2007年，日本少年法卻進行更大幅度之改革，學理稱為此次修法為「第二次改正」[7]。

　　2007年修法部分涵蓋甚廣，主要集中於第二章第二節，亦是針對少年保護處分當中進行修正與增設，此部分之修正與增設共有以下：通告、警察官之調查之部分（第6條至第8條）除此之外，證人詢問、鑑定、通譯、翻譯等之規定亦比照刑事訴訟法而設（第14條第2項），另外，尚有兒童福利法措施之整備（第18條第2項）、公設辯護人之規定（第22條之3第2項與第3項）、保護處分之決定（第24條第1項）、保護處分者違規時之處分決定（第26條之4）、以及證人費用之規定（第30條）、對於少年扶養義務人徵收費用之規定（第31條第1項）、以及抗告審當中設置公設輔佐人之規定（第32條之5）、再抗告之規定（第35條第2項）。

　　由以上可發現，繼2000年之「第一次修正」後，2007年之「第二次修正」修正幅度相當大，然而，相對於第一次修正之背景，主要在於當時少

---

[7]　武內謙治（2009），2007年少年法改正問題，日本刑法雜誌，第四十八卷三號，頁511。

年暴力犯罪頻發之下，2007年之第二次修正主要涵蓋程序面之完善，以及一個重要的概念，亦即兒童福利與少年司法如何連結，此部分亦會在下述評析。

表6　日本少年法2007年修正

中文譯		法條	修正
通告、警察官之調查之部分（第6條至第8條）	第6條	2　警察官又は保護者は、第3条第1項第3号に掲げる少年について、直接これを家庭裁判所に送致し、又は通告するよりも、先づ児童福祉法（昭和22年法律第164号）による措置にゆだねるのが適当であると認めるときは、その少年を直接児童相談所に通告することができる。	《1項削除》平19法068
	第6条の2	警察官は、客観的な事情から合理的に判断して、第3条第1項第2号に掲げる少年であると疑うに足りる相当の理由のある者を発見した場合において、必要があるときは、事件について調査をすることができる。 2　前項の調査は、少年の情操の保護に配慮しつつ、事案の真相を明らかにし、もつて少年の健全な育成のための措置に資することを目的として行うものとする。 3　警察官は、国家公安委員会規則の定めるところにより、少年の心理その他の特性に関する専門的知識を有する警察職員（警察官を除く。）に調査（第6条の5第1項の処分を除く。）をさせることができる。	《追加》平19法068
	第6条の3	少年及び保護者は、前条第1項の調査に関し、いつでも、弁護士である付添人を選任することができる。	《追加》平19法068
	第6条の4	警察官は、調査をするについて必要があるときは、少年、保護者又は参考人を呼び出し、質問することができる。 2　前項の質問に当たつては、強制にわたることがあつてはならない。 3　警察官は、調査について、公務所又は公私の団体に照会して必要な事項の報告を求めることができる。	《追加》平19法068

	第6条の5	警察官は、第3条第1項第2号に掲げる少年に係る事件の調査をするについて必要があるときは、押収、捜索、検證又は鑑定の嘱託をすることができる。 2　刑事訴訟法（昭和23年法律第131号）中、司法警察職員の行う押収、捜索、検證及び鑑定の嘱託に関する規定（同法第224条を除く。）は、前項の場合に、これを準用する。この場合において、これらの規定中「司法警察員」とあるのは「司法警察員たる警察官」と、「司法巡査」とあるのは「司法巡査たる警察官」と読み替えるほか、同法第499条第1項中「検察官」とあるのは「警視総監若しくは道府県警察本部長又は警察署長」と、「政令」とあるのは「国家公安委員会規則」と、同条第2項中「国庫」とあるのは「当該都道府県警察又は警察署の属する都道府県」と読み替えるものとする。	《追加》平19法068
	第6条の6	警察官は、調査の結果、次の各号のいずれかに該当するときは、当該調査に係る書類とともに事件を児童相談所長に送致しなければならない。 1.　第3条第1項第2号に掲げる少年に係る事件について、その少年の行為が第22条の2第1項各号に掲げる罪に係る刑罰法令に触れるものであると思料するとき。 2.　前号に掲げるもののほか、第3条第1項第2号に掲げる少年に係る事件について、家庭裁判所の審判に付することが適当であると思料するとき。 2　警察官は、前項の規定により児童相談所長に送致した事件について、児童福祉法第27条第1項第4号の措置がとられた場合において、證拠物があるときは、これを家庭裁判所に送付しなければならない。 3　警察官は、第1項の規定により事件を送致した場合を除き、児童福祉法第25条の規定により調査に係る少年を児童相談所に通告するときは、国家公安委員会規則の定めるところにより、児童相談所に対し、同法による措置をとるについて参考となる当該調査の概要及び結果を通知するものとする。	《追加》平19法068

	第6条 の7	都道府県知事又は児童相談所長は、前条第1項 （第1号に係る部分に限る。）の規定により送致を 受けた事件については、児童福祉法第27条第1項 第4号の措置をとらなければならない。ただし、調 査の結果、その必要がないと認められるときは、 この限りでない。 2　都道府県知事又は児童相談所長は、児童福祉法 　　の適用がある少年について、たまたま、その行 　　動の自由を制限し、又はその自由を奪うような 　　強制的措置を必要とするときは、同法第33条及 　　び第47条の規定により認められる場合を除き、 　　これを家庭裁判所に送致しなければならない。	《追加》平 19法068
	第8条	家庭裁判所は、第6条第1項の通告又は前条第1項 の報告により、審判に付すべき少年があると思料 するときは、事件について調査しなければならな い。検察官、司法警察員、警察官、都道府県知事 又は児童相談所長から家庭裁判所の審判に付すべ き少年事件の送致を受けたときも、同様とする。	《改正》平 19法068
證人詢問、鑑 定、通譯、翻譯 等之規定亦比照 刑事訴訟法而設 （第14條第2項）	第14条	2　刑事訴訟法中、裁判所の行う證人尋問、鑑 　　定、通訳及び翻訳に関する規定は、保護事件の 　　性質に反しない限り、前項の場合に、これを準 　　用する。	《改正》平 19法068
児童福利法措施 之整備 （第18條第2項）	第18条	2　第6条の7第2項の規定により、都道府県知事又 　　は児童相談所長から送致を受けた少年について 　　は、決定をもつて、期限を付して、これに対し 　　てとるべき保護の方法その他の措置を指示し 　　て、事件を権限を有する都道府県知事又は児童 　　相談所長に送致することができる。	《改正》平 19法068
公設辯護人之規 定 （第22條之3第 2項與第3項）	第22条 の3	家庭裁判所は、前条第1項の決定をした場合におい て、少年に弁護士である付添人がないときは、弁 護士である付添人を付さなければならない。 2　家庭裁判所は、第3条第1項第1号に掲げる少年 　　に係る事件であつて前条第1項各号に掲げる罪 　　のもの又は第3条第1項第2号に掲げる少年に係 　　る事件であつて前条第1項各号に掲げる罪に係 　　る刑罰法令に触れるものについて、第17条第1 　　項第2号の措置がとられており、かつ、少年に 　　弁護士である付添人がない場合において、事 　　案の内容、保護者の有無その他の事情を考慮 　　し、審判の手続に弁護士である付添人が関与す 　　る必要があると認めるときは、弁護士である付 　　添人を付することができる。	《追加》平 12法142 《改正》平 19法068 《追加》平 19法068 《追加》平 12法142 《改正》平 19法068

		3　前2項の規定により家庭裁判所が付すべき付添人は、最高裁判所規則の定めるところにより、選任するものとする。	
保護處分之決定 （第24條第1項）	第24条	家庭裁判所は、前条の場合を除いて、審判を開始した事件につき、決定をもつて、次に掲げる保護処分をしなければならない。ただし、決定の時に14歳に満たない少年に係る事件については、特に必要と認める場合に限り、第3号の保護処分をすることができる。 1.　保護観察所の保護観察に付すること。 2.　児童自立支援施設又は児童養護施設に送致すること。 3.　少年院に送致すること。	《改正》平 9法74 《改正》平 19法068
保護處分者違規時之處分決定 （第26條之4）	第26条 の4	更生保護法（平成19年法律第88号）第67条第2項の申請があつた場合において、家庭裁判所は、審判の結果、第24条第1項第1号の保護処分を受けた者がその遵守すべき事項を遵守せず、同法第67条第1項の警告を受けたにもかかわらず、なお遵守すべき事項を遵守しなかつたと認められる事由があり、その程度が重く、かつ、その保護処分によつては本人の改善及び更生を図ることができないと認めるときは、決定をもつて、第24条第1項第2号又は第3号の保護処分をしなければならない。 2　家庭裁判所は、前項の規定により20歳以上の者に対して第24条第1項第3号の保護処分をするときは、その決定と同時に、本人が23歳を超えない期間内において、少年院に収容する期間を定めなければならない。 3　前項に定めるもののほか、第1項の規定による保護処分に係る事件の手続は、その性質に反しない限り、第24条第1項の規定による保護処分に係る事件の手続の例による。	《追加》平 19法068 《改正》平 19法088 《追加》平 19法068
證人費用之規定 （第30條）	第30条	4　第22条の3第4項の規定により付添人に支給すべき旅費、日当、宿泊料及び報酬の額については、刑事訴訟法第38条第2項の規定により弁護人に支給すべき旅費、日当、宿泊料及び報酬の例による。	《追加》平 12法142 《改正》平 19法068

對於少年扶養義務人徵收費用之規定 （第31條第1項）	第31条	家庭裁判所は、少年又はこれを扶養する義務のある者から証人、鑑定人、通訳人、翻訳人、参考人、第22条の3第3項（第22条の5第4項において準用する場合を含む。）の規定により選任された付添人及び補導を委託された者に支給した旅費、日当、宿泊料その他の費用並びに少年鑑別所及び少年院において生じた費用の全部又は一部を徴収することができる。	《改正》平12法142 《改正》平19法068 《改正》平20法071
抗告審當中設置公設輔佐人之規定 （第32條之5）	第32条の5	前条第3項の決定があつた場合において、少年に弁護士である付添人がないときは、抗告裁判所は、弁護士である付添人を付さなければならない。	《追加》平12法142 《改正》平19法068
		2　抗告裁判所は、第22条の3第2項に規定する事件（家庭裁判所において第17条第1項第2号の措置がとられたものに限る。）について、少年に弁護士である付添人がなく、かつ、事案の内容、保護者の有無その他の事情を考慮し、抗告審の審理に弁護士である付添人が関与する必要があると認めるときは、弁護士である付添人を付することができる。	《追加》平19法068
再抗告之規定 （第35條第2項）	第35条	2　第32条の2、第32条の3、第32条の5第2項及び第32条の6から前条までの規定は、前項の場合、これを準用する。この場合において、第33条第2項中「取り消して、事件を原裁判所に差し戻し、又は他の家庭裁判所に移送しなければならない」とあるのは、「取り消さなければならない。この場合には、家庭裁判所の決定を取り消して、事件を家庭裁判所に差し戻し、又は他の家庭裁判所に移送することができる」と読み替えるものとする。	《改正》平12法142 《改正》平19法068

　　經過2007年之「第二次修正後」，隨後，2008年亦進行了小幅度之修正。此部分主要為因應日本近年來對於犯罪被害人保護之重視而設，本修正之內容主要有，少年法的目的（第1條），以及公設輔佐人之規定（第22條之3第4項）。惟2008年少事法最大之修正，乃在於被害者保護部分，本部分除增設被害人少年審判旁聽外（第22條之4），若被害人有申請的話，需向被害人說明審判之狀況[8]。除此之外之修正，尚有：家事法庭在於少年審判時，需聽取輔佐人之意見（第22條之5），向扶養少年之義務

8　關於此部分可參考：陳慈幸（2010），從日本法看犯罪被害人保護：日本犯罪被害保護重要論點歸納與觀察，月旦法學雜誌第176號，頁1-14。

人徵收費用（第31條），另外，保護事件等相關事項由最高法院而為制定
（第36條）。

表7　日本少年法2008年修正

中文譯		法條	修正
少年法的目的 （第1條）	第1条	この法律は、少年の健全な育成を期し、非行のある少年に対して性格の矯正及び環境の調整に関する保護処分を行うとともに、少年の刑事事件について特別の措置を講ずることを目的とする。	《改正》平 20法071
略	第5条 の2	裁判所は、第3条第1項第1号又は第2号に掲げる少年に係る保護事件について、第21条の決定があつた後、最高裁判所規則の定めるところにより当該保護事件の被害者等（被害者又はその法定代理人若しくは被害者が死亡した場合若しくはその心身に重大な故障がある場合におけるその配偶者、直系の親族若しくは兄弟姉妹をいう。以下同じ。）又は被害者等から委託を受けた弁護士から、その保管する当該保護事件の記録（家庭裁判所が専ら当該少年の保護の必要性を判断するために収集したもの及び家庭裁判所調査官が家庭裁判所による当該少年の保護の必要性の判断に資するよう作成し又は収集したものを除く。）の閲覧又は謄写の申出があるときは、閲覧又は謄写を求める理由が正当でないと認める場合及び少年の健全な育成に対する影響、事件の性質、調査又は審判の状況その他の事情を考慮して閲覧又は謄写をさせることが相当でないと認める場合を除き、申出をした者にその閲覧又は謄写をさせるものとする。	《追加》平 12法142 《改正》平 20法071
略	第9条 の2	家庭裁判所は、最高裁判所規則の定めるところにより第3条第1項第1号又は第2号に掲げる少年に係る事件の被害者等から、被害に関する心情その他の事件に関する意見の陳述の申出があるときは、自らこれを聴取し、又は家庭裁判所調査官に命じてこれを聴取させるものとする。ただし、事件の性質、調査又は審判の状況その他の事情を考慮して、相当でないと認めるときは、この限りでない。	《追加》平 12法142 《改正》平 20法071

略	第17条	4	前項ただし書の規定による更新は、1回を超えて行うことができない。ただし、第3条第1項第1号に掲げる少年に係る死刑、懲役又は禁錮に当たる罪の事件でその非行事実（犯行の動機、態様及び結果その他の当該犯罪に密接に関連する重要な事実を含む。以下同じ。）の認定に関し証人尋問、鑑定若しくは検証を行うことを決定したもの又はこれを行つたものについて、少年を収容しなければ審判に著しい支障が生じるおそれがあると認めるに足りる相当の理由がある場合には、その更新は、更に2回を限度として、行うことができる。	《改正》平20法071
設輔佐人之規定（第22條之3第4項）	第22条の3	4	前項（第22条の5第4項において準用する場合を含む。）の規定により選任された付添人は、旅費、日当、宿泊料及び報酬を請求することができる。	《追加》平12法142《改正》平20法071
增設被害人少年審判旁聽外（第22條之4）	第22条の4		家庭裁判所は、最高裁判所規則の定めるところにより第3条第1項第1号に掲げる少年に係る事件であつて次に掲げる罪のもの又は同項第2号に掲げる少年（12歳に満たないで刑罰法令に触れる行為をした少年を除く。次項において同じ。）に係る事件であつて次に掲げる罪に係る刑罰法令に触れるもの（いずれも被害者を傷害した場合にあつては、これにより生命に重大な危険を生じさせたときに限る。）の被害者等から、審判期日における審判の傍聴の申出がある場合において、少年の年齢及び心身の状態、事件の性質、審判の状況その他の事情を考慮して、少年の健全な育成を妨げるおそれがなく相当と認めるときは、その申出をした者に対し、これを傍聴することを許すことができる。	《追加》平20法071

		1.　故意の犯罪行為により被害者を死傷させた罪 2.　刑法（明治40年法律第45号）第211条（業務上過失致死傷等）の罪 2　家庭裁判所は、前項の規定により第3条第1項第2号に掲げる少年に係る事件の被害者等に審判の傍聴を許すか否かを判断するに当たつては、同号に掲げる少年が、一般に、精神的に特に未成熟であることを十分考慮しなければならない。 3　家庭裁判所は、第1項の規定により審判の傍聴を許す場合において、傍聴する者の年齢、心身の状態その他の事情を考慮し、その者が著しく不安又は緊張を覚えるおそれがあると認めるときは、その不安又は緊張を緩和するのに適当であり、かつ、審判を妨げ、又はこれに不当な影響を与えるおそれがないと認める者を、傍聴する者に付き添わせることができる。 4　裁判長は、第1項の規定により審判を傍聴する者及び前項の規定によりこの者に付き添う者の座席の位置、審判を行う場所における裁判所職員の配置等を定めるに当たつては、少年の心身に及ぼす影響に配慮しなければならない。 5　第5条の2第3項の規定は、第1項の規定により審判を傍聴した者又は第3項の規定によりこの者に付き添つた者について、準用する。	
若被害人有申請的話，需向被害人說明審判之狀況。除此之外之修正，尚有：家事法庭在於少年審判時，需聽取輔佐人之意見（第22條之5）	第22条の5	家庭裁判所は、前条第1項の規定により審判の傍聴を許すには、あらかじめ、弁護士である付添人の意見を聴かなければならない。 2　家庭裁判所は、前項の場合において、少年に弁護士である付添人がないときは、弁護士である付添人を付さなければならない。 3　少年に弁護士である付添人がない場合であつて、最高裁判所規則の定めるところにより少年及び保護者がこれを必要としない旨の意思を明示したときは、前2項の規定は適用しない。 4　第22条の3第3項の規定は、第2項の規定により家庭裁判所が付すべき付添人について、準用する。	《追加》平20法071

略	第22条の6	家庭裁判所は、最高裁判所規則の定めるところにより第3条第1項第1号又は第2号に掲げる少年に係る事件の被害者等から申出がある場合において、少年の健全な育成を妨げるおそれがなく相当と認めるときは、最高裁判所規則の定めるところにより、その申出をした者に対し、審判期日における審判の状況を説明するものとする。 2　前項の申出は、その申出に係る事件を終局させる決定が確定した後3年を経過したときは、することができない。 3　第5条の2第3項の規定は、第1項の規定により説明を受けた者について、準用する。	《追加》平20法071
向扶養少年之義務人徵收費用（第31條）	第31条	家庭裁判所は、少年又はこれを扶養する義務のある者から証人、鑑定人、通訳人、翻訳人、参考人、第22条の3第3項（第22条の5第4項において準用する場合を含む。）の規定により選任された付添人及び補導を委託された者に支給した旅費、日当、宿泊料その他の費用並びに少年鑑別所及び少年院において生じた費用の全部又は一部を徴収することができる。	《改正》平12法142 《改正》平19法068 《改正》平20法071
保護事件等相關事項由最高法院而為制定（第36條）	第36条	この法律で定めるものの外、保護事件に関して必要な事項は、最高裁判所がこれを定める。	《章名削除》平20法071
		第37条から第39条まで　削除	《削除》平20法071

　　由以上可得知，2008年之修正，依然著重於被害人保護之觀點，此亦是日本重視被害人保護之政策延伸至少年法之重要特徵。

　　總而言之，筆者認為，日本二大時期之少年法史上重大修正，給了日本少年法二個重要意義，第一次修正可說是建構了當前完整之少年法構造，而第二次修正，加入了兒童福利與犯罪被害保護等之概念，奠基了少年法除了法理程序又兼具福利制度與被害保護之規模。

　　簡言之，日本少年法二次修正，可歸納為以下重要論點：

2000年第一次修正時之重要論點乃在：

其一、家事法庭依刑事案件「逆送」檢察官之年紀，由十六歲降為十四歲。

其二、十六歲以上之少年因故意犯罪而致人於死（殺人、傷害致死、強盜致死）原則上應逆送檢察官（但調查結果發現少年之動機

與犯罪事實內容應處以刑事處分較為恰當時,可處以移送少年
院等保護處分)。

其三、被害人可申請閱覽少年審判之記錄。

其四、檢察官可參與少年審判(但限於重要案件),此時,檢察官對
於家事法庭之決定可申請異議。

其五、少年法第五十一條第二項無期徒刑等輕減刑責之規定,成為可
酌量裁量。

同樣的,2007年第二次修正之重要論點如下,

其一,保護案件程序內容重新修正。

第二,導入了兒童福利之概念,而有學理提出「兒童福利機構先議
權」[9]之概念。

第三,犯罪被害保護之加強。

參、目前日本少年法基本構造與重要問題

日本少年法之構造,在於前述已有說明,分為四大部分,各為第一章
總則(第1、2條)、第二章少年保護事件(第3條至第39條)、第三章少
年刑事案件(第40條至第60條)與第四章附則(第61條)。

以下針對日本新少年法基本構造進行說明,為使大陸實務與學者能更
加瞭解,筆者特以下圖日本裁判所之資料彙整,而為報告:

一、年齡之界定

首先在於年齡的劃分上,日本將少年犯分為下列三種[10]:

(一)犯罪少年:十四歲以上未滿二十歲犯罪之少年

(二)觸法少年:實質上已犯罪,但行為時未滿十四歲,不能依據刑
法等法令處罰之少年。

(三)虞犯少年:未滿二十歲,不服從家長、監護人等管教,未來有
犯罪之虞者。

---

[9] 武內謙治(2009),2007年少年法改正問題,日本刑法雜誌,第四十八卷三號,頁511。

[10] http://www.courts.go.jp/saiban/syurui/syonen/syonen_jiken.html,2009年10月16日造訪。

二、目前日本少年保護案件之類型

依據下圖之統計可發現目前保護事件當中，以竊盜案件為多，其次為違反交通相關罰則之規定。

少年保護事件行別新受人員（平成19年）

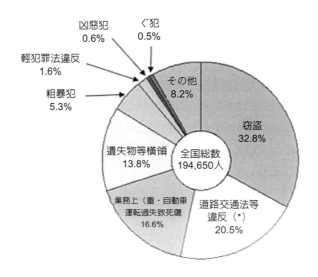

＊自動車の保管場所の確保等に関する法律違反を含む。

圖1　日本少年保護事件非行新收人員（2007年）[11]

三、日本少年事件處理程序：保護處分

日本的少年事件處理模式如下（請參照下圖）。日本少年事件主要為家事法院進行處理，也就是，家事法院有「先議權」[12]等規定外，其他

---

[11] http://www.courts.go.jp/saiban/syurui/syonen/syonen_jiken.html，2009年10月16日造訪。

[12] 日本有所謂的全案送致主義，是指即使檢察官認為保護處分和刑罰都沒有必要時，也不能根據自己的判斷，不向家庭裁判所送致案件，等同我國的「先議權」概念。

尚有審前調查、留置觀察[13]、不付審理、保護處分[14]、審判不公開等[15]之
規定。

　　藉此，筆者特歸納日本法院實務資料，針對少年事件流程說明如下：

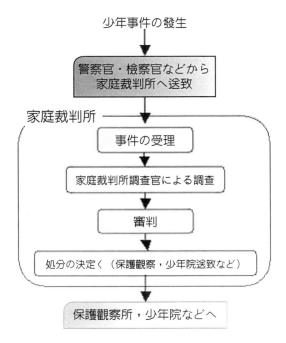

少年事件の發生

警察官‧檢察官などから
家庭裁判所へ送致

家庭裁判所

事件の受理

家庭裁判所調查官による調查

審判

処分の決定く（保護觀察，少年院送致など）

保護觀察所，少年院などへ

圖2　日本少年事件處理流程[16]

　　從上圖當中，有調查官進行調查之部分，此部分乃為「審前調查」，
審前調查之部分，主要為日本少年事件當中一個相當具有特色之部分，調
查官主要依據審前調查程序對於少年進行調查。一般而言，審前調查之進
行具有彈性空間，可由此讓調查官自由發揮其專長，然而，主要調查內容

---

[13] 日本有所謂的中間處分，即試驗觀察，等同於我國的交付觀察，把少年暫時放置於適當處所，來
輔導並觀察這個少年的狀況，再由法官依其結果裁定之。

[14] 日本的「保護觀察」相同於台灣的「保護管束」。

[15] 此部分彙整陳文霜，京都家庭裁判所少年事件處理簡介，司法週刊，981期，89/5/24。陳慈幸
（2000年12月26日），「日本少年犯罪現狀分析」，中輟學生與青少年犯罪問題研討會論文集
——中華民國犯罪學會，pp149-pp164。等之學理意見。

[16] 可參照：http://www.courts.go.jp/saiban/syurui/syonen/syonen_gaiyo.html，2009年10月16日造訪。以
及陳慈幸（2000年12月26日），「日本少年犯罪現狀分析」，中輟學生與青少年犯罪問題研討會
論文集——中華民國犯罪學會，pp149-pp164。

不外乎是調查少年之身分、家庭狀況、交友狀況……。

　　一般來說，調查官之調查，主要參考下圖，多為傳喚少年本人或者其家人前往家事法院進行調查為多。

圖4　調查官之調查[17]

　　然而，需注意的是，若審前調查結束後，若發現行為人行為不嚴重，不需進行爾後之程序，則可進行教育之程序（參考下圖5）。

圖5　審判[18]

　　除上述之外，審前調查結束後，則由調查官完成審前調查報告，由
法官進行下圖之保護庭之開庭，需注意的是，此部分主要採行協商式審理
（參考下圖），參與者除少年行為人外、尚有少年行為人之家屬、被害
人、法官與調查官。開庭程序主要為先依據調查官所上陳之調查報告進行
調查，爾後再進行保護處分之裁定，若少年之案情重大，需依照刑事案件
處理的話，則可在下述審判當中裁定轉由檢察官進行起訴，此部分則依少
年刑事案件進行後續處理，需說明的是，少年刑事法庭之樣態，則與一般
成人刑事法庭無異。

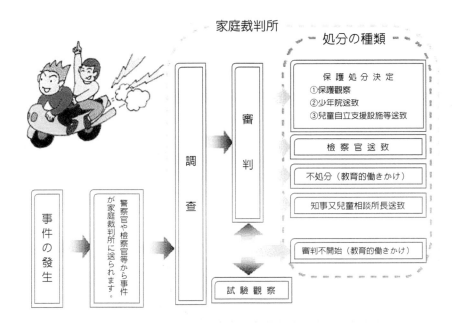

圖6　保護處分決定[19]

　　進行審判之後，則有下圖之程序，此部分有「裁定保護處分」、「移送
檢察官進行調查、起訴程序（此部分則為日文所謂的「逆送」之程序）」、
「不處分（但需要進行教育輔導）」、「移送當地政府首長與兒童處遇設
施」等，關於「移送檢察官進行調查、起訴程序」已於前述說明外，保護

---

[19] http://www.courts.go.jp/saiban/syurui/syonen/syonen_jiken.html，2009年10月16日造訪。

處分之裁定共有三種種類，各為「保護管束」、「移送少年院」、「移送兒童自立支援設施」等三種，相較於台灣保護處分共有「訓誡」、「假日生活輔導」、「保護管束」、「安置輔導」、「少年院」等數項措施外，日本之保護處分種類較少，其中尚針對兒童行為人設有特別自立機構進行輔導，此部分台灣亦有相同之措施，惟並不列入保護處分之種類之一。

圖7　日本加古川‧播磨学園（少年院）[20]

然而，倘在少年保護程序當中，若無法立刻進行裁定，則日本與台灣之少年程序當中皆設有下圖之「試驗觀察」。

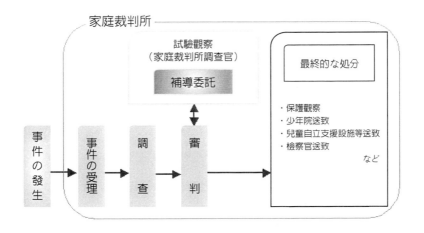

圖8　試驗觀察流程[21]

---

[20] http://www.geocities.jp/akashi_betel/newpage27.htm，2010年8月13日造訪。

[21] http://www.courts.go.jp/saiban/syurui/syonen/syonen_siken.html，2010年8月13日造訪。

　　「試驗觀察」，多半委由民間機構代為輔導，此就是上圖所謂的「輔導委託」。主要是藉由各種勞動服務當中，觀察少年之行為，以便於後續保護處分之裁定。

圖9　輔導委託[22]

　　以上即為目前保護處分為止之程序。

四、日本少年事件處理程序：刑事處分（檢察官逆送程序）

　　於刑事處分上，前述已有指出，因90年代末期日本少年犯罪較為嚴重，導致了2000年後日本法之修正，此波之修正，特別針對少年刑事程序採從嚴認定。依據日本學理之整理，2000年後日本少年法修正之五年之間，平均每年移送至檢察官處分者約43人，五年共216人[23]。

　　日本少年刑事處分所謂「逆送」之詞彙，等同於「移送」與「得移送」檢察官之意。2000年少年法第一次修正前，「應」逆送之程序之對象為十六歲以上，惟2000年之修正當中，將「得」逆送之年齡調降為十四歲，從此可得知，日本政府當時對於打擊少年犯罪之決心，學理上稱之為，「原則逆送主義」之謂[24]。

---

[22] http://www.courts.go.jp/saiban/syurui/syonen/syonen_jiken.html，2009年10月16日造訪。

[23] 村山裕（2009），少年逆送事件の問題，判例時報81卷1號，頁33。

[24] 村山裕（2009），少年逆送事件の問題，判例時報81卷1號，頁33。

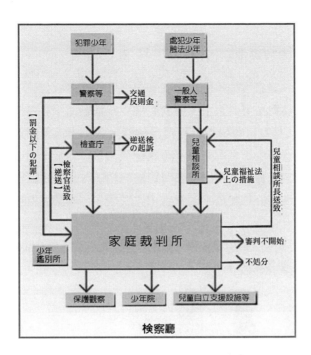

○死刑

　但未滿十八歲不判處死刑，科以無期徒刑。

○無期懲役・禁錮

　但對未滿十八歲者，判處無期徒刑時，可由法院選擇判處

　無期徒刑或十年以上

　十五年以下有期徒刑。

○有期懲役・禁錮

○罰金刑など

圖10　少年移送檢察觀之逆送程序後，檢察官處分程序[25]

肆、結論：裁判員制度引入後少年法之趨向

　　總而言之，雖日本少年法自2000年至今歷經了多次修正，此些修正主要於程序之完整與被害保護上，可謂亞洲少年法制當中相當創新之架構。日本於2009年5月21日開始實行裁判員制度，原則上僅針對重罪案件，而陪審案件中，必須由三名專業法官與六位裁判員所組成，且法官與裁判員乃平行而坐，裁判員制度乃國民參與司法的目的，正在抑制法官的恣意與專斷，並落實所謂公正與公平的裁判，也展現了日本陪審制度的特色（參考下圖）。

圖11　日本裁判員制度之構成[26]

　　日本裁判員制度當中，裁判員所審理之案件，主要是殺人案件、強盜致死傷、傷害致死……等之案件。然依據日本裁判員裁判法第二條第一項之規定當中，少年之逆送刑事案件亦符合裁判員審理案件之一。然因日本學理皆指出，「……少年程序有其特殊性，少年刑事程序導入裁判員制度，或許會引發更多之問題，例如以往少年審判可維護到的少年隱私問題是否因裁判員制度而遭致破壞？此外，少年事件與一般成人案件所不同的

---

[26] http://www.saibanin.courts.go.jp/introduction/index.html，2009年11月10造訪。

調查保護程序如何實施於審判員制度上……，此外，學理同時指出日本律師協會亦開始進行裁判員制度運用於少年刑事裁判制度上……[27]」。從上述學理所指出之2009年至2010年少年事件審理程序之趨向，可窺視未來因應日本裁判員制度，日本少年法制在於移送檢察官，也就是刑事處分上會有一個相當巨大的變革，此亦是我們其他亞洲國家所拭目以待。然而，針對前述所言，2000年與2007年日本少年法二次修正，可見得日本少年法制，已由單純因應少年犯罪嚴重性之加重處遇，轉而重視程序細緻化與被害人保護，亦是相當值得重視與注意。

---

[27] 村山裕（2009），少年逆送事件の問題，判例時報81卷1號，頁35。

社會科學類　PF0172　Viewpoint27

台灣・國家・國際法

編　　者／台灣國際法學會
責任編輯／杜國維
圖文排版／莊皓云
封面設計／蔡瑋筠

發 行 人／宋政坤
法律顧問／毛國樑　律師
出　　版／台灣國際法學會
製作發行／秀威資訊科技股份有限公司
　　　　　114台北市內湖區瑞光路76巷65號1樓
　　　　　電話：+886-2-2796-3638　傳真：+886-2-2796-1377
　　　　　http://www.showwe.com.tw
劃撥帳號／19563868　戶名：秀威資訊科技股份有限公司
　　　　　讀者服務信箱：service@showwe.com.tw
展售門市／國家書店（松江門市）
　　　　　104台北市中山區松江路209號1樓
　　　　　電話：+886-2-2518-0207　傳真：+886-2-2518-0778
網路訂購／秀威網路書店：http://store.showwe.tw
　　　　　國家網路書店：http://www.govbooks.com.tw

2017年12月　BOD一版
定價：740元
版權所有　翻印必究
本書如有缺頁、破損或裝訂錯誤，請寄回更換

國家圖書館出版品預行編目

台灣.國家.國際法 / 台灣國際法學會編. -- 一版. --
　臺北市：秀威資訊科技, 2017.12
　　面；　公分. -- (社會科學類; PF0172)
(Viewpoint ; 27)
　BOD版
　ISBN 978-986-326-494-1(平裝)

　1. 國際法　2. 論述分析　3. 文集

579.07　　　　　　　　　　　　　106020696

讀 者 回 函 卡

感謝您購買本書，為提升服務品質，請填妥以下資料，將讀者回函卡直接寄回或傳真本公司，收到您的寶貴意見後，我們會收藏記錄及檢討，謝謝！

如您需要了解本公司最新出版書目、購書優惠或企劃活動，歡迎您上網查詢或下載相關資料：http:// www.showwe.com.tw

您購買的書名：_____

出生日期：_____年_____月_____日

學歷：□高中 (含) 以下　　□大專　　□研究所 (含) 以上

職業：□製造業　□金融業　□資訊業　□軍警　□傳播業　□自由業
　　　□服務業　□公務員　□教職　　□學生　□家管　　□其它_____

購書地點：□網路書店　□實體書店　□書展　□郵購　□贈閱　□其他

您從何得知本書的消息？

　□網路書店　□實體書店　□網路搜尋　□電子報　□書訊　□雜誌

　□傳播媒體　□親友推薦　□網站推薦　□部落格　□其他_____

您對本書的評價：(請填代號　1.非常滿意　2.滿意　3.尚可　4.再改進)

　封面設計____　版面編排____　內容____　文／譯筆____　價格____

讀完書後您覺得：

　□很有收穫　□有收穫　□收穫不多　□沒收穫

對我們的建議：_____

_____

_____

_____

請貼
郵票

11466
台北市內湖區瑞光路 76 巷 65 號 1 樓
秀威資訊科技股份有限公司　　　收
　　　　BOD 數位出版事業部

⋯⋯⋯⋯⋯⋯⋯⋯⋯⋯⋯⋯⋯⋯⋯⋯⋯⋯⋯⋯⋯⋯⋯⋯⋯⋯⋯⋯

（請沿線對折寄回，謝謝！）

姓　　名：_____　年齡：_____　性別：□女　□男

郵遞區號：□□□□□

地　　址：_____

聯絡電話：(日)_____　(夜)_____

E-mail：_____